U0014165

Walter Scheidel
沃特・席代爾
黃煜文◎譯

大逃離

ESCAPE FROM ROME

羅馬帝國滅亡如何開啟現代經濟大分流

THE FAILURE OF EMPIRE
AND THE RAOD TO PROSPERITY

目次

好評推薦——4
導讀　羅馬不倒，歐洲不會好！——9
序章　大逃離——29

第一部　歐洲異例
第一章　帝國的模式——56

第二部　羅馬帝國為何崛起？
第二章　核心——76
第三章　邊陲——112
第四章　反事實思考——132

第三部　歐洲為何沒有第二個大一統帝國？
第五章　從查士丁尼到腓特烈——146
第六章　從成吉思汗到拿破崙——190

第四部　第一次大分流

第七章　從合流到分流——232
第八章　自然——269
第九章　文化——315

第五部　從第一次大分流到第二次大分流

第十章　制度——342
第十一章　新世界——420
第十二章　理解——469

結語　我們為何逃離？——498
後記　羅馬人對世界的貢獻——500

致謝——524
常見詞彙——527
第一章技術摘記——532
參考書目——578
注釋——636

好評推薦

大學時候，老師要我們辯論：羅馬帝國的滅亡究竟是經濟的原因呢？還是道德的原因呢？辯論比賽總要評出勝負，但是羅馬帝國究竟因何沒落的爭議卻是永無止休。羅馬既然不是一天造成的，西方人甚至還把它叫作「永恆之城」，那麼以它為首都的帝國為何會土崩瓦解，也就大費思量。席代爾這本書給了你很有意思的答案，還跟你說了更多——從羅馬到中國，再說到大分流開創的繁榮與自由……。

——**陳國棟**，中研院史語所研究員

大中華文化教育常強調一統天下的重要性，暗示極權即效率，統合即安定，是有利於帝國統治的意識形態。本書挑戰了這個迷思，說明現代經濟發展的源頭之一就是歐洲國家的分裂與競爭，互不隸屬的分權才能帶來自由與繁榮。羅馬帝國興亡的啟示，至今仍然映照著中國與歐盟盛衰的前途，因此也值得關注臺灣前途的讀者借鏡。

——**林宗弘**，中研院社會所研究員

大家都聽說過《羅馬帝國衰亡史》這部書，因為大國衰亡是歷史沉思的「原型」。兩千兩百年前的〈過秦論〉是同類作品。本書作者別具隻眼，主張「羅馬帝國的興起」是更重要的歷史問題。學者早就指出：羅馬帝國的一去不復返，造就了現代經濟發展——最近五百年「西」昇「東」降的歷史大勢。可是作者提醒我們：羅馬帝國的興起本就是機緣巧合的歷史事件。整部歐洲史，要是將羅馬帝國一筆勾銷，分裂、競爭造成的多中心舞台，仍是解放生產力、創意最最重要的條件。對「大國」崛起有興趣的讀者，絕不能錯過本書。

——**王道還**，生物人類學者

反事實分析之於歷史研究，就像水之於魚一般，許多歷史研究者因身處其中而難以自覺，甚至否認其存在於歷史研究。本書作者近乎挑釁地將反事實分析視為研究「現代性」誕生的核心方法，也讓企圖反對其論點的人，都得先進入反事實分析的方法論脈絡。本書展現了細膩的歷史反事實分析，並據以重新建構了我們對現代性誕生這一大歷史問題的因果認知。

——**王一奇**，中正大學哲學系教授

人類的歷史長期被帝國所支配，即使到現在仍然如此。然而，同時統治廣大世界的羅馬帝國與秦漢帝國，究竟哪一個才是歷史的特例呢？為何是歐洲興起資本主義並且統治現代世界呢？本書視角在地理上橫跨了歐亞大陸，上下橫跨數千年，讓我們從「逃離帝國」的角度思考人類歷史在關鍵時刻所產生的差異。帝國不僅是過去式，也是現在式，甚至可能是未來式。我們要加入中華帝國的循環，或是在自由民主的道路上與帝國分離呢？

——**胡川安**，中央大學中文系助理教授由於一〇八課綱編排的緣故，我們與羅馬及其後繼者的距離變近了。拜占庭、查理曼、神聖羅馬、拿破崙，這些課本中陸續談到的帝國，以及一次又一次加冕，一次又一次恢復羅馬的努力，終歸徒然。歐洲逃離世界史的傳統模式，走出自己一條開放、競爭的康莊大道。這是一本爽快的書。席代爾把整個世界歷史拿來比較歸納，讓我們這些因為教學所需、經常比較歸納的中學老師大開眼界。

——**蔡蔚群**，北一女中歷史科教師

本書的假設深具挑戰性且反直覺：羅馬式大一統帝國的失敗，催生出相互競爭的去中心化體系，才使得現代經濟增長成為可能。

——**法蘭西斯．福山**（Francis Fukuyama），《政治秩序的起源》作者

席代爾從論證嚴謹的反事實思考中得出了驚人的結論：如果中世紀歐洲再度出現了新的羅馬式帝國，世界史都將改寫，今天可能也不會有所謂的現代性出現。

——**大衛．克里斯欽**（David Christian），「大歷史」學派開創者

大膽挑釁的出色之作。

——**彼得．梵科潘**（Peter Frankopan），《絲綢之路》作者

學識驚人、野心龐大且思想深刻，席代爾不屈不撓地再度寫下足以顛覆全球史的創新之作。

——**喬爾．莫基爾**（Joel Mokyr），《富裕的槓桿》作者

席代爾沒有同行，他以完全獨樹一格的方式，揭開影響人類生存卻又罕為人知的關鍵法則。

——**艾曼達・佛曼**（Amanda Foreman），《紐約時報》暢銷書榜冠軍作家

席代爾這部橫亙兩千年的全球史傑作告訴我們，當世界紛紛朝大一統帝國邁進時，西歐為何能在羅馬帝國瓦解後維持政治分裂之勢，以及為何這一長期差異能用來解釋持續性經濟成長的起源。

——**菲利普・霍夫曼**（Philip T. Hoffman），《歐洲為何征服世界》作者

席代爾並不是在鼓吹「西方最優」或自由放任的市場經濟。事實上，本書予人的最深刻印象，就是人類進步並非勢所必然，而是極其脆弱與偶然。

——**《泰晤士報》**（*The Times*）

宛如一座由大量實證數據與嚴密論證支撐的紀念碑，出版即經典，足以名列過去二十餘年來的重要著作。

——**《歐洲社會學學報》**（*European Journal of Sociology*）

本書展示了經濟學領域如何受益於歷史學家，因為史家不僅能提供橫跨數世紀與多個大陸的大範圍歷史研究，還擁有對特定歷史時期的詳盡知識，並掌握最專業的學術動向。

——**《經濟文獻雜誌》**（*Journal of Economic Literature*）

導讀

羅馬不倒，歐洲不會好！

林明仁（臺大經濟系特聘教授）、
鄭紹鈺（臺大經研所碩士暨研究助理）

如果埃及豔后克麗奧佩脫拉的鼻子再短一點，世界的面貌將會大為不同。

——法國數學家巴斯卡（Blaise Pascal）

「如果……，歷史會如何改寫？」羅馬史開啟的反事實思考

「羅馬的文化遺產如何影響歐洲？」這是個大哉問。早期的歷史書籍在處理類似議題時，往往會先描繪羅馬時代發生的大小事件與當時的社會條件，再談帝王將相的奇聞軼事，加上一些太史公式的點評（敘事史學），或是強調史料考證與真偽判別的重要性（實證史學）。晚近的作品則開始借用社會科學理論，分析歷史事件如何塑造現代的歐洲文明，以及事件背後的各種機制（新史學）。讀者在閱讀這類歷史著作時，很有可能不自覺地在心中萌生一個念頭：「現代歐洲發展得這麼好，應該跟羅馬帝國遺留的傳統有關吧？」在尚未仔細檢討羅馬遺產如何影響今日的發展之前，這個念頭，正如蘇格蘭思想家大

衛・休謨（David Hume）的名言「它在那之後而來，故必然是從此而來」（post hoc ergo propter hoc）所描述般，其實是犯了因果關係的「後此謬誤」。

從嚴格的社會科學標準來說，試圖驗證「羅馬遺產影響了現代歐洲」這個假說，往往會在因果關係的確立上面臨很多挑戰。首先，經過了本次的Covid-19疫情與疫苗之亂後，大家都應該知道，實驗是確立因果關係的黃金準則。想知道疫苗是否可以阻止病毒蔓延？找一群人，隨機一半給疫苗，一半給安慰劑，一段時間後再看看感染機率是否不同。但如果讓人們自己決定要不要打疫苗，那結果可能就會有比較多的變數。因為比較小心謹慎或怕死的人同樣也比較有可能選擇打疫苗，這就導致即使打過疫苗的人感染機率較低，我們也難以確定這個結果究竟是疫苗本身的功勞，還是那些人小心避免接觸病毒的影響。

同理，想知道職業訓練是不是有效果？同樣找一群人，隨機一半給職業訓練，一半不給。為什麼隨機給予職業訓練很重要呢？假設不是隨機給予職訓，便有可能是本來就比較勤勞、積極的人，會自主選擇去參加職訓，而政府評估職訓成果時，便會混雜了「勤勞、積極」等個性本身的影響。但這些人就算不參加職業訓練，本來就可能更願意找新的工作，或是尋找其他管道自我進修，因此政府對於職訓的估計便會產生偏誤，這便是計量經濟學所謂的「自我選擇」問題（self-selection）。但透過隨機給予職業訓練（通常還要一些更精細的研究設計），我們便可以檢驗出職業訓練的真實效果。

然而，不是每個假說都能這樣「輕易」地檢驗。舉例來說，想知道民主與非民主的差別，我們就無法請上帝之手伸進非洲，隨機給一半國家民主政體，一半獨裁，再觀察之後的變化。更遑論像羅馬帝國滅亡，或秦始皇統一六國這類不可重複的重大歷史事件了。除非我們製造出五十個平行時空，其中二十五個羅馬帝國繼續存在，二十五個沒有，再以某些模型加以模擬（就像電玩遊戲《世紀帝國》），不然我們基本上無法以嚴格的標準來重建因果關係。

只是，「如果長平之戰趙國不是派出趙括而是廉頗」、「如果希特勒繼續在藝術領域發展而不從政」等這一類推演歷史可能性的心智活動，還是很令人著迷。一方面是滿足對各種歷史可能性的好奇心，另一方面，透過各種關鍵變項的重新設定，也更可以釐清不同因素在歷史上的重要性。這種針對某些可能發生或幾乎發生，但終究未發生的關鍵因素假設，就是所謂的「反事實推論」。用計量經濟學的語言來說，即是理解各項因素「究竟能夠解釋多少重要歷史事件的變異量」。

只不過，相當比例的史學研究者對反事實分析抱持著懷疑的態度。因為一旦讓歷史研究加入狂野的想像，可能會傷害史家的嚴謹形象，並危及歷史的客觀性。不過還是有一些重要的史家會一時手癢，做出這類假設性的自問自答。例如年鑑學派大師費爾南・布勞岱爾（Fernand Braudel），就曾在其著作《15至18世紀的物質文明、經濟和資本主義》（*Civilisation matérielle, économie et capitalisme*）中提問：「讓我們暫時假設中國戎克船在一四一九年繞過了好望角，是否會讓這個巨大而遙遠的國家在征服世界上占據了優勢？」年鑑史家主張要同時從個體、社會與自然這三個短、中、長的時間維度來看歷史，也大量應用了社會科學的理論。一旦跳脫考證與一字不漏的記錄或描述，而是考慮各種不同時間軸變項對歷史發展的整體影響，那麼「假設式的反事實推論」就是一件再自然不過的事了。讀者如果對這類稍嫌偏門的「史家的技藝」有興趣，前哈佛大學的明星史家尼爾・弗格森（Niall Ferguson）主編的《反事實的思考》（*Virtual History*），以及今年十月剛出版，由昆汀・德魯爾默（Quentin Deluermoz）與皮耶・森加拉維路（Pierre Singaravelou）兩位法國史家合著的《過去的可能》（*A Past of Possibilities*），都是很好的讀本。

經濟學家對反事實思考的迴響

那我們經濟學家怎麼看？由於經濟學家早已內建因果推論的基因，所以大概是比較容易接受並大量使用反事實推論法來評估事件影響的一群人。舉例來說，一九九三年諾貝爾經濟獎得主羅伯特．福格爾（Robert W. Fogel）的著作《鐵路與美國的經濟增長》（*Railroads and American Economic Growth*）便探討「如果美國沒有興建鐵路，而是一直依靠水路運輸等方式交通，會對歷史造成什麼影響？」他以一八四〇年至一八九〇年的大量歷史數據為基礎，得出「鐵路對美國經濟的影響並沒有想像中那麼大」的結論。哈佛大學經濟系教授內森．納恩（Nathan Nunn）曾發表過一篇文章〈非洲奴隸貿易的長期影響〉（The Long Term Effects of Africa's Slave Trades），藉由分析大量跨大西洋奴隸販運的資料來估計西方殖民和奴隸貿易的損害。非洲當時有許多黑奴其實是被自己的親朋好友與同族人拐賣，而這種「骨肉相殘」的經濟活動對非洲社會的信任基礎造成了很大的傷害（例如象牙海岸至今仍然是世上最貧窮的國家之一）。根據納恩的反事實推論，如果歷史上的奴隸販運出口量在非洲減少一個標準差，那麼非洲國家今天的經濟表現就會增加百分之五十。也就是說，二十一世紀初期象牙海岸的人均所得，會變成跟歐洲巴爾幹半島的塞爾維亞差不多！

由前述說明可知，反事實推理並非天馬行空，而是以已知事實為基礎，並參考大量的量化及質化的歷史素材，才能有足夠的可信度。反事實推理的方法，可以幫助研究者開闊思路、避免線性的歷史記述，還能突顯偶發事件的重要性以抗衡傳統的「歷史決定論」。引入反事實的思考，「以史為鑑」就能有更豐富的內涵。我們要強調的是，這類作品不僅是「重新想像歷史」，而是更仔細地結合史實分析與社會科學。藉由反事實分析的方法，我們能夠檢驗各項因素對歷史事件的影響力。若能善加利用，便能成為歷史研究的新方向。就如同年鑑學派開創者馬克・布洛克（Marc Bloch）所期待的，歷史學將成為不同科學領域的綜合體，從氣象學到法理學，每一種學科都有其作用，而理想的史家同時也是多個技術領域的專家。

《大逃離》就是這樣思維下的產物。

《大逃離》的反事實思考：西方崛起的關鍵是羅馬帝國滅亡？

本書作者沃特・席代爾（Walter Scheidel）任教於史丹佛大學歷史系，是在羅馬經濟史與人口史皆成一家之言的當代大師。在羅馬史家當中，他也是「觸角甚廣」的那位，除了羅馬經濟發展與人口變遷，他的研究還包括羅馬時期的埃及、亞述，甚至是後來的東羅馬。席代爾善於利用新出土的古代研究，回答當代社會科學的重大問題：古代的國家形成是怎麼一回事？帝國的政治經濟是如何運作？他本身亦是《牛津羅馬史研究指南》（*The Oxford Handbook of Roman Studies*）□《牛津古代近東與地中海國家研究指南》（*The Oxford Handbook of the State in the Ancient Near East and Mediterranean*）□《劍橋希臘羅馬世界經濟史》（*The Cambridge Economic History of the Greco-Roman World*）等權威工具書的主編或共同編輯，其學術成就可見一斑。

作者近年來轉向綜觀數千年的「大歷史」研究，並對於比較中國跟西方帝國的發展產生了興趣，《大逃離》便是他的階段性成果。為何西方崛起、中國衰弱？對此，本書一反傳統「西方中心論」史學常見的論調（歐洲乃是希臘羅馬的承繼者所以才一枝獨秀），反倒認為正是因為歐洲逃離了羅馬，逃離了羅馬式大一統帝國，才得以率先大步邁向工業革命與現代經濟。如果羅馬不崩潰，歐洲反而沒有未來。這樣的提問，正是扎扎實實的為本書立下了反事實分析的大旗。

本書認為工業革命所導致東、西方間的「大分流」，其實是歷史上的「第二次」大分流。第一次大分流則是指羅馬帝國的瓦解，因為歐洲從此再也沒有出現第二個大一統帝國。相較之下，中國秦崩而漢復，東漢末年雖天下三分、群雄並起，然歷經三世紀後又凝聚成一個隋唐帝國，唐滅宋起，宋亡元明清。羅貫中那句經典名言「天下大勢分久必合」，在歐洲並不成立。

席代爾先是利用統計數字，提出了歐洲是少數長期分裂、有多個政權並存的地方。換句話說，歐洲維持了長達千餘年的「戰國時代」，此現象在世界各地都未曾見過。本書認為「大一統帝國」（monopolistic empire）不利於發展出西歐在近代展現的經濟活力，其論證已於我們先前替衛城出版的《大分流》所寫的解說〈為什麼中國沒有資本主義？〉一文中多有觸及：舉凡喬爾．莫基爾（Joel Moykr）對於戰國爭鳴有利思想流通、趙鼎新認為明儒暗法的中華帝國體制不利於發展、西歐在政治上獨立的城市體制的重要性、加州學派對於中西經濟研究的修正等等，這些我們曾在該文中列舉的新研究，本書皆有提及。這些新研究有一個共通點，就是皆指向了歐洲長期「互相競爭的分裂狀態」（competitive fragmentation）的益處。而這也是本書最主要的立論基礎。

本書在寫作上可以區分為前半、後半兩大區塊。前半部分析了「為何羅馬帝國可以統一歐洲」與「為何沒有第二個羅馬帝國」這兩個歷史問題。作者在這部分可謂別出心裁，除了引介羅馬經濟史、人口史的最新研究之外，還利用史學界較少著墨的「反事實推論」去進行思想實驗，探討羅馬在什麼情況下可能無法統一歐洲，以及羅馬之後的歐洲政權中誰最有機會可以統一歐洲。

在介紹羅馬崛起這塊，本書首先分析了羅馬統一歐洲的關鍵因素：人海戰術。羅馬早在共和時期便以低廉的財政成本動員龐大的兵力，其徵兵數相對於人口的比率，已經達到了歐洲在二次世界大戰時總動員的水準。換句話說，儘管羅馬有時並未在科技或戰爭技術上凌駕於敵國，卻總是能以人海戰術征服當時大部分的敵對政權。這樣的徵兵體制，有賴於以下這些歷史條件：一、羅馬有一套分配戰利品給國內與盟友的獎勵機制。二、打勝仗對於羅馬菁英豪族的職涯至關重要。三、羅馬共同體仰賴戰爭來維繫。在鄉下跟邊陲地帶，被徵兵是唯一能讓當地人感受到「羅馬是我的國家」的公共活動。

作者接著分析外交跟地理環境，古羅馬在這一點上可謂占盡天時地利。在早先希臘城邦與東方波斯帝國爭霸的時期，羅馬城位處偏遠，沒有被各大戰役掃到颱風尾。等到羅馬崛起之時，最大的敵人只剩西地中海的迦太基。儘管雙方旗鼓相當，但羅馬順利與當時控制東地中海的埃及打好關係，消除了後顧之憂，掌握了統一地中海的有利條件。

席代爾利用反事實推論進行了大量的思想實驗，發現日後幾乎沒有哪個政權有類似羅馬帝國的條件可以統一歐洲。日耳曼人建立的王國無法重新控制羅馬的稅收體系、東羅馬帝國皇帝難以收復全部江山、阿拉伯帝國無以團結各個地方軍政首領，就連橫掃世界的成吉思汗與兼併歐陸的拿破崙，都缺乏足夠的條件統一歐洲。舉例來說，拿破崙時代的戰爭人數規模雖然已經恢復到羅馬當時的盛況，但由於人均支出大幅上升，戰爭反倒變成了相當資本密集的活動。至於羅馬全盛時期的制海權，則要等到英國的納爾遜打造出龐大的海軍後才得以復見。

比較的視角：《大逃離》對大分流討論的回應

本書的後半部分，則是引用大量的二手研究來說明作者眼中的「大分流」。席代爾首先討論「羅馬帝國瓦解」對歐洲的好處，以及為何中國欠缺類似的條件。作者認為，羅馬帝國滅亡使西歐各個日耳曼王國改採授地分封的封建制度，而這套將土地層層授予軍事菁英的方法改變了戰爭的形態，使各國不能再像羅馬一樣用低廉的成本徵召大量人力從軍。此外，由於授地分封取代了官僚徵稅，中央皇權的權力便開始由內而外裂解。隨著歐洲列國之間陷入長期的戰爭狀態，國家之內出現了「皇權內縮」的現象，這樣的空隙反倒提升了其他各個階級的能動性，國家大事的決策不再由皇帝一人壟斷。政治權力的破口，給了各個階級與國王互相牽制與談判的機會，結果便是王權無法百分百遂行其意志。例如商人等國內的其他階級，便有可能表達他們的偏好，一個相對包容廣納的政治經濟體制於焉形成。這個動態過程在《自由的窄廊》一書也有許多著墨，有興趣的讀者可以參考對讀。

接著，席代爾花了大量篇幅描寫中國的發展。由於作者對中國史的理解遠不如羅馬史與歐洲史，所以相較於對歐洲的細膩書寫，對中國則往往採取鐵板一塊的解釋而稍嫌薄弱。但作者仍給出了三方面的解釋，分別是軍事財政、自然環境與文化，並據以與羅馬史相互印證。

首先在軍事財政上，與歐洲的財政跟戰爭型態不同，中國北方平原仰仗的是大規模的騎兵。讀者可以想像三國時代魏國的虎豹騎，除了對於曹操統一北方有巨大的貢獻，也被牢牢控制在曹家手上。財政上面，除了宋代是少數商業稅收占比較大的時期外，大部分朝代都依賴農業稅收跟徵用農民當苦役，這點跟歐洲諸小國依賴貿易稅收極為不同。這兩點皆都有利於形成一個穩定的官僚體系，來支持頭重腳輕的中央集權帝國，但對商業發展、思想的競爭與流通，則有不利的影響。

第二是自然環境的影響，作者在此引介了包含《中國西征》在內的許多內亞史研究，提出了「大草原效應」（the steppe effect）：因為要應付游牧民南下牧馬，中原地區較易容易形成大一統帝國。第三是文化的影響，作者除了提到秦始皇書同文，還引用了以色列學者尤銳·皮納斯（Yuri Pines）關於中國各家思想的研究，與西方做了一番比較。有趣的是，作者此處並未談到科舉對於維繫中國官僚與儒教的重要性。在這一點上，韋伯早在一世紀前的《中國的宗教》（*The Religion of China*）等著作中就曾分析過中國的儒教與官僚體制，分析雖有錯漏，卻比本書作者深入許多。

最後，作者則側重討論歐洲在羅馬帝國滅亡後的長期分裂，對於近代的第二次大分流有什麼影響。作者極大量引用了趙鼎新、莫基爾、戴倫・艾塞默魯（Daron Acemoglu）與詹姆斯・羅賓森（James Robinson）合著的《國家為什麼會失敗》等既有的大分流研究，利於對文獻不熟悉的讀者進入狀況。書中最有創新的部分，集中在第十章「制度」跟第十一章「新世界」，因為這兩章的論證比較少會在既有的經濟史研究上看到。

作者的結論比較隱晦一點，但讓我們嘗試直接幫作者說明白：那便是**逃離大一統帝國，反而讓歐洲變成世界上「帝國密度」最高的地區**。一個區域裡同時並存了許多帝國中心，這些中心又控制了許多海外殖民地，這些帝國彼此之間的海外競爭導致了重商主義，擴張了海外貿易的規模，進而演變成地理大發現。作者更指出，許多重商主義的政策有利於資本家階級，進而有利於經濟發展。如果歐洲是被一個大一統帝國統治，則資本家便無法影響國家政策，前述的海外競爭也不可能發生。

從比較分析的「單位」來看，作者不只談了作為獨立國家的英國，更從帝國的角度去談整個大英帝國對於英國工業革命的正面影響。作者並不諱言在歐洲經濟起飛的階段，許多政策的本質是重商主義而非自由貿易。他除了引用艾塞默魯與羅賓森的著作，也引用了不少伊曼紐爾・華勒斯坦（Immanuel Wallerstein）的「世界體系理論」，可見作者試圖從整個「大英帝國」的角度去理解工業革命，而不只拘泥於「英國」（英格蘭）。換句話說，作者傾向全面地描寫當年位居日不落帝國中心的倫敦，而不只是傳統工業革命研究裡的曼徹斯特，此為工業革命的既有文獻裡較少見的觀點。

遺珠之憾：臺灣、中國、地理大發現與羅馬的貢獻

不過，本書在文獻處理上，難免有許多疏漏。我們想對其中三點進行補充，分別是東亞的臺灣與中國、西方的地理大發現，以及羅馬遺產的重要性。

首先是東亞。本書在提到東亞的語言單一時，並未考慮到臺灣南島語族的語言多樣性。此外，作者在分析中國的大一統時，也沒有考慮到科舉制度的重要性。誠如賈瑞雪與白營發表在頂尖經濟學期刊的研究〈精英選拔和政治穩定〉（Elite Recruitment and Political Stability）所示，科舉制度正是穩定中華帝國的重要機制，晚清廢科舉，反倒促成了推翻清朝的革命。另外，作者在分析大一統的關鍵時，強調了「北燕—拓拔—隋唐」這樣的歷史脈絡，卻略過了曹魏。然而三國能否統一，無疑是對「大一統帝國」信念的壓力測試。一方面，曹魏之時，北方草原民族早已南遷，從江統的《徙戎論》來看，許多「胡人」實際上是被曹魏政府鼓勵遷入塞內，並與漢人雜居。光從這一點來看，便跟歐洲不受官方控制的「日耳曼大遷徙」極為不同。最終要等到西晉發生「八王之亂」後，北方官僚集團對地方失去控制，才發生了「五胡亂華」。另一方面，如果曹魏當年沒有強力統一北方，那麼在東漢末年後群雄並起、北方「各族」亦從容南下建立政權的情況下，中國會不會就此裂解而無法再次「分久必合」？這也是一個未見於書中，但相當有趣的反事實思考。

至於在地理大發現方面，本書認為伊比利半島往非洲擴張，是出於鄂圖曼土耳其在一四五三年攻陷君士坦丁堡後阻隔了東西方貿易，然而經濟史研究早已否定了這項說法。早在一九一五年時，歷史學家利比爾（Albert Howe Lybyer）便已經藉由〈鄂圖曼土耳其語東方貿易航線〉（The Ottoman Turks and the Routes of Oriental Trade）一文質疑這項傳統觀點。經濟史家連恩（Frederic c. Lane）在一九七三年的文章

〈達伽馬前的香料價格〉（Pepper Prices Before Da Gama）也發現威尼斯的香料名目價格在君斯坦丁堡陷落前後並沒有改變。二〇〇九年，奧弗克（O'Rourke）與威廉姆森（Williamson）兩位學者的文章〈達伽馬對歐洲市場有影響嗎？〉（Did Vasco da Gama Matter for European Markets?）更是確立了兩件事：第一，一四五〇年代的香料供應並未隨著君士坦丁堡陷落而中斷，實際上鄂圖曼與威尼斯的貿易路線仍然持續。第二，調整物價因素後，一四五〇年代的香料價格的確上漲，但這反應的是長期連續的上漲趨勢。因此西班牙、葡萄牙的海外擴張其實是為了尋找媲美鄂圖曼與威尼斯香料貿易的新貿易網絡。換句話說，在威尼斯與鄂圖曼長期進行貿易合作下，伊比利半島的政權其實是為了要跟義大利政權競爭才會另闢新航路，這反倒與《大逃離》作者主張的去中心化競爭一致。

不僅如此，本書作者在詮釋地理大發現時，也忽略了伊比利半島政權往非洲的擴張，其實更早於英明君王的政策。近年來的研究，如彼得．馬克（Peter Mark）與奧爾塔（José da Silva Horta）二〇一一年出版的《被遺忘的離散》（*The Forgotten Diaspora*），便指出猶太人被從伊比利半島上驅逐後，許多人（特別是猶太商人）便跑到西非發展，這些人因此被稱作「流亡者」（Lançados）。布魯克斯（George E. Brooks）也在《地主與異客》（*Landlords and Strangers*）與《在西非的歐非人》（*Eurafricans in Western Africa*）等書中進一步說明，這些伊比利流亡者到了西非後如何受到西非習俗的影響。他們會跟當地的非洲部落公主聯姻，形成「葡萄牙—非洲」的貿易網絡，而他們的後代在世界貿易史扮演了重大角色。這些既有的非洲商業網絡，則是導致西、葡兩國地理大發現擴張的關鍵。地理大發現的新研究近年甚多，作者雖然花了不少篇幅談了這方面的議題，卻未談到這些新文獻，實在可惜。

最後，則是對羅馬史的補充。作者認為羅馬帝國的「遺產」不如羅馬帝國的「消失本身」重要，甚至在本書結尾時還懷疑「羅馬帝國的存在對歐洲的現代性是否有貢獻」。但愛德華．沃茲（Edward

Watts）等羅馬史學者便曾指出，羅馬全盛時期的文化制度對歐洲西部行省有著深遠的影響。也就是說，「西歐」作為一個整體，其實是羅馬帝國創造出來的概念。近年來的經濟學研究也進一步指出，羅馬當年打造的交通網絡對今日歐洲的經貿整合有著非常巨大的貢獻，這點可參見弗呂克格爾（Matthias Flückiger）等人即將發表於《經濟研究評論》（*Review of Economic Studies*）的文章〈羅馬交通網絡與經濟整合〉（Roman Transport Network Connectivity and Economic Integration）。因此說到底，羅馬的「興起」與「消失」，或許各自都對歐洲有著巨大影響。

《大逃離》給臺灣讀者的啟示

臺灣讀者能從本書獲得什麼收穫呢？首先，自然是對羅馬及中古歐洲的各類史實有更系統性、更深入的認識。希望這篇文章的介紹能讓讀者對反事實推論的來龍去脈有一些基本的了解，並在閱讀本書的過程中更能與作者的思路對話。或許在讀完之後，讀者也可以問自己以下幾個問題：如果當初《馬關條約》割讓的是大連而不是臺灣，或者是二戰之後臺灣被美國託管乃至繼續當日本領土，臺灣的政治經濟發展會跟現在有什麼不同？若蔣經國當初沒有解除戒嚴，或是選擇了林洋港而非李登輝擔任副手，臺灣的民主會不會有不同的面貌？

這些思想實驗的重點不在於最後得出什麼結果，而是將我們理解歷史的目光，從少數幾位重要人物的決策與想法上移開，重新反思歷史事件的社會文化背景與自然環境。如此一來，我們就能更加理解當時人們決策時所面對的限制及影響，也就不會武斷地說出「要是沒有某某人的高瞻遠矚，就不會有後來的臺灣經濟發展或民主成就」。握有大權的領導者確實會影響歷史的走向，但歷史的走向不必然只由領導者的決策決定，還同時受到當時時空環境的左右。如果不想讓偶發事件或錯誤決策主宰我們的命運，唯一的方法就是將制度耕耘得更加厚實，把社會打造得更加韌性。這種以史為鑑，才能照出更寬廣的可能。

大逃離

ESCAPE FROM ROME

獻給喬伊。

帝國的時代已經結束。

——尤托匹亞（Utopia），約翰·卡本特（John Carpenter）《洛杉磯大逃亡》（*Escape from L. A*）

（派拉蒙影業，一九九六年）

序章

大逃離

大逃離是什麼？

什麼是大逃離？大逃離讓我能夠寫下這本書，並且讓你能夠閱讀這本書。如果我們忙著耕田，或不認識字，或者來不及長大就死去，我們就不可能這麼做了。大逃離轉變了人類生活的景況，讓許多人變得比我們的祖先更富有、更健康與接受更多的教育。[1]

時至今日，逃離疾病、無知、壓迫與匱乏，依然是世界大部分地區努力推動的工作，然而這種逃離並非來自緩慢、漸進與線性式的改善。絕大多數的逃離都代表著與過去習慣和生活經驗的徹底斷裂，往往在短短幾個世代以內就改變全世界。

長期來看，十九世紀之前的人均經濟產出確實出現一定的密集成長，但整體規模其實不大。如果對照過去兩個世紀以來的突破性進展，就更能看出原本這種累積成長的幅度其實相當微小。類似的情況，也出現在人類「知識存量」（stock of knowledge）與對抗疾病能力的成長幅度上。這種斷裂與不連續，表示世界上最早出現現代經濟發展的地區（首先是英國，之後是歐洲其他地區，接著才是師法歐洲的世界各國），其經濟成長軌跡看起來就像是一根曲棍球球棍的形狀。這條向上彎的曲線拉出一條持續擴大的鴻溝，分隔了世界上的先進地區與其他地區。這種現象直到最近才開始消失（圖I.1）。[2]

這個大分流的出現，使人口數量不再是影響各地區經濟總產出的主要決定因素，全球的生產與消費也從長期以來世界人口最多的東亞與南亞地區，開始逐漸轉移並高度集中於新變革出現的歐洲與北美，以及日後的日本（圖I.2—I.3）。[3]

即使許多國家（特別是亞洲國家）正迎頭趕上，逐漸縮小已經存在好幾個世代的發展差距，但大分流帶來的影響仍需要很長一段時間才會消失。因此，世界上高所得的受惠者絕大多數仍出現在最早發展的地區，尤以美國與西歐獨占鰲頭。雖然美國、南非與南美地位的提升也助長了這種不平等模式，但導致經濟產出不均衡的主要決定因素，仍是現代化的時機點（圖I.4）。[4]

要量化這種巨大的轉變，最具企圖心的嘗試或許是伊安．摩里士（Ian Morris）的「社會發展指數」（social development index）。這項指數觀察歐亞大陸西部與東部最發達的地區，長時間追蹤四項關鍵指標——能量採集（energy capture）、社會組織、發動戰爭的能力與資訊科技，並試圖（非常粗略地）量化與比較各層面的物質發展。就歐亞大陸西部來說，這項指數的曲線就跟過去一樣是曲棍球球棍的形狀（圖I.5）。[5]

在很長的一段時間裡，東方與西方的曲線都只出現輕微的波動，反映的主要是帝國對社會發展的影響相對溫和。大帝國的形成與略高的發展分數相關，而大帝國的崩潰（或瘟疫）則與略低的發展分數相關。也就是說，羅馬帝國有助於歐洲的社會發展，唐宋帝國則有助於中國的社會發展。中世紀晚期，中國遭蒙古人襲擊，歐洲則受到黑死病肆虐，於是社會發展分數下降（圖I.6）。

直到十九世紀出現了一套非常不同的機制，才讓曲線產生了更劇烈且能夠自主持續的進展。社會發展迅速達到前所未有的量級，不僅使早先的波動變得無關緊要，更界定出讓曲線得以變成曲棍球棍形狀的轉折點（拐點）。

這就是大分流。無論是與過去的分歧，還是舊世界各地區之間的分歧，差異都巨大到已經毋需考慮國內生產毛額的歷史估計（或說猜測）或其他文獻記載不足產生的計量問題：分歧之巨大已經遠遠超過可能的誤差範圍。這顯示世界的確出現了變化。經濟史家大衛・藍迪斯（David Landes）曾說過一句令人難忘的話來形容：「相較於自己的曾孫輩，一七五〇年英國人的物質生活反而更近似於凱撒時代服役於羅馬軍團的士兵。」[6]

摩里士的社會發展分數中，占最大比例的便是人均能量採集，從公元前一萬四千年的百分之百（當時全球的社會組織或軍事能力不存在有意義的差異，更不用說資訊科技）到公元一八〇〇年的百分之八十左右，再到一九〇〇年的百分之六十到七十之間。可見導致圖I.7東西方曲線分歧的最大原因，就是能量採集的改變。在摩里士的研究中，西北歐的估計人均能量消耗從一八〇〇年的每日三萬八千大卡，增加為一九〇〇年的九萬兩千大卡，到了今日（美國）甚至達到二十三萬大卡。[7]

另一組重建的數據則顯示，十九世紀的英國甚至出現更快速的增長：從每日三萬三千大卡增加到九萬九千大卡，因為英國開始利用煤礦。從有機燃料經濟轉變到化石燃料經濟相當關鍵。有機燃料經濟受到較為嚴格的限制，因為必須仰賴植物的光合作用，才能把穩定的太陽能轉換成食物、牧草與柴薪，以支撐人類與動物的勞動力及原料加工。相較之下，化石燃料經濟使用的是在地質時間積累下數量更加龐大的燃料存量，首先是煤，然後是石油與天然氣。[8]

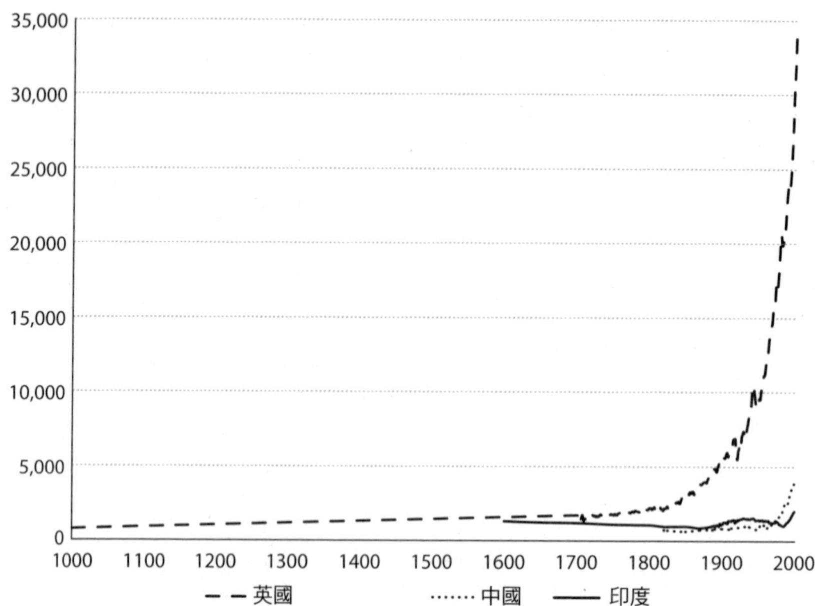

圖I.1　公元1000-2000年，英國、中國與印度的人均國內生產毛額（以2011年美元計價）。資料來源：麥迪遜計畫資料庫（Maddison Project Database 2018）。

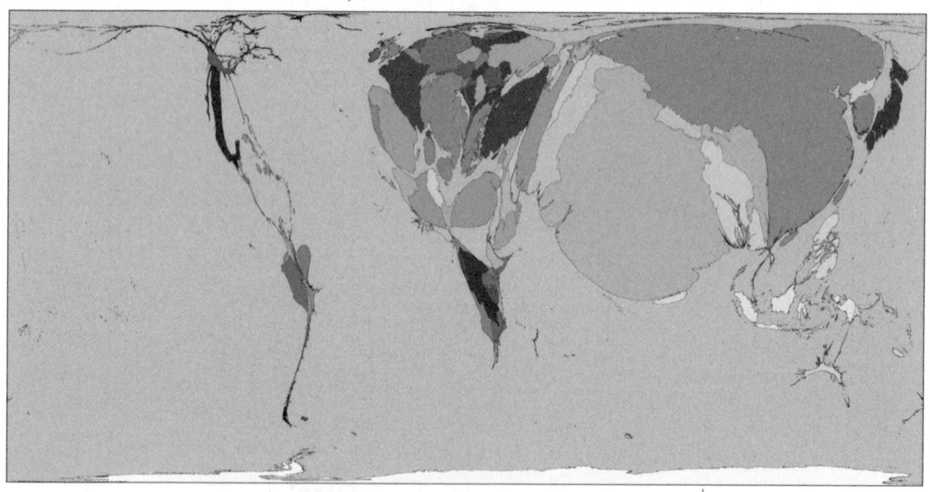

圖I.2　公元元年，根據購買力平價調整後的全球國內生產毛額分配圖。資料來源：http://archive.worldmapper.org/display.php?selected=159與http://archive.worldmapper.org/display.php?selected=162 (©Copyright Worldmapper.org/Sasi Group [University of Sheffield] and Mark Newman [University of Michigan])。

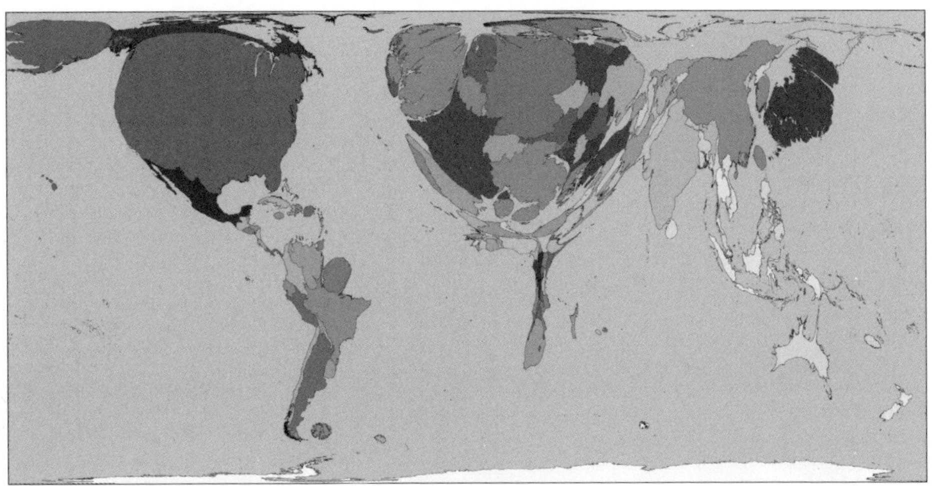

圖I.3　公元1960年，根據購買力平價調整後的全球國內生產毛額分配圖。資料來源：http://archive.worldmapper.org/display.php?selected=159與http://archive.worldmapper.org/display.php?selected=162 (©Copyright Worldmapper.org/Sasi Group [University of Sheffield] and Mark Newman [University of Michigan])。

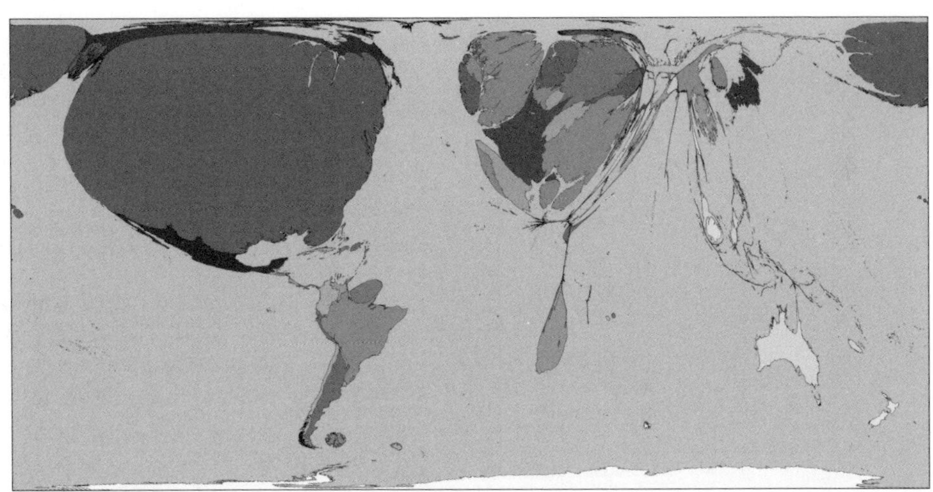

圖I.4　公元2002年，世界人口每日所得超過兩百美元分配圖（根據各國購買力平價調整）。資料來源：http://archive.worldmapper.org/display.php?selected=158 (©Copyright Worldmapper.org/Sasi Group [University of Sheffield] and Mark Newman [University of Michigan])。

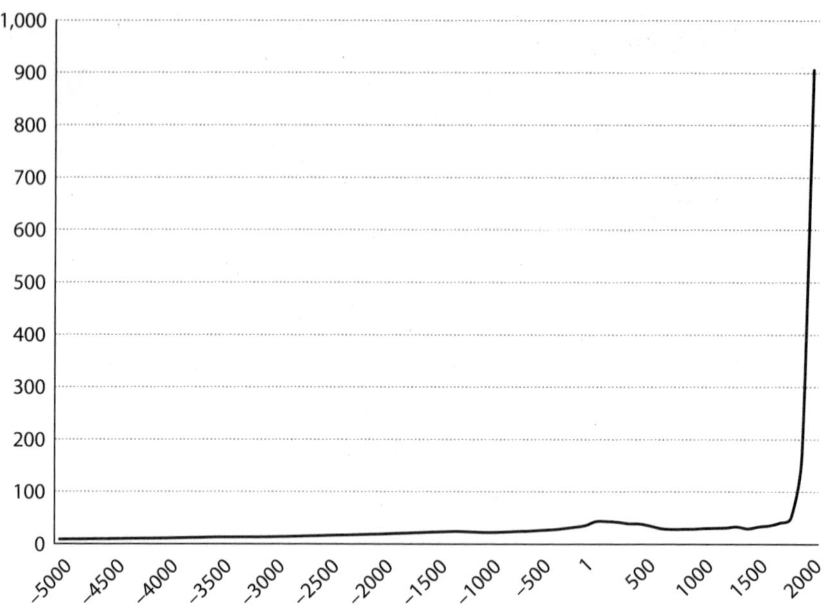

圖I.5　公元前5000年到公元2000年，歐亞大陸西部最發展的地區的社會發展分數。資料來源：出自 Morris 2013b: 240-41, table 7.1。

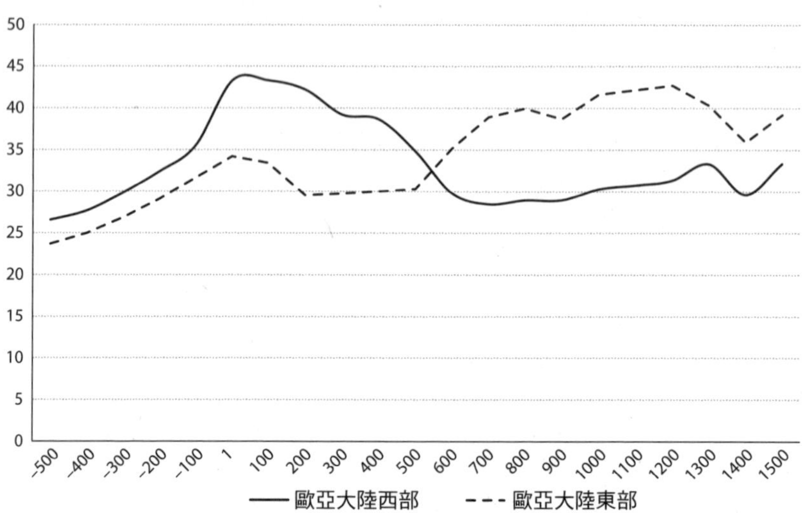

圖I.6　公元前500年到公元1500年，歐亞大陸西部與東部的社會發展分數。資料來源：Morris 2013b: 240-43, table 7.1-7.2。

到了二十世紀，戰爭能力與資訊科技才取代能量採集，成為驅動社會發展最重要的力量。根據摩里士的估算，由於核子武器與電腦的出現，戰爭能力與資訊科技在二十世紀上升了兩個量級。這兩項指標都是科學與工程學日新月異下的產物，而正是科學與工程學的進展使我們與過去的斷裂持續加深。

經濟成長與社會發展對我們造成什麼影響？最根本的影響是使我們變得更長壽。從十八世紀晚期至今，全球人均產出成長了十五倍，全球出生時平均預期壽命則增加了一倍以上（從三十歲增加到七十歲），可見壽命與經濟表現呈正向關係。我們不僅活得更久，也活得更好。全世界貧窮普遍減少：每天靠著約兩美元維生的人口比例從兩百年前的超過九成，減少到今日的一成左右。與貧窮緊緊相隨的營養不良，一九四五年時仍糾纏著世界一半的人口，如今十個人當中僅有一人會受其影響。[9]

從西方開始，成年男子的身高在十八世紀晚期到二十世紀晚期間增加了五英寸（編按：約十二點七公分）。整體而言，西方人「比我們的祖先更高、更重、更健康也更長壽。我們如今擁有更健壯的身體，更不容易在早年染上疾病，也更不容易衰老」。而同樣的，這個趨勢也是全球性的。[10]

全球識字率從兩百年前每八個成年人只有一個人識字，到今日的每七個成年人有六個人識字。自由成為主流：生活在偏向民主而非偏向專制國家的人口比例，從一八〇〇年的百分之一左右，爆炸性成長到今日的三分之二——如果一九四〇年代晚期中國內戰的結果不同的話，整個比例可能會輕易地逼近六分之五。如果把完全專制定為負十分，完全民主定為正十分，那麼全球絕大多數政治體的平均分數將從一八〇〇年的負七分，提高為今日的正四分。這些轉變都讓我們明顯變得更加幸福，國內生產毛額與幸福感之間的連結也變得更加廣泛。整體而言，即使各國社會依舊存在經濟不平等，且富國與窮國之間因為大分流所加深的差距一直到近來才逐漸縮減，現代發展確實在各方面都改善了我們的生活，並且逐漸擴展到全球各地。[11]

不用說，我們現在還無法主張大逃離已經大功告成，但我們已經走到一個前人所不能及的地步：這一現代發展如今已可能藉由氣候變遷、環境惡化與核生化戰爭，對我們的星球造成嚴重傷害。這一惱人的事實提醒著我們，這一轉變的規模究竟有多麼巨大。無論是好是壞，我們都已超邁前代。[12]

大逃離的成因？

世界為什麼改變這麼多？所有發展都源自於西北歐發生的首次突破，也就是圖I.1與圖I.7所示的轉折點。然而，是什麼讓地處世界一隅的西北歐能夠不斷擴大自然資源的使用範圍（從煤、牛痘病毒到矽與鈾），從而帶來前所未見的生產力與人類福祉？

如今，這個問題的解答不僅堆滿了收藏學術論文或書籍的書架（或塞爆了電子檔的資料夾），還能讓人花上一整本書的篇幅去清點相關研究。學

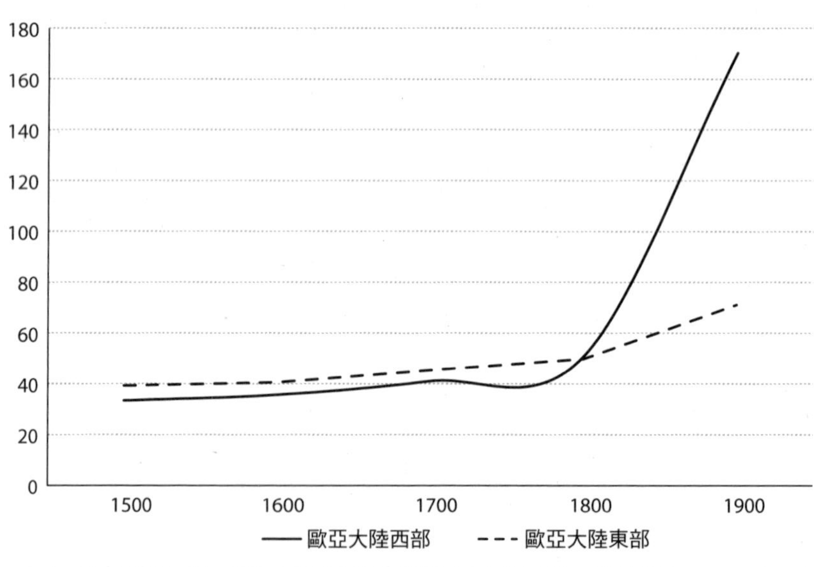

圖I.7　公元1500年到1900年，歐亞大陸西部與東部的社會發展分數。資料來源：Morris 2013b: 241, table 7.1; 243, table 7.2。

者們的意見分歧。有些人採取長期觀點，尋找可以上溯到許多世紀之前的原因與趨勢。有些人則強調偶然性在晚近所扮演的角色，這些偶然性使得某些開創性的社會得以超前（或讓強取豪奪式的社會得以勝出，這取決於你所問的對象。有些學者則認為純粹是某些社會的運氣好）。有些研究著重政治與制度，有些研究則把焦點放在海外貿易與殖民，還有一些研究則強調文化、教育與價值。[13]

我認為西北歐首次出現突破，有一項條件至關重要，那就是分裂權力之間的相互競爭。無數的分裂構成了現代性的溫床，分裂不僅出現在中世紀與近代早期相互為戰的歐洲國家之間，也出現在社會內部：國家與教會、統治者與領主、城市與大亨、騎士與商人，以及最晚近的天主教徒與新教徒。儘管這段衝突與妥協的歷史相當漫長（而且往往以暴力呈現），卻有著清楚的起點，那就是羅馬帝國的衰亡。就像中國歷代王朝曾經統治大部分的東亞一樣，羅馬帝國也曾統治大部分的歐洲。但與中國不同的是，歐洲再也沒出現過羅馬式的大帝國。

歐洲次大陸長期缺乏「霸權帝國」（編按：最高級別的「大一統帝國」），不僅造成歐洲與古代歷史的劇烈斷裂，也讓歐洲走上與帝國重建這一常態模式相左的軌跡。我們可以在歐洲以外的地區看到這種霸權由盛而衰、再由另一個霸權接替的過程。羅馬帝國衰亡成為歷史的斷裂點，是歐洲能夠保持「多中心主義」（polycentrism）並累積成變革性發展的重要基礎，更是日後現代經濟發展、工業化與西方支配全球的先決條件。

我將用幾個階段來開展自己的論點。我會在開頭的章節確立一項事實：歐洲在帝國的國家形成上，與世界上其他重要文明有著極大的不同。統一的羅馬帝國於公元五世紀滅亡之後，歐洲最大的強權從未能夠統治歐洲五分之一以上的人口，與羅馬時代統治歐洲五分之四以上人口有著天壤之別。同樣的，之後在羅馬人曾經擁有的地理空間上建立的最大強權，其控制的人口也不過是羅馬帝國晚期人口的一小部分。[14]

這個模式令人矚目有兩個原因：首先，它顯示歐洲古代史與古代史之後明顯存在著不連續。其次，它與東亞、印度次大陸、中東與北非等世界其他大型傳統帝國存在的地區有著大不相同的結果。歐洲「只出過羅馬這一個大帝國」成了獨特且驚人的歷史現象，因為若一個地區能在早期撐起非常龐大的政治體，那我們可以合理預期這類龐大政治體將能夠再度出現——而這的確是歐洲以外地區不斷出現的模式。從這一點來說，南亞、中東（還有東南亞、中美洲與安地斯山區）其實與東亞有著更多的共通點：大帝國持續存在就是一例。這與歐洲不同，歐洲反而成了真正的異例。[15]

這引發了四個彼此緊密相關的問題，而我將在本書的第二部到第五部討論：羅馬帝國如何形成，其興起是否取決於某個罕有或獨特的條件，以至於日後無人能如法炮製？為什麼沒有任何規模近似於羅馬帝國的國家在相同的地區再次重建？與世界各地比較，是否能幫助我們了解為什麼歐洲在羅馬之後再無大一統帝國？最後也最重要的是，歐洲在羅馬之後再無大一統帝國這件事，是否為後世（直到相當晚近）的發展開啟了一條路，最終改變了世界的樣貌？

在第二部，我會解釋羅馬如何建立一個龐大到涵蓋整個地中海地區的大帝國，而這主要與兩個因素有關。首先，羅馬共和國結合了動員平民的軍事文化與整合力。這種軍事動員的強度是希臘城邦文化與戰國時代的中國以外，上古時代其他政治實體所無法想像的，而整合力則讓羅馬共和國將軍事動員的規模提高到當時歐亞大陸西部其他地區難以企及乃至不可能達到的程度（第二章）。其次，羅馬在形成階段得益於地處廣大文明區的邊緣，這個文明區從肥沃月彎往外擴張了數千年，但在將地中海中部與西部吸收到該區核心的政治與軍事互動網絡的速度卻格外緩慢（第三章）。此外，長期的內部政治穩定與幸運地連續遭逢好的條件，使羅馬能在相對較早的擴張階段確立地中海的海上霸權，使後續擴張能夠更加順利。

這兩項先決條件在往後的歷史都未再出現。羅馬的統治將原本中東的政治軍事體系疆界大幅拓展到北海。大規模平民的軍事動員則是直到法國大革命才重返歐洲，也沒有任何單一強權或同盟能夠完全掌握整個地中海地區的海上霸權，至少在特拉法加海戰（Trafalgar）或第二次世界大戰之前沒有。

討論完支撐羅馬霸業的獨特要素之後，我會在第四章評估羅馬崛起背後的偶然性，並將反事實條件納入考慮。透過合理地對真實歷史進行「最小重寫」（minimal rewrite），我要問，歷史上有沒有哪些關鍵點可能扭轉羅馬擴張的勢頭？儘管這類關鍵點大都集中在公元前四世紀末亞歷山大大帝（Alexander the Great）時期，但這項思考的結論是，要產生重大另類結果的機會微乎其微。從公元前三世紀之後，羅馬的國家能力（相對於歐洲地區的競爭者）已使其失敗的可能性越來越低。羅馬的國家形成因此同時具備高度偶然性（就前述兩項先決條件而言），以及高度穩定性（一旦這些先決條件備齊）。

在第三部，我會先簡短探討一項極為熱門的問題，那就是羅馬帝國為什麼衰亡。考慮到歷史上絕大多數未能轉變成民族國家的帝國，最終都會在某個時間點崩潰瓦解，因此我決定將焦點放在另一個更加顯著但卻比較少人關注的問題：為什麼羅馬帝國或羅馬帝國式的國家未能再起？

由於第二章與第三章已經強調過羅馬經驗的獨特性，以及為何孕育羅馬經驗的大環境有時難以重現，因此我會在接下來的第五章與第六章分析歐洲在羅馬之後國家形成的軌跡。我在六世紀到十九世紀初找到了八個關鍵時刻，這八個關鍵時刻原本皆可能出現類似羅馬帝國的帝國霸權：東羅馬帝國在六世紀企圖收復過去羅馬帝國西半部的大部分領土、阿拉伯在七世紀與八世紀的擴張、法蘭克王國在八〇〇年左右的權力增長、德意志帝國在十世紀到十三世紀的發展、蒙古人在十三世紀中葉進逼東歐與中歐、哈布斯堡王朝在十六世紀的政策、鄂圖曼土耳其在十六與十七世紀強權，以及從路易十四到拿破崙的法國政策，並在最後帶到第二次世界大戰作為簡短的尾聲。

我認為，這八個關鍵時刻都有各種清楚憑據的決定性因素，阻礙了任何羅馬帝國式的霸權在歐洲再次出現——只靠對歷史進行最小重寫，並無法得出重建羅馬帝國這個特定結果。我的結論是，歐洲在羅馬之後的多中心主義是一種長久且穩定的現象。

在第四部，我將延續探討前述結論所產生的問題：為什麼歐洲在羅馬之後要建立大帝國總是「一貫」失敗，但大帝國在世界其他地區卻能持續「重建」？針對這個問題，我比較了舊世界不同地區的國家形成趨勢，特別是歐洲與東亞。我選擇將比較的焦點放在這兩個地方，是因為從世界歷史的標準來看，中國的帝國傳統具有非比尋常的恢復能力，因此可以做為歐洲在羅馬之後長期多中心主義的理想對照。

這個比較視角讓我可以找出有利於東亞帝國形成（imperiogenesis）與阻礙歐洲帝國形成的幾項重要因素。第七章先檢視近因：羅馬與漢朝之後的征服政權，其財政安排與特質如何起到重要影響。第八章則探討遠因：地理與生態條件如何影響了宏觀社會政治的發展。在這些環境特徵中，暴露於大草原區的程度一直是帝國國家形成是否可能的決定性因素，不僅歐洲與東亞如此，在歐亞非大陸其他地區也是如此。此外，宗教與世俗信仰體系的性質及更普遍性的文化特質也加強了歐亞大陸兩端的分歧趨勢，哪怕這些因素未必完全獨立（第九章）。

從前述這些層面來看，漢朝之後的中國與羅馬之後的歐洲有著深刻差異，這有助於解釋兩者在政治與各種社會權力的規模化與中央集權化上為什麼會出現持續而長久的分歧。我把這種上古時代之後（集中在六世紀）宏觀社會演變的分歧稱為「第一次大分流」（First Great Divergence）。[16]

第四部最後，我還想提出一套分類法，以區辨哪些特徵有助於（或有礙於）大帝國的建立。這套分類顯示歐洲（特別是西歐或拉丁歐洲）先天不容易像其他地區一樣受到大一統帝國的控制。相較之下，東亞經歷的條件則有利於不斷出現普世帝國，而南亞、中東與北非地區則介於兩者之間。這項比較分析強化了我在第二章與第三章的論點，也就是羅馬帝國的興起取決於極不尋常的條件。從這個角度來看，相較於歐洲日後各個帝國的重建失敗，羅馬的成功可說是一個極為反常的例子。

在第五部，我認為今日普遍提到的「大分流」一詞（大致可以理解成西北歐乃至於「西方」在經濟相關面向上產生的獨特突破），其實根源自於政治上的「第一次大分流」，兩者之間有著密切連繫。第一次大分流區隔了羅馬和羅馬之後的歐洲（第二部與第三部），也讓歐洲走上與東亞和歐亞大陸其他地區不同的道路（第四部）：前者再也沒有霸權帝國，後者則出現週期性重建的霸權帝國。

無論我們接受哪一種有關現代「大分流」與工業革命起源的解釋，這些彼此競爭的說法都與政治上的「第一次大分流」有關。主要的解釋至少有五種。一、從封建主義、教會權力與宗教分裂，發展出公社、法人與議會制度。二、社會對於長年戰爭的回應，強調社會權力根源的整體構造。三、發現新世界資源與全球貿易的貢獻，以及重商主義者採行殖民主義與保護主義的影響。四、出現了使科學與技術能夠持續創新的新文化。五、人們在價值上更傾向於支持在商業上積極進取的資產階級。

逐一檢視這些不同的解釋之後（從第十章到第十二章），我發現這些解釋都建立在一個共同點上：上古時代結束後，歐洲絕大部分地區再也沒出現過與羅馬同等規模的帝國。歐洲若出現週期性的帝國，就不會出現穩定發展的列國體系，而正是列國體系促成了持續性的生產競爭與多樣性。這使得霸權帝國的殞落與持續不存成為日後「歐洲例外論」（European exceptionalism）不可或缺的先決條件，最終催生了我們今日所在的現代世界。[17]

現代性的出現因此是長期趨勢下的產物：即使這個轉折直到十九世紀才「起飛」，但它的根源卻能追溯到更久以前，甚至早於出現現代化發展跡象的十七至十八世紀（我將在第十章討論這個問題）。若將這股推動現代發展的力量納入考慮，則通往繁榮的漫漫長路最遠可以追溯到上古時代晚期。歐洲的經濟突破因此並非偶然，也不大可能在其他地方發生：儘管不是不可避免，但長時間的發展仍是必要條件，或至少相對充分。[18]

從這個視角來看，羅馬帝國衰亡帶來的影響，要比羅馬帝國的存在本身與羅馬帝國留給後世歐洲文明的遺產更大。這聽起來是個大膽的主張，我為此寫了一篇後記來解釋喜劇團體蒙提・派森（Monty Python）提出的著名問題：「羅馬人對世界的貢獻？」無可否認的是，從語言與（基督）宗教到法律與菁英文化，羅馬遺留下來的文化傳統調和了羅馬帝國崩潰的長期負面影響。某些羅馬遺產很可能真的提供了重要的平衡，抵銷國際與國內競爭不斷增加下所導致的創傷與斷裂，讓人群、貨物與觀念的生產交換得以跨越政治與意識形態的藩籬。

這也引發了最後一個問題：要理解歐洲最終的經濟突破，究竟是實際的歷史情境（壟斷一切的大一統帝國先是創造了一定程度的共有文化，隨後瓦解並一去不復返）比較有幫助，還是反事實的情境（假定一開始就不存在這樣的帝國）比較有幫助？這個問題會讓我們做出缺乏充分理由支持的反事實推論，但這樣的天馬行空仍舊值得思考。我們是否有理由認為，若是完全沒有當年羅馬人打下任何基礎，人類也就不會走向這趟通往現代世界的曲折旅程？

※

本書來自一個悠久的學術傳統，這個傳統主張分裂與競爭是歐洲發展的重要先決條件或根源。不同於今日既有的一些作品，本書首次發展出更廣納的理路，想就此建立一套根本原則：沒有多中心主義，就沒有現代性。[19]

想在農業社會組織大量人口，帝國就是一種行之有年的有效方式。龐大、混合而多樣，涵蓋各方邊陲，這些領域被遙遠的中心鬆散地結合在一起，表面上看來實行的是普世統治，實際上卻仰賴各地方菁英的支持。傳統的帝國必須集中所需資源來維持運作，卻又不能對分布在遼闊地區的臣民施加過度的壓迫。從以下事實可以清楚看出帝國的適應力，那就是兩千多年來，在原始的技術與嚴苛的後勤限制下，絕大多數人類都始終生活在少數帝國強權的控制之下（圖I.8）。[20]

然而，從發展視角來看，傳統帝國卻在三個方面失敗了，而這三個方面都對現代世界的形成有著深遠影響：

一、狹義而言，羅馬帝國失去對歐洲的掌握，導致國際與國內都長期陷入權力多中心化的局面。

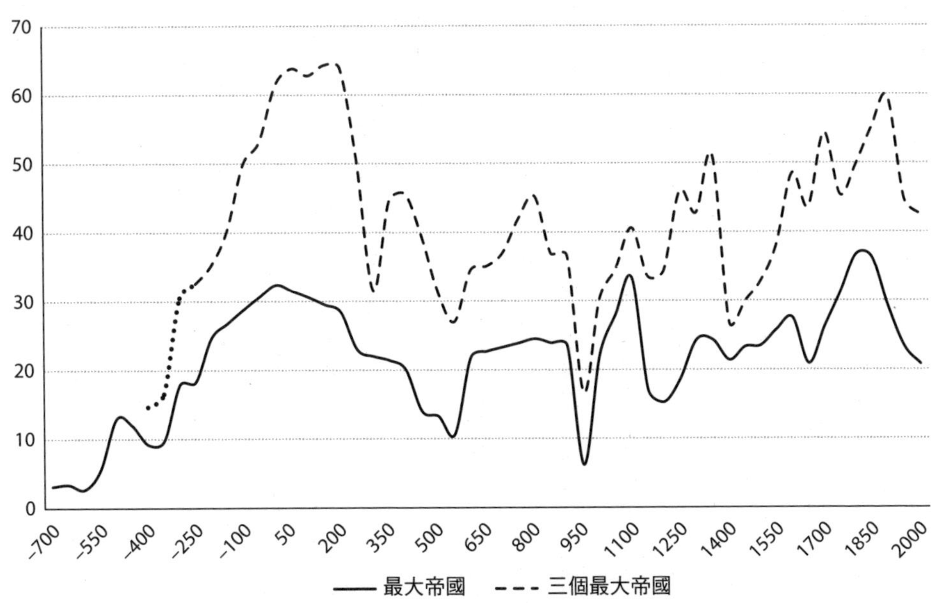

圖I.8　公元前700年到公元2000年，世界單一最大帝國與三個最大帝國的人口占世界人口比例（百分比）。資料來源：Scheidel in press-a。

二、略為廣義來看，歐洲從此再也無法重建幾乎囊括一切的大帝國。

三、從最廣義的角度著眼，帝國做為一種組織民眾與資源的方式，無法產生促進變革性發展的條件。

我的重點不在於帝國本身，目前這方面的研究逐漸傾向於從全球比較的視角來進行，最近期的成果就是我、彼得・邦（Peter Bang）與已故的克里斯多夫・貝利（Christopher Bayly）共同編輯多達七十幾章的《牛津世界帝國史》（*Oxford World History of Empire*）。即使我在接下來的章節反覆提到傳統帝國的特質（特別是中國），我主要也是為了對比羅馬之後列國體系的狀況，藉此凸顯後者。對我來說，真正要緊的是逃離：不僅是從何處逃離，也攸關逃離如何發生。[21]

關鍵就在於穩定列國體系帶來的生產力：分裂產生了多樣性、競爭與創新，而穩定性則保障最有效的做法，獎勵贏家並懲罰輸家。帝國在這套敘事中扮演的角色就是阻礙了兩者：壟斷式的大一統統治扼殺了競爭，而帝國權力的週期盛衰則使多中心主義時斷時續，削減了多中心主義累積的效益。因此，傳統帝國不需要一直（或絕大多數時間）維持霸權地位也能阻礙現代化發展，只要偶爾有大規模的「帝國形成」就已足夠。唯有帝國永遠缺席，才能讓多中心主義及其必然結果繁榮發展。

我不會追溯從分裂到破碎的整個過程，而是完全針對起源進行分析。我只會重點強調基礎特徵，從中世紀到一八〇〇年左右英國的第一次工業革命。我的分析不會越過這個時間點，因為第一次工業革命的成果不能僅從紡紗、煉鋼與固定式蒸汽機來判斷，而必須從這場革命所導致的發展來評價。真正促成絕大部分「大逃離」的是第二次工業革命：從十九世紀最後三十年以降，重大發明開始加速面世並受到廣泛運用。而第二次工業革命源自於系統性的科學研究與工程學、醫學與公共衛生同時進展、生育轉型，以及政治與制度改革。這道變革之門一旦開啟，希望之路也隨之鋪平。我要再次引用藍迪斯的話：「工業革命實際上就像夏娃吃了知善惡樹的果子，從此這個世界再也不一樣。」[22]

本書並不往下描述這段敘事，而是要往反方向延伸，為的是估量這些日後發展的基礎有多麼深厚。我這麼做不只是因為我對深層原因有著職業上的興趣，也是因為我關注歷史結果的穩固程度。歐洲得要出現多大的轉變，才能真正走上逃離之路？如果羅馬之後的多中心主義才是常態，那麼羅馬帝國的存在本身豈不成了異例？否則為何沒有第二個羅馬式帝國出現呢？[23]

到頭來，實在有太多因素會促成這樣的歷史結果。正如「第一次大分流」可以追溯到多重因素，學者們也將「（第二次）大分流」連結上各種不同的特徵，而這些特徵只有一個共通點，那就是它們都取決於能讓生產力互相競爭的多中心主義，或者換句話說，有賴於歐洲僅出現過羅馬這個獨一無二的帝國。

從這個角度來看，現代性的故事也是羅馬的故事。一七八六年，歌德（Johann Wolfgang von Goethe）正確地高呼：「全世界的歷史都繫於此。」事實也確實是如此，不過這恐怕得先感謝羅馬帝國的衰亡。愛德華．吉朋（Edward Gibbon）在兩年後寫下了一句名言：「羅馬帝國的衰亡，是人類歷史上最偉大、或許也是最可怕的一幕。」但只要把時間拉長來看，羅馬帝國衰亡也就沒那麼可怕了。事實正好相反，羅馬帝國的衰亡開啟了一段大鳴大放的實驗時代。光是這個理由就足以把羅馬帝國的衰亡想成是「人類歷史上最偉大的一幕」。[24]

儘管從今日看來或許顯得遙不可及，但現代世界的形成有著清楚而明確的起點。畢竟，歐洲並非一直都是分裂與多中心的狀態，羅馬的統治者也絕非無緣無故留給我們「帝國」一詞。他們握有不列顛（Britain）的時間（經過多年才有心獲取的領土），就跟查理一世（Charles I）遭到斬首至今經過的時間一樣長（編按：一六四九年）。此後一直要到一八〇六年八月六日，哈布斯堡王朝的法蘭茲二世（Francis II）這最後一任自封的羅馬皇帝才終於退位。在他退位的二十個月前，拿破崙．波拿巴（Napoleon Bonaparte）自行加冕為法蘭西人的皇帝——不到一年之後，拿破崙便暫緩了攻打英國的計畫。英國當時才剛展示第一輛蒸汽火車頭，而動力織布機的持續改良讓英國專利局忙翻了天。

拿破崙的歐洲霸主僅是曇花一現，且無論其外表如何具有革命性，其內在本質也僅是在試圖重現古代帝國的最後一搏。羅馬帝國依然獨一無二，它留給歐洲的龐大陰影就是如此。歐洲已經完全而真正地逃離，確保我們所有人都被釋放到不可預期的未來。

羅馬帝國全盛時期曾出過一位勞里奇烏斯（Lauricius），我們只知道他可能是一名羅馬士兵，而他在今日約旦南部曠野的岩石上隨意刻下一行字：「羅馬人戰無不勝。」這一直白且表達略顯無禮，呼應了古羅馬詩人維吉爾（Virgil）著名的優美說法：眾神之王朱庇特（Jupiter）賜予了羅馬人「永無止盡的帝國」。這一觀點確實延續非常久的時間，甚至遠遠超越羅馬的實際歷史。帝國一般而言的確容易獲勝，至少在它們崩潰之前是如此，而帝國崩潰之後也會有另一個帝國接續：從這個意義來說，帝國確實永無止盡。歷經許多世代，帝國要求各國臣屬，並且阻止穩定的列國體系形成與建構不同的世界。我們今日的生活之所以不同，是因為到頭來「羅馬人」與羅馬帝國的建立者其實並未「戰無不勝」，即使他們差一點就做到了。[25]

羅馬人的失敗，因此堪稱六千六百萬年前一枚迷途的小行星消滅恐龍以來，我們所碰上最幸運的事。若不能「逃離羅馬」，就不可能「抵達丹麥」——建立能享受自由、繁榮與全民福利的社會。[26]

大逃離如何證明？

我們如何能證明這個論點？尋找（現代的、經濟的）「大分流」的原因對我們了解世界如何成為現今的模樣至關重要，但這樣的追求大部分已被專業史家放棄。我在注釋中放入一份非正式但不能說不具代表性的樣本，列出四十多名對這場大辯論做出重要貢獻的學者，其中只有五分之一擁有歷史學的研究所學位。社會科學家站在這條研究戰線的最前列：經濟學家領頭，社會學家居次。相較之下，政治學家則幾乎未參與其中。[27]

這些經濟學家的確有很多人實際從事歷史學研究，他們要不是在學院中取得經濟史的研究工作，就是更常因為自己的主要興趣而被歸類為歷史學家。儘管如此，「專業」（也就是擁有證書）史家投入之有限（我沒有更好的詞來形容）也引人注目：從我列出的學者所研究的歷史時期來判斷，這種現象絕不是從經濟史或宏觀歷史轉向文化史或微觀歷史所能解釋，即使這些趨勢的確扮演了一定角色。

然而，杯子雖然一半是空的，但另一半還是滿的：儘管歷史學家對此相對缺乏興趣，但其留下的空缺卻為急欲解決重大歷史問題的經濟學家與社會學家所填補。他們的努力也支撐起這場辯論的活力，使其受益於跨學科合作帶來的好處。

我以同樣開放的態度探索這個主題。我所受的學院訓練和工作，使我成為一名研究古羅馬世界的歷史學家。我的興趣逐漸往更廣泛的歷史延伸，從古代帝國、奴隸制度與人類福祉的比較研究，到達爾文理論對過去的適用性，以及經濟不平等的長期發展。我長期關注英國／歐洲／「西方」經濟起飛的起源研究，特別是長期與短期視角支持者之間的爭論。

身為一名研究遙遠過去的史家，對於長時段（long run）的喜愛很可能形成一種職業危害。但我卻不是如此：我最初並不認為古代遺產會像我周遭同事所認為的影響深遠，關於這個部分我會在本書的最後進行說明。然而，隨著時光流逝，我逐漸發現這些有關經濟起飛的研究存在著許多彼此競爭且相互補足的解釋，而這些解釋確實有共通點：它們都連繫著很久之前就開始的發展——這些發展不只限於形塑後世機會與限制的正面貢獻，還包括一項巨大的缺席：羅馬之後的歐洲再也沒出現過霸權帝國。但即使是缺席也需要探索，因為霸權帝國的缺席並非永恆，之前也曾出現過同樣廣大的帝國。這些糾葛使我在幾乎不是出於本意之下，成為一名「長時段學者」（long-termist）。

在另一個不同的脈絡下，加斯．福登（Garth Fowden）曾敏銳觀察到這項計畫隱含的挑戰：「現代性是歐洲中心論史家的終極課題，他們認為現代性與公元第一千年的歷史相隔甚遠，卻又有著某種依存關係。要令人信服地描繪這樣的關係，本身就是極為困難的事。」因此，我的研究取向勢必得有所取捨。[28]

首先，我得以羅馬史家的身分詳細解釋羅馬帝國為何興起成霸權。接著，為了找出使羅馬帝國無法重建的關鍵因素，我又必須省略無數細節才得以快速檢視不同時期的歷史。最後的成果，就是這本論證簡約（也許有些史家會認為過於簡化）、篇幅龐大卻又能緊扣主旨的作品。

在第一章，我把舊世界視為一個整體，說明歐洲實際上有多麼不同。我也會在第七章到第九章進行延伸，以找出歐洲之所以與眾不同的根本原因。從第十章到第十二章，我會檢視大量的學術作品，其中大部分是社會科學家的研究。這些著作引發了辯論，而我將討論他們提出的論點。本書最後會再次回到上古時代，檢視羅馬的遺產是否能在現代發展轉折的解釋中占有一席之地。

在本書的討論中，我要運用兩種特定取向來建構我的論點：一個是比較視角，另一個則是明確地訴諸反事實分析，也就是「假設分析」（what-if）。這兩種方法都是為了達成相同的目的：加深我們對因果關係的認知，了解為什麼不同社會各自產生不同的發展途徑。

歷史比較有許多好處，我們這裡只舉出最重要的幾項。透過「對比個案」，比較敘述可以協助「釐清個案的特定輪廓」。我會在第一章進行這項工作，建立幾個國家形成的對比模型。[29]

對歷史進行比較，能產生一種「疏離的……效果」，讓人以全新的眼光檢視自以為熟悉的事物，「最大的好處就是去除本位主義。」[30]這種自以為熟悉，往往就是鑽研特定時空的專家的通病。思索羅馬帝國卻不考慮之後在同樣的地理空間發生什麼事，也不考慮其他帝國在別的地方如何發展，將使我們無法看清羅馬帝國衰亡的主因。透過比較，有助於解釋特定事件。

比較分析也協助我們超越特定例子的特殊證據及其主流的學院傳統。「局限於單一例子的分析……無法有效處理該例範圍內大部分或完全維持不變的要素（或在結構或文化脈絡中比較不可見的要素）。這是為什麼一旦超出單一例子的範圍，就可能引發對因果關係的質疑，從而產生新的問題與洞見。」[31]

一個密切相關的好處是，「分析式比較有助於反駁偽解釋，並且可以檢查（或檢驗）因果假設。」本位主義的熟悉性總是傾向於支持特定次領域的傳統資料、研究傳統中一些特別明確的要素，或兩者皆是。如果不將其他的例子列入考慮，我們如何分辨賦稅、宗教或地理該放多少權重？這類單一例子的解釋不一定是偽解釋，但解釋力十分偏狹，往往難以掌握重大關聯。尤其是羅馬之後的「第一次大分流」，如果不去比較不同環境下的各種條件，就根本無從理解。[32]

我的主要目標是解釋某個特殊現象，也就是歐洲如何走向現代性，而非針對不同社會或不同結果的詳盡調查，這使我的比較視角變得「不對稱」。「這種比較形式的重點在於」，用于爾根・柯卡〔Jürgen Kocka〕的話來說，就是「透過與其他例子進行比較，來描述、解釋與詮釋特定例子。引進其他例子時，不會對其他例子進行充分研究，而只是把其他例子當成背景，予以簡單地描述」。[33]

為了對照歐洲的發展經驗，我會在本書中援引中國經驗，也會簡略援引亞洲其他地區與北非的歷史。這個取向有著悠久的傳統，最著名的可以上溯到馬克斯・韋伯（Max Weber），韋伯藉由與亞洲社會進行對比，來理解西方資本主義與現代科學的興起。我追踵其後，以比較粗淺的方式運用這項技術，來對比羅馬的興起與日後歐洲國家的失敗。在第五部，我將比較中國持續傳承的帝國（也會花一點篇幅談到印度與中東）與羅馬之後歐洲的分裂狀態。[34]

從第七章到第九章，我做了較為對稱的處理：為了說明「第一次大分流」，我以同樣的篇幅分別說明歐洲與中國在上古時代之後直到第一個千年結束時的發展，也就是在這段時期，歐亞非大陸出現了最分歧的結果。這個取向稱為對等單位之間的「分析式比較」（analytical comparison），此法可以協助我們辨識能夠解釋共同或對比結果的變數——在本書則是指征服政權的特質與財政安排、觀念構成與生態條件。[35]

在同樣的脈絡下，特別在第八章，我進一步處理更具企圖心的目標，也就是「變數導向」的「平行展示理論」。我認為，接近大草原是帝國形成的一個先決條件，這個條件可以讓我們將個別結果置於廣泛的預測標準之下。這也讓我們可以辨識一些例外，其中最有名的就是羅馬的興起。同時也使我們可以評估一段歷史的相對穩固程度，在這裡我指的是羅馬之後的歐洲無法重建霸權帝國。[36]

我對穩固性與偶然性的興趣，說明了另一項策略為何在本書占有相對重要的位置，也就是反事實思考。反事實思考基本上是任何歷史記載的必要成分，避免讓歷史描述淪為赤裸裸的陳述。畢竟，「在進行因果推論的同時，卻不去假定我們認為的關鍵因素若發生改變時事件會如何發展，這絕不是合乎邏輯的做法。」因此，「我們全都是反事實分析的史家」——而且「我們」幾乎涵蓋了每一個人，不僅限於專業史家。[37]

即便如此，還是很少有史家在研究時強調反事實思考。這真是個重大損失。詳盡的反事實思考迫使我們面對決定論式與修正主義式假定的弱點，無論這些假定有多麼隱晦。例如有一種常見假定認為，即便與實際發生的歷史有所偏差，也只會有相對有限的影響；另一種假定則認為，與實際事實近似的結果，無論如何都會發生；還有一種相反的假定，認為微小的偶然就會造成既有歷史的巨大變化。光是思考這些就會讓我們對於因果推論更加小心。反事實歷史是比較歷史中特別鮮明的一種類型，而就跟比較歷史一樣，「假設歷史」是極有價值的工具，可以評估特定變數的相對權重。[38]

關鍵問題肯定是這個：多小的改變足以讓歷史走上另一條道路——不過於拘泥細節來改變結果，使其足以在發展層次上產生可見的影響與差異？程序上來說，這個問題必須遵守所謂的「最小重寫原則」：只在最低程度「調整」真實歷史，同時避免任意干預。

理想上，反事實思考改變的方向必須「與既定的歷史事實和規則保持一致，同時符合那些超越特定時空仍能適用的通則與因果律」。這麼做不僅排除外星人與小行星撞擊的可能，也避免歷史行動者做出不符合時代脈絡的行為。改變越能符合當時可能發生的結果，也就是反事實情境在各方面都能更吻合史實，改變就越合理。[39]

要設計反事實情境，重要的是釐清推導的連結（詳列命題的前件與後件），並且確保邏輯前後一致。有個問題在實際操作時特別難以避免：反事實分析不可避免會產生「二階效應」（second-order effects，編按：每個事件發生都會產生影響，而其影響又會再產生影響。二階效應，指的就是影響的影響），使預測變得更加複雜。二階效應為反事實情境增添的複雜度越多，這些情境能與情境內任何既定連結比較的整體機率就越低，反事實分析也將變得脆弱而不穩定。雖然複雜度的問題可能是我們刻意維持的（例如同時引進多重的變化），但更常見的原因其實是時間：我們將假設情境推導的離實際歷史越遠，就越難控制這場思想實驗。可見，反事實分析最適合用在短期情境。[40]

要找出重要的歷史轉折點，最好的方法就是辨識事情在這個關鍵點上是不是有可能產生不同的發展，或是需要有不同的發展才能產生相當不同的長期結果（也就是說，在特定趨勢牢牢確定之前）。然而，不同於絕大多數既有的研究，我並不打算先從那些表面上看似最合理的改變開始探索其可能的影響。相反的，我要問，而我也必須這麼做：某個時點要出現多大的歷史偏離，才能產生大規模的變化？就本書的例子來說，就是羅馬擴張胎死腹中（第四章），或是歐洲在羅馬之後重新建立起羅馬式的大帝國（第五章與第六章）。[41]

與真實歷史出現非常大的分歧，會更容易讓人判別它的合理性，因為這些分歧通常無法與最小重寫原則相容：如果我們在反事實的推論中發現，必須假設一些與歷史相差很遠的條件，才能產生極為不同的結果，那就表示真實歷史的既有發展很可能相當穩固。這種穩固性有助於避免我們設計出支撐自己先入為主之見的反事實情境。[42]

羅馬未能建立一個強大帝國的可能性，隨著時間而消逝：雖然早期的改變可能擺脫這個軌跡，但時序越往後，也就越難想像出一條通往另類現實的理路。同樣的道理也適用於羅馬之後的歐洲，以及其在經濟成長與科技進步等現代發展上出現的飛升：在一五〇〇年時，這個趨勢可能相當容易胎死腹中，但在往後的兩個世紀，卻會變得更加難以改變。到了十八世紀時，若沒有巨幅改寫便已不可能撼動這個趨勢，十九世紀就更不可能。真正的問題是，這個趨勢在多大程度上會受到多重因素影響左右，而這些影響可以上溯到哪個時間點：當然，我的答案是這些影響的源頭確實可以上溯到非常久遠以前。[43]

為了建立歐洲異例（第一章）與解釋歐洲異例（第七章到第九章）及其發展結果（第十章到第十二章），比較分析就成了這本書的核心。要分別檢驗羅馬與羅馬之後的歐洲在實際上所發生之事（第四章）與未發生之事（第五章與第六章）的穩固性，反事實分析則是本書不可或缺的一部分。本書後記更藉由反事實的取徑，使我們更深入認識遠古過去對現代世界究竟有何貢獻。

※

本書最終成為一部在內容與視角上都變化多端的作品，這部作品不斷在古代史、現代史、比較歷史社會學與甚至沒發生過的歷史之間來回穿梭。基於這些理由，本書注定要遭受指責：古典學家與人文學者認為本書忽略了古典世界的（正面）遺產，文化與微觀傾向的史家批評本書過於強調國家形成與經濟發展的大方向，更多的史家抱怨本書未能凸顯生態與地理的影響。此外，絕大多數史家直指本書犯了無可救藥的「化約」毛病。甚至可能有人會批評我規避傳統對「西方」或西方概念的指控——儘管我自己幾乎不使用這個標籤。為了平衡，我也預期自己爬梳古代史與仰賴大量質性推論的做法會惹惱社會科學家。[44]

本書依照計畫完成了。雖然將如此多樣的元素聚集在一本書裡是相當罕見的，但這就是我寫作本書的意圖——不走一貫做法，而是要進行一場實驗。挑戰我論點的人也必須跟我一樣，在同樣遼闊的畫布上作畫，更好一點就用更遼闊的畫布，或者說明為什麼畫布過於遼闊，或為什麼是錯誤的畫布。任何這一類的批判都不免要與一個熟悉的難題角力：如何解決「世界為何變成現在的模樣」這個大哉問。我的作品引發的反對意見越有生產力，就表示本書越成功。

然而，引起爭議不是我追求的目的。我寫這本書是為了盡可能詳實建立兩個簡單的論點：一、具有生產力的分裂至關重要，是讓現代性能在特定條件下誕生的必備條件。二、這場促成現代性、且只出現在世界上某一個地區而非其他地區的大分流，其實具有高度的穩固性。最終，歷史上只有西歐及其分支滿足所有條件。如果「大逃離」無法在西歐展開，那麼很可能永遠也不會發生。

第一部

歐洲異例

第一章

帝國的模式

衡量帝國的支配

帝國支配整個大陸的大範圍土地有多常見？帝國霸權最終陷入永久的分裂有多罕見？歐洲的國家形成經驗有多不尋常？這些問題全都需要比較評估。要回答這些問題，只能檢視帝國有多頻繁地消滅眼前的事物——或至少跡近於消滅。

這些問題要比表面上看來更難回答。帝國疆界是出了名的難以界定。帝國統治有時帶有高度間接的性質，要仰賴屬國來統治臣服的人口。某些地區的地方菁英或軍事勢力在名義上仍受帝國權威節制，實際上卻早已擺脫帝國中心的有效控制。簡單說，我的研究基於這樣的假定：只要帝國領域內沒有公開獨立的政治體，我們就可以說，帝國維持了形式上的統一。[1]

但是，即使我們接受帝國統治的寬鬆定義，我們仍要面對如何衡量帝國支配特定地區的程度問題，並且針對這個問題進行跨洲與長達數千年有系統的比較研究。學界現有對帝國規模的研究聚焦於政治體領土的大小、帝國實際控制的土地數量，以及這些範圍如何隨時間而變遷。[2]

學界的確有理由聚焦於領土，因為空間無疑是個關鍵變數。眾所皆知費爾南．布勞岱爾（Fernand Braudel）把「距離」稱為文明的「頭號敵人」。廣大的帝國鍥而不捨地維繫各個地區的通訊交流，並且將權力施加到這些地區。帝國的存續有賴於此。[3]

即便如此，領土範圍或許不是評估特定帝國形成相對權重的最重要因素。如果我們想了解霸權帝國在形塑社會、經濟與思想發展上扮演的角色，那麼最重要的因素是人。地理範圍未必與人口數量相符：雖然人口眾多的帝國一般總是領土廣大，但不是所有領土廣大的帝國必然擁有眾多人口。

尤其草原帝國有時延伸數千公里與多個現代時區，但統治的人口不過等同於小型農業政治體的一小部分。除非草原帝國擴展到定居文明人口較稠密的區域，否則無法獲得一定的人口權重。這種現象不只局限在游牧民族：一八一五年，俄羅斯帝國統治歐洲一半的陸地，卻只擁有四分之一的歐洲人口；一百年後，俄羅斯帝國擁有亞洲三分之一以上的陸地，卻只擁有不到百分之三的亞洲人口。[4]

因此，我把重點放在人口，以人口做為衡量帝國成功最有意義的指標。基本取向是衡量（或者更精確的說是估計）某特定「大型地區」（macro-region）中人口最多的政治體，其統治的人口占該區總人口的比例。主要的政治體占整個地區人口的份額越大，就越能享有實質的獨霸權力。這種現象越頻繁或越持久，霸權帝國在該區歷史上就越具支配性。[5]

即使是對歷史人口學不熟悉的人，也能看出這種看似簡單的做法實際上有多麼困難。早期社會的人口數量通常沒有可靠的紀錄，因此也無從實證。人口普查，例如早期中國留存下來的記載，往往相當稀少，而且可靠性不無疑問。我們擁有的紀錄其實全是估計數字，這些數字其實跟猜測沒什麼兩樣，而且絕大多數是現代學者推測出來的，學者間使用的標準還不一致。我在本書最後的〈技術摘記〉解釋我採取的方法與步驟，以確保在不同時空還能維持一定程度的一貫性。[6]

我必須強調，接下來的估計都是針對過去人口狀況做非常粗略的估算，而且時間越往前就越粗略。這些數值大約有幾個百分點的差異，就跟我圖表上的數值一樣是合理的。即使如此，只要帝國支配的規模差異不大（例如支配超過二分之一而非三分之一的某地區人口），這些數值仍是有用的：我的估計就算有誤，也不可能偏差到影響整體模式的樣貌。只有藉由這種嚴格限制，這些數值才能為全球比較提供足夠堅實的基礎。

我區分了四個大型地區：歐洲、中東與北非、南亞，以及東亞。此外，還有第五個與前兩個地區重疊的混合區，亦即羅馬帝國極盛時期統治的地區，我稱為「羅馬帝國地區」（圖1.1）。[7]

整體來說，這些地區長久以來一直是人類宏觀社會演化的核心區域。它們涵蓋了四分之一以上的地球陸地表面，但居住了更大份額的全球人口，在今日大約占了六成。但在過去，這些地區的人口優勢更加明顯：兩千年前，每十個人至少有九個人居住在這四個地區；一千年前與五百年前，每五個人大約就有四個人居住在這些地區。[8]

這些地區雖然大小不一，但差異有限。歐洲與東亞的面積分別是一千零十八萬平方公里與一千一百八十四萬平方公里，在空間上幾乎是規模相等的單位。由於廣大的乾燥地區在國家形成的歷史上並未扮演重要角色，因此中東與北非地區較難以界定：中東與北非名義上的面積是一千兩百五十九萬平方公里，但排除阿爾及利亞、利比亞與埃及的沙漠地區，以及阿拉伯半島的魯卜哈利沙漠（Rub' al Khali）之後，一下子就少了大約三分之一的大小。（雖然其他地區也有一些偏遠的地形，例如戈壁沙漠或副極地歐洲，但相較之下規模較小。）南亞的面積是四百五十三萬平方公里，大約等同於羅馬帝國，羅馬帝國的面積在四百萬到五百多萬平方公里之間，其中的差別在於涵蓋了多少沙漠地區。從面積來

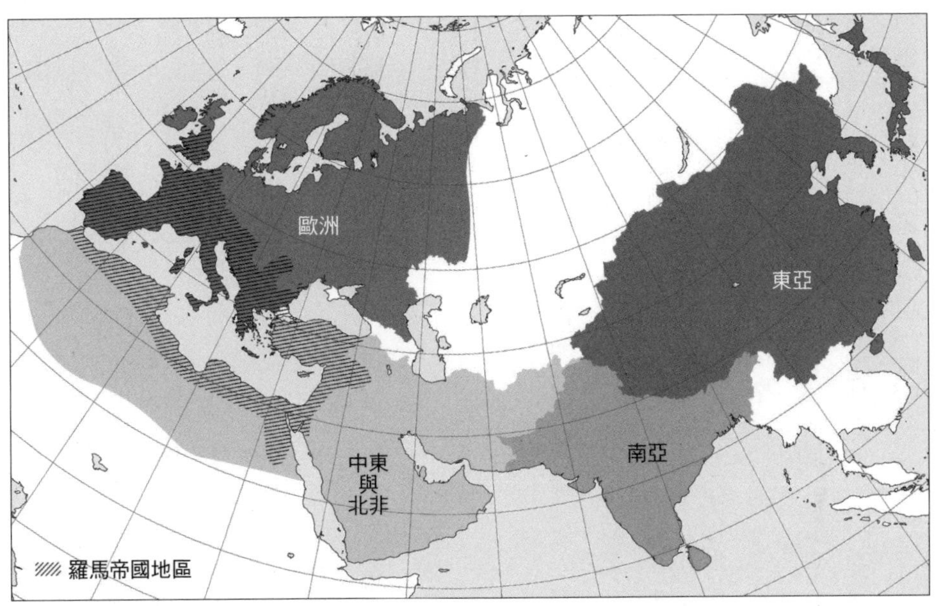

圖1.1 國家形成的大型地區。

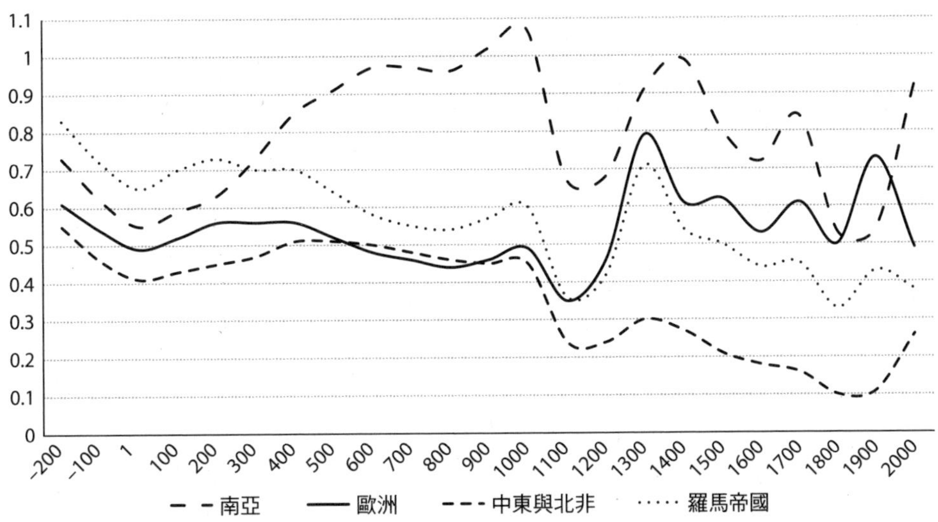

圖1.2 公元前200年到公元2000年，南亞、歐洲、中東與北非以及「羅馬帝國地區」的人口與東亞人口的比例，每個間隔是一百年（東亞=1）。資料來源：來自McEvedy and Jones 1978。

看，我們要檢視的這五個地區彼此之間的差異大約在兩倍到三倍之間。[9]

人口方面大致也是如此：圖1.2顯示，雖然東亞一般而言人口要比其他四個地區來得多，但很少超過其他地區的兩倍。過去一千年的中東與北非地區是唯一的例外。[10]

量級上的大致類似，使我們不至於犯下對面積或人口差異甚大的地區進行比較的錯誤。因此，面積較小的地區不在本書的討論之列，如東南亞、中部美洲（Mesoamerica）與南美洲西部。我之後會再簡短討論這些地區。

帝國的模式

地中海與歐洲

回顧漫長的歷史，羅馬帝國有著獨一無二的地位——它在公元前幾世紀極盛時期對治下地區的掌握堪稱史無前例。公元前五世紀，阿契美尼德王朝的波斯帝國（Achaemenid Persian empire）在相同地區統治的人口不超過該區人口的三成。從公元前一世紀到公元四世紀末，羅馬帝國徹底主宰了整個地區，直到六世紀企圖恢復舊疆失敗，才完全失去這個地區的主導權。

在此之後，重建「羅馬」帝國的努力一一失敗：查理曼（Charlemagne）在八〇〇年左右取得不太耀眼的復興成果，兩個世紀之後，鄂圖王朝（Ottonian）創造的統治榮景也轉瞬即逝。鄂圖曼（Ottoman）在近代早期的擴張依然無法超越兩千年前阿契美尼德王朝的人口數量，而拿破崙與希特勒時代的改變也只是相對較小的曇花一現（圖1.3）。[11]

儘管羅馬帝國在全盛時期約有四成人民住在歐洲以外地區，但還是可以清楚看出我們先前觀察到的模式主要是歐洲發展的結果，而非出自黎凡特（Levant）或北非地區：羅馬帝國在歐洲的支配程度無與倫比。在羅馬帝國極盛時期，羅馬人控制了歐洲四分之三到五分之四的人口，不過他們控制的歐陸面積卻不超過四分之一。[12]

公元五世紀，羅馬帝國西半部瓦解之後，相應地羅馬帝國東半部占的人口比例下滑到二到三成。查理曼的統一轉瞬即逝，接踵而來的是持續千年的多中心主義，在這段期間，即使是擁有最多人口的強權也無法掌握到五分之一的歐洲人口。就連在短短數年間快速崛起的拿破崙與希特勒也難以與羅馬人

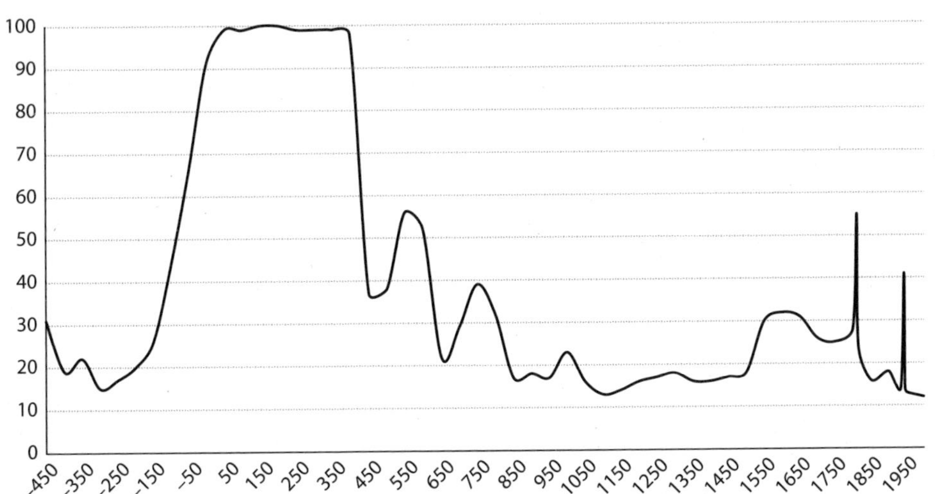

圖1.3　公元前450年到公元2000年，在羅馬帝國極盛時期疆域內出現的最大政治體的人口與該區總人口的比例（百分比）。

說明：阿契美尼德帝國：公元前450、400、350年；托勒密帝國：公元前300、250年；羅馬帝國（塞琉古帝國）：公元前200年；羅馬帝國：公元前150、100、50年、公元1、50、100、150、200、250、300、350、400年；拜占庭帝國（西羅馬帝國）：450年；拜占庭帝國：500、550、600、650年；伍麥亞帝國：700、750年；法蘭克帝國：800、850、900、950年；法蒂瑪帝國：1000、1050年；神聖羅馬帝國（法國）：1100、1150、1200、1250年；法國：1300、1350、1400、1450、1500年；鄂圖曼帝國：1550、1600、1650、1700、1750年；法國：1800、1812、1815、1850、1900、1933年；德國：1943年；英國：1945、1950年；埃及：2000年。

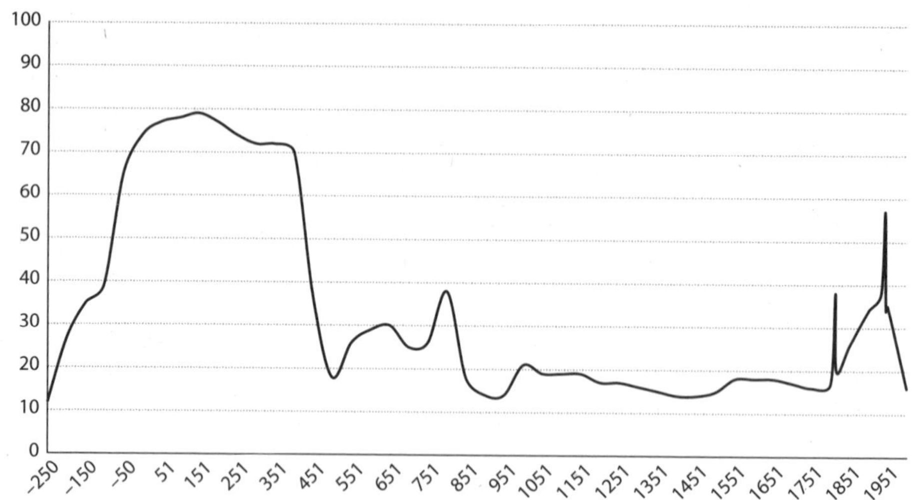

圖1.4　公元前250年到公元2000年，歐洲最大政治體的人口與歐洲總人口的比例（百分比）。
說明：羅馬帝國：公元前250、200、150、100、50年，公元1、50、100、150、200、250、300、350、400年；西羅馬帝國：450年；東哥德王國／西哥德王國：500年；拜占庭帝國（法蘭克帝國）：550年；法蘭克帝國：600、650、700、750、800、850年；法蘭克帝國：900、950年；神聖羅馬帝國：1000、1050、1100、1150、1200、1250年；法國：1300、1350、1400、1450、1500年；西班牙哈布斯堡帝國：1550、1600年；法國：1650、1700、1750、1800、1812年；俄國：1815、1850、1900、1933年；德國：1943年；俄國：1945、1950、2000年。1933、1945、1950年：俄國=蘇聯。

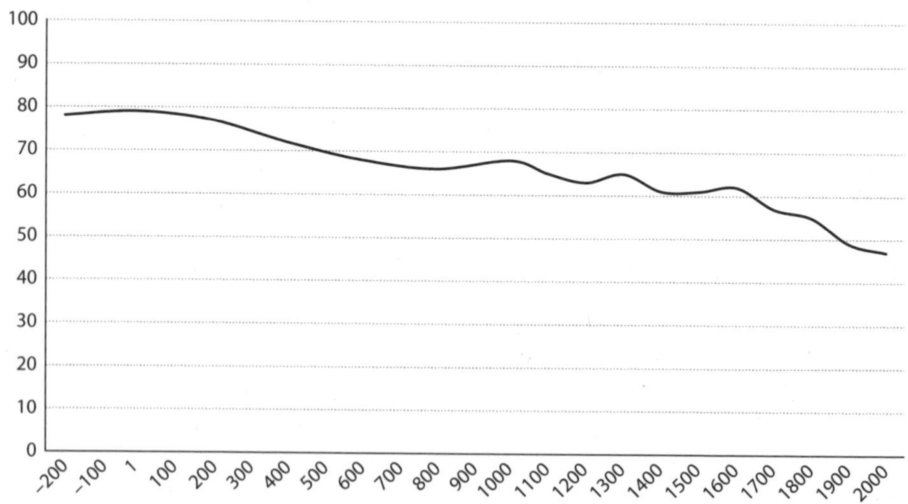

圖1.5　公元前200年到公元2000年，羅馬帝國極盛時期疆域內的人口與歐洲總人口的比例（百分比）。

相提並論，而二十世紀中葉國力大幅提升的俄羅斯與蘇聯，最終還是在一九九一年難逃崩解的命運（圖1.4）。

人口變化的劇烈程度依然不足以推翻這個長期視角。即使羅馬疆界之外的四分之三歐洲逐漸住滿了人，其人口數量仍比不上原初的核心地區——就算是今日，這個地區仍只略多於歐洲人口的半數。羅馬帝國之後直到十六世紀，絕大多數時間，住在過去羅馬帝國疆域內的歐洲人口與全歐人口的比例，與過去羅馬帝國時期沒有太大差異（圖1.5）。因此，中世紀與近代早期歐洲的人口分布，與羅馬帝國時期差異不大。隨著時光流逝，變遷的力量依然不敵持續的力量。

中東、南亞與東亞

歐洲模式完全不同於其他三個大型地區。曾被羅馬帝國統治的歐洲地區，只出現過一次近乎大一統的帝國，之後便持續長期的多中心主義。相較之下，中東與北非地區在過去兩千五百年間歷經四個不同的帝國統一階段，特別是阿契美尼德王朝、伍麥亞哈里發國（Umayyad caliphate，又稱白衣大食）與早期的阿拔斯哈里發國（Abbasid caliphate，又稱黑衣大食）。在羅馬帝國與鄂圖曼帝國統治這一地區時，由於延伸的領域或多或少相同，因此也出現了類似的人口集中現象，儘管程度較歐洲稍低。

圖中還可看到兩次帝國統一的失敗嘗試，一次是七世紀初遭羅馬人擊敗的薩珊王朝（Sasanians），另一次則是十一世紀晚期因政治分裂而破滅的塞爾柱王朝（Seljuqs）。雖然帝國的發展程度有時會跌到歐洲在羅馬帝國之後的水準，特別是在一一〇〇年到一五〇〇年之間，但之後人口集中狀況持續復甦，直到鄂圖曼帝國解體為止才產生已顯露緊張徵兆的新列國體系（圖1.6）。

類似的模式也出現在印度次大陸。同樣的，我們可以找到四個在此建立霸權的帝國，分別是孔雀帝國（Maurya）、德里蘇丹國（Sultanate of Delhi）、蒙兀兒帝國（Mughals）與大英帝國，大英帝國最後催生了現代的印度國家（圖1.7）。相較於中東與北非地區，南亞的支配帝國存續時間較短，而且歷史上絕大多數時間這些帝國的人口頂多只占南亞總人口的一半，其中還斷斷續續出現較為嚴重的分裂時期。

值得注意的是，這個地區的人口估計即使從比較寬鬆的標準來看，誤差範圍還是太大。針對南亞早期的歷史，我重建的數字肯定低估了南亞北部核心地區的相對人口權重，這些核心地區指的是印度河

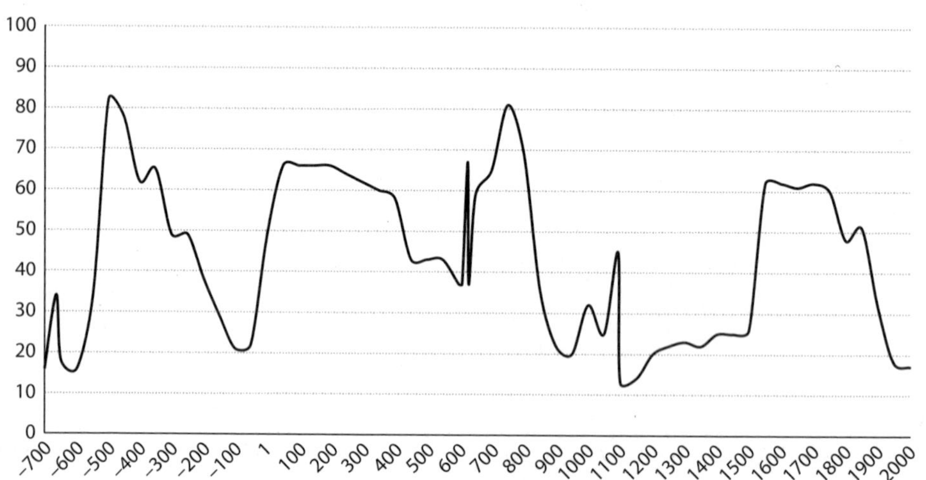

圖1.6　公元前700年到公元2000年，中東與北非最大政治體的人口與該區總人口的比例（百分比）。說明：亞述帝國：公元前700、665，650年；埃及：公元前600年；米底帝國：公元前550年；阿契美尼德帝國：公元前500、450、400、350年；塞琉古帝國：公元前300、250、200、150年；安息帝國：公元前100年；羅馬帝國：公元前50年、公元1、50、100、150、200、250、300、350、400、450、500、550、600、610年；薩珊帝國：626年；羅馬帝國：630年；伍麥亞帝國：650、700、750、800、850年；突倫帝國：900年；羅馬帝國：950年；法蒂瑪帝國：1000、1050年；塞爾柱帝國：1092年；法蒂瑪帝國：1100年；法蒂瑪帝國（魯姆塞爾柱帝國）：1150年；埃宥比帝國：1200年；馬木路克帝國（蒙古帝國）：1250年；馬木路克帝國（伊兒汗國）：1300年；馬木路克帝國：1350年；馬木路克帝國（帖木兒帝國）：1400年；馬木路克帝國：1450、1500年；鄂圖曼帝國：1550、1600、1650、1700、1750、1800、1850、1900年；埃及：1950、2000年。

流域與恆河流域。[13]

因此，南亞北部的政治體，如塞迦帝國（Saka）、貴霜帝國（Kushan）與笈多帝國（Gupta），以及存在時間較為短暫的戒日帝國（Harsha）與波羅帝國（Pala），這些國家在總人口中實際占有的比例或許要比圖1.7來得更高（從圖1.7可以看到，我以向上的箭頭表示比例上有所調整）。

東亞是最東邊的大型地區，這裡的霸權帝國支配力遠高於其他地區（圖1.8）。過去兩千兩百年來，東亞的最大政治體占了東亞八成到九成的人口。漢朝與晉朝解體後的多中心主義延續了相當長一段時間（即「五胡十六國」與「南北朝」時期），但分裂程度卻比不上其他地區。[14]

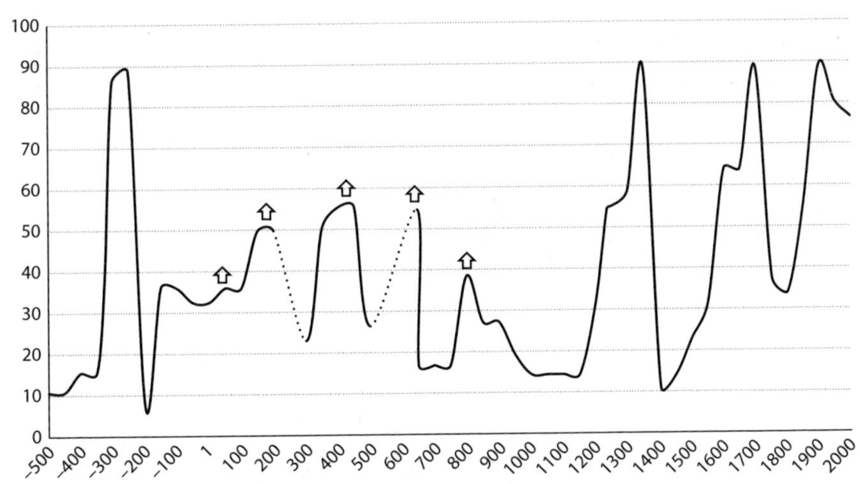

圖1.7 公元前500年到公元2000年，南亞最大政治體的人口與南亞總人口的比例（百分比）。
說明：摩揭陀：公元前500、450、400、350年；難陀帝國：公元前325年；孔雀帝國：公元前300、250年；百乘帝國，公元前200年；巽伽帝國：公元前150、100年；塞迦帝國：公元前50年，公元1年；貴霜帝國：50、100、150、200年；笈多帝國：300、350、400、450年；笈多帝國／嚈噠帝國：500年；戒日帝國：647年；遮婁其帝國：650、700、750年；波羅帝國：800年；普臘蒂哈臘帝國：850、900年；羅濕陀羅拘陀帝國：950年；朱羅帝國：1000、1050年；朱羅帝國（西遮婁其帝國）：1100年；朱羅帝國：1150年；古爾蘇丹國：1200年；德里蘇丹國：1236、1250、1300、1350年；毗奢耶那伽羅帝國（巴赫曼尼蘇丹國）：1400年；毗奢耶那伽羅帝國：1450年；德里蘇丹國：1500年；蒙兀兒帝國：1550、1600、1650、1700年；馬拉塔帝國：1750年；大英帝國：1800、1850、1900年；印度：1950、2000年。虛線部分：250、550、600年無最大政治體。

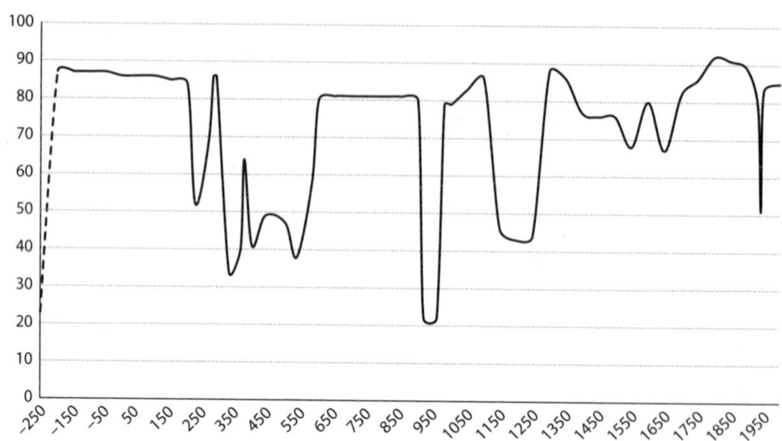

圖1.8　公元前250年到公元2000年，東亞最大政治體的人口與東亞總人口的比例（百分比）。

說明：秦朝：公元前250年；西漢：公元前200、150、100、50年、公元1年；東漢：50、100、150、200年；曹魏：225年；晉朝：265、280、290年；漢趙：330年；前燕：366年；前秦：376年；東晉：400年；南朝宋：440年；北魏：500年；南朝梁：535年；北周：580年；隋朝：590、600年；唐朝：650、700、750、800、850、900年；後梁：920年；北宋：960、980、1000、1050、1100年；南宋：1150、1200、1250年；元朝：1300、1350年；明朝：1400、1450、1500、1550、1600年；清朝：1650、1700、1750、1800、1850、1900；中國：1933年；日本：1943年；中國：1950、2000年。

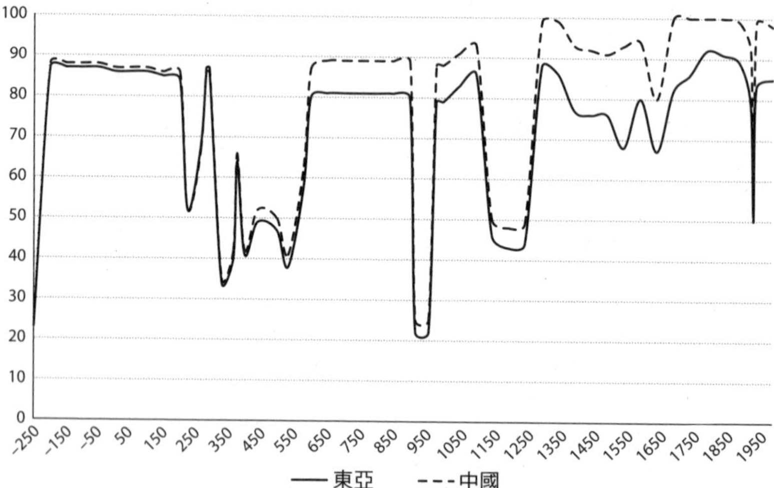

圖1.9　比較公元前250年到公元2000年，東亞最大政治體的人口與東亞總人口的比例，以及中國最大政治體的人口與中國總人口的比例（百分比）。

說明：見圖1.8與圖1.10。

不僅如此，獨霸東亞的超級大國彼此間隔的時間也較其他地區為短，間隔最長的時間出現在十二、十三世紀，但並沒有表面上看來那麼長：當時東亞絕大多數居民只由分占中國本部的兩個強權統治，一個是北方的大金，一個是南方的南宋。同樣的狀況也發生在四、五世紀的一部分時期，以及更晚近的第二次世界大戰期間，當時由中華民國與日本帝國分占東亞絕大部分人口。

由於中國龐大的人口權重，東亞的人口統計模型幾乎完全是中國國家形成過程的反映（圖1.9）。

比較

前述研究的數據都是按照正式定義的帝國統治而來：只要是政治體主張由其支配的地方，該地人口在統計中就會被列入該政治體統治。當然，我們對於這類主張也得有所保留，畢竟前現代帝國一般而言無法像現代國家一樣有效統治。統治者與中央權威通常是天高皇帝遠，實際統治的權力往往分散在各層級的中間人與地方菁英身上。[15]

唯就結果而言，這一現象對本書的研究並沒有太大的影響。在本書所討論的時代裡，各式各樣的授權與非直接統治都是絕大多數情況下的常態，這種狀況直到過去這幾個世紀才在歐洲出現變化（歐洲以外的大型地區甚至要到更晚近才有所不同）。因此，這段為期約兩千年到兩千五百年的前現代歷史大致上仍可相互比較（儘管在理論上明顯有別於涵蓋一切的現代國家），而這也是本書研究的核心。

當然，前現代政治體並非全然相似。相對成功（以當時的標準來衡量）的中央集權時代往往與中央權威衰微的分裂時代交相輪替，兩者之間又難以畫出清楚的界線：即便不再是統一的政治體，阿拔斯哈里發國或神聖羅馬帝國仍舊存續了幾個世紀。或者神聖羅馬帝國是否算是統一政治體，也是個打從一開始就有的疑問。

這個模糊地帶對於整體樣貌造成的差異雖然細微，但產生的影響卻不可小覷。以歐洲為例，一旦採納國家的官方宣稱，就容易低估某些時代多中心主義的影響：把中世紀的法國或德國視為帝國，哪怕是在這兩國最強盛的時候，這樣的界定都太過寬鬆。如果用比較務實的態度評估政治現實的話，這些占據支配地位的政治體所占的人口比例只會比圖1.4裡所顯示的百分之二十還要再低上許多。而在中東與北非地區，即使我把從阿拔斯哈里發國分離出去的王國視為獨立的國家，類似的問題還是會在鄂圖曼帝國晚期出現：當時鄂圖曼蘇丹僅擁有名義上的宗主權，他的命令對於歐洲殖民前的馬格里布（Maghreb）與穆罕默德・阿里（Muhammad Ali）王朝統治下的埃及已無影響力。在南亞，孔雀帝國的實際疆域至今仍存在爭議。

至於東亞，則往往是中央政府控制力經過長期反覆耗損之後，才會有人在現有的帝國領域內公然建立新政權：東漢末年與唐朝末年就是經典的例子。以中國來說，我們可以透過比較最大政治體的官方宣稱人口占總人口的估計比例，與經過普查所得到的實際人口占總人口的比例，來說明帝國宣稱控制的人口與實際上的差異（圖1.10）。

這項比較顯示，中國的國家控制力在四世紀到六世紀的分裂時期出現大幅度的滑落，幅度比單純人口估計所顯示的還要更大。這項比較也顯示唐朝末年與北宋初年的政府在進行人口普查時的力有未逮。到了蒙元與明朝統治時期，國家控制力更是急速下滑。[16]

儘管前述這類圖表適合呈現帝國形成的長期模式，但若要看出各個大型地區之間的規模差異，就得要另外參考政治集中的整體比例。我在表1.1中，計算了各大型地區中人口最多的政治體控制的人口與該區總人口的比例，時間上除了涵蓋本書研究的歷史年限，也包括幾項重要分期。

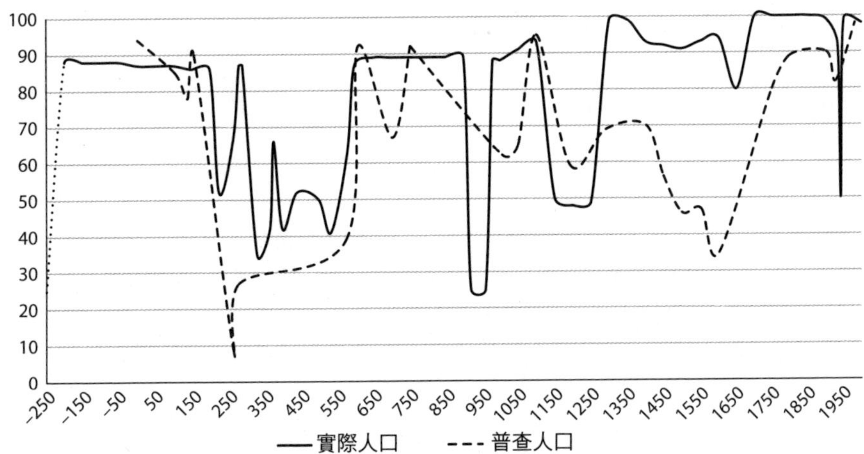

圖1.10　公元前250年到公元2000年，中國最大政治體的實際人口與普查人口占中國總人口的比例（百分比）。

說明：實際人口：秦朝：公元前250年；西漢：公元前200、150、100、50年、公元1年；東漢：50、100、150、200年；曹魏：225年；晉朝：265、280、290年；漢趙：330年；前燕：366年；前秦：376年；東晉：400年；南朝宋：440年；北魏：500年；南朝梁：535年；北周：580年；隋朝：590、600年；唐朝：650、700、750、800、850、900年；後梁：920年；北宋：960、980、1000、1050、1100年；南宋：1150、1200、1250年；元朝：1300、1350年；明朝：1400、1450、1500、1550、1600年；清朝：1650、1700、1750、1800、1850、1900；中國：1933、1943、1950、2000年。普查人口（Bielenstein 1987: 11-140）：西漢帝國：公元2年；東漢帝國：105、140、157年；曹魏：264年；晉朝：280年；北周：579/580年；隋朝：609年；唐朝：705、754/755年；北宋：1006、1050、1100年；南宋：1193年；元朝：1291年；明朝：1402、1450、1500、1552、1602年；清朝：1750、1800、1850、1901年。

	歐洲	中東與北非	南亞	東亞
整體比例	33	43	39	73
羅馬	53	53	-	-
羅馬之後	**20**	38	-	-
伊斯蘭教之前	-	48	32	-
伊斯蘭教到2000年	-	38	55	-
宋朝之前	-	-	-	69
宋朝到2000年	-	-	-	77

表1.1　不同地區最大政治體控制的人口與該區總人口的累積比例（百分比；平均間隔50年）。

資料來源：根據圖1.4、1.6、1.7與1.8的原始數據

從這些比例數字來看，我們可以得知大型地區之間存在非常大的差異。歐洲政治集中的整體比例最低，但羅馬與羅馬之後的顯著差異有可能會讓這個比例在解讀上失去意義。東亞的整體比例是歐洲的兩倍以上，而且多年來只出現些微的波動：長達數百年的政治集中趨勢，反映了公元第二個千年以來分裂時期的罕見。其他大型地區則介於兩者之間：羅馬的國家形成對於中東與北非地區有著一定的影響，伊斯蘭在十三世紀之後的國家形成之於南亞地區亦然。[17]

整體來看，歐洲歷史的數據最為不均：羅馬時代的比例幾乎是羅馬之後的三倍。這種明顯的斷裂並未出現在其他大型地區。如表1.1顯示的，百分之二十成為羅馬之後歐洲的比例天花板，但其他地區最大政治體控制的人口比例卻很少低於這個數字。

如果觀察上古時代以後（從六五〇年到二〇〇〇年）的二十六個固定間隔（每個間隔五十年），就會發現即便是歐洲人口最多的強權，其人口占歐洲總人口的比例仍舊常常低於百分之二十這道門檻：至少有十九次（或百分之七十三）。相較之下，東亞則是一次也沒有，中東與北非地區四次（百分之十五），南亞約莫是十次（百分之三十八）。同樣是這一段時期的中東與北非地區，人口最多的帝國人口占總人口的比例有十次（百分之三十八）會超過百分之五十。南亞地區也有十次，東亞更是高達二十四次（百分之九十二）。反觀歐洲一次也沒有。

從非常籠統的角度來說，中東與北非、南亞、東亞的曲線輪廓都只是相同模式的不同變化，也就是在支配的帝國與帝國之間零星分布著中心分散的時代。這三個地區的差異僅在於為首帝國的相對持久性以及帝國與帝國之間間隔的時間。南亞處於光譜的一端：帝國存續時間相對較短，帝國與帝國之間間隔著時間相當長的帝國衰亡時期。東亞則在光譜的另一端：絕大多數帝國擁有強大的支配力，存續時間也很長（數百年），帝國與帝國之間間隔的時間則有越來越短的趨勢。中東與北非則介於兩者之間，該地區帝國的支配力不若東亞那樣無孔不入，但卻比南亞來得強韌。

除了這四個大型地區，其他較小地區的帝國幾乎皆無法撼動全局。美洲新世界在哥倫布時代之前，當地政治體僅有較小的人口規模。中美洲特奧蒂瓦坎（Teotihuacan）文明的政治疆域與托爾特克（Toltec）文明的政治體性質至今依然不明，而阿茲特克（Aztec）帝國的興起與西班牙的殖民統治，則掐滅了全中美洲往後數百年多中心主義發展的可能。在南美洲，我們至今仍難以確定安地斯山區（Andean region）的提瓦納庫（Tiwanaku）文明與瓦里（Wari）文明在六世紀到十世紀的統治疆域。十一世紀曾有過一段分裂時期，但後繼而起的印加（Inka）帝國肯定控制了南美洲西部絕大部分的人口，直到印加帝國也被遍及全球的西班牙殖民帝國併吞為止。

這些地方的文化大致上缺乏足夠的時間發展出維持大型帝國的能力：當歐洲人抵達中南美洲時，當地政治體的支配力才正要提升，而歐洲人的出現則扼殺了當地出現舊世界大型地區式權力分配模式的可能。

另一個較小型地區則是東南亞：直到十九世紀為止，東南亞人口一直遠遠少於歐洲、南亞與東亞。從公元第一個千年晚期開始，東南亞開始出現帝國擴張時期與多中心主義時期的交互輪替。在東南亞的大陸部分，高棉帝國（Angkorian Khmer）從九世紀到十四世紀占據支配地位，之後則是大城（Ayutthaya）、高棉與瀾滄（Lan Xang）等多個並存的主要權力中心。十六世紀晚期，緬甸東固（Taungoo）王朝有過一段短暫的擴張期，直到十八世紀開始陷入嚴重分裂。一八〇〇年左右，暹羅（Siam）的拉達那哥欣（Rattanakosin）王國確立了支配地位。

在馬來亞與印度尼西亞，三佛齊（Srivijaya）帝國於七世紀到十三世紀建立霸權，之後接續的是十三世紀在群島上的信訶沙里（Singhasari）帝國與十四世紀的滿者伯夷（Majapahit）帝國。十八與十九世紀，這些地方最後均由荷蘭殖民者接管。

東南亞顯然沒有任何國家達到霸權帝國的規模。即使在最值得一提的巔峰時期，帝國支配的人口仍相當有限，例如高棉帝國與拉達那哥欣王國或許只控制了東南亞三分之一的人口，至於其他帝國控制的人口更少。馬來半島北方的東南亞大陸與馬來群島之間始終存在隔閡，沒有國家能夠同時連結兩者。從這點來看，東南亞完全是個例外。由於缺少霸權帝國，東南亞不同於中東與北非、南亞以及東亞，也不同於中部美洲與安地斯山區。東南亞也與歐洲不同，因為它甚至連大一統類型的帝國都未曾興起過。我將在第八章討論這種結果是否與東南亞地處不受侵襲的邊陲位置有關。

基於生態因素，四個大型地區以外的其他地區都無法支持大型帝國出現。我們只能針對少數能產生充足且正確資訊的廣大地區來進行有系統的調查，因此蒐集到樣本也僅足以做出一些最基本的歸納。從紀錄中可以明確看到一套廣泛模式，也就是高度支配的普世帝國與分裂的時代交互輪替。這種

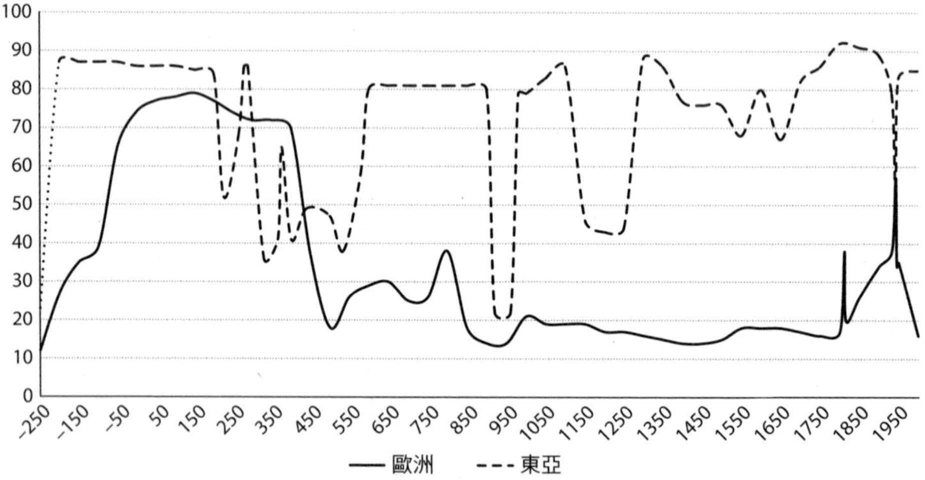

圖1.11　公元前250年到公元2000年，歐洲最大政治體的人口與歐洲總人口的比例以及東亞最大政治體的人口與東亞總人口的比例（百分比）。

說明：見圖1.4與圖1.8。

往復來回的過程被詳細記錄在中東與北非以及南亞的史料中，美洲較為發達的地區也有簡略一點的記載。東亞基本上也是屬於這個模式，雖然近乎大一統的帝國逐漸排擠掉其他分裂時期。

除了東南亞這個較小而且歷史上人口較少的地區，歐洲一直是這個模式的真正例外。歐洲的國家形成遵循著一條獨特的軌跡，軌跡上有一道斷面，代表著某個一次性的轉折點，也就是從霸權帝國轉折到長期競爭激烈的多中心主義。歐洲與其他三個大型地區之間存在某種系統性的差異，而且差異最為醒目的就是東亞（圖1.11）。

從某個簡單明確的指標來看，從上古時代末期到一三〇〇年，拉丁歐洲實質獨立的政治體數量從三十幾個增加為一百多個。相較之下，同一時期的中國本部（漢地）則是從只有一個增加為數個。如果我們把兩地的附庸國也算進去的話，差異只會更大。這樣的對比顯然需要進一步解釋。[18]

第二部

羅馬帝國為何崛起？

第二章
核心

解釋羅馬帝國

如果政治大一統在歐洲如此罕見，為什麼還會有羅馬帝國？羅馬帝國創立時的環境是否非常特殊，導致之後的歐洲再也無法複製羅馬的成功經驗？

帝國能夠形成，是來自兩個環節的互動：一個是有能力對外擴張的宗主國或核心，另一個是容易受到支配的邊陲。我在本章至第四章主張，羅馬的興起其實源自於核心和邊陲環境中偶然發生的一連串有利因素，這些現象在歐洲與地中海歷史中就算不是獨一無二，也屬極為罕見。[1]

為了說明這個論點，我首先聚焦於核心：核心如何構成，如何從最初的毫不起眼逐漸成長茁壯（第二章）？然後，我將探討多樣性極高的歐亞非大陸西部地區，這個地區逐漸成為屈服於羅馬的邊陲。關鍵問題是，為什麼羅馬的統一幾乎不可逆轉（第三章）？最後，我還要進行反事實思考：歷史必須出現多大的變化，才能讓羅馬的帝國野心受到鄰邦箝制（第四章）？這三個切入點都指向相同的問題：羅馬帝國的興起在多大程度上源自於核心與邊陲的結構，而偶然性又在這段過程扮演了什麼角色。[2]

羅馬不是一天造成的

發跡

我們需要追溯到多久之前，才能找到羅馬的成功根源？這個問題在很大程度上完全是理論的探究，而我們越是深入羅馬早期歷史，就越難一探究竟。與羅馬國家起源有關的文字紀錄很少。殘存的羅馬傳統是羅馬建立幾個世紀之後，才由幾位作家記錄下來，但這些作家知道的東西不一定比我們多（加上考古紀錄，這些作家知道的又比我們更少了）。現代史家重建的羅馬早期歷史，往往就取決於多看重這個可疑傳統中的特定元素。除非我們主張羅馬建國史無法重建（這個想法並非完全不合理），否則最禁得起考驗的做法就是盡可能不仰賴文獻描述的細節，而是只試圖描繪國家形成時的大致軌跡或輪廓，然後以此為基礎進行各方面的推測。

有一件事是確定的，那就是羅馬政治體興起的環境，從未像公元前第三個千年期的近東地區一樣，曾經出現過規模龐大的朝貢帝國。儘管公元前一〇〇〇年到五〇〇年（編按：當本書的前、後時間點都是指「公元前」時，這三個字不會重複。只有從公元前跨到公元後時，會再重複「公元」兩字）。的義大利半島與外在世界有著長期的經濟與文化接觸，但從國家形成的角度來看，這裡依然是個與眾不同的世界，滿是城邦與小規模的社群。即使義大利半島南端開始出現希臘人建立的國家，半島上還是無法形成大型的多城市國家。直到公元前五世紀，這類國家才首次在愛琴海與西西里島出現（圖2.1）。

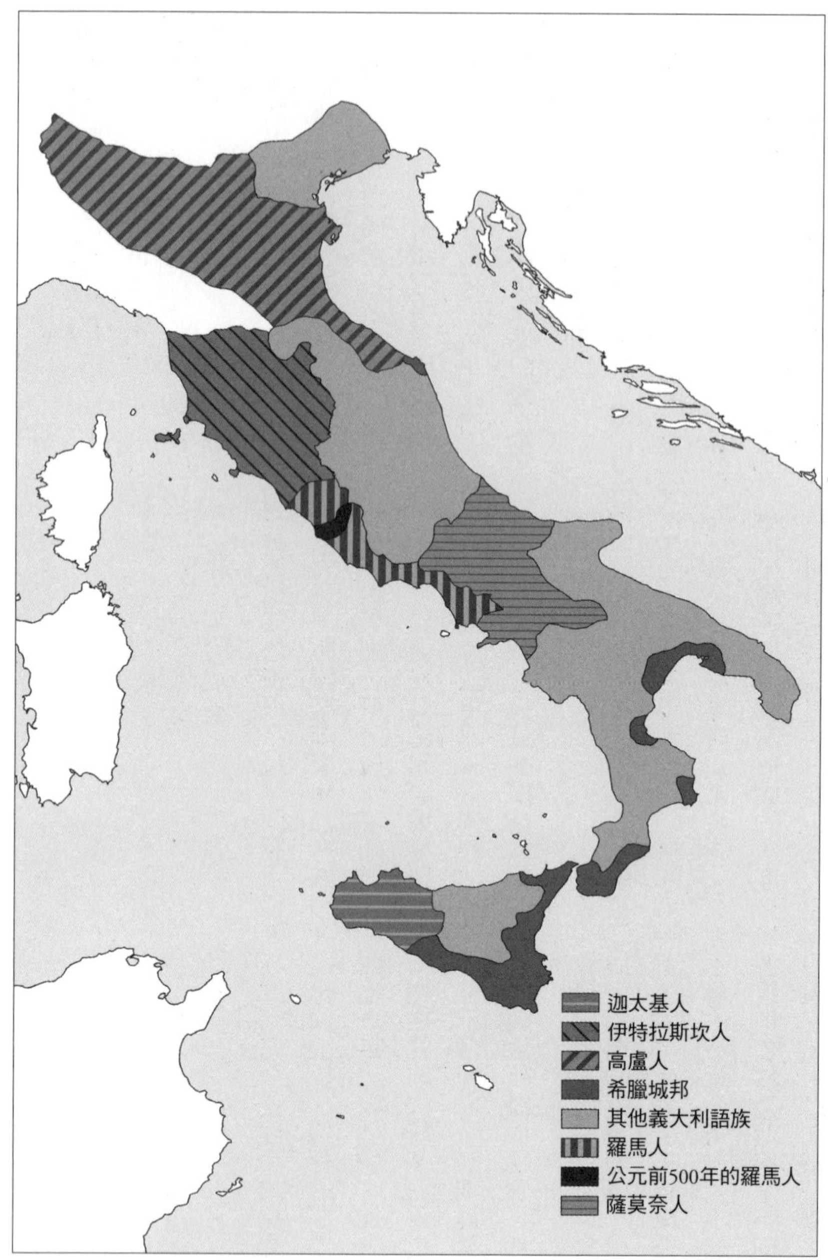

圖2.1 公元前四世紀初的義大利。

義大利最大的河川，除了波河（Po）外就是波河以南的台伯河（Tiber）。羅馬就位於台伯河畔，位置剛好夾在兩個新興城邦文化之間，這兩個文化分別是南方的拉丁人（Latins）與北方的伊特拉斯坎人（Etruscans）。羅馬一開始發展的聚落雖然地處兩個語言圈之間，但主要還是屬於拉丁人的一支。拉丁人由幾個政治獨立社群組成，這些社群彼此擁有共同的種族連繫、語言、物質文化，以及共同的崇拜活動與聖殿。從公元前八世紀開始，這些小社群在經過融合與吸收之後，形成二十個我們今日所知的城邦，這些城邦構成「舊拉丁姆」（Old Latium）核心地區。城邦的疆界起初並不明確，從城邦之間的通婚、遷徙與權利契約可以看出早期城邦的疆界時常在流動。[3]

最近有人提出一個深具吸引力的模型，也是目前解釋力最強的說法。這個模型指出，打仗原本是四處遷徙的氏族專有的特權（從貴族以武器陪葬可以看出），而這群由拉丁人與伊特拉斯坎人混血的軍事貴族在公元前六世紀與五世紀逐漸在新興的都市社群與社群的腹地定居下來。當這些定居氏族逐漸形成中心都市時，土地控制就變得越來越重要，於是傳統的襲擊掠奪擴大成為征服與保護領土。這段緩慢的國家建立過程，逐漸形成獨立的拉丁姆城邦。[4]

公元前七世紀與六世紀，類似的國家建立過程也在托斯卡尼（Tuscany）展開。最強大的政治體吞併小型的政治體以擴張領域，最後形成一套擁有十餘個政治體的平衡體系。這些政治體大的面積可以達到一千五百平方公里，小的則有五百平方公里。[5]

城邦文化是羅馬早期與日後建國的一項決定性特徵。歷史上曾出現二十幾個城邦國家文化，小的可能只包括幾個成員國，大的如古希臘擁有超過一千個城邦的廣大網絡。[6]

城邦的環境對政治擴張構成很大的挑戰：城邦與城邦之間緊密連結，形成良好的平衡，城邦反對為了擴張而傷害鄰國或危及彼此的獨立。即使有時會出現公然併吞城邦的情形（最為人知的是中世紀晚期的佛羅倫斯、米蘭與威尼斯），但這仍屬相對罕見的例子。

政治擴張未必要藉由正式支配，共組同盟或聯盟反而是更巧妙也更常見的擴張方式。這種做法可以緩和緊密結合的城市社群與共同利益（尤其是為了軍事目的）之間的結構緊張。公元前五世紀的雅典帝國就是個典型例證：雅典帝國起初是為了對抗波斯阿契美尼德帝國而組成的同盟（巧合的是，同時期的羅馬也在義大利中部建立同盟）。另一個例證，就是中美洲特奧蒂瓦坎、特斯科科（Texcoco）與特拉科潘（Tlacopan）在公元一四二八年共組三方同盟（Triple Alliance），最終成為阿茲特克帝國。如果這類同盟存續得夠久，它們也許可以變成同一個國家，例如瑞士與尼德蘭。[7]

羅馬早期也曾利用規模優勢，透過同盟進行擴張。此後，羅馬的發展一度成謎，只知道到了公元前五〇〇年，羅馬已經壯大成義大利中部最大的城市與拉丁姆最強大的城邦。從日後與疆界相關的儀式可以看出，公元前七世紀剛開始發展的羅馬社群只有一百五十到兩百平方公里的土地。然而到了公元前六世紀晚期，羅馬的領土似乎已經擴大到八百二十平方公里。當時尚未被外敵征服的十五個拉丁城邦控制的領土有兩千三百五十平方公里，羅馬足足占了三分之一，是當時排名第二的城邦的兩倍以上。羅馬的人口估計大約在三萬人左右，以當地的標準來看，這個數量算是相當多。

晚期的羅馬習慣把這項早期優勢歸因於諸位「國王」帶領的侵略擴張，更明確地說，是在公元前六世紀的伊特拉斯坎統治者帶領下完成的擴張。由於沒有可靠證據，這項歷史說法無從證明，但理論上講得通：畢竟，羅馬不僅與伊特拉斯坎城邦群相鄰，而且在城市中心與領土規模上都類似伊特拉斯坎城邦。此外，如果這段歷史是虛構的，那麼羅馬在已經建立霸權之後還要特意想像出自己早期曾受過外國統治，豈不是相當奇怪。

如果羅馬早期能超越其他城邦是因為伊特拉斯坎人的領導，這究竟是反映了中部義大利在當時族群通婚的軍事貴族力量，還是文化疆界帶來的緊張關係提升了集體行動的能力？無論基於哪一項因素，羅馬與伊特拉斯坎人的緊密關係似乎加速了羅馬建國的過程。羅馬獨特的濱河位置，使其擁有商業之利，而另一項有利於建國的要素則是鄰近海岸的鹽產地。[8]

公元前五〇〇年左右，羅馬發現自己成了眾人垂涎的目標。羅馬比其他拉丁城邦強大，但如果其他拉丁城邦聯手，仍足以圍堵羅馬。羅馬可以與任何一個伊特拉斯坎人鄰邦抗衡，然而一旦所有的伊特拉斯坎城邦聯合起來，羅馬將遠遠不是對手。想要突破這種雙重圍堵的環境，最好的方式就是以對抗共同的威脅為由組成同盟。亞平寧（Apennine）山區的城邦聯合朝西部的肥沃平原推進，背後的動機就是如此。我們也能在義大利其他地區看到類似的發展：人口成長與合作關係的提升，驅動地方強權對濱海的希臘城邦施加越來越大的壓力。

到了公元前五〇〇年，二十個拉丁城邦已經有五個被沃爾斯基人（Volscians）征服。公元前五世紀上半葉，剩下的拉丁政治體持續對沃爾斯基人等敵人發動戰爭。身為拉丁政治體的大邦，羅馬取得同盟領袖的地位。我們無法確定羅馬是透過武力（後來的羅馬史料曾有這樣的紀錄）還是獲得各國的同意而成為領袖，但到頭來原因是什麼影響不大。[9]

重要的是整體結果：獨立小城邦建立了合作關係，而羅馬獲得了領導權（大致局限在軍事領域）。拉丁同盟整合所有城邦的人力，成功箝制非拉丁挑戰者。雖然拉丁人與非拉丁人的衝突主要反映在為獲取戰利品而進行的掠奪與反掠奪上，但這些衝突也導致可耕地的控制權轉移：在拉丁同盟征服的地區，大約設立了十二個聯合聚落。無論是可以帶走的戰利品還是不可帶走的土地，都在羅馬的指導下平均分配。

我們只能辨識出這段歷史的大致輪廓，除非我們主張這一解釋只是將日後歷史發展套回過去的「時代倒錯」（並非毫無可能，只是未必特別合理），否則這個過程的確可以做為了解日後羅馬擴張的根據。羅馬藉此建立了一種溫和但不對稱的合作模式：獲得某種程度的軍事霸權，卻不會破壞各城邦的自治。羅馬軍事霸權存在的理由在於聯合各城邦出兵作戰，奪取資源，然後由各城邦共享。這種安排不僅對務農的平民有利，也讓必須藉由展示武勇與取得資源分配給臣下的貴族領袖得以維持自身地位。[10]

從公元前五世紀下半葉開始，除了聯合作戰，羅馬也逐漸憑藉自己的力量對外擴張。此時的軍事參與已經擴大到整個農業人口，而領主結盟出兵作戰的形式也合併成單一的國家與軍隊，領土擴張的目的也轉而以社群做為基礎。此時無論在羅馬或在拉丁姆其他地區，尚未出現一人統治的現象：政治與軍事事務由貴族管理，他們各自擁有自己的追隨者，彼此間也會進行磋商。

導致羅馬更進一步中央集權的原因，是其與距離最近的伊特拉斯坎城邦維伊（Veii）爆發了衝突。這場長期鬥爭在公元前三九〇年代以維伊落敗告終，羅馬併吞維伊全部領土，並透過各種方式（從納為奴隸到給予公民權）逐漸將維伊的剩餘人口吸收到羅馬社會之中。[11]

併吞維伊是重要的一大步，因為羅馬就此取得了所屬城邦群以外的資源，不再受限於與其他城邦的合作協定。此時的羅馬控制超過一千五百平方公里的土地，略大於其他拉丁政治體領土的總和。無論羅馬過去的地位為何，此時的羅馬已穩穩掌握霸權地位。六十年後，也就是公元前三三〇年代初期，拉丁人的叛亂遭到鎮壓，羅馬終於完全擺脫限制的枷鎖。

由於受到來自波河流域的高盧（Gallic）戰士的劫掠，羅馬對拉丁姆以外地區的征討一度遭到中斷。儘管這場挫敗並未造成重大損失，然而這起事件卻有可能成為羅馬擴大軍事力量的另一個催化劑（公元前五世紀初，波斯劫掠雅典激起了雅典的軍國主義情緒就是個明顯的例子）。從更廣泛的角度來看，由於高盧人在公元前四世紀持續入侵義大利半島，各國因此有建立軍事同盟的需要，特別是伊特拉斯坎人與溫布利亞人（Umbrians），他們其實比羅馬人更容易遭受凱爾特人（Celts）的攻擊。[12]

整體而言，公元前四世紀前三分之一的時間，幾項因素的總和使羅馬獲得更多資源與能力，因而能在義大利中部不斷擴張。這些因素包括取得額外的土地與人力、鞏固對拉丁人的霸權、凱爾特人入侵的震撼，以及成功解決國內政治與經濟的衝突。

在此同時，吞併維伊也讓羅馬直接吸收戰敗鄰邦的策略逐漸達到極限。城邦的參與式機構，例如人民大會，必須集中於單一中心，當領土超過數千平方公里時，這樣的機構就很難繼續運作。從歷史來看，想要進一步成長有時需要轉變成較為一元的「領土型國家」（territorial state），也就是要將幾個並立的中心轉變成附屬的單位。另一種做法則是對邊陲進行分層控制與合作，使核心能夠保留通常具有高度包容性的既存體制。中世紀晚期的米蘭、佛羅倫斯與威尼斯屬於前者，古典時代的雅典與迦太基則是後者。羅馬採取分層模式，但在形式上特別精簡，因此能在不需要建立廣大政府結構的狀況下協調越來越大規模的軍事活動。

攏絡與動員

當羅馬在公元前四世紀集結了龐大的擴張動能時，剛臣服的社群若不是取得了公民權（無論是否有權在羅馬人民大會投票）並保留了自治市（municipia）的地位，就是透過雙邊條約與羅馬建立同盟關係。公民地位逐漸集中在義大利中部地區，而同盟地位則在北部與南部較為常見。到了公元前二六四年，羅馬已經與半島各地的各個政治體締結了超過一百五十項條約。這些條約的雙邊性質有助於保留羅馬的領導地位，使羅馬能夠將影響力延伸到個別的邊陲實體，卻又不需要將這些實體連結成一個一致的整體。就像一個無輪圈的輪子，輪子正中心就是羅馬。公元前三三八年之後，就連那些保有同盟地位的

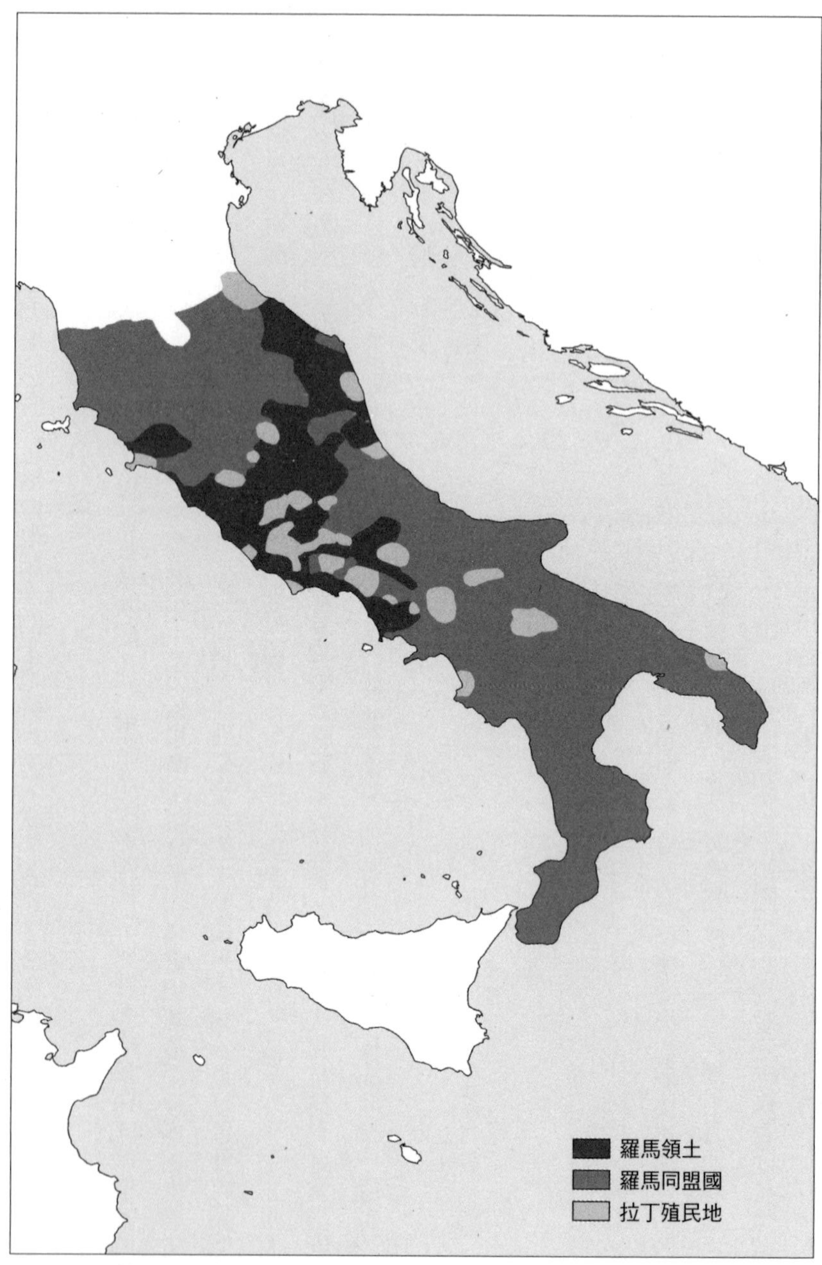

圖2.2　公元前三世紀義大利的政治形勢。

拉丁城邦，彼此之間甚至不准締結官方關係（圖2.2）。[13]

無論這些政治體在體系內的正式地位是什麼，它們都同樣有義務提供軍事人力供羅馬指揮，還要為軍事行動提供資金。公民繳納戰爭專用的直接稅（tributum），而同盟社群應提供兵源。[14]規模與動員強度是兩大關鍵。積極攏絡可以提升規模。希臘城邦的公民身分通常被視為珍貴的特權，但羅馬的公民身分不同，羅馬很輕易就將公民身分授予外來者，其中許多還是其手下敗將。此外，羅馬公民的身分「與種族或地理位置無關」，這點也不同於希臘公民。羅馬政府的寡頭性質使其徹底放寬公民地位，以確保公民身分維持極不尋常的開放性。事實上，移居殖民地的羅馬人絕大多數都喪失了公民身分，這也反映出羅馬共和國的正式成員身分的價值相對偏低。同盟政治體仍維持自身既有的政府體制，僅需要向羅馬提供軍事資源，不需要併入羅馬共和國之中。[15]

因此，持續的擴張建立在羅馬的兩面策略上：一方面大規模徵用人力，另一方面又盡可能不干涉地方事務。但是規模只占了故事的一半，另一半則是極高的軍事參與率，最大限度地利用義大利的人口資產。後者的實現有賴羅馬對物質資源課以低稅率，同時密集剝削廉價的軍事勞動力。[16]

羅馬公民的財政賦稅輕微，而且與戰爭密切相關。年稅率難以得知，但無疑非常低，或許不超過個人資產估值的百分之零點一，大概相當於幾個百分比的年所得稅。一八六二年美國南北戰爭時的北方聯邦為了籌措內戰軍費，曾經制定《美國歲入法》（U.S. Revenue Act）對中產階級公民課徵輕微的百分之三所得稅。雖然年代相差甚遠，但也許可以充當類比。[17]

從某方面來說，羅馬的賦稅有點像是借貸，因為羅馬有時甚至會因為獲得戰利品而將賦稅退還給民眾。同盟國不需要向羅馬繳納直接稅，它們很可能仰賴自己的稅收，以國內歲入支撐自己的軍隊，不過這方面沒有明確的文獻記載。輕稅或免稅普遍讓各地方的上層階級獲利，使他們更願意服從羅馬的領導。徵兵也不是採取累進制，反而實際上是採取累退制，這個制度有利於年紀較大而且較富裕的男子，這些人往往比較不可能受到徵召。[18]

除了通行費與公共土地的租金收入，國家歲入很大比例來自於掠奪，再加上向戰敗的敵人勒索賠償。直到羅馬取得義大利以外的省分，金錢與實物支付的直接稅才開始大量流入，這個過程大約開始於公元前三世紀下半葉。在此之前的幾個世代，軍事勞動力一直穩定提升，因為其相對廉價。依照慣例，被徵召的士兵得自行負擔裝備，而且他們服兵役得到的補償非常微薄。[19]

以高軍事參與率來看，服兵役占了羅馬人與其義大利盟邦賦稅負擔的最大比例。擁有財產的男子（他們通常只是小農）必須服六到七年的兵役，在軍事危機時期甚至會更長。這個估計數字誤差範圍相當大，因為羅馬軍隊數量的記載雖然十分詳細，但基本人口的數量仍有爭議。即便如此，對義大利人口相對保守的估計仍顯示羅馬投入了大量年輕人，有時甚至將中年男子也投入到

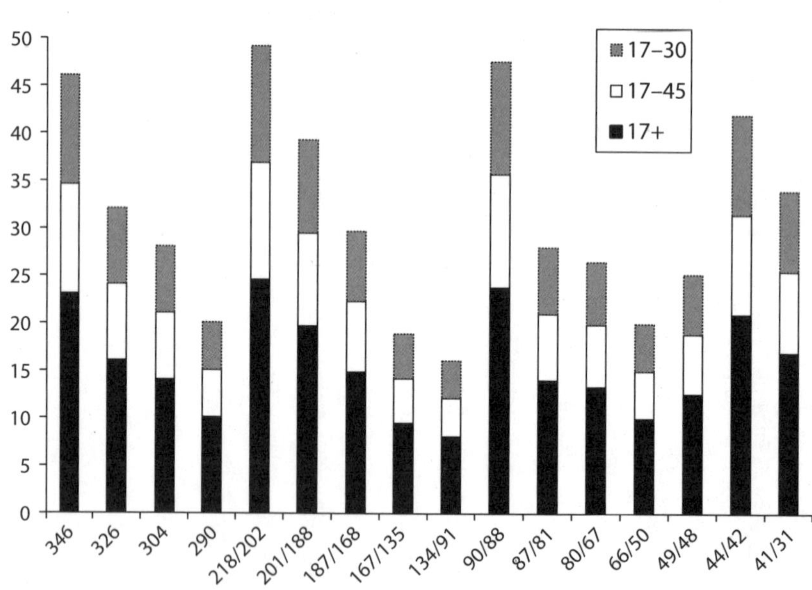

圖2.3　公元前346-31年，羅馬公民軍事動員率近似值（特定年齡階層的男性百分比）。
資料來源：Scheidel 2006: 222, fig. 8.

軍事行動之中（圖2.3）。[20]

這種方式得出的動員數字顯然非常高，但不是不可能：羅馬與迦太基進行生死存亡的鬥爭時，推估羅馬的最高動員率與南北戰爭時期的南方邦聯相當——這兩個例子都未將奴隸計算在內。就算古義大利的實際人口數略高於傳統認知，那麼其軍事動員程度也只會略為降低，不會更動整個模型。就算人口估計明顯不合理地比傳統認知還要高出許多，也只能將軍事動員程度從「高的離譜」降到「極高」。最值得強調的是，這種動員率維持了數百年之久，而不只是在持續數年或數十年的特定戰爭時期才出現。[21]

羅馬為什麼採取這種做法？影響的因素有幾個。首先是透過徵兵來使用民力，這種做法很適合義大利中部落後的經濟環境，特別是內陸山區。這種做法也支持了查爾斯・蒂利（Charles Tilly）所謂的榨取稅收的「高壓密集」（coercion-intensive）模式，亦即「統治者從自己的人民與征服的人民身上榨取戰爭資源」。羅馬的例子之所以值得一提，是因為國家一旦像羅馬一樣專注於軍事勞動力（絕大多數是自給自足的步兵），就不再需要「建立龐大的榨取資源的結構」（同樣引述蒂利），儘管這一結構正是解釋後世歐洲國家形成模式的重要條件。除此之外，因為整個義大利半島的軍事科技程度大致相同，因此沒有強烈的競爭需求去發展比農民組成的民兵更精良的部隊，例如重裝騎兵或大規模的海軍。[22]

比較富有的社會分布在義大利半島的邊緣地帶，例如伊特拉斯坎（Etruria）的濱海地區與南方的希臘城邦，特別是後者。從公元前二六〇年代以降，這些政治體曾協助羅馬建立野心勃勃的海軍，使其能早一步在地中海建立霸權，這點我之後會再討論。然而，到了公元前三世紀初，羅馬開始與這些富有的政治體進行激烈交戰，同時對義大利半島其他地區進行高壓密集擴張，這使得羅馬不需要與對手進行條件寬大的協商交易，亦即蒂利所謂的「資本密集」（capital-intensive）國家建立模式。相反的，羅馬轉而採取混合的「資本化的高壓模式」（capitalized coercion mode），這種模式結合了高壓手段與富裕資本的整合，於兩千年後在近代早期的英格蘭與法國運作得十分順暢。

羅馬的擴張策略除了與環境條件有關，為了擴大軍事規模而反覆嘗試的機制也是重要因素。例如公元前五世紀羅馬與拉丁盟國的軍事合作模式，而這個模式衍生的各種版本隨後推廣到義大利各地。從這個角度來看，除了各地的自治社群正式併入羅馬的公民體制之中，其他的制度安排並無任何新穎之處。

有人認為羅馬採用這種高度動員的徵兵制度有助於消耗從屬社群中具有潛在危險性的人力，至於其他納貢形式即使經濟上可行，卻可能造成過於沉重的負擔與關係上的疏遠。從這個論點進一步延伸，我們也許值得思考：羅馬所採取的這種辦法，是否一定程度上是因為羅馬得面對實力比自己更強的競爭者。[23]

以這個視角進行討論，我們得先忘掉羅馬強大自信的形象，避免帶入後世史料的後見之明。對當時的羅馬而言，若要用最不影響社會的方式來擴大軍事規模，就必須避免更動地方的組織結構以減少爭端，接著在徵用軍事勞動力時授予被攏絡的群體最大的榮譽。由於鐵器時代的義大利崇尚武力，因此榮譽在這個環境具有極高的重要性。年輕人出力打仗（就羅馬的盟國來說，其年輕人是在自己政權的指揮官帶領下作戰）而富人公開出錢（或借錢）支持這些年輕人作戰，這種做法要比要求每個人繳納什一稅或人頭稅給羅馬稅吏來得光榮。戰利品由參戰者平分的做法，也讓這些戰士取得受尊敬的夥伴地位（這點之後再做討論）。

最後，羅馬的攏絡模式獲得成功，是因為這種做法提高了地方社群集體行動的能力。羅馬並未將這些原本是敵人的社群解除武裝，相反的，羅馬不僅積極鼓勵這些社群維持原先的尚武精神，還將這一精神制度化，透過穩定的例行公事要求這些社群對更廣大社群網絡負起關鍵義務。當然，這項策略不是沒有風險：羅馬在擴大軍事實力的同時，也埋下了地方社群武裝抗爭的可能。這個制度取得莫大的成功，因為大規模有組織的武裝抗爭從未發生，直到公元前九十一年才有幾個義大利盟邦起兵叛亂。而這起事件也證明即使在經過許多世代的合作擴張之後，武裝抗爭還是有付諸實行的可能，同時也顯示此前武裝抗爭一直都是個可能的選項。

動員義大利半島上講著各種語言的人口，投入看似永無止盡的戰爭，羅馬的統治階級實際上讓自己陷入騎虎難下的局面。由於羅馬統治的多層次體系在結構上並不穩定，羅馬因此有著分裂的隱憂。長期以來，羅馬都是透過這樣的結構在驅策人民的軍事熱忱，才能化危機為轉機。關於這點，我將在之後的章節進行討論。[24]

羅馬共和國的內部整合

羅馬的文學傳統，以及絕大多數奠基在羅馬文學傳統上的現代學術研究，都傾向於認為羅馬共和國的參與式政治、社會與文化制度是公民凝聚力的源頭。但實際上，在一個結構極度精簡的體系裡，戰爭才是當時最有效的整合力量。對羅馬公民而言，服兵役在培養共同認同與集體行動上，遠比政治參與、公共儀式與公共展演來得重要。軍事參與率往往遠高於市政活動的參與率。

從表面上來看，民眾的政治投入非常重要，因為人民大會在選舉官員、通過法律、締結條約與宣戰上皆握有最終決定權。然而在實際上，民眾參與政治的規模十分有限，從非常早的時期就是如此。在所有符合資格的公民中，只有極少數人才能進入立法大會開會，而在場地更大的選舉集會上（即使我們假設這個場地比其他的集會場地來得大），符合資格的公民能夠實際參與的比例也從公元前三三八年的不到一半，減少為公元前二二五年的六分之一左右。此外，即使在眾人矚目的公共場合，資格限制也從未成為關切的焦點，這顯示公民的實際參與率總是遠低於理論上的最大值。[25]

羅馬（男性）公民的首次社會化就是透過多年的兵役，包括從一開始的軍事檢閱到之後的實際戰鬥。在羅馬進行的檢閱是一場精心設計的儀式，藉此讓義大利各地的男性能聚集在一起。羅馬擴張的疆域越大，就有越多的羅馬人一輩子未能踏足首都。而那些有幸曾經去過首都的人，往往都是在被徵召當兵時去的。軍事單位的選拔試圖打破地方社群的關係紐帶，將不同背景的男性混合在一起。在漫長兵役的反覆灌輸下，人們的地方認同逐漸淡化，代之以共同的「羅馬人」意識，同時也加深了團結與社會紀律。[26]

對羅馬的義大利盟邦來說，由於直到公元前八〇年獲得公民權之前都被排除於首都政治之外，因此軍事動員就成了強化其與羅馬關係紐帶的重要來源。這些盟邦原本都自行徵兵，士兵也都服役於地方，與羅馬人的軍隊劃分開來，因此沒有太多與羅馬人有效整合的機會。文化同化主要發生在軍官團階層，軍官團成員必須學習拉丁文，同時要例行性地與羅馬指揮官交流。有鑑於這些社會的寡頭性格，軍官團的同化效果其實不可忽視。

一般來說，形式上聽命於羅馬的指揮，將使羅馬擁有最高權力的訊息深入人心。羅馬與盟邦的部隊在戰場上並肩作戰，雙方在爭取成功與榮耀的心態驅使下，形成具生產力的競爭關係。這個制度將羅馬與盟邦的軍隊定位為不對等但卻重要的夥伴關係，不僅強化羅馬的領導地位，也建立了互相依存的感受，雙方共同分享掠奪與土地分配帶來的物質利益。[27]

除了軍事戰爭，另外能起到整合效果的手段就是建立殖民地與土地分配，而這兩者皆是長期戰爭帶來的直接結果。這兩種手段不僅可以獎勵忠誠的服役者，還能創造出羅馬與義大利盟邦的混合社群。早在公元前五世紀，羅馬人就已經開始實施這兩種手段，並且在公元前三〇〇年代到二六〇年代的義大利統一戰爭時期達到高峰。公元前二世紀初曾推動大規模的殖民與土地分配計畫，公元前八〇年代與二〇年代之間也如法炮製（當時有超過五十萬人被移居到義大利內外）。這一切全是重大軍事衝突的結果。[28]

在義大利中部以外的地區，軍事整合要比廣泛社會或文化趨同來得更早，後者絕大部分開始於公元前一世紀。但即使是在義大利中部，軍事參與依然是構成整合的最重要因素。羅馬授予地方人口公民身分並且建立無數殖民地，創造出同質性較高且較易接受拉丁語言的團體，最終成為羅馬戰爭機器的核心。羅馬因此能使較為邊陲的盟邦繼續依附於整個體系，最終擁有能消除任何公開反抗的能力。[29]

在這套軍事整合制度下，羅馬成為了一個專注於戰爭而鮮少關心其他事務的國家。羅馬幾乎就是蒂利提出的四個國家核心活動的理想型：建立國家（在國家宣稱的區域內制止競爭者）、發動戰爭（攻擊國外的敵人）、提供保護（壓制主要盟邦的敵人）與榨取資源（為了完成其他三項任務而必須取得資源）。[30]

以羅馬來說，這些活動都是為了能夠持續侵略外在目標。透過攏絡地方社群與減少與地方社群的爭端，就可以減少以暴力壓制內部競爭者（只有義大利南部邊陲的盟邦曾多次出現過緊張狀況）。保護不需要花費太多心力，因為地方菁英大致上都能做好份內的事，文獻上也很少記載羅馬干涉盟邦事務。

至於榨取資源，之前曾經提過羅馬會尊重地方的傳統與榮譽。在這種狀況下，排解糾紛、分配與生產等輔助性的國家功能就沒有那麼高的重要性，由地方仲裁與承包公共服務才是通行的原則，土地與其他資源的分配則長期以來與戰爭密不可分。此外，雖然羅馬的確向它的義大利從屬國「販售保護業務」，但羅馬並未壟斷在義大利行使暴力的權力。羅馬的盟邦擁有自治權而且負擔了龐大軍事人力，光是這兩點就顯示所謂的羅馬壟斷暴力只是一種迷思。[31]

羅馬共和國的發展，格外清楚地見證了「戰爭創造國家，國家也創造戰爭」這句諺語。羅馬政治機構是軍事活動的衍生，特別是國家高級官職往往都與軍事指揮及後勤補給有關。層級最高的官員名義上擁有龐大的權力，這個權力只能藉由貴族集體控制與公民權利來加以調和，因為這些政務官很少待在羅馬而比較常待在戰場。文人治理大幅局限在首都核心。在首都以外地區，則由地方機構管理比重日增的公民人口。[32]

有兩個因素使更具企圖心的大型政府機構顯得多餘而不受歡迎。羅馬過於專注於戰爭而犧牲其他治理層面是一個，這點先前也有提到。另一個原因則是寡頭政治不願加強國家的中央權力：貴族官員只想讓自己的荷包滿滿，不希望領導人利用國家資源掌握權力，因此傾向於以世襲與侍從資源來完成受委派的任務。[33]

一直要到公元前二世紀各省貢品開始流入後，國家才開始替民間提供神廟（往往由個別領袖贊助）以外的公共財。大規模的民間建設則是公元前一世紀政治競爭加劇與貴族共識瓦解後才出現，且絕大多數集中在首都。對比之下，在羅馬的國家形成時期，以及從公元前四世紀到二世紀初的羅馬戰爭體制高峰期，羅馬始終維持著非常精簡的中央政府組織。

核心的調適

我們如今知道，貴族家族在治理羅馬上一直扮演著重要角色，而且從公元前五世紀之後就牢牢掌握大權。當羅馬勢力往義大利半島擴張時，數十個貴族家族構成的同質統治階級也隨之出現。這些貴族成員透過公民選舉或至少是在取得公民認同的狀況下輪流擔任公職。最高的領導職位只能擔任一年，而且通常採合議制，目的是為了限制個人野心與確保一定程度的共識決。

羅馬共和國大部分的時間，社會權力來自四個來源，分別是意識形態、經濟、軍事與政治，這四個來源非比尋常地結合在一起：由少數同一批菁英成員擔任政治領袖、軍事指揮官與祭司，而且擁有最多的私人財富。貴族組成的強大審議機構元老院的出現，使個別貴族受到約束；而成年男性公民（根據財富區分等級）組成的人民大會，則成為審慎仲裁貴族內部競爭與賦予國家軍事行動合法性的機構。這套良好平衡的制度一路維持到公元前二世紀晚期，這段期間也是羅馬在地中海地區大肆擴張的年代。[34]

公元前四世紀晚期，羅馬廢除了束縛其公民的債務，此事與其軍事活動的擴張約莫同時發生，也可說是後者支撐了前者。我們最好把這件事理解成一個討價還價的結果，目的是為了動員更多的男性投入戰爭。裝備的改變也讓更窮困的階層能夠服兵役，勞動力的損失則由戰爭中越來越常取得的奴隸來填補。往後的史料提到，早在公元前四世紀，動產奴隸制就已經扮演重要角色，而從公元前二九〇年代之後，就有戰爭俘獲大量奴隸的紀錄。某種程度上，這使得羅馬成為世界史上最大的奴隸社會。[35]

羅馬透過各種方式成功結合了共同認同與明確的階層化，每個階級皆須依照自身的能力與身分為戰爭做出貢獻。信仰體系的影響也值得一提，畢竟戰爭與宗教息息相關。領導階層慷慨地將金錢投入宗教領域。羅馬城開始大興土木修建神廟的同時，也正是羅馬耗費數十年逐漸在義大利半島建立控制權的時候。[36]

戰爭的回報：承諾與報酬

這場永無止盡的戰爭的誘因是什麼？我們必須從不同的角度思考這個問題，除了考慮領導階層，也要考慮平民的利益。羅馬貴族帶有高度軍事化色彩。這除了源自於他們曾是四處移動的戰士氏族，羅馬共和體系的制度化也有助於其維持乃至加強尚武精神。由於每年輪替的領導公職限制了藉由職位牟利的機會，也限制了提高家族地位與競選所需的榮譽，因此在沒有固定貢品的情況下，率軍出征就成了公共菁英的主要收入來源。

這種現象經過一段時間之後，就形成了在戰爭中展現武勇的文化。到了公元前二世紀，服役十年（可能是指實際參加作戰或長年待在軍營，而不僅是形式上的服役）成為擔任公職的先決條件。因此，想擔任公職的貴族會在十幾歲到二十幾歲這段期間到前線服役。統治菁英之間瀰漫著一股強烈的戰士氣息，他們在漫長學習生涯中一直被灌輸這類理念：立下戰功是「衡量他們成功與否的重要標準」，家族傳統與宗教的約束則使這項理念維繫不墜。公共展示同樣生動地傳達了這一點，勝利的指揮官獲准舉行凱旋式，最終代表了他個人成就的巔峰。[37]

菁英若想要獲取財富與威望，就必須追求軍事上的勝利，否則只能（至少有時候是如此）前往沒有戰爭的各省行政機關為自己開闢新的收入來源。後者這項轉變一直要等到羅馬已經擊敗最強大的競爭者之後才會發生。也就是說，羅馬的尚武精神與對戰爭的期待開始鬆懈，其實是羅馬的傳統戰爭機器在歐亞大陸西部建立霸權之後的事。[38]

然而，與羅馬同盟的義大利政治體領袖為什麼死心塌地服從羅馬軍事支援的要求？（畢竟他們無法藉此在羅馬取得利潤豐厚的官職）。我們只能猜測，尚武精神也在盟邦的國內事務上扮演著重要角色，並且提供了主動參戰的動力。此外，羅馬也直接或間接地支持這些地方統治階級。先前曾經提過，實施徵兵並限制徵稅的做法本質上有利於富人，讓富人更願意服從羅馬的領導——即使這意謂著家鄉的子弟兵要在戰場上流血。[39]

然而在一套侵略性的全民動員體制裡，群眾也必須持續加以激勵。由於羅馬當局無法迫使羅馬公民服兵役（儘管形式上採取強制服役，但拒服兵役的問題卻不是那麼容易克服），因此更必須仰賴群眾半自願式的服從。[40]

羅馬在義大利半島崛起與建立霸權時，長期確保民眾廣泛支持戰爭的做法便是分配戰利品：從戰敗者手中取得大片土地，然後再分配給羅馬的屯墾者。數萬名羅馬成年男子與其家人因此移居到新土地上。到了公元前二一八年，大約有九千平方公里的土地以這種方式易手，或許還有同樣數量的土地再次被收歸國有（*ager publicus*），然後予以出租或出售。考慮到義大利半島十二萬五千平方公里的土地中僅有不到半數可做為農地使用，這類新土地所占的比例實在可觀。[41]

此外，羅馬與盟邦還能藉由共同參與殖民的廣泛利益來培養彼此的凝聚力。二十個共同殖民地（或「拉丁」殖民地）於公元前三三八年到二六四年建立，絕大多數位於義大利中部。這些自治殖民地總計涵蓋了七千多平方公里的土地、七萬名成年男子及其眷屬。這些殖民地位於被征服的土地上，成為羅馬控制下的堡壘。[42]

被征服地的居民並非都依照慣例予以殺害或淪為奴隸。由於國有土地的範圍超過紀錄上的土地轉讓面積，我們可以假定原先擁有土地的人有一部分依然可以待在自己的土地上，只是喪失土地權利。根據日後的史料記載，原本在公元前三八〇年代到三四〇年代困擾羅馬人的嚴重債務問題，隨著羅馬殖民運動開始後逐漸消失。這兩者之間的關係恐怕不是巧合。有些學者注意到羅馬的殖民體制與土地分配，相當類似於中國戰國時代秦國所組織的忠心耿耿的軍隊。在這兩個例子裡，大量的小地主都成了沉重軍事負擔的主要背負者。[43]

除了征服的土地，盟邦士兵還可以瓜分掠奪來的財產，而且與羅馬公民軍隊一樣可以分到戰爭帶來的額外利益。除了個人可以獲得有形的報酬，同盟政治體也能獲得有價值的保障。這些保障針對的不一定是明確的外敵，因為外敵很快就遭到擊退，因此鄰近的社群反而才是需要提防的對象。對這些盟邦而言，與羅馬的同盟體系不僅能長期保障國內安全，也能壓制長久以來的鄰近宿敵。[44]

持續戰爭的理由

從本質來看，羅馬與義大利政治體的合作體系不僅是為了發動戰爭，也是為了維持戰爭，才能藉此產生利益分配給各個成員。在這種環境下，徵兵就是最重要的國家歲入，放棄戰爭就形同於允許退稅。此外，由於羅馬仰賴戰利品與戰爭相關稅收做為國家主要的非勞動歲入來源，因此停止戰爭將使羅馬喪失最重要的經濟資源。[45]

比起徵兵，羅馬在理論上也能夠採用更常見的朝貢模式，也就是對從屬國的經濟生產課徵例行性稅收，如此一來便可降低持續戰爭的結構需求。然而，要進行如此規模龐大的改變實在不是件容易的事。羅馬的從屬國與同盟國不僅武力強大而且享有高度自治地位，要對這些國家課徵普遍性的農產稅與人頭稅極為困難。事實上，羅馬模式越成功，往義大利本土以外擴張以奪取國外資源的阻力就越小，而奪取來的資源又反過來促成更進一步的擴張。

從制度層面來看，羅馬國家制度的整合幾乎僅限於城市中心，因此一旦沒有戰爭，公民身分對絕大多數羅馬人來說都將毫無意義。對羅馬的盟邦來說更是如此，其唯一的義務就是提供軍事人力讓羅馬進行戰爭。整套同盟體系因此與戰爭共存亡：倘若戰爭沒有持續，同盟關係也就難以維繫，接下來就可能發生各種不樂見的結果。

倘若沒有戰爭，短期影響就是失去戰利品與獲得榮譽的機會。長期而言，以軍事合作為基礎的既有關係紐帶可能會萎縮，或者更糟——盟邦開始疏離，甚至居住在農村的羅馬公民可能因為缺乏由首都羅馬統率的共同軍事經驗而開始離心離德。以條約束縛的同盟關係會因此失去最有力的積極參與精神，羅馬邊陲地區的公民也可能會開始認為自己的公民身分毫無價值。正如史家約翰．諾斯（John North）所言，「戰爭是羅馬與義大利盟邦的命脈。」而這麼說一點也不誇張。[46]

羅馬式擴張的結構有點像老鼠會，「羅馬體系的運作模式堪比犯罪集團，他們會補償受害者，補償方式就是將受害者納入幫派，邀請他們一同分享未來的犯罪所得。」而能否成功將原先的敵人轉變成公民同胞或盟邦，很大程度上又取決於羅馬是否有能力取得新的資源來獎賞剛被搶奪的受害者。這樣的動態關係使羅馬無法輕易放棄戰爭劫掠，除非願意付出重大的政治代價。[47]

這樣的擴張結構也使我們不再有必要去苦思每一場衝突的原因，畢竟基本的結構誘因始終存在，政治決策將難以背離此一既定方向。我們會在下一節看到，這套戰爭模式依然持續了好一陣子，哪怕戰爭早已無法帶來任何利益。[48]

持續戰爭的永續性

光是在結構上獎勵無情的好戰傾向並不夠，還必須讓這一結構能夠長久延續。好比多年的兵役得要符合農村家庭的生命週期，農村家庭才能夠忍受失去一個兒子（就算不是每一家都必須如此，至少整體來說必須做到這一點）。從日後的碑文證據可以看出，羅馬的男性通常到了快三十歲時才結婚。這種現象在羅馬共和國時代的義大利相當普遍，羅馬將領麾下總是有一大批無業未婚的年輕男子協助。只有在很極端的例子，才會看到比較年長的家族男性被徵召當兵。[49]

從這個人口論點進一步推論，戰爭導致的持續傷亡可能有助於減緩當時的人口壓力。年輕人口的減少，伴隨戰勝所流入的資源，造成人均所得增加。反之若戰爭結束，則以上兩者也將隨之終結。在羅馬共和國晚期，即便都市化加速與奴隸經濟成長提供新的機會，使羅馬人有更多選擇的可能，大規模軍事動員還是繼續維持了一個世紀：透過徵召低所得者入伍，或是逐漸轉型成職業軍隊來延長服役年限。[50]

奴工不僅讓菁英富有，也在自由平民與軍事作戰緊密結合之際協助擔負起基本的生產功能。這使我們更容易理解先前提過的高度動員率。此外，羅馬的「軍國主義」式制度也進一步刺激奴隸制度的擴展，因為人民廣泛參與軍事與大規模遷徙到城市、殖民地與海外並不利於民間產業的長期穩定就業。再加上菁英階層快速的掠奪式資本積累與輕易取得可奴役的工人，這些因素強烈推動了對奴工的投資。[51]

到了公元前一世紀，義大利或許有超過一百萬名的奴隸，約占總人口的五分之一。與歷史上其他大型奴隸社會如古希臘或美洲殖民地不同，羅馬的奴隸制度類似十九世紀的索科托哈里發國（Sokoto caliphate），很大程度上仰賴國內軍事力量以暴力捕捉奴隸。一直要到奴隸人口的規模達到光憑奴隸本身的生育就足以補充奴隸人口時，這種狀況才開始出現改變。[52]

崛起與稱霸

快速崛起

羅馬支持擴張的結構最終取得了什麼成果呢？在併吞維伊並將原先的敵人吸收成自己的公民之後，羅馬在義大利半島中部發動統一戰爭，勢力因此更深入伊特拉斯坎。到了公元前三三八年，羅馬已強化了對拉丁同胞的控制，絕大多數拉丁人轉而成為羅馬公民。[53]

隨著羅馬人開始與敵對的同盟體系交戰，緊張情勢也開始上升。這個同盟體系是亞平寧山脈中部偏南的薩莫奈人（Samnites）建立的。薩莫奈人的同盟與羅馬人的同盟類似，雙方的軍事方針也相近。薩莫奈人的同盟由高地村落組成，政治上處於分裂狀態，戰時則統一指揮，牢牢固守著山區堡壘。薩莫奈人擁有的經濟資源不如羅馬人及其盟邦，因為薩莫奈人的城市缺乏發展，無法接觸資本充裕的濱海地區，特別是拉丁姆南部的坎帕尼亞（Campania）。坎帕尼亞原本是由薩莫奈人的對手奧斯坎人（Oscan）控制，但奧斯坎人卻加入了羅馬人的陣營。[54]

坎帕尼亞投效羅馬後，薩莫奈人的同盟便喪失了原本的優勢：擁有比羅馬人及其盟邦更多的土地與人口。當公元前三二〇年代雙方衝突正熾之時，吞併了坎帕尼亞等地區的羅馬人已獲得足夠的人力（乃至領土），能與薩莫奈人抗衡。

這兩個強權最重要的差異，就在於羅馬人善於攏絡。羅馬人耗費很大的代價入侵薩莫奈人的領土，而且藉由結交新盟邦與建立殖民地逐漸包圍薩莫奈人。不同於羅馬人，薩莫奈人的同盟無法投射力量、掌握領土，也無法在國境之外建立永久的同盟關係。就我們所知，薩莫奈人即使在位居上風之時，其戰法仍不外乎襲擊與掠奪。相反的，羅馬即使在四面受敵的高地區陷入苦戰，依然不慌不忙地在薩莫奈人境內與境外調派人力，直到逐漸拉開對薩莫奈人的優勢為止。[55]

羅馬的人力不斷增加，使其能同時應付多線作戰。除了這場從公元前三四〇年代延續到公元前二八〇年代的漫長衝突，羅馬還在義大利半島中部與北部開啟新的戰爭。到了公元前二九五年，據說羅馬人已經有能力組成四萬人的大軍，足以與敘拉古（Syracuse，南方最強大的希臘城市）或馬其頓王國（Macedonian Kingdom）曾經召集過的最大數量軍隊相提並論。[56]

我們可以根據年代追溯羅馬領土與人口逐步擴張的過程（表2.1）。雖然我們能夠清楚得知羅馬控制的地理區域，但相應的人口數字依然只是粗略估計（或許略為偏低）。

即使這張表可能有較大的誤差範圍，但依然能看出整體的變化幅度。公元前五世紀初，羅馬與其盟邦的國力基礎總計僅約三萬人左右，到了公元前四世紀中葉已超過三十萬人。公元前四世紀末，羅馬已能控制一百三十萬人，公元前二六〇年代更是超過三百萬人，這也是羅馬稱霸全義大利半島的時期。羅馬的人口在大約兩百三十年內成長了一百倍。公元前二六四年，羅馬已控制義大利半島五分之一的土地與三成的人口，牢牢掌握義大利中部地區，隔開北方與南方的盟邦，確保了對內線的控制。雖然這段期間可能出現人口的淨成長，但絕大多數成長還是來自於擴張。從人口統計的角度來說，羅馬崛起的過程宛如愛荷華州（Iowa）打下了整個美國。

古老傳統與男丁：羅馬的人力優勢

羅馬並未就此滿足，對義大利半島的征服隨即演變成更大範圍的戰爭。入侵義大利南部的希臘城市引發奧特蘭

年（公元前）	羅馬		盟邦	
	面積（平方公里）	人口	面積（平方公里）	人口
490s	950	30,000?	1,400	?
390	1,580	>50,000	1,400	?
346	2,000	125,000	4,000	190,000
338	5,500	350,000	3,000	140,000
326	5,900	365,000	3,600	165,000
304	6,300	400,000	17,700	520,000
290	15,300	570,000	38,600	970,000
264	26,800	900,000	99,000	2,200,000

表2.1 羅馬在義大利半島的擴張與同盟體系，約公元前500-225年。

資料來源：絕大多數出自Afzelius 1942: 140-41, 153, 157, 169-71, 181, 190-92。

托海峽（Strait of Otranto）對岸伊庇魯斯王國（Eiprus）的干涉，羅馬於是徵調龐大的後備軍人應戰。同樣的模式也出現在對迦太基這個地中海中南部強權的戰爭上。羅馬聯合濱海的伊特拉斯坎人與希臘人組建大型海軍，因為這兩個社會都擁有龐大的資本、充足的人力與豐富的海事經驗，能夠馬上補充損失的船隻。羅馬最終無須採用複雜的財政體系或更進一步的中央集權，就成功擊敗了既有的海上強權。羅馬與迦太基進行第二次戰爭時，漢尼拔（Hannibal）入侵義大利並對羅馬構成毀滅性的打擊，羅馬及其盟邦一度瀕臨崩潰邊緣，但羅馬再度靠著對人力的密集動員而撐過了這場艱困且險些致命的挑戰。[57]

對羅馬人力儲備最清楚的紀錄，出自公元前二二五年羅馬與盟邦為對抗高盧人入侵而招募的軍隊數量。據說當時武裝了約十六萬人，而應服兵役的總人數達到七十萬名步兵與七萬名騎兵。根據最新的學術研究顯示，羅馬的總兵力可能接近九十萬人。即便羅馬實際上無法徵召這麼多人，但羅馬指揮官仍然享有極為厚實的後備能量。至於這樣的後備能量在實際上（而不僅是帳面上）能發揮多少，幾年後漢尼拔入侵義大利時便是個清楚的驗證。漢尼拔當時的目標就是要瓦解羅馬的義大利同盟體系。[58]

接下來的衝突稱為第二次布匿戰爭（Second Punic War），這場戰爭替羅馬帶來極大的威脅，卻也充分展示了羅馬戰爭機器的潛力。羅馬軍隊同時在義大利、西西里島、伊比利半島作戰，而且還橫渡了亞得里亞海（Adriatic）。起初羅馬遭遇慘敗：公元前二一八年到二一三年，羅馬的非自然死亡人數達到五萬人，或占羅馬全部成年男性公民的百分之十五到二十，而就整個義大利半島的傷亡來說更是達到上述數字的兩倍。對此，羅馬的回應是將動員程度提升到史無前例的新高。光是公元前二一四年到二一二年間，羅馬就徵召了四百萬人口當中的二十二萬五千名到二十四萬名男子。往後十年的徵召數字沒有那麼極端，卻依然可觀：公元前二一一年到二〇九年徵召了十六萬名到十八萬五千名男子，公元前二〇八年到二〇三年則是十二萬五千名到十五萬名男子。不僅如此，羅馬在獲得決定性勝利後仍持續進行大規模動員。從公元前二〇〇年到一六八年，每年平均入伍人數是十二萬人，範圍從只有邊陲戰爭時的七萬五千人到高峰期的十八萬人。[59]

往後幾個世代在義大利內部爆發的戰爭甚至動用了更多軍隊。羅馬與幾個義大利盟邦在公元前九十一年到八十九年爆發「同盟者戰爭」（Social War），參戰人數約三十萬人。而公元前八十三年到八十一年的內戰，則有二十五萬人以上參戰。即使在公元前七〇年代到六〇年代這些戰爭較少的年份，每年平均軍力仍達到十四萬人。之後重啟的內戰雙方更是傾盡全力。公元前四十二年，大約有二十五萬名義大利人被武裝，其中三分之二遠離家鄉到愛琴海北部參與一場大戰役。公元前四十九年到三十二年，又有超過四十萬名義大利人被徵召入伍。[60]

這些數字最好放在與日後歐洲徵兵的比較視角中來理解。在十六世紀與十七世紀上半葉，哈布斯堡王朝與法國的徵兵數目從未超過十五萬人，但羅馬共和國有好幾次輕易超過這個數字。法國軍力直到一六七〇年代才達到二十萬人，到了十七世紀末終於在路易十四（Louis XIV）全力發展下達到四十萬人。然而，這些數字畢竟是建立在法國當時擁有較多人口的基礎之上。六十五萬名法國人在一七〇一年到一七一三年登記入伍固然非比尋常，但四十二萬名義大利人在公元前四十九年到三十二年加入羅馬軍隊更是讓人刮目相看。

畢竟，法國宣稱有兩千萬人口，反觀義大利本土公民還不到四百萬名，一說是兩百多萬。此外，法國軍隊也沒有像羅馬軍隊在公元前四十二年那樣，沿著最經濟便捷的路線前往遠離首都一千兩百公里外的地方作戰。公元前四十二年，羅馬人的內戰在腓立比（Philippi）爆發，十一年後又在阿克提烏姆（Actium）再次打響，這兩場戰役分別成為歐洲歷史上最大規模的本土戰爭，這個紀錄直到拿破崙晚年的幾場最大戰役才被打破——而這已經是一千八百多年後的事，當時的歐洲人口已是公元前一世紀的六倍左右。[61]

羅馬史無前例的戰爭規模主要仰賴極高的軍事參與率。我們無法確知羅馬人是否比其他人更英勇善戰，也不確定高軍事參與率是否普遍提高了殘暴的程度。到頭來，英勇或殘暴已經無關緊要。長期來看，壓倒性的數量優勢才是真正的關鍵。羅馬優越的人力儲備補足了寡頭體制的弱點——寡頭體制強調官職的輪替而輕忽專業知識，前者雖然強化菁英的尚武精神，後者卻也導致指揮要職屢屢由業餘者出任。儘管這導致戰事的耗費無謂增加，但羅馬最終總是能仰仗其大量的步兵來守住防線。數世紀以來，羅馬就算輸掉許多戰役，也從未輸掉任何一場戰爭。[62]

熊彼得在羅馬？戰爭機器繼續運轉

讓我們先回到一次大戰結束後的一九一九年。奧地利經濟學家約瑟夫・熊彼得（Joseph Schumpeter）發表了一篇控訴列強戰爭愚行的文章，試圖找出是什麼原因讓一個社會轉變成「戰爭機器」。所謂的戰爭機器其實是一種體制安排，指的是戰爭成為主流政治與社會組織「尋找宣洩口與維持自身國內地位」的唯一手段。在這種狀況下，即使缺乏開戰的合理理由，「戰爭仍舊被視為正常狀態……上戰場變成理所當然，開戰理由則相對次要。戰爭機器原本是戰爭的產物，如今卻創造出新的戰爭以自我延續。」這便導致了熊彼得所謂的「國家在毫無目標下毫無限制地以武力進行擴張」。[63]

與熊彼得所說的戰爭機器略有不同，羅馬的戰爭機器通常更強調戰爭本身，而非實際的擴張。隨著羅馬在公元前二〇〇年後逐漸不再有嚴重外患，羅馬戰爭機器的運轉邏輯就變得格外明顯。如果戰爭主要是由物質利益驅動，那麼羅馬應該會將更多精力放在壓制地中海東岸的富裕政治體，但羅馬卻沒有這麼做。不僅如此，即便我們以最樂觀的估計來看，都可以得出羅馬在公元前二世紀上半葉進行的戰爭毫無獲利的結論。光靠掠奪與賠款已經不夠，羅馬還必須要藉由稅收與其他歲入才能彌補無止盡的動員與戰爭耗費的成本。[64]

另一方面，如果國家安全才是主要的戰爭考量，那麼羅馬應該把戰爭局限在義大利北部，而非擴展至伊比利半島。伊比利半島看不出來有威脅羅馬的可能，而且衰弱的迦太基若是想入侵伊比利半島也可以輕易予以擊退。但在實際上，羅馬卻把龐大的軍事資源投入在邊陲地區的軍事行動上。公元前二世紀初，平均約有十一萬四千人年復一年被派往伊比利半島與義大利北部鎮壓當地部族與酋邦（圖2.4）。

長期戰爭的模式（伊比利半島的戰爭持續了數十年）透露了羅馬發動戰爭的根本原因。除非我們相信羅馬持續數十年的軍事行動只是無心插柳柳成陰，否則羅馬貴族對榮譽的追求與維持義大利動員結構運作的務實動機，才是長期戰爭背後的成因。雖然個別趣聞的解釋力不如結構性因素，但有一個例子卻值得一提。公元前一五七年，在經過至少六十八年持續不斷主動出擊之後，羅馬突然間找不到可攻擊的目標。於是，元老院立刻決定在巴爾幹半島發起新的戰事，以確保民眾不會因「長期和平」而變得軟弱。[65]

長期紀錄足以說明一切。從公元前四一〇年到一〇一年這三百一十年間，只有十九年沒有戰爭——雖然這數字已經很少，但考慮到歷史記載可能出現的缺漏，實際的數字可能更少。這種狀況最終持續到公元一〇年代，已從共和制轉變成君主制的羅馬終於放棄控制萊茵河東岸日耳曼地區的想法。因此，在至少四百二十五年的時間裡，羅馬有九成的時間都在打仗。從公元二十四年北非的塔克法里納斯（Tacfarinas）戰爭結束到公元四〇年的摩洛哥叛亂與公元四十三年羅馬皇帝克勞狄（Claudius）入侵不列顛，這十六年間完全沒有重大衝突發生，這在已知的羅馬歷史上堪稱史無前例。而這已經是羅馬共和國建國後五百年的事情（從神話記載的羅馬建城時間算起，則超過了七百五十年）。

即使以戰亂頻仍的前現代政治體的悲慘標準來衡量，羅馬的紀錄也是獨一無二。中國那名符其實的「戰國時代」就是個好例子。五百零二年間，秦國無論是侵略還是被侵略，參與戰爭的時間「只有」一百八十六年，只比整個時期的三分之一略多一點。即使我們把戰國時代所有主要國家的戰爭時間合併計算，中國依然在五百年內享有一百二十七年的和平，大約是四分之一。[66]

回顧歷史，社會每隔一段時間就會陷入戰亂，但沒有哪個社會像羅馬一樣戰亂頻仍。在戰亂中，每個國家都會依照自身既有的條件來強化國力與保障安全，其強化的程度往往深受自身制度的影響。而在羅馬的例子裡，羅馬的核心結構對於戰爭與擴張的持續與規模有著深遠的影響。[67]

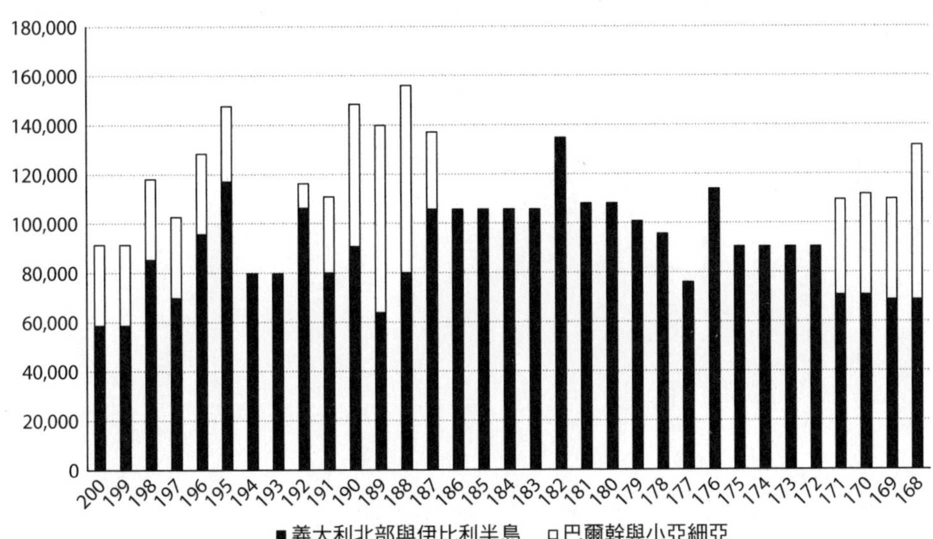

圖2.4　公元前200-168年，羅馬與義大利的地區軍事部署。

資料來源：數據來自Afzelius 1944: 47, 78-79, 89。

無盡的帝國？羅馬擴張的最後階段與征服的終結

到了公元前二世紀，羅馬控制的領域與勢力範圍已經發展成一個多層次體系。最內圈是由快速成長的首都城市及其腹地組成的內核心（或首都核心），接著是由義大利中部公民組成的中核心，以及義大利半島南、北部盟邦組成的外核心。最外圍則是持續擴張的邊陲，這個邊陲地區可以區分成羅馬總督治理的行省、從屬國、盟邦與「友好」的政治體。[68]

儘管羅馬握有軍事優勢，但對於併吞領土卻總是推三阻四，因為征服從來不是戰爭機器的首要目標。此外，統治家族也無意藉由擴張國家疆域與歲入來強化國家機關的行政力量。一般來說，國家的支配模式會隨特定邊陲地區的特性而有所變化（圖2.5）。[69]

公元前一一〇年代到八〇年代是一段衝突時期，羅馬內外交迫，忙著對抗飄忽不定的日耳曼人、義大利盟邦與安納托利亞的本都王國（Pontus），甚至首次面對羅馬公民自身的反亂。之後，舊貴族秩序解體，軍閥興起。軍閥不受傳統約束，一味追求個人榮耀與成就，更加肆無忌憚地利用羅馬優越的軍事條件。軍閥的軍事冒險征服了黎凡特（公元前六〇年代）、高盧（公元前五〇年代）、埃及（公元前三〇年代），而在軍閥奧古斯都（Augustus）當上第一任皇帝的時期，羅馬又征服了多瑙河流域（公元前二〇年代到一〇年代），更曾經短暫征服日耳曼西部地區（公元前一〇年代到公元九年）。[70]

羅馬政權轉換之際，國內激烈的政治競爭再次推動羅馬對外採取侵略擴張。從公元前六〇年代到三〇年代，龐培（Pompey）在黎凡特與高加索作戰，凱撒（Ceasar）攻打高盧與不列顛，克拉蘇（Crassus）試圖入侵美索不達米亞，而安東尼（Antony）在美索不達米亞與伊朗西部作戰。奧古斯都追隨他們的腳步，只是規模更大。奧古斯都的軍事征服無法完全用追逐利益或保障國家安全的角度來解釋：這位首任羅馬皇帝不僅攻下稅收充裕的埃及與礦產豐富的西班牙北部，他也揮軍阿爾卑斯山脈、日耳曼、巴爾幹北部與整個多瑙河流域，還有幾次試圖入侵波希米亞、蘇丹與葉門，但以失敗告終。無論這些軍事行動的官方理由或戰略利益為何，這些作戰最重要的目的都是為了長期鞏固新統治者的地位，我們從這些戰役的統帥都是由統治者的家族成員出任就能看出這一點。[71]

隨著羅馬從寡頭制轉變成君主制，全民軍事動員也隨之轉變成職業常備軍（羅馬從未採取歷史上最常見的模式，也就是維持數量適中的常備軍，有需要時才實施徵兵）。就某個意義來說，這項轉變並未消除過去羅馬共和國體制中強烈的軍國主義色彩。公元前三〇年，奧古斯都擁有的職業軍隊數量幾乎已達保護領土所需的兩倍。要維持額外的龐大軍力需要耗費鉅額開銷，奧古斯都這麼做的原因可能是基於政治理由，而這些軍隊至少最初可以藉由持續作戰讓他們有事可做。[72]

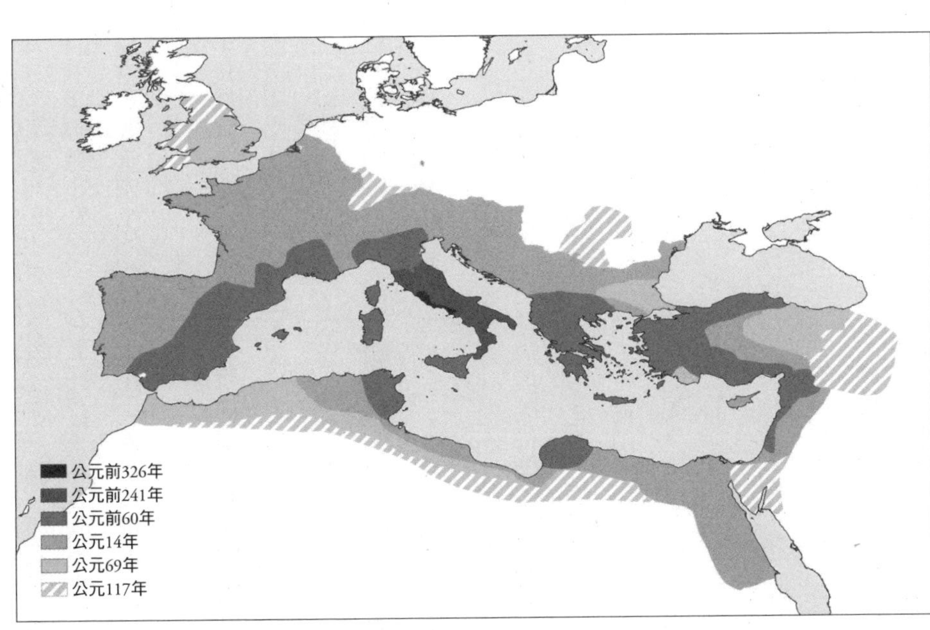

圖2.5 羅馬帝國擴張的極盛版圖。

羅馬帝國的第一任皇帝建立了一支尋求戰爭的軍隊，這點與他的共和國祖先並無不同。兵役依然構成義大利核心的沉重負擔：到了公元十四年，二十到四十歲的男性公民，每七人就有一人從軍，此時絕大多數兵源仍來自核心地區。可見即使羅馬已經過了最密集擴張領土的時期，軍國主義依然是羅馬公民社會的明顯特徵，其所造成的影響過於複雜，在此就不多做說明。[73]

即使如此，當奧古斯都去世，新政權在公元十四年井然有序地完成接班後，對外擴張的速度確實大幅放緩。一連串因素嚴重限制了羅馬進一步擴張。在西部與南部的邊陲地區，羅馬的勢力分別抵達了大西洋與撒哈拉沙漠北緣這兩處自然疆界。多瑙河以北人煙稀少而森林茂密，缺乏物質資源。唯一僅存的國家級競爭者位於美索不達米亞南部與伊朗，與羅馬核心地帶距離遙遠，而且與羅馬的黎凡特之間還隔著今日稱為魯特拜（ar-Rutbah）的地區，這個地區是一片廣大的貧瘠土地，剛好位於美索不達米亞北部與南部兩個農耕區之間。

從經濟角度來看，繼續擴張並不合理。公元前六〇年，除了埃及這個高度發展的從屬王國，羅馬已經控制了歐亞大陸西部與北非最富庶的地區。除了西班牙北部、達爾馬提亞（Dalmatia）與外西凡尼亞（Transylvania）等擁有豐富礦藏的少數例外，羅馬往後一百七十年間征服的領土（在扣除保護這些領土所需的軍事費用之後）其實完全沒有餘錢可以貼補國庫。事實上，在這些新取得的領土中，有些地區反而拉低了人均稅收。[74]

這不是說我們應該預期羅馬要能做出理性的財政決策。事實上，就算戰爭極為昂貴，也不一定會讓羅馬卻步。即使如此，我們仍須考慮某些針對繼續征服的可行性與能否獲利的質疑。公元四十三年之後的不列顛就是個引人注目的例子，該島絕大部分的地區逐漸被羅馬併吞。羅馬地理學家斯特拉伯（Strabo）在一個世代之前曾主張這座島嶼不值得占領，因為「軍事開銷將會抵銷貢品收入」。就算斯特拉伯最後還是改口遵從羅馬官方的看法，也不表示他一開始的觀察有誤。史家阿庇安（Appian）也是一樣，他在一個多世紀後主張，羅馬人「擁有〔這個世界〕最廣大的精華區，對於剩餘的部分不屑一顧。事實上，那些羅馬人所實際掌握的土地，羅馬人也不是每個地方都用得著」。這無疑是阿諛之詞，卻也道出了實情。在邊陲地區，羅馬行省可以發展與動員當地資源來償付駐軍成本的程度相對有限。[75]

在君主統治下，非經濟因素經常成為反對開戰的理由。與共和國時代的貴族指揮官不同，此時的皇帝已沒有能與他競逐榮耀的對手，只能嘗試超越已故的前幾任皇帝。這個目標雖然吸引人，卻不急迫。委任給代理人也有風險，因為指派他人率軍出征，無論這個人是不是皇親國戚，都有可能提高他們的地位，使他們成為潛在的對手。君主制在發動戰爭時總是嚴格限制傳統菁英的自主權，使得統治階級從兵役獲得的利益變少（相反的，有利可圖的行政職位與具有影響力的法院卻能獲得更多利益）。軍隊的兵源因此逐漸從義大利核心地區轉移到（低薪的）邊陲地區。羅馬的核心地區終於變得比較和平，連帶地也讓羅馬菁英不再那麼好戰。[76]

在這種環境下，戰爭才變成一種「選項」，只有在遭逢叛亂（仍然非常罕見）或外在挑戰（直到公元二世紀晚期才真正出現）才會選擇開戰。除此之外的戰爭動機，就只剩下皇帝在可疑狀況下繼位而急欲證明自己的正當性。最著名的皇帝就是克勞狄（繼位後開始征服不列顛）、圖拉真（Trajan，征服外西凡尼亞，攻占今日的約旦，入侵亞美尼亞與美索不達米亞）與塞提米烏斯・塞維魯斯（Septimius Severus，也入侵美索不達米亞，之後在不列顛作戰）。

基於前述理由，羅馬的擴張步調逐漸放緩，最後完全停止。擴張的終結，也表示羅馬終於完成從暴力奪取到管理剝削的漫長轉型——發動掠奪戰爭的重要性終於被統治繳稅行省給取代。[77]

※

長期的攏絡與動員策略，這兩項關鍵要素成功創造出擁有高度能力與侵略性的帝國核心。公元前五世紀到三世紀初是羅馬擴張的初期階段，此時羅馬與義大利半島其他政治體之間仍維持對等的競爭關係。這導致羅馬變成一個在中央集權上相對受限的國家，其中中央集權的範圍僅限於軍事領域，以及因應而生的人口登記與賦稅機構。這套治理與合作的體制替戰爭的持續進行創造了條件。

接下來的兩百多年間，羅馬小心翼翼地維持義大利半島的特殊地位，使其成為由高度自治社群與盟邦組成的密集軍事化體制。即使羅馬在核心地區以外建立行省統治，但長期而言，羅馬並未遵循厄內斯特・蓋爾納（Ernest Gellner）所提出的「蓋爾納模式」（Gellnerian model），也就是讓邊陲菁英加入羅馬貴族構成單一的統治階級。相反的，羅馬公民的參與式共和體制有助於在菁英與平民之間維持更緊密的關係，同時在核心菁英與邊陲菁英之間樹立起更牢不可破的藩籬（圖2.6）。[78]

羅馬式寡頭制不僅阻礙了中央集權與科層化，也阻礙了核心地區的國家形成，更提供了領導階層藉由戰爭來擴大權力的誘因，從而觸發了全面性的帝國擴張。公元前一世紀下半葉，核心地區的特權地位開始動搖，此時帝國無論在形式上還是既成事實上皆已經取得大部分領土。即使到了這個時期，羅馬獨特的大規模軍事動員文化依然衰退得十分緩慢。往後幾個世紀，羅馬只能維持既有疆域的完整，並開始以常備軍取代原本核心地區的全民動員。這支常備軍的兵員越來越仰賴各個行省，時間越往後則越仰賴邊疆人口。由於羅馬消滅了絕大多數國家級競爭者，而且面對著初期嚴重分崩離析且欠缺發展的邊陲地區，因此羅馬即使受到強大地方菁英自治與小規模財政體系的限制，其所建立的帝國依然得以存續。數世紀以來，強大挑戰者的缺乏不僅阻礙羅馬進一步轉型成更加中央集權的國家，也確保了其帝國體系能夠長期延續。

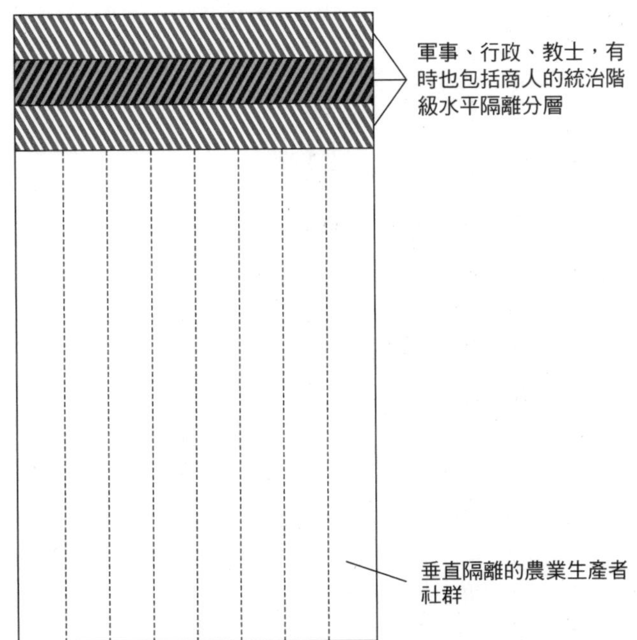

圖2.6（A） 厄內斯特・蓋爾納（Ernest Gellner）的農業社會結構的常見模式。

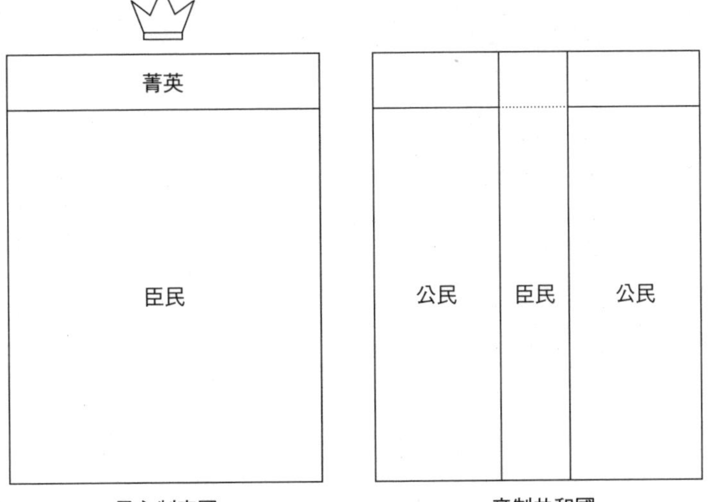

圖2.6（B） 調整後的蓋爾納模式。

第三章
邊陲

地中海的區隔

當羅馬在義大利擴張時，都是面對規模相近的政治體（公元前四世紀初，半島上沒有領土遠大於羅馬的政權存在）。參與戰爭的國家都是城邦、城邦同盟或其他小規模的政治體。一旦羅馬走出義大利半島，進到既有的帝國世界中，這一切都將改變。在本章與第四章，我將依次提出兩個關鍵問題：一、羅馬為何能將半島外的對手變成受其支配的邊陲地區？二、是否有其他強權能夠阻止羅馬看似勢不可擋的興起？

相對於古老的中東與黎凡特文明，羅馬因為地處半邊陲地區而獲得極大的利益。羅馬距離強大的帝國夠遠，因此發展時未受到這些帝國阻攔，或者一開始就被這些帝國併吞。另一方面，羅馬又離資本充裕的地區夠近，如南方的希臘、布匿（Punic）城市與東方的愛琴海。當羅馬奠定帝國形成的基礎時，羅馬就能利用這些地區的資源，將力量凌駕在較不富裕的社會之上，就這樣一路拓展到蘇格蘭。

從國際關係與政治軍事的角度來看，義大利半島長期以來一直相對孤立於肥沃月彎（Fertile Crescent）及其周邊的「政治軍事網絡」（political-military network, PMN）之外。如果我們認為政治軍事網絡的關鍵特徵，是國家級社會之間因為長期軍事衝突與外交互動而建立的連結，那麼第一個可以算得上這類體系的網絡就出現在公元前一五〇〇年左右。當時，埃及新王國和位於安納托利亞、敘利亞與美索不達米亞的西台（Hittites）、胡里安（Hurrians）與加西特（Kassites）諸帝國聯合構成了一個龐大的競爭性列國體系。一千年後，主要在波斯阿契美尼德帝國的推進下，這個政治軍事網絡往東擴展到伊朗與印度河流域，往西則推進到巴爾幹的南部與東部（圖3.1）。[1]

這段時期乃至於往後的三百年間，巴爾幹以西的地中海地區尚未與這個龐大網絡的成員產生重要的政治軍事連繫。這有兩個主要原因：第一個是早期的原因，屬於結構性的，第二個是晚期的原因，屬於偶然性的。最早往地中海西部推進的國家級社會，是地中海東部以城邦形式組織的政權。這些城邦包括座落於黎巴嫩的腓尼基人（Phoenicians）與愛琴海的希臘人。這些城邦的商人與移民忠實複製了家鄉的政治模式。他們並不是在把東方城邦的支配力延伸到整個地中海，而是建立許多獨立的政治體，這些政治體一方面維持與母國的經濟與文化關係，另一方面也保留自己的政治自主。往後泛地中海地區奢侈品（prestige goods）與資訊網絡的日趨熱絡，並未進一步推動單一的政治軍事網絡出現。[2]

之後，由東向西的入侵依然少見而零星，無法引發任何持續性的戰爭。雅典遠征西西里島（公元前四一五年到四一三年）證明是一場災難。斯巴達（公元前三四二年到三三八年）與伊庇魯斯（公元前三三四年到三三一年）的統治者為了義大利南方的希臘社群出手干預，同樣以失敗告終。另一支斯巴達傭兵（公元前三〇三年到三〇二年）漫無目的地進行軍事冒險，也一樣無法成功。伊庇魯斯的皮洛士在

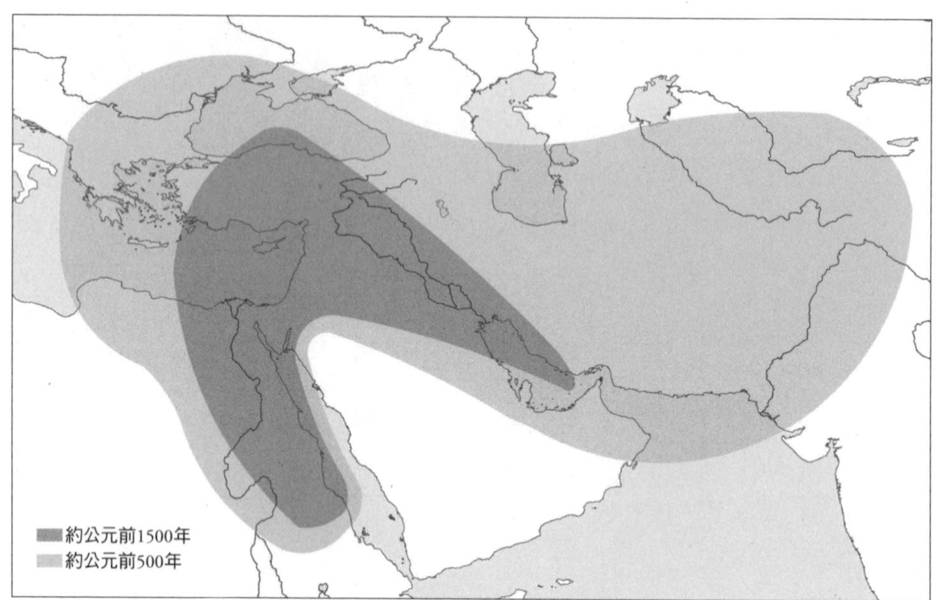

圖3.1 約公元前1500-500年，中東的政治軍事網絡。

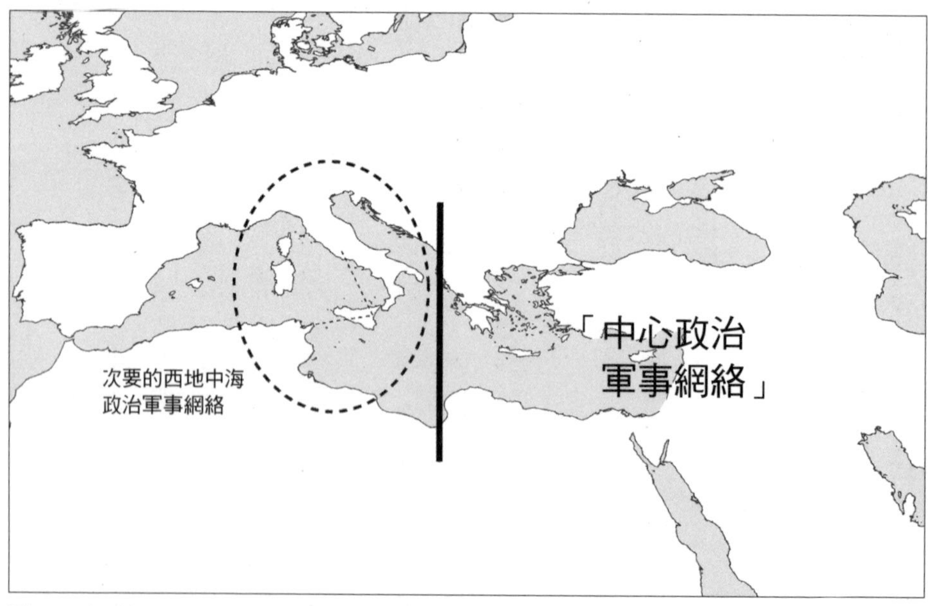

圖3.2 公元前500-251年古地中海地區的政治軍事網絡。

義大利與西西里島（公元前二八〇年到二七五年）頂多獲得慘勝。更往南一點，馬其頓將軍歐斐拉斯（Ophellas）為了支援西西里島希臘城邦的戰事而對迦太基領土發動遠征，但也未能將東方的政治軍事網絡擴展到馬格里布（北非）。這些軍事行動都不是注定失敗：就跟亞歷山大大帝在三十三歲英年早逝並非出於必然一樣，當時亞歷山大正準備將目光轉向地中海西部，我將在第四章討論這起高度偶然的事件。

由於未受到肥沃月彎古代政治軍事網絡的實際影響，一個位於地中海西部且規模較小的獨立政治軍事網絡就此出現，並開始沿著從義大利經西西里島延伸到突尼西亞的一條南北向衝突軸線興起（圖3.2）。這個政治軍事網絡源自於迦太基與敘拉古之間日趨激烈的戰鬥（公元前四八〇年初次衝突，然後從公元前四一〇年開始斷斷續續地發生戰爭），然後是羅馬與迦太基之間的戰爭（公元前二六四年到二四一年與公元前二一八年到二〇一年），最後則是羅馬與敘拉古之間的戰爭（公元前二六四年到二六三年與公元前二一五年到二一二年）。

羅馬入侵亞得里亞海東岸是一個分水嶺，代表其首次由西向東跨越政治軍事網絡，這次入侵也預示了即將來臨的大規模軍事行動。相較於漢尼拔戰爭，羅馬與馬其頓的衝突（公元前二一四年到二〇五年）只能算是小試身手，雙方並未分出勝負。之後羅馬再度入侵馬其頓（公元前二〇〇年到一九七年），以及羅馬針對塞琉古王朝進攻希臘（公元前一九二年到一九〇年）所做的反擊，才真正將西方與東方的政治軍事網絡合併起來。

羅馬在鞏固了對義大利半島的控制之後，才成為一開始規模十分有限的迦太基與西西里島網絡的一員，而在壓制了地中海西部主要對手敘拉古與迦太基之後，才跨越到規模更大的地中海東部政治軍事網絡裡。羅馬依然繼續加強攏絡與動員策略，使其臻於成熟，因此並未受到更複雜政治體的嚴重挑戰。我將在第四章探討這項結果的偶然性，以及要出現何種變化才可能改變這項過程。

南方的邊陲地區

公元前二六〇年代，羅馬在義大利半島建立霸權。隨著羅馬繼續對外擴張，也開始接觸到其他組織差異很大的社會：差異越大的，通常距離羅馬也越遠。

羅馬與義大利的國家同盟體系，和西西里島的希臘政治體與北非的迦太基帝國有著某些共通點。希臘或希臘化居民組成的城邦，有著全民軍事參與的悠久傳統。與羅馬相比，敘拉古這個西西里島強權傾向於資本密集的國家形成，其中最著名的是積極僱用傭兵。然而，敘拉古也同樣有高壓統治的一面。[3]

迦太基與羅馬也有不少共通點，迦太基建立的多層次權力結構與羅馬差異不大，主要由擁有特權的首都中心、彼此緊密連結且同屬布匿種族的同盟城市、內陸原住民臣民及比較邊陲的盟邦與夥伴組成。迦太基結合了資本密集與高壓密集兩種策略，前者表現在強大的海軍與傭兵上，後者則是對農業腹地進行利用與剝削。[4]

最大的差異在於軍事能力。西西里島的人口遠較義大利半島少，軍力似乎從未超過三萬到四萬人。敘拉古想將勢力擴展到西西里島以外的義大利南部與北非，建立所謂的大敘拉古國，然而這個嘗試卻因為迦太基的抵抗與國內持續動盪而失敗。[5]

由於擁有廣大的大陸腹地與地中海最西端的濱海地區，迦太基有更優越的條件追求無止盡的擴張。迦太基與羅馬爆發劇烈衝突時，其整個人口基數大約與羅馬相當，而且能在馬格里布以外的廣大地區招募士兵。迦太基菁英被灌輸了強烈的尚武精神，而且首都核心的軍事參與率也很高。迦太基的動員率可以達到羅馬的水準，至少在緊急的時候是如此，公民輪番分配到艦隊或任何駐地的陸軍，艦隊的戰船可能多達兩百艘，陸軍則從兩萬人到四萬人不等。[6]

迦太基的最大限制是軍隊規模：不是每個迦太基的臣民與盟邦都擁有強大的動員能力，迦太基的各級屬國要不是平均徵兵率較低，就是必須以貢品僱用相對昂貴的傭兵。各地的軍事力量雖然重要，但占各地人口比例卻不高。這種狀況導致迦太基必須在組建龐大陸軍與強大艦隊之間做選擇。面對羅馬優越的人力，迦太基越來越仰賴外來傭兵。由於首都地區的人力有限，迦太基無法像羅馬那樣大量補充損失的公民軍隊。[7]

此外，迦太基對於毗鄰的突尼西亞北部腹地的控制力十分薄弱。由於這些地區必須無償負擔軍事與進貢義務，因此一旦宗主國的軍事力量開始衰落，這些地區就有背叛的可能。所以，迦太基的人口儲備與組織彈性都落後羅馬。迦太基在西西里島的軍事冒險受制於西西里希臘人，對伊比利半島進行有系統地剝削則是日後的事。[8]

即使存在這些限制，迦太基在戰爭時期卻還是能大幅提升戰力。一些重要史料提到，迦太基在與羅馬的第一次戰爭中，派出了三百五十艘戰船與將近十五萬人。我們也許會懷疑迦太基是否真的能動用超過兩百艘戰船與六萬名船員，但無庸置疑的是，迦太基確實在與羅馬的第二次戰爭時，於幾個不同的戰區維持了十萬人的軍力。[9]

迦太基在戰爭時期投入的軍隊規模有助於解釋迦太基為什麼能長期挑戰羅馬。在羅馬的壓迫下，迦太基以史無前例的規模擴張軍事資源，只是最終還是無法匹敵與消滅義大利半島廣大的動員體系。同樣的，雖然迦太基斷斷續續藉由戰場上的戰術優勢拖延戰局，其中又以漢尼拔最為著名，但羅馬的結構優勢實在太過強大，最終難以取勝。

東方的邊陲地區

義大利半島的東南端離東方的希臘城邦與其他「大型同盟實體」（koina）不遠。希臘擁有大量的軍事資源，且即便僱用傭兵在希臘非常普遍，許多希臘政治體仍延續了公民徵兵與年輕人接受軍事訓練的古老傳統。儘管如此，希臘最強同盟的人力儲備仍遠不如羅馬與義大利。希臘西北部的埃托利亞同盟（Aetolian league）起初支持羅馬，之後又與羅馬為敵，這個同盟的軍隊從未超過一萬五千人，或許甚至連一萬五千人都達不到。希臘其他重要國家也無法編組出數量更龐大的軍隊。[10]

地中海東部絕大部分地區受到三個希臘化王國的支配，這三個國家繼承了亞歷山大大帝曇花一現的帝國。這些國家的陸軍採取固定陣型，由重裝步兵搭配騎兵，偶爾還有戰象。核心部隊是職業士兵與傭兵，此外還有從各個種族徵召的士兵做為補充。[11]

距離義大利最近的馬其頓王國，剛好是這三個王國中最小的一個。馬其頓是亞歷山大東征最主要的人力來源，但在羅馬建立義大利半島霸權時，馬其頓的兵源已經枯竭。雖然馬其頓在公元前三世紀重新建立軍事體系，結合地方徵召的士兵與僱傭兵，但最多也只能裝備三萬到四萬名士兵，海軍規模也相當弱小。此外，當羅馬入侵這個地區時，馬其頓正深陷於巴爾幹南部與愛琴海地區的競爭性列國體系，因此處處受到掣肘。這個地區向來是孕育投機性結盟與均勢的沃土。[12]

其他兩個土地較大且國力較強的王國距離義大利較遠：塞琉古帝國從小亞細亞延伸到伊朗東部，托勒密王朝（Ptolemies）統治埃及、昔蘭尼加（Cyrenaica）、一部分地中海東部地區與安納托利亞濱海地區。這兩個王國都有能力集結七萬到八萬人的陸軍，與羅馬最大的徵兵人數相當，但後備部隊則遠不如羅馬。由於這兩個王國屬於外來的征服政權，因此這兩個強權極度仰賴人數有限的職業軍隊，而且總是避免對轄下已經徵過稅的種族多元臣民再進行大規模徵兵。

公元前三世紀的一段時期，托勒密海軍曾擁有三百艘戰船與八萬名船員，與第一次布匿戰爭最激烈時期的羅馬海軍規模相當，但托勒密王朝與羅馬之間隔著共同的敵人（無論是潛在敵人還是實際敵人），因此兩國從未彼此交戰。我們不清楚托勒密王朝與迦太基交戰時，托勒密王朝是否像羅馬一樣可以大規模補充損失的人力。在公元前二世紀初之前，塞琉古王朝並未建立強大的海軍，之後雖然開始建軍，但主要戰船的數量從未超過一百艘，完全無法與第一次布匿戰爭後的羅馬海軍相比。[13]

雖然所有的條件都對羅馬有利，但還不足以顯示羅馬在政治與軍事上的優越性。羅馬至少還有四項優勢。首先，希臘化世界分崩離析。當羅馬入侵地中海東部時，當地的主要國家已經有長達一個多世紀的時間陷入無止盡的衝突與合縱連橫。公元前二七四年到一〇一年，塞琉古王國與托勒密王國在黎凡特邊境至少打了九次戰爭，又稱為敘利亞戰爭。雖然這些衝突促使兩國走向國家形成與軍事作戰能力提升，但這些衝突的零和競爭性質往往只是讓其中一方每隔一段時間就瀕臨崩潰邊緣。[14]

事實上，當羅馬首次在公元前二〇〇年到一九七年派出大軍攻打馬其頓時，塞琉古與托勒密這兩個國家正為了第五次戰爭打得不可開交。雖然此事不足以讓我們相信這幾個王國能夠達成更大的協議以阻止羅馬，但已足夠顯示這些國家之間的相互攻伐所造成的慘痛後果。我將在第四章精心構想一個情境，討論規模相當於亞歷山大帝國的統一馬其頓帝國，能否抵擋羅馬的帝國擴張。[15]

其次，訓練有素的希臘化陸軍非常珍貴，因為他們無法被輕易取代。塞琉古與托勒密帝國各自擁有的核心部隊有將近三萬六千名重裝步兵與騎兵，此外還有大約一萬五千名傭兵。塞琉古也許能在合理時間內補充半數的核心部隊，後備部隊更為有限的托勒密恐怕就無法做到：真碰上緊急狀況，托勒密四世就必須訓練兩萬名埃及臣民學習馬其頓的戰鬥方式，這種做法相當危險，有可能動搖他身為外來征服政權領袖的地位。[16]

塞琉古與托勒密核心部隊的骨幹由「軍事移民」（cleruchs）構成，這些人無法在短期內被填補：因為他們的數量泰半取決於有多少皇家土地，這使得軍力受到極大的限制。公元前三世紀，正當羅馬持續擴張之時，塞琉古與托勒密的人力基數卻停滯不前。擁有作戰技術的外來傭兵，整體的供給也同樣缺乏彈性。若需要額外的軍力，就必須從不同背景與可靠度不一的臣民與盟邦徵召。而這會是一項困難重重且政治上不受歡迎的決定。[17]

塞琉古與托勒密的條件，與羅馬的高度同質性與高度協調性堪稱天壤之別。我們已經提過，從公元前二〇〇年到一六八年，羅馬平均每年可以動員十二萬名士兵，最少時也有七萬五千人——已經是塞琉古王朝與托勒密王朝所能徵召的最大兵力。羅馬最多甚至可以動員十八萬人，遠超過對手的戰力。而這些也只是冰山一角：羅馬理論上至少還有七十五萬人以上的潛在兵員，而且在更早的時期（公元前二一〇年代），羅馬在損失超過十萬人的狀況下，還能每三名男丁徵召一人當兵。對於希臘化國家來說，這些已經遠遠超過其能力範圍。[18]

這種軍力失衡的嚴重程度，更因為羅馬不需要投入所有軍力就能同時對抗幾個希臘化強權，而使得強弱的對比更加強烈（圖3.3）。因此，與馬其頓的兩次戰爭，羅馬與盟邦只動員大約四分之一的兵力。面對更強大的塞琉古帝國時，羅馬也僅動用略少於半數的徵兵人數。同樣的，羅馬派到這些戰區的戰船頂多就是一百多艘，與迦太基的第一次布匿戰爭相比可說是小巫見大巫。簡單來說，羅馬人可以輕而易舉地擊敗亞歷山大的後繼者。[19]

第三，從人均角度來說，希臘化國家的軍隊要比羅馬及其義大利盟邦的軍隊昂貴許多。甚至在考慮不確定性造成的廣泛誤差之後，我們仍可以從名目價格估計出每一名塞琉古或托勒密步兵的每日費用——大約是一般羅馬士兵的三到六倍左右。[20]

有兩個理由可以解釋這種巨大差異：在經濟較義大利發達的希臘化世界，名目價格與名目薪資較高，因此職業士兵與傭兵領取的薪資也比羅馬與盟邦士兵高。不僅名目價格如此，實質價格也是如此。因此，雖然希臘化強權努力將大量財政資源投入於貪得無厭的軍隊中，但較為靈活的羅馬卻能仰賴大量低成本的徵兵。此外，羅馬也因為義大利盟邦提供兵員而能享有低於實際成本的額外利益，這項合作關係因為盟邦的自行出資與羅馬承諾給予盟邦戰利品而得以維持。[21]

羅馬的第四項（也是最後一項）優勢，就是戰術優勢。畢竟，如果希臘化王國的職業軍隊能在戰場上以優越表現證明其物超所值，那麼價格的昂貴也就算不了什麼。然而，當羅馬在公元前二〇〇年集結力量對地中海東部進行干預，希臘化國家的軍隊卻在面對羅馬人時輸掉每一場重要戰役。馬其頓人先是在庫諾斯克法萊（Cynoscephalae，公元前一九七年）戰敗，之後又於彼得那（Pydna，公元前一六八年）被擊

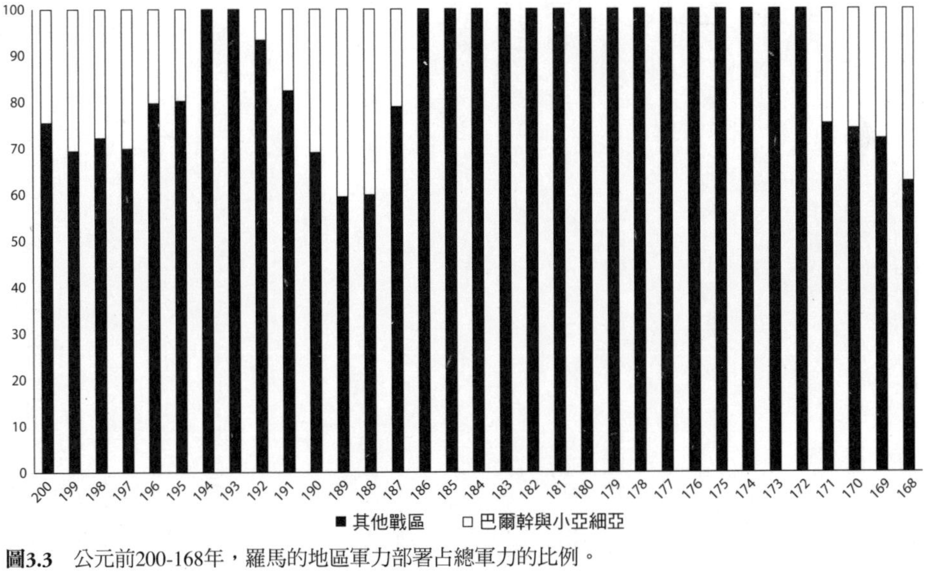

圖3.3　公元前200-168年，羅馬的地區軍力部署占總軍力的比例。

潰，塞琉古王朝則是分別在溫泉關（公元前一九一年）與馬格尼西亞（公元前一九〇年）吃了敗仗。海軍的每一場正面對決也是一樣。即使實際的傷亡數字不像羅馬史料記載的那麼偏頗，但悲慘的紀錄本身就足以說明一切。因此，羅馬不僅具備人力與資金的戰略優勢，戰場戰術也優於對方。[22]

在這個狀況下，戰爭就算出現意外的結果，也無法改變大局：即使羅馬輸掉一部分或甚至所有戰役，羅馬還是能像之前與迦太基的戰爭一樣輕易部署新的軍事資源，但羅馬的對手卻無法做到相同的事。塞琉古與托勒密的指揮官隨後仿效羅馬的做法重整與裝備一部分步兵，但這些改革仍無法解決造成羅馬軍事優勢的結構性原因：羅馬有能力廉價而徹底地徵調數量達數百萬的完全軍事化人口。我們現在知道日後的羅馬史家李維（Livy）的說法並不誇張，他認為羅馬贏得這些戰爭，「不僅完全沒吃過敗仗，甚至也未危及自身」。[23]

公元前一世紀，當羅馬進一步往東方推進時，這種模式依舊延續。在公元前八〇年代到四〇年代的一連串衝突中，更遙遠的希臘化強權本都王國（位於安納托利亞東北部）與亞美尼亞軍隊持續在每一場戰役被羅馬擊敗，羅馬在這些戰役中從義大利派了超過一萬名士兵前來。公元前五十三年，伊朗安息帝國（Parthians，當時已經取得塞琉古帝國的大部分領土）憑藉羅馬從未見過的騎兵戰術，終於在艱困地形中殲滅較為大量的羅馬軍隊——即使如此也無法撼動往後三百年羅馬在東部邊疆的整體戰略優勢。[24]

公元前二世紀初，局勢幾乎一面倒地傾向於羅馬。希臘化王國不僅只擁有少數能打仗的部隊，也缺乏後備人力，士兵成本也高昂。更重要的是，他們已經沒有時間做出改變。這些因素使得羅馬的勝利成為定局，我們很難想出合理的反事實條件來得出截然不同的結果。從這個角度來看，內部缺乏整合已非導致羅馬的對手戰敗的決定性因素。而且從內部整合來說，穩定的羅馬同盟的優勢更是明顯。塞琉古王朝只有短暫一段時間克服國內的分裂來與羅馬對抗，之後又面臨越來越嚴重的國內動盪情勢，以及伊朗安息帝國從後方加諸的壓力。托勒密王朝同樣經歷嚴重的國內衝突，不久就成為羅馬的保護國以防止塞琉古入侵埃及核心地區（公元前一六八年）。

北方與西方的邊陲地區

在前面兩節，我詳細說明了羅馬為何並未遭遇太大的困難就征服了看似強大且發達的帝國競爭者。至於羅馬的歐洲邊陲地區，大都能以較短的篇幅說明。在北方與西方，羅馬面對著只有酋邦與部族而沒有國家的邊陲地區。雖然這些小規模實體可以宣稱擁有很高的軍事參與率，但這些實體基本上都是各自為政，無法有效匯集資源，因此大幅降低了入侵或形成敵對國家的風險。[25]

但是這些政權本身不是那麼容易征服，因為其並不存在國家結構，因此只能針對個別政治體進行逐一鎮壓。鎮壓的過程將會越來越遠離海上的補給線，行省的行政機構也必須從頭開始建立。這有助於說明公元前二世紀羅馬在義大利北部和伊比利半島進行的征戰何以如此漫長（後者更是特別漫長）。[26]

隨著羅馬集結了壓倒性數量的軍隊，成果也在更短的時間內體現：凱撒不到十年就控制了高盧，奧古斯都的軍隊確保了整個多瑙河流域。即使如此，羅馬隨後在日耳曼的挫敗（公元九年到十六年），凸顯出朝生態邊緣的部族地區推進的限制。[27]

從羅馬的視角來看，絕大部分的歐洲就是一個現成的邊陲地區，暴露在單一帝國的威脅與擴張之下。而這個地區帶來的巨大挑戰異常適合羅馬，因為羅馬擁有一個能夠（甚至是渴望）長期支撐戰爭的軍事體系，無論其是否從戰爭中獲利。羅馬的優勢因此不僅來自於動員能力，也深植於寡頭政治與合作體制。

核心與邊陲的比較

羅馬朝各個地區擴張，這些地區的政治組織與經濟發展都大不相同。根據邁可・多伊爾（Michael Doyle）的分類，圖3.4將各地區的關鍵差異分成三種「理想類型」（ideal type）。一、「邊陲部族」缺乏中央國家機構，有低度的組織分層與高度的共同體忠誠。二、「世襲帝國」領土廣大，但缺乏政治整合與動員廣大人口的能力。三、「派系分裂的共和國」擁有中央國家機構，但社群各自為政，有各自效忠的派系。[28]

在這個多樣的環境裡，羅馬比其他競爭者擁有更大的優勢。我把重點放在三項關鍵變數：強度、規模與整合度（表3.1）。強度用來衡量深度，以軍事參與率來表現。規模用來衡量寬度，此處指能夠被軍事動員的人口數量。在沒有重大科技失衡的情況下，強度乘以規模即是軍事能力。軍事能力深受整合度的影響，整合度則是指統治階級的凝聚力或更廣義的政體穩定度。

圖3.4 羅馬時代地中海邊陲地區的樣式分類。

要素	羅馬	迦太基	敘拉古	同盟實體	王國	部族
強度	高（中）	中	高	中	中／低	高
規模	高	高	中	中	高	低
整合度	高	高	高／中	高／中	高／中	各式各樣

表3.1　公元前三世紀中葉到二世紀中葉，軍事成功的關鍵先決條件列表。

說明：強度=現役軍隊占總人口比例：1%＝低，2-3%=中，5%=高。規模=政治體人口數量：萬=低，十萬=中，百萬=高。

對公元前二〇〇年左右的世界而言，唯一能在這三項標準都獲得高分的政治體就是義大利半島的羅馬同盟體系。羅馬擁有極高的軍事動員能力，而且涵蓋規模達數百萬人。儘管羅馬征服西西里島與伊比利半島後出現了人均軍事參與率降低的現象（為了呈現此一變化，表3.1以括號「中等」來代表降低後的羅馬強度），但密集軍事化的義大利核心還是不受影響。雖然在漢尼拔入侵期間有些盟邦叛離，但羅馬的整體整合度還是很高，寡頭政權的共識也依然穩固。由於羅馬在強度與規模上享有巨大優勢，因此日後（公元前八〇年代與四〇年代）即便整合度下降也還是能擊敗外敵。[29]

對比之下，歐陸的邊陲部族雖然高度軍事化，但卻有著協調性不足的關鍵弱點。西西里島的敘拉古人口規模中等，得要仰賴昂貴的傭兵來提升強度。儘管其軍事能力其實已經屬於高強度，但卻受限於人口較少與週期性的政治動盪。從敘拉古的例子來看，人口數量是決定性的弱點。希臘本土的城邦則是另一個例子：中等強度與中等規模導致的軍事人力不足，使其無法挑戰羅馬。迦太基雖然擁有與羅馬相當的總人口，核心地區也擁有高度團結的整合度，但卻無法像羅馬一樣維持高人口比例的動員。希臘化王國雖然在規模取得高分，但強度與整合度卻不如羅馬。馬其頓與部分時期的托勒密王朝整合度雖高，但強度僅有中等，而塞琉古王朝與托勒密王朝晚期更僅有中等整合度與低等的強度。[30]

由於羅馬在義大利崛起時，幾乎與這些未來對手沒有往來，因此這些社會無法迅速調整以回應羅馬的挑戰。更重要的是，深層結構的差異也不利這些國家大幅度地改採羅馬的動員方式：希臘城邦太過分裂破碎，迦太基與馬其頓的征服菁英與帝國臣民之間有著疏離，部族之間則是無法穩定加強合作。

最重要的是，羅馬不僅持續取得高分，還因為競爭者在地緣政治上的限制而獲得更大優勢：分數居次的迦太基毫不意外地成為羅馬最頑強的對手，但迦太基絕大多數時間只能與羅馬單打獨鬥，因為其地理位置與地中海東部的潛在盟友距離過遠。希臘化王國則始終處於彼此交戰的狀態，無法共同對抗羅馬的威脅。若東、西部地中海的政權能建立更強的連結，或者東地中海能像日後的鄂圖曼帝國一樣團結一致，羅馬也許更難將自身的結構優勢轉化為成功的擴張。這些限制並非出於偶然，任何合理的歷史重寫都無法創造出實質上完全不同的環境。[31]

羅馬的地中海優勢

最後，羅馬還有一項值得關注的成功因素。羅馬在往義大利以外擴張的初期，在地中海建立了完備的海軍，之後更在海上取得了主導地位。公元前二四一年，羅馬在海戰中擊敗迦太基，結束了兩國第一回合的戰爭。儘管迦太基帝國大體完整無損，卻從此喪失了海權。由於愛琴海與埃及以西沒有其他強大的航海社會，羅馬因此無可爭議地成為掌控地中海一半以上水域的霸權。同年，托勒密王朝掌控了地中海其他水域，從愛琴海（北至色雷斯〔Thrace〕與達達尼爾海峽〔Dardanelles〕）與整個黎凡特，一路來到昔蘭尼加。[32]

羅馬與托勒密的首都隔著地中海，兩地距離超過兩千公里。羅馬與托勒密有著共同的敵人與利益，因此羅馬在控制義大利之後就一直與托勒密維持著友好關係。公元前三世紀，托勒密帝國建立了一支強大的海軍，還造出上古時代最大的戰船。當羅馬對西西里島與北非用兵時，托勒密帝國也扮演了重要的干預角色。事實上，羅馬與托勒密的友好關係一直持續到公元前二世紀托勒密國力衰弱為止。此後，羅馬便開始將海上霸權往東延伸，填補托勒密衰弱造成的真空，毫不費力地擊敗馬其頓與塞琉古的二流海軍。[33]

公元前一九〇年之後，沒有任何希臘化國家能在海上挑戰羅馬。最能真實反映羅馬霸權地位的，就是日後於地中海橫行的海盜：羅馬消滅了國家級競爭者之後，開始忽視自身的海上作戰能力，此時沒有其他強權能夠介入維護海上安全。最後，羅馬還是得出動壓倒性的軍力剿滅這些非國家行為者（或說「海盜」）的海上劫掠行為。[34]

提早建立海上霸權對羅馬的擴張大有助益。海權的建立使羅馬能為遠方戰區的部隊運送補給：歷史紀錄顯示，海上後勤補給在羅馬對迦太基與塞琉古的戰爭上扮演著關鍵地位。理論上，根據高度概略的國家形成模式，確保海岸疆界可以降低擴張成本。根據一項粗略的電腦模擬，只有在防衛海岸疆界的成本稍微比防衛陸地疆界便宜時，才能產生類似現代歐洲列國體系的結果。這項模擬將歐洲劃分成一個個均質的領土單位，唯一的變項異是防衛疆界的成本（例如海岸疆界或阿爾卑斯山與庇里牛斯山〔Pyrenees〕等主要山脈的防衛成本會比陸地疆界低），再讓這些單位隨機發生衝突。然而，如果海岸防衛成本比陸地防衛成本「低很多」，反而有利於大帝國的形成。[35]

在這套電腦模擬中，義大利半島這一地區較低的海岸防衛成本，反映了羅馬海上霸權的優勢。在這個情境中，儘管義大利半島在先天環境、運輸能力與體制上和其他地區無異，卻因為阿爾卑斯山與漫長海岸線的保護而更容易對外擴張。幾個細節特別值得關注：一、義大利只有在海岸防衛成本大幅降低到其他地區的三分之一以下時，才會明顯往歐洲方向擴張。二、即使在前述條件下，羅馬的岸防優勢也只存在於模擬開始之時，因此必須趕在阿爾卑斯山以北居於劣勢的對手追上之前提早征服義大利半島，才能真正發揮優勢帶來的效果。三、即使是在最成功的模擬情境中，羅馬也無法順利征服伊比利半島。

這些細節與實際的歷史發展完全吻合。公元前二四一年，羅馬的海上霸權地位使其岸防成本遠低於其他國家，義大利因此成為古代歐洲國家形成的先驅。海上的連結使羅馬能提早入侵伊比利半島，這點倒是與只考慮陸地連結的電腦模擬不同。這套模擬顯示，義大利（也就是羅馬）能夠快速擴張至歐洲大部分地區，仰賴兩項前提，首先是非常低的海上防衛成本，其次是搶先發展的優勢（特別是針對歐洲的西部邊陲地區）。這些情況與羅馬在公元前三世紀中葉之後遭遇的情況完全一致。[36]

要建立以地中海為中心的帝國，首要之務就是建立海上霸權。這項歷史條件，同樣反映在另一套沒那麼粗略的模型：該模型顯示羅馬因為完全掌控地中海而取得了重大利益。在沒有敵對國家干預的狀況下，地中海成為連結的核心，能以非常低的成本與風險促進人員、貨物與資訊的流通。

這套模型就是「羅馬世界的地理空間網絡模式」（Orbis），由我與伊萊賈·米克斯（Elijah Meeks）共起建立。該模型根據交通時間與運輸成本來模擬帝國沿海地區與廣大腹地之間相互連結的程度（圖3.5與3.6）：地圖上每個距離單位等於固定的成本單位。[37]

羅馬的實際擴張與這套模式相當接近，而這絕不是巧合：羅馬最早開拓的領土就是其最容易接近的地區（圖3.7）。[38]

說得更具體一點，安全的海上連結可以讓羅馬很快接觸到地中海東部的資本充裕地區，有助於羅馬帝國在公元前一世紀到公元二世紀的最後征服階段對非地中海歐洲地區進行昂貴的軍事行動。[39]

羅馬對地中海的掌控堪稱獨一無二。長期以來，歷史上都沒有任何一個強權能像羅馬一樣持續控制

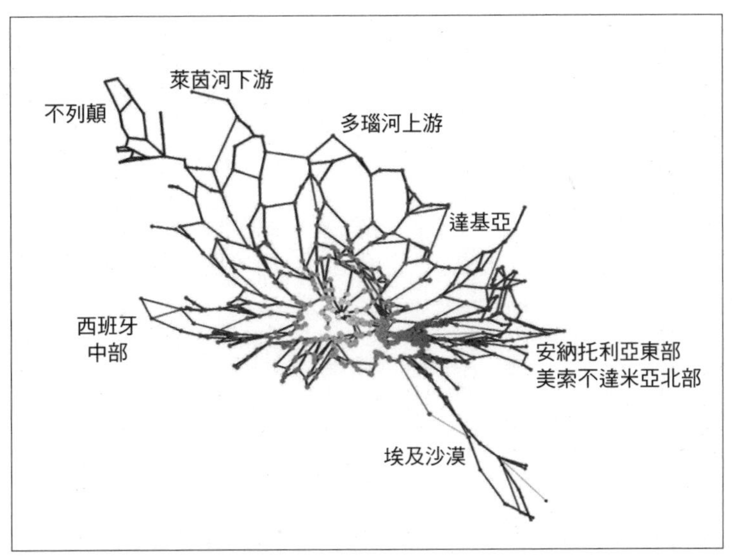

圖3.5 從羅馬運送的時間成本（軍隊、夏季）。
資料來源：Scheidel 2014: 15, fig. 3。

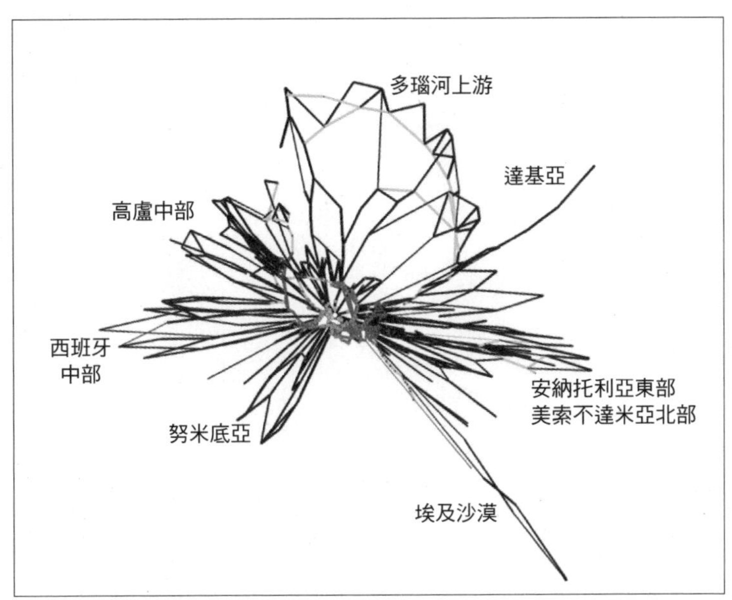

圖3.6 運送到羅馬的財務成本（貨物、夏季）。
資料來源：Scheidel 2014: 22, fig. 8。

整個地中海海岸線。如果第二次世界大戰不算在內的話，這種對地中海的實質控制直到海軍將領納爾遜（Admiral Nelson）時代才又恢復。羅馬的疆域以地中海為中心，這點同樣非比尋常：往後的大帝國只有哈布斯堡西班牙與鄂圖曼具有這項特點，不過兩者的規模都比羅馬帝國小（特別是前者），更不用說這兩個帝國並未像羅馬一樣在地中海建立霸權。

這個現象並不難解釋。歷史紀錄顯示，即使支配地中海的帝國很適合將核心設在統一的地中海，但光是要取得支配地中海的顯赫地位其實就極為困難。這種情況在歷史上只發生過一次：由於缺乏競爭，使得羅馬能在比較不受挑戰的情況下稱霸地中海西半部的較不發達地區。考慮到羅馬在第一次對抗迦太基時付出的龐大心力，羅馬很有可能會在地中海有其他海軍強權競爭時放棄自己的海軍擴張美夢。由於海軍科技的廣泛傳布，羅馬當年獲得的有利處境已無法於日後重現。中世紀或現代國家已不

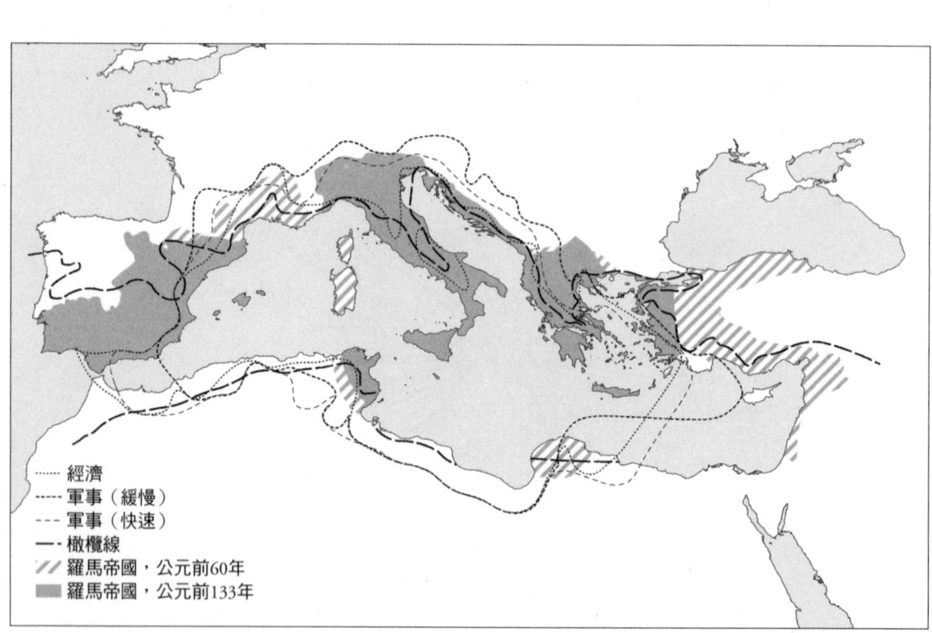

圖3.7　羅馬帝國的地中海核心地區。
資料來源：Scheidel 2014: 23, fig. 10。

可能像羅馬一樣，只需要擊敗這麼少的競爭者就能取得霸權地位。競爭已經無所不在。

※

羅馬與盟邦的軍事成功與持續擴張，有賴於其剛踏出義大利半島便碰上非比尋常的有利條件。在離本土最近的地方，羅馬與盟邦的對手是敘拉古、迦太基與希臘同盟等內圈的邊陲地區政治體，而這些國家在動員強度上與羅馬不屬於同一個等級。在外圈的邊陲地區，希臘化王國雖擁有廣泛的協調能力，卻因為軍事科技、社會種族分層與高軍事成本的限制而導致動員強度相對較低。相反的，小規模的無國家社會雖然以高軍事參與率自豪，卻缺乏協調合作的整合能力。羅馬帝國崛起時，在強度、規模與整合度這三個關鍵變數上持續領先競爭者。地中海西部海軍發展的緩慢，為羅馬早一步建立地中海霸權奠定基礎，使羅馬能向更遠的地方投射國力，毋需擔心本土安全。除了曾經被擊敗但迅速恢復元氣的迦太基帝國，我們很難想像邊陲地區有哪一個國家能夠長期抵抗羅馬的侵略。

第四章
反事實思考

羅馬帝國有可能胎死腹中嗎？

到目前為止，我一直站在後見之明的角度進行討論，並且依照實際的歷史結果來定義核心與邊陲。然而，義大利以外的世界並非只是等著被羅馬征服的邊陲，這些地區同時也是羅馬國家形成的潛在威脅（帝國擴張並不是單向度的）。為了研究過去之事與解釋為何發生，我們很容易過於偏向「決定論」（認為觀察到的就是最可能發生的結果）或過於偏向「偶然性」（認為事情很可能隨時出現完全不同的結果）。對反事實情境進行思考，有助於我們描繪介於這兩種極端之間的路徑。問題是：內部或外部的挑戰有多大的可能性讓羅馬偏離擴張之路，使羅馬無法創建出一個統治歐洲八成人口幾乎達五百年的帝國？[1]

義大利城邦的挑戰

就羅馬國內的發展來說，最有可能導致羅馬胎死腹中的時間點是在羅馬國家形成非常早期的階段。那是文獻記載極度缺乏的時期，因此幾乎不可能據此判斷發生不同結果的機率。儘管如此，假如公元前五世紀初的羅馬基於某種原因不是拉丁姆的最大城邦，那麼羅馬將無法取得霸主的地位。假如社會衝突（這類事件在公元前五世紀與四世紀初隱約可見端倪）嚴重破壞羅馬的完整性，那麼羅馬很可能也無法成功擴張。由於證據不足，我們無法判斷這些狀況是否真的可能發生。但就我們所知的部分來看，從公元前四世紀前三分之一的時間之後，也就是羅馬往義大利半島四處擴張的階段，真正大規模的內部動盪已少有機會發生。正如之後會再討論到的，嚴重的內部衝突直到公元前一世紀初才爆發，而那時羅馬帝國的規模早已大致底定。[2]

比較有建設性的做法，是將反事實視角運用在外來挑戰的潛在衝擊上。從羅馬突破拉丁姆地區往外發展從未遭遇重大挫敗來看，來自義大利內部的反對勢力似乎尚未強大到足以改變羅馬國家形成的軌跡。薩莫奈同盟缺乏遠距離的影響力，因此無法取代羅馬成為另一個霸權。當然，假如公元前四世紀初劫掠羅馬的高盧人選擇定居羅馬，那麼羅馬共和國是有可能就此滅亡。話雖如此，這對高盧人來說是個過於極端的假設，因此同樣不是合理的選項。

東方的挑戰

最可能阻止羅馬崛起的挑戰，來自廣義上的東方，也就是舊世界最發達的地區。假如有強權在羅馬完全控制義大利半島之前，就主動干預或將觸角伸入義大利，那就會對羅馬的帝國擴張構成最嚴峻的障礙。前文曾經提過，對早期崛起於近東的國家來說，義大利是個相對遙遠的地方。儘管如此，隨著東方政治軍事網絡的擴大，因接觸而衝突的風險也逐漸增加。

然而，這類接觸的機會增加得非常緩慢。當最早的東方帝國在肥沃月彎興起時（例如公元前第三個千年期最早的埃及古王國或阿卡德王朝），這些帝國在現實上毫無干預義大利的可能。比較晚期的東方帝國，例如公元前七世紀的新亞述帝國，曾經短暫延伸到安納托利亞西部與埃及，但同樣沒有機會繼續發展到可以威脅義大利的地步（圖4.1）。[3]

波斯的阿契美尼德帝國是第一個略有可能與羅馬競爭的國家。我們在第一章提過，阿契美尼德帝國在宏觀的社會演化史上邁出了一大步：控制多達數百萬平方公里的土地與數千萬人口，揭開了帝國時代的序幕。如果波斯國王薛西斯（Xerxes）在公元前四八〇年之後征服了希臘本土，他或他的後繼者就有可能往西西里島與義大利半島推進。羅馬與西部希臘人的衝突很可能足以成為波斯入侵羅馬的導火線。畢竟，當年波斯入侵希臘本土的動機，就是希臘支持小亞細亞西部的叛亂。[4]

即使如此，實際歷史充分顯示這類推進可能難以持久。阿契美尼德帝國一直未能徹底控制埃及：埃及在公元前四五〇年代發生叛亂，並在公元前四世紀前半永久脫離帝國掌握。阿契美尼德帝國同樣無法長期控制另一端的印度河流域。如果波斯人無法維持最東端與最西端的邊陲地區，那麼即便他們想越過複雜而人口稠密的希臘城邦文化地區（至少涵蓋一千個獨立小國與七百萬居民）往更遠的地方擴張，自然也會遭遇類似的問題。波斯難以對希臘進行大規模鎮壓，因為後者有公民實踐、參與式政治與全民軍事動員的集體傳統。在這種狀況下，波斯人要越過從西西里島與義大利南部延伸到希臘本土與小亞細亞西部的龐大希臘城邦，並且成功支配義大利，這個結果恐怕不太合理。公元前五世紀的迦太基也尚未發展完成，無法做為波斯入侵義大利的跳板。[5]

相較於波斯帝國，雅典人的帝國恐怕也沒有多大機會中斷羅馬的霸權之路。如果雅典與盟邦在公元前四一〇年代成功擊敗敘拉古而且永久占領西西里島，那麼接下來雅典一定會繼續擴張。最合理的情境將是雅典干預義大利的希臘人與義大利當地居民之間的衝突，這將使雅典更進一步介入義大利半島的事務——當時羅馬幾乎還局限在拉丁姆的核心地帶。然而，這個反事實情境有兩個嚴重阻礙。首先，義大利半島對現金充裕的雅典人幾乎無利可圖，因此雅典與其出兵義大利，還不如把目標放在迦太基或脆弱的阿契美尼德帝國西部邊陲地區。[6]

更重要的是，這個反事實情境還有一個先決條件，那就是雅典與盟邦必須發展成穩定的單一國家，才可能有潛力持續進行擴張（這項反事實情境是由伊安．摩里士提出）。然而，這項反事實假設忽略了雅典排他的公民身分、直接民主，以及雅典帝國邊陲嚴重分裂的城邦所產生的不利因素。因此雅典最終成功的機會並不大。[7]

短期內比較合理的反事實情境，應該是雅典帝國分裂之後開始與迦太基或波斯交手。即使在這樣的情境中，仍不能排除雅典會對公元前四世紀義大利中部的羅馬進行一定程度的干預。由於雅典有能力遠距離投射海軍力量，因此與波斯在一個世紀前入侵義大利的推論相比，這個假設比較不那麼牽強。羅馬在公元前三三八年控制拉丁殖民地之前，還只是一個相當次要的地區國家，很容易受到外力干預，特別是來自海上的力量。因此，即使雅典帝國無法撐過公元前四世紀，仍有可能在一連串條件的正確配合下對羅馬建國構成嚴重的打擊（圖4.2）。

然而，整體來看，這個反事實情境發生的可能性微乎其微。公元前四〇四年雅典帝國崩潰之後，愛琴海就沒有同樣具威脅性的海上霸權出現。公元前四世紀，敘拉古只對羅馬的其中一個盟邦發動一次襲

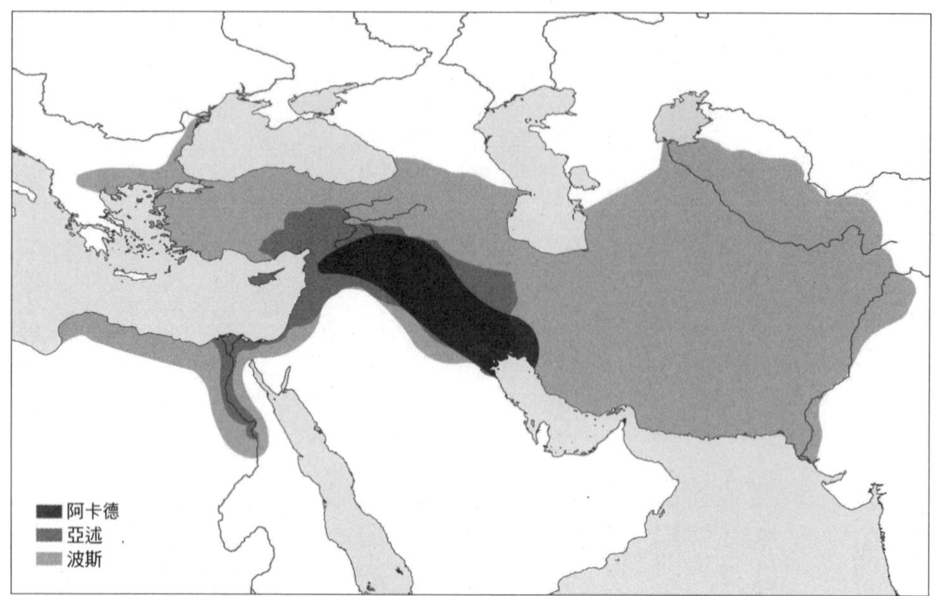

圖4.1 阿卡德、新亞述與波斯阿契美尼德帝國。

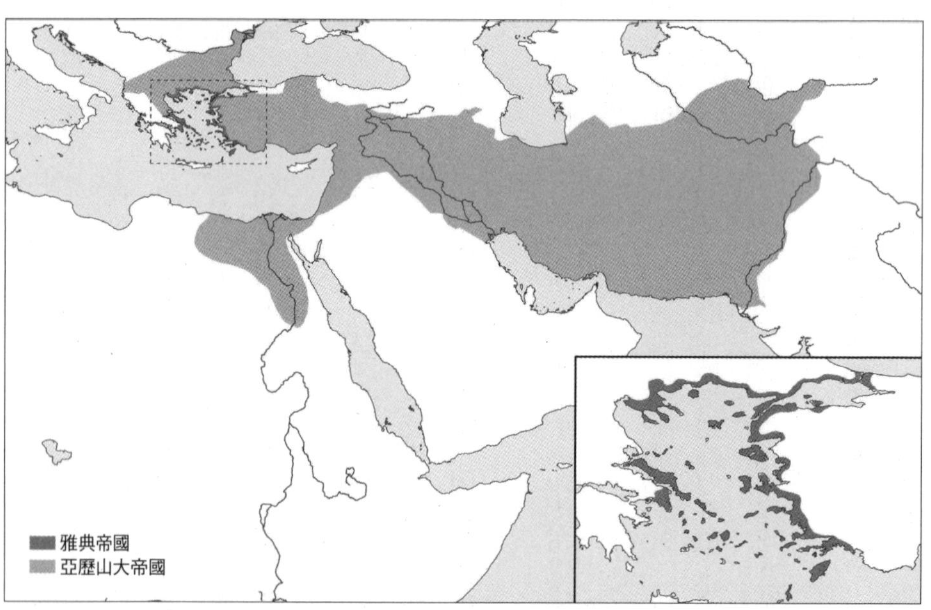

圖4.2 雅典帝國（公元前五世紀晚期）與亞歷山大帝國（公元前323年）。

擊，此外的時間要不是專注於與迦太基對抗，就是國內處於動盪不安的狀態。基於這些原因，敘拉古要到公元前四世紀的最後二十五年才有機會干預羅馬事務。公元前三三四年到三二五年，馬其頓國王亞歷山大大帝攻下阿契美尼德帝國。亞歷山大大帝手上握有龐大的軍事資產與財政資源，如果他還活著（他在巴比倫去世的時候才三十三歲），這些資源就能用在別的地方進行軍事行動。亞歷山大染上熱病時已經籌組了一支遠征阿拉伯的軍隊，據說裡面還包括了龐大的海軍。[8]

日後的歷史記載（據說是根據當時的觀察紀錄寫成）提到亞歷山大針對未來制定了更宏大的計畫。這些計畫包括建造一支有一千艘大型戰船的艦隊，準備攻打「迦太基人與非洲、伊比利的濱海地區及遠至西西里島的鄰近海岸地區」，其進攻路線似乎也涵蓋了義大利半島。無論這個故事的可靠性如何（其真實性一直受到質疑），往西擴張顯然不是不可行。[9]

這項計畫與跟義大利國家來往的報告不謀而合。據說亞歷山大曾在巴比倫接見許多來自地中海西部的使節，包括來自迦太基與北非等地區、伊比利半島與薩丁尼亞島（Sardinia），以及義大利南部的盧卡尼亞人（Lucanians）與布魯提亞人（Bruttians），還有羅馬北方的伊特拉斯坎人。羅馬的使節是否也在其中，迄今仍有爭議。[10]

即使不考慮這些軼聞，公元前三二三年的地緣政治局勢依舊再清楚不過。當時整個地中海東部與近東地區都在亞歷山大的控制之下，地中海西部卻還是分崩離析。地區強權彼此維持均勢：義大利南部的盧卡尼亞人與希臘城邦塔倫圖姆（Tarentum），義大利中部的羅馬與薩莫奈人，義大利北部的伊特拉斯坎人與高盧人，以及敘拉古與迦太基隔海對峙。

這是個有利於外力介入的環境。亞歷山大大帝可以與當地政權同盟，增加自己入侵的機會。公元前三三一年，亞歷山大的舅舅伊庇魯斯王（Alexander I of Epirus）在對抗義大利南部部族時遇害，這也讓亞歷山大更有理由干預義大利。總之，要不是亞歷山大英年早逝，馬其頓於公元前四世紀晚期入侵義大利的機會應該不小。[11]

史家阿諾德・湯恩比（Arnold Toynbee）曾寫過一篇反事實情境的文章〈假如亞歷山大大帝沒有英年早逝〉（If Alexander the Great had lived on）。他假設馬其頓人與羅馬在公元前三一八年訂定盟約，共同對抗薩莫奈人。該盟約雖然保全了羅馬，卻也削減羅馬未來擴張的可能。在這個情境中，羅馬帝國不會出現，但我們也很難看出湯恩比的反事實情境如何能夠實現：因為在湯恩比的假設裡，亞歷山大征服了印度與中國，他的繼承者征服了美洲，最終建立起一個長久存續的全球超級大國。[12]

湯恩比絕不是第一個探討馬其頓干預義大利會產生什麼結果的學者。亞歷山大死後三百多年，羅馬史家李維認為羅馬可以擊敗馬其頓人。李維正確指出羅馬擁有優越的人力，這項資源很可能讓亞歷山大的攻勢陷入困境，特別是亞歷山大訓練有素的長矛兵很可能會被消耗殆盡。但李維並未深入考慮羅馬軍隊能抵抗擁有優越戰術技巧的希臘化職業野戰軍多長的時間。此外，羅馬也未必會與迦太基聯盟，後者有可能從交戰之初就全面潰敗。雖然李維不願意承認，但在精密的攻城設備、大量的海軍與充分的資金支持下，亞歷山大大帝或任何能夠一統馬其頓與波斯帝國的統治者確實擁有更多的機會扼殺羅馬的發展（無論是在戰場上擊敗還是透過攏絡）。[13]

馬其頓的干涉雖然不一定能阻止羅馬的擴張，卻不能排除有這樣的可能。這個反事實情境的可能性比前幾個反事實情境來得高，也比之後我們即將介紹的幾個反事實情境更有可能發生。這使得公元前四世紀的最後二十五年成為羅馬國家形成的關鍵時期，羅馬與盟邦將在義大利半島面對實力強大的對手。即使沒有被徹底征服，外力干預也可能改變權力平衡的現狀，使得日後無法產生羅馬與義大利國家的同盟體系，勢不可擋的戰爭機器也就無從出現。李維與湯恩比都專注於這個反事實情境，顯然不是偶然。

這正是羅馬霸權命懸一線的時刻。

在實際歷史中，這扇罕見的機會之窗在亞歷山大死後很快就關上了。一旦亞歷山大的將領安提柯（Antigonus）無法阻止宿敵塞琉古（Seleucus）取得美索不達米亞與伊朗（公元前三一一年到三〇九年），或最遲到了公元前三〇一年安提柯被擊敗並且遭到殺害，則重新統一亞歷山大帝國的機會便快速消失（前提是亞歷山大的繼承者曾以此為目標的話）。[14]

亞歷山大大帝過去的部將不以統一為念，反而彼此對立，建立起各自獨立的列國體系，將龐大資源耗費在難分難解的內部鬥爭。在此同時，羅馬開始在義大利崛起，並在沒有太多外力干涉下與迦太基爭奪海上霸權。馬其頓與托勒密王朝專注於與其他希臘化王國還有較小的希臘城邦進行競爭，它們雖然在後勤上有能力干涉義大利，卻缺乏介入羅馬事務的有力理由。

相反的，當羅馬迫使義大利半島絕大多數政治體加入同盟體系時，夾在大國之間的小國如伊庇魯斯（位於希臘西北部與阿爾巴尼亞）雖然有出兵的動機，卻因為沒有希臘化核心地區優勢軍力的支持，而無法對羅馬造成持久性的傷害。到了公元前二八〇年，當伊庇魯斯國王皮洛士的軍隊在義大利南部登陸時，羅馬同盟體系的凝聚力與人力早已強大到難以征服。

少了來自東方的強大挑戰，羅馬就只剩下迦太基這個競爭者。但羅馬打從一開始就比迦太基更具侵略性：公元前二六四年到二四一年的第一次布匿戰爭，羅馬的主要目標是爭奪西西里島的控制權，鬥志旺盛的羅馬在北非發動登陸戰，反觀迦太基則完全未能威脅到羅馬的核心地帶。一個世代之後，羅馬計畫對迦太基發動第二次攻擊，卻差點因為漢尼拔大膽搶先入侵義大利半島而失敗。儘管漢尼拔在對抗羅馬與盟邦軍隊時獲得重大勝利，但他終究無法徹底瓦解羅馬的同盟體系。

漢尼拔能否獲勝的論戰早從上古時代就已經開始。毫無疑問，漢尼拔的攻勢使羅馬體系面臨極大的考驗，但我們不能因此認定漢尼拔的不屈不撓與獲得最終勝利是極有可能發生的結果。根據一則迄今最詳盡的分析，漢尼拔不可能爭取到足夠的盟邦背叛羅馬，也不可能在這段時間內將這些國家聯合起來。這一結論相當具有說服力。因為義大利各個政治體彼此之間的敵意並未被根除，羅馬也是花了很長的時間才能暫時緩和這種勾心鬥角的關係。一旦這些國家叛離羅馬並改變效忠對象，就只會回復到原先彼此掣肘的狀態，無法與漢尼拔共組聯合陣線齊心對抗羅馬。[15]

即使在戰局最不利的狀況下，此時的羅馬依然擁有強大的戰鬥力，至少比假設一百年前對上未英年早逝的亞歷山大來得強大。因此，就算羅馬在迦太基的攻擊下淪為中等強權，只要首都未被攻破（龐大的城牆使敵軍無法攻陷），就不能排除羅馬日後有東山再起的可能。就算迦太基持續干涉義大利半島，也很可能迫使新的義大利同盟體系出現，而這個同樣以全民軍事動員為基礎的體系很有可能再度推舉羅馬擔任領袖。此外，迦太基就算在義大利獲得成功，也無法建立一個規模如同羅馬的帝國：迦太基的軍事人力不足以承擔這項任務，迦太基身處的邊陲位置也成為深入歐洲大陸的巨大阻礙。長期而言，迦太基比較有可能取得埃及，而非不列顛、萊茵河流域與多瑙河流域。[16]

漢尼拔的孤注一擲是外敵阻止羅馬帝國形成的最後一次機會，但成功的可能性不高。公元前二〇一年，羅馬戰勝迦太基並使其成為屬國之後，希臘化王國對於有效干預義大利一事就不抱任何希望。這引發了一個假設性問題：一個統一的希臘化帝國是否足以擊敗羅馬戰爭機器？假設一個極不合理的反事實情境：假如馬其頓人的幾個後繼國家在公元前三世紀因為某種原因再度統一，並且與快被擊敗的迦太基共組反抗羅馬及其盟邦的統一陣線，結果將會如何？[17]

如果我們把幾個希臘化強權在戰時能夠徵召的部隊加總起來，可以得到數量龐大的二十五萬大軍，這支部隊絕大多數可以用來對抗羅馬，此外至少還有五百艘大型戰船。我們可以合理想像，在領導階層統一的狀況下，這些資源應該足以完全抵擋羅馬進一步的擴張，甚至可以用來攻擊義大利本土。[18]

然而，我們不確定這個統一的帝國是否能擁有如此龐大的軍事資產。我們加總的每個王國與同盟的士兵數量，乃是後繼國家之間歷經好幾個世代的激烈衝突、戰爭形成國家而國家又發動戰爭的結果。從比較觀點來看，單一的超級大國絕不會無緣無故擁有如此強烈的動機去動員如此大規模的資源。領土廣大而且資金極其充裕的阿契美尼德帝國在軍事上相對較弱，亞歷山大去世時擁有的現役士兵數量其實相當少（相對於他統治的人口而言），這兩點都充分說明這個過於簡單的假設站不住腳。唯有與實力相當的對手長期對抗，才需要建立與維持一支數量非常龐大的軍隊。

到了公元前三世紀中葉，羅馬戰爭機器已臻於成熟，除了龐大的步兵儲備，又有了強大的海軍。從這時起，東方超級大國若與羅馬交戰，就會發現自己較低的動員力不足以因應羅馬的挑戰。東方需要時間加強軍力，因此勝利的大門很早就為羅馬敞開。所以，即使日後出現亞歷山大的帝國疆域完全恢復過去盛況這種極不可能發生的事件，羅馬入侵東方仍是合理的結果，只不過羅馬會因此付出高昂的代價，或許會重演第一次布匿戰爭時海戰的慘況。

內部衝突的挑戰

從這類牽強的反事實情境可以看出，到了這個時期已沒有能夠對羅馬帝國構成挑戰的強大外在力量。羅馬強權已進入軍事優勢極度明顯的時代，因此這個時期可能導致羅馬衰落的潛在因素，就只能從內部衝突去尋找。公元前一世紀，羅馬的「整合度」這個變數曾經兩次急遽下跌。第一次是公元前九十一年到八十九年，羅馬與幾個義大利盟邦之間爆發了同盟者戰爭。這場戰爭造成嚴重的裂痕，不僅讓維持數世紀的同盟體系分裂，也讓兩個數量龐大且高度動員的人口彼此廝殺。即使如此，由於羅馬有能力從各個行省徵調廣大的資源，而且自身領導階層相對統一，因此羅馬的存續與最終勝利仍是最可能的結果。

在另一個更不可能發生的反事實情境中，叛離者在全面勝利之後取得羅馬的海外屬地，帝國仍將繼續存在，只是換了新的統治者。只要義大利的核心地區不陷入長期分裂的僵局，那麼帝國形成本身將不至於因此受到阻礙。這個情境不大可能發生，因為羅馬始終能夠藉由政治讓步來化解內部長期夥伴之間的衝突（例如重新安排帝國對行省的權力，讓羅馬與其他義大利菁英都能同樣獲得利益）。羅馬避免這類情境的辦法就是使義大利盟邦成為羅馬公民，我們不需要將此解釋成叛離者的全面失敗。[19]

第二場危機源自於羅馬貴族兩個敵對派系的公開交戰（編按：即凱撒、克拉蘇與龐培的前三巨頭同盟之間，以及屋大維、安東尼與雷必達的後三巨頭同盟之間的內戰），造成羅馬帝國東半部與西半部在公元前四十九年到四十八年、四十二年、三十二年到三〇年出現斷斷續續分裂的狀態。然而如果更仔細地觀察，這些短暫的血腥插曲並不能用來合理證成長期分裂或帝國衰微的情境。在多數情況下，由勝方統一全帝國顯然是最符合邏輯的結果。另一種情境就是控制義大利與西部省分的軍閥，與控制愛琴海與黎凡特地區的軍閥形成持續分裂的拉鋸狀態。然而，這種情境不僅離題而且也不大可能發生。說它離題是因為「西方」的派系將會控制羅馬帝國在歐洲的絕大部分地區，而這個地區本來就是本書的焦點所在。說它不大可能發生則是因為大規模全民軍事動員事實上僅局限在義大利，因此控制這個地區的領導人最終能壓制其他地區的反抗。[20]

說得更直白一點，軍事力量集中於義大利與經濟資源集中於地中海西部所造成的基本結構失衡，實際上早已決定了帝國終將統一與統率義大利人力者終將勝利的結果。從這個角度來看，公元前四十八年、四十二年、三十一到三〇年，「西方」的迅速獲勝是一種歷史偶然，但帝國的存續與恢復則是歷史的必然。[21]

從非常長期的角度來看，我們可以勾勒出羅馬帝國霸業中斷的機率曲線。早期近東帝國由於難以抵達義大利（更不用說統治義大利），因此早一步干預義大利的可能性微乎其微。但到了阿契美尼德帝國與雅典帝國時代，羅馬的確有著無法形成帝國的可能。這條機率曲線在亞歷山大大帝時代達到頂峰，此時帝國形成出現截然不同軌跡的可能性堪稱空前絕後（雖然還不是壓倒性的）。第二次布匿戰爭之後，其他選項具備的合理性開始降低，羅馬失敗的可能性急速減少——事實上幾乎可以說是完全消失。

一旦羅馬在君主制早期建立的強盛帝國逐漸鞏固，而且歐洲領土也從不列顛延伸到喀爾巴阡山脈（Carpathians）東部，問題就只剩下這座帝國能原封不動維持多久的時間。隨著核心地區的全民動員體系逐漸衰敗，羅馬帝國開始轉變成較為傳統的帝國，而且承受著各地菁英要求自治與職業軍隊內部分裂的壓力，再加上邊疆地區開始緩慢出現次生國家（secondary state）與環境變遷。這些因素在決定羅馬霸權帝國整體持續上扮演著重要角色。只不過在這些因素真正產生影響之前，羅馬仍然是一個維持很長一段時間的超級大帝國。[22]

無法複製的羅馬經驗

從許多方面來看，羅馬建立帝國的過程留下獨一無二的紀錄。沒有任何國家能像羅馬一樣，每五名歐洲居民有四名在它的統治之下。沒有任何國家能像羅馬一樣，不僅控制整個地中海，也控制整個地中海濱海地區的人口。世界史上沒有任何帝國像羅馬帝國一樣，興起的地點遠離歐亞大草原，也沒有任何帝國的規模或國祚比得上羅馬帝國。[23]

羅馬帝國能擁有這麼多獨特之處，主要是因為羅馬興起時的獨特條件。羅馬與主要盟邦在崛起時實行的大規模全民軍事動員與政治共和主義，直到近代早期才重新在歐洲出現（當時歐洲已確立競爭性的多中心主義與屹立不搖的列國體系）。拜羅馬長達數世紀的征戰之賜，無國家的邊陲地區退居到歐洲北方與東方的邊緣地帶。這使得日後歐洲溫帶地區的國家在累積資源與提升軍事能力的時候，得以不用憂慮外來的干預。

羅馬在極有利的地緣政治條件下建立海上霸權，並將地中海稱之為「我們的海」（mare nostrum）。然而這樣的地緣政治條件，日後再也沒有出現。公元前二四一年，羅馬與托勒密帝國這兩個彼此友好的強權，共同控制了地中海絕大部分地區，但托勒密帝國衰弱的速度太快，很快就變得過於仰賴羅馬帝國來應付橫亙在兩國之間的棘手敵人。這一連串事件的發展極為偶然，往後也未再出現類似的情況。一旦汪達爾人（Vandals）與之後的阿拉伯人終結了羅馬的海上壟斷地位，地中海就淪為各國與海盜相互競爭的競技場。這種現象持續很長一段時間，直到海軍將領納爾遜的時代，才出現足以媲美羅馬的單一海上霸權。至於擁有豐富稅收的黎凡特地區，其剩餘的財富再也沒用來在歐洲建立國家。

簡言之，羅馬享有的各項優勢是如此特殊，如此難以複製，以至於日後不可能再次出現。事實上也確實未再出現。因此，這有助於我們理解為什麼日後再也沒有出現類似羅馬帝國的國家。

第三部

歐洲為何沒有第二個大一統帝國？

第五章

從查士丁尼到腓特烈

羅馬之後的八個關鍵時刻

羅馬帝國之後再也沒有國家能夠如此支配歐洲，這種現象顯示出雙重的分流。分流出現在羅馬帝國衰亡前、後的歐洲之間，也出現在羅馬帝國之後的歐洲與仍持續建立龐大帝國的舊世界其他地區之間。前者是本書第三部的主題，後者則留待第四部處理。

為了追溯歐洲歷史的「內部」分流，我會按照年代順序挑出幾個可能再度出現大帝國的關鍵時刻或較長時期進行分析：公元六世紀中葉東羅馬帝國收復失地的戰役、八世紀初伍麥亞哈里發國的征服、查理曼統治下法蘭克帝國的興起、十世紀到十三世紀德意志帝國統治者的持續努力、十三世紀中葉蒙古人對中歐的入侵、十六世紀哈布斯堡君主查理五世（Charles V）與腓力二世（Philip II）的政策、同一時期鄂圖曼帝國的擴張，以及法國從路易十四到拿破崙的霸權角逐。[1]

我想解答歐洲最終獲得現代性與歐洲早期發展之間，是否存在相關性與連結。為了達成這個目標，我只會把重點僅限於歐洲本身的霸權帝國，而非羅馬人曾經統治過的所有疆域。我的問題簡單明瞭：哪個政權（如果有的話）有可能像羅馬帝國一樣，統治高達八成的歐洲人？如果這些政權做不到，原因又是什麼？

我對這些關鍵時刻的討論圍繞著幾項重要因素，這些因素不利於超越特定規模的國家形成。在中世紀，中央集權權威與國家能力的弱化，使國家規模難以提升。在近代早期，國家力量與穩定性的成長受到列國體系掣肘，而隨著列國體系的規模與韌性逐漸增長，潛在的霸權便受到權力平衡的抑制。討論的重點，因此會從羅馬在歐洲（南部）建立龐大帝國的根本原因，轉移到羅馬帝國之後的政權何以沒有能力繼承羅馬帝國的霸業。

我刻意避免強調一個廣受人們討論的歷史事件：公元五世紀時羅馬帝國的衰亡。弔詭的是，羅馬帝國為何衰亡這個問題，一方面研究得太多，另一方面又研究得太少。研究得太多是因為一九八四年時，德國古代史家亞歷山大・德曼特（Alexander Demandt）曾經出版了一部龐大的歷史學調查報告，裡面涵蓋了從上古時代晚期至今針對羅馬帝國衰亡原因提出的所有解釋：總計至少有兩百一十個。光是這個數字就可以清楚看出，我們恐怕得先適度自我批判與反思，在詮釋上也要有所節制，才能對這起事件有更深入的理解。[2]

話雖如此，羅馬帝國衰亡的相關研究依然太少，因為這起事件從未適當地加以脈絡化。畢竟，歷史上絕大多數未能轉型成穩定民族國家的帝國，都會在某個時刻「衰亡」。就連現代史上最著名的羅馬帝國衰亡史研究者愛德華・吉朋也曾表示：「與其探索羅馬帝國『為什麼』毀滅，不如驚訝於羅馬帝國居然能持續這麼久」。畢竟，羅馬帝國衰亡只是時間的問題，「終究會承受不住自己構造龐大的重量」。從全球的視角來看，如果我們只專注於帝國衰亡本身，而忽略了這起歷史事件的整體脈絡，就無法看出帝國衰亡的特殊之處。[3]

一個更有趣的問題是，我們能否找出一套分析或分類的模式與變數，並以此為框架來調查歷史上各個帝國的衰亡。前面曾經提過，歷史學界寧可花費大量時間去鑽研個別因素（提出兩百一十種導致羅馬衰亡的可能原因），卻不願投入一丁點精力對帝國衰亡進行真正的比較評估。這種嚴重的思想病態導致個案研究至今仍支配整個歷史學界，即使是基礎較為廣泛的跨文化研究也往往不會選擇這麼龐大的主題。[4]

儘管這個題目值得探討，但這項缺陷終究並非本書主題。至少就眼前的討論而言，這種缺乏比較評估的狀況僅是一種提醒，提醒我們在接受一種特定解釋之前，需要先將其放回長期脈絡中檢驗。儘管如此，羅馬帝國衰亡的基本敘事並沒有太大爭議。傳統論戰總是圍繞著內部與外部因素誰輕孰重展開：前者強調制度失靈、內部爭權奪利、腐敗與經濟衰弱，後者則注重外敵壓力與面對外敵時反覆無常的回應方式。隨著近年來對瘟疫與氣候變遷等負面環境因素的研究，外部因素的重要性也逐漸增加。[5]

當然，區別內部與外部因素終究是有點多餘，因為這兩種因素原本就緊密交織。好比說，「蠻族」的挑戰可能引發軍人干政，而軍人干政又會引發蠻族入侵。或是上古時代晚期，羅馬花費鉅資大幅擴張行政組織，不僅是為了讓帝國能對抗外敵，也為了扭轉帝國內部的離心傾向與擺脫財政的限制。這種雞生蛋、蛋生雞的問題，雖然讓人躍躍欲試，但終究無解。[6]

歷史紀錄清楚顯示，有幾個長期趨勢削弱了羅馬帝國的完整性。一、中央政府非常仰賴地方菁英的合作，但地方菁英卻阻止國家增加歲入。二、動員強度的減弱導致軍隊戰力衰退。三、地理的區隔逐漸加深與成形。四、羅馬對邊疆地區攻勢的逐漸減弱（或者說是喪失誘因），導致原先分崩離析的部族邊陲，有機會累積組織與科技知識，形成次生國家（編按：指部族在周邊國家的影響下才逐漸發展成國家組織的現象）。這些部族雖然實力提升到足以挑戰羅馬的軍事霸權，卻還不足以構成羅馬反擊的適當目標，更談不上成為羅馬長期征服的對象。

軍隊在空間、社會與種族上的邊陲化，是許多帝國全盛時期常見的特徵，這種特徵不僅凸顯出邊疆武力的重要，也吸收疆界以外的人力。這種混合疆界內外人力的做法固然延長了帝國壽命，然而一旦國家的關鍵歲入枯竭，邊疆地區的統治就會變得十分困難。這種體制很容易因為稅收淨輸出地區的喪失而受到影響，因為帝國需要這些地區的稅收來支撐貧窮的邊疆地區。一旦帝國實際分裂成東、西兩部，而且往西的運輸遭到中斷，那麼像北非與伊比利半島這類保護區就變得十分重要，如果喪失這兩個地區，將對帝國財政造成致命的打擊。

軍閥、半民間的財富菁英，以及輸出與輸入稅收的省分之間的微妙平衡關係一旦被打破，中央政府就會越來越難以控制，五世紀初羅馬帝國西半部就是如此。失去稅收加上內鬨，統治者不得不與幾個相互競爭的團體妥協，而地方菁英發現傳統帝國中心的力量日漸衰弱，於是轉而投靠新的主人。最後，整個帝國被非國家團體瓦解，這些非國家團體原先形成於帝國邊緣，或被帝國資源吸引，或受到遙遠勢力的壓迫，其中最著名的就是匈人（Huns）。這些非國家團體入侵帝國的重要稅收地區，削弱帝國中心，導致帝國中心無力對抗或賄賂他們。他們對領土與人口的侵奪是漸進而難以阻擋的。[7]

此處真正的重點不在於哪些背景條件導致羅馬帝國西半部崩解，而是帝國「崩解」了：公元三九五年時，每五名歐洲人就有四名生活在單一的帝國之中，但八十年後一切都改觀了。

羅馬崩解得有多嚴重？綜觀前現代歷史，許多帝國在崩解後都能在新的統治下或多或少迅速恢復舊觀。然而歐洲除了六世紀東羅馬帝國試圖收復失地這個例外，此後再也沒發生過類似事件。我們將在本章與之後的章節看到，羅馬的制度雖然崩壞得非常緩慢，卻極為徹底，因此嚴重阻礙帝國的復興。愛德華・吉朋曾經認為，歐洲人都還沒看到羅馬帝國長期衰退的跡象，整個帝國就先土崩瓦解了。由此看來，吉朋這話似乎是說反了。

我試圖用兩個彼此互補的方式來說明這段羅馬帝國崩壞的歷史。我會在第四部比較歐洲與舊世界其他地區的發展，後者的帝國興衰一路持續到現代。基於各種原因，我們將會看到歐洲以外地區（除了歐洲東緣）支撐帝國的結構較為強大且健全。

本章與第六章採取另一種方式，除了探討歐洲在羅馬之後形成新國家的關鍵時刻，也探討這一過程如何阻礙帝國再度形成。這個取向同樣需要明確考量反事實條件：我們能否僅靠最小限度或至少站得住腳的歷史重寫，產生意義重大的不同結果（霸權帝國再度興起）？還是說結構限制無所不在，導致實際上無法出現不同的結果？評估從六世紀到十九世紀初的八個可能關鍵時刻，我認為結論都是後者。除非大規模改寫歷史，否則歐洲已經難以重返羅馬式帝國的軌道。[8]

六世紀：東羅馬的復興

五世紀末，日耳曼菁英統治的幾個後繼國家控制了原屬羅馬帝國西半部的地區：東哥德人（Ostrogoths）統治義大利與達爾馬提亞，西哥德人（Visigoths）統治伊比利半島與阿基坦（Aquitaine），法蘭克人（Franks）與勃艮第人（Burgundians）統治高盧，而汪達爾人統治北非與西西里島。只有幾個邊陲地區如不列顛、布列塔尼（Brittany）、西班牙西北部、阿爾卑斯山區與馬格里布西部較徹底地分裂成更小規模的政治體（圖5.1）。

因此，昔日羅馬帝國西部省分的絕大多數人口被不超過五個國家瓜分。由於這一點，也由於新政權非常仰賴羅馬制度來統治轄下領土，我們可以公允地說：在這種政治瓜分下，羅馬帝國原有制度的絕大部分仍以某種形式保留下來。由於此時分裂相對不嚴重且整體改變相對有限，想重新統一也許還不需要面臨各種無法克服的難題。

羅馬帝國東半部居住了近四成帝國人口，而且並未受到五世紀各種動盪影響，這使得帝國重新統一的可能性大為提高。即使是曾在五世紀中葉短暫遭受匈人入侵的多瑙河下游地區（Lower Danube），也成功被東羅馬帝國收復。簡單來說，帝國東半部因為帝國西半部的混亂而得以繁榮發展。當帝國西半部陷入資源持續減少、內部分裂與日益嚴峻的外來挑戰的惡性循環時，那些居無定所的競爭者紛紛進入帝國西半部而遠離帝國東半部。帝國東半部在歐洲的疆界較短也是免於這場混亂的原因之一。

東羅馬帝國的主要競爭者是位於美索不達米亞與伊朗的薩珊帝國，而該帝國已經陷入長期衰弱。從三八〇年代到五二〇年代，東羅馬帝國與

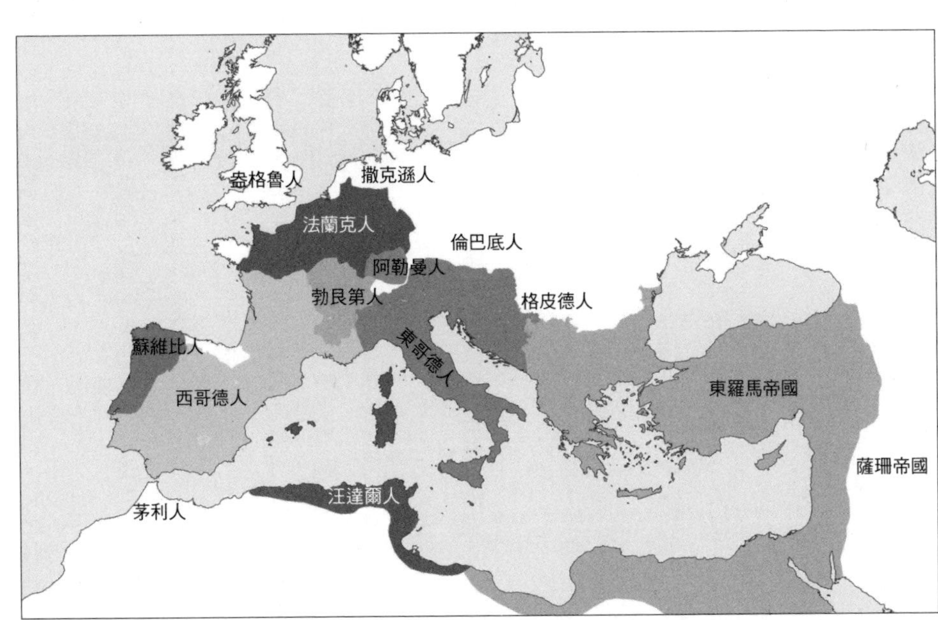

圖5.1 公元500年左右的地中海。

薩珊帝國之間很少發生戰爭，與之前長達一百五十年不斷出現大規模衝突有著天壤之別。除了統治者與貴族之間的權力鬥爭，這段期間的主要威脅還是來自於草原地區。五世紀時，紅匈人（Red Huns，即寄多羅人）與白匈人（White Huns，即嚈噠人）組成的草原同盟對薩珊帝國的東北邊境構成越來越大的壓力，尤其是白匈人。四八四年，雙方爆發最嚴重的衝突，薩珊國王戰死。不久後另一名薩珊國王也因為反貴族改革而一度失去王位，這名國王後來在白匈人的協助下復位，顯示當時薩珊帝國衰弱的程度。[9]

西羅馬帝國與薩珊帝國的崩解，使東羅馬帝國更顯強大。五世紀時，東羅馬帝國曾經出現政治不穩，以及敵對菁英與軍事團體之間的武裝衝突。東羅馬帝國精簡了基督教教義，特別是四五一年迦克墩公會議（Council of Chalcedon）提出的正統學說，引發敘利亞與埃及各基督教教區激烈的憎恨與反抗。菁英占有的土地越來越多，導致國家的稅收越來越少，特別是與上層關係良好的大地主接受委託，代表國家向佃農與受僱人徵稅之後，情況更形惡化。但東羅馬帝國有利的地緣政治條件掩蓋了帝國的脆弱，因此當日後東羅馬帝國出現規模驚人的麻煩時，也就不讓人意外了。[10]

事實上，和平紅利使東羅馬帝國得以累積大量儲備來進行戰爭。在五三三年到五三四年的短期戰役中，東羅馬帝國的軍隊推翻了以今日突尼西亞為中心的汪達爾政權。五三五年到五四〇年，東哥德人統治的義大利大部分地區也被征服。在這段期間，只有兩個主要的日耳曼國家存續下來：伊比利半島的西哥德人與高盧的法蘭克人（當時已經吸收了勃艮第人）。從這幾次初期的軍事行動來看，東羅馬帝國要收復更多的失地似乎只是時間的問題（圖5.2）。[11]

然而，當幾個反對勢力匯集起來共同對抗東羅馬帝國時，收復失地的計畫隨即遭到擱置。其中一股反對力量是義大利的東哥德人，他們在五四〇年代與五五〇年代帶著更多軍隊與財富捲土重來。五五〇年代，東羅馬帝國攻打西哥德人，但一直無法突破伊比利半島狹窄的濱海地帶。五五〇年代晚期之後，東羅馬帝國在巴爾幹半島開啟新戰線，因為斯拉夫人（Slavs）與阿瓦爾人（Avars）加快入侵的腳步並在此地定居：不到兩個世代的時間東羅馬帝國就失去了巴爾幹半島。五七〇年左右，倫巴底人侵擾義大利大部分地區，奪走了東羅馬帝國先前辛苦贏來的成果。七世紀初，西哥德人將羅馬駐軍逐出西班牙。[12]

東羅馬帝國在西方與北方遭受挫敗的同時，也遭逢東方薩珊帝國的快速復興。匈人的衰微與改革對貴族的壓制，使薩珊帝國得以將稅收收歸中央與建立強大的常備軍來增強國家的能力。五三〇年之後，薩珊帝國的統治者每隔一段時間就會向東羅馬帝國發動戰爭，透過掠奪與不對等的停戰協定來勒索資源。

歷經五七〇年代與五八〇年代的持續衝突之後，東羅馬皇帝在支付士兵薪餉上逐漸捉襟見肘，這個問題引發了不安，也給了伊朗人入侵的良機。六〇二年，伊朗人發動一場全面攻勢，想盡可能地占領東羅馬帝國的領土，最後他們吞

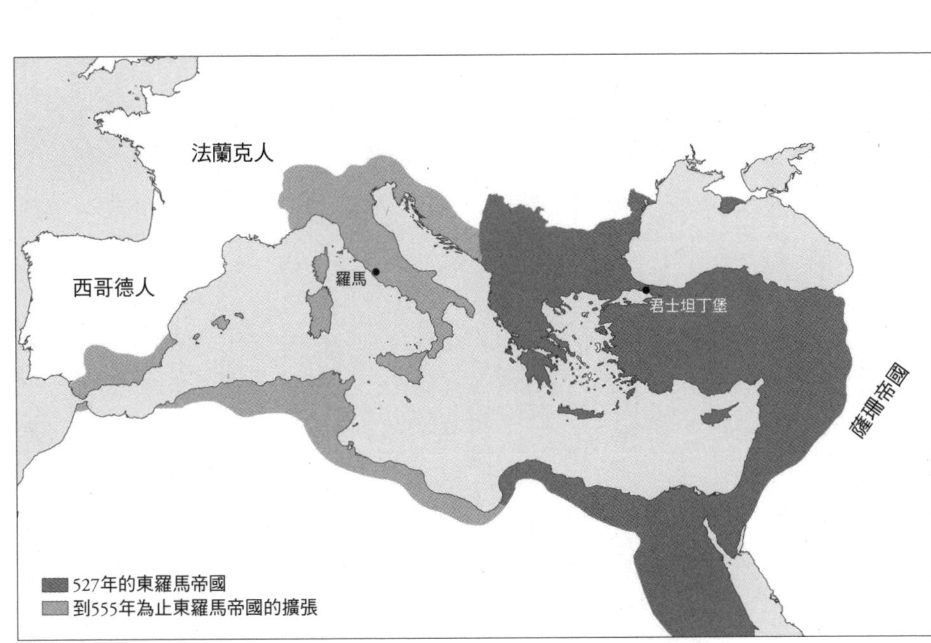

圖5.2 公元555年左右的東、西羅馬帝國。

併了敘利亞、巴勒斯坦與埃及，並且朝東羅馬帝國的首都進軍。六二六年，伊朗人與阿瓦爾人聯手進攻君士坦丁堡，但遭到君士坦丁堡巨大的堡壘與東羅馬的海軍擊退。這場攻擊顯示東羅馬帝國變得多麼脆弱。[13]

即使東羅馬帝國靠著背水一戰與合縱連橫在最後一刻難以置信地擊敗薩珊帝國，卻無法避免往後數年面臨疆土日漸淪亡的命運。不久，阿拉伯人大膽入侵敘利亞、巴勒斯坦與埃及（六三二到六四二年），這些地區已經飽經戰亂一個世代。阿拉伯人毫不遲疑地入侵安納托利亞，之後又建造龐大的海軍挑戰東羅馬海權。六五五年，東羅馬的一支大艦隊遭到擊敗：這是近兩百年前羅馬城被汪達爾人從海上入侵洗劫以來，羅馬首次遭遇重大的海軍挫敗，而這場敗仗也預示羅馬人長久以來認定的「我們的海」的時代即將步入尾聲。

此時，東羅馬的作戰能力已經低落到一定程度。阿拉伯人之所以未繼續往前推進，主要不是因為羅馬的有效抵抗，而是阿拉伯人發生內鬨。六六〇年代，伍麥亞哈里發國重啟戰端，目標是奪取君士坦丁堡。六七〇年代，君士坦丁堡靠著某種稍具雛形的燒夷彈（希臘火），因而得以熬過長達四年的季節性海上封鎖。在此同時，阿拉伯人也由埃及往西穩定推進，於七世紀末拿下本來由羅馬控制的迦太基。六九〇年代，阿拉伯人又開始每年掠奪安納托利亞，無獨有偶，保加爾人（Bulgars）也於此時在巴爾幹半島崛起。

七一七年，阿拉伯的陸路攻擊使東羅馬失去小亞細亞西部幾座大城。隔年，阿拉伯人對君士坦丁堡進行封鎖失敗，東羅馬內部核心因此免於遭受毀滅的命運，不過阿拉伯人的冒險深入仍持續到七四〇年代才停止。此時東羅馬的領土只剩下安納托利亞托魯斯山脈（Taurus）以西、巴爾幹半島南端一小塊地區、義大利與鄰近島嶼。西西里島因為七四〇年柏柏人（Berbers）起兵反抗阿拉伯人而得以保全。即使東羅馬在九世紀中葉又重新恢復元氣，但苟延殘喘的東羅馬（拜占庭帝國）頂多只能維持中等地區強權的地位。[14]

更糟的是，從五四〇年代到八世紀這段東羅馬衰弱的時期，剛好碰上鼠疫首次在歐亞大陸西部出現。一波接一波的鼠疫持續肆虐超過兩個世紀，殺死了大量人口，導致戰爭所需的人力與資金大為短缺。[15]

東羅馬遭遇了宛如末日般來自四面八方的襲擊，因而難以在歐洲重新振作，這點並不難理解。事實上，帝國能夠存續下來（即使曾一度危在旦夕）反而需要我們絞盡腦汁解釋。從東羅馬收復失地最巔峰的六世紀中葉一直到八世紀初，東羅馬總共喪失約六成的領土，從一百五十萬平方公里縮減為六十萬平方公里。可作戰的軍力減少一半，五五〇年代有十五萬人，到了七七〇年代只剩下八萬人。財政損失更為嚴峻，從六世紀中葉到八世紀初，國庫收入減少五分之四或甚至更多。財政損失之所以遠超過領土與軍事力量的損失，在於丟失的都是些最富庶的省分。廣泛的經濟衰退與瘟疫導致人口減少，更讓財政雪上加霜。考古證據顯示殘存的都市遺跡出現了去都市化與萎縮的現象，此外大宗貨物貿易也大為縮減。[16]

因此，五四〇年之後，現實環境已不允許東羅馬持續發動戰爭來恢復帝國失地。東羅馬面臨著許多接踵而來的困難。即使能巧妙順應東哥德人的臣服與有效利用西哥德人的內部問題，法蘭克人依然構成嚴重的挑戰。不僅如此，由倫巴底人、斯拉夫人、阿瓦爾人與隨後的保加爾人等民族所構成的新邊陲團體，就羅列在漫長的大陸邊界上，隨時準備突破帝國邊防。薩珊與東羅馬之間曾有過反常的長期和平，兩強長久以來勞民傷財的衝突也曾一度化解。然而，薩珊的復興改變了一切。衝突重啟為投機的競爭者打開了方便之門，使剛剛統一的阿拉伯人有了以小博大的機會。此外，從瘟疫到氣候變遷，這些環境力量削弱了帝國運用資源的能力，使其無法維持現有的地位。

光是溫和地重寫歷史並不足以完全改變東羅馬的發展軌跡，使其從瀕臨崩潰轉變成全面復興。要想有所改變，歐洲與西亞大部分地區的歷史都要重寫，甚至包括自然歷史。東羅馬開始野心勃勃大舉西征之時，當時的局勢乍看之下一片大好，但從後見之明來看，我們會發現原本十分有利的狀況正步入尾聲，而嚴厲的挑戰正逐漸逼近。

不可否認，日後的挫敗很多是出於偶然：特別是早期阿拉伯人的勝利，他們看似所向披靡，一路越過黎凡特與北非，但其實他們的成功很有可能反轉。然而，東羅馬在歐洲的地位卻受到許多不同競爭者的威脅，光是改變個別細節也不足以改變長期結果或使其轉而有利於建立永久的帝國。法蘭克人、倫巴底人、斯拉夫人、阿瓦爾人與保加爾人構成了為數眾多且變化多端的挑戰者，使這項反事實策略難以成立。羅馬共和國晚期與羅馬君主制初期擁有足夠的軍事人力控制大部分西歐地區，但東羅馬帝國從未擁有這種能力。總而言之，東羅馬要在歐洲重建近似於羅馬帝國全盛時期的樣貌，成功的機會微乎其微。

這一點之所以特別重要，主要是因為地中海西部的戰役反映出帝國一開始頗有決心試圖恢復羅馬在歐洲的霸權：此時西羅馬帝國才滅亡不久，因此某方面來說，這些嘗試其實是最有希望的。我們曾經提過，此時政治分裂的狀況還沒那麼嚴重。迅速擊敗汪達爾人（阿拉伯人日後擊敗西哥德人剛好與此呼應）顯示出有些日耳曼後繼政權其實相當淺薄與脆弱，他們藉由征服者組成的小同盟無法抵擋掌握海權且裝備精良的帝國軍隊。除了極少的例外，當時的羅馬統治機構也尚未破壞到無可回復的地步。

許多世代之後，不利因素持續存在且趨於一致，要利用原先存在的有利條件已不可能，羅馬帝國要完全恢復舊觀的可能性也因此大為降低。雖然一個較為良性的環境很可能讓東羅馬帝國更能取得這些優勢，但這樣的反事實環境很難用合理的方式創造出來，因為過程中必須放棄太多現實的歷史。

通往帝國統一（恢復在此之前曾經存在而且才剛分裂幾個世代的統治架構）最直接的道路因此完

全封閉，往後的道路只能走上一條「創建新政府體制」的更嚴苛路徑。這種做法的要求更高，只要想想羅馬最初擁有的優勢有多麼不尋常與難以複製，恐怕任何人都會望之卻步。東羅馬在上古時代晚期的挫敗，實際上大幅提高了歐洲在羅馬之後重建羅馬式帝國的門檻。

八世紀：阿拉伯的征服

羅馬帝國既然已經沒有希望恢復舊觀，外部強權的征服，或是在既有的羅馬體制上建立新帝國，就成了次佳的選擇。要是薩珊帝國與盟友阿瓦爾人能成功奪取君士坦丁堡，那麼合理推斷它們應該能長期控制昔日羅馬帝國的東半部。在此同時，也更難想像他們會進一步朝歐洲推進。薩珊帝國的中心固定設在伊朗，想要入侵歐洲勢必要面對龐大的後勤挑戰，同樣的問題一千多年前的阿契美尼德帝國已經遭遇過了。[17]

薩珊帝國在巴爾幹半島的軍事行動很可能會在斯拉夫人與（特別是）阿瓦爾的抵抗下陷入泥淖，而在北非發動的戰役也只能取得短期的成果，就像之後的伍麥亞帝國征服馬格里布一樣。事實上，薩珊帝國從六二七年到六四一年的一連串戰役皆先後敗於東羅馬人、突厥人（Göktürks）與阿拉伯人之手，這使我們確信薩珊軍隊沒有能力控制義大利、伊比利半島與高盧等過去羅馬人曾經掌握的主要歐洲領土。

這使得阿拉伯人成為唯一可能的競爭者。由於沒有固定的發展核心，阿拉伯人擁有優越的機動性，能將軍事力投射到發源地以外的廣大地區。阿拉伯擴張的爆發力令人吃驚。六二九年，羅馬與薩珊的大戰終於結束，雙方再次分割對東地中海、美索不達米亞與伊朗的控制權。往後十三年間，阿拉伯人攻下東羅馬位於巴勒斯坦、敘利亞、美索不達米亞北部與埃及的領土，同時入侵薩珊控制的美索不達米亞南部，並且在伊朗西部擊潰薩珊的抵抗。

雖然在此之後阿拉伯人推進的速度慢了下來，但他們的對外擴張仍持續了好幾個世代。七世紀下半葉，阿拉伯人壓制了伊朗東部與馬格里布。之前曾經提過，阿拉伯人建立的哈里發國也累積了足夠的海軍資產來挑戰東羅馬強大的海上霸權與攻擊君士坦丁堡。七一〇年代，阿拉伯軍隊入侵伊比利半島，消滅了西哥德王國，並且攻占位於東方六千多公里遠的印度河流域（Indus Valley）。往後數十年，阿拉伯人數次入侵高盧，甚至進入中亞。七五一年，阿拉伯人在中亞擊敗中國軍隊，而這也是東亞與西亞國家首次的軍事衝突（圖5.3）。[18]

阿拉伯征服建立的帝國非常遼闊：如果將乾燥地區列入計算的話，領土達到一千一百萬平方公里，人口達到四千萬。正如羅馬曾經統治八成的歐洲人口，伍麥亞哈里發國也控制中東與北非地區八成的人口。阿契美尼德帝國也曾經統治相同比例的人口，只不過當年的人口總數比較少。

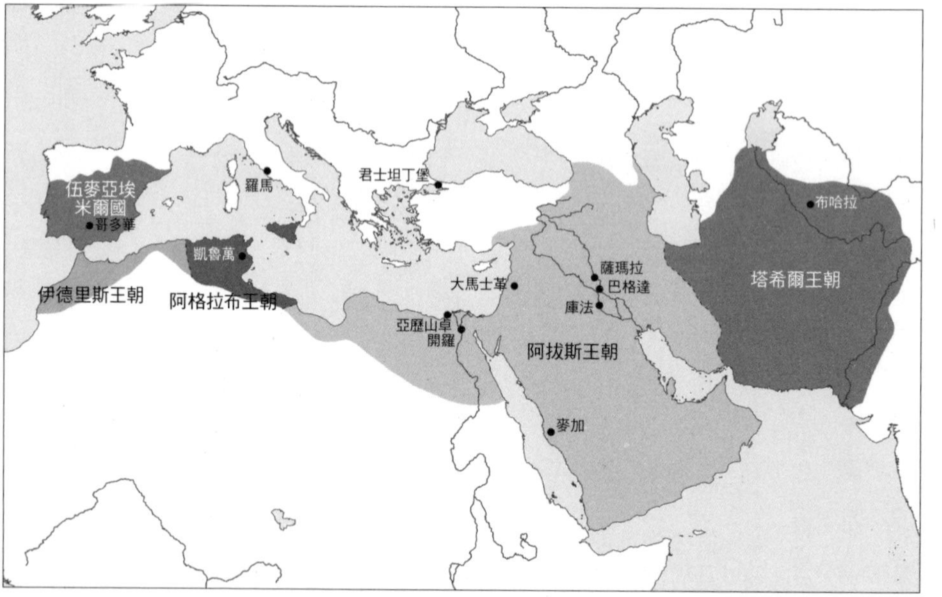

圖5.3　公元750年左右的伍麥亞哈里發國與後繼國家。

伍麥亞哈里發國統治的人口比例，遠遠超出之後的鄂圖曼帝國。[19]

然而，這一切都未對歐洲的國家形成帶來顯著影響：伍麥亞哈里發國未能將力量投射到歐洲深處，而哈里發國的統一也在擴張達到巔峰後不久告終。到了九〇〇年，伍麥亞哈里發國實際上分裂成九個主要的與幾個較小的政治體，這些政治體的內在凝聚程度各不相同。造成這個結果的原因可以從兩方面來探討：我們要問，為什麼阿拉伯人一開始能獲得成功，以及為什麼阿拉伯人無法繼續深入歐洲或至少維持政治上的統一。

我曾經提到，當東羅馬於五三〇年代重新收復地中海西部時，不尋常的地緣政治環境使東羅馬看起來比實際上更為強大。同樣的描述也適用於阿拉伯人建立的新帝國，而且印象更加鮮明。因此，阿拉伯人起初擴張得如此快速，與其說是因為阿拉伯人固有的軍事或組織優越性，不如說得益於極為有利的地緣政治環境。在擴張速度與政治穩定性這兩項，阿拉伯的征服與東羅馬斷斷續續的擴張完全相反，後者的擴張是以強大的凝聚力為基礎。[20]

六世紀晚期，東羅馬與薩珊的軍事力量逐漸中央集權化，導致這兩個帝國與阿拉伯接壤的地區上的屬國紛紛解散。原本的緩衝消失了，防守的重任全落在帝國的職業軍隊身上。等到先知穆罕默德與第一任哈里發集結了阿拉伯半島所有的人力時，東羅馬與薩珊將直接暴露在阿拉伯人的攻擊之下，而這樣的挑戰就在最糟糕的時機點來臨。將近三十年的時間，東羅馬與薩珊一直激烈交戰。波斯人對東羅馬黎凡特地區的侵占導致該區遭受嚴重破壞，雖然薩珊帝國於六二八年正式與東羅馬締結和約，但東羅馬當局才剛重新控制黎凡特不到幾年，阿拉伯人便出現了。薩珊帝國的邊界更不平靜：被東羅馬擊敗後，帝國內部爆發了四年內戰，等到內戰平息時，卻要面對阿拉伯人的首次入侵。

這些衝突帶來的衝擊，創造出巨大的權力真空，使阿拉伯人有了可乘之機。休·甘迺迪（Hugh

Kennedy）是研究阿拉伯早期征服的權威，他提出一項發人深省的反事實情境：「如果穆罕默德早生一個世代，那麼當他與繼承者試圖出兵對抗東羅馬與薩珊這兩個大帝國時，假設時間是公元六〇〇年好了，我們很難想像他們能取得任何進展。」就算這兩個帝國的彼此交戰耗盡國力，阿拉伯人想要成功依然要仰賴機運。阿拉伯人必須一開始就能漂亮地擊敗東羅馬與波斯軍隊，這樣才能激勵自信並且鼓吹其他阿拉伯人加入，而後才能繼續進行擴張。[21]

阿拉伯人持續碰上各種好運。首先，東羅馬轄下的北非與帝國中心的連結十分微弱，這個地區難以防守，而且承受著重稅，當地人民其實並不介意更換統治者。再來，入侵伊比利半島的阿拉伯軍隊碰上了最近才因篡位事件而陷入分裂的西哥德王國，阿拉伯人與柏柏人聯軍因此得以順利征服伊比利半島。對比之下，凡是決心抵抗的地方（例如抵抗特別頑強的君士坦丁堡），阿拉伯人往往無功而返。

整體來說，阿拉伯的征服擴張因為對手自亂陣腳而進展順利。東羅馬與薩珊帝國長久以來的核心，反倒成了暴露在阿拉伯人攻擊下的邊陲地區。更重要的是，阿拉伯人開始擴張的時候，鼠疫已經嚴重破壞中東與歐洲的人口稠密區達一個世紀的時間。人口減少與伴隨而來的財政損失削弱了反抗能量，而缺乏勞動力也很可能導致了阿拉伯人恣意掠奪奴隸的行徑。[22]

阿拉伯征服者特殊的組織模式，有助於他們把握這些罕見的好機會。阿拉伯軍隊由受過戰爭訓練的人組成，他們忠於親族與部族，而且現在又皈依了新宗教。堅忍的貝都因人（Bedouin）具有高度的機動性，能夠長距離奔襲而不仰賴緩慢的輜重部隊。他們一開始腳步輕盈，至少不像他們擊敗的中央集權全副武裝的帝國軍隊一樣沉重。阿拉伯人的領導者除了貢品之外別無所求，他們很少進行大規模破壞或恐怖統治。

阿拉伯軍隊定居在新建立的軍管城鎮裡，與當地民眾區別開來，這麼做是為了維持軍隊的凝聚力與減少和當地民眾的衝突。阿拉伯人的數量稀少，而且與日耳曼人不同，阿拉伯人並未大量移居征服地區，也未強迫被征服地區改信伊斯蘭教：他們的征服社會是開放的，允許盟友加入。伊斯蘭化是緩慢的，而且是透過利益引誘而非強迫。在基督教黎凡特地區，人數眾多的合性論教派（Miaphysite）與聶斯脫里派（Nestorian）社群在被阿拉伯人征服之後反而可以自由信奉自己的信條，不再受到信仰東正教的君士坦丁堡當局的高壓干涉。[23]

此外，阿拉伯閃電戰帶來的心理衝擊也不可小覷。對阿拉伯人與非阿拉伯人來說，阿拉伯勝利的速度與規模反映了神的意旨。六八〇年代，聶斯脫里派僧侶約翰・巴爾・彭卡耶（John Bar Penkaye）驚異地表示：

> 在非常短暫的時間裡，整個世界就交到了阿拉伯人手中。他們打下所有城池，控制了從大海到大海，從東方到西方的整個地區。他們控制了埃及、克里特島（Crete）到卡帕多奇亞（Cappadocia）、葉門（Yemen）到高加索（Caucasus），控制了亞美尼亞人（Armenians）、敘利亞人、波斯人、拜占庭人與埃及人，以及這些地區之間的每一塊土地。正如先知所言，「他們的手按著每一個人」。[24]

但是，阿拉伯人的快速擴張為何無法建立能與羅馬相比擬的帝國？到頭來，阿拉伯人的熱情還是敵不過結構限制，這個限制幾乎從帝國剛建立就開始削弱帝國。關鍵特徵有兩個：阿拉伯軍隊的組織，以及國家稅收的調配。從一開始，征服與占領的軍隊就植根於部族結構與部族忠誠，始終無法充分融合成一個整體。攻占特定領土的軍隊一般來說會直接定居在當地，並且從當地獲取收入來維持軍隊。

隨著帝國擴大，不同軍隊控制的地區開始出現分立的局面。其中兩支主要派系是敘利亞（原本是東羅馬帝國的省分）的軍隊，以及伊拉克（原本是薩珊帝國的西半部）巴斯拉（Basra）與庫法（Kufa）的軍隊。還有一些地區也接著建立起自己的獨立組織：包括日後支持在馬格里布與伊比利半島軍事行動的埃及軍隊、伊朗呼羅珊（Khorasan）的軍隊，以及阿拉伯半島北疆（Yazira）的軍隊。稅收大部分保留在這些地區，而且由駐軍或最初入侵者的子孫（至少有一段時間是如此）優先使用。

這加速了地區之間的敵對，而各支軍隊內部的部族對立更讓局勢惡化。伍麥亞哈里發以大馬士革（Damascus）為中心，主要仰賴敘利亞的軍隊。最初的征服結束後不久就爆發第一次內戰（六五六至六六一年），這場戰爭主要是爭奪敘利亞和伊拉克不同群體之間的領導權與特權。在此同時，北方阿拉伯人與葉門阿拉伯人之間也發生了類似的摩擦。這類衝突也出現在征服前的居民與征服後的移居者之間。

六八〇年代的第二次內戰見證了敘利亞、伊拉克、伊朗與阿拉伯半島各地區軍隊之間的新衝突。敘利亞軍隊原本的任務是綏靖，此時取代了原先控制伊拉克的軍隊。敘利亞軍隊成為伊朗以西僅存的軍事力量，擁有發動大戰役的能力（在高加索邊疆部隊的協助下），於七一七年到七一八年最後一次攻打君士坦丁堡，七四一年派遣援軍到馬格里布協助鎮壓柏柏人叛亂。在此同時，伊朗呼羅珊的軍隊崛起，取得類似先前伊拉克軍隊的地位，能與敘利亞軍隊抗衡。

七四〇年代的第三次內戰導致伍麥亞王朝滅亡，也再次誘發北方阿拉伯人與葉門阿拉伯人開戰，幾個地區軍隊也陷入混戰的局面。起初，敘利亞軍隊因為北方與南方阿拉伯人各自擁護繼任君主而陷入分裂。在埃及反叛失敗與伊拉克叛變被鎮壓之後，伊朗成為反對派的中心，獲得了梅爾夫（Merv）與葉門的阿拉伯人支持，這些人敵視北方阿拉伯人位於遙遠西部的哈里發國。升高的戰事打垮了必須仰賴北疆軍隊的伍麥亞王朝，開啟了以伊朗為根據地的阿拔斯王朝的統治。阿拔斯王朝隨即將首都遷到美索不達米亞（一開始是庫法，然後在巴格達〔Baghdad〕與薩瑪拉〔Samarra〕之間輪替），因此離歐洲更遠了。[25]

然而，這個新王朝只是將緊張關係往東移。不久，伊拉克人與伊朗人之間便出現利益衝突，最終導致了第四次內戰。表面上，這場內戰是因為阿拔斯王朝的繼承權引起。八一〇年代，阿拉伯軍隊與伊朗軍隊交戰，但是餘波一直延續到八三〇年代，最後政府開始僱用突厥（Turkic）傭兵保衛政權。他們很晚才認識到這場長期的內在分裂與衝突是無法克服的，必須採取新的策略。

當時，遜尼派（Sunni）與什葉派（Shia）的不和具體表現在對立的政治與軍事體系上。外國傭兵的引進在新征服團體與地方菁英之間產生新的緊張，因為地方菁英本來就反對稅收，更不用說是收稅來僱用箝制地方的傭兵。一旦突厥軍隊壟斷了組織暴力，他們隨即加入有利可圖的黨派衝突。八六〇年代薩瑪拉危機（Anarchy at Samarra）期間，彼此競爭的突厥派系居然擁立了五名哈里發。

這導致了迄今為止最嚴重的崩解：伊朗被叛軍割據，埃及當局不再向帝國中心繳稅，並且將勢力延伸到巴勒斯坦與敘利亞，伊拉克南部則發生大規模的奴隸暴亂。中間一度有恢復穩定的跡象，但九二〇年代之後又開啟新的分裂局面，埃及與敘利亞實際上從哈里發國獨立出來。九五四年，伊朗的布亞王朝（Buyids）控制巴格達與伊拉克。此時的阿拔斯哈里發，即使形式上仍維持統治名義到一二五八年，實際上已失去任何實質的政治權力。

到了十世紀晚期，前阿拉伯帝國的分裂達到新的巔峰：薩曼王朝（Samanids）控制伊朗東部，二到三個布亞王朝政治體共存於伊朗西部與伊拉克，哈姆丹（Hamdanid）幾個政權瓜分敘利亞，伊赫希德王朝（Ikhshidids）與之後的法蒂瑪王朝（Fatimids）統治埃及。庫德人（Kurdish）王朝與阿拉伯半島上的卡爾瑪特派（Qaramita）則位於周邊，遠離這場亂局。接下來將會提到，此時馬格里布與伊比利半島早已走上各自發展的道路。幾個世紀以來，整個趨勢都朝著一個方向前進：分裂的態勢不斷深化。[26]

占領區的地區化日趨嚴重，親族與部族的紐帶也不斷強化，這些因素導致帝國中心無力掌握遼闊的疆域。財政無法收歸中央，加強了分裂的態勢。畢竟阿拉伯為了維持既有的羅馬與薩珊賦稅制度，最初就是以現金做為士兵薪餉的來源。[27]

在此同時，財政重分配也高度去中心化：地區軍隊保留了轄下領土的大部分稅收。這項制度一開始設立的宗旨在於，從異教徒收取的稅金應該屬於占領者所有，而占領者有權保留稅金是基於征服者的地位，而非來自哈里發的特許。更值得注意的是，最初建立軍管城鎮的人，他們的男性子孫有世襲權利，可以繼續領取薪餉。

擔任閒差者是否也能領取公共薪餉，還是應該局限於實際服兵役的人？這個問題在中央政府與主張應該擴張解釋的受益者之間引發論戰。支付薪餉後的剩餘稅金應該由各地區保留，還是應該上繳哈里發宮廷？這點也同樣造成爭議。實際上，國家稅收只有很小的比例上繳到帝國中心。大馬士革的伍麥亞統治者主要仰賴敘利亞的稅收，來自伊拉克與埃及的稅收少之又少，更遙遠的省分就更不用說：沒有跡象顯示馬格里布與伊比利半島曾向中央繳過稅。[28]

結果，哈里發在使用與運送廣大帝國產生的巨大財富上遭受重重限制。政府薪餉名冊上登記的兵員很多是虛報的：可以領取薪餉的二十五萬到三十萬名兵員，實際上能夠動員的只有一小部分，能夠部署在所屬地區以外的士兵則更少。哈里發想收回那些多付的薪餉，卻引發地區利益團體的不滿。七〇〇年左右，薪餉的發放改為只有實際服兵役者才能領取，這項改革雖然有助於維持各地區的實際軍力，卻未能解決財政無法收歸中央這個根本問題。[29]

不僅如此，財政的分裂造成政治的分裂。各地稅收絕大部分保留於當地，當各地出現新政治體時，新政治體也不會對此做出重大變革，反而將既有的財政安排制度化。從上繳少部分稅收到完全不上繳，看起來雖然只邁進了一小步，卻富含象徵意義，地方在實務上也有這麼做的誘因。[30]

在這種狀況下，真正讓人吃驚的反而不是政治疆域的最終分裂，而是阿拉伯帝國的政治統一居然能持續這麼長的時間。在維持一定程度的凝聚力上，軍事力量扮演著核心角色：只要敘利亞軍隊能壓制遙遠東方的異議分子（如六五〇年代與六八〇年代），或伊朗軍隊強大到足以壓制西方的異議分子（如七四〇年代），那麼就有可能維持一個哈里發國。九世紀時，各方緊張關係已變得難以處理，於是國家引進傭兵來保衛政權。然而，傭兵非但未能促進各地區的團結，反而加深統治者與被統治者之間的裂痕。最後，傭兵各自擁戴敵對的派系，加速了政治分裂。

這凸顯出阿拉伯式「低度征服」（conquest-lite）衍生的長期成本，這種征服模式使原本就部分分裂的核心在新獲得的邊陲地區大規模地複製分裂。為了換取各地軍隊形式上的效忠（特別是當敘利亞軍隊還有能力制裁叛亂者的時候），帝國選擇將剩餘資源的控制權分割給各地軍隊，並藉此降低其公然獨立的欲望。然而，一旦缺乏現金的帝國核心因內部傾軋與財政損失而衰落時，這種做法等於為分裂大開方便之門。在這種前景不明的狀況下，阿拔斯王朝初期試圖將財政收歸中央，但最後還是無功而返。

阿拉伯帝國從一開始就是個特權混合體，由各獨立地區追求自身利益的武裝尋租者團體組成。部族的敵對關係與地理的區隔強化了潛伏的離心趨勢。羅馬帝國全盛時期各地區之間複雜的稅金流動，恰好能做為哈里發國的理想對照：羅馬的稅金流動反而有助於帝國的存續。

用最籠統的方式來說，伍麥亞哈里發國的不利狀況，使阿拉伯帝國無法成為在歐洲重建大一統帝國的「好選項」（Arab option）。征服非但未能充實國庫以促進更進一步的征服，反而擴大既得利益者的數量，削弱動員的能力。光是這點就大幅降低阿拉伯帝國集中資源攻陷君士坦丁堡或大舉進犯歐洲的可能。

說得更明確一點，伍麥亞王朝從埃及往西推進的過程中，儘管成功提供新的臣民與土地以供阿拉伯戰士剝削，但從擴大帝國中心統治的領域來說，成果只是曇花一現。占領埃及之後，阿拉伯人花了半個世紀才占領迦太基，不久後則抵達直布羅陀海峽（Strait of Gibraltar），沿途招募當地的柏柏人。在一次入侵中，原本兵力不到一萬人的遠征軍只打算進行掠奪，卻意外遭遇西哥德王國內鬨而得以席捲整個伊比利半島，只剩北方邊緣的山區未能攻下（七一一至七一六年）。

西哥德王國的菁英隨即加入新征服階級。與遙遠的東部不同，這裡並未設立軍管城鎮，阿拉伯人與柏柏人散居於當地民眾之中。在八世紀剩餘的時間裡，行政組織始終維持在最小規模，賦稅的徵收則局限在人口較稠密、發展程度較高的南方。[31]

順利攻下伊比利半島之後，新統治者把注意力放在如何跨越庇里牛斯山出擊，他們的目標是隆河（Rhone）以西的濱海銀礦，當時還掌握在西哥德人手裡。阿拉伯人突襲名義上屬於法蘭克人墨洛溫王國（Merovingian Kingdom）、實際上卻是自治政治體的阿基坦公國，卻於七二一年在土魯斯（Toulouse）被擊潰，安達魯斯（al-Andalus，哈里發國新設的伊比利行省）總督陣亡。負責攻取西哥德王國濱海地區的柏柏人領袖隨後與阿基坦達成協議，確保阿基坦獨立於西班牙的阿拉伯君主。然而，此舉凸顯出阿拉伯陣線的意見不一。柏柏人領袖之後被新上任的安達魯斯總督處死，新總督繼續攻打阿基坦，並且占領波爾多（Bordeaux）。當他繼續往北掠奪都爾（Tours）時，於七三二年遭法蘭克軍隊擊敗並且被殺。

這幾次軍事行動最重要的結果，就是阿基坦被迫回頭接受法蘭克人的統治，基督教陣營因此獲得鞏固。七三〇年代晚期，阿拉伯人與柏柏人聯軍再度入侵，但未能獲取戰果（第三任安達魯斯總督於七三七年慘遭大敗，卻意外存活下來）。阿拉伯人堅守普羅旺斯的濱海地區，直到七五〇年代末期才被法蘭克人奪下。七六〇年代，法蘭克人完全平定了阿基坦，到了八世紀末期，查理曼的軍隊跨越庇里牛斯山，並且在山的南側建立堡壘。

我稍微詳細描述這些事件，為的是指出核心趨勢：在整個八世紀，權力均衡開始不利於阿拉伯人。阿拉伯人雖然輕易征服了西哥德人，但在對抗更強大的法蘭克人時，他們的軍事行動完全局限於掠奪，而且持續遭到擊敗，傷亡也十分慘重。法蘭克人在一連串勝利的激勵下，很快採取主動，並且逐步而穩定地取得進展。這段歷史無法支持愛德華・吉朋著名的誇大（儘管是諷刺）說法，他認為阿拉伯人的入侵很可能改變歐洲的歷史進程：

> 從直布羅陀岩礁到羅亞爾河（Loire）河岸，勝利的進軍路線已延伸超過一千英里。若繼續延伸同樣的距離，撒拉森人（Saracens）將來到波蘭邊界與蘇格蘭高地。萊茵河不會比尼羅河或幼發拉底河更難橫渡，阿拉伯艦隊很可能未經海戰就直接駛入泰晤士河河口。或許牛津大學現在將詮釋《古蘭經》，牛津的講道壇也許要向受過割禮的人證明接受天啟的穆罕默德的神聖與真理。[32]

有些人認為法蘭克人當時只是在阻止阿拉伯人四處蹂躪破壞，而這個觀點也逐漸得到支持，但一些合理的反事實情境仍值得思考。法蘭克軍隊的戰力相對不強，而且在阿拉伯人出現時仍處於恢復期。因此，如果有幾場戰役的結果與先前不同（這種偶然性總是存在），那麼阿拉伯人與柏柏人很可能更深入法國境內，並與各地統治者同盟，他們在西班牙就是這麼做，也曾試圖在阿基坦如法炮製。法國南部很可能成為繼續攻擊北方或往東攻擊義大利的根據地。我們不能一概否定這些反事實情境，也就是阿拉伯人可能有機會在歐洲站穩腳跟，甚至推行一定程度的伊斯蘭化。但關鍵問題是，有哪一個反事實情境可能導致阿拉伯帝國吞併大部分的歐洲？[33]

從哈里發國西部邊陲的實際發展來看，答案只能是否定的。伍麥亞王朝在七五〇年內戰失敗滅亡之後，王朝唯一的倖存者於七五六年控制了安達魯斯，建立了哥多華埃米爾國（emir of Cordoba），哈里發國（此時由阿拔斯王朝統治）因此首次出現長期分裂。七六三年，阿拔斯帝國中心只從北非派了幾千名部隊去平定哥多華埃米爾國，卻遭遇失敗。事實上，對於新成立的埃米爾國來說，安達魯斯當地的反抗勢力帶來的挑戰更大，得要花上數十年時間才能壓制西班牙內部的反抗勢力。即使如此，哥多華埃米爾的實際權力卻還是只局限於伊比利半島南方，其他地區只是名義上接受他的君主地位。

九世紀中葉，哥多華埃米爾國仿效早期阿拔斯王朝中央集權的做法，終於成功將賦稅制度推行到更廣泛的地區。然而，這些建立國家制度的措施隨即引起地方菁英不滿，導致國家在八八〇年代到九二〇年代陷入長期內部衝突，這些措施終告失敗。十世紀與十一世紀初，哥多華埃米爾國試圖恢復國家權力，卻引發新一輪的崩潰。到了一〇三〇年代，該國已經分裂成三十幾個小王國（taifs）。[34]

西班牙隨後受到位於馬格里布的政治體影響，一開始是穆拉比特王朝（Almoravids，一一〇〇年左右），然後是穆瓦希德王朝（Almohads，一二〇〇年左右），直到遙遠北方的基督教國家往南擴張為止。此後，西班牙這塊歐洲唯一被阿拉伯人控制的地區不僅永久與哈里發國分離（實際上也轉而敵視哈里發國），而且隨著時間流逝，其內部的不安與分裂也日漸加劇。因此，伊比利半島完全不適合做為進一步往歐洲推進的跳板，即使法蘭克王國在查理曼之後步入衰微也無法改變當地的局勢。西歐諸國固然分崩離析，但最西端的阿拉伯政權也很孱弱。

此外，八世紀中葉西班牙的分離，其實只是直接面對歐洲的哈里發國西部邊陲陷入動盪不安的縮影。七四〇年，柏柏人的大規模叛亂動搖了帝國中心對馬格里布的控制。哈里發國從敘利亞調派大軍前去平亂，卻遭到擊敗：雖然保住了突尼西亞與阿爾及利亞東北部的阿拉伯伊夫里基亞（Ifriqiya）核心地區，但馬格里布中部與西部卻從此落入柏柏人建立的各個政治體手中。這場叛亂擴及到駐紮於西班牙的柏柏人占領軍，最後是靠著殘存的敘利亞軍隊與西班牙當地的阿拉伯駐軍才平定亂事。敘利亞遠征軍（主力是北方阿拉伯人）與伊夫里基亞的地區軍隊（主力是葉門阿拉伯人）之間的武裝衝突幾乎難以避免，雙方難以攜手合作。這些緊張加上在西班牙的衝突，顯示內部不和嚴重阻礙軍隊之間的協同作戰，就連防衛也深受影響。

伍麥亞王朝不久後滅亡，導致七五〇年代留在伊夫里基亞的阿拉伯人叛離。直到七六二年，阿拔斯王朝才收復伊夫里基亞。七五七年，魯斯塔姆王朝（Rustamids）先是在的黎波里塔尼亞（Tripolitania），而後在阿爾及利亞建立神權伊瑪目國（imamate）。儘管阿拔斯王朝一開始試圖加以鎮壓，但魯斯塔姆王朝還是存續了一個半世紀。七八八年，與阿拔斯王朝權力鬥爭失敗的逃難者在摩洛哥建立伊德里斯王朝（Idrisids），並且存續了兩個世紀。在此同時，伊夫里基亞在整個九世紀一直由阿格拉布（Aghlabid）家族統治，名義上雖然以阿拔斯王朝為宗主，實際上卻擁有高度自治的地位：總督不再由哈里發任命，而是由阿格拉布家族世襲，而且也不向東方上繳稅收。

九〇九年，與阿拔斯王朝敵對的法蒂瑪哈里發國（又稱綠衣大食）成立，結束了北非對阿拔斯王朝名義上的臣服。法蒂瑪王朝是第一個往東推進的地區強權，翻轉了三個世紀以來從薩珊、伍麥亞到阿拔斯這些主要中東強權西向擴張的潮流。九六九年，法蒂瑪王朝攻陷埃及，亞洲政權從此被逐出非洲。直到十六世紀鄂圖曼人出現，才再度在非洲地區（往西最遠到阿爾及利亞）建立間接且維持不久的控制權。

在西班牙與北非，阿拉伯人與柏柏人建立的國家在整個中世紀盛衰不定，但霸權帝國從未復返。八世紀中葉之後，哈里發國再也不具有攻打歐洲的能力。少了哈里發國的支持，邊陲的後繼國家也不可能在歐洲建立更龐大的帝國。我已經提過阿拉伯在西班牙的力量逐漸減弱的過程。伊夫里基亞的阿格拉布王朝仰賴有限的資源，花了七十五年的時間才征服西西里島。隨後入侵義大利南部的行動在十世紀初遭到壓制。這個例子最能清楚說明這些阿拉伯人的政權沒有能力持續向歐洲擴張。[35]

整體而言，我們無法建立可信的反事實情境讓阿拉伯人（與他們的地方盟友）經由北非在歐洲大陸建立龐大帝國。一旦阿拉伯人取得君士坦丁堡（這是個比較不那麼牽強的假設），我們也很難判斷阿拉伯人能否經由巴爾幹半島向歐洲發動龐大攻勢（屆時保加爾帝國將會成為最大的阻礙）。然而，重點不在這樣的攻勢是否會發生，而是這樣的攻勢是否能讓歐洲大部分地區併入一個龐大的哈里發國。七世紀中葉之後，難以克服的結構裂痕逐漸破壞阿拉伯征服社會的統一性，從而避免前述的情況。就算是最樂觀的假設，哈里發國頂多也只能在歐洲再成立幾個後繼的埃米爾國，而非建立像羅馬帝國那樣的霸權帝國。[36]

光靠小規模重寫無法產生可信的反事實情境，我們必須改變上古時代晚期整個阿拉伯半島的歷史，甚或要改變阿拉伯半島上的社會結構，才能獲得截然不同的結果。從這個角度來看，阿拉伯帝國從來不是歐洲重建大帝國的「好選項」。

九世紀：加洛林帝國的興起

如果東羅馬帝國與當時最強大的外來強權伍麥亞哈里發國都無法成功在歐洲重建霸權帝國，那僅剩的可能就是看日耳曼人的後繼政權能否在羅馬帝國的昔日領土範圍內建立帝國了。然而，適合的人選非常少：汪達爾與東哥德王國先後亡於東羅馬帝國、阿拉伯人與倫巴底人之手，而西哥德王國在伊比利半島的統治則被阿拉伯人及盟友柏柏人取代。義大利倫巴底的國王們要維持統一的國家已屬勉強，而英格蘭則地處邊陲，政治分裂，無法成為真正的競爭者。

唯一的可能，就剩下位於昔日羅馬高盧地區的法蘭克王國。五世紀末，法蘭克人已經取得高盧北部、大部分的萊茵蘭（Rhineland），以及美因河（Main）以北日耳曼中部一小塊地區。往後一個世代，法蘭克人又從西哥德人手中奪取阿基坦，並且壓制萊茵河上游（Upper Rhine）與多瑙河流域的施瓦本人（Swabians）及高盧南部的勃艮第人。

然而，儘管法蘭克王國初期出現看似頗有前景的快速成長，但往後的擴張卻停頓了約兩個世紀。原因有很多，其中一項是每任墨洛溫國王死後都要把王國均分給諸子。這項制度始於五一一年，由此引發的內部鬥爭阻礙進一步的擴張。五三〇年代初期併吞勃艮第，是墨洛溫王國最後一次開疆拓土，也是唯一一次王室兄弟願意齊心合作的結果。[37]

經過六世紀下半葉與七世紀上半葉多次分割之後，法蘭克王國逐漸分裂成三個更小的王國：奧斯特拉西亞（Austrasia，位於日耳曼與高盧東北部）、紐斯特利亞（Neustria，位於高盧中部與東部）與阿基坦（位於高盧西南部）。最後，阿基坦王國與巴伐利亞（Bavaria）和圖林根（Thuringia）兩個公國都脫離了墨洛溫王國的控制。而在奧斯特拉西亞與紐斯特利亞，王室權威逐漸遭自治的貴族侵奪，國王的宮相（mayor）地位上升，成為實際的政治領袖。

七世紀晚期之後，中央集權措施終於開始產生效果，不過依然斷斷續續出現新的鬥爭與分裂。即使奧斯特拉西亞宮相於六八七年控制法蘭克王國大部分地區，也奪取了墨洛溫王室的權力，但宮相的繼承卻又承襲先前王室的分封做法，因而引發連綿不絕的內戰（七一四至七一八年）與兩次更進一步的分裂（七四一年與七六八年）。這些挫敗阻礙了法蘭克（再度）形成統一國家，而唯有在統一的領導下，才能鞏固內部與進行對外征服。

法蘭克歷史上有過四次對外大舉擴張的時期，便可用政治統一來解釋：一、從六八七年到七一四年，在丕平二世（Pepin of Herstal）領導下戰勝弗里斯人（Frisians）與阿勒曼人（Alemanni）。二、從七一八年到七四一年，查理．馬爾特爾（Charles Martel）對抗入侵的阿拉伯人與柏柏人，還有來犯的弗里斯人、撒克遜人（Saxons）與巴伐利亞人。三、從七五一年到七六八年，矮子丕平（Pepin the Short）與教廷結盟，為教宗對抗義大利的倫巴底人，他也是第一位稱王的加洛林家族（Carolingian）成員。四、最顯赫的是七七二年到八一四年，也就是查理曼的時代。

查理曼的統一時期最長，產生了最具野心的擴張：法蘭克軍隊征服萊茵河下游（Lower Rhine）與易北河（Elbe）之間的撒克遜人，併吞阿爾卑斯山區的中部與東部以及鄰近的多瑙河流域，粉碎潘諾尼亞（Pannonia）的阿瓦爾人同盟，強迫易北河與奧得河（Oder）之間以及潘諾尼亞的斯拉夫各族繳納貢品，更遠赴庇里牛斯山以南作戰。最重要的是，法蘭克還消滅了義大利北部與中部的倫巴底人抵抗勢力。最後一項成就使查理曼與教廷共同治理羅馬公國與義大利北部部分地區，並且提供教廷保護。教宗李奧三世（Leo III）為了回報，便在八〇〇年加冕查理曼為皇帝（imperator）。這是昔日羅馬帝國西半部地區三百二十年來首次有統治者獲得這個頭銜（圖5.4）。

當時，查理曼統治了羅馬故地三分之一的人口，或許接近歐洲總人口的四成。真正國家級的競爭者非常罕見，一開始只局限於義大利南部由倫巴底人建立的貝內文托公國（Beneventum）與西班牙的哥多華埃米爾國。把範圍稍微放大一點，位於西西里島與巴爾幹南部與東部的東羅馬屬地、位於多瑙河下游流域的保加爾人，以及位於英吉利海峽對岸不列顛的各個小王國，這些國家剛好都環繞在法蘭克帝國的周圍。法蘭克帝國無論人口或領土都超越這些政治體，唯有東羅馬帝國的人口足以與法蘭克帝國一較高下。然而，即使東羅馬帝國的組織凝聚力較高，它還得先在阿拉伯人的進逼下掙扎求生。此外，從倫巴底人到塞爾維亞人（Serbs）構成的緩衝地帶也阻隔了東羅馬帝國與法蘭克帝國的接觸。

理論上，地緣政治環境有利於法蘭克人朝羅馬在歐洲的其他故地擴張。西班牙的伍麥亞埃米爾國不但脆弱而且內部分裂，貝內文托公國也在九世紀中葉一分為二。需要跨海入侵的英格蘭分裂成七個較大的王國與幾個小國，而威爾斯也同樣處於小邦分治狀態。面對曾經擊敗撒克遜人、帕維亞（Pavia）倫巴底王國或阿瓦爾人同盟的法蘭克軍隊，這些地區並無特殊的能力足以抵抗。另一個較有潛力的政權出現在丹麥，這個地區正逐漸結合成一個較為統一的國度。斯拉夫人居住

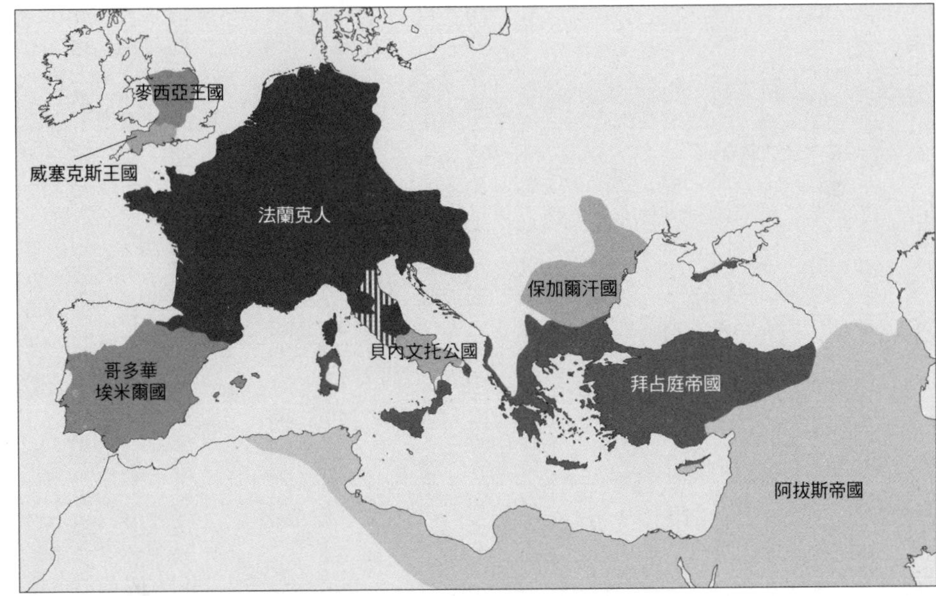

圖5.4　公元800年左右的加洛林帝國。

的中歐與巴爾幹西部地區也頗具希望。

因此，從九世紀初加洛林帝國的領土與人口、帝國過去數十年擴張的速度，以及歐洲主要競爭者皆有著嚴重缺點來看，我們可以合理預期查理曼的繼承者（查理曼在八一四年以七十二歲高齡去世）擁有極大的優勢將羅馬曾經統治的歐洲領土統一起來，使羅馬皇帝的頭銜名副其實，甚或依據羅馬帝國的模式立下長久統一的基礎。

但實際的狀況剛好相反。查理曼接續三個世紀以來的法蘭克人傳統，將王國均分給三個兒子（各自分得法蘭克、倫巴底與阿基坦）。由於其中兩個兒子先於查理曼去世，最後只由剩下的一個兒子虔誠者路易（Louis the Pious）繼承實際上統一的王國。然而，他才在位三年就安排將王國均分給三個兒子，其中一個兒子成為與他的共治皇帝。八一〇年代晚期與八二〇年代，法蘭克王國在日耳曼、潘諾尼亞與西班牙的邊境戰爭未能取得成果，最後只得放棄擴張。而虔誠者路易為了第四個兒子想重新分配領土，卻引發了內戰。八三〇年代絕大多數時間，皇帝都在與兒子與貴族開戰，王國數次陷入短暫分裂，路易本人還被罷黜了一整年。[38]

八四〇年，路易去世，他三個還在世的兒子發生更激烈的爭鬥。他們隨即將帝國分成三個實質獨立的王國——西法蘭克王國（後來成為法國的核心）、中法蘭克王國（或「洛泰爾王國」〔Lotharingia〕，一個狹長而民族紛雜的地區，從低地國、勃艮第到義大利北部）與東法蘭克王國（未來德國的核心）。這個做法不僅徹底破壞帝國的完整性，也開啟了往後四十年複雜的內部衝突與持續分裂——中法蘭克王國還一度分裂成三個王國。八七〇年，各方締結較為長期的和約，有助於穩定東、西法蘭克王國與義大利的疆界。退位與繼承讓胖子查理（Charles the Fat）成為三個王國的領袖，這次偶然的統一也只持續三年（八八四至八八七年）。之後剛好碰上維京人（Vikings）大舉入侵，使胖子查理喪失了統治正當性（圖5.5）。

胖子查理死後，三個王國的貴族各自推舉統治者。義大利王國隨後陷入超過七十年的內部鬥爭，最後統治權落入東法蘭克國王手中。我們在下一節將會看到，東法蘭克國王為了維護自身的權威必須面對各種艱難的挑戰。然而，東法蘭克國王的處境絕不會比中央權力瀕臨瓦解的西法蘭克王國來得糟糕，後者在舊法蘭克王國核心地帶以外的東北部地區逐漸分裂成幾個強大的公國。九一一年，維京人征服的地區獲得正式承認並且取得統治諾曼第（Normandy）的權利。維京人空出來的掠奪者地位立刻被在十世紀上半葉四處掠奪的馬扎爾人（Magyars）填補。

十世紀末，西法蘭克國王實際擁有的領土只剩下巴黎一隅：貴族瓜分了西法蘭克王國大部分領土，他們名義上的統治者已無實權。到了十一世紀，這些公國與伯國又分裂成更小的領地。進一步的擴張與建立新帝國的夢想早已消逝，西法蘭克王國（或者說法國）向國境之外投射力量的

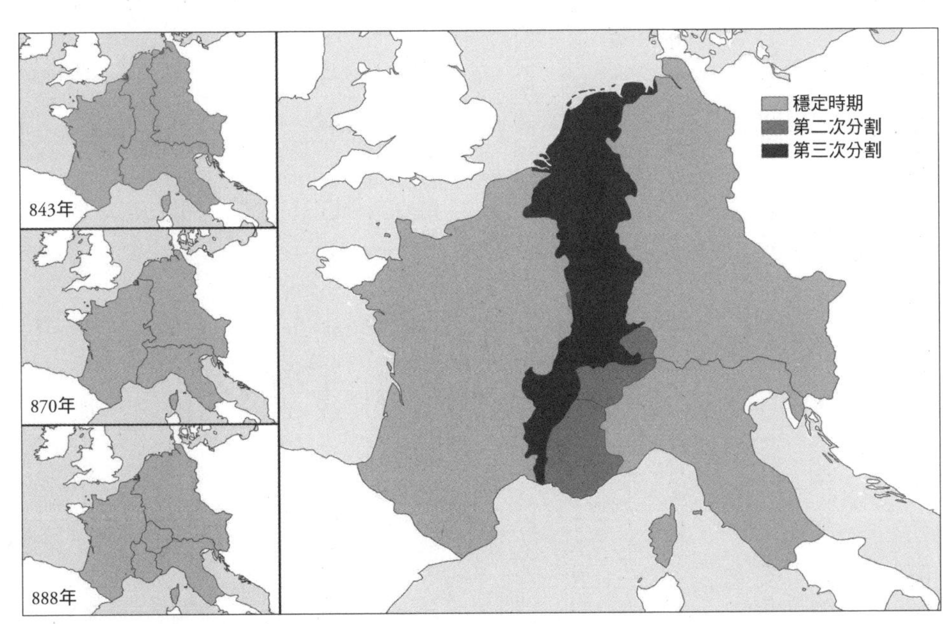

圖5.5 公元843-888年，加洛林帝國的分裂。

能力已趨近於零。[39]

這個結果絕非出於偶然，並非只要某個歷史事件（例如繼承或戰爭等）出現不同的結果就能翻轉歷史。我們應該說，這個結果源自於深層的結構性因素。其中之一來自於法蘭克人特有的經驗，也就是諸子均分國土的傳統。這個傾向在國家相對強大的時候特別強烈，因此實際上變成了法蘭克建構國家時的內建限制器（幾乎可以用內部均衡來形容）。[40]

先前提到，只有在統一時期才有能力支持擴張。從這點來看，我們可以說查理曼的功業是極其幸運的罕見產物。查理曼的弟弟暨競爭對手卡洛曼（Carloman）國王，在與他共治三年後去世，此後便開啟一段極為漫長的一人統治時期。查理曼相當長壽，活了七十二歲，幾乎是其他八名加洛林國王平均壽命三十八點五歲的兩倍（這些國王似乎都是壽終正寢）。查理曼讓法蘭克王國臻於極盛，而他這個罕見例外反而證明了唯有政治統一後才能進行擴張的原則。

然而，真正逐步侵蝕國家力量的，其實是中央政府失去徵稅與重分配的能力，使統治者更難管理資深的追隨者、招募軍隊與取得民眾生產的剩餘物資。在此同時，貴族逐漸取得自治權，地位上升後便開始控制物質資源與軍事資產，因此掏空了王室權力，最終甚至掏空了整個國家。這些發展不只發生在法蘭克人身上，在整個羅馬之後的歐洲都是如此。這成了我們理解舊世界其他地區為何能比歐洲更輕易重建大型帝國的關鍵。這點我們將在第七章更詳細討論。[41]

此處僅需簡略的概述，就足以評估長期來看法蘭克重建帝國的可能性。羅馬的陷落促使菁英軍事化，尚武精神成為統治階級的正當性基礎。而民眾除了教會外沒有選擇職業的權利，這使得統治階級的組成更為狹隘（羅馬之後的日耳曼與地方菁英主要以戰士自居）。[42]

伴隨前述轉變，國家也逐漸喪失對財政的控制權。雖然法蘭克人起初仍維持羅馬帝國的賦稅制度，但土地逐漸被當成報酬封賞給為國王做事的人。除了極少數例外，七世紀時已幾乎完全廢除直接稅，統治者的收入主要來自王室土地、通行費、罰金與戰利品。隨著時間流逝，國王的地產雖然仍十分廣大，卻因為賞賜給貴族而逐漸減少，而貴族也同樣仰賴地租而非接受委派進行徵稅。[43]

在此同時，戰士已完全轉變成擁有土地且必須服兵役的新階級。貴族雖然受封土地（而非土地收益），但也必須將土地轉而封賞給底下的將士。因此貴族希望從國王取得額外的土地來彌補自身的損失，這些土地轉移實際上都被視為是永久轉移。

根深柢固的軍事階級開始形成，土地幾乎成為軍事階級的世襲財產，中央政府無力徵稅與使用稅收，這些現象使統治者及其世襲家臣的控制力大幅縮減。國家再也無法強制要求服役義務，只能由地方上的土地所有人動員士兵為國王戰鬥。指揮與從屬的關係因此變成垂直的紐帶，貴族在當中扮演著中間人的角色，負責招募與率領士兵。這種做法使菁英取得更大的權力，並且降低了較不富裕的自由人地位。兵役因此更具有社會選拔意義，也進一步擺脫國王的直接控制。[44]

八世紀的法蘭克軍隊主要由貴族及其家臣構成，這些人的數量持續增加，因為累積的土地封賞與普遍的經濟復甦讓日漸自信的統治階級財富大幅提升。這也影響了動員的規模：貴族不願派人前去作戰，而寧可繳納罰金來取代兵役。必須要有更大的誘因，才能讓貴族願意負擔傳統的兵役義務。與過去相比，此時的法蘭克國王更需要透過軍事勝利來激勵臣下效忠。所以，發動擴張戰爭不僅可以取得土地與戰利品等有形的報酬，還能成為吸引貴族支持的最可靠手段。[45]

這種投機的做法有助於解釋查理・馬爾特爾、矮子丕平與查理曼等君主的成功，他們率領盡責的軍隊來換取物質利益：軍事征服「為加洛林家族帶來無可比擬的恩庇良機，也帶來大量可供封賞的伯國、公國與王室土地」，這些土地就位在阿基坦、加泰隆尼亞（Catalonia）、薩克森（Saxony）、巴伐利亞，特別是義大利。這種擴張也創造出一定程度的社會流動，穩定了王室統治。然而，當服兵役是為了追求利益時，一旦有利可圖的目標越來越少，戰爭也就變得越來越沒意義。對戰爭意興闌珊的現象早在查理曼晚年就已經非常明顯，他對丹麥人的戰爭證明是無法獲利且不受歡迎。透過掠奪獲得的收入不斷減少，很快就耗盡了王室的財庫。[46]

在此同時，加洛林王朝擴張取得的巨大財富也讓貴族權力大增，富有到不僅能公然違反國王的命令，還運用自身的資源與統治者相抗，甚至挑撥王室成員互相爭鬥。這種派系衝突之所以特別吸引人，在於這麼做可以「不經由對外擴張，就對內部進行財富重分配」。戰爭轉而向內，國家因此遭到削弱。此外，查理曼在位時開始在帝國內部區別法蘭克人與其他族裔（界定往往非常專斷），並將後者置於從屬地位。如此不僅阻礙統一的統治階級形成，也加劇各地區的分裂傾向。[47]

整體而言，這些動態關係足以解釋查理曼死後撼動法蘭克帝國的持續分裂與衝突。與權力掮客協商取代了王室命令，到了九世紀末，最頂層的大貴族已經取得近乎國王般的地位。[48]

法蘭克皇帝不是沒看到問題，但整個體制對於改革極其抗拒。查理曼晚年就對於封臣的兵役義務憂心忡忡，他透過詳細羅列封臣的責任與課以罰金來迫使他們履行義務。查理曼甚至試圖向所有的土地階級徵兵，然後交由王室軍官指揮，但未能成功。之後，禿頭查理（Charles the Bald）為了對抗維京人的威脅，試圖繞過貴族的中介，直接向民眾徵兵，並且對貴族與教士的土地進行估價，而他的努力也失敗了。不僅如此，兵役在九世紀時已被重新定義成貴族特權，從此不再是自由人的義務。十世紀時，下層軍事人員在顯貴階級的僱用下提升了地位，手中的權力也在農民逐漸依附下而逐漸增長。這些發展使整個國家的內部更加分裂。[49]

最後，真正的改革已經超過個別統治者的能力範圍之外：權力落在公爵、伯爵與主教身上。雖然經過所有相關人士的同意就可以發動大規模的軍事行動，但獲得同意的門檻卻不斷提高，因為富庶的地產帶來的大量收入保證了非軍事所得的源源流入，因此菁英更加不理會王室的號令。[50]

內部分裂與伴隨而來的衰弱，這種現象絕不僅限於法蘭克帝國，只是法蘭克帝國的國祚相對較長，才讓這些因素演變成非常極端的結果。每一個日耳曼後繼政治體其實都相當脆弱，都飽受領導階層鬥爭與菁英自治之苦：墨洛溫王朝與加洛林王朝只是比較幸運，因為不同於汪達爾人、東哥德人、勃艮第人、圖林根人與西哥德人，這兩個王朝並未屈服於強大的外來挑戰。政府的權力極小，而人與人之間的關係主宰一切，這使得效忠對象與領土分布更容易快速變動。就算是查理曼，他的影響力也非常有限：善意不管怎麼廣泛地傳布，都無法付諸實踐，而他派出的巡察使（missi）原本應該監督各地的當權者，卻起不了什麼作用。[51]

國家力量的低下嚴重限制軍事行動的規模：數千名穿著盔甲的騎兵構成法蘭克軍隊的核心，在他們四周則有輕武裝的士兵支援。對於馬匹與盔甲的重視，使得軍隊越來越不重視較貧困之人的貢獻，戰爭的社會基礎因此遭到限縮。這種狀況與羅馬共和國剛好相反，後者貪婪的徵兵制度努力引誘更多民眾加入軍隊。後勤能力也因此限縮：很少有超過數千人的部隊，即使有也必須分成幾個分隊才能保障糧食供應。身分等差加上後勤限制，便僅能維持數量較少的部隊。雖然征服更弱的對手綽綽有餘，但絕對無法應付龐大的帝國。[52]

財政萎縮、軍隊孱弱、貴族自治，加上強大派系利用王室兄弟的分裂獲取利益，這些都是加洛林王朝無法在歐洲重建羅馬帝國的主因。其他比較不重要的限制則進一步強化這個結果。舉例來說，環境條件雖然成為查理曼的助力，卻成為他後繼者的不幸。與火山活動經常相關的嚴寒冬日，在查理曼之後變得更為常見，因此也導致更為嚴重的饑荒。[53]

在意識形態上，「復興羅馬」（Roma renascens）的願景主要只影響菁英。無論現代學界如何誇大其影響，實際的效果並不大：唯有追求時能帶來有形利益（如掠奪與土地賜予）時這個願景才有實質影響力。與其說加洛林帝國的擴張是被重建羅馬帝國的欲望驅動，不如說是為了恢復墨洛溫帝國的舊疆（可能的話就再加以擴大）。[54]

無論如何，查理曼建立的國度，基礎設施不足、通訊網絡原始、都市稀少、軍隊業餘、種族受到區別，而且統治帶有高度個人色彩，這些都與曾經主宰他治下絕大部分領土的古代帝國毫無類似之處。墨洛溫法蘭克人與加洛林法蘭克人的國家形成，頂多只能視為國家（與王室）力量盛衰起伏的歷程，兩者的相對鼎盛期分別是六世紀初與八世紀下半葉，兩個階段並不連續，之後都接著一段更長久的內部鬥爭、貴族支配與分裂時期，國家核心因此陷入衰微。

最值得注意的是，墨洛溫王國在七世紀時避免了完全崩潰的結局，而八世紀時的三位統治者則暫時翻轉了王國衰弱的命運。他們獲得足夠的菁英支持，打敗並併吞更加沒有組織的外部競爭者，將法蘭克王國擴大成為歐洲最大的政治體，兵鋒甚至推進到義大利，要求取得羅馬皇帝的頭銜。但要繼續往前更進一步，重建一個更類似於羅馬帝國的國家結構，或在拉丁歐洲的土地上創建一個與羅馬帝國組織不同（或許較傾向於同盟）但同樣耐久的政治體，恐怕集合最幸運的統治者與搖搖欲墜的支持者同盟也做不到。[55]

法蘭克帝國的成功反而凸顯出國家的弱點：貴族從國王發動的戰爭中獲利，而且權力越來越大，充分顯示整個體制存在著根深柢固的瑕疵，不可能透過由上而下的改革或好運來加以克服。要讓法蘭克帝國完成基礎更廣泛、更持久的歐洲統一大業，我們必須由下而上地重寫歷史：從羅馬時代末期出現的土地分配開始改寫，然後是改寫由此產生的廢除直接稅，改寫法蘭克人越來越強調的種族優越感，改寫用來界定社會秩序的封臣體系，乃至於改寫王室繼承制度與自然氣候。短短幾句已能讓人明白，這一假設早已超出任何合理反事實思想實驗的極限。

十世紀到十三世紀：德意志帝國的努力

西法蘭克王國（之後簡稱「法蘭西」或「法國」）的中央國家權力崩解之後，加洛林帝國在一連串分割後產生的東部王國，就成為唯一能領導基督教歐洲的大國。但是，與西邊的孿生兄弟一樣，東法蘭克王國也面臨貴族自治權不斷擴大與反抗王室統治的問題，而這些問題從一開始就讓王國陷入崩解的邊緣。康拉德一世（Conrad I），原本是法蘭克尼亞（Franconia）公爵，於九一一年到九一八年成為東法蘭克王國（之後簡稱「德意志」或「德國」）首位非加洛林家族的國王。他與其他叛亂的公爵陷入幾乎永無止盡的衝突之中，最終在一場戰爭中被一名公爵殺害。在此同時，馬扎爾人開始占據匈牙利大平原，這支來自大草原的戰士同盟接著侵襲德意志等地。康拉德的繼任者亨利（Henry，在位期間九一九至九三六年）成功圍堵貴族的公然反抗，並且在馬扎爾人的威脅下將強大公爵們組織成同盟。

鄂圖一世（Otto I，在位期間九三六至九七三年）進一步鞏固王權，他壓制異議貴族，決定性地擊敗馬扎爾人，收復義大利北部與中部地區。九六二年，教宗因為他的功勳而授予他「羅馬」皇帝的頭銜。這是德意志統治者首次取得與先前加洛林王朝統治者一樣的頭銜。然而，鄂圖一世在國內的權力受到很大的限制，而他實際統治的領土也很小：成功的軍事領導是他避免落入法國式分裂的關鍵。[56]

然而，這種朝領土擴張與（有限度的）中央集權轉變的趨勢未能持續。不久（九七七至九八三年），鄂圖二世（Otto II）就被迫要平定另一起貴族叛亂。他對法國進行干涉卻未能攻下巴黎，試圖取得義大利南部卻未能成功，而斯拉夫人的暴亂使他猝不及防，斯拉夫人因此入侵到帝國的東部邊疆。他的兒子鄂圖三世（Otto III）同樣無法擊敗斯拉夫人，更因為地方叛亂而顏面盡失地被逐出羅馬，不久後去世。亨利二世（Henry II，在位期間一〇〇二至一〇二四年）即位後又必須面對新一波的貴族叛亂與收復叛離的義大利屬地。

薩利安王朝（Salian dynasty，一〇二七至一一二五年）也碰上相同的問題。最明顯的是周而復始的貴族叛亂與阿爾卑斯山以南地區更加嚴重的叛亂動盪。一〇三四年，勃艮第透過繼承的方式和平併入帝國之中，但這只是為這個混合的政治體增添一個高度自治的實體。德意志皇帝顯然無法將力量投射到現有國境之外：從九六〇年代開始為了爭奪義大利南部與西西里島控制權而發動的零星戰役一直未見成效。在這個時期，國家制度化的最大挑戰來自於內部的權力鬥爭，身兼國王的皇帝要與底下的公爵、邊境伯爵（margraves）以及強大城市周旋。個別貴族或貴族同盟發起的暴亂每隔一段時間就會發生，其中特別嚴重的有一〇二五年到一〇二七年、一〇七七年到一〇九〇年、一一〇四年到一一〇五年，一一一四年到一一一五年，以及一一三八年到一一四二年。

為了鞏固統治者的權力而推行的其他策略也毫無效果。鄂圖王朝試圖抵銷貴族的支配，於是授予更多的土地與權威給主教與修道院長，企圖將教會領袖轉變成被分封采邑的封臣以吸收教會勢力。然而，到了一〇七〇年代，這個做法開啟了新的緊張關係，此時再次復興的教廷開始要求更多特權。當教宗額我略七世（Gregory VII）禁止世俗統治者任命教士時，他與皇帝亨利四世（Henry IV）之間的衝突急遽升高，導致後者被逐出教會。蠢蠢欲動的貴族想利用教宗與皇帝的紛爭從中取利，亨利四世因此不得不讓步。半個世紀後，亨利五世（Henry V）放棄了教士敘任權。[57]

霍亨斯陶芬王朝（Hohenstaufen dynasty，一一三八至一二五四年）的興起也無法扭轉這個趨勢，因為王公貴族、教宗與地方城市勢力依然繼續擴張。在腓特烈一世（Frederick I）統治時期，奧地利（Austria）被提升成公國（一一五六年），帝國邊疆地區因此又多了一個自治實體。腓特烈一世後來又在義大利北部大敗，不得不承認教宗是教廷領土至高無上的統治者。腓特烈一世的繼任者亨利六世（Henry VI）獲得罕見的成功，他於一一九四年征服義大利南部與西西里島（過去兩百多年已有許多君主做過嘗試）。然而，雖然皇帝本人因為取得這塊較為中央集權的區域而獲得豐厚的稅收，但他卻無法將其併入帝國疆域。

一一九七年亨利六世去世，他留下的西西里島至少能為他三歲的兒子腓特烈二世（Frederick II）提供權力基礎。亨利六世死後，帝國選出兩名彼此對立的德意志國王，阿基坦公爵與施瓦本公爵，國家於是進入長期的內部權力鬥爭時期（一一九八至一二一五年）。雖然腓特烈二世最終還是取得權力，但他被迫轉讓重要的王室特權給其他君主（一二三一至一二三四年）。腓特烈二世再度在義大利北部與教廷發生激烈衝突，並於一二三九年被逐出教會，但他也無法憑藉武力攻占羅馬。一二四六年，教會升高壓力：美因茲（Mainz）與科隆（Cologne）兩名大主教宣布罷黜腓特烈二世，並且連續加冕兩名敵對國王。

一二四八年，腓特烈二世在義大利遭遇重大軍事挫敗，之後他只活了兩年就去世，他短命的兒子康拉德四世（Conrad IV）同樣無法壓制義大利。康拉德四世在一二五四年去世之後，出現了一段帝位懸缺的時期。在這段期間，法國某個統治家族成員在教宗支持下奪取了西西里島與義大利南部。一二七三年，奧地利哈布斯堡家族魯道夫一世（Rudolf I）成為皇帝，他獲得支持的條件是答應放棄對教宗國（Papal States）與西西里島的權利（圖5.6）。

即使是這樣的基本概觀也能顯示德意志帝國無法成功擴展疆域或進行中央集權。能夠長期維持的新

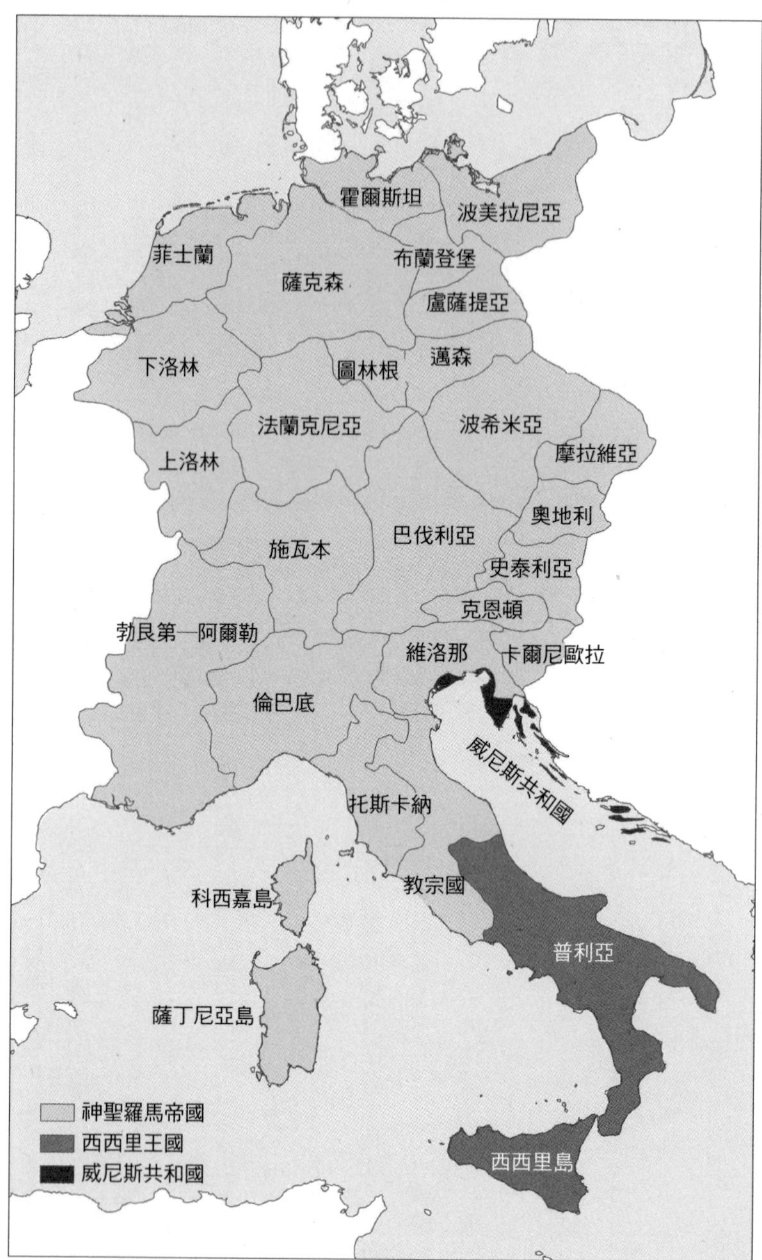

圖5.6 公元1200年左右的神聖羅馬帝國。

領土非常少，只有十一世紀的勃艮第，以及十三世紀的易北河和奧得河流域部分地區，其中最著名的是布蘭登堡（Brandenburg）與波美拉尼亞（Pomerania）。對義大利南部與西西里島的控制並不長久（大約兩個世代），而十三世紀中葉教宗國獲得完全的主權地位使帝國失去了已經擁有三個世紀的領土。在這些狀況下，帝國持續擴張絕非現實的選擇。

鄂圖二世原本對外擴張最明確的目標是法國，但九七〇年代試圖在法國擁立一名友好國王失敗後，鄂圖二世便放棄了朝法國發展的野心。中世紀絕大多數時間，軍事衝突總是局限在幾個地區，特別是集中在英格蘭與法蘭西、德意志與義大利（加上德意志的斯拉夫邊陲地區）這兩條軸線，而實際上這兩條軸線完全沒有重疊。缺乏外來強權的挑戰（拜占庭相對遙遠，與拜占庭的衝突局限在義大利南部，而法國則長久困於內部孱弱）很可能是阻礙帝國形成的一項主因。從九五五年擊敗馬扎爾人到一二四一年蒙古人出現，德意志帝國在這段時間從未遭遇任何嚴重威脅，因此缺乏中央集權的誘因。

武裝衝突大致集中在兩個區域：一在義大利北部與中部，好幾任皇帝對名義上從屬於他們的城邦與同盟發動戰爭。二在帝國內部，皇帝鼓動貴族（偶爾還有敵對國王）與他們的領主對抗（以及領主間彼此對抗）。這兩個過程充分顯示帝國深刻的結構弱點。

幾個世紀以來（從九六〇年代開始，特別是一〇八〇年代，直到一二五〇年代為止），在義大利進行的戰爭始終無法產生決定性的結果，這種現象清楚說明統治者無法動員德意志龐大的人力與資源來對抗規模較小的敵人。從人均的角度來看，義大利顯然比德意志更善於募集龐大的資源與人力。這些城邦與諸侯國因此能在戰場上以寡擊眾，特別是投資興建越來越精良的堡壘來抵擋侵略者。德意志施加的壓力越大，只會產生更強的反擊，其中最著名的是一一六〇年代到一二四〇年代的倫巴底同盟（Lombard League）。這個同盟獲得教廷的支持，集中絕大多數義大利北方城市的資源來對抗皇帝。[58]

德意志帝國的統治，是建立在經常搖擺不定的菁英共識上。而隨著時間流逝，達成共識也逐漸制度化。在鄂圖王朝時代，公爵享有近似國王的權力，可以擁有城堡與相關資源，王室也往往出身公爵。在薩利安王朝時代，世襲的公爵菁英開始擴展地產，其中有一部分就取自於王室土地。皇帝想要推動較中央集權式的統治模式卻遭遇失敗：沒收貴族土地會引發反抗。在十一世紀晚期，大貴族甚至有一段時間在開會時不讓皇帝參加。

霍亨斯陶芬王朝深知壓抑貴族的風險，因此不再像過去一樣反對采邑世襲。貴族開始正式階層化：公爵的諸侯身分獲得認可，他們形成最頂層的菁英，介於皇帝與下層貴族之間。這種貴族階級創造出階梯式的權力關係，實質上使得統治者與貴族階級分離開來。在這個過程中，至少有十七名世俗諸侯與四十七名主教或大主教獲得事實上的公爵權力。[59]

隨著越來越多的諸侯取得管轄地方與動員資源的權力，帝國疆域逐漸被區分成幾個各自擁有領土的準政治體。公爵與其他同類型領袖掌握越來越多的職權不讓統治者直接參與，因此逐漸在「政治上的自給自足」。他們聘任自己的官員，建立自己的官署，以治理自己日漸穩定的領土。[60]

到了中世紀盛期（又譯作中世紀中期），城堡已遍布西歐。這個時代出現不成比例的財富增長，而這些財富最終全落到貴族手裡。貴族利用這些財富來修築城堡，除了對抗中央權威，也防範其他貴族攻擊。國王雖然反對這項潮流，卻無力阻止。在德意志，修築城堡的巔峰是在十二世紀晚期與十三世紀。更昂貴且更堅固的石砌堡壘取代了木造建築，就連城市也逐漸圍起保護的石牆。

戰爭以騎士與城堡為中心，這點反映出菁英的社會秩序：貴族控制堡壘及其周邊領土，因此軍事活動乃是貴族個人侍從的特權。基於同樣的理由，防守能力的進步與攻擊能力的停滯剛好發生在同時，因為只要「貴族擁有壟斷戰爭的社會地位」，保守主義就會減緩科技與戰術創新。堅固的防守據點大量增加，加上中央權力的衰落，限制了軍隊的數量與品質，導致國王無力約束桀驁不馴的臣屬。[61]

此外，中央權力衰弱也與財政制度脫不了關係，財政不良使統治者無力應付內部挑戰者，也無力面對外來競爭者。絕大多數物質資源控制在封臣手裡，這些人原本應該回應領主的要求支持領主。但實際上采邑的世襲從早先開始已經成為一種常規，雖然在衝突時期可能會透過強制手段進行重分配，但分配的模式整體而言相當難以改變。

統治者直接控制的王室土地相對稀少而且隨著時間持續萎縮，這是因為國王不斷將土地封賞給盟友，特別是教會領袖，而剩餘的資產也經常充當抵押品。薩利安王朝曾零星嘗試徵收直接稅，但一直無法成功。霍亨斯陶芬王朝擴張到財政生產力較高的義大利南部之後，財政問題稍微舒緩，但一二六〇年代以後喪失這些領土則使日後的皇帝失去資金來源。此後，統治者越來越仰賴世襲家族屬地提供的收入，而這就加深了帝國整體的分裂。[62]

總結來說，世襲采邑的成長、諸侯貴族在自身領域內鞏固領土、堡壘的增加與改良，以及統治者受到嚴重的財政限制，這些因素都確保共識政治成為唯一可行的選項。因此，從許多方面來說，皇帝與其說是國王中的國王，不如說只是一個榮譽頭銜。中世紀晚期的評論者經常把地區的諸侯比擬成國王或皇帝。徒具虛名的皇帝無法公然對臣下彰顯霸權，更不用說直接統治，而是極度仰賴協商與談判。只有當菁英關係破裂時才有訴諸軍事武力的可能，但即使如此也是成敗互見。這些身兼國王的皇帝在這個徹底分裂的統治體系裡顯得有些格格不入：他們與這個體系脫節的程度，反映在帝國並未設立首都與他們在各地不斷巡迴的生活方式上。他們雖然維持人數眾多的隨從，卻無法在實際統治上做出任何建樹。即使中世紀盛期識字率已經恢復，但帝國宮廷記載的文獻卻少之又少。[63]

權力關係在教會影響下變得更加複雜。新「羅馬」帝國是在查理曼與教宗的協議下產生的，而後者一開始其實處於弱勢，因為教廷仰賴帝國的保護，教宗一旦變節就會遭到罷黜。起初，教宗對於教會高級官員幾乎沒有主導權，只能任由他們與世俗統治者合作。主教尤其成為政府的重要盟友，享有司法權威與免稅特權。鄂圖王朝與薩利安王朝皇帝想以主教與修道院長來制衡跋扈的諸侯，於是將王室土地轉移給教會。

然而，從十一世紀中葉開始，教廷越來越顯現出君主制的作風與扮演起政治角色，而且效法皇帝的權威象徵。一〇五九年樞機團（College of Cardinals）的設立使教宗選舉不再受到地方世俗人物的干涉（在此之前極為普遍）。我們已經提過，到了一〇七六年，教宗已使皇帝在高級教士任命權上面屈服。十二世紀初，教廷成為所有世俗君主的上級權威，具體表現在教廷擁有批准德意志國王成為皇帝的權利。隨後霍亨斯陶芬王朝對這項特權的反對，反而也只是鞏固了底下諸侯的地位，這些諸侯現在有權可以選舉他們的統治者。這種做法其實早已存在數百年之久，但此時終於成為常規，即使國王事實上仍具有高度世襲的性質。

在此同時，霍亨斯陶芬王朝仍持續傳統策略，繼續授權給教會菁英：他們將更多的世俗管轄權轉移給教會，並且分封主教使他們具有公爵般的權力，這項舉措在教會中創造出諸侯。即使德意志最高層的教會領導人科隆、美因茲與特里爾（Trier）大主教努力規避統治者的直接控制，他們卻以選帝侯的身分持續對皇帝的正當性施加影響力。腓特烈二世認為全義大利都屬於帝國領土，這項主張終於引發與教廷的全面戰爭，教廷於是反過來支持腓特烈二世在德意志的敵對諸侯，導致皇帝數度被逐出教會，還遭到教廷會議罷黜。這場衝突沒有真正的贏家。這場僵局恰好反映出數世紀以來統治者、諸侯與教宗之間永無止盡的抗衡，而中央政府的權力就在這個過程中消耗殆盡。[64]

我將在第四部與第五部再次探討這段支持貴族與教會自治的過程，以及城邦與城邦同盟的財政與軍事力量。此處我們要問的是，德意志帝國是否可能繼續鞏固與擴張。答案毫無疑問是否定的。神聖羅馬帝國統治者與羅馬皇帝除了頭銜之外並無共通之處，兩者的帝國組織也大不相同。[65]

事實上，真正的問題不是帝國為什麼不擴張，而是帝國為什麼沒有崩潰，讓底下的公國各自成為獨立的王國。在德意志帝國的特殊環境下，諸侯權力受到的限制很小。因此對諸侯來說，維持帝國的形式架構似乎更為有利，自己便能藉由帝國的政治與軍事合作維持自身的地位。德意志諸侯擁有領土，在自己的領土之內擁有最高管轄權，諸侯因此成為「君主制的必要成分」。與其他中世紀社會不同，德意志諸侯不只制衡王室權威，還與帝國有著共同的利害關係。此外，教會的諸侯不可能靠自己的力量成為最高統治者，因此勢必更加仰賴現有的體制。另一方面，由於菁英普遍希望有個弱小的統治者，因此始終有著強烈的政治動機維持一個不至於過度侵害菁英利益的帝國形式。[66]

我們如果再把前面提到的缺乏嚴重外在挑戰考慮進來，沒有大型戰爭讓強大的國家能發動更多戰爭，只有小型戰爭幫助弱小的國家繼續生存，那麼一個停止對外擴張，但內部越來越分裂的帝國，就成了一個合理的長期結果。在這個脈絡下，最小重寫不可能產生大不相同的反事實發展，例如將之前的加洛林帝國重新統一起來，更不用說向西班牙與不列顛擴張（即便此舉也許能創造出某種形式的超級大帝國）。

要創造出有能力的帝國核心，就必須修改這個時代的許多關鍵特色。因此，唯有進行廣泛的反事實重寫，才能壓制領主、城邦與教會，建立一套在政治、軍事與財政上中央集權的控制措施，才能產生完全不同於現實歷史的德意志帝國。但這一切變化將完全悖逆於十一至十三世紀的大潮流。如果加洛林王朝重建霸權帝國的機會微乎其微，那麼鄂圖王朝、薩利安王朝與霍亨斯陶芬王朝（特別是後兩者）的成功機會更是趨近於零。

第六章

從成吉思汗到拿破崙

十三世紀：蒙古的進擊

當腓特烈二世試圖在義大利擴張勢力，更重大的事件正在歐亞大陸另一端展開。十三世紀初，蒙古各部族在成吉思汗領導下統一成軍事同盟。不尋常的有利氣候條件使馬匹與牲畜數量暴增，或許是在這樣的條件助長下，蒙古人迅速攻擊與征服了周圍鄰邦。到了一二一一年，畏兀兒人（Uighurs）、中國北部的契丹人與位於伊朗和中亞西南部的花剌子模帝國都已臣服於蒙古。中國西北部的西夏於一二二七年被蒙古消滅，七年後，統治傳統中國核心地區的大金帝國也步上相同的命運。不到一個世代的時間，蒙古帝國征服的領土已經遠遠超過自匈奴以來近一千五百年間所有的草原同盟。[1]

一二三五年，也就是蒙古滅金的次年，成吉思汗的兒子與繼承人窩闊台汗召開忽里勒台大會，決定西征東歐。一二二二年到一二二三年，蒙古對窩瓦河（Volga）流域與烏克蘭進行的初步攻擊，暴露了當地國家的軍事弱點，往後這些國家將遭受更強大的打擊。西征東歐由拔都指揮，他是成吉思汗的孫子，窩闊台汗同母異父的兄長朮赤的兒子。與拔都一同出征的家族長輩名副其實地聚集了成吉思汗家族核心圈所有的「名人」：除了拔都的朮赤家族成員，還有久經戰陣的蒙古大將速不台，成吉思汗諸子窩闊台汗、察合台與拖雷的兒子們，包括兩名未來的大汗貴由與蒙哥。大軍完全交由他們指揮，包括數萬名蒙古騎兵。從將領組成之顯赫可以看出，西征的重要性遠超過攻打南宋。對南宋的戰事開始於一二三五年，但往後超過十年的時間，攻宋戰爭一直沒有重大進展。在喜馬拉雅山脈以南進行的小規模軍事行動也是如此。[2]

拔都的軍隊進展神速，所向披靡。一二三六年到一二三七年，位於窩瓦河下游的保加爾國遭到消滅。一二三九年，突厥族的庫曼人（Cumans）與欽察人（Kipchaks）也遭到擊敗，他們的戰士加入蒙古軍，成為蒙古的輕騎兵。欽察人一支數量龐大的軍隊往西逃亡，最後在匈牙利找到庇護。

位於西方與北方的斯拉夫諸國是蒙古接下來的目標。當時，基輔羅斯（Kievan Rus'）經過長久的發展，國家的實權早已旁落於幾個實質獨立的諸侯國，這些國家的領域從波羅的海的諾夫哥羅德（Novgorod）延伸到烏克蘭北部的基輔（Kiev）。一二三七年到一二三八年的冬天，蒙古人入侵基輔羅斯諸國中最強大的弗拉基米爾大公國（Grand Duchy of Vladimir），攻破該國首都並殲滅所有軍隊。蒙古人將大軍分拆成幾股小部隊，四處對東歐地區各諸侯國（包括莫斯科）的都城進行劫掠，並且殺害各國的統治家族。唯有位於最西北邊的諾夫哥羅德逃過被蹂躪的命運。戰爭的高峰是一二四〇年年底基輔遭到徹底摧毀。在此同時，另一支獨立的蒙古軍隊也征服了高加索地區。[3]

此時的中歐完全暴露在蒙古人的攻擊之下。毗鄰的拉丁基督教國家即使以中世紀盛期歐洲低標準的政治集權與軍事能力來衡量也極為孱弱。波蘭至少分裂成九個諸侯國，分別由四名公爵統治。位於波蘭東北方的條頓騎士團（Teutonic Order）控制波羅的海沿岸地區。更南方的匈牙利，雖然形式上是單一王國，卻負擔著一個極為強大且高度自治的貴族體制。匈牙利在二十年前頒布的《金璽詔書》（Golden Bull），就如同《大憲章》（Magna Carta）的加強版，保障了貴族與教會的免稅權利及其他一連串的特權。

更往西一點，德意志帝國皇帝腓特烈二世才剛被逐出教會，他與教宗額我略九世（Gregory IX）的權力鬥爭進行得如火如荼。一二四一年，教宗因為皇帝反抗羅馬，於是號召十字軍討伐皇帝。英格蘭國王亨利三世（Henry III）正準備入侵法國西部。在伊比利半島，卡斯提爾（Castile）將目光轉向南方，試圖發動戰爭從撤退的穆斯林領主手中奪取安達魯西亞（Andalusian）城市。

在整個西歐與中歐地區，王室權力已經受到貴族自治的侵奪與財政衰敗的削弱，此時又進一步受到各種憲章的公開限制，而教廷與皇帝的衝突也於此際達到高峰。此外，西歐與中歐的軍事能力普遍弱小：軍隊主要仰賴數量相對稀少且昂貴的騎士，騎士笨重而移動緩慢，必須由低素質的步兵從旁協助作戰。與舊世界其他地區的軍隊（包括蒙古人）相比，西歐與中歐的野戰軍數量也很少：平日的規模不過數千人，遇到特殊狀況才會達到一萬五千到兩萬人。遠征海外的歐洲軍隊通常會遭到痛擊，例如第五次與第七次十字軍東征在埃及失敗（一二一八年到一二二一年與一二五〇年），在巴勒斯坦也遭到埃宥比王朝（Ayyubids）擊敗（一二四四年）。[4]

由於吸收了大量來自大草原的突厥戰士，此時拔都的軍隊很可能已經擴充到將近十萬人。蒙古軍分兩路往西進攻，其中一支軍隊攻打波蘭。蒙古人在此劫掠了幾座大城市，如克拉科夫（Kraków）與弗羅茨瓦夫（Wrocław），並且在戰場上取得幾場勝利，包括在一二四一年四月於萊格尼察（legnica）擊敗波蘭人、巴伐利亞人與聖殿騎士團（Knights Templar）聯軍，並且殺死上西利西亞（Upper Silesia）公爵。前來增援的波希米亞（Bohemian）軍隊因此撤軍。在此同時，蒙古軍另一支主力入侵匈牙利，擊敗國王貝拉四世（Béla IV），往後一整年的時間，蒙古軍持續遊蕩於多瑙河以東的匈牙利大平原，對堡壘以外地區進行騷擾並且強徵當地民眾勞動。[5]

一二四一年年底，蒙古軍渡過結凍的多瑙河，劫掠布達（Buda）並且攻擊匈牙利都城埃斯泰爾戈姆（Esztergom）。即使城中的石砌堡壘依然堅守，該城仍於一二四二年一月陷落。在此同時，蒙古軍派出幾支部隊前往克羅埃西亞（Croatia）與達爾馬提亞追捕逃亡的貝拉四世；雖然未能擒獲，卻在沿途造成嚴重破壞。蒙古軍渡過多瑙河，代表蒙古人與德意志帝國最東端之間的障礙已經排除。一小股蒙古部隊推進到奧地利的維也納新城（Wiener Neustadt），但遭到擊退。有人在維也納北方的克洛斯特新堡（Klosterneuburg）看到蒙古斥候，甚至遠至義大利東北部的烏迪內（Udine）都能見到他們的蹤影。當時的描述提到整個西歐直到西班牙與低地國都陷入恐慌，但各國未能齊心準備共同防守。一二四一年年中在德意志號召組織十字軍非但未獲得成果，德意志貴族還起而反對皇帝的兒子康拉德，並且動用十字軍的資金來對抗霍亨斯陶芬王朝。[6]

然而，就在情勢大好之際，拔都卻下令撤軍。一二四二年春，追捕貝拉四世的蒙古軍往東穿過波士尼亞（Bosnia）與塞爾維亞（Serbia），與蒙古軍主力於剛臣服的保加利亞（Bulgaria）會合。然後，蒙古人全部撤回大草原。往後十七年間，蒙古未再攻擊中歐，之後就算再度入侵，也屬小規模的攻擊，未再造成先前那樣龐大的損害。

從那時起，拔都撤退的原因就廣受討論。其中一種說法在現代學界較為罕見，這個說法認為，如果蒙古人一開始就已經限定目標，那麼撤退的決定就沒有多做解釋的必要。根據這個說法，蒙古人的主要目標是控制裏海（Caspian Sea）與黑海（Black Sea）北方適合蒙古人居住的大草原地帶，以及控制毗鄰的俄羅斯各諸侯國，這些諸侯國可以靠著從大草原派遣騎兵騷擾就能加以支配並令其朝貢。攻擊波蘭只是為了掠奪（事實上，我們確實未發現蒙古人曾要求波蘭朝貢），而入侵匈牙利可能只是為了追擊逃離蒙古人統治的庫曼人，以及懲罰庇護庫曼人且拒絕拔都要求、堅決不送還庫曼人又拒絕臣服的貝拉四世。這項說法解釋了蒙古人為何鍥而不捨地沿著克羅埃西亞海岸追捕貝拉四世。一旦追捕行動失敗，而匈牙利西部又不斷抵抗蒙古人的掠奪，這場軍事行動便回歸到蒙古人預先計畫的結果，即使這個結果無法令人完全滿意。這種解讀也與拔都撤退的狀況相符，拔都並未在當地駐紮軍隊做為日後繼續西征的準備。[7]

這項解釋雖然簡單，卻也有些難以回答的問題。舉例來說，我們無法判斷，光是征服東歐的計畫是否就能說明這場軍事行動為何需要指派這麼多身分極其顯赫的人擔任指揮。蒙古人入侵通常不會只為了威嚇與掠奪，儘管若征服失敗便往往會演變成大規模的掠奪。另一項值得思索的問題是，我們需要多嚴肅地看待當時史料提到的蒙古入侵德意志或羅馬計畫，或蒙古人打算要求腓特烈二世屈服，或蒙古人隨後也向歐洲各國君主提出相同的要求，例如在一二六〇年時要求法國國王臣服。[8]

此外還有另一種解釋。我們也許可以主張，無論蒙古人原先有什麼計畫，一二三六年到一二四二年累積的傷亡人數迫使他們不得不中止軍事行動。一二四一年到一二四二年的冬天似乎特別嚴寒，更加劇了後勤的挑戰。從這個角度來看，蒙古人的撤退是為了回應不利環境而做的理性決定。[9]

對比之下，今日最受支持的說法（同時也是當年就已出現的說法）強調蒙古領導階層對國內政治的考量。一二四一年十二月，大汗窩闊台於蒙古去世，成吉思汗的眾多子孫與追隨者必須召開大會解決繼承問題。俄羅斯戰役期間，窩闊台汗的姪子拔都與窩闊台汗的兒子貴由不合，雙方的嫌隙使拔都急於干涉繼承問題以確保自身的利益。如果繼承爭議確實是他決定撤軍的真正理由，那麼這場可能是蒙古最具野心的歐洲征服行動最後竟是因為一場偶然的事件而中止。[10]

這個詮釋有兩個地方遭受批評，一個來自實證經驗，另一個則是反事實情境。當時的史料並不完全支持政治上的動機，雖然拔都有可能是因為接到窩闊台汗的死訊才下令撤兵，但實際上是否如此仍無法確定，最終拔都也並未參加任何一場蒙古繼承會議。此外，這個詮釋也不符合其他蒙古戰線的發展：其他數量較少的蒙古軍隊並未因為大汗的死而停止於一二四三年入侵安納托利亞及於一二四四年進攻敘利亞，不過這兩起戰事不是由成吉思汗的子孫指揮。另一方面，與蒙兀兒人的戰爭卻在窩闊台汗去世之前就已停止了。無論如何，對個人動機的猜測終究是無濟於事。更重要的問題是，如果窩闊台汗還活著，事情會如何發展，或者，如果他死了，但拔都仍繼續進行戰事，事情又會如何發展。一二四二年蒙古撤軍這個簡單的事實，遠不如持續戰爭可能帶來的結果來得重要。[11]

我們只要改變一下視角，就能使討論從蒙古原先計畫的目標（目標可能會改變）、累積死傷（軍隊的損失可以藉由增援來補充）與大汗去世（這個事件不一定會引發撤軍，就算引發撤軍，也只會是暫時的停戰）等相對瑣碎的原因，轉移到更持續性的結構性因素。這些因素可以分成四個層面，雖然這四個層面彼此之間並非緊密連繫，但全不利於蒙古的擴張與蒙古在俄羅斯以西的歐洲土地上建立帝國。一、歐洲政治環境導致的物質特徵，也就是對石砌堡壘的大量投資。二、歐洲西半部的生態環境。三、蒙古政治的變動。四、蒙古有誘因先征服舊世界其他較近的地區。

拉丁歐洲嚴重的武裝分裂，對蒙古的持續作戰構成極為不利的因素，也對任何已經實際發生的戰鬥構成巨大的障礙。我們曾在上一章提過，無論是做為都市聚落還是貴族與教會的據點，堡壘都變得越來越堅固，數量也越來越多。這不僅大大削弱了統治者，也不利國家的形成。但儘管堡壘的發展限制了君王動用權威協調資源進行大規模作戰的能力（例如抵禦蒙古的威脅），卻也產生意想不到的好處：對於想在廣大地區進行統治或至少收取貢品的入侵者來說，堡壘林立使歐洲成為不具吸引力的目標。[12]

石砌堡壘並非只是針對蒙古入侵而假設的反事實情境，因為史料清楚記載著，當蒙古在中歐作戰時，堡壘在阻礙蒙古達成目標上確實發揮很大的作用。最早遭受蒙古人攻擊的東歐聚落，只有土牆與木造柵欄這些防護力極差的設施。然而，蒙古人越往西進，他們遭遇的防禦工事就越加複雜堅固。蒙古人幾乎毫無困難地征服匈牙利東部，因為當地「城市幾乎沒有城牆或堅固的堡壘保護」（引用一名德國編年史家的話）。泥土的防禦工事輕易就被突破。[13]

相較之下，匈牙利位於多瑙河以西的領土，就擁有較多先進的西方式石砌城堡，這主要是因為此地已鄰近奧地利邊界的緣故。這種現象造成了巨大差異：即使匈牙利位於多瑙河以西的地區遭受蒙古人襲擊，建在山頂的五座石砌城堡全都完好如初。蒙古人無法攻下埃斯泰爾戈姆的堡壘，這也是城中唯一完全以石頭建造的建築物，這點特別發人深省。雖然蒙古人費盡心力想奪取保存在堡壘中的王室財寶，但最後證明是徒勞無功。在西利西亞與摩拉維亞（Moravia），蒙古人同樣遭遇無法攻破石砌城堡的問題。被派往亞得里亞海海岸追捕匈牙利國王貝拉四世的蒙古軍隊並未攻下任何堡壘化城市，例如克利斯（Klis）、斯普利特（Split）與特羅吉爾（Trogir），只能摧毀防衛薄弱的札格雷布（Zagreb）。相反的，蒙古軍在撤退經過塞爾維亞與保加利亞時卻較為順利，因為這些地方的堡壘較不完善。[14]

歐洲各國在一二四一年初對蒙古的戰爭屢次受創之後，逐漸了解深溝高壘的重要性，他們於是迅速改採守勢。拔都才剛撤軍，一波興建城堡的熱潮便橫掃整個匈牙利與波蘭。其效果顯而易見：當蒙古人於一二五九年到一二六〇年捲土重來時，他們只能透過詭計取得大城桑多梅日（Sandomiertz），卻無法攻破克拉科夫的堡壘。之後的一二八五年到一二八八年間，蒙古人先後攻打匈牙利與波蘭，關鍵城市與據點都成功堅守，只有遭受欺騙投降的城市才像農村聚落一樣被夷為平地。[15]

因此，非常值得一提的是，蒙古人在一二四〇年代初遭遇的只是廣大石砌堡壘網絡的邊陲地帶。當時這個網絡覆蓋整個西歐與南歐，最近才剛擴散到中歐地區。更往西一點，在德意志與法蘭西的封建制度核心地區，以及從義大利到法蘭德斯（Flanders）這個前「洛泰爾王國」領域內的富裕城市裡，分布著數量更多而且防衛更嚴密的城堡、修道院與城鎮，這些地區也有著更多的人口與資產。拔都的軍隊要攻破這個龐大堡壘體系的東部邊陲地區已經感到吃力，要更往前推進只會更加困難。[16]

在我們思考成功反制蒙古人的可能性之前，我們必須先討論蒙古人朝歐洲持續擴張將會面臨的另一個障礙——一個天然而非人為的障礙。在烏拉山脈山口（Ural Gap）以西，蒙古人與剛臣服他們的盟友穿過一望無際的大草原，這片大草原足以餵養來自遠東的大量馬匹。烏克蘭可以做為安全的集結地區，騎兵部隊可以從這裡遠征俄羅斯的農業與森林地帶。而更往南一點，則有新近征服的高加索地區，可以做為夏季牧場。然而，蒙古人越往西，生態條件就越不利。瓦拉幾亞（Wallachia）與匈牙利構成歐亞大草原的最西緣，這裡的草原面積較小。今日，光是蒙古草原本身就有一百二十五萬平方公里，一九一八年時蒙古草原有超過一百萬匹馬，以及八百萬頭以上的牛、駱駝與綿羊。當年蒙古人除了控制蒙古草原，也向西控制了直到烏克蘭的大草原，這片大草原足以支持數十萬名騎馬戰士，每名戰士可以分配五到十匹戰馬。[17]

然而，匈牙利草原的面積較小，大約只有蒙古草原的幾個百分比，理論上頂多只能餵養三十萬到四十萬匹馬（實際上則不可避免要少於這些數字），因此只能支撐數萬名騎兵——這個數字甚至要排除所有放牧人口才能達到，以蒙古的標準來看是相當嚴酷的條件。[18]

以這種騎兵規模要征服歐洲是不可能的事。這個觀點的間接佐證來自於早期草原征服者匈人、阿瓦爾人與馬扎爾人在征服匈牙利大草原之後出現的「少馬化」（de-horsing）現象：受限於生態現實，他們減少騎兵數量，更強調步兵的重要性。這有助於解釋蒙古人為什麼只是短暫入侵歐洲：馬匹的減少使蒙古人喪失主要優勢，也就是他們強大的輕騎兵。我們會在第八章看到這層限制背後，其實有著更大的結構性力量，而正是這股力量促成歐洲國家的形成：歐陸大部分地區都與大草原維持相對距離，而且相對不受大草原的侵襲。從長期的視角來看，蒙古人的撤退只是證明了這個歷史趨勢的其中一項例證。[19]

我知道，我把重點放在石砌堡壘與草原上，勢必會招來反對意見。畢竟，蒙古人曾在中國等地攻下龐大的堡壘城市，蒙古人也曾攻打敘利亞、印度、中國南部，甚至遠至緬甸與爪哇，這些地方也都離蒙古人原本居住的大草原非常遙遠。但是，這些狀況都不難解釋。一來這些入侵異國的軍事行動終究以失敗收場，二來蒙古人從未認真攻打過印度（他們控制的喀什米爾〔Kashimir〕牧地雖然有用，但面積相對較小），三來蒙古在伊朗與伊拉克的軍隊完全要仰賴亞塞拜然與高加索的牧地。

而在中國與黎凡特地區，蒙古人可以輕易徵召技術精湛的工匠與工程師，在中國甚至可以取得基本的火藥武器。在東歐，蒙古人無法取得這些資源，因為俄羅斯的工匠技術在許多城市被毀下而失傳。為了攻下歐洲堡壘，蒙古人必須徵調當地勞工，或者比較省時的方法是從東亞或黎凡特地區引進專家與資源。實際上過去就不乏這類例子：一二七〇年代，忽必烈汗曾下令中東的炮兵專家協助蒙古軍攻打南宋最龐大的幾座城池。然而，這種做法需要蒙古人之間能做到一定程度的統一與協調，但這種統一與協調只是曇花一現，現實上也沒有重現的可能。[20]

原因出在蒙古帝國在政治上越來越不穩定與陷入分裂。蒙古無法成功擴張到歐洲的障礙共有四項，政治情勢的混亂是其中的第三項因素。窩闊台於一二二九年順利繼承成吉思汗的汗位，但他死後卻出現長時間的汗位空窗，而後才由他的兒子貴由繼承。然而，貴由汗擔任大汗才兩年（一二四六至一二四八）就去世，之後便是一段時間的派系鬥爭，一二五一年終於選出蒙哥擔任大汗。蒙哥汗繼位之初大肆整肅敵對宗族，他因此成為最後一位能維持蒙古統一的最高領導人。一二五九年，蒙哥汗去世，他死後引發長達五年的繼承戰爭，即使最後忽必烈確立了名義上的宗主地位，但實際上蒙古已經分裂成四個汗國。

統治伊朗與伊拉克的伊兒汗國仍與忽必烈汗維持友好關係，但統治中亞的察合台汗國則極力維護自身的獨立地位公然反抗大汗。統治東歐的金帳汗國名義上接受忽必烈汗的宗主地位，但忠誠度卻搖擺不定，一二六〇年代初更與大汗公開發生衝突。在不存在統一帝國的狀況下，對歐洲發動進一步軍事行動只能仰賴金帳汗國自身的人力物力（圖6.1）。[21]

如果金帳汗國與蒙古本部及蒙古剛併吞的中國領土之間仍維持緊密的關係，那麼中國領土將可以提供龐大的人力來源，特別是能夠提供征服歐洲廣大石砌堡壘網絡所需的軍事科技，然而金帳汗國與蒙古本部卻漸行漸遠。而這還只是蒙古無法繼續西征的其中一項阻礙。更重要的因素是，金帳汗國的領導階層一直與從一二五〇年代開始在南方建立的伊兒汗國關係不睦。牧場的缺

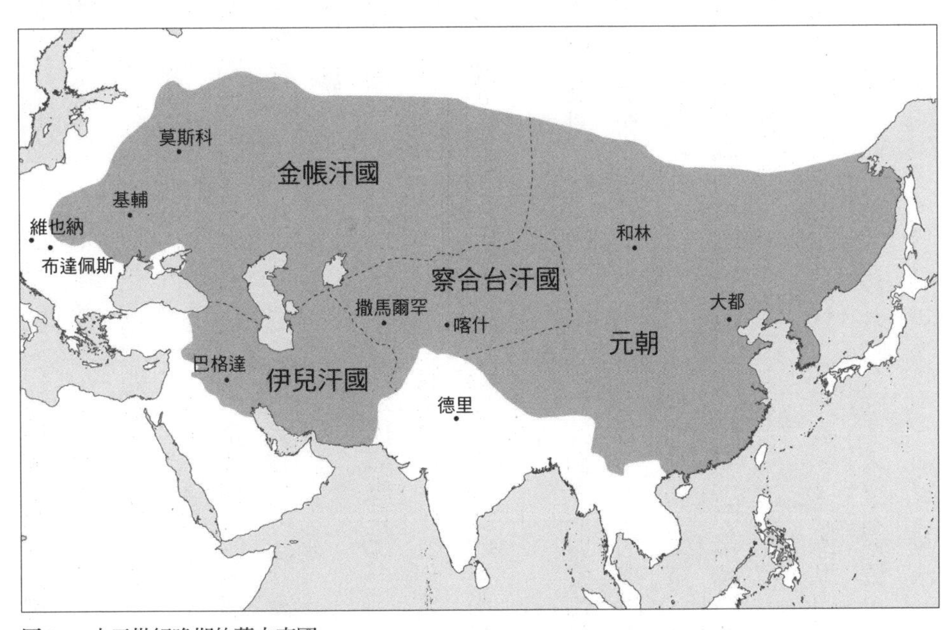

圖6.1 十三世紀晚期的蒙古帝國。

乏阻礙了蒙古在伊朗與黎凡特的戰事，導致高加索的夏季牧場就成了金帳汗國與伊兒汗國爭奪的目標，這場衝突又因為雙方統治者的宗教差異而升溫。公開的戰爭從一二六二年持續到一二六七年。

這段時期欽察人已經成為金帳汗國的軍隊主力，他們與敘利亞和埃及的馬木路克人（Mamluks）在種族上同源，於是金帳汗國便與馬木路克人結盟對抗共同的敵人伊兒汗國。進一步的衝突發生在一二八〇年代晚期。在一二八〇年代與一二九〇年代，金帳汗國的權力實際上分裂成一連串正式稱汗的領導人與那海汗，那海汗於一二九一年殺死其中一名可汗，然後於一二九九年到一三〇〇年與該名可汗的繼承者爆發內戰。不用說，這一切顯然無助於對歐洲國家的持續侵略。

蒙古人的分裂與內訌並非阻礙蒙古西征歐洲的唯一因素。一二四二年，也就是拔都撤兵那一年，由南宋統治的中國最富庶地區、由德里蘇丹國統治的印度北方，以及由不同庫德族與突厥族征服政權及阿拔斯哈里發國殘部所統治的伊拉克、敘利亞與埃及等經濟發達的地區，開始成為蒙古人垂涎的征服目標。[22]

因此不意外的，動盪的一二四〇年代過後的十年間，蒙哥汗決定將更多的資源投入到東亞與黎凡特的軍事行動。蒙古軍迅速包抄南宋的西側，攻取吐蕃、大理與安南。蒙哥汗死於中國戰場，他的繼承人忽必烈汗在一二六〇年代與一二七〇年代投入大量人力才征服中國。一二五〇年代晚期，另一支蒙古軍征服了伊拉克（於巴格達殺死阿拔斯王朝末代哈里發），原本試圖征服敘利亞，卻於一二六〇年被埃及馬木路克人擊退。從一二七一年到一三〇三年，蒙古數度入侵敘利亞，但都以失敗告終。

一二五〇年代，蒙古把征服重心放在東亞與黎凡特，凸顯出蒙古的軍力已到了極限。攻打德里的軍事行動局限在印度河流域，而且蒙古從未傾全力出擊。直到十四世紀初，察合台汗國才大舉入侵德里，卻仍然一無所獲。一二五〇年代之後，蒙古在東亞與黎凡特的戰事（後者的規模較小）使蒙古無法撥出任何資源對歐洲進行大規模的入侵。過去拔都的軍隊在大規模動員下橫掃俄羅斯，入侵波蘭與匈牙利，然而此時的蒙古已無法進行同等規模的動員。[23]

在優先目標彼此排擠與蒙古持續分裂之下，金帳汗國只能仰賴自己。與伊兒汗國的衝突、汗國內部的鬥爭，加上無法取得中國或中東先進的攻城科技，金帳汗國再度出兵中歐恐怕很難獲得成果。我們之前提過，歐洲主要的堡壘固若金湯，入侵者只能進行掠奪而無法順利征服。從波蘭（一二五九至一二六〇年，一二八七至一二八八年）、匈牙利（一二八五至一二八六年）、保加利亞（一二七〇年代到一二八〇年代）、塞爾維亞（一二九一年）到拜占庭色雷斯（一二六〇年代，一三二〇年代到一三三〇年代），這些軍事行動的成果，甚至比不上一二四一年到一二四二年取得的一些小勝利。[24]

根據最小重寫原則，蒙古入侵拉丁歐洲的反事實情境因此要面臨嚴厲的時間限制。拔都的軍隊很可能入侵奧地利、波希米亞與波河流域，擊敗大膽迎戰的軍隊，但無法攻占主要城市，更不用說建立持久的控制。[25]

更具野心的軍事行動需要更多增援部隊，因此必須大規模動員東歐當地民眾，但當地既有的行政基礎設施不足，動員勢必遭受延宕。在什麼必要條件下，才能讓軍事行動繼續進行？最簡單的反事實假設就是窩闊台汗依然活著，而且願意投入更多資源在對歐戰爭上。窩闊台汗在五十五歲去世，反觀成吉思汗多活了約十年時間，而忽必烈汗則活到七十九歲。蒙古早期幾位大汗英年早逝，多半是有一些不利條件才導致短命：貴由汗嗜酒如命，享年四十二歲，蒙哥汗在五十歲那年於激烈的戰事中死去（拔都則在西征結束後又活了十三年）。正如蒙哥汗把東亞與黎凡特列為首要目標，窩闊台汗也可能把歐洲當成攻擊的重點。蒙古在黎凡特的軍事行動有中國工程師支援，這些人也可以部署攻城機器與火藥來攻打歐洲的堡壘。

這個看似吸引人的反事實情境其實存在幾個問題。首先，我們不清楚窩闊台汗是否真的想征服或甚至侵擾歐洲西半部。雖然併吞歐亞大草原的西部地區顯然是個合理的目標，從一二二二年到一二二三年對當地的成功奇襲就已預示了這點，但我們無法確定俄羅斯以西之地是否也是蒙古人覬覦的對象。其次，即使我們在反事實情境中假定蒙古的對歐戰爭並未設定有限的目標，我們還是要考量蒙古菁英將注意力轉向其他目標的可能。一旦他們轉向其他更有利可圖且離蒙古本土更近的目標，這場戰事恐怕就難以持續。

姑且不論政治層面，歐洲離蒙古確實非常遙遠。以直線距離來衡量（不可否認這是個相當簡化的衡量方式），和林（可以做為當時蒙古的中心）距離開封一千七百公里，距離廣州兩千八百公里，距離撒馬爾罕（Samarkand）三千公里。蒙古實際攻取的最遠城市比這些距離更為遙遠：例如基輔與巴格達離和林有五千一百公里。但潛在的歐洲目標甚至更遠。事實上，比一些蒙古鐵蹄無法抵達的地方（例如爪哇有四千六百公里，大馬士革有五千七百公里）更加遙遠：布達佩斯有六千公里，羅馬、巴黎與倫敦接近七千公里，托雷多（Toledo）將近八千公里。比較有意義的指標，是衡量各地目標與歐亞大草原外緣的距離（參考第八章圖8.6）。[26]

此外，俄羅斯以西的歐洲範圍十分廣大：包括不列顛在內，但不包括丹麥以北的斯堪地那維亞（Scandinavia），歐洲涵蓋約三百七十五萬平方公里的土地，大約是南宋的兩倍。南宋與蒙古較為接近，而蒙古花了數十年才征服南宋。即使我們把歐洲限定在觀念上較狹義的核心地區，也就是從波蘭到匈牙利，經奧地利與德意志，到低地國、法蘭西與義大利，其面積也與南宋相仿。雖然歐洲核心地區的人口遠不如南宋，但這個粗略的比較還沒有將歐洲的高度分裂考慮在內。從人均角度來說，相較於領土廣大而較為中央集權的政治體，分裂狀態反而讓征服或單純收取貢品更加困難。這個比較也同樣忽略了，光憑歐洲堡壘的數量，就足以對遠道而來的龐大工程師團隊構成沉重的負擔。

在沒有中央政府請降之下，這些據點必須一個個加以攻克。如此一來，最合理的結果是對小城鎮與農業地區進行廣泛的掠奪，並且隨機而短暫地向這些地區收取貢品。這些行動無法從根本上改變政治環境，一旦蒙古撤軍，這些地區很快就會回到先前的狀態。

回顧歷史，可以與蒙古人類比的或許是五世紀的匈人，以及更具戲劇性的九世紀乃至於十世紀的馬扎爾人。匈人對於國家級政治體的入侵十分有限，相較之下，馬扎爾人顯然更具破壞性。馬扎爾人在占領匈牙利大平原之後，幾乎每年入侵德意志、法蘭西與義大利。他們要不是在地方衝突中擔任一方的盟友，就是完全仰賴自己的力量進行掠奪。八九九年到九一〇年間，馬扎爾人在法蘭克王國治下的德、法、義三地獲得重大勝利。德意志王國的幾名諸侯，以及拜占庭帝國分別在不同時點同意向馬扎爾人進貢。九四二年，馬扎爾人甚至短暫進入伊比利半島。

直到九五五年，馬扎爾人遭受決定性的挫敗，入侵行動才終於結束。我們在第五章提到，雖然鄂圖一世的勝利鞏固了自己與德意志王國（或帝國）的地位，但對歐洲的多中心主義並未產生任何持續性的影響。從三個世紀後歐洲的政治狀況來看，我們沒有明顯的理由認為蒙古持續入侵會帶來更大的衝擊。此外，中世紀盛期的堡壘為蒙古人帶來的挑戰將遠大於十世紀。[27]

綜合以上理由，從往後歐洲國家形成的角度來看，要產生明顯不同的結果恐怕需要更廣泛的歷史重寫：窩闊台汗必須活得跟忽必烈汗一樣久（也就是要多活二十五年），甚至在面臨歐洲的堅決抵抗時，仍必須繼續堅持（或者說是轉而堅持）征服歐洲的行動。此外，窩闊台汗也要堅持（而且要說服其他年長的夥伴一起堅持）徹底擊潰德意志、法蘭西、義大利、法蘭德斯、英格蘭與西班牙的防禦，就像忽必烈消滅南宋一樣，只是後者離蒙古本部較近，也更有利可圖。

這些反事實情境有合理之處，但也有不合理的地方：它們顯然不合乎簡潔的原則。此外，我們必須假設從一二五〇年代開始的蒙古內部嚴重分裂能在一定時間內獲得控制，至少能維持到征服歐洲的軍事行動結束為止。我們還必須假設二階效應的反事實條件：假定在長距離運送資源並未讓歐洲的蒙古人出現獨立自主的領導人（現實中的拔都與他的繼承人就另立了汗國，而且拔都與窩闊台汗的兒子同時也是繼承人貴由汗確實發生摩擦，拔都隨後還支持敵對的家系爭奪汗位）。然而，即使費盡全力假設了讓歐洲臣服蒙古的充足條件，也不一定真能產生臣服的結果。

這些假定已經太過繁複，而與我認為合理的反事實情境大不相同。這種極為繁複的反事實假定可能導致歐洲出現兩種結果：建立起某種形式的帝國，或是出現不受控制的長期性大規模破壞。最接近第一種結果的現實例子，就是俄羅斯的發展歷史。蒙古人最初主要破壞俄羅斯南部，當地經濟活動遭到嚴重損害，大批民眾遭到奴役。金帳汗國隨後採取了間接統治的方式，征服者與盟友仍以大草原為據點，這點與他們在中國或伊朗時採取定居當地的做法不同。蒙古征服俄羅斯後過了十五年才進行首次人口普查（一二五七至一二五九年），之後才得以對當地居民進行徵兵。

金帳汗國對俄羅斯各諸侯國挑撥離間，使其彼此攻戰。在不受歡迎的蒙古稅吏離開後，俄羅斯當地諸侯被課以收稅的重任，莫斯科大公最終獲得了協調貢品的權利，而這也反過來提升了莫斯科大公國的地位。莫斯科與其他俄羅斯政治體採取了蒙古／突厥式的制度，例如賦稅制度、兵員徵集與驛站制度。這類文化借用在十四世紀達到高峰。征服者的支配起起落落，蒙古人在一三八〇年被莫斯科擊敗，之後很快反轉劣勢。到了十五世紀晚期，俄羅斯在伊凡三世（Ivan III）領導下又出現一波較長期的國力提升。即使如此，最晚到了一五七一年，克里米亞韃靼人（Crimean Tatars）仍有能力侵襲莫斯科。也是從這個時期開始，隨著金帳汗國逐漸衰落，莫斯科教會創造出了「韃靼枷鎖」（Tatar yoke，指受到蒙古奴役的黑暗時期）這個本土的意識形態。[28]

如果蒙古取得更廣泛的勝利，我們也許可以預期拉丁歐洲會出現類似的情境：有些政治體會成為蒙古的代理人，並且藉此鞏固自己的地位，例如已經與蒙古建立良好關係的威尼斯。歐洲的徵稅與徵兵制度會比實際上發展得更為快速而全面。同時，由於歐洲離大草原更遠，我們懷疑蒙古人（或者就當時來說絕大多數是突厥人）在當地的力量能否持續得跟在俄羅斯一樣長久。入侵者要不是以匈牙利為根據地，就是散居整個歐洲。前者能維持自身的凝聚力與騎射技術，但將使他們更難有效控制西歐，而後者則有可能使自己消融在歐洲人口之中。由於蒙古人必須同時控制俄羅斯人與拉丁歐洲人，而這種薈萃多民族的狀態將提高各民族成功抵抗的可能。

考量歷史的實際發展，伊兒汗國在一三三五年後迅速解體，蒙古在中國的統治也在一三五〇年代到一三八〇年代之間崩潰，如果歐洲超越中國與黎凡特成為蒙古人首要的征服目標，那麼蒙古人占領的歐洲很有可能出現類似的結果。一三四七年後，黑死病造成的混亂也將加劇既有的緊張關係。總而言之，即使我們扭曲歷史使其足以讓蒙古人成功征服歐洲，蒙古與突厥人要在歐洲建立長期帝國終究是不切實際。

另一個問題也許跟本書的主題更有關連：面對蒙古的壓力或支配，歐洲會不會在做出回應的同時，將國家形成的軌跡朝中央集權與大型帝國發展？（俄羅斯與莫斯科大公國的歷史可以做為借鏡）。然而，考慮到多中心主義早已深植於中世紀盛期歐洲的政治、社會與意識形態結構之中，蒙古人在僅僅一個世紀這個不太可能成功的時間尺度下施加的影響力，恐怕不足以將歐洲的政治環境重塑成之後的俄羅斯或古羅馬的樣貌。

最有可能的結果，也許是地區統治者無論與蒙古人合作還是反抗蒙古人，都能藉由制度的調整與城堡網絡的瓦解來鞏固自身的地位。這種狀況可能導致近代早期彼此競爭的列國體系提早在這個時候出現。這就產生了一個弔詭的結果：一個更強大的蒙古最終很可能更強化了多中心主義，雖然國家數量可能會比原先少得多（尤其德意志與義大利很可能在這個過程中逐漸形成統一的政治體）。若真是如此，那麼促使現代性到來的政治、經濟與心態基礎是否還能繼續存在？這個關鍵問題恐怕難以在此做出回應，因為充滿太多涉及二階效應的複雜反事實條件。

類似的問題也出現在第二個反事實情境中，也就是大規模的破壞。在這個情境中，歐洲的發展遭到更直接的打擊：並非國家形成的軌跡出現變化，而是日後發展的基礎完全遭到破壞。西西莉雅・霍蘭德（Cecilia Holland）曾經據此描繪了一個嚴峻的反事實情境：蒙古人並未在一二四二年撤軍，反而率先攻打當時歐洲的繁榮重鎮低地國，摧毀了安特衛普（Antwerp）、根特（Ghent）與布魯日（Bruges）。然後蒙古人往南進入法國，攻打巴黎，利用法國中部的草原地帶做為臨時基地。另一支蒙古部隊則利用波河流域的草原做為補給，劫掠了義大利北部地區。

破壞法蘭德斯，就等於「消滅歐洲剛萌芽的金融中心」，而屠殺造成的人口減少也表示海洋與沼澤將再度入侵陸地。「資本主義或中產階級將不會崛起。印刷機不會出現，人文主義也就無法發展。沒有歷史上的荷蘭叛亂（Dutch Revolt），偉大民主革命的溫床就無法從英格蘭傳到美國與法國。此外也就不會有工業革命。」除此之外，巴黎的陷落將導致大學的消失，摧毀了伽利略（Galileo）、克卜勒（Kepler）與牛頓（Newton）等人日後賴以發展的基礎。如果教宗被殺，如同哈里發在蒙古人攻陷巴格達時被殺一樣，那麼宗教權威核心就可能完全崩解。宗教改革可能不會出現，基督教也可能分裂成幾個彼此分離的教派。[29]

中東的歷史經驗也許在某種程度上可以支持這個災難性的情境，中東發展的停滯有時確實可以歸咎於蒙古人的掠奪。然而，霍蘭德的荷蘭情境居然沒有考慮到歐洲堡壘的角色，這個嚴重缺失讓這個假設從至少一二四〇年代初期就失去說服力。要造成這種大規模的破壞，不只需要更多的蒙古人參與，更重要的是必須動員東歐與中歐的定居人口支援攻城的軍事行動。換言之，更持續的軍事行動與漸進式的入侵使我們又回到第一個選項，也就是蒙古人導致的帝國建立。蒙古人如果沒有在歐洲建立帝國，就不可能對整個歐洲進行大規模破壞。[30]

我必須強調，帝國建立與大規模破壞這兩個反事實情境彼此緊密相連，因此實際上很難分開討論。這兩個情境是根據廣泛改寫歷史的邏輯而推演出來，而這不僅忽視了高度偶發的事件（如成吉思汗與其他大汗的壽命或動機），也未考慮其他更穩固的條件，如地理距離（歐洲與蒙古本部以及歐亞大草原的距離）、蒙古政治組織本身的分裂傾向，以及蒙古人內部對其他目標的興趣，特別是中國的南部地區。同樣的歷史改寫也必須假定歐洲的堡壘網絡無法阻擋蒙古的軍事行動。以上的假定往往與蒙古在其他地區的實際經驗相左。例如，蒙古從未對印度發起大規模的入侵，因為印度與歐洲一樣，既遙遠又有堅固的堡壘防守。蒙古也承認征服日本與印尼失敗的事實，未再發起新一輪的攻勢。蒙古還在遠征安南受挫之後，退而求其次接受安南名義上的臣服。

雖然我們不能排除在蒙古持續施壓下，歐洲可能出現截然不同的反事實發展，但要得出這樣的結果，必須做出極為廣泛的歷史條件改寫，因此會出現完全不合理的狀況。我們頂多可以主張，歐洲在這個時期確實有比之前（如阿拉伯、加洛林與德意志帝國）與之後（如哈布斯堡、鄂圖曼與法蘭西）略高的可能偏離實際的國家形成軌跡。

光是這點，就值得我們花上與前面幾章同樣的篇幅來加以討論。儘管如此，「略高」還是遠遠不夠。相較於東亞與中東長久以來一直暴露在大草原的壓力之下，歐洲的西半部從未承受這樣的壓力。生態的限制是如此強大，即使蒙古人開拓的疆土空前絕後，他們也沒有辦法克服這樣的限制。我將在第八章更詳細地從比較的視角探討這個議題。[31]

十六世紀：哈布斯堡王朝的霸權維繫

在蒙古威脅消退與德意志皇帝不再對轄下多元的帝國領土加強控制之後，大約有兩百五十年的時間未能產生任何可能重建大帝國的關鍵時刻，使我們能進行反事實情境的評估。在這段期間，國家的力量緩慢而穩定地重建：統治者成功透過協商取得更多稅收，軍隊的規模也開始擴大。國家的鞏固強化了拉丁歐洲的多中心列國體系，剩餘的國家雖然數量變少，但比過去更具能力與韌性。[32]

到了一五〇〇年，西班牙基督徒已經征服穆斯林的最後據點，英格蘭人與盟友勃艮第人也被逐出法國。丹麥、匈牙利、波蘭、立陶宛與莫斯科大公國在歐洲邊陲建立領土遼闊的國家，鄂圖曼帝國則取得巴爾幹半島大部分地區。只有在德意志與小範圍的義大利北部地區才有嚴重的小邦林立的現象。整體來說，此時歐洲的政治環境其實比羅馬帝國衰亡後的一段時期更不利於形成單一的龐大帝國。

只有兩種方式能打破這個日漸穩定的列國均衡狀態：一個龐大的外在衝擊，或某個國家突然戲劇性地變強。東方鄂圖曼帝國的爆炸性成長屬於前者，它從愛琴海往西進入巴爾幹半島與喀爾巴阡山區，並且沿著北非海岸往西推進，讓人想起九百年前第一個哈里發國（編按：指伍麥亞哈里發所繼承的正統哈里發）初次獲得勝利的景象。我將在下一節討論這個情境。

十六世紀初，拉丁歐洲的權力平衡突然出現變化，創造出另一個可能的關鍵時刻：哈布斯堡家族的查理五世在短時間內就透過繼承取得勃艮第與低地國（一五〇六年）、西班牙（亞拉岡〔Aragon〕與卡斯提爾）、義大利南半部（一五一六年取得那不勒斯、西西里與薩丁尼亞三個王國及米蘭公國），以及奧地利（一五一九年），而且被選為神聖羅馬帝國皇帝。

在大西洋的另一邊，卡斯提爾王國僱用的克里斯多福・哥倫布（Christopher Columbus）於一四九二年抵達加勒比地區（Caribbean），開啟了往美洲大陸擴張的大門。一五二一年，西班牙在征服了阿茲特克帝國之後，於墨西哥設立新西班牙（New Spain）殖民地，之後又於一五三五年升格為總督轄區。在消滅安地斯山區的印加帝國後過了幾年，西班牙於一五四二年建立秘魯（Peru）總督轄區。三年後，又於今日的玻利維亞（Bolivia）建立採礦城鎮波托西（Potosí），負責開採當時為止所發現到蘊藏量最大的銀礦。再加上安地斯山區與墨西哥的其他銀礦產地，這些礦區為西班牙君主生產了大量的白銀（圖6.2）。

這些事件在偶然間匯集起來，不僅讓查理五

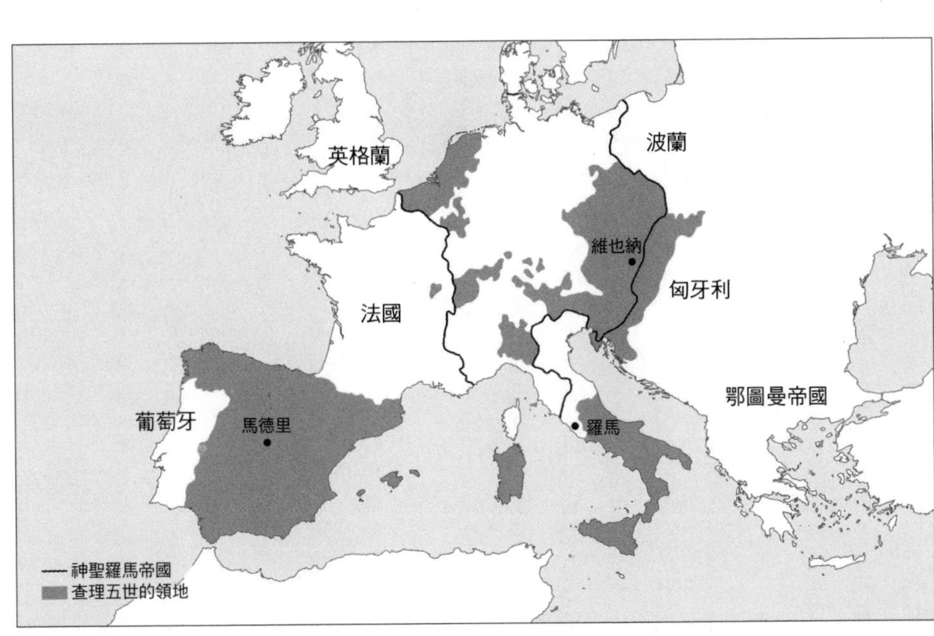

圖6.2　1550年左右的神聖羅馬帝國皇帝查理五世的歐洲領地。

世一下子支配了整個地中海西部，包圍法國而且往北直抵英格蘭，也讓他獲得一筆龐大的意外收入，可以充當戰爭的費用。在不到一代的時間裡，權力以羅馬帝國時代以來未有的規模集中起來。羅馬帝國滅亡之後，這是首次西班牙、義大利大部分地區、阿爾卑斯山區東部與萊茵蘭大部分地區全聽命於同一位統治者，此外還擁有豐富的貴金屬礦區來支持軍事活動（金銀在中世紀一直非常匱乏）。至少從名義上來說，查理五世可以主張自己統治了整個西歐與中歐四成的人口。[33]

然而，儘管歌功頌德之人宣稱哈布斯堡家族是特洛伊英雄艾尼亞斯（Aeneas）的子孫，經奧古斯都、君士坦丁與查理曼一脈相承，查理五世的地位仍明顯不同於羅馬皇帝。查理五世轄下的領地各自具有強烈的自主意識，因此實質上陷入分治。史家安東尼・帕格登（Anthony Pagden）的描述相當適切，他認為查理五世治理的「與其說是國家，不如說是跨國公司」。[34]

儘管然當時已有些人宣揚普世帝國的理念，卻也引發強烈的反對。這些反對不僅來自領地之外（其中反對最力的是法國），也來自查理五世統治的兩個西班牙王國（亞拉岡與卡斯提爾）。當時人所認知的「帝國」，領土局限於傳統的德意志帝國，但查理五世對德意志帝國的影響力遠不如他直轄的領地。只有在缺乏真正挑戰者的新世界，帝國統治的觀念才容易發揮影響。一五三五年，查理五世不得不在教宗面前公開宣示，自己無意建立普世帝國。查理五世的另一項抱負，是成為統一的基督教世界的領袖（東正教社群由於遠在查理五世統治範圍之外，因此不在討論之列）。然而，查理五世雖然對這項目標投入了較多資源，也制定出比建立帝國更有可能實現的策略，但最終還是無法達成。[35]

德意志在哈布斯堡體系內是個燙手山芋。跟過去一樣，德意志境內的諸侯國在政治上分裂而且反對中央權威，它們成為查理五世野心的阻力，而且因為嚴重的內部衝突而耗盡了查理的國庫。查理五世與他的兒子腓力二世並未正式擴張德意志帝國的版圖，反而越來越仰賴德意志帝國傳統疆界以外的領土

（也就是奧地利、米蘭、勃艮第與低地國等地）作為權力基礎。

哈布斯堡帝國的這種二元結構，導致統治者在資源的使用上與原本共識導向的帝國制度之間出現衝突。德意志諸侯普遍支持哈布斯堡家族將其他領地併入德意志帝國，才能對這些領地的資源擁有發言權。如果不合併，皇帝仰賴的資金完全可以不受諸侯控制，甚至可以用來對抗諸侯。但反過來說，皇帝也沒有資格要求諸侯出錢對抗基督教的敵人。即使在特殊狀況下，例如當法國與穆斯林土耳其人結盟時，這些諸侯國也只願意負擔一小部分的軍費。[36]

查理五世也不太可能用武力直接統治德意志，因為他在此處無法像在佛羅倫斯與根特等城市一樣嘗試興建堡壘與駐紮軍隊。這導致查理五世難以鎮壓反抗的諸侯（頂多只能藉此向諸侯勒索金錢），因為他的軍隊難以在此長期維繫。[37]

查理五世的帝國由各種形式的領地與國家拼湊而成，不僅龐大笨重而且零碎雜亂，很容易在多個前線引發戰爭。主要的挑戰者依次為法國、德意志諸侯與鄂圖曼帝國。法國持續崛起，並謀求相應的大國地位。德意志各諸侯國想維持自身的自治地位，試圖將新教改革政治化。鄂圖曼帝國剛與法國結盟，企圖抵銷哈布斯堡王朝的優勢。整體來說，查理五世的軍事行動並非特別成功，而且實際上未能增加他透過繼承得到的領地。查理五世成功收回多次易主的米蘭公國，但一五三五年，他以釋放俘獲的法國國王為條件來換取勃艮第公國與普羅旺斯卻功虧一簣。隔年，他入侵普羅旺斯的軍事行動以失敗告終。他在一五三〇年代、一五四〇年代與一五五〇年代入侵義大利的戰爭也同樣毫無建樹。

鄂圖曼人的崛起對查理五世造成壓力：奧地利主張擁有匈牙利領土後不久，維也納便於一五二九年遭鄂圖曼人攻擊。一五三二年，鄂圖曼人再度入侵，查理五世被迫徵調大軍應戰。一五三五年，查理五世征服突尼斯（Tunis），但很快就在一五三八年的海戰中慘敗，一五四一年對阿爾及爾（Algiers）的災難性攻擊使他損失超過一百五十艘戰船。與英格蘭共同入侵法國的軍事行動陷入泥淖，演變成曠日持久的攻城戰，最後因為德國新教徒的叛亂而草草結束，整起行動對現狀並無任何影響。最後，一五五二年到一五五三年冬天對法國城市梅斯（Metz）發起大規模且耗費甚鉅的軍事行動，仍舊未能取勝。[38]

查理五世的軍事行動唯有征服美洲獲得成功：原住民社會缺乏鋼鐵、槍炮、現金、進步的文字形式，有時甚至連裝有輪子的運輸工具也沒有，也完全無法抵擋入侵者傳入的災難性瘟疫。因此這些原住民完全不是查理五世派出的征服者的對手。查理五世的軍隊似乎只能擊敗社會發展程度遠較他們為落後的敵人，一旦面對舊世界旗鼓相當的對手便鎩羽而歸。就連在新世界也不是一帆風順：幾乎完全自治的殖民地領袖藉由成功征服而有權獲取豐厚報酬，並為自己取得遼闊的地產與大量的強制勞工。一五四〇年代，當查理五世想在秘魯推動改革時，便引發這些殖民地領袖的叛亂。[39]

除了在歐洲無法取得軍事勝利，國內也因為德意志各邦的自主意識與教義的分裂而陷入衝突。宗教的統一，無論是否由哈布斯堡領導，終究是個幻影。一五二六年到一五二七年，彷彿為了呼應三個世紀之前教廷與腓特烈二世的爭執，教宗克萊孟七世（Clement VII）組成了對抗查理五世的同盟，查理五世於是派遣傭兵劫掠羅馬城。更重要的是，查理五世登基統治西班牙與德意志的時候，剛好碰上馬丁・路德（Martin Luther）在帝國東北部的薩克森選侯國（Electorate of Saxony）發表離經叛道的宗教學說。儘管一五二一年皇帝在沃爾姆斯議會（Diet of Worms）對路德下了禁制令，但這場宗教改革運動很快獲得各方的支持，如茲文利（Zwingli，從一五二〇年代開始）與喀爾文（Calvin，從一五三〇年代開始），而且迅速傳播到德國北部與中部、斯堪地那維亞、不列顛與瑞士，拉丁基督教世界就此分裂。

從帝國形成的角度來說，宗教改革發生的時間點實在是再糟糕不過。哈布斯堡王朝剛好在這個時期合併了大量領土並意外獲得美洲的資源，但這個大好良機卻被宗教改革徹底抵銷。德意志諸侯一直提防有君主凌駕在他們之上，特別是能動用龐大外來資金而且毋需交代自己如何花用這筆金錢的君主。宗教改革的出現立即與德意志諸侯關注的政治議題結合起來，除了共同形成反天主教教義的力量，在背後支持天主教的帝國勢力自然也成為他們共同的敵人。早在一五三一年，信仰路德派的薩克森與黑森（Hesse）已經組成防禦同盟對抗皇帝。這個同盟稱為施馬爾卡爾登同盟（Schmalkaldic League），成員以路德派信仰做為結盟的基礎，並且很快吸引其他德意志諸侯加入。到了一五四〇年代，同盟已經涵蓋帝國北半部說德語的各邦，而且繼續往西部與西南部擴散。諸侯之間的同盟也以非正式的方式跨越教派的界線：就連信仰天主教的巴伐利亞也對哈布斯堡的野心有所警戒。[40]

為了換取喘息的機會，查理五世遂與法國及法國的盟友鄂圖曼人停戰，然後透過分而治之的外交策略與軍事手段來對付反對他的諸侯。然而，一五四七年的軍事勝利是短暫的。查理五世迫使這些諸侯回歸天主教會的努力反而引發新一輪的反抗，反抗者不只局限於信仰新教的諸侯，還包括其他擔心皇帝權力過於集中的勢力。就連教宗本人起初也不同意查理為了支持天主教所頒布的法令，他認為這些法令已經侵害他擁有的管轄權。這件事明顯反映出查理五世引發的分裂有多麼嚴重。

一五五二年，另一場與德意志諸侯的武裝衝突由於德意志諸侯與法國聯手而殺得查理五世措手不及。查理與近臣為了躲避薩克森軍隊的追捕而被迫逃離位於天主教阿爾卑斯山區深處的因斯布魯克（Innsbruck），這一幕充分顯示帝國的外強中乾。在與法國作戰失利後，查理五世不得不承認德意志境內的宗教自由，而他自己不久也宣布退位。[41]

查理五世的軍事野心與宗教統一的願景，沒有一樣獲得實現。到了一五五八年查理五世去世之時，哈布斯堡的領地要比查理五世即位前更加分裂破碎。新教迅速站穩腳跟，與政治結合後更進一步鞏固德意志帝國內外既有的分裂狀態。隨著皇帝頭銜移交給統治奧地利的另一個哈布斯堡家族分支，整個哈布斯堡領地此後再也沒出現過單一一位名義上的領袖。查理五世唯一能讓凱撒這位羅馬帝國擴張典範相形見絀之處，就是他在一五五〇年代初藉口授寫成的自傳：查理表示，凱撒只入侵高盧一次，而他自己則攻打高盧不下五次。查理光提次數，卻不說這幾次入侵的結果有多麼讓人羞於啟齒。[42]

不過，凱撒與查理五世的比較還是有一定的啟發性。我們不妨回想，從羅馬共和時代以來，戰爭的實質成本已大幅提高。查理五世攻打法國邊境城市梅斯失敗，軍費就超過三百萬達克特（ducats）。以這筆錢購買的糧食計算，同樣的金額可以在凱撒時代支付十萬大軍一年的薪水，或者在凱撒之前的一個世紀維持一支人數將近二十五萬人的羅馬與盟邦聯軍——足以在凱撒曾經取勝而查理五世無法期望取勝的地方獲得勝利。[43]

查理五世統治期間一直受到財政的掣肘，而且越到後期越嚴重。從經濟層面來說，發動戰爭是個賠本生意。查理五世的歐洲戰爭耗費大量金錢卻未產生新的稅收，甚至也對保護既有財源毫無助益——西班牙、低地國與美洲等地區其實並未遭受任何重大威脅。相反的，財政需求只會讓這些地區的納稅人產生反感，其中最重要的是低地國，日後將因此導致致命的結果。軍隊的規模與成本逐步擴增，從一五二九年入侵義大利失敗的一萬五千名士兵，到了一五五二年增加為八萬人。在此同時，傭兵的角色日漸吃重與越來越仰賴借貸，也提高了人均成本。[44]

貸款變得越來越重要：一五二九年到一五四一年，查理五世的軍費有百分之四十六是向卡斯提爾貸款。一五四三年到一五五二年，貸款比重增加到百分之七十二（總額超過原先的一點五倍）。美洲白銀的大量流入是貸款未引發劇烈動盪的唯一原因，這類鉅額貸款曾在一五二〇年到一五二一年在卡斯提爾引發大規模抗稅暴動。[45]

查理五世膨脹的債務最終壓縮了他的政策選項：他無從享用軍事勝利的成果，因為他無法負擔駐軍的費用。在與施馬爾卡爾登同盟的衝突中，查理五世曾因財政枯竭而被迫停戰五年，而重啟戰端又讓他瀕臨破產的邊緣。在缺乏有效能的財政官僚制度下，這種規模的戰爭難以持續。查理五世的兒子與繼承人腓力二世跟查理五世一樣好戰，而在腓力二世統治的時代，已有預兆顯示更糟糕的危機即將發生。[46]

總而言之，哈布斯堡的野心面臨一連串難以壓制的力量。首先是查理五世領地本身的多樣性，既沒有首都，也沒有統一的行政組織，導致查理五世總是不斷遷徙，就像七百五十年前，羅馬帝國之後的首任「羅馬」皇帝查理曼一樣。其次是龐大的戰爭成本，傭兵、火藥與複雜的堡壘是軍費提高的主因。第三是日益增長的意識形態分裂，加深了既有的政治分裂，最後導致災難性的三十年戰爭。無論查理五世實際渴望的是普世帝國、歐洲霸權，還是基督教世界的領袖，每個目標他都力有未逮。[47]

當我們考慮到這些狀況，就會對史家卡洛斯．埃爾（Carlos Eire）提出的反事實情境留下更深刻的印象——他從完全合理的最小歷史重寫推演出了非常不同的結果。在埃爾提出的情境中，亨利八世（Henry VIII）有可能未與羅馬天主教會決裂，或是提早去世（兩種狀況都有可能發生）。英格蘭將因此繼續留在天主教陣營，與西班牙結盟，協助查理五世擊敗法國與施馬爾卡爾登同盟。德意志北部與瑞士的新教徒將遭到肅清，路德與喀爾文被捕並且在羅馬處以火刑。日後，腓力二世與安妮女王的後代將統治英格蘭。一個較為統一的歐洲將擊退鄂圖曼人，而且能將更多資源投入於學術與科學，使歐洲更早進入支配全球的時代。[48]

然而，埃爾根據相同的歷史重寫原則，又推演出另一種完全不同的發展。新教很可能在英格蘭存續，因此接下來引發的是內戰，而不是與西班牙建立穩定同盟。這可能助長歐洲與新世界的宗教戰爭，英格蘭將取代尼德蘭成為西班牙軍隊的錢坑，而十七世紀很可能變得比實際上更為暴力。這一切完全取決於我們如何評估宗教的角色，以及認為宗教在面對政治與軍事壓力時是較為順從還是拒絕順從。我們對這個問題的立場在很大程度上決定了整個結果，而這是個很有價值的提醒，使我們能夠留意反事實推論潛藏的陷阱。[49]

埃爾的反事實情境，有助於凸顯十六世紀初期做為歷史上的「關鍵選擇點」的重要性。在這個時期，某個發展路徑的開啟，意謂著其他發展路徑將永遠封閉。這是歐洲崛起成為全球霸權的起點（問題來了，歐洲影響的範圍，是否能被任何一個單一的霸權或同盟獨占），是歐洲列國體系（進一步）鞏固的時期，也是歐洲宗教發生重大轉折的時候。由於英格蘭在這些過程中扮演著吃重的角色（正如英格蘭日後在突破進入現代性上扮演的角色一樣），把英格蘭置於反事實情境的核心是相當合理的。[50]

儘管如此，埃爾的情境在許多方面都站不住腳。英格蘭在當時是個人口只有四百萬的國家（法國人口的四分之一），而且當時事實上已經與西班牙結盟，只是起不了多大作用。顯然，光憑英格蘭的支持不足以讓查理五世同時擊敗法國與德意志諸侯。如果考慮二階效應的影響，也就是哈布斯堡帝國更龐大的支配力很可能在天主教國家之間激起更強烈的反抗，那麼要讓英格蘭部分從屬於哈布斯堡更是不可能。法國的人口如此眾多，無論在什麼狀況下，要以脅迫的手段令其屈服都非常困難。儘管英格蘭的地位日漸重要，但要以英格蘭為軸心開展出一段完全不同的歐洲歷史幾乎難以實現，特別是要建立一個由哈布斯堡家族統治的持久霸權。這樣的霸權無論如何都對歐洲的科學進展有害，而非如埃爾所想的能產生推動的作用。面對任何有潛力成為霸權的國家，此時的歐洲已有很大的可能會釋放出抵銷的力量。

現實中，查理五世的兒子腓力二世繼承絕大多數哈布斯堡領地，包括西班牙與所有海外殖民地，但不包括領土相對狹小貧瘠且遭受鄂圖曼人圍攻的奧地利。哈布斯堡領地內部的分裂，反映了以西班牙為中心的全球帝國的鞏固，以及不再幻想在德意志帝國主導下進行普世統治。歐洲帝國統一的願景因此變得更加渺茫（圖6.3）。

重大軍事行動的挫敗也助長這個趨勢。腓力二世的表現整體來說好壞參半。當法國陷入天主教與新教派系的宗教戰爭時（一五六二至一五九八年），西班牙得以暫時擺脫法國的壓力。腓力二世在這場戰爭的最後十年主動介入衝突，支持天主教派系。而在與鄂圖曼人的關係上，先是在一五六〇年海戰失利，之後又在一五七一年獲勝，雙方實際上陷入了僵局。一五八〇年，腓力二世取得葡萄牙及其海外屬地，儘管時間非常短暫，還是鞏固了他在歐洲貿易與殖民上的全球霸權。美洲領地與白銀產量持續增加，西班牙也將統治範圍擴展到菲律賓。

然而，西班牙取得的這些利益不足以抵償在北海遭受的挫敗，而這起事件也成為孕育現代性的搖籃。北方低地國由於苛捐雜稅、自治權遭到侵奪與新教徒遭受壓迫，於一五六八年反抗腓力二世的統治。腓力的軍隊起初雖然獲勝，但終究無法鎮壓叛亂。與鄰近英格蘭的關係也因為腓力在一五五四年到一五五八年間（透過聯姻）

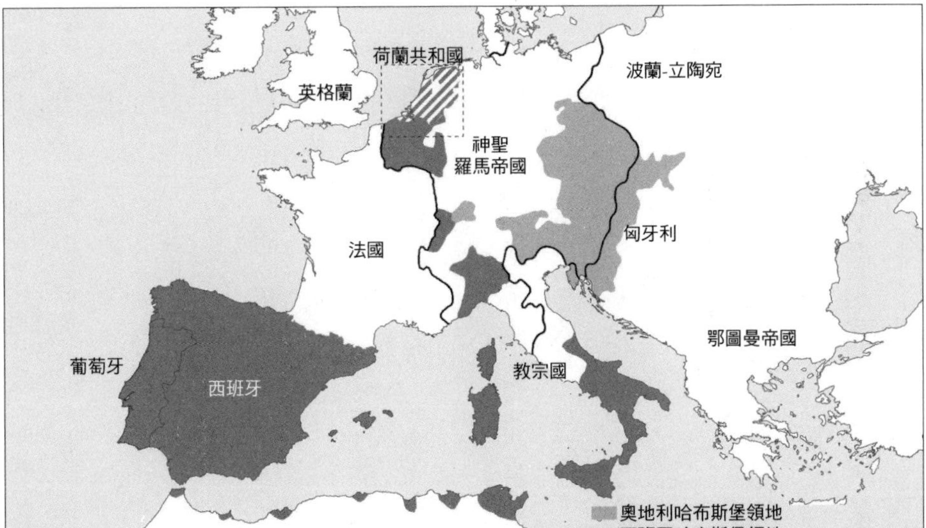

圖6.3　1590年代腓力二世的領地。

短暫擔任英格蘭國王而開始惡化。英格蘭日後支持荷蘭叛亂，加上信仰天主教的瑪麗・斯圖亞特（Mary Stuart）遭到處決，這些事件引發西班牙的入侵，而這場入侵也於一五八八年遭遇失敗。當時，西班牙有將近三分之二的軍隊用來對抗英格蘭或駐紮在低地國。

英格蘭與低地國這兩個戰場的失利造成重大損失：一五九〇年代重建的海軍無法帶來勝利，法蘭德斯駐軍直接與法國交戰也耗盡了軍隊的資源，兵變接二連三地發生。到最後，巨大的軍事開支未能帶來實際的利益。英格蘭與尼德蘭不僅維持獨立地位，而且升高對西班牙與葡萄牙海外屬地的壓力，此外法國也繼續與西班牙敵對。在此同時，腓力二世至少留下五次拖欠債務的紀錄。[51]

在這種狀況下，即使想出一些不大合理的反事實情境，也不容易挽救西班牙在歐洲的霸權。可能的反事實情境包括避免荷蘭叛亂、殺死伊莉莎白一世（Elizabeth I）並讓英格蘭在瑪麗・斯圖亞特統治下更親近西班牙，或者成功在一五八八年入侵英格蘭。第一個選項曾經在查理五世時代實現過，之後卻因為賦稅、中央集權與宗教改革等各種情勢的惡化而失敗。第二個選項顯然也有可能，畢竟西班牙曾經成功在一五八四年暗殺荷蘭領袖沉默者威廉（William the Silent）。但即便這個假設成真，也只會讓我們回到埃爾的反事實情境：信仰天主教的英格蘭與查理五世結盟。問題依舊是英格蘭能否完全防堵新教，或天主教的英格蘭是否會將宗教親緣性置於國家利益之上。畢竟法國也是天主教國家，卻總是與哈布斯堡王朝為敵。

第三個選項表面上看來更吸引人，至少短期而言是如此。畢竟英格蘭軍隊與城牆抵擋不住西班牙的軍隊與裝備，同時也極為缺乏現金與帳面積蓄。如果西班牙占領或某種程度上移居英格蘭，就可切斷對荷蘭的支援與遏止大西洋的劫掠，有助於西班牙維持對全球資產的控制與騰出資源鎮壓荷蘭人與其他地方的新教徒。但是同樣的，我們不能忽略這類假設所引發的二階效應：西班牙在英格蘭的高壓統治很可能引發其他地區的抵抗，讓一些支持和平的荷蘭人改變心意，也讓德意志的新教諸侯大膽採取行動。52

長期而言，西班牙不太可能讓英格蘭脫離北歐的新教區，也不可能牢牢控制英格蘭的外交政策以避免未來的衝突。西班牙鎮壓荷蘭叛亂早已力不從心，一五九〇年代干預法國事務之後，鎮壓行動更是難以為繼，入侵英格蘭只會造成類似的結果。每個戰區都需要投入資源，光從戰區的數量（法國、英格蘭與低地國）就可以看出全面獲勝有多麼困難，西班牙的對手也因此獲得許多取得權力平衡的機會。

短期來看，西班牙無法維持霸權，長期看來的可能性更低。正如前面幾次反事實情境所見，光是改寫幾個偶發事件，如更改伊莉莎白一世或西班牙無敵艦隊的命運，都不足以實質改變地緣政治的結果，必須大幅改寫歷史才能做到。此外，西班牙搖搖欲墜的霸權也只局限在拉丁歐洲。腓力二世從未掌握涵蓋大部分歐洲的統一帝國，他的父親查理五世也是如此。從這個意義來看，哈布斯堡帝國從未真正威脅到定義歐洲政治秩序的多中心主義。

十六與十七世紀：鄂圖曼的擴張

如果歐洲各國無力建立單一的超級大國，那麼歐洲以外的競爭者是否有可能成功？鄂圖曼帝國是這個時期唯一可能的選項。鄂圖曼人起源自於十四紀初在安納托利亞西北部由土耳其戰士及其盟友組成的同盟，這個政治體在小亞細亞迅速擴張，並且進入巴爾幹半島與羅馬尼亞。一四五三年，鄂圖曼人攻占君士坦丁堡。一五一六年到一五一七年，鄂圖曼人取代馬木路克人成為敘利亞與埃及的統治者。一五二六年，匈牙利遭鄂圖曼人侵擾，絕大部分的黑海沿岸地區都在鄂圖曼人的控制之下。馬格里布的東部與中部地區出現幾個鄂圖曼的附庸政權，成為鄂圖曼對抗基督教國家的海軍基地。蘇丹國建立龐大的海軍，將歐洲人趕出地中海東部據點，並且向西拓展勢力。一五二七年，蘇丹原本的兩萬常備軍，透過贈地的方式增加了九萬人，其中三分之二住在與歐洲接壤的地區，不過實際能夠動員的只有一部分。

這是伍麥亞時代以來第一次有這種規模的帝國如此接近拉丁歐洲。鄂圖曼人統治的領域大致等同於一千年前東羅馬帝國巔峰時期的領土——少了義大利，但多了美索不達米亞、羅馬尼亞與黑海北部流域，兩個國家甚至以同一座城市做為首都。與第一個哈里發國不同的是，鄂圖曼帝國的國祚較長：鄂圖曼帝國一直維持全盛時期的領土直到十八世紀末，之後有些領土雖然獲得了自治，但鄂圖曼至少仍維持名義上的宗主地位（圖6.4）。[53]

然而，就像伍麥亞哈里發國，鄂圖曼人在拉丁歐洲並未獲得太大進展。一五二九年、一五三二年攻打維也納失敗，一六六四年與一六八三年又嘗敗績。同樣的，一四八〇年到一四八一年的登陸南義大利之戰與一五六五年圍攻馬爾他（Malta）都未能獲勝。十六世紀中葉與法國結盟發動的海上軍事行動收效甚微。一六六八年奪下威尼斯統治的克里特島，這是鄂圖曼最後取得的微小成果。

十七世紀初，西班牙艦隊已經有能力在地中海東部擊敗鄂圖曼人。一五九〇年代到一六五〇年代，鄂圖曼帝國的安納托利亞核心地區因為接二連三的軍事叛變與省區官員叛亂而動搖。中央政府努力想維持對軍事資源的充分控制，但國家的效能無法趕上持續進步的歐洲。到了一六〇〇年，鄂圖曼的人均稅收已落後西班牙、威尼斯、尼德蘭、法國與英格蘭。從絕對數字來看，西班牙的稅收是鄂圖曼的三倍。從十六世紀到十八世紀，鄂圖曼的稅收若以白銀來衡量，則無論在人均還是絕對數字都停滯不前，反觀歐洲幾乎每個地方都穩定增加，有些地區甚至大幅提升。

一六〇〇年，鄂圖曼帝國以西的歐洲人口（波蘭以東除外）大約是鄂圖曼帝國人口的二點五倍。人口的失衡也反映在軍事人力上：十六世紀中葉，英格蘭、法國、西班牙與奧地利合起來的軍隊總數是鄂圖曼帝國的二點五倍，一七〇〇年時比例更達到四比一。無論哪個蘇丹都無法期望自己可以征服拉丁歐洲。[54]

有人也許會提出反駁，認為歐洲的軍隊各自分裂，而且各國軍隊首先對抗的是歐洲人自己，反觀鄂圖曼人則完全服從於單一政府。然而，有兩個因素抵銷了這項優勢。假設鄂圖曼更堅定地往歐洲推進，我們就必須考慮這種假設可能產生的二階效應。歷史上法國會與鄂圖曼合作，是因為後者離法國最近的前線仍有八百公里遠，但當鄂圖曼深入奧地利與巴伐利亞甚至抵達萊茵河流域時，兩國是否仍會合作就存在疑問。更重要的是，鄂圖曼帝國與後方另一個亞洲大國存在著長期衝突，雙方時戰時和，這個大國就是伊朗的薩法維王朝（Safavid Iran）。

從一五一四年到一六三九年，遜尼派鄂圖曼人與什葉派薩法維王朝持續爭奪伊拉克（一五一四年，鄂圖曼人從薩法維王朝手中奪取了伊拉克）與南高加索的控制權。兩國交戰了

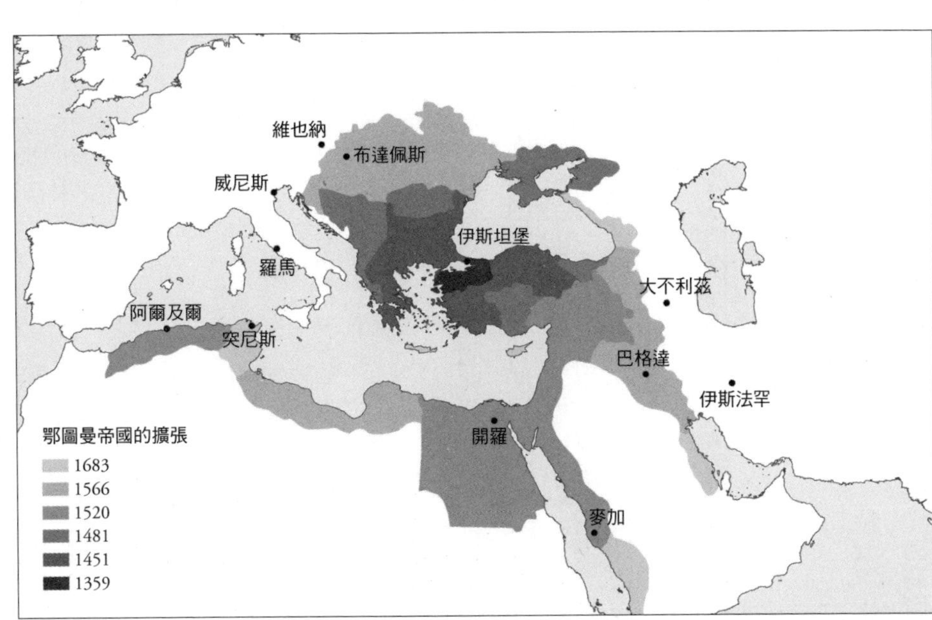

圖6.4 1683年左右的鄂圖曼帝國。

八次，一百二十六年中，有五十五年處於交戰狀態。一開始鄂圖曼人處於上風，到了十六世紀，在伊朗進行改革與鄂圖曼內部不穩之下局勢開始逆轉：巴格達淪陷了十四年，直到一六三九年才被鄂圖曼人收復。歐洲與伊拉克戰區競相成為鄂圖曼帝國關注的重點。一五五〇年代，鄂圖曼在東方的軍事行動限制了在西方的作戰，到了十七世紀初，情況則是反過來。

考慮前述所有的狀況，我們幾乎不可能建立可信的廣大鄂圖曼歐洲帝國的反事實情境。顯然，即使歐洲各國之間的衝突加劇，鄂圖曼人也沒有能力大舉入侵歐洲。這就導致另一個反事實情境也難以成立：既然鄂圖曼人無法成功往歐洲擴張，歐洲各國也就不會停止內鬥並共同抵抗鄂圖曼人的入侵。從財政與軍事能力來看，當鄂圖曼帝國擴張至歐洲時，它的國力已經落後於歐洲幾個主要國家。隨著歐洲各國彼此競爭造成國家形成加速，鄂圖曼帝國落後的幅度還會持續擴大。

宗教上的差異也可能成為鄂圖曼進一步擴張的障礙：雖然阿拉伯人成功征服與統治黎凡特、馬格里布與伊比利半島數百萬的基督徒（以及伊朗的祆教徒），但這些人口在阿拉伯人征服之前並未像近代早期的歐洲那樣組織成較具凝聚力與較有能力的國家。因此，我們無法根據鄂圖曼成功征服基督教巴爾幹半島來推論鄂圖曼繼續往西推進時也能順利收服基督徒。讓歐洲西部地區數千萬名基督徒被成功吸收及長期默許穆斯林政權的時機很可能已經逝去。

無論是攻陷維也納或入侵義大利，這些合理的歷史重寫無法改變結構性因素。要讓鄂圖曼人統一絕大部分拉丁歐洲，必須做到非常大規模的歷史改動：我們必須提高鄂圖曼帝國的內部穩定與財政能力，而且還要將薩法維帝國（與其他中東競爭者）從歷史中抹除。[55]

這樣的歷史改寫無法充當可信的反事實情境，因為勢必將導致大規模的時空環境改變。儘管鄂圖曼人在初期取得驚人的成功並維持長期的韌性，但鄂圖曼帝國卻缺乏動員技術、軍事優勢與集中所有資源投入單一戰區的能力等入侵拉丁歐洲的必要條件。

十七世紀晚期到十九世紀初期：法國的霸權追求

十七世紀末，法國已經成為基督教歐洲的首要國家。法國的稅收超過所有的競爭者，可以派出約三十四萬人的軍隊。相較之下，英格蘭、尼德蘭、西班牙、奧地利、普魯士與俄羅斯的軍隊總計則是五十八萬人。因此，雖然建立泛歐洲帝國遠非太陽王路易十四能力所及，但法國依然是唯一可能的霸權角逐者。儘管如此，法國的侵略外交政策反而促使對手為了取得權力平衡而締結同盟，其中最著名的是九年戰爭（Nine Years' War，一六八八至一六九七年）與西班牙王位繼承戰爭（War of the Spanish Succession，一七〇二至一七一四年）。[56]

鑑於同時期英格蘭的支配地位（英格蘭曾兩次擊敗荷蘭，而且開始朝成為歐洲經濟的火車頭邁進），要瓦解對抗法國野心的權力平衡同盟最有效的方式就是讓英格蘭退出同盟，並使其加入法國陣營。唯一可能出現這種狀況的時機是在十七世紀晚期信仰天主教的英格蘭國王詹姆士二世（James II）在位的時候。

史家金世傑（Jack Goldstone，又譯葛斯通）為此發展了一個反事實情境，透過最小重寫使奧倫治的威廉無法在一六八八年或一六九〇年發起光榮革命（Glorious Revolution）。結果，英格蘭持續受詹姆士二世的統治，而且與法國結盟。這個情境將減少歐洲的競爭：無論在歐洲還是新世界都不會出現英法衝突，法國將可輕易圍堵尼德蘭，而且可以更輕鬆地贏得西班牙王位繼承戰爭。最後，歐洲很可能以萊茵河為界，西邊是法國領導的集團，涵蓋了伊比利半島、法國、英格蘭（與受到脅迫的尼德蘭），東邊則是德、奧（與俄國）的勢力範圍。

雖然我們很難猜測在這條分界的兩側將產生更多的和平還是更大規模的戰爭，但可以斷定的是，新世界殖民地將出現重大的改變：加拿大將被法國人支配，而美國很可能胎死腹中。這也表示法國大革命有可能避免，而西班牙的美洲殖民地很可能不會脫離。[57]

這個反事實推論被批評為太過樂觀。我們必須考慮英格蘭是否願意接受歐陸強權的支配，或者英格蘭新教徒是否會在威脅下乖乖順從，特別是離英格蘭不遠處的尼德蘭、德國北部與斯堪地那維亞還有其他新教徒存在。但就我們此處的討論來說，重點是就連金世傑的全面反事實情境也無法想像歐洲將會出現統一的帝國，甚至法國領導的集團內部也無法統一成一個國家。法國頂多僅能期望自己在盟國之間扮演某種霸主的角色，而且還要時時提防英格蘭（與尼德蘭）的海上力量與新教傾向帶來的壓力。[58]

即使如此，考量英格蘭在開啟工業革命上具有的關鍵地位，光是英格蘭的獨立發展很可能遭到扼殺這件事就足以讓我們思考再三。在金世傑的情境中，政治或經濟進入現代性的方式很可能與實際歷史不同。政治或經濟的重大突破是否將因此延宕，或者出現在不同的地點？這些問題的解答很大一部分將取決於我們對偶然因素的強調程度。除非假設極端的條件，例如工業革命若沒有英國煤礦與保護主義就不可能發生，或者「資產階級價值」無法在荷蘭、英國與北美等有利環境之外繁榮茁壯，否則歐洲仍有機會出現突破性的進展。[59]

但即使如此，最可能的結果仍非法國霸權延續或出現缺乏足夠誘因的某種創新，而是在很短的時間內又會出現一次馬爾薩斯式的人口循環（Malthusian cycle）。人口暴增與收入停滯後的壓力，將再度擾亂地緣政治秩序。大致上而言，法國核心出現任何一種形式的內部動盪，都可能導致邊陲的混亂，再次出現競爭性的多中心主義，重啟原本短暫中斷的社會、經濟、意識形態與科技創新。

如果我們順著實際歷史發展的路線，讓英格蘭在十八世紀持續強化自身的經濟與軍事力量，那麼最後一個可能導致大帝國重建的關鍵時刻，就是拿破崙時代。在這個時間點上，英國在經濟與軍事上的突破與後續歷史仍可能出現轉折。最可能導致轉折的發展，就是拿破崙成功入侵英國（儘管享有極大優勢的英國海軍很可能擋下法國的攻擊）。另一個讓法國成為歐洲霸權的可能，則是拿破崙與俄國和平共處。[60]

拿破崙熱衷於與歐洲各地的對手交戰，由此引發的反對力量總和已強大到難以征服的地步。十九世紀初，歐洲在歷經數個世紀難分難解的戰爭與富國強兵式的改革後，列國體系已經變得太根深柢固，太過龐大（加入俄國之後）與太有能力運用外部資源（例如大英帝國），導致拉丁歐洲已經沒有任何單一國家可以獨自凌駕與控制所有國家。從這個角度來說，當時的權力平衡並不利於法國稱霸（圖6.5）。[61]

事實上，最合理的反事實情境並非法國獲勝

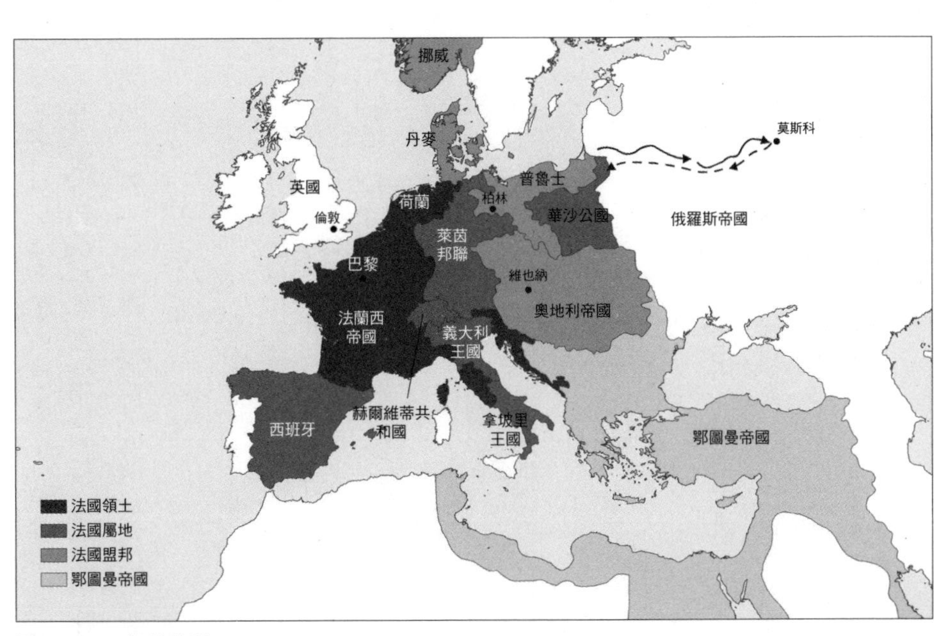

圖6.5 1812年的歐洲。

與建立帝國，而是法國比實際上更早失敗。面對來自各方的競爭者，拿破崙不只一次冒著可能招致決定性挫敗的風險。舉例來說，拿破崙可能在一八〇五年秋天的奧斯特利茨（Austerlitz）戰役中遭優勢敵軍擊敗，或者在一八一二年十一月從俄羅斯撤退時在克拉斯諾伊（Krasnoi）遭到殲滅。拿破崙得以短暫成為歐洲霸主，源自於他在一八〇五年到一八〇七年的一連串高度偶然的軍事勝利。

奧地利、普魯士與俄羅斯受到的屈辱，只是更加強了三國的反法決心。因此，一旦拿破崙因為干預伊比利半島、出征俄羅斯與孤立英國的做法耗盡了自身的資源，就無法繼續維持霸權。此外，隨著戰爭持續，法國的傷亡率也不斷上升，部分是因為投入更多軍隊導致戰爭時間延長，但更重要的原因是火炮的大量使用。在這種嚴酷的環境下，人力資源的數量變得更加重要。即使拿破崙在滑鐵盧（Waterloo）戰役獲勝，也不會改變這項基本事實。[62]

拿破崙因此面臨一個悖論。如果他對自己的目標能有所節制，長期而言很可能得以保住已經取得的利益，合理想像法國將在普魯士與奧地利以西建立霸權或甚至直接統治。但這樣就無法創建出人口足以媲美古羅馬的大帝國，而且也無法真正動搖英國的地位。在這個例子裡，現代經濟成長與工業化很可能不受阻礙地進行。對比之下，現實中擁有較大野心的拿破崙注定因為無止盡地擴張而讓自己功敗垂成。無論哪一種情況，英國乃至整個歐洲與「西方」都勢必得以興起。

最後還可以補充一點，那就是希特勒的野心也曾在類似的限制條件下遭遇失敗。特別是在蘇聯、大英帝國，以及被羅斯福總統打造成「民主兵工廠」的美國，這三國共同讓歐洲中心的列國體系全面深化，使任何一個歐洲國家都不可能在這種環境下建立持久的大帝國。在這種情況下，即使是極端的反事實假設也無法改變現代世界早已形成的事實。

小結：長達一千五百年的分裂

從過去兩章對八種情境的討論可以得知，這些國家在實際上完全不可能建立統治歐洲大部分人口的大帝國。有些事件可能會被認為是歷史的轉捩點（如七三二年、一二四二年或一五八八年），但其實這些事件幾乎無法真正左右歐洲政治的發展。這並不令人驚訝。畢竟正如我在第四章指出的，羅馬一旦真正開始崛起，光靠歷史的最小改寫原則已無法扭轉羅馬的擴張之勢。核心與邊陲之間的結構特性與體系差異是驅策羅馬擴張的主要動力。羅馬之後的時代也是如此，因為整體結構與廣泛趨勢要比特定事件更具影響力。

不同的因素會在不同的時代扮演決定性的角色。東羅馬的復興受到地緣政治的阻撓，因為面對太多的挑戰者而難以取勝，這很類似一千年後哈布斯堡王朝的處境。東羅馬與哈布斯堡王朝的野心家都缺乏羅馬的組織優勢，使他們無法像羅馬一樣同時面對多個敵人卻都能全部取勝。其他的例子則苦於內部分裂：法蘭克與德意志統治者受到貴族自治、財政衰弱與不同社會權力來源制衡的嚴重限制。阿拉伯與蒙古的不穩定則源自於社會結構及建立征服政權的方式，這兩個帝國的西部邊陲都從很早就出現內部摩擦（如柏柏人與哥多華的叛離以及金帳汗國轉而攻擊伊兒汗國），歐洲因此免於受到進一步侵略。

歐洲列國體系的多樣性與規模也成了建立大帝國的阻礙。城邦同盟有能力阻礙更龐大的國家出現：義大利城邦與同盟合力對抗德國皇帝，以及荷蘭聯省共和國（Dutch United Provinces）叛離腓力二世。此外，歐洲的人口數量與地理分布也能對企圖建立霸權的鄂圖曼帝國與近代早期的法國構成阻礙。

讓我們回頭簡略討論我在第二部提到的幾項關鍵變數，這些關鍵變數在羅馬帝國興起上扮演了重要角色：核心與邊陲的相對力量，以及強度、規模與整合度。不是所有羅馬帝國之後的主要強權都擁有相當緊密凝聚的核心：德意志帝國的核心一點一滴地喪失，加洛林王朝與哈布斯堡王朝的核心則是發展不良。伍麥亞王朝的核心敘利亞與阿拉伯故土因世代相傳的嫌隙而分裂，蒙古的部族同盟隨著疆域拓展而日漸疏離。唯有東羅馬與之後的法國具有必要的核心屬性，鄂圖曼帝國的核心雖然稍微不穩定，但也具備應有的性質。

唯一毫無爭議的變數是規模。從東羅馬帝國、哈里發國、法蘭克人、德意志帝國、蒙古人、哈布斯堡王朝、鄂圖曼人到法國，第三部調查的所有政治體的規模在巔峰時期都十分龐大，人口皆以千萬計（法蘭克人勉強達到一千萬人）。

然而，這些規模優勢經常因為強度與整合度不足而遭到抵銷。軍事動員強度普遍低落，僅占總人口的百分之一以下。雖然同樣的狀況也曾在全盛時期的羅馬帝國出現，但與羅馬帝國不同的是，羅馬之後的國家即便擁有千萬名核心人口，也得面對同樣領土廣大、動員強度毫不遜色的對手。唯一的例外是蒙古，蒙古人的核心動員強度非常高。直到法國大革命與拿破崙時代，像法國這樣的國家動員強度才得以提升到百分之一以上，然而其他競爭者的動員強度也迅速跟上。相較之下，羅馬帝國當年的對手並無法追上羅馬。

統治階級的整合度往往隨時代而不同。東羅馬帝國的整合度在良好與中等之間來回擺盪。哈里發國幾乎從一開始就整合不良，法蘭克人則是逐漸走向分崩離析，至於德意志帝國則是從來沒成功整合過。蒙古人的凝聚力消退得很快，某種程度來說，十七世紀上半葉的鄂圖曼帝國也是如此。哈布斯堡王朝面對荷蘭菁英的叛離與德意志境內的抵抗，此外還遭受西班牙議會乃至於西班牙派往新世界的征服者的零星挑戰。除了法國大革命時期之外，近代早期的法國整體而言擁有較佳的整合度，但主要對手也不遑多讓。

經過一千五百年的發展，許多大型國家已經跨越人口的門檻，使得規模不再是建立帝國的限制因素，但強度（在核心地區裡）與整合度無疑仍是。羅馬帝國之後的歐洲從未出現過任何龐大的核心，能夠同時擁有足以壓倒其他組織度較差的競爭對手的高度動員強度與政治整合度。此外，隨著近代早期歐洲各國持續提升強度與整合度，國與國也在強化彼此之間的交流。結果就是沒有任何一個國家像古羅馬那樣擁有獨一無二的優勢：強大核心對抗脆弱的世襲帝國，並且征服由小國、酋邦與部族構成的分裂政治生態。那樣的時代已經一去不復返。

隨著時間進展，歐洲的多中心主義變得更加鞏固。羅馬帝國之後的早期「強權」，要不是受制於發展落後的政治軍事網絡（如東羅馬帝國），就是在整合度與競爭性均嫌不足的列國體系中相對內部力量孱弱（如法蘭克人與德意志帝國）。隨著各國重建力量，整個列國體系也開始恢復活力——哈布斯堡王朝、鄂圖曼帝國與法國的野心才因此受創。歐洲以外的挑戰者，如阿拉伯人、蒙古人與土耳其人，需要壓倒性的軍事或其他方面的優勢才能抵銷距離與後勤構成的障礙，但這些挑戰者幾乎都無法克服這些問題。一方面，相互競爭的列國體系從歐洲內部阻礙了大帝國建立。另一方面，缺乏真正強大的外部征服者也讓歐洲免於遭受外力征服與統一。因此，這兩條讓羅馬式帝國重生的道路都不再可行。

為了打通這兩條道路，我們提出的反事實情境勢必修正過度，以至於讓這些假設變得毫無意義。好比東羅馬皇帝可以吸收或征服伊朗薩珊王朝，哈里發可以任意抹除古老的部族忠誠與新的宗教派系，德意志君主可以恢復舊的稅制重振過去帝國的榮耀，並且牢牢掌握底下的公爵與主教。或是蒙古大汗可以不顧一切運用人力與物力，從蒙古一路燒殺擄掠直到歐洲的最西端。或是哈布斯堡王朝不僅繼承英格蘭與法國，還能永久控制兩國並在龐雜的領土上建立起一個大帝國。或是法國統治者集結了渴望接受他們號令的「加強版」歐盟雛形（不僅包括俄羅斯，而且英國也沒有「脫歐」）。

在一個無須任何正當理由就能改寫歷史的反事實宇宙裡，以上的情境無論如何都有可能發生。但在地球這顆行星上，羅馬規模的大帝國則幾乎不可能在歐洲重現。然而，究竟是什麼原因讓羅馬式帝國在歐洲如此難以重建，特別是比其他地方更加困難？要回答這個問題就需要比較分析，而這也是下一章開始的主題。

第四部

第一次大分流

第七章

從合流到分流

理解分流

「第一次大分流」不只是羅馬時代與羅馬時代之後歐洲國家形成模式的「分界點」，也是貨真價實的「分流」：羅馬之後的歐洲與舊世界其他地區的國家形成從此走上不同的發展軌跡。我們在第一章提到，歐洲過去一千五百年來的歷史未再出現過大一統帝國，這讓歐洲顯得十分特殊。羅馬大約統治了八成以上的歐洲人口，這與其他幾個大型地區最大帝國統治的人口份額不相上下，例如中東與北非地區的阿契美尼德王朝、伍麥亞王朝都達到八成、鄂圖曼人則達到六成。南亞地區的孔雀帝國、德里蘇丹國與蒙兀兒帝國都達到九成，而笈多與戒日帝國也有六成。至於東亞地區的中國各朝代則在八到九成之間。這類帝國在歐洲以外地區的周而復始，阻礙了穩定列國體系的出現。[1]

第一次大分流將羅馬之後歐洲重建霸權帝國的失敗安放在更廣泛的脈絡下。我在第五章與第六章試圖找出導致重建失敗的特定環境，而這只是第一步。唯有對歐洲與舊世界其他地區進行比較，才能告訴我們這些結果是否源自更根本的差異。這樣的比較，也能讓我們更清楚理解歐洲的多中心主義與競爭性分裂是否為高度偶然，抑或有著強大的結構條件在背後支持。透過本章至第九章的討論，我認為答案是後者。

理想情況下，我們希望能觀察到某些特定特徵，這些特徵在東亞這個「對帝國最友善」的舊世界地區最為明顯，在羅馬之後的歐洲最不明顯或根本不存在，然後在包括新世界在內的其他地區則介於中間。然而在實際上，若要對這些特徵進行全面調查，就需要有系統地界定、記錄與評估各項廣泛的分類，而這麼做很可能需要寫滿整本書。因此，接下來我會先把重點放在比較歐洲與東亞，以中國的帝國傳統做為對照組，說明中世紀與歐洲的國家形成。

然而，這項對比只出現在羅馬帝國衰亡之後，而這也正是構成分流之處。在此之前，歐洲與東亞有著類似的歷史發展軌跡，共享合流的趨勢。當然，這使得隨後突然出現的分流更加引人注目且值得調查。這也有助於我們找出導致分流的最重要變數，以及這些變數在各個因果層面產生的影響。[2]

我的論證分成兩個階段。在本章中，我要討論歐洲與中國在上古時代的合流與隨後的分流，以及導致這一轉捩點的特定歷史環境（或近因）。接著，我會探討影響這一轉變的根本因素（遠因）：第八章討論地理與生態，第九章則討論文化特質。如果可能，我也會引用南亞、東南亞與中東的資料來擴大比較。這些額外比較包括財政安排、與大草原的距離及文化同質性等，是為了檢驗特定關鍵變數的合理性，因此不會寫得太詳細。

在第九章的末尾，我將總結自己的發現。我認為「歐洲在羅馬之後的長期分裂與歐洲以外地區的大一統帝國周而復始出現」這個重要結果，基本上是由多重原因所決定的（overdetermined）。儘管歐洲早期有羅馬成功建立帝國，但與舊世界其他地區相比（尤其是東亞），歐洲始終有著較不易受到大型帝國統治的條件。就算我們特別凸顯地理、生態或文化等任何一項因素的影響，都不會改變這個結果。

從類似到合流：歐洲與東亞在國家形成上的異同

類似

歐亞大陸的東、西兩端的發展軌跡，並非從古至今就有顯著差異。曾經有超過一千年的時間，兩地的國家形成是以類似乃至合流的方式進行。公元前一千年左右，歐洲與地中海世界的政治權力與東亞的政治權力在空間上都是高度分裂的。歐陸遍布著無國家的小群體，地中海地區則分布著城邦。更早之前，黎凡特地區已經存在更大型與更複雜的政治體，到了青銅時代末期，從安納托利亞到美索不達米亞與埃及的帝國紛紛解體崩潰，遺留下來的絕大多數是比較小型的王國。同一時期，位在今日中華人民共和國中部與東部地區的西周王朝，也逐漸喪失對眾多諸侯國的掌控。中央權威的衰微創造出上百個星羅棋布的小政治體，而在這些小政治體之間又零散分布著族群不同但彼此規模相當的更小群體。

經過一段時間之後，隨著更大型政治體的出現，以及競爭者之間的相互併吞，多樣性也逐漸消失。這個過程在東方比在西方來得稍微快一點，但無論是東方還是西方，兩者都產生類似的結果。在中東，新亞述帝國從公元前九世紀，尤其是公元前八世紀開始擴張。同樣的，埃及的庫施王國（Kushite）與塞易斯王朝（Saite）也是在公元前八世紀與七世紀開始擴張。公元前六世紀下半葉，以伊朗為中心的阿契美尼德帝國興起，疆域從巴爾幹半島延伸到印度河流域，領土之遼闊讓在此之前存在的所有帝國都黯然失色。公元前四世紀晚期，亞歷山大大帝的征服導致阿契美尼德帝國解體，之後有幾個規模龐大的帝國取而代之。同一時間的地中海西部地區，羅馬、迦太基與敘拉古政權也開始逐步擴張。而在中國，到了公元前五世紀，傳統周朝秩序崩壞產生的眾多小邦也逐漸被崛起的戰國七雄併吞。[3]

無論是西方還是東方，這些政權相互併吞的過程都導致西部邊緣地帶各自出現了一個越來越強大的政治體：西方的羅馬與義大利城邦同盟體系，以及東方的秦國。羅馬與秦國在增強自身軍事能力時，都因為自身所處的「邊緣」位置獲益，這使它們能順利擴張，而不至於夾在發展程度相當的鄰邦當中而受到嚴重限制。一如第三章所說，羅馬曾經因為義大利位於歐亞大陸西部的核心「政治軍事網絡」之外而獲益，秦國也因為群山阻隔使其與經濟較發達的中原國家分離而獲得屏障，並因此能確保對「關中」的控制，也就是以渭河流域為中心的邊陲地區。

這些位置上的優勢使羅馬與秦國能在遠離大國環伺下進行初始的擴張：羅馬於公元前三世紀往地中海西部擴張，秦國於公元前四世紀晚期往南方的四川擴張。低廉的邊防成本使領土的擴張更具價值。這些增添的資源，加上對軍事作戰能力的重視，使羅馬與秦國擁有與東方大國交戰的實力，甚至擊敗東方大國。在羅馬與秦國的例子裡，兩國都將事實上的霸權逐漸化為直接統治。不過中國的速度（公元前二二〇年代）遠比地中海地區快得多，羅馬直到公元前最後兩個世紀結束才落實直接統治，有些地區甚至直到公元後才落實。[4]

這兩個征服帝國在次大陸上建立起近乎獨霸的地位，其政治結構也因此深受影響，其中包括從全民軍事動員轉變成更職業化、更具社會階層性，以及在地理上更配置在邊陲的軍事力量。全盛時期的羅馬帝國維持了一支部署於邊疆地區的常備軍，這支常備軍在邊疆接受補充給養，而且由各省輔助部隊加以強化。另一方面，漢帝國（承繼秦朝，國祚遠比秦朝來得長久）則是越來越仰賴由囚犯、殖民者、傭兵與「蠻族」混合組成的部隊。羅馬與漢朝的領土擴張放緩，最終完全停止。在此同時，尋租的地方菁英逐漸限縮中央權威與國家的控制力（圖7.1）。

這兩個帝國甚至連失敗的原因也十分類似。兩者都曾在公元三世紀短暫分裂為三，也又再次統一，只是羅馬比中國晉朝維持了更久（前者從二七〇年代維持到三九〇年代，後者的統一在二六五年之後只短暫維持了二十五年）。但這些細節的差異並不重要。因為無論是羅馬還是晉朝，兩者比較容易受攻擊的領土都已被外來的征服政權占領。更確切地說，是早已被外來征服者滲透。這些征服者，一個是四世紀時來自中國北方草原邊疆的群體，另一個則是五世紀時位於羅馬帝國西半部的日耳曼同盟。晉朝的殘部偏安於中國南部（從三一七年到五八九年），羅馬則是繼續維持地中海東部的領土（三九五年之後）。儘管地中海東部不像中國南部那樣擁有自然天險，但由於與君士坦丁堡競爭的伊朗在六世紀初之前都短暫處於衰弱狀態，因此地中海東部能暫時免於威脅。

在前西羅馬帝國境內與中國北方，征服者與

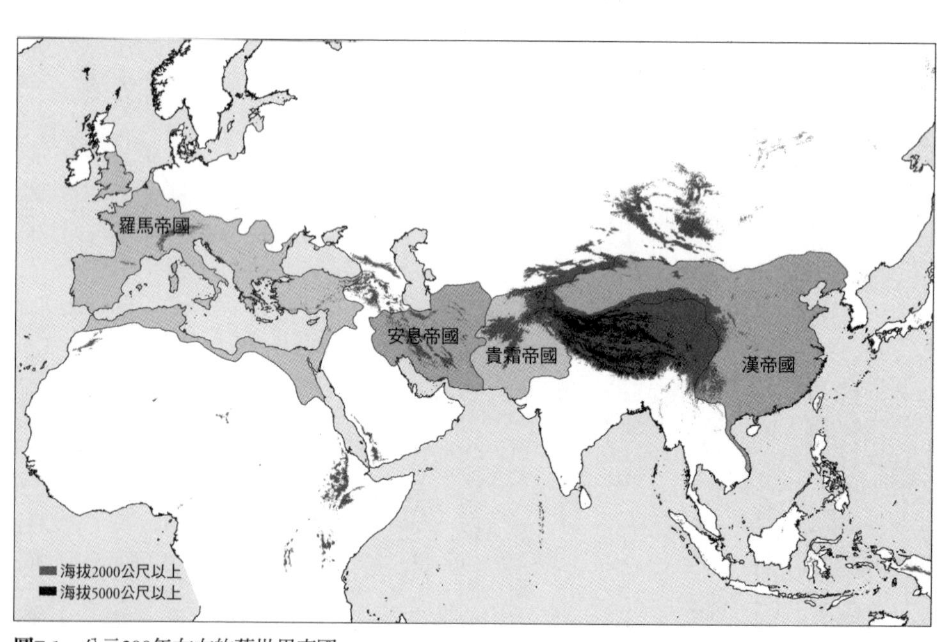

圖7.1　公元200年左右的舊世界帝國。

地方菁英逐漸同化成新的統治階級，認為自己不受國家管轄的超驗宗教（基督教與佛教）也持續發展。六世紀時，兩個地區都曾出現決心恢復過去大帝國的嘗試，而這也是兩者最後一次的類似嘗試。此後，兩個地區的國家發展便走向岔路。中國在六世紀末成功重建大一統帝國（而且往後周而復始地重建），但歐洲的大一統帝國卻再也未能重建。

差異與合流

中國與歐洲類似的國家形成趨勢一直持續到公元六世紀為止，但這兩個趨勢背後卻隱藏著根本差異。中國春秋戰國時代的政治體是在菁英互動的框架中運作，其基礎是商朝與周朝（大約公元前十六世紀到八世紀）鬆散的統一傳統。對比之下，羅馬則是直接在其統治的大部分歐洲領土上創造出史無前例的政治統一。羅馬承襲前代網絡與統治制度的部分僅限於地中海的中部與東部地區，儘管這減緩了羅馬往西部與北部擴張的速度，卻無法構成永久的阻礙。[6]

從政治與行政結構來看，戰國時代的君主體制與（根據上古時代的標準）強大的中央集權政權，以及羅馬共和國的寡頭體制與羅馬行省分權的治理模式，兩者之間存在著可觀的差異。這個差異在公元前一千年的最後幾個世紀最為明顯，但隨著時間流逝而逐漸縮小，不過卻未完全消失。這反映了長期的合流趨勢。

在擴張期間，羅馬與秦國（以及戰國時代其他國家）都仰賴全民動員的農民軍隊，按區徵兵，而且為了徵兵而進行人口普查。從公元前五世紀到三世紀，戰國七雄陷入漫長而難分難解的戰爭之中，戰爭的競爭壓力促使各國進行對內中央集權與制度統一。秦國在這方面進行得最為徹底：秦國的統治者致力於削除貴族權力，將全國人民納入階級制度之中，推動什伍連坐法，並且創設獎勵軍功的二十等爵制。秦國的賦稅包括金錢、實物、兵役與勞役，負擔相對沉重。秦國試圖建立一個中央集權的領土型國家，這個國家由統治者的僱員充分控制，完全不留一點政治空間給貴族或富人這些能與統治者匹敵的團體。秦國有著囊括一切的野心，而這個野心並非沒有實現的可能。[7]

我們在第二章提到，共和時期的羅馬透過規模小得多的政府體制與明顯較有效率的地方組織來進行密集的全民動員。羅馬在空間上高度核心化，因為整個頂端領導階層全集中在羅馬城。專制制度長久以來一直被堅決反對王政的貴族寡頭政體壓制。由於沒有單一君主，人民的政治參也與受到嚴密控制，貴族內部的競爭也受到限制。這種體制結構不利於發展形式井然的官僚科層制度，也無法對國內民眾徵收重稅。為數不多的貴族家族憑藉世襲資源來履行公共職能，同時也利用恩庇關係與儀式來行使權力。財政運作大部分外包給民間承包人，賦稅相對較輕，特別是在義大利核心，菁英與平民的主要公民貢獻則是兵役。

整體來說，羅馬的領土從階序上區分成義大利核心與逐漸擴大的各省邊陲地帶，這個特徵在帝國時期的中國基本上是看不到的。城市自主與有效自治被保留下來，羅馬從未設立受薪的國家僱員來統治數量龐大的社群。這種鬆散的結構體制能夠勝出的主要原因在於，與戰國七雄不同，全盛時期的羅馬共和國與組織程度各異的挑戰者進行的絕大多數是不對稱競爭：競爭的優勢稍微往羅馬傾斜，因此無法刺激羅馬調整內部結構。羅馬只有在早期階段努力取得義大利半島的主導權時，面對的較多是與自己平分秋色的對手，這才得以激勵（而非限制）羅馬進行組織調整。[8]

然而，一旦羅馬與秦漢帝國成長為龐然大物，兩者合計統治世界接近三分之二的人口時，它們各自的制度改革反而讓兩者變得更加類似。由於未能解決後勤的挑戰、菁英的階層化與菁英共識的崩解，羅馬的寡頭政體終於垮台，代之而起的則是君主制：雖然風格與漢朝不同（羅馬給予菁英團體較大的自主權，而且更倚重膨脹的軍事集團），卻朝著君主制這個當時全球史上的常態模式邁進了一大步。在中國，帝國中心雖然維持由十五萬名受薪國家僱員構成的官僚組織，但在地方菁英影響力日漸茁壯之下，國家僱員逐漸減少，帝國的根基開始鬆動。特別是在公元一世紀初的王朝動盪時期，支持統治王朝的豪強權力獲得鞏固。而在同一時間，徵兵制的廢除也讓控制人民與資源的權力轉移到富有的地主與恩庇者手中。

同一時期的羅馬帝國，原本成長十分緩慢的世襲科層制，因為國家在公元三世紀出現的嚴重動盪而有了長足的進展，這場混亂使當局決心進行中央集權改革。結果就是四世紀改革後的帝國結構變得比過去更類似漢朝，包括建立超過兩萬人的龐大官僚組織，對零散的賦稅制度進行整頓，軍令與民政分離，以及嘗試性地收回城市自主權。常見於漢朝的權臣、強大的宮廷宦官與年幼的皇帝，也在此時的羅馬出現。[9]

然而，漢朝與羅馬的合流僅止於此。漢朝依然擁有較為龐大的行政體制，而羅馬則有較高的城市自主權。回歸本質來說，這些持久不變的差異反映了希臘羅馬城邦傳統的韌性，以及中國較為密集的高壓榨取（coercion-extraction）循環。後者支撐起中央集權的野心與權威，並且犧牲掉地方（尤其是城市）的自治權利。

這類差異雖然值得注意，卻不能過度高估。羅馬城市官員與漢朝郡縣官員來自類似的社會經濟背景，而且漢朝行政組織形式的科層特徵幾乎無法掩蓋橫行的恩庇與官職買賣現象，而這兩種現象在羅馬帝國也一樣普遍。羅馬的自治財閥與漢朝的受薪國家僱員同樣善於吸取帝國中心擁有的資源，加上地主維護自身與侍從的資產，這些狀況都緩慢而確切地腐蝕了帝國的根基。無論漢朝與羅馬在軍事與民政領域、在中心與邊陲，以及在科層制與地方自治的相對比重上有多大差異，這些差異都只是程度上的區別。在傳統帝國內在邏輯的驅策下，這兩個體制在不同起始條件允許的範圍內都變得越來越類似。[10]

第一次大分流：六世紀左右的歐洲

這個雖不完美但卻逐漸進展的合流，反倒更加凸顯了接下來出現的國家形成大分流。這個過程大約橫跨了六世紀到十世紀。公元五〇〇年左右，羅馬帝國分裂成東、西兩部，東半部首都在君士坦丁堡，西半部則分裂成五個由日耳曼後繼政權建立的王國。往後數十年，這五個王國又兼併成兩個王國。在中國，晉帝國的崩潰開展了「五胡十六國」時期，出現了一連串短命的政治體。但到了五世紀初，只剩兩個國家分別控制中國的南北半部。直到六世紀晚期北方征服南方為止，國家的數字一直在二與三之間跳動。此後除了中間曾有一段短暫的中斷，中國形式上統一的時間至少持續到九〇〇年左右。十世紀上半葉的分裂時期，再度隨著宋朝復興而結束。

反觀這段時期的歐洲，羅馬帝國昔日的疆域範圍內存在著十一個大國與多個小國。其中位在歐洲西部與南部的大型政治體本身也出現嚴重的內部分裂，最知名的是法蘭克與德意志王國，以及不久後出現的伊斯蘭西班牙。地處邊陲的英格蘭儘管面積不大，而且還遭到具侵略性的斯堪地那維亞鄰邦包圍，但它或許是歐洲唯一穩定的政治體。

歐亞大陸東、西兩端的逐漸分流，可以從三個方面看出。首先，公元六世紀到十世紀裡有超過五分之四的時間，中國要不是處於政治統一的狀態，就是最多分裂成兩三個國家（分裂時期包括了唐朝中葉後約一百五十年的藩鎮割據）。對比之下，曾經被羅馬統治的地區再也沒統一過，而且僅能勉強暫時達到分裂成三國的狀態。這些地區的政治多樣性持續增加，從六世紀中葉的只有三個主要國家，到一○○○年分裂成將近十二個國家。

其次，我們接下來將會看到，十一世紀的中國被世界上最令人敬畏的帝國統治：這個帝國擁有至少一億人口而且僱用超過一百萬名士兵。羅馬帝國昔日的疆域範圍完全沒有類似的國家出現，特別是不可能出現在歐洲。

最後，也是最重要的，五○○年到一○○○年的歷史軌跡，以及一○○○年左右的時空背景，為往後千年的發展定下基調。除了短暫的政權更迭與內部間歇性地出現地方分權，中國分裂的國家數量從未超過兩三個。歐洲則朝相反的方向走去，在中世紀盛期與晚期都出現嚴重的分裂（圖7.2）。

拉丁歐洲的獨立政治體數量從上古時代晚期開始增加，起初增長的速度還算和緩，但在九世紀加洛林帝國崩潰後便開始加快。加洛林帝國曾短暫為西歐大部分地區帶來羅馬式的統一外觀，或者更確切地說是海市蜃樓。到了中世紀末，拉丁歐洲至少有一百個實質獨立的政治體彼此競爭，高度自治的實體數量更多。直到近代早期，歐洲列國才又開始慢慢趨向統一，只是力道依然不強。到了一九○○年，保守估計羅馬帝國昔日疆土共分成了二十三個國家，其中只有兩個位於歐洲以外。歐洲目前至少有四十個國家，依據對羅馬統治範圍與國家定義的不同，數量還可能更多。[11]

第一次大分流帶來了長期的對比：中國帝國周而復始地重建，因而無法產生穩定的列國體系，反觀歐洲再也沒像中國那樣出現大一統帝國，因而導致了具有高度韌性的政治多中心主義生態。這並不表示中國總是處於統一狀態，從第一章的圖表就可以看出事實並非如此。中國維持統一的時間有多長，取決於如何定義「中國」與「統一」。如果我們以公元前二一四年秦國極盛時期的領土來定義「核心中國」，那麼在過去兩千兩百三十一年間，中國由單一統治者統治的時間是九百四十七年，占了這段時間的百分之四十二（圖7.2）。[12]

說中國能夠維持大一統帝國，並非絕對而是指相對而言（相對於世界其他地區）。例如有一套估計顯示，從公元前二二〇年到公元一八七五年，東亞以單極或霸權政治體系為主的時間占了百分之六十八。這數字相較於歐洲從一五〇〇年到二〇〇〇年百分之九十八的時間以平衡的列國體系為主，或者是羅馬帝國滅亡後的任何時代，仍舊是個強烈對比。[13]

此外，中國帝國有時只能維持形式上的統一，而非實質上的統一。例如西漢末年、西晉、唐朝中晚期與明朝末年都可看到實際的地方分權。不過，即使是衰弱的帝國，也成功阻止了任何類似列國體系的事物出現。中國的列國體系只存在於公元前二二〇年代之前的戰國時代。

戰國時代之後，中國曾有兩次出現小規模列國體系的機會。首先是從五三〇年代到五七〇年代，中國北部的北魏分裂成東魏與西魏，與南部的分離政權對峙。其次則是略為短暫的南宋時

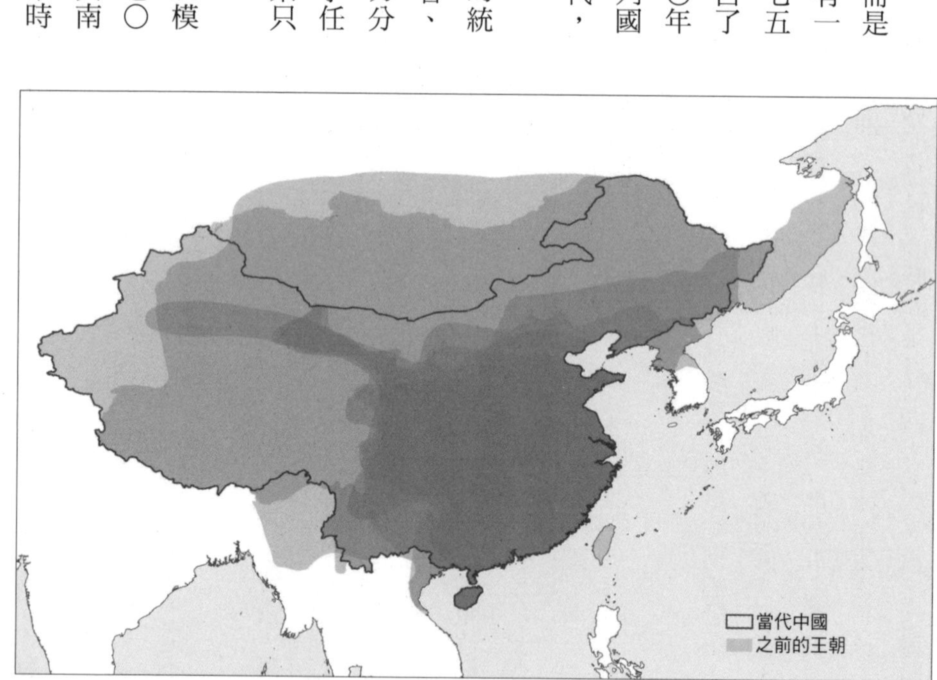

圖7.2 漢、唐、北宋、元、明與清帝國。

代，中國分裂成北方的女真與繼之而起的蒙古，以及南方的宋朝。其他短暫分裂的時期若非缺乏足夠競爭，就是太不穩定。最著名的就是十世紀的五代十國，北方的政權快速更迭遞嬗，與南方幾個王國共存了約七十年的時間。[14]

上述幾個分裂時期，沒有一個能與歐洲在羅馬之後的穩定列國體系相比。這個重要觀點值得一再強調，特別是考慮到近來學界有一種趨勢，把東亞存在多個政治體一事與實際的政治多中心主義混為一談。以唐代中國為例，突厥、吐蕃、高麗、日本與安南都出現了次生國家，中華帝國周邊也建立起一連串的小政治體。然而，這些國家與中國的關係是高度不對稱的。中國宣稱是天下的共主，或者用現代術語來說是擁有霸權的地位，其他國家通常要尋求中國的承認，才能使自己成為以中國為中心的世界秩序的一員。這時期真正的擴張行動大多是單向的：唐朝先是在塔里木盆地消滅東突厥汗國，之後又在六二〇年代到六五〇年代消滅西突厥汗國。唐朝還在六六〇年代擊敗高麗，並支配安南。反觀在羅馬之後（與拿破崙之前）的歐洲，除了查理曼統治時期這個短暫而局部的例外，歐洲從未出現這樣的霸權。[15]

類似的混淆，也出現在一個現代學界的流行說法上。這個說法認為從十世紀到十四世紀，「中國與各國平起平坐」，從第一大國北宋、位於中國北部邊陲的第二大國遼與第三大國西夏三足鼎立開始，持續到南宋與中國北部的蒙古人分庭抗禮為止。這只能解釋軍事力量與相應的外交關係，但無法適切描繪軍事資源或人口上的失衡。

實質的人口分裂只出現在一一二七年到一二七〇年代的南北分裂時期。但即使在這一百五十年間，中國也是僅由兩個強大的帝國支配。這兩個帝國各自統治數千萬人，因此這兩個帝國的重要性其實已經十分接近統一的漢唐帝國。如果這兩大帝國分立的狀況仍可算是分裂或多中心主義，那麼分裂或多中心主義的觀念將變得毫無意義可言。如果列國體系的概念可以同時適用在羅馬之後的歐洲與秦滅六國之後的中國，那麼列國體系就不再是一種分析範疇。[16]

我把上古時代之後歐洲與中國（連同其他舊世界）在國家形成上差異逐漸擴大的現象稱為「第一次大分流」，因為這次分流替日後政治、經濟與科學的發展乃至人類福祉的增長奠定了基礎。我們一般將這些日後發展稱為「大分流」，也就是歐洲（部分地區）及其殖民地的經濟開始將世界其他地區遠拋在後的過程。以「分流」為名的新分類過去已有很多。除了十八與十九世紀的「大分流」，也就是西北歐或所謂「西方」與世界其他地區之間的分流，學界已有另外一個詞來形容從近代早期開始（比大分流更早）的西北歐與歐洲其他地區之間的分流，那就是「小分流」（有時也被人稱為「第一次大分流」而增添混淆）。

更複雜的是，史家羅伯特・伊安・摩爾（Robert Ian Moore）也曾提過另一種「第一次大分流」。這個大分流始於中世紀盛期，歐洲與中國的長期發展路線在此出現分歧。南宋的發展路線受到親族導向的地方霸權強化，而拉丁歐洲則致力於以規模更龐大的政治與意識形態結構來壓制親族的地方霸權，使發展路線擺脫親族勢力。這些趨勢導致歐洲與中國日後在制度建構能力、政治發展與國家形成上的分流。[17]

然而，即使是摩爾的分流觀，也還是牢牢植根於我在這裡提出的「第一次大分流」。畢竟，正因為中華帝國權力持續處於優越地位而歐洲帝國權力不斷衰微，才使他所說的特殊轉變成為可能。現在一般所說的「大分流」，本來是指經濟生產力上的分流，但我提出的「第一次大分流」則是指政治上的分流。最終，第一次大分流成了「大分流」（也就是第二次大分流）的基礎。我會在本書第五部說明，歐洲在羅馬之後擺脫了大規模農業帝國典型的統一與分裂循環，才開啟第二次大分流的可能。

近因：征服政權與財政體系

對羅馬哲學家西塞羅（Cicero）來說，稅收「永遠是國家的支柱」，他覺得這是不證自明之理。正如兩千年後的美國社會學家查爾斯・蒂利認為的，「榨取稅金」是支持國家三大職能的核心，而這三大職能分別是建立國家、發動戰爭與提供保護。熊彼得提到他的同事奧地利社會學家魯道夫・戈雪德（Rudolf Goldsheid）時提醒：「預算是國家脫掉所有表面意識形態後剩下的骨幹。」無論是支柱還是骨幹，稅收都支撐著國家與國家的活動。「跟著錢走，總是跟著錢走」，這是深喉嚨談到尼克森水門案時說的名言（這是電影杜撰的台詞），也是我們所能想像分析權力關係的最佳格言。這句話也成了理解「第一次大分流」的關鍵。[18]

徵稅有著漫長的歷史。現代財政國家擁有中央集權的官僚、預算體制與發行公債的工具，這些都是晚近才發展出來的手段。在遙遠的過去，統治者可能要仰賴掠奪或從自己的地產獲取收入。然而，從更廣泛的基礎進行常規性的徵稅，包括從糧食到金錢的物質資源，以及從兵役到勞役的人力勞動，乃是一個國家擁有超越最低限度能力的必要條件。帝國是軍事能力與領土鞏固皆大規模提升的結果，而帝國的建立不能沒有常規性的稅收。要連結帝國特有的中心與邊陲，就需要資源在兩者之間流動。由於帝國控制廣大的領土，地方豪強與偏遠地區的中間人就成了中央權威榨取剩餘資源時的夥伴與競爭者。如果這些中間人變得過於自主，那麼當民間尋租排擠掉公共稅收時，國家力量必將逐漸衰微。[19]

我們可以沿著這幾條思路撰寫全球帝國史，追溯徵稅政治組織的盛衰起伏：統治者極力主張自己的特權，地方菁英則予以反抗，雙方持續在不斷變動的協議下進行妥協，但從未停止勾心鬥角與謀取自身利益。外在壓力，例如戰爭，要不是促使稅率升高，就是加速國家敗亡。長期的和平則會讓財政體系萎縮。[20]

就算只有部分稅收能直達帝國中心，大一統帝國還是能藉此生存下去：在各地區廣泛保留剩餘物資的伍麥亞帝國、晚明與清朝皆是如此。對比之下，想要在無法榨取大量資金或徵召士兵的狀況下建立帝國，毋寧是更為艱鉅的挑戰。具體做法因環境而異，例如第二章提到的羅馬全民軍事動員、第一個哈里發國接收既有的財政基礎設施，以及西班牙從新世界進口銀塊。[21]

要解釋「第一次大分流」就不得不提及徵稅，徵稅是統治者是否有能力維持國家權力與建立大帝國的預測指標。我們將會看到，歐洲在羅馬之後的財政能力急速下降，但舊世界其他地區的財政能力卻成功維持或恢復，因此得以支撐大型帝國。直到穩定的列國體系建立後，拉丁歐洲才得以克服財政能力的問題。此時各政治體因為財政能力不足而不得不與國內各勢力進行妥協，政治權力因此受到限制。[22]

歐洲

國家財政與軍隊規模的衰敗

羅馬帝國實行一套因地制宜的複雜稅制，主要集中在土地稅、人頭稅、貿易稅，以及礦產與帝國地產收入。其他一些較為專門的稅收與偶爾抄沒菁英家產也補充了稅收的金流。帝國最初兩個世紀是最穩定的時期，羅馬君主承受得起邊陲地區名義稅收出現大量的折損，收入主要仰賴最發達的行省、集中開採的礦場與商業活動。

公元三世紀，在歷經國內外戰爭與瘟疫的一連串衝擊之後，這種均衡被打破，打著改革旗號的軍事政權上台，決心將財政措施加以標準化與合理化，不過最後還是未竟全功。由於東部省分長久以來一直負擔著不成比例的稅負，因此改革主要影響的是帝國的西部省分：義大利再也不能豁免絕大部分的稅捐，高盧地區在羅馬晚期開始有沉重財政需求的紀錄，伊比利半島與北非也開始增稅（其重要性反映在這兩個地區遭外來挑戰者占領後導致的致命後果）。此外，不列顛與萊茵蘭這些邊疆地區長久以來的發展目的就是為了維持龐大的駐軍。

因此我們雖然沒有可靠的衡量標準，但幾乎可以毋庸置疑地指出，羅馬帝國的拉丁歐洲領土承受著沉重的賦稅。抗稅力量的成長，例如為了保護資產而形成的恩庇關係，也顯示出當時賦稅造成的壓力。徵稅制度雖然越來越遭受質疑，但確實是上古時代晚期羅馬統治歐洲的一項明顯特徵。[23]

在這種情況下，地方自治就是將徵稅權力下放予以制度化，並使其在結構上仰賴尋租的菁英。在這些限制下，徵稅體系順利維持了數百年。直到五世紀初，中央權力因為外力介入與接連的內部鬥爭而衰弱，地方抗稅的力量開始增加，徵稅才開始難以為繼。四一〇年代後，開始出現越來越多的大量稅捐豁免，分治的帝國西半部財政能力也因此捉襟見肘。中央權威持續衰弱，加上帝國內外出現激烈的抗稅行動，形成了惡性循環。[24]

瓜分西羅馬帝國的日耳曼後繼政權，在四五一年到四七五年就必須面對這樣的環境。當時中央集權的財政制度雖然承受壓力，但還可以維持運作。此後這些制度就開始衰微。在主要的日耳曼王國，部分土地被新統治者占據，不僅是為了自己的利益，也為了其武裝追隨者的利益。

由於缺乏證據，這項轉變的前因後果仍有爭議。合理推測日耳曼人取得了分配土地的權利，並藉由授予土地與土地收益來換取效忠與兵役。另一種說法認為，至少一開始，日耳曼人取得的只有土地稅，而非土地本身。在後者的情境中，利益分配由既有的財政結構加以調解：依據政治體的不同，追隨者獲得收入的三分之一或一半，其餘則歸國王所有。

然而，這種模式應該是「臨時的解決方案」，只有在經過一段時間之後才會演變成較持久的制度，也就是直接運用與控制土地。因此，一如這個理論的主要倡議者沃特・戈法特（Walter Goffart）所言，受益者最終「將成為擁有完整權利的地主，他們與原有的鄉村地主一樣，享有對土地與耕作土地者的權利」。從事後的結果來看，這點至關重大。[25]

把土地授予給下屬，將使國家徵稅喪失一項最重要的功能：對組織暴力的掌控。用蒂利的術語來說，一旦把土地授予給下屬，中央政府的徵稅與分配將不再是建立國家、發動戰爭與提供保護的必要條件，日耳曼戰士這些專精於使用暴力之人也能在榨取土地資源做為自己的薪俸來源（並且逐漸將分配給自己的土地私有化）之餘，同時履行基本的國家職能。伴隨而來的財政制度崩壞雖然是漸進的，卻無法阻擋。

占領義大利的東哥德王國保留了羅馬的徵稅方式。由於東哥德王國國祚不長（四九〇年代到五三〇年代），因此東哥德人統治期間還看不到徵稅制度崩壞的跡象。五三〇年代到五六〇年代，東羅馬帝國重新征服義大利。之後，倫巴底人又占領了義大利大部分地區。我們不清楚倫巴底人是否一開始就進行徵稅，但就算真的進行徵稅，到了七世紀時徵稅制度應該已經完全解體（確切的答案可能永遠無法得知）。領地收入的重要性逐漸提升：倫巴底國王控制的土地遠比貴族來得多，這有助於維持他們的地位。在北非，汪達爾人（從四三〇年代開始）起初也延續羅馬的徵稅制度，但同時讓他們的人定居當地。等到一個世紀後東羅馬再度征服北非之時，當地的徵稅制度已經完全解體。[26]

在伊比利半島，西哥德人（四五〇年代到七一〇年代）努力維持徵稅，幾乎一直持續到他們統治的時代結束為止，但取得的稅收十分微薄。當阿拉伯人占領伊比利半島時，發現自己很難靠稅收維持軍隊，於是便在當地定居開墾以確保糧食來源。這是放棄標準徵稅制度的開始。只有在更往東的地區，發展程度較高的財政體系才能讓他們維持由中央資助的軍事殖民地。[27]

在高盧，墨洛溫王朝在六世紀開始向非法蘭克人徵稅，但遭遇的反抗越來越大。當不用繳稅的法蘭克征服菁英與能豁免稅捐的族群日漸擴大時，其他需要繳稅的民眾開始把徵稅視為君主權力的濫用。到了七世紀時，除了羅亞爾河流域，常規性的徵稅幾乎完全從紀錄上消失。中央權威必須仰賴王室土地、通行費與罰金帶來的收入。[28]

對比之下，徵稅制度不僅仍存在於東羅馬帝國，而且接下來我們將會看到，徵稅制度也存在於過去曾被羅馬與薩珊帝國統治的領土上，而這些領土此時已由伍麥亞哈里發國繼承。財政制度衰落多半僅限於西羅馬帝國的日耳曼後繼國家，即使衰落程度與時間各異。

有許多因素造成這項差異，但每個因素的重要性並不一樣。雖然羅馬帝國晚期的徵稅制度在日耳曼人接收時已經受到廣泛的破壞，但這項制度依然存在，而且幾乎仍在所有地方施行（這也駁斥了羅馬徵稅制度隨著羅馬帝國滅亡而消失的說法）。另一個解釋比較抽象。由於徵稅需要持續取得課稅對象的資料，這使得財政體系的成本昂貴得難以維持，因此另一種支持國家統治階級的方式，例如土地分配，或許可以降低徵稅所需的成本與執行難度。即便如此，財政結構通常還是能輕易存續下來：明清兩朝未更新稅務紀錄還能持續維持財政結構就是最知名的例子。但這仍然無法解釋法蘭克人的土地稅為什麼會整個崩潰。[29]

日耳曼政權的維持成本較低，因為他們省去了不少經常費用：日耳曼人的行政機器遠比羅馬人小得多，而且也毋需仰賴一批腐敗的官員與侍從來維持貪得無厭的大城市。這使得中央權威光靠世襲資源（如皇家土地）與通行費就能維持運作（後者因為貿易與貨幣衰退而大幅減少），鼓勵徵稅制度在地化，並且解釋了徵稅制度的衰微為何會有因地而異的現象。但最重要的是，日耳曼人的統治改變了軍人的地位：自給自足的軍人超越過去羅馬時代的受薪官員，成為新的菁英。[30]

我們可以在法蘭克王國這個國祚最長的後繼國家中，清楚看到征服菁英的尚武習性、征服菁英獲得的土地分配與徵稅權力的下放，如何造成了特殊的權力配置。統治者仰賴重要追隨者的合作，但卻越來越缺乏壓制或攏絡他們的手段。戰士地主與教士，這兩個最強大的群體都不在國家完全的控制之下。

與羅馬帝國不同，日耳曼後繼政權並未維持龐大的常備軍。公爵與伯爵負責招募軍隊，士兵散布各地，只有在需要時才會集結。至少到六世紀晚期為止，軍人定居在土地上，擁有土地所有權，土地實際上是世襲而且免稅。這些軍人逐漸轉變成擁有武裝的地主階級。

到了七世紀，無論日耳曼政權存續與否，這項轉變的過程已經完成。在西哥德王國，軍事權力逐漸集中於貴族陪臣身上，貴族也獲得來自王室地產的人力與來自私人地產的奴兵輔助（或制衡）。久而久之，王室軍隊的重要性逐漸不如貴族軍隊，而且越來越仰賴民間資源。

在倫巴底義大利，土地被分配給公爵徵召來的士兵。這種做法同樣產生了貴族的武裝陪臣。法蘭克貴族把下層階級收為部屬，並且在這些人當中招募軍隊。英格蘭的狀況也很類似。因此，跨越整個日耳曼地區，中央控制的受薪軍隊逐漸轉變成由強大地主管理的軍隊，而且逐漸出現階層化與依存的特徵，日趨嚴重的不平等進一步鞏固身分與資源的差異。

這些趨勢在八世紀持續深化。在法蘭克王國，貴族對陪臣的掌握持續加強，王室力量則是進一步衰微。倫巴底統治者雖然在徵兵上維持較強的控制力，也維持由服役與否而非財富多寡來衡量貴族身份的傳統，但個人擁有追隨者的現象卻變得越來越普遍。在英格蘭，領主的隨從已能與國君的侍衛平起平坐。

這項發展從九世紀開始出現分歧：法蘭克王國的領主侵奪國王的權力，最終使國王的地位邊緣化，而英格蘭完全相反。狹小的領土、弱小的貴族與丹麥人帶來的強大威脅，都使國王阿爾弗雷德（King Alfred）與他的後繼者得以打造一支常備軍。人員輪番屯駐於家中與軍中，以此創造出既能防備外敵也能對內鎮壓的軍隊。[31]

不過英格蘭算是例外，貴族自主權提升與國家力量衰微才是當時的主流。當時的軍隊規模很小（無論用什麼方式招募），例如阿爾弗雷德的野戰軍不滿五千人，整個王國很可能會在一場一萬人上下的戰役中易手（西哥德人的西班牙與盎格魯撒克遜人的英格蘭是最好的例子）。後勤的限制與需要侍從，導致一場軍事作戰無法負荷超過五千名士兵。更龐大的軍隊只能集中於短期防守。快速突襲是最常見的作戰方式，只需要幾百名而非幾千名有經驗的戰士。絕大多數戰役都是為了進行掠奪，城市的地位並不重要，因此儘管防守薄弱，攻城器械也幾乎無人在意。[32]

這顯然無助於擴張與建立大帝國。要建立長久的帝國，光靠這些不穩定的政治體是不可能的。而這些政治體與羅馬時代相比也如天壤之別：在公元前的最後兩個世紀，羅馬帝國部署在伊比利半島鎮壓地方反抗的軍隊就多達數萬人。凱撒用十個軍團（即使遭遇嚴重的兵員不足，依然有三萬到四萬人，再加上盟軍龐大的輔助部隊）的兵力征服高盧，而這個地區一直要到近代早期才能再度看到同等規模的軍事力量。公元四十三年，皇帝克勞狄以四萬大軍入侵不列顛，這是一〇六六年征服者威廉（William the Conqueror）軍隊的四到五倍。

帝國之死

我在第五章提過促使加洛林王朝衰弱與分裂的動態關係。在查理曼時代，有利可圖的對外擴張達到巔峰，也增強了貴族的權力，而一旦征服的收益開始枯竭，貴族便轉而與中央對抗。王位傳承的爭端由於缺乏長子繼承制而更形嚴重，不僅削弱了統治者，也讓貴族派系有機會干預王位繼承。各個地方開始維持與鞏固自身的權力，這個過程往往因地而異，但都有利於法蘭克王國與德意志王國的農村領主，以及義大利與洛泰爾王國的城邦與共同體。整體結果在各地都非常類似，都造成權力的嚴重分裂。[33]

貴族控制更大比例的土地，加上經濟開始復甦，領主們於是興建城堡，其他小貴族與教會領袖也競相模仿。武裝陪臣轉變成騎士，他們的出現一方面擴大了貴族數量，另一方面也讓兵役局限在一個清楚界定的團體裡。這導致權力在菁英圈裡更廣泛地散布，也讓領導者越來越沒有能力集中資源來保護與建立國家。國王手上阻力最小的選項，就只能更進一步賜予王室土地給教會與貴族。長期來說，此舉證明是自取滅亡，因為這麼做只會讓國王「用來獎賞追隨者之物」越來越少，一如九世紀法蘭克史家尼塔爾（Nithard）的名言所說。[34]

但失勢的不是只有統治者。貴族與教會權力的擴張也波及農民，使農民逐漸喪失獨立性。兵役逐漸成為某個團體的特權，再加上集會的衰微（軍隊也具有某種政治集會的性質），都加速這一項轉變過程，唯一的例外是英格蘭與義大利的共同體。農村的依存使統治者更加衰弱，統治者因此缺乏自主的強制手段來抗衡領主對生產工具的控制。[35]

羅馬帝國滅亡之後，曾有一段短暫的權力空窗期，之後貴族的權力便逐漸達到前所未有的高度。到了九世紀，由伯爵世襲土地與官職已成為西法蘭克王國與德意志王國的常規。隨著新公國與新王國的興起，也出現地位等同或近似於國王的超級權貴。十世紀時，這些貴族的騎士部屬也建立對農民的控制。到了十一世紀，權力已高度在地化：小貴族更仰賴自身的資源，而非公爵與伯爵的支持。他們興建大量城堡，將領土切割成無數自治區塊，阻礙國家的形成。統治者必須與公爵家族結盟，才能行使一定程度的控制力。[36]

到了一〇〇〇年，貴族已成為拉丁歐洲各地的支配勢力。在地方層級之上的公共權力結構，崩壞的程度因地而異，其中最嚴重的是法國，義大利則程度輕微。德國與伊斯蘭西班牙也往同樣的方向發展。英格蘭的政府結構崩潰得更劇烈，但也更早重建，因此成為唯一的例外。但英格蘭領土太小而且地處邊陲，難以跨越英吉利海峽進行擴張。[37]

根據美國史家約瑟夫．斯特雷爾（Joseph Strayer）的判斷，除了巴爾幹半島的東羅馬帝國以外，歐陸的分裂過程實在太過劇烈，以至於「到了一〇〇〇年時，已經很難找到任何類似國家的事物存在」。英國史家克里斯．威坎姆（Chris Wickham）也認為，從政治秩序的角度來看，「羅馬遺產」就連「影子」也早已「消失不見」。[38]

中國

分裂與延續

同樣在一〇〇〇年，過去曾被漢朝統治的領土，絕大部分都在宋真宗時期重獲統一。在歷經足以媲美羅馬帝國衰亡的嚴重騷亂之後，東亞的國家形成逐漸走上與歐洲不同的道路。二世紀晚期與三世紀初期，東漢王朝長期的衰敗，最終分裂成魏、蜀、吳三國。三世紀晚期，晉朝再度建立帝國，但只是曇花一現。內部的權力鬥爭促使已經移居帝國境內的邊疆民族出兵干涉。三一〇年代，匈奴領導的聯軍攻陷洛陽與長安兩座都城，迫使晉室南遷。[39]

往後則是延續數個世代的動盪與政治分裂。四世紀與五世紀初，又稱為「五胡十六國」時代，中國北部盤踞著一連串短命的征服政權。權力在匈奴、鮮卑、拓跋部與氐這幾個邊陲胡族群體的軍事同盟間不斷易手。雖然後趙與前秦分別在三二〇至三四〇年代與三七〇至三八〇年代初統一大部分華北地區，但也只能維持短暫的時間。[40]

在這段混亂動盪的時代背後，還是可以看出一套普遍模式。中國北部的主要政權建立了二元統治，將草原或邊疆征服者與漢人區別開來。前者稱為「國人」，後者則是隸屬國人的繳稅臣民，有繳納穀物與服勞役的義務。草原胡族組成的騎兵有為領袖作戰的義務，他們是野戰軍的骨幹，漢人則在有事時被徵召擔任步兵或提供後勤支援。[41]

人口逃亡等各類的人口耗損，導致土地荒蕪與勞動力缺乏。征服政權於是把重點放在掌握人口而非奪取土地上，將大量臣民強制遷往政權控制的核心地區，藉此確保人力。政權轉換可能導致人民要重新移居到新的中心。統治者對核心地區以外的人口，一般來說控制力較弱。

中國北方菁英絕大多數逃往南方加入晉朝，還待在北方的地方鄉紳宗族則建立塢堡據險自守。軍事同盟之間的競爭使城市遭受破壞與遺棄，塢堡於是成為地方政府的重鎮與基本的權力區塊。這些塢堡的數量很快就成長到數千個，彼此甚至結成同盟。中央集權的征服政權想支配這些塢堡只有兩個選擇，一個是武力對抗，另一個則是懷柔招安。[42]

北方統治者仰賴不穩定的軍事同盟，導致他們的政治體極為脆弱：這些政權只要一被敵對勢力擊敗，就會立即解體與重組。但基本的權力關係卻依然不變，有效的控制必須建立在某種平衡上，一方是征服政權的核心及其儲備的草原胡族騎兵與在地的強制勞動力，另一方則是無數小規模但具有能力的地方社群。

這個環境與羅馬帝國之後的歐洲有兩個關鍵差異。首先是高度機動且由中央掌控的強大騎兵。騎兵即便無法掃除眼前一切事物，但大體而言能夠制衡地方權力。封建關係的發展也因此受到阻礙：軍事資產仍充分中央化，地方權力基礎不足以維持軍事自主，連帶地也無法維持經濟與政治權力自主，因此無法散布權力或將權力下放給更小規模的單位。如黃仁宇所言：「假使這種趨勢任之發展，新型封建可在中國出現……只是在一個廣大的地區執行流動的戰術，作戰時又有大部隊參與，終使局勢朝不同的方向發展。」植根於草原傳統的胡族騎兵充分證明它的不可或缺：先是制衡地方單位，之後又迫使地方單位合作。[43]

第二個關鍵差異是財政結構的延續，使得中國政權得以繼續徵收農產品與動員民眾勞動來支援核心的軍事力量。關於財政制度的史料流傳甚少，但卻引人入勝。漢朝的滅亡，無疑嚴重削弱往後中央權威計算臣民數量及對臣民徵稅的能力。公元二世紀，漢朝的人口普查顯示，全國平均大約有一千萬戶，人口約有五千萬。對比之下，三世紀中葉的「三國時代」只有一百七十萬戶，西晉再度統一後有兩百五十萬戶。儘管確實有大量人口流失，但人口數字的減少也反映出國家普查能力的衰退，而非完全是人口變遷所致。[44]

在北方征服政權統治時期，戶口登記品質開始從谷底回升。三七〇年代，慕容部建立的前燕進行人口普查，總計有兩百五十萬戶，一千萬人。前燕進行普查的地區，在三世紀時曾經粗略進行過更大範圍的人口普查。前燕的普查數字較為精確，特別是在普查過程中考慮到人口損耗與塢堡中庇護與藏匿的依附人口。兩個世紀後，組織力更強的北齊在與前燕約略相同的領土上普查出兩千萬的人口，此事顯示四世紀的國家力量，無論受到地方塢堡多大的限制，依然不可輕視，而且有能力掌握到相當比例的實際人口，或許接近一半。

這個印象與三八三年前秦在肥水之戰期間進行大規模動員的描述一致：即使紀錄提到的二十七萬騎兵與六十萬步兵的數字不太可信，但就算將這些數字除以十，依然遠超過任何中世紀歐洲國家能夠招募的軍隊數量。反觀羅馬帝國之後的歐洲，一直要到中世紀盛期的德意志與法蘭西才算得上是人口達到一千萬的政治體（撇開曇花一現的查理曼與虔誠者路易不論）。但歐洲統治者對此一無所知，也沒有能力對絕大多數臣民課徵一般稅。[45]

在甘肅墓中出土的戶籍殘卷，時間可以上溯到四〇八年，甘肅當時曾被短命的邊陲國家西涼統治。在這個令人意想不到的地方都找得到吸引人的少量文書，顯示官僚傳統的堅實。一般來說，北方征服政權會僱用受過教育的中國人來擔任行政工作。先前提到的慕容部屬於鮮卑族，這個邊疆群體長久以來一直與中國有著密切往來。這就成了雙方持續合作的基礎，也讓統治者更加仰賴徵稅，而不是像過去匈奴領導人那樣明目張膽地進行掠奪。[46]

總而言之，儘管政權不斷轉換，中央政權都能在與地方利益的鬥爭中勝出。這些國家的行政能力足以維持適當的普查與徵稅體系，從而能讓國家派出足夠的軍隊壓制地方。國家不容許免稅的軍人地主這類混合菁英存在，並將稅收與軍隊薪餉牢牢控制在手裡。結果，征服政權做為管理人民與資源的一種手段，並未像羅馬帝國之後的歐洲後繼政權一樣走上衰微。

這個分流的根本原因仍有爭議。雖然漢帝國建立了更具野心的官僚傳統，而且不同於羅馬帝國，漢帝國不讓地方社群取得較高的自治權，但三世紀中國人口普查的極端不足，使人懷疑在北方征服政權統治期間，帝國機構是否真能持續維持比日耳曼後繼政權更高的國家能力。畢竟後者繼承的財政設施並沒有想像中那麼不堪。

歐洲分配土地給日耳曼戰士所造成的土地私有化，以及中國北部征服政權對徵稅與中央支付薪餉的強調，兩者的差異或許才是關鍵。而強調徵稅與中央支付薪餉的結果，使征服政權更專注於直接管理核心地區的人口，並掌握必要的手段來避免失控的地方分權。

生計與作戰的模式有助於解釋這些分流的優先性。以中國來說，騎兵的支配地位一方面促使軍事力量集中（因為騎兵集結容易，能將力量投射到整個華北平原），另一方面也建立了（胡族）騎兵與牧人和（在地）農民之間的社會區隔。兩個因素都促使中央能藉由定居臣民來提供薪餉。

在日耳曼的後繼國家中，軍事力量被分散出去，如此才能利用農地進行給養。即使八、九世紀之後武裝騎兵的重要性提升，但這項轉變卻是在地方主義日趨強化的環境下展開。對比之下，中國北部的騎兵不僅較為集中，數量也較多。生態是一大影響因素：鄰近大草原確保了馬匹的大量供應，有效使騎兵「普及化」。

最後，鄰近大草原也是一項羅馬帝國之後的歐洲所沒有的因素。大草原不僅生產馬匹，也為已經在中國北部建立政權的征服群體帶來新的挑戰者：接下來將討論的拓跋部與柔然是最明顯的例子。這個持續的壓力加速了軍事能力的增長。我們在第五章提到，伊斯蘭世界的政治分裂，以及阿瓦爾人與馬扎爾人的後勤限制，使中世紀初剩餘的日耳曼國家免於相對激烈的競爭。歐洲因此不同於中國北部，得以在受到庇護的環境裡，容忍地方對自身利益的維護，而不走上中央集權的道路。

帝國重建

五到六世紀，中國北部中央集權的國家力量持續恢復。三八〇年代，慕容部前燕的崩潰使鮮卑族拓跋部重新獲得獨立，並接收前燕絕大部分的領土。到了四三〇年代晚期，拓跋部北魏王朝已經將領土擴展到整個中國北部。五世紀大部分的時間裡，北魏維持傳統的二元統治：由軍事駐軍控制各地人口，軍事駐軍絕大多數由拓跋部構成，又稱為「國人」。經過一段時間之後，這些單位不僅允許匈奴，也允許漢人加入。然而，即使漢人可以入伍當兵或擔任輔助角色，他們也無法參與例行性的軍事活動：漢人僅能擔任行政職務而無法過問兵權。拓跋部絕大部分仍繼續過著放牧生活，顯示他們並不與中國農業人口混居。[47]

這些農民是征服政權直接課稅的對象。如今已經證實當時存在著各種土地稅，從四二〇年代之後，民政官員開始負責財政事務。中央國家的力量獲得加強，地方的自主性則遭到削弱。許多宗族領袖被迫交出他們的龐大社群，這些社群的人口可能多達數千戶。做為交換，拓跋部朝廷授予官方頭銜給這些塢堡首領，將他們吸收到正式的國家階級制度中。這個收編的過程遏止並反轉了原先與中央權力抗衡的地方化趨勢。[48]

拓跋部的軍事能力非常仰賴北方草原的馬匹，而在拓跋部建國之時，北方草原也興起了柔然這個新草原同盟，柔然也開始與拓跋部進行交流。而兩個強權的持續衝突，則提供了中央集權的強大推力。拓跋部採取過去中華帝國常見的策略，沿著草原邊界駐紮軍隊。[49]

一連串全面改革加快拓跋部建國的速度。四八〇年代中葉，拓跋部北魏推動「均田制」，將土地分配給民戶來換取稅收與勞役。往後三個世紀，均田制衍生出各種不同的版本。土地依然屬於國有，藉此防止菁英階層兼併土地與農民。伴隨這項措施，國家也任命傑出的村民負責核實戶口登記與監督賦稅的徵收。登記密度的提升鞏固了中央的地位，確保中央取得人力與物資，也讓國家官員可以取得劃一的薪資。[50]

四九〇年代，北魏接著推動「漢化」，藉此化解征服階級與中國絕大多數人口之間的隔閡。這些措施包括把首都遷往過去漢朝的中心洛陽、鼓勵鮮卑族與漢族的菁英通婚、宮廷一律使用漢語與穿著漢服等，主要是針對菁英階層。這個擁抱漢文化的做法不僅承認既有的趨勢，也反映統治者尋求更大規模統一的渴望。州郡首長由漢人擔任，漢人也可充當民兵，而且一反過去分散駐兵的模式，將拓跋部軍隊集中駐防於中心與北部邊疆地帶。[51]

雖然這些改革目的是為了促進內部凝聚力，但將大批拓跋部軍隊調往草原邊陲地帶卻招來怨言與不安。這些軍隊依然保留自身的語言與服飾，因此逐漸與中央權威疏離。五二〇年代，邊疆與中央的嫌隙引發叛亂，內戰爆發。五三四年，北魏一分為二。然而這場動亂卻有助於進一步的國家形成，兩個後繼政治體之間有限而對稱的衝突促使整套體制在各方面提升自己的能力。[52]

西部的後繼國家（先是西魏，然後是北周）控制的經濟資源與人口較少。起初為了抵擋來自東部的攻擊，國家領導者收編了漢族民兵以彌補鮮卑戰士的相對不足。此外也重新恢復人口普查與土地分配。五五〇年代，西魏創立「二十四軍」，除了鮮卑族外更多由漢族組成。除了直接招募平民，也收編地方武力。

在此同時，更多成年男子在「府兵制」下被授予土地來換取定期的兵役義務。農民士兵使步兵規模大為擴充，西魏還透過甘肅走廊取得馬匹來維持強大的騎兵部隊。這些政策不僅動員更大比例的人口從事軍事目的，也支撐了農村小地主階級。漢族菁英更廣泛地進入政府，官制改革也創設許多部會。所有措施都提高了國家的能力，也有助於鞏固中央的權威。整體結果促使西魏轉變成高整合度與高動員度的國家，也就是戰國七雄與西漢的國家特徵。改革的回報是巨大的：軍事力量從五五〇年代的五萬人左右，成長為五七〇年代的超過十萬人。[53]

對比之下，東部後繼國家的官員與戰士仍由鮮卑族擔任。漢族軍隊的收編僅限於有影響力的世家大族。社會因為地方人士與鮮卑族的區隔而分裂，政治情勢也較不穩定。[54]

東部後繼國家的能力逐漸失衡，西部後繼國家因此於五七七年成功擊敗與併吞東部對手。緊接著，西部後繼國家便要面對中國南部的東晉，但後者走的卻是完全不同的發展路線。晉朝南遷後，作為單一國家維持了兩百七十年，然而這個事實掩蓋了其國家制度所遭受的巨大破壞。三四九年到三六九年，東晉首次北伐失敗，此後南部菁英便逐漸去軍事化。中央集權國家的權力持續衰微了一個多世紀，直到四二〇年才由劉宋王朝取代：出身寒微的軍事強人從大地主家族手中奪取權力，商業與貨幣的重新活絡復興了城市，同時也抑制地主的影響力，職業軍隊取代由世家大族領導的軍隊。然而，這些變化雖然壓抑農村菁英，卻也引發激烈內戰。[55]

不久，朝政再次由世家大族把持（無論是出身顯貴還是行伍）。然而，即使是手握軍權的大族也無法建立尚武文化來與中國北部國家抗衡。軍事殖民難以在南部生根。南方朝廷無力籌組龐大軍隊來面對內外的敵人：國內的政敵與逐漸嚴峻的北方威脅。大地主隱匿農村人口躲避戶口登記從而避免繳稅與勞役，這始終是個嚴重問題。結果導致軍事資產一直處於短缺，國家只好徵用戰鬥力低落的罪犯、惡徒與原住民充軍。[56]

中國北部與南部的人口普查數字顯示南北國家能力的日漸懸殊。四六四年，南朝劉宋政權普查出九十萬戶約五百萬的人口，同樣的地區在三百年前擁有約兩倍的戶數，而這還未計入北人南遷與本地人口成長的數字。到了五八九年，也就是南部國家的最後一年，領土更為狹小的陳朝僅有約五十萬戶與兩百萬人口，同樣的地區在一四〇年時擁有近千萬的人口。

相較之下，五七七年，光是東北部的北齊就普查出三百三十萬戶與約兩千萬人口，而當時登記的品質還不是特別好。六〇九年，隋帝國統一後的普查顯示實際總數超過九百萬戶，其中六分之一以上人口居住在長江以南。這些數字清楚顯示南方當局只能掌握自己領土上的少部分人口，而且很可能不到三分之一，甚至可能僅達五分之一。[57]

國家能力的明顯失衡充分解釋為什麼帝國的復興會從中國北部開始。南方已經盡了一切努力，卻依然失敗。從三四〇年代到五七〇年代，南方的北伐從未獲得重大成果。地理條件確實是個重要因素：沒有充足的騎兵，南方軍隊缺乏機動力與震懾力，而極度仰賴河流網絡也難以對北伐產生支持的效果。即使如此，政治條件也同樣關鍵。長期而言，南方所維持的統一不僅不是優勢，反而構成明顯的障礙：中國南部從未經歷過血腥但卻具生產力的多國競爭與敵對狀態，而正是這種敵對狀態在四世紀特別是六世紀中葉驅使中國北部國家形成。

六世紀晚期以前，北部國家對於攻打南部不感興趣，原因有二。首先是北部國家之間彼此交戰競爭，北方的軍隊自顧不暇，無力攻打南方。其次是作戰的難度：南方的堡壘據點與水鄉澤國對北方騎兵構成挑戰。唯一一場大規模攻擊是三八三年的肥水之戰，這場戰爭以失敗告終，而且還造成北方政權崩潰。[58]

中國北部的穩定統一改變了這一切，統一解決了內部分裂而且產生足夠的資源讓北方有能力征服南方。五八〇年代晚期，北方的隋朝部署龐大的艦隊，據說總共動員了五十一萬八千人來攻打軍力薄弱的南方。這場大規模攻擊很快就獲得勝利，而隨後南方大族起兵反抗戶口登記與徵稅也同樣遭到擊潰。[59]

結果，到了五九〇年代，絕大多數過去曾被漢帝國統治的領土，如今又再度聽命於漢朝舊都長安與洛陽的號令。隋朝廢除了貴族階級與世襲權利，菁英的自治權因此被有效抑制。主要的身分區別是官吏與平民，官吏的職位不斷輪調，使官吏保持戒慎恐懼。軍隊與民眾人力的動員規模是五百年來首見。長安重新修建外牆，延伸長達三十五公里，大量的工人（據說有兩百萬人）被徵召去修建洛陽城。往後又修築奢華的宮殿群。[60]

隋朝最具野心的基礎建設是開鑿彼此連通的運河系統，中國南北因此首次連結起來。從北方的桑乾河流域（日後的北京）開始，運河穿過中原地帶，連接黃河、淮河、長江與杭州灣：全長兩千三百五十七公里，至少曾有一段時間動用一百萬名工人進行開鑿。這項鴻圖偉業在六一〇年實現，日後宋朝史家司馬光稱這個時代是「隋氏之盛，極於此矣」。隋朝在許多方面重新恢復了漢帝國的盛況，統治一百九十個郡，一千兩百五十五個縣，登記的戶口將近九百萬戶。[61]

隋朝投入龐大資源自於東北戰爭上，這場戰事讓人聯想起戰國時代末期或漢武帝對匈奴的戰爭。六一二年，隋朝再次東征高句麗，這次動員了一百一十三萬三千八百名戰鬥部隊，後勤人員更是戰鬥人員的兩倍。雖然這些數字有誇大的嫌疑，然而如果這些軍隊能至少分成三十支部隊，每支部隊都能分別得到補給，那麼即使總數達到數十萬人實際上也是可行的。[62]

對剛統一的帝國來說，要維持這樣的戰爭也顯得吃力。虛擲人力物力的結果引發一連串的民變，最後導致隋朝滅亡，此後國家又再度陷入一段短暫的衰弱期。唐朝初年，政府與地方權力者達成妥協，只有一小部分人口接受政府普查與徵稅。但到了八世紀中葉，官方的普查紀錄又恢復到超過九百萬戶與五千三百萬人口，相當於漢朝與隋朝的水準。政府名冊登記了超過六十萬名府兵，每年徵召數十萬名民眾充當輔助部隊。財政事務再次高度中央集權化。[63]

這種徵稅與徵兵的能力令當時的歐洲相形見絀，即使是查理曼的巔峰時期也無法望其項背。歐洲統治者只能「猜測」臣民的數量，而且越來越難徵召他們，在王室地產以外的地方則完全沒有徵稅的可能。

該如何解釋這種戲劇性的分流？我簡要提出的證據明確指出統治者的強制力（coercive capacity）是最重要的因素。只有藉由強制力，統治者才能建立一個有利於菁英合作與從屬的條件。歐洲的貴族多中心主義之所以未能在中國出現，在於中國的王朝統治者總是握有充足的軍事資產來制衡地方豪族的權力（特別在五世紀之後），並且確保中央握有徵稅的力量，從而維持軍事資源。這激勵了菁英家族支持帝國統治並視其為財富與地位的來源，中央權威因此能抵擋與反轉周而復始的權力下放趨勢。[64]

來自大草原邊緣地帶或從大草原輸入馬匹的騎兵部隊、世襲軍人取得國有土地，以及國家普遍有能力動員輔助民力來支持軍隊作戰，這些都是支持中央集權國家與促使帝國形成的關鍵因素。我會在第八章提到，中國北部由於接近邊疆大草原，因此特別容易產生這些條件。相反的，拉丁歐洲則缺乏這些條件。

即便偶有間歇性衰退，中國依舊能重建強大的國家力量。七五〇年代的內亂之後，唐朝實際上陷入藩鎮割據的狀態，只有部分州縣將稅上繳中央。戶口登記的水準再次陡降到幾百萬戶。最後到了九〇〇年左右，唐朝的殘餘部分徹底崩潰，加速暫時的分裂。此時的分裂局面大致上類似四世紀到六世紀較為漫長的分裂時期。[65]

在中國北部，早期的後繼國家（後梁與後唐）控制核心區域，官僚組織大體原封不動地保留下來並且維持人口登記，但藩鎮依然難以控制。在此同時，興起於大草原的遼國沿著北部邊界鞏固自身的地位。九四〇年代，後晉在與遼的衝突中戰敗，首都與中原地區遭受遼的掠奪破壞。遼國撤回北方之後，中原地區再度出現中央集權程度較高的政權（後周，繼後漢之後興起）。這是因為長期戰爭耗盡了藩鎮的資源與能力，使其難以抵抗中央。中央現在有能力重建整齊劃一的強大軍隊與實行宏大的擴張計畫，首先統一北方，而後在後繼的宋朝（九六〇年之後）主導下征服南方幾個小國。

在此同時，南方的政治體又重蹈覆轍，例如從軍事統治轉變成文官統治，強烈依賴商業，強大的地主隱匿應納稅的土地，軍事能力低落，以及敵對菁英之間的分裂。就像五、六世紀的劉宋與陳一樣，這些弱點導致長江以北土地落入北方國家之手。[66]

宋帝國的人口、軍隊規模與財政能力都超過全盛時期的漢朝、隋朝與唐朝。十一世紀晚期，中央政府進行人口普查，顯示人口已達到兩千萬戶。國家維持超過兩千個滿編的稅務所負責徵稅，並且由強大的中央財政機構加以監督。政府高級官員的職涯通常是從公共財政開始。宋朝的中央總稅收至少相當於三千五百噸白銀，接近經濟產出的十分之一。其中五分之四以現金支付，大約是羅馬帝國極盛時期稅收的四到五倍，以前現代的標準來說是相當高的比例。鉅額稅收不僅支撐起七十五萬人口的首都，也維持超過百萬人的軍隊，至少帳面上來說是如此。[67]

即使宋朝很快喪失中國北部的控制權，十世紀依然是中國最後一次形式上的國家分裂。直到帝制時代結束為止，中國通常只有一個帝國，只有在南宋時代存在著兩個國家。到了一〇〇〇年，當羅馬帝國體制的遺跡已經逐漸從拉丁歐洲消失之時，中國的霸權帝國傳統卻比以往更為堅實地建立起來。

「跟著錢走」

六世紀初，教士尤吉匹烏斯（Eugippius）寫下了聖人塞維里努斯（Severinus of Noricum）的傳記。尤吉匹烏斯日後也成為聖人，而他在這本傳記中提到，日耳曼人奧多阿克爾（Odoacer）在成為義大利統治者之前，曾與聖人塞維里努斯見過面。當時還是年輕人的奧多阿克爾，在翻越阿爾卑斯山途中曾停下來向這位聖人致意，聖人便預言他未來的偉業，並在告別時向他致上一句：「去吧！去義大利，義大利現在披上了髒汙的獸皮，不久你將讓許多人獲得豐厚的贈禮！」奧多阿克爾確實做到了，他在義大利蠢蠢欲動的日耳曼傭兵支持下奪權，而這些傭兵要求分配土地。其他率領哥德人、汪達爾人、法蘭克人與倫巴底人的領袖人物也與奧多阿克爾一樣，他們渴望奪取整個西羅馬帝國，而最後也不得不接受同樣的要求，給予這些人慷慨的贈與。國家資源先是地方化，而後是私有化，徵稅停頓，中央權威衰微。數世紀的時間，「豐厚的贈禮」勝過了國家權力。帝國的復興成為遙不可及的夢想。[68]

分裂時期的中國北部則走上完全相反的道路。無論東方還是西方，征服政權一開始都採用二元統治來區隔新來者與在地人（我先前提過國人與在地人的區隔）。義大利的東哥德人沒有羅馬公民身分，無法擔任民政官員，甚至要接受不同的法律管轄。在高盧，法蘭克人起初是唯一不用納稅的群體。[69]

無論在歐洲或中國，二元統治的界線都隨著群體整合而逐漸模糊。然而，當西歐出現租金與勞役的地方化，並導致稅捐豁免乃至於取代稅捐的趨勢擴散到全國人口，中國卻要求所有臣民都順從中央的一致主張。這項關鍵差異，決定了是由擁有土地的領主還是由國家統治者取得大部分的剩餘稅收。國家能力因此出現差異，一邊是貴族服兵役、小規模軍隊與退化的行政結構，另一邊則是廣泛的人口普查、大規模軍隊與由識字官僚組成的部會。前者維持密集的多中心主義，後者則形成霸權帝國。

西歐與中國只是廣闊光譜的兩個極端。在中東地區，東羅馬帝國的大部分領土與整個薩珊帝國最後都由哈里發國繼承，哈里發國的發展則居於兩個極端之間。如同歐洲的日耳曼人或東亞的匈奴與鮮卑，阿拉伯人長久以來都與鄰近帝國交流：阿拉伯人接受帝國的庇護，進行代理人戰爭，甚至移居帝國境內。公然接管帝國土地則是下一步。[70]

與羅馬境內的日耳曼人不同，阿拉伯人通常定居於軍管城市，例如伊拉克的巴斯拉與庫法、埃及的福斯塔特（Fustat，日後的開羅），以及突尼西亞的凱魯萬（Kairouan）。阿拉伯半島北部與東部的部族占領伊拉克之後，他們集中駐防，放棄游牧生活，完全仰賴稅收為生。當伊拉克等地仍普遍維持薩珊與羅馬帝國的徵稅制度，伊比利半島則是一個例外。伊比利半島由於缺乏適當的財政基礎（徵稅制度一度存在，但在西哥德人統治期間完全崩壞），導致聚落分散。占領伊比利半島的軍隊領取的絕大多數是現金薪餉，當地的實物稅收因而衰微，土地授予也未扮演重要角色。伊比利半島的狀況不僅與西歐形成強烈對比，也與四世紀的中國北部截然不同。西歐進行土地分配的結果，使土地稅與人頭稅形同具文，而中國的征服者在常規的徵稅制度恢復之前則一直採取強徵手段。結果，阿拉伯軍事階級必須完全仰賴國家來維持生計與地位。[71]

我們在第五章討論過，這種財政安排的主要弱點是國家力量分散於個別省分而未能集中於哈里發國的中心，而各地稅基則由各地軍隊控制。伍麥亞王朝在保留行政與徵稅體系上要比日耳曼政權來得成功，但比不上中國北部的國家。伍麥亞王朝對於非軍人是否擁有收取稅金的傳統權利也採取中間立場。在這方面，伍麥亞王朝其實更類似於日耳曼人的世襲制土地分配，因而不同於中國（即便中國府兵制也逐漸出現國家資源私有化的現象）。

六八〇年代之後，伍麥亞王朝開始加強政府職能，將稅收與常備軍的服役結合在一起。阿拔斯王朝曾有一段時間可以藉由徵稅來維持宮廷與軍事支出，巴格達也成為中央集權下財政網絡的中心。阿拔斯王朝後期的哈里發逐漸仰賴外人（突厥與波斯語族的騎兵）來壓制地方菁英與進行徵稅。這種做法導致外族征服政權沿著早先財政地區化形成的斷層線來瓜分整個帝國。在伊拉克核心地區，徵稅制度一直維持到十世紀軍事菁英開始直接從農民身上取得收入時才崩潰。[72]

阿拉伯最初的征服所建立的模式維持了很長一段時間：各地軍隊不斷建立政權，他們的收入完全仰賴持續較久的中央文官政府。在前兩個哈里發國時期，薩珊時代遺留下來的地方菁英依然保有自己的地產，並且成為中央的財政來源。即使軍人最終取得從個別土地榨取收入「伊克塔」（iqtaʿ）的權利，中央政府在面對廣泛的土地私有化與民眾為了避稅而將土地分割給有力的恩庇者時，依然有足夠的財政能力來維持自身權力。

之所以能如此，主要是因為伊克塔的受惠者仍局限於軍人，民間的地主無法獲得類似的權利，因此仍須持續與政府官員合作。中世紀的中東與中世紀的歐洲不同，後者是地主與軍事權力相結合，中央政府遭地方化的利益排擠，前者則是城市富裕菁英缺乏軍事權力，而伊克塔性質上仍屬國家的贈與。這兩項因素構成的限制使國家有動機繼續提供公共服務，並讓國家不至於崩解而淪為地區化，甚至進一步分裂成更小的單位。此外，周而復始的外來征服也使中世紀中東原本授予軍人的土地在逐漸私有化之後再有機會重新分配。[73]

整體來說，起始條件不同，理所當然產生不同的結果。在中世紀西歐，徵稅制度崩壞加上土地分配與權力地方化，導致政治體內部與政治體之間的多中心主義，以及國家能力的低落。在阿拉伯與突厥文化圈，財政基礎制度的維持與兵役制度的施行，使相互分離的征服菁英所主掌的各地國家制度仍得以維持強大的局面。在中國，徵稅國家的重建與中央集權的控制，為大帝國的建立與菁英圈的進一步鞏固鋪路。

南亞的記載雖然不如其他地區詳盡，但同樣符合這個模式。孔雀帝國的普世主義渴望不能完全盡信，而笈多帝國在四到五世紀的巔峰時期顯然非常仰賴朝貢國的支持（藉由恆河流域核心的資源來迫使這些國家稱臣納貢）。印度南部仍處於政治分裂的局面，伴隨而來的財政結構地區化，又與六世紀到十二世紀眾多地區國家林立相配合。之後到了德里蘇丹國與蒙兀兒帝國時期才開始追求更為中央集權的目標，不過最終成效有限。南亞國家形成的過程，在中東式的地區國家與羅馬、中國或鄂圖曼式的大型帝國模式之間來回擺盪。[74]

特定的財政與軍事體制，往往與特定的政治體規模息息相關。歐洲的分裂、中國的統一，以及中東與北非介於分裂與統一之間的結果，顯示財政做為「權力支柱」在形塑地緣政治環境上扮演的重要角色。財政與政治體規模的相關性，背後的因果連結相當明顯：無論如何，要建立大型帝國，就需要中央有足夠的能力集結物質資源（徵稅）與軍事勞動（徵兵）。[75]

在中國，帝國的重建總是受到軍事行動的驅使，掌握有效而統一的軍事組織因此成為重中之重。即使有些中國王朝日後放鬆了控制，強大的中央集權資產仍是一路維持下來。對比之下，在羅馬時代之後的歐洲，財政的衰微耗盡了國家的力量。需要好幾個世紀的激烈競爭才能重建廣泛的稅基。而我們曾在第六章提到，等到徵稅制度重新建立，競爭分裂早已在歐洲根深柢固，導致霸權帝國無從出現。更有甚者，國家能力已經與大一統帝國的概念分離，乃至與大一統帝國的概念完全對立。以國與國之間的衝突、國家內部的整合，以及戰略發展政策為焦點的新型態榨取關係於焉誕生，而這一切都是以傳統帝國與傳統徵稅制度的衰微為代價。[76]

※

我已經追溯了特定歷史事件的發展過程，並且把重點放在所謂的「近因」之上，探討既存歷史條件與特定征服政權之間的互動關係，包括發展傾向、軍事動員模式與財政徵稅體制的恢復力。這些因素是左右大型帝國形成的關鍵。然而，找出這些變數並評估其影響是一回事，解釋這些變數有多常見則是另一回事。如果歐洲在羅馬帝國之後的長期分裂、中國周而復始的帝國重建，以及其他地區介於兩者之間的結果，是足以持續一千五百年到兩千年以上的長期趨勢，那會不會有一種可能，就是推動這些強大趨勢的制度與組織特徵，其實植根於更深的土壤，或是受到這些先決條件的形塑？這些「遠因」，就是第八章與第九章的主題。

第八章
自然

地理

地理不僅限制了人類社會互動的範圍與規模，也影響國家的形成。至少從孟德斯鳩（Montesquieu）開始，就有人試圖從地形的性質來解釋歐洲的分裂與中國的統一。十八世紀中葉，孟德斯鳩曾表示：

> 亞洲擁有龐大的帝國，歐洲則絕對無法維持這些帝國。因為亞洲擁有較遼闊的平原，被山脈與海洋分割成較寬廣的區塊。而且亞洲的位置比較偏南，泉水容易乾涸，山脈積雪較少，河流也不是那麼寬大，因此僅構成較小的阻隔。[1]

這段陳述的許多內容相當可疑。山脈積雪較少，那喜馬拉雅山脈呢？河流不是那麼寬大，那黃河與長江呢？河流的功能難道不是連結更甚於阻隔？然而，這些懷疑無法阻止我們發展這條探索之路。我們不需要相信「地理決定論」，也能承認物質環境的重要性，而且現在的我們可以做得比孟德斯鳩更好。

破碎：曲折的海岸線

在歐洲大部分地區，特別是拉丁歐洲的西部，陸地與海洋複雜地交纏在一起。賈德．戴蒙（Jared Diamon）不是第一個認為歐洲「高度鋸齒狀的海岸線」與數量龐大的半島導致歐洲政治分裂的人，孟德斯鳩說的亞洲被「分割成較寬廣的區塊」就是這說法的另一面。東亞的海岸線較為平整，朝鮮是東亞唯一重要的區域半島。與大陸鄰近的島嶼，如海南島與臺灣島，面積比愛爾蘭還小。至於面積比不列顛群島（British Isles）大的島嶼，如日本與菲律賓，則離大陸非常遙遠。[2]

以地理視角觀察歷史的做法引發了一些批評。批評者雖然無法否認地理確實會影響歷史，他們仍懷疑兩者的關連性。因此，美國史家菲利普．霍夫曼（Philip Hoffman）才在回答「歐洲何以征服世界」時表示，島嶼並不會讓歐洲免受海上入侵，半島也無法使歐洲比其他地區更早發展出完整的國家。然而，當霍夫曼以義大利為例，說明羅馬之後的義大利絕大部分時間都處於嚴重分裂時，他提出的佐證卻是在南方孤立地區所建立的穩定的兩西西里王國（Kingdom of Two Sicilies，發源自於西西里這座島嶼），以及更重要的，他提到羅馬義大利在非常早的時期就完成統一。真正的關鍵不在於半島內部的統一，而是半島與龐大帝國形成之間的關係。值得一提的是，除了蒙古時代，朝鮮這個東亞唯一的重要半島從未被中國統治過。從整體來看，我們確實可以看到海岸線會影響國家形成：英國、愛爾蘭、丹麥、義大利、瑞典乃至於法國（以下將會詳述）都因為海洋的關係而獲得明確界定。[3]

但這些只是小細節。只挑選對自己有利的例證無助於說明整體，我們需要以更系統性與更量化的方式來回答這個問題——從這個角度來看，歐洲確實與舊世界有著極大的差異。在這一點上，就不能不提大衛・科桑德（David Cosandey）的著作。在他歸類為「西歐」的地表上（這裡採取廣義的定義，也就是把前蘇聯以西的地區都視為西歐），將近一半是半島，十分之一是島嶼。相反的，中國、印度，以及中東和北非地區的半島與島嶼總共只占總面積的百分之一到百分之三點六。[4]

因此，歐洲的海岸線要比東亞與南亞長得多：「西歐」有三萬三千七百公里，反觀中國只有六千六百公里，印度則是七千三百公里。這也表示「西歐」的曼德博碎形維度（Mandelbrot's fractal dimension）較高，中國與印度較低。這是一種用來表示複雜程度的指數，在一（最低）與二（最高）之間跳動。西歐在不計入島嶼與計入島嶼後的碎形維度分別是一點二四與一點四二，中國是一點一三與一點二六，印度是一點一一與一點一九。中國與印度整體來說要比東歐以西的歐洲來得緊密（東歐這個被陸地緊密包圍的地區最後也被包含到一個龐大的陸上帝國俄羅斯之中）。即使不考慮其他因素，光是西歐（拉丁歐洲）地貌的相對複雜就使西歐比其他地區更容易穩定出現小型政治體。[5]

整合：山脈與河流

山脈同樣會造成有形的區隔，而崎嶇地形則會增加通訊成本。雖然一般認為歐洲地形整體來說並沒有比中國更為崎嶇，但區隔的相對強度才是關鍵。與中國西藏以東的山脈相比，阿爾卑斯山脈、庇里牛斯山脈與喀爾巴阡山脈顯得相對高聳（前兩座山脈高度普遍在一千五百公尺以上）。此外，西歐只有不到一半的地區高度在海拔三百公尺以下，包括英格蘭大部分地區、愛爾蘭、法國西北部、德國北部、波蘭與波河流域（圖8.1）。

對比之下，「中國核心地區」（除去西藏、新疆、內蒙古與滿洲）擁有較高的連結性。大部分地區高度在海拔三百公尺以下，一千五百公尺以上的地區很少見，主要局限在西北地區——秦國就是在此處的「關中」發跡（圖8.2）。中國核心地區充分顯示孟德斯鳩說的「被山脈分割成較寬廣的區塊」。[6]

除了前面提到的島嶼與半島，山脈也有助於界定歐洲國家形成的領土特徵，例如法國。法國的庇里牛斯山邊界從法蘭克王國時代以來一直相當穩定，但從中世紀到近代早期，法國始終難以將多山的東南部地區吸收進來。相較之下，中國的發展主要受到大河的形塑，長江與黃河創造出兩個非常遼闊的流域，而且兩個流域之間沒有自然障礙，光靠六世紀的科技就能彼此連結。結果（讓我們再次引用賈德·戴蒙）就是中國「很早就形成兩個具有高度生產力的巨大地理核心地區，這兩個地區只有微弱的阻隔，因此最終融合成一個單一的核心」。[7]

這段樂觀的陳述似乎忽略了幾個值得注意的重點。在開鑿大運河使長江與黃河兩個流域合而為一之前，首先必須先存在一個強大的帝國。長期而言，維持這個運河系統甚至需要更大的努力。除了長江之外，中國普遍缺乏感潮河川（tidal rivers），因此阻礙了沿岸地區的連結。直到十二世紀為止，只要中國陷入分裂，分裂的界線往往出現在兩個核心之間。融合需要花費極大的努力，並非一蹴可幾。

儘管如此，中國的大河流域還是充分證明地理是極其重要的因素。兩個流域之間的阻礙哪怕相對輕微，對於國家形成仍產生顯而易見的影響，必須花費數百年反覆不斷以武力進行政治統一才能克服這些阻礙。如果中國的狀況是如此，我們難道不會預期更嚴重的阻礙會對歐洲產生更深遠的影響嗎？[8]

此外，中國河流之間的連結只是故事的開端。黃河在內陸可航行的河段大約有六百到八百公里，類似於第一瀑布（First Cataract）以下的尼羅河，而長江則是在三峽以東有一千一百公里的航行距離。環境史家約翰·羅伯特·麥克尼爾（John Robert McNeill）表示，大運河、無數的小河與供水渠，在黃河與長

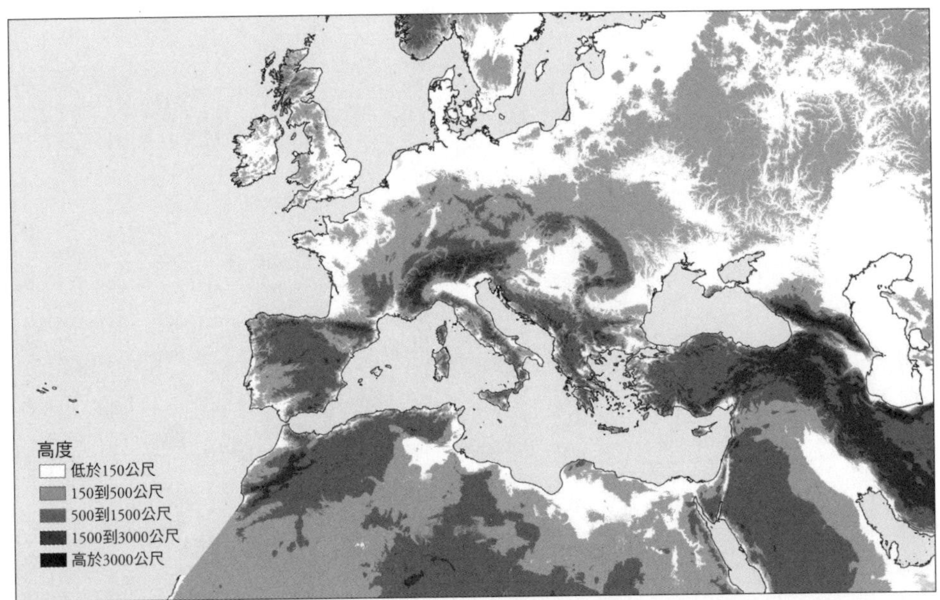

圖8.1 歐洲高度輪廓圖。

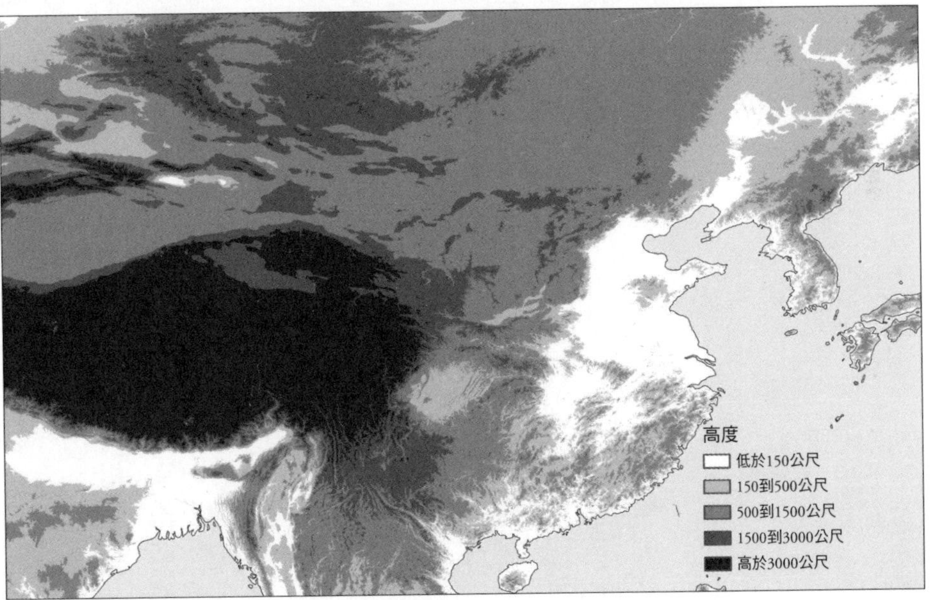

圖8.2 東亞高度輪廓圖。

江之間乃至之外的地區「創造出以廉價而安全的運輸連繫起來的巨大肥沃月彎……在世界史上，沒有任何內河航運系統能像中國一樣整合了兩個龐大而具生產力的空間」。[9]

地理對帝國的影響不是單向的，而是互相影響的過程。自然環境與國家形成是相輔相成且相互影響，兩者共同產生越來越強的「路徑依賴」（path dependence）。因此，我們再次引用麥克尼爾的說法：「中國的國家耐久性與恢復力大部分取決於中國的地理環境，但中國的生態對國家的仰賴也達到非比尋常的程度。」帝國要負起興建大型水利工程與洪水防治的重責大任。運河、水壩與稻田都需要持續維護，投資越多，潛在的風險也隨之升高。與雨水豐沛的西歐不同，在這個早熟的人為環境裡，環境衰敗的代價十分高昂，而且要反轉並不容易。結果，中國社會「極為仰賴人口與政治穩定，容易因為疏於維護水利導致的環境衰敗而蒙受損害……沒有任何主要社會像中國一樣如此需要密集維護水利以防止急速的生態衰敗。」[10]

即使這項說法聽起來好像是魏復古（Karl Wittfogel）水利專制主義模式的更新版，但確實能協助我們找出最有利於長期發展的特徵。與中國不同，河流在歐洲沒有那麼重要的地位。歐洲最長的兩條河流是多瑙河與萊茵河，長度皆不及長江與黃河，而且在歐洲的連結功能也較少。多瑙河與萊茵河的流向也不同，因此反而不利於核心地區的後勤補給。[11]

匯集

海岸線、崎嶇地形與河流流域三個因素相加的結果，可以看到歐洲是由多個小核心地區組成，而中國起初只有中原一個核心地區，之後又出現長江流域而成為兩個核心地區。這兩個核心地區逐漸連結，北方流域在政治與軍事上持續維持支配地位。

我將在下一節討論，鄰近大草原是使中原居於支配地位的部分原因。但中原地區還有著其他的環境優勢：地形平坦與高度生產力。沙塵暴帶來的黃土在西部地區（陝西省、山西省西部與甘肅省南部）沉積，厚度達兩百五十公尺，然後黃河（名稱恰如其分）將黃土帶到中原，大大提升了農業產出。[12] 凡是能控制中原的人就能控制中國。幾乎所有帝國的統一都是從中原開始，這並非出於偶然。中原的人口優勢也同樣顯著：長久以來，中原的人口數量與國家能力一直凌駕中國其他地區。這裡的國家能力，是指計算可用人口數量並予以課稅的能力。[13]

歐洲不存在這種「天然」核心。歐洲被分割成幾個小規模的孤立發展區域，山脈（阿爾卑斯山脈與庇里牛斯山脈）、沼澤（低地國北部）、森林與海洋（不列顛群島與斯堪地那維亞）區隔出幾個沖積平原。經濟史家艾瑞克・瓊斯（Eric Jones）延續其他學者的研究，將中世紀盛期的歐洲分成巴黎與倫敦盆地、法蘭德斯與波河流域等具代表性的區域。這些地方顯然不存在孟德斯鳩所謂的亞洲「較遼闊的平原」。[14]

我們不應該高估這些差異的影響，畢竟羅馬就曾成功統一這幾個地區，領土甚至一路延伸到尼羅河流域。因此，我們不能理所當然地認為這些條件理應導致特定類型的列國體系。瓊斯認為：「只要建立足夠多的國家，而這些國家各自擁有自己的核心與類似的力量，那麼就能阻止征服與合併過程，避免出現一個統一的歐洲。」瓊斯這段說法只能說是描述，而不能算是解釋。[15]

此外，「遼闊的平原」本身並非大一統帝國的充分條件。如果是，那麼印度的帝國應該會比中國的帝國來得持久與強大。早在公元前一千年，印度北方的遼闊流域已經創造出從巴基斯坦延伸到比哈爾邦（Bihar）的農業帶。史家維克多・李伯曼（Victor Lieberman）指出，到了一七〇〇年時，印度北方平原的居民占了印度總人口的六成左右，而同時期中原地區居民則只占了中國總人口的百分之二十五到三十。與中國相比，印度的小型地區更少也更小。然而，印度缺乏跟中國一樣的整合性水利系統來支持北方國家往南擴張，可見域內連結的影響與大平原的有無同樣重要。[16]

印度南方分散的乾燥農業區助長了南亞的分裂。雖然信德省（Sind）與拉賈斯坦邦（Rajastan）的西部沙漠，以及乾燥的中部德干高原（Deccan plateau）不像歐洲主要山脈那樣構成嚴重的阻礙，但的確形成區隔。南方較崎嶇的地形與農業區的分散，與小型政治體在南方居於主流的現象完全相符。南亞帝國的建立總是由北向南，南方的國家形成在這個過程中通常處於次要地位。然而，乾燥的德干高原上的戰士社群與武裝牧民又有著抗衡北方帝國的能力，這種狀況在中國從未出現。總之，這些特徵有助於解釋為何印度的中央集權程度介於中國與歐洲之間：高於歐洲但低於中國。[17]

形狀、孤立與規模

東亞的形狀相對類似矩形，使東亞比歐洲來得緊密。當羅馬把細長的地中海轉變成帝國核心（地中海有利於低成本的運輸）並對外投射力量時，也造就了極長的疆界。如果我們扣除大西洋與乾燥的非洲邊疆不計，羅馬帝國依然必須保衛將近六千公里的潛在爭議疆界。在中國，即使各段長城的總長度超過羅馬的疆界，但實際上從朝鮮延伸到甘肅省遠端的疆界，長度只有羅馬疆界的一半。大部分的時間裡，這段疆界是中國唯一的重要防線，而羅馬卻必須面臨來自不同方向的嚴峻挑戰。[18]

還有一些影響較小的地理特徵。客觀來說，中國比歐洲來得孤立。李約瑟（Joseph Needham）曾經形容中國宛若一座「面向太平洋的圓形露天劇場」，他也許會再加上一句：卻長期不受外界所知。對比之下，歐洲總是和中東與北非地區緊密連結。在西方的大西洋與東方的興都庫什山脈（Hindu Kush）與伊朗東部的俾路支沙漠（Balochi desert）之間並不存在有形疆界，後者甚至也無法與西藏高原與塔克拉瑪干沙漠相比。

基本上，這讓霸權帝國更容易在東亞出現，同時也表示沒有任何國家可以控制從大西洋到伊朗東部的整個溫帶歐亞大陸。伍麥亞王朝嘗試過，但帝國往東西兩方極度延伸的結果，就導致帝國的邊緣開始崩解（這類分裂在大多數時候會限制住帝國的擴張）。然而，孤立並非決定性的特徵，否則與中國一樣孤立的南亞照理也能建立統一帝國才對。[19]

最後，列國體系的空間範圍可能也有影響。同樣的，在這方面我們還是必須謹慎評估。中國核心地區與拉丁歐洲的大小相仿，從首爾到河內的最短距離與從里斯本到華沙的最短距離相同（兩千七百五十公里）。中華帝國一開始是向西北擴張：新疆西端的喀什（Kashgar）距離北京三千四百公里，距離首爾將近四千四百公里。同樣的標準也能用來衡量近代早期的歐洲列國體系：里斯本與伊斯法罕（Isfahan）的距離超過五千四百公里。就算我們排除鄂圖曼帝國與薩法維帝國，只將範圍局限在基督教社會，里斯本與莫斯科的距離也有三千九百公里。[20]

光看這些數字，會以為歐洲與中國的國家建立與國家競爭規模類似。但兩者之間有個重大差異：與東亞不同，歐洲列國體系隨著時間不斷成長。西漢以來，朝鮮與越南北部一直屬於中國的勢力範圍。除了蒙古在十三世紀末入侵東南亞或三百年後日本入侵朝鮮，東南亞大部分地區與日本實際上都處於以中國為中心的政治軍事網絡之外，甚至在中國的邊陲地區發展成更加穩定的政治體。

在義大利的北方與西方，古羅馬占領的空間在此之前不存在國家結構。古羅馬將「國家性」（stateness，我找不到更好的詞彙）往歐陸延伸，就此改變了歐洲的政治環境。羅馬帝國的衰亡也沒有改變這個地理範圍：後繼國家幾乎未跨越昔日的萊茵河—多瑙河邊界，唯有查理曼重新取得奧古斯都一度推進到的易北河疆界。[21]

史家彼得．希瑟（Peter Heather）曾經說過：「歐亞大陸西側的古代世界秩序，就是地中海圈支配了低度發展的北方腹地。」到了中世紀初，這套秩序終於被打破。不僅文字，國家制度化也往東往北擴散，「整個歐洲大陸開始出現大規模的同質性發展」。斯拉夫民族在此扮演了核心角色：部分出於日耳曼人往東掠奪的影響，斯拉夫人在九到十世紀建立了龐大但不穩定的政治體。尤其在十世紀，政治與社會階序大規模往舊文明核心以外地區擴展，包括波蘭、波希米亞、匈牙利、（俄）羅斯與斯堪地那維亞沿海地區。中歐與東歐大部分地區布滿了初具雛形的國家與越來越具野心的政權或霸權。到了一〇〇〇年，這類政治體已經一路延伸到窩瓦河畔。[22]

這個擴散過程很大一部分來自外部投入，發起者是軍人、教士與商人菁英。這些菁英的動機不是為了帝國征服，而是受到地方分權的影響，反映了他們出身地的分裂，特別是在德意志。德意志先是由騎士帶頭興建城堡，導致貴族的四散移居，然後是農民與市民追隨貴族的腳步。由於整個擴散過程僅僅是西歐組織結構（城鎮、教會與貴族地產）往外複製散布的結果，因此並未創造出核心與邊陲的關係，而只是加強特定一套制度東擴的力道。結果就是希瑟那句不太政治正確的話：「野蠻的歐洲不再野蠻。」[23]

我們的重點不在「野蠻」，而是國家。在這一點上，同質化有了重大進展：歐洲國家級政治組織的空間範圍從八〇〇年的三百萬平方公里，擴展到一六〇〇年的將近三倍。撇開斯堪地那維亞北部與俄羅斯北部不提，這個擴展過程絕大多數發生在八〇〇年到一二〇〇年之間。根據估計，九五〇年到一三五〇年，光是拉丁歐洲本身的國家政治體規模就增加了一倍。這是當時世界上最大的近似政治體群聚現象。[24]

不可否認，這個國家擴散過程需要一段時間才能對歐洲各國之間的競爭產生重大影響。雖然波希米亞於十三世紀之後在德意志帝國事務上扮演著舉足輕重的角色，但基本上伊比利半島、法蘭西、英格蘭、德意志與義大利各地強權之間的衝突並未受到東方或斯堪地那維亞地區的干涉，這種情況一直要到三十年戰爭期間瑞典出兵介入時才出現變化。在拿破崙戰爭之前，俄羅斯不僅要面對瑞典人與波蘭人，還要對付鄂圖曼人與韃靼人，因此尚未對西歐產生明顯的影響。

從這個角度來看，中世紀歐洲列國體系的擴張並未直接有益於拉丁歐洲多中心主義的穩定。儘管如此，中歐與東歐國家的存在本身，其實已足以讓分裂的狀態更形鞏固，因為這些國家可以提供額外的制衡，防止可能的帝國擴張。當俄羅斯終於在十九世紀初介入歐洲事務時，事實證明俄羅斯的軍事力量反而更有力地維持了歐洲列國體系的平衡。[25]

歐洲的海外殖民帝國大體上來說扮演著較為間接的角色。當西班牙取得美洲白銀而明顯對權力平衡構成威脅時，這個威脅引發的抵抗最終反而支持了政治的多中心主義。即使英格蘭在一八〇〇年後有能力動用全球資產成功圍堵法國，但一般而言海外資源在維持歐洲列國體系上仍不具重要性。到頭來，歐洲內部競爭整合的規模才是最大的影響要素。

往中歐、北歐與東歐（或海外）擴張的現象並未出現在南亞、東南亞或東亞。印度諸國大致局限於次大陸上，由於天然障礙的巨大限制，這些國家與外部的政治軍事互動長期便只能維持在西北方一處相對狹窄的疆界上。中國的草原邊疆也是如此，東南亞則是被崇山峻嶺緊密包圍。實際上能助長政治分裂的可能性不是沒有，但一般來說微乎其微。

※

那麼，關於國家形成，地理能告訴我們什麼？從各個層面來看，東亞的環境有利於大一統帝國與霸權的形成：海岸線較不曲折破碎，高度緊密，較少的內部阻礙，以及豐富的「天然」核心，而這個天然核心又與可管理的人力資源進一步整合。相較之下，歐洲則被山脈與海洋重重區隔，而且自然資源未能大量集中。南亞介於東亞與歐洲之間，中東與北非地區也是如此，中東與北非混合了肥沃的河川流域、高原與乾燥地區。

此處顯然不是要主張老派的「地理決定論」。地理不是命運，但地理確實有影響力（例如增加或降低某一結果的成本），從而使特定結果較有可能（或較不可能）發生在世界上的特定地區。若要討論第一次大分流的問題，就不能不考慮這些有形的地理環境。[26]

事實上，我們不僅必須分析海岸線、河流、山脈與土壤，更應該進一步分析某個更關鍵的影響：鄰近大草原的程度。影響國家形成的環境條件並非只有空間規模及地形特性，我們也不能僅著眼農耕者用來供養城市、軍隊、官員與朝廷的定居地區，還得將目光放到定居地區「之外」。

生態

草原效應

歐亞大草原是一片連綿不絕的廣大草原與灌木帶，曾經從滿洲一路延伸到超過七千公里遠的瓦拉幾亞（圖8.3）。草原的植被與溫和的氣候讓騎馬者與牲口得以在此休養生息。中國北部由於毗鄰這塊區域，才會導致帝國不斷密集出現。拉丁歐洲由於距離大草原非常遙遠，因此帝國就未頻繁出現。中東與北非地區鄰接歐亞大草原與幾個較為乾燥的邊境，也一再出現大型帝國。印度北部也是如此，儘管距離歐亞大草原較為遙遠，但西北部卻容易遭受歐亞大草原的入侵。因此這裡的國家形成一般都以較小的規模在較安全的印度南部與東南亞地區發展。這些關連僅是偶然嗎？背後有更多重的原因嗎？還是這正好反映出帝國形成的因果關係？[27]

近來的學術研究支持後者的詮釋。根據彼得・圖爾欽（Peter Turchin）的觀察，直到一八〇〇年為止，略去近代歐洲海外殖民地不計，凡是領土達到一百萬平方公里（約略等於全球地表面積扣除南極洲之後的百分之零點七五，這是個相當方便的衡量基準）的帝國，絕大多數都鄰近草原邊疆地區。我對圖爾欽的調查做了修正與更新，發現在這七十三個政治體中，有六十二個明顯屬於這個類別，且至少有五十四個政治體要不是正好位於歐亞大草原內部，就是非常接近歐亞大草原。我們未必要過分拘泥具體數字為何，畢

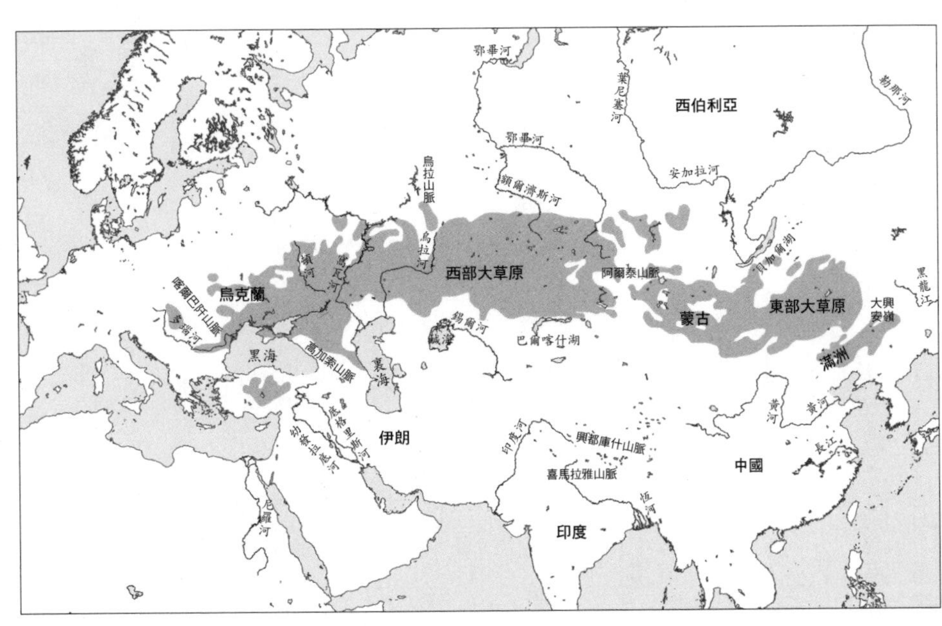

圖8.3 歐亞大草原。

竟在這些帝國中，有些帝國實際上是前一個帝國的延續。即使如此，模式依舊清晰可見。[28]

天然資源的豐富與否，無法解釋這種國家分布的情況。拉丁歐洲、印度南部與東南亞等廣大地區都有著充足的人口與自然資源，照理可以支持大帝國的形成，卻因為遠離草原而很少產生同樣大型的帝國。很少有大帝國出現在遠離草原的地方，例如歐洲的羅馬帝國與加洛林帝國、東南亞的高棉帝國，以及安地斯山區的印加帝國。在這四個帝國中，加洛林帝國與高棉帝國勉強達到一百萬平方公里的領土門檻，而且前者存在的時間相當短暫。只有羅馬帝國在重要性與存續時間上足以與中東、南亞與東亞最大的農業帝國一較高下。[29]

從地圖上最能清楚捕捉到這種地理群聚現象。圖8.4標明領土超過一百萬平方公里的傳統舊世界帝國的發源地區。圖8.5的格子圖則顯示特定區域被這類政治體統治的機率：顏色越深，表示這些區域被這類政治體統治的時間越長。對照這兩張地圖，就可以得出一套模式：大型帝國集中在東亞、中亞、中東與埃及，但在歐洲、印度南部與東南亞則非常罕見。印度北部介於兩者之間。我會在本節後段討論這些地區性的例證。[30]

另一種衡量標準，是把重點放在人口而非領土範圍，這樣做可以篩選掉一些領土廣大但人口稀少的草原帝國。但即便是用這個標準，也會得出類似的結果。直到一八〇〇年為止，有三十二個傳統陸上帝國擁有至少百分之八的世界人口（這個人口門檻可以明確篩選掉人口較少的例證）。而在這些帝國中，有二十個發源自於草原邊疆地區或鄰近草原邊疆地區，另外七個則距離草原略為遙遠。在這些例證中，羅馬帝國依然是主要的例外。[31]

無論從什麼角度觀察，大帝國的全球分布都反映出「強烈的統計規則性」，其影響範圍隨著距離歐亞非大草原地區越遠而急速衰退。這使我們能夠提出一項簡單的研究假說：生態特徵能夠藉由中間的近

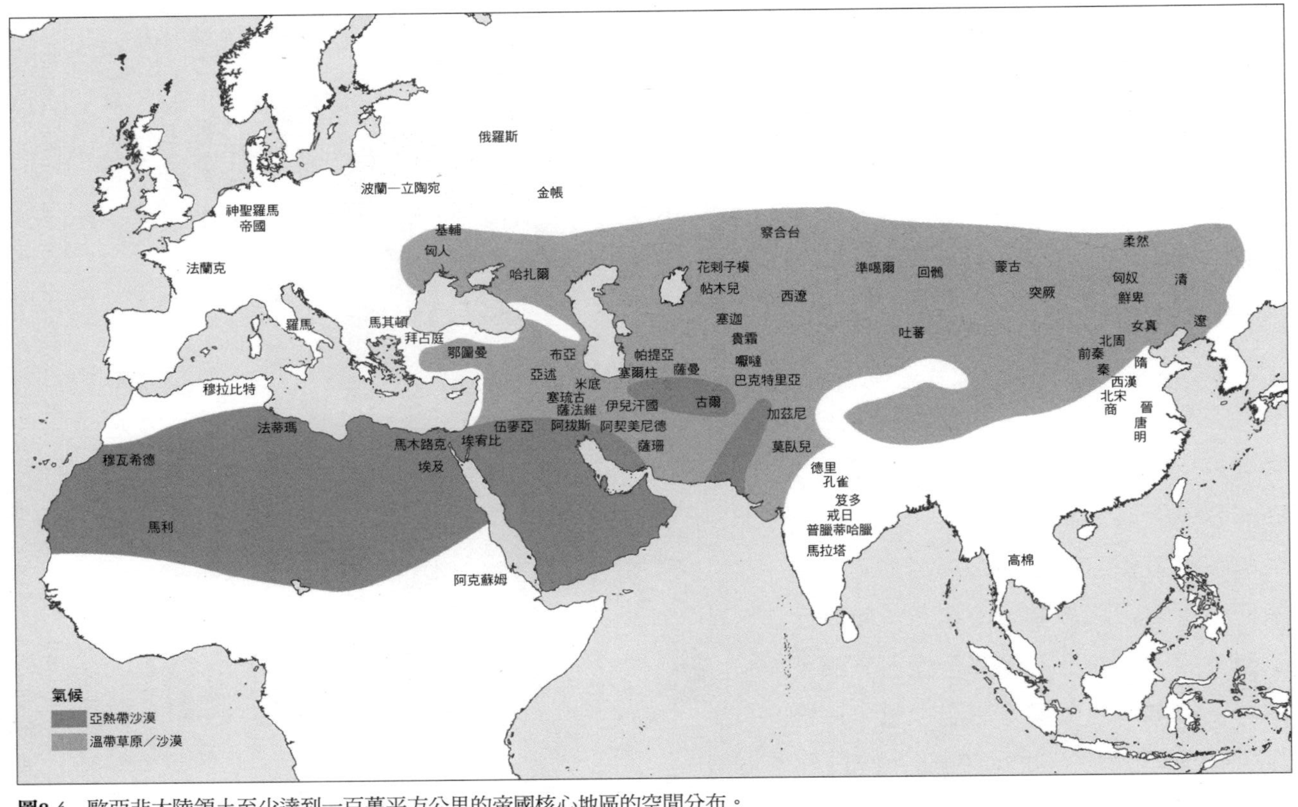

圖8.4　歐亞非大陸領土至少達到一百萬平方公里的帝國核心地區的空間分布。

資料來源：改編與擴充自Turchin 2009: 204, figure 1。

因機制，對帝國形成的規模與強度起到深遠的影響。[32]

這項假說有一個前提：草原牧民與定居農民之間的敵對關係，促使國家為了回應競爭壓力而提升自身的力量與規模。與許多針對國家形成的驅動力所做的研究一樣，這項假說特別強調族群衝突在創造與演變出強大政治軍事政治體上扮演的角色。[33]

這個假說也植根於生態基礎上。即便現實生活遠比理論更加多樣與複雜，但大致上來說，草原民族的主要維生方式就是放牧牲口，特別是以放牧馬匹與綿羊。即便他們也會從事農耕、採集與狩獵，但多半是作為放牧的輔助。這種生計模式有利於流動的生活方式，不僅要隨季節而移動，而且必須使用馬匹。

草原群體很難或甚至無法生產定居社會的諸多物品。而為了獲得這些物

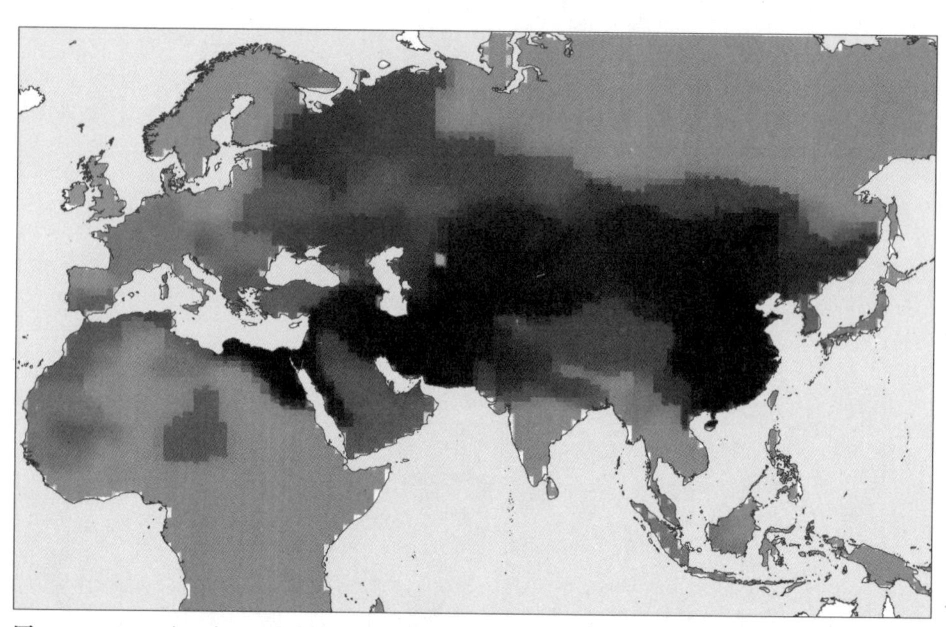

圖8.5　500-1500年，每一百年被大型政治體（大於一百萬平方公里）統治的機率（機率從中灰色=低，到黑色=高；淡灰色=零）。

資料來源：Scheidel in press-b: figure 2.13 (b)。資料出自James Bennett (University of Washington)，2017年11月9日，使用了Turchin et al. 2013: 16386的基礎資料。

品，草原群體必須與定居社會貿易，或在定居社會中服兵役，或甚至掠奪定居社會。容易取得馬匹與熟習馬術就對此有利。騎兵不僅讓草原戰士可以抵銷農耕民族的數量優勢，也能取得高度的機動性。此外，草原沒有太多適合定居的重要據點，草原群體可以輕易撤退避免遭受反擊。結合靈活彈性的攻擊力與廣大的戰略縱深，草原群體可以發揮遠超過人口比重的力量。[34]

在生態分水嶺的另一邊，定居人口的生產的經濟資源不僅對草原群體有著吸引力，也能用來建立龐大的軍事能力。這些互補的差異造成了「結構性失衡」，而這樣的失衡可以透過幾種方式來解決（公開衝突絕不是唯一的選項）。即使如此，長期而言，草原生活的生態壓力與統治者的野心使得發生週期性衝突的可能性大為升高。光是這個原因，提升國力就有著巨大的吸引力。[35]

這其實是一項歷史悠久的觀念，可以追溯至歐文・拉鐵摩爾（Owen Lattimore）與其他研究大草原帶的學者。這個觀念也是圖爾欽「後設種族邊疆理論」（meta-ethnic frontier theory）的一個分支，圖爾欽的理論預期推動國家形成的最強驅力會沿著文明斷層線產生，這些斷層包括宗教多樣性、語言、生計模式與戰爭強度。[36]

史家維克多・李伯曼針對舊世界的宏觀社會發展做了大規模比較研究，他認為與草原的鄰近程度使歐亞大陸分成「暴露區」與「保護區」。「與內亞民族居住地帶隔絕或容易受到內亞民族攻擊，是用來劃分保護區與暴露區的核心標準。」李伯曼的保護區包括東南亞、歐洲大部分地區、日本、朝鮮、喜馬拉雅山脈、西藏、南亞沿岸地區與斯里蘭卡。暴露區則包括中國、南亞的大陸地區與西南亞等。一般而言，保護區得以維持比較孤立的狀態，之後產生了憲章文明，建立的政治體也比暴露區來得小。李伯曼認為內亞對於保護區與暴露區之間的差異起到了關鍵協調作用：保護區絕大部分的歷史，特別是在一四〇〇年之後，都免於遭受中亞游牧民族的占領，而且一般而言都是由當地菁英進行統治。[37]

一個地區獲得保護的程度主要受到三個因素影響：與草原的距離，山脈與海洋等天然屏障的存在，以及與草原的連結（圖8.6與圖8.7）。舉例來說，南亞雖然距離歐亞大草原相當遙遠，而且有喜馬拉雅山脈橫亙，卻因為河谷平原與灌木叢而與中亞連結。西歐因為森林的阻隔而獲得較佳的保護，卻面對著潘諾尼亞平原這塊分離出來的草原橋頭堡，即使這塊平原面積不大，卻依然構成威脅。[38]

草原地區與定居地區之間的敵對互動，促成了大帝國形成。這種模式最能解釋在草原上興起的帝國，這些草原政治體附屬（或說寄生）在生態分水嶺另一端的農業社會。關於這種模式下的動態關係，最知名的說法是湯姆斯．巴菲爾德（Thomas Barfield）以草原為基礎提出的「影子帝國」（shadow empires）概念。這個概念認為，草原居民組織人力與建立同盟，是為了從鄰近的定居社會取得物質利益，手段包括貿易、掠奪與索取貢品。這些物質利益可以用來鞏固與正當化游牧或半游牧部族的中央集權，領導人可以藉由獎賞來控制那些過著游牧生活而難以控制的部眾。

巴菲爾德認為，草原帝國與農業政治體構成牢不可破的共生關係。「草原帝國必須與農業帝國互動才能存在，因為它們缺乏主要帝國具有的絕大多數特徵」，最重要的就是缺乏直接向大量人口徵稅的能力。這是為什麼它們被稱為「影子」或「鏡子」帝國：草原群體在創建空間廣大的帝國時，不僅挪用鄰近定居者的制度，也對鄰近定居者的發展直接做出回應。因此，主要帝國越是龐大複雜，從旁借鏡的草原帝國數量就越多。[39]

這個情境雖然簡化，但本質上並未對游牧民族存有偏見。與常見說法相反，這項觀點並不以草原民族的主動侵略為前提，因為定居政治體侵占草原民族的牧地也會提升牧民間的向心力。這項觀點也沒有將游牧民族貶低為窮困或「野蠻」。草原民族與定居政治體總是向彼此尋求資源，尤其是草原輸出的珍貴馬匹。然而，即使我們接受白桂思（Christopher Beckwith）的說法，把草原群體描繪成愛好和平貿易

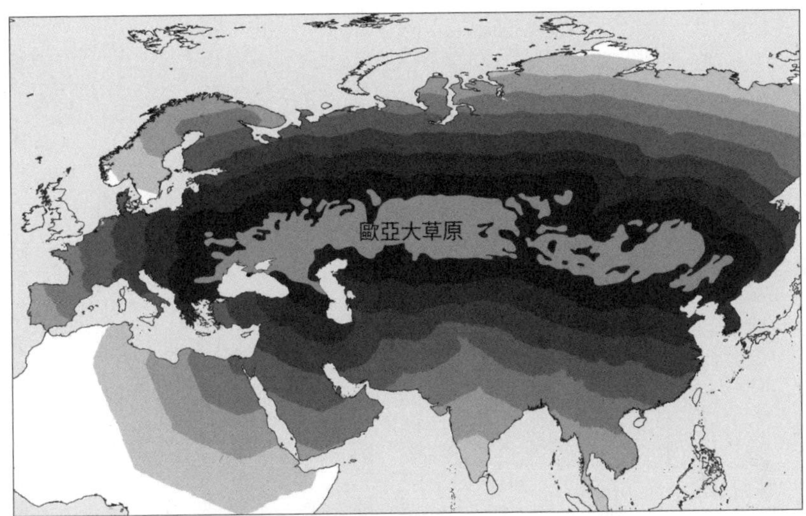

圖8.6 與歐亞大草原的實際距離（陸地）。

資料來源：改編自Ko, Koyama, and Sng 2018: 290, fig. 4。

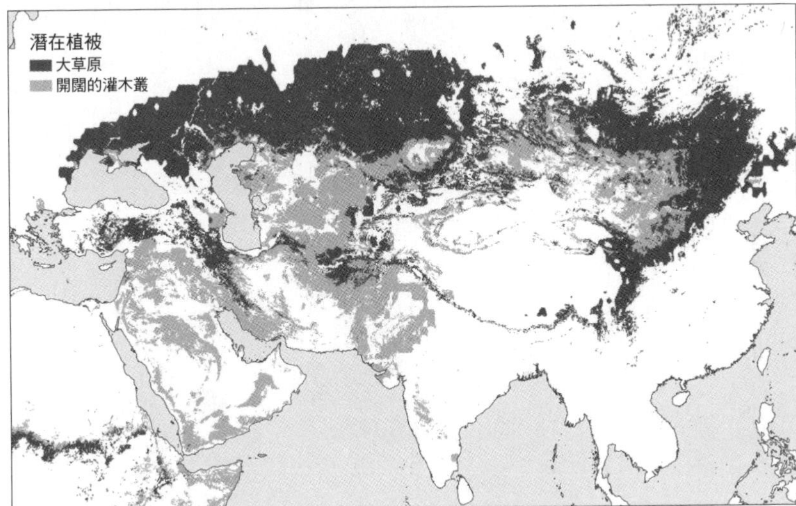

圖8.7 亞洲的潛在植被。

資料來源：https://nelson.wisc.edu/sage/data-and-models/atlas/maps/potentialveg/atl_potentialveg_asi.jpg，顯示「某些從未存在過人類土地利用形式的地點的植被」（https://nelson.wisc.edu/sage/data-and-models/atlas/maps.php?datasetid=25&includerelatedlinks=1&dataset=25）。資料使用已獲得The Center for Sustainability and the Global Environment, Nelson Institute for Environmental Studies, University of Wisconsin-Madison的允許。

之人，並且認為農業帝國是藉由單方面限制貨物流通來挑起戰爭的侵略者，巴菲爾德提出的結構緊張依然適用：衝突與帝國的建立，源自於資源與能力在分配上出現結構性失衡。[40]

這種失衡因為氣候變遷而更形惡化。從公元前三世紀開始，草原對中國施加的壓力強度（反映在戰爭與往南入侵的頻率）與降雨程度成反比：旱災破壞草原的脆弱生態並刺激草原民族南侵。塞爾柱突厥人的遷徙，背後的動機也很類似。有時氣候條件也會產生額外的資源，如阿拉伯擴張之初與成吉思汗的蒙古進行征服之時。這種解釋將「自然」環境的因素引進到定居與游牧領域的關係裡，從而取代了特定的文化面向。[41]

無論定居社會的識字菁英如何將草原居民詆毀成嗜血的野蠻人，或現代觀察者如何在各方面受到這類比喻的欺騙或對此感到震驚，我們的任務並不在於歸咎或免除責難，而是在學術論戰中找出各方一致同意的關鍵：即使草原居民能夠直接控制或生產許多重要資源，他們整體而言仍須取得外來物品，無論是透過貿易、戰爭或為他人服兵役等方式。而農業社會要不是趕走草原居民，就是做好防衛，該怎麼取捨完全取決於當時誰剛好處於上風。由於游牧與半游牧群體精於騎射，他們的作戰方式往往能彌補人數上的劣勢。少數這幾項因素已足以讓各地區的草原邊疆地帶衝突不斷。[42]

衝突是個難解的問題。草原入侵者很少能夠征服定居地區，他們要不是被當地人口驅逐出去，就是由下一波的草原戰士重新發起入侵。定居社會直到幾個世紀之前才在科技與後勤上找到可行的方式，以壓倒性的軍力平定草原民族，並且在草原上進行屯墾，或者像現代的烏克蘭一樣直接將草原轉變成農田。在此之前，草原與農業之間的競爭摩擦，本質上是結構性的，因此總是持續不斷。[43]

然而，因敵對而提升國家能力的簡單模式，只能適用於草原帝國而非農業帝國。巴菲爾德的模式把農業帝國當成前因，這表示草原國家無法用來解釋農業帝國的存在。傳統帝國通常不是為了因應游牧民族的挑戰而建立，尤其是早在草原居民精通騎兵戰術並且成為需要認真對付的力量之前，最初的大型國家就已出現。這些事實都對「農業居民是在回應游牧民族」的抽象觀念構成嚴重挑戰：圖爾欽就曾提出定居地區要不是為了因應飄忽不定的騎兵攻擊而建立同盟，就是為了鞏固中央集權而進行征服。因此，像鄧鋼（Kent Gang Deng）這段諷刺的話確實是不合理的，他說：「歷史的諷刺之處，在於中國人必須先在內戰中自相殘殺才能統一這片土地，然後又必須彼此合作才能擊退游牧民族。」即使這個說法帶有某種真諦，對歷史學家來說還是過度簡化了事實。[44]

大草原的存在對於農業帝國的形成僅具有間接的效果。真正重要的其實是農業與游牧在地理與生態上的中間接觸地帶，也就是歐文．拉鐵摩爾所說的「邊緣地帶」（marginal zone）。最密集與影響最大的互動，如貿易、掠奪、收編與同化，全在這裡發生。在草原與農業的中間地帶，例如滿洲，定居群體一方面接近草原而容易受到草原民族的入侵，另一方面也因為接近草原而得以運用草原的資產。依據拉鐵摩爾的說法，這些草原資產是「儲藏」騎馬者與馬匹的地方，定居群體一旦能運用這些資產，就能對定居地區的國家形成產生巨大的影響。因此，「邊緣地帶」而非大草原本身才是帝國征服的主要根源。五胡十六國時期的鮮卑族與日後的滿族征服中國是如此，介於貝都因人與肥沃月彎之間的上古晚期阿拉伯人的形成也是如此。[45]

因此，帝國征服只能說是邊緣地帶影響下產生的戲劇性結果。一般來說，草原的資源形塑農業地區的國家形成，主要是透過使用馬匹（舉例來說，南亞就非常需要馬匹）、騎兵與讓草原群體提供軍事服務。中國的晉朝與唐朝，以及許多中東政權，都先是先僱用突厥軍人後反遭突厥軍人統治。這些國家的歷史如果少了突厥人，將完全是另外一番景象。因此，從歷史紀錄來看，真正合理的解釋稍微複雜一點：除了游牧與定居政治體的敵對之外，還要運用草原的資產（也就是能夠投射軍事力的騎兵）才能創建龐大的農業帝國。

圖爾欽等研究者再次率先對游牧與定居關係做出歸納，並且針對公元前一千五百年到公元一千五百年的舊世界國家形成建立出一套簡單解釋。圖爾欽只考慮幾項基本特徵，例如可耕地、高度、河流與海岸，軍事科技則被擺在草原邊疆地區，用來模擬雙輪戰車與之後騎兵的影響。雙輪戰車與騎兵的出現象徵著社會已經高度演化，能夠支持政治規模上的擴大。

根據這些簡易前提進行的大量模擬，圖爾欽預測的國家形成模式與實際歷史的結果相當接近。這項模擬預測各個地區在三千年歷史中被納入某個領土至少十萬平方公里的國家的機率，而高達三分之二的結果符合實際的歷史。這項發現顯示騎兵作戰對於大帝國建立的過程十分關鍵。由於領土十萬平方公里或以上的國家的空間分布，與領土一百萬平方公里或以上的帝國的空間分布十分類似（見圖8.4），因此相同的結論也可以適用在歷史上最大的傳統帝國。[46]

因此，大草原既直接也間接促成帝國形成。就前者來說，大草原既激勵了農民內部與牧民內部的合作，也造成農民與牧民之間的衝突。就後者而言，大草原提供了軍事征服所需的馬匹（與騎馬者）。必須注意的是，這類根據簡易前提推演出來的籠統歸納，勢必遭受絕大多數歷史學者的懷疑，而這些學者往往見樹不見林。[47]

這樣的懷疑並非毫無根據，畢竟統計相關性與空間模式不一定就能提出具說服力的例證。我們還需要更深入思考其他近因，這些機制會把我們所謂的「草原效應」轉變成國家形成的特定結果。我接著會稍微深入探討地區政治與軍事史長期發展之間的動態關係。我們將發現，中國、歐洲與舊世界其他地區的歷史紀錄提供了大量佐證，顯示前現代時期的帝國形成與大草原息息相關。

東亞

中國的帝國幾乎清一色興起於北方邊疆。在三千六百年間的十二次統一裡，只有一次不是來自北方。有七次源自於西北，特別是在渭河流域，包括西周（公元前十二世紀）、秦漢（公元前三世紀）、隋（六世紀）、唐（七世紀）、元（十三世紀）與來自陝西的共產黨（二十世紀）。滿清來自東北（十七世紀），而商（公元前十六世紀，年代或有疑義）、西晉（三世紀）與北宋（十世紀）則來自於華北中部。此外，有兩次局限於中國北部的統一也是來自西北與東北，分別是北魏（四世紀）與金（十二世紀）。唯一的例外，是以長江流域為根據地的明（十四世紀）。[48]

統治者的發源地也符合這個長期模式。梅維恆（Victor Mair）調查商朝到中華人民共和國統治家族的種族與地域連結，發現絕大多數統一王朝是由來自西北的人士建立，例如商、西周、秦、東漢、隋、唐、北宋、元與清，一共九個。相較之下，只有西漢、西晉與明這三個王朝的建立者不是來自於西北。當然，一九一一年的中華民國與現在的中華人民共和國的建立者，同樣不是來自西北。某些並未統治整個中國，但至少統治一半以上中國的王朝也是如此。此外，來自西北的王朝平均而言國祚較長。因此，用梅維恆的話來說，西北的行動者「幾乎完全擔負起周而復始擴大東亞核心地區的責任」，在東亞地區「建立龐大的帝國」。[49]

這個現象並非完全由族群所導致，因為無論是早期的中國王朝（西周、秦、漢與西晉），還是日後源自外族（元與清，以及北魏與金）或胡漢混合的王朝（隋、唐，以及某種程度來說的北宋），都具備這個性質。因此，地理才是真正的關鍵。

早在四世紀第一個草原征服政權出現之前，北方的優勢就已經持續很長一段時間。商的興起剛好與馬的馴化及雙輪戰車的使用發生於同時。商與西周的王室墓葬出現馬與雙輪戰車，充分顯示草原的影響。更耐人尋味的是，對於秦始皇與西漢和東漢創立者的描述往往著重在身體特徵：他們的高鼻樑與濃密的鬍鬚顯示他們帶有草原種族的血統，而這種身體特徵直到晚近才與歐洲人產生連結。[50]

從西周時代開始，中國西北部草原地區逐漸轉型為游牧生活，並且在公元前七世紀到六世紀出現典型的游牧草原文化。當時中國的農業地區正在出現國家的整合與兼併。不可否認，這個過程主要是由國與國之間的戰爭所驅動，但這不表示草原的鄰近程度沒有產生重要影響。最後的勝利者秦國就位於中國的西北部，而秦國的尚武精神似乎得益於自身的邊疆位置。儘管地處渭河流域中心的秦國並非處於四戰之地，但秦國富國強兵的改革要比其他地方都來得早，而且推行得最為徹底與成功。[51]

秦國遠比對手來得好戰。根據一項針對戰國時代的統計，秦國發起進攻的次數是主要競爭者的數倍之多。發起進攻次數僅次於秦國的趙國，其實比秦國更接近草原邊疆地帶。後世史料曾提到秦國的始祖是牧民，他們與四周的酋邦（「戎」，有些部族可能是牧民）長期爭奪渭河流域的控制權，此外也與東北方的晉國及接續晉國的魏國爭戰。長期的衝突促使秦國很早就形成強大的國家，貴族勢力相對較弱，文化也少有建樹。[52]

戰國時代，中國文化圈往戎狄地區擴張，各國與牧民的接觸因此更加密切。公元前八世紀到六世紀，鄂爾多斯高原狄部族的臣服使早期的緩衝消失，北方國家因此首次與真正的游牧民族發生衝突。燕、趙、秦三國與內蒙古和滿洲西南部的草原地帶接壤。公元前四世紀晚期之後，燕、趙興建長城來固守從牧民手中奪取的土地。秦國征服中國之後，開始加緊侵略草原：秦國將既有的長城連接起來，野心勃勃地對牧民發動進攻。公元前二一五年，匈奴被逐出鄂爾多斯高原，匈奴因此不得不在軍事上進行中央集權。[53]

匈奴在中央集權之後，開始對漢帝國施加壓力。漢帝國則於公元前二世紀末到一世紀初改採侵略政策，派遣大軍入侵草原。這些軍事行動雖然耗費太大而難以持續，卻促使漢朝在國內推動一連串改革措施，除了壓抑貴族與商人，也大力干預經濟。漢朝最終將勢力推進到中亞，直抵產馬的大宛。[54]

往後一千五百年間，「草原效應」對中國國家形成的影響大為增加，來自邊疆地區的群體建立了一連串征服政權。公元四世紀後，俗稱的「五胡」支配了中國北部的政治環境。五胡多數是牧民，包括來自草原與滿洲的匈奴、鮮卑與羯，來自西部高地的羌，以及過著定居生活的氐。從三〇四年到四三九年，十六國超過半數是由這些族群所建立：前趙、北涼與夏屬於匈奴，南涼、前燕、後燕、南燕、西秦屬於鮮卑，後秦屬於羌，後趙屬於羯，成漢、前秦、後涼則屬於氐。[55]

拓跋部是鮮卑的一支，拓跋部建立的北魏統一了中國北部，北魏之後又有幾個後繼政權，從東魏、西魏到北周、北齊。拓跋部的統治非常仰賴草原的馬匹。五世紀，北魏攻打柔然的草原同盟，除了遏止柔然，也確保馬匹能持續輸入。從四〇二年到五二二年，北魏與柔然一共發生了十三次重大衝突。[56]

隋唐統治者身上流著漢人與突厥—鮮卑族裔的血，他們仰賴先前北方政權建立的國家體制進行統治。七世紀，唐朝的突厥將領率領大多數由非漢人組成的騎兵越過草原到遠方作戰。與漢帝國相同，唐朝的擴張集中在中國西北方的草原地區。六二〇年代到六五〇年代，唐朝軍隊消滅了兩個突厥汗國，取得今日新疆與新疆以西直到阿富汗與烏茲別克的土地。到了六六〇年代，據說唐朝騎兵擁有的馬匹多達七十萬匹。[57]

七五〇年代，回鶻軍隊協助唐朝度過大規模叛亂。唐朝滅亡後，中國北方再度分裂成幾個軍事政權。十世紀，沙陀突厥人建立後唐與後晉，兩國都曾接受契丹人建立的大遼幫助。隨後的後周與北宋都立基於這個突厥政府體制，先後統一了中國北部與全中國。北宋帝國無法征服控制滿洲與內蒙古的契丹大遼，只好大量投資於軍事能力上，從而建立起擁有龐大財政與軍隊的中央集權國家。[58]

居住於滿洲東部森林的通古斯部族女真人一度臣服於大遼，之後於十二世紀初建立大金，並且快速席捲整個中國北部，還對殘餘的宋朝施加更大的壓力。但後來金與宋都向蒙古人屈服。十三世紀末，忽必烈統治了人口眾多而富庶的中國領土，加上數量龐大的草原騎兵，實際上建立起人類有史以來最龐大的帝國，儘管其中大部分地區只是名義上承認他的宗主地位。[59]

蒙古在中國的統治很快就被另一個王朝取代。這個王朝並非源自於北方，而是以長江下游為據點的漢人叛軍建立的明朝。雖然一些蒙古人加入新帝國，負責捍衛帝國邊疆，但還是有一些蒙古人不願歸附。一四一〇年到一四二四年，明朝五次派遣大軍進攻。一四四九年，瓦剌蒙古人入侵明朝，俘虜當時的明朝皇帝。明朝於是改採防守策略，反覆大規模地修築北方長城。

十六世紀晚期之後，逐步統一的滿洲部族開始侵擾明帝國。十七世紀中葉，滿族建立清朝，統治了全中國。他們恢復昔日的二元統治，把征服者與在地臣民區隔開來。占領軍稱為「八旗」，是由滿人與蒙古人組成的弓騎兵，他們屯駐各地，不與漢民相混。

清帝國把擴張目標對準草原：衛拉特蒙古建立的準噶爾汗國試圖在新疆與哈薩克建立霸權。十七世紀晚期到一七五〇年代，清朝與準噶爾汗國交戰，並在一連串戰役中擊敗準噶爾汗國，控制了外蒙古、西藏與新疆。藉由持續與草原同盟衝突，中國領土在此時達到極盛。[60]

即使是如此簡略的描述，也不難看出跨越草原邊疆進行的戰爭對中國的國家形成至關重要。這些在鄂爾多斯高原、滿洲到大草原等接觸地區的發展，對漢唐時代與匈奴和突厥的衝突，乃至蒙古以降的軍事征服，都有著重要影響。

此外，「草原效應」也讓中國在遭遇分裂之後又能再次統一。中國幾乎每一次分裂都是從內部產生。西周在公元前八世紀因為各諸侯國紛紛取得獨立地位而瓦解。統一的秦帝國在公元前三世紀的最後十年因各地叛亂而滅亡。公元二世紀晚期與三世紀初期，大規模民變削弱了東漢，演變成群雄割據的局面。三世紀，西晉政權陷入持續分裂，實際上是因為八王之亂而滅亡，居住在西晉境內的草原民兵只是給予帝國最後一擊。

七五〇年代的安史之亂重新引發分裂趨勢，大大削弱唐帝國的中央權威，九世紀晚期的黃巢之亂更是帶來致命打擊。十四世紀末，民變浪潮結束蒙古人的統治，帝國短暫陷入群雄並起的態勢。一六三〇與四〇年代再度爆發新一波民變，導致滿清入關重新恢復政治統一。十八世紀晚期之後，清朝開始面臨一連串民變，一八五〇與六〇年代爆發規模最大也最血腥的太平天國之亂。一九一〇年代之後，國民政府同樣努力防堵軍閥割據與共產黨叛亂。

兩千多年來，大規模叛亂總是集中在每個王朝的末期：帝國統治種下了日後滅亡的種子，反覆被民變與帝國激起的反對力量所推翻。五〇〇年之後，來自草原的資源（經由與草原互動而獲得），顯然成為大規模恢復政治秩序的核心條件，特別是在五世紀到七世紀、十世紀、十三世紀、十四世紀與十七世紀。[61]

在此同時，鞏固帝國的「草原效應」也延伸到中國以外地區。巴菲爾德的「影子帝國」模式便是建立在農業與游牧有著平行發展的國家形成趨勢，而這兩個趨勢有著緊密的連結：中央集權與中央權威崩潰的循環不斷在兩者之間出現。因此，當中國統一時，草原也統一了，例如秦漢帝國的創建與匈奴帝國的統一（公元前三到一世紀），拓跋部的鞏固與柔然的興起（公元五到六世紀），隋唐的鞏固與兩個突厥汗國（六到八世紀）和回鶻汗國的興起（八到九世紀）（還有七到九世紀的吐蕃帝國），全部都在同時間發生。

當草原居民開始常態性地渴望從定居地區取得資源時，帝國的統一將更進一步刺激這種欲望，因為帝國能夠增加、動員與集中過剩的物資。然而，帝國力量的增長也會促使草原內部的軍事力量進行更廣泛的協調合作，不僅是為了抵抗帝國入侵，也為了透過掠奪或索取貢品來取得物資，藉此在游牧民族之間維持更中央集權的領導形式。[62]

草原帝國的能力會隨時間而擴展。古代匈奴容許部族擁有較高的自主性，突厥與契丹則發展出較為健全的政治制度，到了成吉思汗領導的蒙古時更是如此。主要的資源取得模式也在演變。史家狄宇宙（Nicola de Cosmo）將這些模式區分成四類：首先是朝貢帝國，這類帝國從中國或從屬國取得貢品，公元前三世紀末的匈奴到公元六世紀中葉的柔然屬於這一類型。其次是商業—朝貢帝國，柔然之後的突厥人與哈扎爾人（Khazar）採取這種形式，而且維持了三百五十年，他們加強控制遠距的商業路線，而商業路線也具有取得貢品的效果。第三種是二元統治的帝國，如十世紀到十三世紀中葉的遼與女真，這類帝國越來越仰賴賦稅。最後則是直接徵稅的帝國，如征服全中國的蒙古人與滿人。[63]

就在草原力量支持草原國家形成的這段期間，中國統一（無論是單一的帝國還是兩強分立的狀態）與分裂的間隔期也越來越短。生態分水嶺兩側的大帝國形成因此變得更加根深柢固。而雙方互動的日趨頻繁也加劇這個趨勢：正如接近大草原有助於形塑中國的國家形成，接近中國也能在大草原促成類似的發展。[64]

這種現象的產生主要取決於兩個條件：草原軍事力量的有效集中與草原邊疆的持續。根據一項估計，最晚到了二十世紀初，從黑龍江到帕米爾的內亞地區大約有一千兩百萬人口，相較之下中國則有五億人。時間拉回到一千年前，這個差距會縮小成五百萬人對八千萬人。對強大的宋帝國構成嚴重壓力的草原同盟，人口甚至更少：契丹人建立的遼，人口不到一百萬，而成吉思汗領導的蒙古人也只不過比一百萬人略多一點。[65]

軍事參與率的極度懸殊，抵銷了人口差距。在游牧社會中，凡是四肢健全的男子，原則上都會參加作戰。突厥語或蒙古語沒有「士兵」一詞：突厥文的「er」把成年男子等同於戰士。騎馬與狩獵是男性（還有女性）成長的一環，因此每個人都得精於騎射。草原軍隊有著高度的機動性，遼闊的草原讓每個戰士都能擁有多匹戰馬騎乘與攜帶補給品。[66]

這些優勢有利於維持頻繁的衝突。一項廣泛的調查發現，在兩千多年的時間裡（從公元前二二〇年到公元一八三九年），游牧民族發動的入侵超過五百次，而定居社會攻擊游牧民族的次數也有將近四百次。即便如此，這個數字依然低估了雙方交戰的真正規模。十一世紀編纂的《資治通鑑》記載，五九九年到七五五年之間，兩百零五次對隋唐的攻擊中，蒙古高原的突厥人就占了一百一十三次，平均每年一點三一次。[67]

因此，早在公元前四世紀，北方農業社會已經有充分的理由興建長城。兩千年後，明清在內亞邊境城市興建的城牆往往比其他邊境城市的城牆來得高聳與厚實。最後，也是最值得注意的，統計數字顯示來自草原的攻擊與中國成為統一帝國的機率，兩者之間存在著長期穩定的關連（從公元前二二〇年到公元一八三九年）。[68]

中國北部軍事能力的大幅提升，除了因為受到來自接觸地區的征服政權統治影響，擁有獲得馬匹的管道與經常面對游牧民族的作戰方式也是原因之一。北方鮮卑族的成功導致隋唐的統一與擴張、草原力量維繫了唐朝的統治，以及女真人與蒙古人把中國北部做為進攻的跳板，這些歷史事件都反映了這項長期趨勢。北方總能擊敗南方，反之卻不然，這現象並非出於偶然。

「草原效應」的影響力之所以如此強大，是因為這個影響長期存在。數千年來，草原在中國與內亞之間創造出「持續的邊疆」。無論政治環境如何改變，中國的草原邊疆總是由農業發展的極限來決定。相對的穩定性使草原邊疆不同於其他地區的臨時疆界，例如北美殖民地那種不斷變化的疆界，或黑海北方不斷受俄羅斯屯墾者蠶食的東歐大草原（Pontic steppe）。[69]

草原的持續性受到氣候變遷的調節，氣候導致可耕地的增減。舉例來說，中世紀的草原似乎遠比之後的時代更為遼闊。這種變動提高了接觸時衝突的可能，使整個草原的政治體變得更不穩定。唯一不變的是，控制邊疆（不斷變動的）「邊緣」，正是取得地區主控權的關鍵。如果邊緣地帶被草原群體控制，將有利於草原群體南侵。而如果被中國占領，中國將取得軍隊所需的馬匹與用來駐軍的緩衝地帶。帝國政權就在此地時而前進（如唐朝）時而後撤（如明朝）。[70]

研究前現代中國的學者逐漸採取整合性的視角，強調國際關係與北方邊疆在宏觀社會發展中扮演的角色。然而，這麼做雖然有助於理解東亞與中亞大帝國的特殊之處，卻不足以說明何以某些地區的「草原效應」特別顯著。我們還必須反過來思考，考慮大部分地區都不存在草原效應的歐洲，以及舊世界其他地區如何受到草原效應的影響。[71]

歐洲

對歐洲絕大多數的國家形成來說，與草原人口的互動並不具有太大意義。生態的重要性反而在於，拉丁歐洲大部分地區距離歐亞大草原的核心都十分遙遠（見圖8.6）。

唯一的例外是歐洲東部。歐亞大草原最西端就是東歐大草原，這裡長久以來廣泛分布著騎馬的部族同盟。從上古時代的斯基泰人（Scythians）與薩爾馬泰人（Sarmatians），到四到五世紀的匈人同盟，七世紀的保加爾人與歐諾古爾人（Onogurs）的汗國，七世紀晚期到十世紀的哈扎爾汗國，十世紀的佩切涅格人（Pechenegs），以及十一到十三世紀的庫曼─欽察汗國。此外，從九或十世紀到十三世紀，烏拉山以西的窩瓦河一直存在著保加爾政治體。

東歐是歐洲唯一經常接觸強大草原挑戰者的農業地區，也是歐洲唯一在羅馬帝國衰亡後並未繼承羅馬遺產卻能產生大帝國的地區。八到九世紀有諾斯人（Norse）建立罕為人知的「羅斯汗國」，與哈扎爾汗國有著既競爭又密切互動的關係。這兩個汗國已經具備國家的雛形，靠著販奴與商稅維持國家運作。[72]

從九世紀的考古遺跡可以看出，當地人為了防範草原掠奪而修建了用來保護斯拉夫農民的堡壘。佩切涅格人的到來，導致許多據點在十世紀初遭到遺棄。以內高加索平原（Ciscaucasian plains）為中心的突厥哈扎爾汗國，沿著聶伯河（Dnjepr）、頓河（Don）與窩瓦河流域進行擴張與要求貢品，但他們卻碰上了也在積極發展的基輔羅斯。基輔羅斯入侵半游牧的哈扎爾人領土，朝黑海方向推進，一路征戰到裏海，收編了精銳的騎兵部隊，最後成功在十世紀下半葉推翻哈扎爾汗國。羅斯人與佩切涅格人的衝突也在一〇〇〇年左右達到高峰。[73]

羅斯統治者弗拉基米爾大帝（Vladimir the Great）充滿雄心地興建堡壘來防守核心地區。與中國草原邊疆的長城類似，基輔緊鄰游牧民族出沒地帶，座落於「羅斯國境暴露的露頭」上，因此必須興建龐大城牆來防止騎兵襲擊。羅斯的崛起充分顯示與草原挑戰者競爭如何激勵了國家的形成，羅斯統治者努力朝北方與西方的斯拉夫人居住地擴張以獲取資源來支持腹地不足的首都。到了十二世紀初，草原戰爭（通常對象是游牧的庫曼人）已漸趨穩定。羅斯人開始僱用突厥軍隊來防守邊境地區。

戰爭勝利之後，羅斯也達到國力的巔峰。此後，拜占庭勢力的衰退與強大草原對手的消失，使得分裂再度變成趨勢。於是在下個世紀蒙古人來臨之前，羅斯實際上已陷入分崩離析的狀態。庫曼人與羅斯各個派系結盟，藉此干預羅斯國內的權力鬥爭。羅斯的興衰因此與大草原的發展有著密切關係。[74]

中世紀晚期，立陶宛大公國（Grand Duchy of Lithuania）在長期維持的異教風俗引發的衝突，以及與條頓騎士團的苦澀對抗中逐漸茁壯。雖然立陶宛在形成階段並未明顯受到草原的影響，但隨著立陶宛往羅斯昔日的領土擴張，情況便開始出現變化：十四世紀大部分時間，立陶宛不斷與金帳汗國衝突，戰火一路延燒到克里米亞。

我曾在第六章簡短討論游牧民族的入侵與統治對俄羅斯國家建立的影響。莫斯科大公國（Muscovy）一開始透過與韃靼領主合作而聚集力量，之後卻轉而對抗韃靼領主。莫斯科大公國在蒙古—韃靼的庇護下，擔負起為蒙古—韃靼徵稅的工作，並因此獲得利益。莫斯科大公國同時也引進蒙古—韃靼的軍事戰術與行政技術。稅收鞏固了莫斯科大公國統治者與中央政府的地位。直到十六世紀，游牧風格的輕裝弓騎兵依然是莫斯科大公國的軍隊骨幹。反韃靼的信念促使莫斯科大公國整合內部意識形態。一五七一年，莫斯科大公國從金帳汗國獨立已將近一百年，但韃靼人依然有能力焚燬莫斯科。之後又過了一百年，衰微的韃靼人還是經常劫掠俄羅斯領土。

這些互動與壓力提供了俄羅斯擴張的手段與強大動機。俄羅斯擴張的目標不只是游牧民族，也包括西方的波蘭—立陶宛與其他敵對的俄羅斯諸侯國。到了一八二〇年，俄羅斯已經控制了一千八百萬平方公里的土地。廣大遼闊的土地，加上四千萬相對稀少的人口，使俄羅斯大部分領土更像是人煙稀少的草原帝國，而與其他歐洲國家大異其趣。[75]

相較之下，歐洲大部分地區只是偶爾受到草原輕微的影響。我們在第六章提過，匈牙利平原只能支撐數量有限的騎馬戰士。公元一世紀左右，薩爾馬泰人底下的伊阿居格部族（Iazyges）進入潘諾尼亞盆地，雖然對羅馬軍隊造成困擾，卻從未崛起成為重要的挑戰者。匈人是第一個入侵拉丁歐洲的重要勢力，但在五世紀中葉短暫挑戰東西兩個羅馬帝國之後（尋求貢品而非征服），匈人脆弱的霸權隨即崩潰。

五六〇年代，阿瓦爾人從大草原進入匈牙利大平原。阿瓦爾人的汗國比匈人阿提拉（Attila）更具韌性，但領土較小。七世紀初，阿瓦爾人在往平原以外地區擴張與威脅君士坦丁堡之後，逐漸無力控制多瑙河以南的斯拉夫人口，從此只能維持地區國家的地位，最後在八世紀末被法蘭克人消滅。

我們已經在第三部看到，馬扎爾人造成的衝擊比阿瓦爾人稍微巨大一些。阿瓦爾人衰亡後過了一個世紀，馬扎爾人占領潘諾尼亞盆地，並且出動騎兵攻擊拉丁歐洲。馬扎爾人掠奪德意志、法蘭西與義大利等法蘭克王國統治的三大疆域，還要求這些地區進貢。直到九五五年鄂圖一世戰勝馬扎爾人，才讓他們的掠奪戛然而止。[76]

馬扎爾人的短暫勝利，大部分歸因於當時歐洲政治體的普遍衰弱，關於這點在第五章已做了描述。總而言之，匈牙利大平原只能支撐數量有限的馬匹，加上相對孤立於歐亞大草原之外，使得匈人、阿瓦爾人與馬扎爾人無法對歐洲政治體施加更大的影響。這種根本性的生態限制，限制了騎兵的使用，從而降低這些群體的軍事投射能力。匈人領域太遼闊而難以統治，阿瓦爾人的政治體無法抵禦堅定的挑戰者，而馬扎爾人的王國最終則併入歐洲的列國體系中。我們也在第六章提過，環境條件使得十三世紀的蒙古人不願或無法在此地建立強大的國家。[77]

即使拉丁歐洲國家相對脆弱而不堪一擊，卻受到地理與生態的保障。至於伊比利半島雖然不具備這些條件，卻還是阻擋了來自馬格里布的入侵。北非草原部族未能達到入侵這個溫帶地區所需的組織水準，很可能是因為他們缺乏夠大的定居腹地來發展整合的能力。[78]

最重要的是，拉丁歐洲日後發展出來的核心地區（法蘭西、義大利、英格蘭、低地國、德意志西部）特別未受到草原的侵擾。而這些地區也是羅馬帝國之後國家形成破壞最嚴重的區域。與有組織的游牧民族發生小規模衝突的結果，賦予了國家（再）建立的契機，如日耳曼人於九五五年短暫戰勝馬扎爾人，鞏固了統治者的地位，但這個契機很快就因為缺乏持續的挑戰而消失。正如來自草原的壓力在中國與舊世界其他地區激勵了國家鞏固與帝國建立，拉丁歐洲由於缺乏這類壓力，使得拉丁歐洲朝相反的方向前進。[79]

從這個視角可以明顯看出，英格蘭在中世紀初期這個非常早期的階段出現國家形成，與來自斯堪地那維亞的入侵者引發的族群衝突有關。島上的威塞克斯（Wessex）王國因此在八六〇年代到九二〇年代這段時間進行擴張與內政改革。然而，無論從征服規模還是從農業社會的回應來看，這類挑戰仍舊無法與游牧民族侵略可能導致的後果相比。其他歐洲疆界並未出現同樣嚴重的摩擦：日耳曼人與斯拉夫人的衝突完全是地區性的，至於更嚴重的挑戰則從未出現。

與歐亞大草原相隔遙遠，成了歐洲歷史持續不變的要素。無論拉丁歐洲的國家如何孱弱，或者歐洲是否出現大帝國，都不會改變這一點。與中國王朝不同，羅馬帝國不可能造就出游牧的「影子帝國」，因為缺乏生態上的誘因。東歐大草原的薩爾馬泰人可能受到羅馬財富的引誘而團結起來，但羅馬核心地區距離東歐大草原實在太遙遠，而且有喀爾巴阡山脈、阿爾卑斯山脈與亞得里亞海重重阻隔。「草原效應」在東歐大草原以西顯然不起作用。至少在羅馬之後，此地再也沒有大一統帝國。[80]

舊世界的其他例證

舊世界其他地區的狀況，反映出東亞與中亞東部草原邊疆帝國持續形成，與上古時代後拉丁歐洲維持政治多中心主義之間的顯著對比。南亞與中東較類似東亞，而東南亞則與歐洲較為接近。在這些例子中，都可以看到「草原效應」的重要影響。

南亞

印度的位置距離歐亞大草原十分遙遠。然而，中亞阿姆河（Amur-Darja）與錫爾河（Syr-Darja）流域的平原植被與開闊的灌木叢地帶，卻提供了騎兵南下的通道。在上古時代，印度北部以西的地帶主要控制在牧民手裡。經過一段時間之後，來自草原地區或經過草原地區的入侵者與馬匹貿易逐漸影響次大陸的國家形成。與早期中國一樣，印度朝帝國邁進的過程，一開始並不十分仰賴這項因素。例如公元前四世紀到二世紀的孔雀王朝軍隊，絕大多數仍仰賴步兵與大象。[81]

往後幾個世紀，來自中亞大草原的征服者取代了孔雀王朝，先是塞迦人，然後是貴霜人，他們以擁有大量的弓騎兵自豪。公元四到五世紀，貴霜人與印度本土的笈多帝國都面臨匈人騎兵的挑戰。這些衝突導致他們開始採用重裝的弓騎兵與劍騎兵。對抗匈人與薩珊伊朗人的戰役在印度河流域展開，有時也為了取得境外的馬匹而戰。複合弓也從草原引進。五世紀晚期，匈人大舉入侵，但並未持續太久，或許是因為缺乏廣大的牧地而無以為繼。長期而言，像貴霜人與日後的突厥人一樣定居印度當地才是唯一可行的做法，匈牙利大平原的草原入侵者也是如此。

與巴菲爾德及圖爾欽的理論預測一致，笈多帝國的終結與游牧民族停止入侵剛好發生在同時，而且開啟了一段漫長的多中心主義時期。這種狀況也顯示出零星出現的帝國建立必須仰賴馬匹：七世紀上半葉，戒日帝國為了擊敗匈人就曾使用大量的騎兵，並以此維持了短暫的帝國統治。對比之下，由於生態的限制，後續的小型地區政治體，如波羅帝國與印度南方的政治體，就只能部署來自孟加拉

（Bengal）、阿薩姆（Assam）與奧里薩（Orissa）的戰象與步兵。而在接近一〇〇〇年時，只有卡瑙吉（Kanauji）的瞿折羅—普臘蒂哈臘王朝（Gurjara- Pratiharas）有能力派出騎兵部隊與信德的阿拉伯人作戰。

哈里發國無法攻進印度國門，但之後的突厥征服政權卻能深入印度境內。十世紀時，加茲尼王朝（Ghaznavid）的騎兵顯然比印度西北部的拉吉普特（Rajput）軍隊更強大。十一世紀初，加茲尼王朝深入印度境內進行掠奪，藉此取得戰爭經費以對抗中亞游牧民族對阿富汗的威脅。此外，加茲尼王朝也在河中地區（Transoxania）招募精通騎射之人入伍服役。南亞再一次被拉進左右草原帝國形成的戰爭之中。[82]

接著取代加茲尼王朝的邊疆政權是古爾王朝（Ghurid），一一九二年，當古爾王朝在恆河流域北部擊敗拉吉普特人時，他們宣稱擁有騎兵十二萬，也就是「大量」的騎兵。古爾王朝不僅統治阿富汗，也控制印度河流域與印度北部。古爾王朝的出現標誌著從掠奪到征服的重大轉折。這個轉折之所以能夠實現，也是因為古爾王朝取得中亞乃至於阿拉伯半島與伊朗的馬匹。[83]

下一個征服政權是德里蘇丹國，擁有的騎兵數量更多。德里蘇丹國平定印度北部之後，不僅成功擊退蒙古人，而且短暫擴張到德干高原。騎兵是德里蘇丹國的骨幹。德里蘇丹國是另一種草原征服政權的典型，建立了徵稅制度與帝國的核心連結。帝國稅收絕大多數來自土地稅，並且以現金支付軍隊薪餉，當局也維持對軍馬供給的控制。當德里蘇丹國陷入分裂時，帖木兒（Timur）同樣率領大量騎兵入侵，於一三九八年劫掠德里。[84]

騎兵的戲劇性勝利，以及在支撐大型帝國上扮演的關鍵角色，導致南亞不產馬的地區也群起仿效希望取得馬匹。在德干高原上，毗奢耶那伽羅帝國（Vijayanagara empire）為了對抗穆斯林優勢騎兵的侵略而興起。十四世紀，德干高原北部巴赫曼尼蘇丹國（Bahmani Sultanate，德里蘇丹國的後繼國家）的統治者更被稱為「馬的君主」（Ashavapati）。毗奢耶那伽羅帝國開始招募穆斯林士兵，並從中東引進馬匹建立起龐大的騎兵，因而得以與巴赫曼尼蘇丹國競爭（也得益於巴赫曼尼蘇丹國自身的分裂）。毗奢耶那伽羅帝國也成為南方非穆斯林政治體中最軍事化的國家：印度西部的半乾燥環境有利於引進高品質的馬匹（印度本土品種的馬匹品質較差）以及從西北輸入騎馬裝備，例如馬鐙，讓當地人得以與來自草原的騎兵政權抗衡。因此，即使是在印度非常南方之地，騎兵也扮演著重要角色。[85]

一五六五年，毗奢耶那伽羅帝國被穆斯林蘇丹國擊敗，馬匹貿易因此中斷。毗奢耶那伽羅帝國持續敗退，不久就崩潰滅亡。而在一個世代之前，蒙兀兒君主巴布爾（Babur）結合弓騎兵與火器，成功入侵印度北部。他率領的軍隊持續以優勢騎兵擊敗在地的象兵。巴布爾也再度建立大規模徵稅制度，以此支撐數量達十萬到二十萬人的昂貴騎兵部隊。他創建的蒙兀兒帝國是印度到當時為止領土最廣大也最中央集權的國家。[86]

儘管草原群體對早期印度國家形成的影響十分巨大，但十二世紀晚期之後，征服政權從草原引進馬匹（有時還引進人力）才是真正的轉捩點。馬匹的引進反轉了笈多帝國崩潰後的分裂趨勢，讓印度的國家形成走向相當不同的軌跡。

六世紀到十二世紀，南亞分裂成無數地區國家，這些國家人口的絕對數量非常多，但占總人口的比例則相當少。這些地區國家的規模中等，彼此之間的競爭也很對稱，因此提升了彼此的軍事與財政能力。這些地區國家的國祚也遠比過去的霸權帝國來得長。李伯曼認為，這些國家「越來越具有屬於自己一貫的國家性格，顯示南亞很有可能建立起一個類似歐洲的永久競爭性列國體系」。[87]

儘管如此，暴露在內亞的壓力下，印度南方國家分立的態勢難以長期持續。阿富汗就像中國北部與大草原之間的「邊緣地帶」，既能做為與中亞進行交易的通道，又能充當入侵印度北部的跳板。如果更進一步類比，印度南方的軍隊普遍缺乏騎兵（但海軍卻很強大），這點與中國南方也很相似。南亞的生態對於騎馬者與牧民構成很大的限制：缺乏廣大的草原限制了騎馬者與牧民的數量，而高濕度也讓弓容易損壞。

然而，這些障礙並非無法克服。包括學習當地做法，或是向大量臣屬的定居人口徵稅來維持龐大的騎兵部隊，並且持續從遙遠的北方與西方輸入馬匹。高耐力的突厥馬（turki-horses）是中亞向蒙兀兒印度輸出的主要物品，據說每年有多達十萬匹馬送往印度。相較之下，中世紀拉丁歐洲不僅沒有足夠的草原，也沒有財政基礎讓馬扎爾人與蒙古人建立蒙兀兒帝國式的統治形式。[88]

將近兩千年的時間，從公元前一世紀塞迦人抵達印度，到十八世紀初蒙兀兒帝國衰亡為止，南亞都透過草原輸入資源而加速帝國建立。由於外來征服政權仰賴騎兵，本地的政治體於是進行調適與模仿。在這方面，印度與中國的經驗大致相同。[89]

伊朗

類似的影響，早在公元前一千年初始之時就已經形塑伊朗的國家形成。伊朗透過裏海以東的河流與內亞大草原連結，這些河流流經的地區，在當時或許要比現在濕潤一些。更往西的高加索山脈是一道巨大的地質屏障，卻擁有可以讓行經的騎馬者休養生息的水草地，因此不足以阻礙人群互通有無與相互影響。

雖然沒有明確的證據顯示史前時代與青銅時代的伊朗過著游牧生活，但鐵器時代初期位於伊朗高原西北部的烏拉爾圖（Urartu）王國已經開始飼養馬匹與進行騎兵作戰。來自東歐大草原的辛梅尼亞人（Cimmerian）與斯基泰人掠奪小亞細亞與美索不達米亞。這些發展與札格洛斯山脈（Zagros Mountains）以東高原的「馬術」文化的建立發生於同時，後者影響了從軍事戰術到服飾等各項特徵，其中最著名的是西瓦爾褲的出現，成為伊朗文化的標誌。

這些發展成就了米底王國（Medes）的新興霸權。來自伊朗西部進貢的馬匹，曾在公元前八世紀中葉促成亞述帝國臻於極盛。而米底王國的興起，則是源自有組織的運用騎兵部隊，並且切斷了亞述帝國取得馬匹的重要管道，最後在公元前七世紀末消滅了亞述帝國。公元前六世紀下半葉，波斯阿契美尼德王朝建立龐大帝國時，主要也是仰賴騎兵才得以接收米底王國的疆域。馬匹與騎馬者從此成為波斯王室展現權力時的重要元素。[90]

透過收編與衝突，草原力量成為了伊朗人建立大帝國的關鍵。來自伊朗東北草原邊疆的各個伊朗語族，如大益人（Daians）、馬爾迪人（Mardians）與薩加爾提人（Sagartians），紛紛加入阿契美尼德王朝的軍隊。公元前三世紀，阿爾薩息王朝（Arsacid dynasty）建立的安息帝國從裏海東部（也就是今日的土庫曼〔Turkmenistan〕）的大益部族同盟中崛起。傳統民間傳說提到，阿契美尼德王朝與阿爾薩息王朝的創立者居魯士二世（Cyrus II）與阿爾薩息一世（Arsaces I）都源自這些流動的牧民，這反映了牧民對伊朗國家形成的貢獻。

在此同時，軍事對抗在當地持續出現。公元前六世紀，居魯士二世在與鹹海（Aral Sea）南方的游牧民族馬薩格泰人（Massagetians）作戰時死亡，而大流士一世（Dareios I）則與東歐大草原的斯基泰人交戰。之後不久，大益人與塞迦人聯手攻打安息帝國。公元七十三年與一三五年，東歐大草原的阿蘭人（Alans）也曾翻越高加索山脈入侵安息帝國。[91]

這些衝突一直持續到波斯薩珊王朝時期。公元四世紀初之後，匈人、嚈噠人與突厥人等好戰的草原同盟接續對薩珊帝國構成嚴重威脅，屢屢擊退薩珊東北的邊疆守軍。五世紀晚期衝突白熱化的階段，薩珊國王卑路斯一世（Peroz I）被嚈噠人（或白匈人）所殺，他的軍隊也被殲滅。繼承者喀瓦德一世（Kavadh I）被貴族罷黜後逃往嚈噠，之後以進貢為條件，換取嚈噠人支持他重新登上王位。[92]

這個故事並非只是奇聞軼事。阿契美尼德王朝與薩珊王朝這兩個上古時代伊朗最強大的帝國，它們的建立與維持都仰賴與米底人、安息人、匈人、突厥人這些騎馬社會的象徵關係（無論是相互接納還是衝突）。阿契美尼德王朝與薩珊王朝跟亞述人、巴比倫人與羅馬人之間的跨國競爭，在現存史料有著較詳盡的紀錄，這些紀錄容易掩蓋這兩個帝國與騎馬社會之間的動態關係，而這層動態關係不僅長期維持，而且為帝國帶來根本性的影響。歷史上曾有三名安息與薩珊國王在與草原敵人作戰時死亡，卻沒有任何一位安息或薩珊國王死於馬其頓人或羅馬人之手。考慮到歷史通常會記下最具戲劇性的事件，這樣的對比明顯表示羅馬人對於安息帝國核心地帶的威脅從未像草原挑戰者那樣嚴峻。因此整體來說，與草原敵人交手的經驗才是驅動伊朗國家形成最強大的元素。所以，「伊朗」被當成「圖蘭」（Turan）的對比來加以定義也就不令人意外了。「圖蘭」一詞，指的是伊朗定居地區東北邊境以外的草原地帶。兩者之間的對立根深柢固。[93]

七世紀初，伊朗越來越受到來自乾燥邊疆地區的影響，先是阿拉伯半島的軍事群體入侵，之後則是內亞的勢力占領伊朗。阿拉伯與內亞的騎兵部隊對伊朗影響甚鉅，他們不僅在伊朗建立帝國，也依照自己的喜好重新改變伊朗的權力關係。從七世紀初到十八世紀晚期，超過一千年的時間，阿拉伯與內亞的政權持續支配著伊朗。

在伍麥亞、阿拔斯與薩曼王朝統治期間，阿拉伯人一直把持伊朗的權力，其中薩曼王朝的根據地就在呼羅珊與河中地區，也就是在伊朗東北部的草原邊疆上。伍麥亞哈里發國從薩珊王朝繼承了與中亞突厥人的頻繁衝突。九世紀之後不久，阿拔斯王朝轉而求助突厥傭兵來維持控制，來自草原的突厥軍事政權因此掌握大權。突厥政權建立了一連串部族王朝：加茲尼王朝、塞爾柱王朝、花剌子模沙王朝（Khwarazm Shahs）、白羊王朝（Aq-qoyunlu）、奇茲爾巴什（Qizilbash）與卡扎爾王朝（Qajars），但有時也屈服於蒙古伊兒汗國或蒙古—突厥帖木兒汗國的統治。伊朗薩法維王朝甚至在伊朗西北地區動員游牧的突厥部族來建立帝國。[94]

黎凡特與北非

位於伊朗西方的黎凡特地區，同樣受到阿拉伯征服、突厥塞爾柱占領、蒙古入侵與鄂圖曼帝國擴張的影響。但在更遙遠的過去，牧民對黎凡特地區國家形成的影響就不是那麼清楚。亞摩利人（Amorites）曾在公元前第三個千年即將結束時支配美索不達米亞南部核心地區，我們無法輕易認定他們是不是外來的牧民。胡里安人也是如此，他們在美索不達米亞北部與敘利亞北部建立米坦尼國（Mitanni state）時，當地已經出現馴化的馬匹、雙輪戰車與複合弓。[95]

在其他地區，這些新科技及運用這些科技的移民群體已顯示出一定的影響力。西克索人（Hyksos）可能是來自西南亞的牧民，他們占領埃及，激勵了日後埃及的帝國擴張。西克索人不僅將馬匹與複合弓帶到尼羅河流域，可能還引進了雙輪戰車。西克索菁英有著死後與馬匹合葬的獨特習俗，顯示西克索人把自己視為尚武的騎馬者。埃及在驅逐西克索人後建立的新王國，對於軍事顯示出前所未有的重視：新王國建立職業軍隊，然後大舉出兵黎凡特地區，除了取得輸入馬匹的管道，黎凡特的地形也讓雙輪戰車有了大顯身手的機會。由此建立的埃及帝國，疆域遠遠超過埃及過去的朝代。[96]

但在其他例子裡，牧民的出現卻不一定特別有利於政治體的成長。例如公元前十世紀，亞蘭人

（Aramaeans）進入敘利亞與美索不達米亞核心地區，卻未因此產生大型帝國。對這整個地區來說，前面概述的公元前七世紀到六世紀伊朗國家的爆炸性擴張標誌著真正的轉捩點。對這個轉折的最簡單解釋，就是伊朗長期取得歐亞大草原龐大的馬匹「儲藏所」，因而產生真正的轉變。反觀其他規模較小的邊緣地帶（至少就當時來說）則因為太過弱小或尚未開發，因此影響力無法與伊朗相比。[97]

在這方面，馬格里布介於兩者之間。馬格里布似乎難以維持龐大的帝國，主要原因是北非牧民部族的低組織力與缺乏廣闊的農業腹地（組織力低落可能就是源自農業腹地不足）。[98]

即使如此，在法蒂瑪、穆拉比特與穆瓦希德王朝統治下，馬格里布最終還是出現一些領土遼闊的帝國。法蒂瑪王朝仰賴柏柏人的戰鬥力，穆拉比特王朝至少一開始獲得當地游牧民族的支持，而穆瓦希德王朝則有阿特拉斯山脈（Atlas）以南的柏柏人部族做為後盾。藉著掠奪核心地區以外的廣大農業腹地，這些初生的帝國得以逐漸茁壯。法蒂瑪王朝的國家重心起初位於突尼西亞，之後遷往埃及。而對於穆拉比特與穆瓦希德這兩個王朝來說，伊比利半島提供了重要的物質資源與縱深。整體來說，這些結果符合「草原效應」的解釋。一方面，定居地帶與草原地帶之間的小規模互動有助於解釋北非當地為什麼少有帝國形成。但另一方面，這些互動帶來的實質提升乃是讓少數帝國能夠存在的必要條件。

東南亞

還有什麼地區跟拉丁歐洲一樣與草原隔絕？最有可能的例子，就是東南亞。東南亞擁有充足的自然資源支持複雜的社會與大帝國建立，卻又遠離內亞草原或其他草原邊疆地區，而且這裡從未出現過霸權帝國。

在大陸東南亞，國家能力首次提升是從九世紀開始，這些國家分別是緬甸的蒲甘（Pagan）、柬埔寨與泰國的吳哥（Angkor），以及越南的大越（Dai Viet）。這些大小相當但相當脆弱的政治體泰半局限在低地，仰賴與宗教體制密切合作（或許可以與更早之前的古埃及與美索不達米亞的宗教體制相比），以及中世紀氣候異常帶來的強烈季風雨形成的有利環境條件。但到了十三與十四世紀，這些國家都面臨人口成長與氣候變遷的嚴峻問題。

十三世紀晚期到十五世紀中期是一段政治上的分權時期，之後又再次中央集權，一直延續到十六世紀中期。即使如此，這段中央集權時期並未產生大一統帝國。根據李伯曼的統計，政治體的數量只從一三四〇年的二十三個，下降到一五四〇年的九到十個。在一個面積不過兩百萬平方公里的地區，這種現象反映出相當嚴重的分裂。

十六世紀下半葉，薄弱的中央集權逐漸出現輕微的短暫崩解，之後整個局勢因為大陸東南亞西部與中部緬甸與暹羅的擴張而反轉，但在更東部的地區依然是權力分散的狀態，直到西方殖民強權介入為止。從長期內在結構來看，東南亞的政治環境逐漸從「曼荼羅體系」（solar polities，也就是由幾個看似具有主權的衛星政權組成，這些政權鬆散地依附於小型的核心地區）轉變成幾個擁有強大中心且較具凝聚力的國家。這個轉變有點類似羅馬帝國之後的歐洲。[99]

海洋東南亞分裂成許多島嶼，離大草原更遠而完全沒有受到影響（一二九三年蒙古攻擊爪哇仍是個奇特的例外）。當地的馬匹矮小，且很少輸入外地馬匹。整個地區長期處於多中心主義，這點也與「草原效應」模式一致。彼此分離的各諸侯帝國，主要仰賴海軍而非馬匹。[100]

我將討論局限於舊世界。至於新世界，在歐洲移民引進馬匹之前同樣缺乏大草原的影響。在這種狀況下，印加帝國擁有的龐大規模自然格外引人注目：除了羅馬帝國之外，印加帝國是唯一一個遠離草原的霸權帝國。[101]

「跟著馬走？」

儘管本章的概略討論不可避免做了簡化，但我們還是可以看出前現代世界大草原的軍事輸入與國家形成規模之間的相關性。我在本章最初討論財政制度時曾經特別強調賦稅的重要，而如果賦稅對帝國建立是不可或缺的，那麼馬匹也是。在一些生態足以支持大帝國出現，卻因為遠離大草原而使大帝國難產的地區，特別容易看出兩者的因果關係。我對西歐到中國的「草原效應」做的一連串描述，強調鄰近大草原邊疆地區產生的機制，有利於促進生態分水嶺兩側的帝國形成。這些機制包括：集結軍事資產進行掠奪、先制攻擊與防守，草原軍事技術的傳布，草原戰士滲透與反覆占領鄰近的農業地區，以及農業地區對於這些侵略進行的反擊。

從這些複雜互動中打造出來的農業帝國，通常因為鄰近草原而十分龐大，而非因為龐大才接近草原。美國史家菲利普・霍夫曼否認地理因素的重要性，反倒認為：

> 像中國這樣的大型國家更有可能靠近人口稀少的地區，這些地區因為雨量稀少所以不適合定居農業，牧民、獵人與武裝掠奪者在這裡是如魚得水……靠近這些地區的大型國家因此要面臨被這些游牧群體攻擊的風險。但是，雨量稀少並非導致游牧群體帶來威脅的背後原因，而是國家本身的大小，而這是政治造成的結果。

除了我前面曾經大略回顧的大批歷史紀錄之外，統計數字也與霍夫曼的解讀矛盾：在中國統一的可能性與游牧民族攻擊中國的頻率之間，並沒有直接的相關性。最根本的問題在於，霍夫曼認為創造出

「不同政治地理」的政治史，可以與「有形的地理」並列，彷彿兩者各自獨立。但事實正好相反。政治結果，例如國家形成的類型，很大程度取決於地理因素。[102]

只要生態條件許可，內亞的干預力道便會隨時間不斷加強。雖然我們不應該低估內亞在部分古代近東與中國的國家形成上扮演的角色，但一般而言，內亞確實未對最初的帝國興起做出關鍵貢獻。當時的草原輸入絕大部分是間接的，例如雙輪戰車的傳布。只有隨著草原文化的發展，草原文化的影響才逐步擴大。從四世紀初開始，中國的宏觀政治演進逐漸受到草原文化的形塑，七世紀之後，邊緣地帶的征服政權成為中東國家形成的主要驅力。在南亞，公元前第一個千年即將結束時出現大舉入侵的事件，並且在公元十一世紀到二十世紀產生最具支配性的帝國。中世紀盛期的東歐，同樣受到與內亞草原互動的影響。

草原邊疆的影響在近代早期達到高峰：一七〇〇年，蒙兀兒帝國領土有五百萬平方公里，人口有一億七千五百萬人。一八〇〇年，清帝國領土有一千兩百萬平方公里，人口三億人。相較之下，一八二〇年在「保護區」最大的幾個國家（法國、緬甸、暹羅、越南與日本），領土僅在三十萬到九十萬平方公里之間，人口則介於四百萬到三千兩百萬人。[103]

最後，鄰近草原之所以重要，不只是因為鄰近草原會在農民與牧民當中形成競爭關係，也因為鄰近草原會改變資源的分配，從而對政治體的規模大小造成深遠的影響。高超禹、小山馬克與孫傳煒建構了一個簡單模型，用來測試威脅的方向與強度對國家形成的效果。他們針對兩種情境進行比較，其中一個情境是廣大的地區面臨嚴重的威脅，但威脅只來自一個方向，就像中國處於相對孤立的位置，只有北面暴露在草原面前。另一個情境是面臨兩個方向的威脅，但卻是比較微弱的威脅，這與歐洲的狀況頗為類似，歐洲與亞洲和北非有著牢固的連結，卻與大草原相距遙遠。在他們的模型裡，政治中央集權（也就是單一帝國）較能因應單一方向的威脅，而分裂狀態（也就是列國體系）較能因應來自兩個方向的威脅，但前提是外敵的軍事投射能力必須缺乏效率。沒有來自大草原的強大鄰居，滿足了後者的條件。

這些預測與我們在歐亞大陸兩端看到的現象吻合。在東亞，挑戰者集中在北方，促使農業社會建立起霸權帝國，也讓絕大多數中國王朝都把首都設在靠近威脅地帶的區域，而非國家中心地帶。在歐洲，由於缺乏來自單一方向的嚴重威脅，因而導致地方分權。若非如此，壓倒性的外來挑戰將會把列國體系中面對外敵卻又忙於內部競爭的各個成員一一消滅。歐洲正是因為缺乏來自單一方向的巨大挑戰，才鼓勵與促進了多中心主義。[104]

第九章
文化

那麼文化呢？第一次大分流不也是從影響國家形成的信仰與意識形態中產生的嗎？我們很容易就能舉出幾項觀念上的差異來對比歐洲與中國，似乎也能將這些特質與觀察結果相連。就像我在上一章提出一連串重要的環境因素一樣，我在本章也會探討這類觀念差異。但困難之處在於如何衡量重要性。在歷史的時間架構下，自然環境是具體可見的既存事物，但文化並不是。

文化的演進受到外在環境的地理與生態限制。儘管農業社會與游牧社會都能在環境中創造出屬於自己的一套生計模式，但在經濟徹底轉型的路上仍得面對各種無法克服的障礙，例如溫度與降雨量。國家很少基於政治偏好對環境進行大規模干預，中國大運河是例外。而且就算國家真的進行干預，對國家形成的影響也十分有限。

光是說文化與觀念會影響國家形成還不夠，因為這種做法並無新意。我們還必須評估文化與觀念受限制的程度，這些限制來自於外在環境的基本原則，而這些基本原則往往難以改變。我們將會看到，雖然地理與生態無法決定宏觀社會發展所需的文化先決條件，卻能形塑與鞏固這類文化先決條件。經過時間的催化，地理與生態會讓建構國家的不同軌跡，連結上不同的文化特質與意識形態信仰，特別是在菁英圈。

語言與文字

中國

中國的語素文字可以追溯到公元前第二個千年晚期的商朝甲骨文，當時中國的語素文字已經發展得很充分。到了西周與戰國時代，中文出現了重大演變。秦朝在統一天下後，將已經系統化的兩種中文字體（現在稱為「篆書」與「隸書」）推行到全國各地。儘管同一時間獲得發展與傳布的還有草書，但不同的字體並存卻未導致實質的地區化。書寫系統最後在上古時代晚期開始固定下來，成為所謂的「楷書」。[1]

中國的語言也從商朝之後開始記錄下來。韻書的出現，反映了統一文字發音的嘗試。最著名的韻書《切韻》，於六〇一年編纂完成，剛好與隋朝重建帝國發生於同時，這本書試圖融通中國南北在語言使用上的差異。儘管如此，地方語言與文言文（從戰國時代到特別是漢代時成形）的差異依然存在。

在此同時，有兩項因素促進了語言的統一。首先，文言文在整個帝國時期成為中文的正式書寫方式，在很大程度上確保了識字菁英的文化同質性。十二世紀之後，中國各地方言的重要性逐漸不如北方方言（早期官話）。從這個傳統產生的「官話」成為晚近明清帝國官員的統一口語，以確保官員們能夠相互理解。直到二十世紀，官話才轉變成現代標準漢語。[2]

其次，中國核心地區的語言種類長久以來相對單純（圖9.1）。官話分布的範圍遼闊，主要是因為

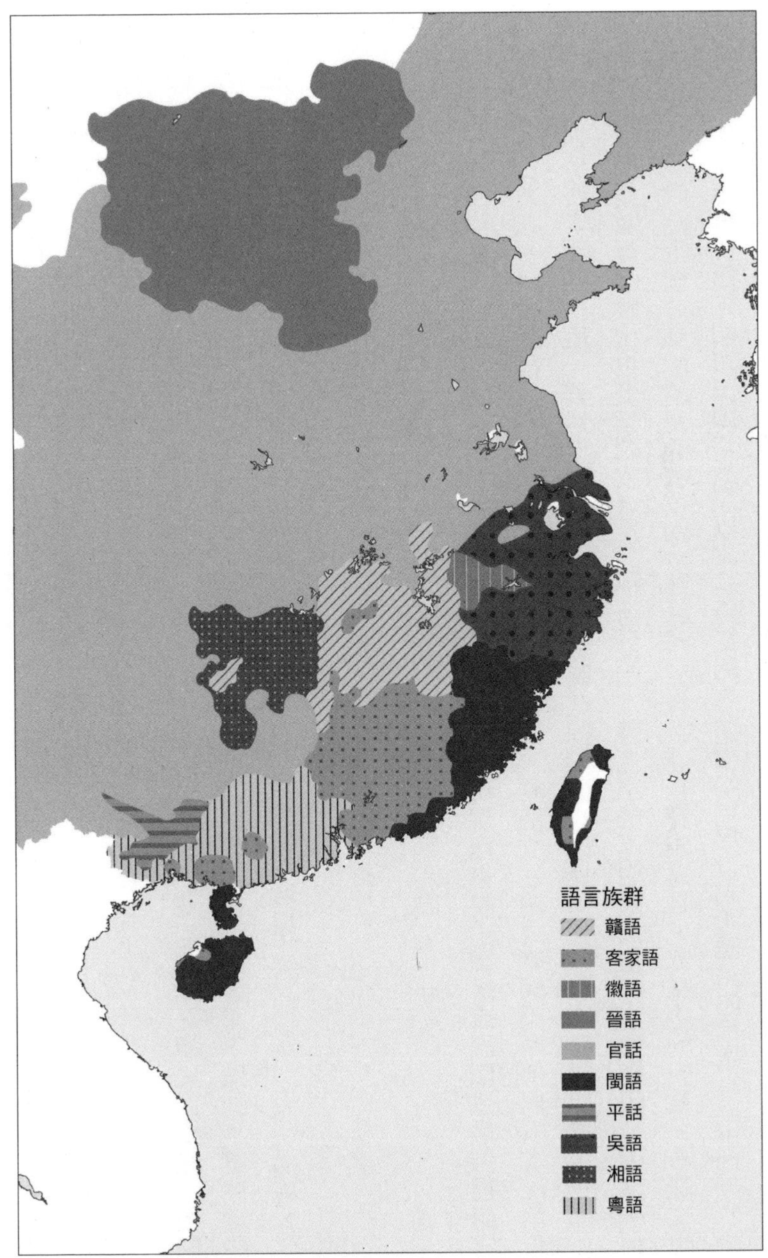

圖9.1　漢語方言族群的現代分布。

中原地區（官話最初分布的核心地區，且範圍較小）容易來往溝通，加上晚近官話傳布到四川與雲南而後，又進一步傳到滿洲與新疆。相反的，中國的東南部與南部仍維持著較豐富的語言多樣性。

這個模式與遺傳的變異相符，而這點並非出於偶然。中國北部的遺傳變異較少，中國的南部與北部之間不僅存在著較多的遺傳變異，就連南部各族群之間也是如此。基因在平坦而政治統一的地形上流動，促使中國北部出現罕見的高度同質性。[3]

從語言多樣性來看，中國的語言是相對統一的，而這也影響到它的國家形成。單一的文字系統讓地區方言可以彼此溝通。與拉丁文不同，中國的菁英語言從未衰微失傳，加上由上而下推動語言發音的統一，這一切都讓菁英之間的交流變得容易許多。此外，中國北部的自然環境也有助於通俗語言的整合。[4]

歐亞大陸西部

歐亞大陸西部從未存在過足以媲美中國的統一狀態。就菁英層面來說，羅馬帝國顯然是兩種語言與兩種字母並行。在昔日希臘移民與馬其頓帝國擴張的影響下，希臘文在羅馬帝國東半部居於支配地位，而拉丁文則是西半部的主流。雖然希臘文與拉丁文有著共同根源且差異不大，但希臘語與拉丁語卻無法相通。這種雙語並行的狀況也受到國家層級的推波助瀾：雖然軍隊（與羅馬法）必須使用拉丁文，但在帝國西半部，政治上居於支配地位的菁英卻支持雙語並行，而且認為這是上流文化的表徵。希臘文也從基督教的傳布中獲得額外助力，因為長久以來基督徒絕大多數來自東方說希臘語的民眾。

此外，帝國絕大多數人口仍說著地方性的語言。亞蘭語（Aramaic）是東方敘利亞與巴勒斯坦常用的語言，大量文學作品是用敘利亞文（Syriac）書寫。埃及語言在埃及本土繁榮發展，甚至使用了新字母科普特文（Coptic），科普特文同樣用於文學寫作，不過希臘文在埃及仍居於領導地位。直到上古時代晚期為止，布匿語（Punic）一直是北非通行的語言，但碑文依然使用拉丁文。在高盧，凱爾特語（Celtic）通行於整個羅馬時代，凱爾特語的人口可能非常多。小亞細亞到處充斥著地方語言：弗里吉亞語（Phrygian）甚至再次復興，成為基督教碑文使用的文字。色雷斯語同樣流傳到上古時代晚期。在不列顛，凱爾特語在羅馬統治結束後便告衰微。由此推論，我們很難相信其他地方語言會在羅馬統治時期消失，例如西班牙伊比利亞語（Iberian）與凱爾特伊比利亞語（Celtiberian）、阿爾卑斯山區（凱爾特語）與巴爾幹半島北部伊利里亞語（Illyrian）等。[5]

從這些例子來看，羅馬帝國疆域下的語言多樣性要比同時期的漢朝高出許多：羅馬沒有單一的菁英語言與文字，而且地方語言更加重要。羅馬帝國東、西菁英圈的分裂可說是必然的結果。雖然後勤的限制（除了國家支持的資源移轉與交易管道外，經濟的整合極其有限）是造成帝國最終分裂的主因之一，但帝國精確地沿著語言斷層線分裂，這幾乎不是出於偶然。[6]

羅馬之後的發展進一步加強語言混雜的現象。阿拉伯語被引進到黎凡特與馬格里布，此外還有伊比利半島（儘管持續的時間較短）。在歐洲，日耳曼語與斯拉夫語的傳布隨地區而異。哥德語從未成為伊比利半島的主流，而法蘭克語（古法蘭克語）傳入高盧的範圍相當有限，儘管高盧北部與東部地區有數個世紀的時間一直維持雙語並存的狀態。義大利則有最穩固的拉丁文基礎，因此相對不受哥德人與倫巴底人的影響。

其他地區語言混雜的現象更加明顯。在英格蘭，凱爾特語（普通布立吞語〔Common Brittonic〕）的地位逐漸受到各種混雜的語言侵奪，包括古英語（由盎格魯撒克遜移民引進）、古諾斯語（來自丹麥人與諾曼人〔Normans〕）與古法語（同樣透過諾曼人傳入）。在歐洲大陸上，日耳曼語逐漸支配巴伐利亞與奧地利。斯拉夫語則滲透了大部分的巴爾幹半島與喀爾巴阡山脈西部地區。

拉丁文在各地區的緩慢演變，最後分歧成為各自獨立的羅曼語族（Romance languages）。從九世紀開始（這個過程我將在本書後記簡要描述），首先是法國，然後是義大利與伊比利半島，各地區的識字居民開始使用當地通行的拉丁文來拼寫自己的方言。這導致了即使教會仍維持單一的拉丁文標準，各個地方的識字者與菁英卻開始使用自己的語言進行論述。語言的地區化非但未受到阻礙，反而因為政治分裂而迅速獲得承認與鼓勵。這個過程也受到中世紀盛期的國家制度化推動，此時絕大多數人已不再使用拉丁文書寫。[7]

綜合以上，我們必須對其中的因果關係做個釐清。中國的單一文字系統之所以存在是因為這個文字系統獲得單一國家的支持。官話不僅由核心國家加以推行，也在帝國統一的保護傘及不斷在邊陲地區進行墾殖下持續擴展。帝國不僅支持文化融合，必要時還會積極推動，而文化融合又會反過來鞏固帝國。

儘管有這種相互強化的功用，基本的反事實情境卻顯示，這支從國家權力射向文化統一的因果之箭，力道顯然要比從文化統一射向國家權力強（編按：指先有國家權力，才有文化統一）。文言文在漢朝四百年的統治下逐漸鞏固，但隨後呈現出來的分裂傾向，充分顯示政治分裂的確影響深遠：如果完全不加以限制，語言的分歧很可能持續擴大，最後甚至連菁英圈都無法相互理解。多元的文字系統很可能隨著這些方言而形成。中國的語言或文字本身並不特別有利於統一與鞏固：一切都是仰賴政治權力提供必要的推力。我們不久將會看到，同樣的原則也適用在藉由統一的菁英文字與語言來表達與傳布的內容與觀念上。

在歐洲，文化異質的程度同樣深受國家形成的影響。古代菁英使用雙語與地方語言的持續存在，反映出羅馬帝國對於各行省採取的放任政策。因此，要讓現有的多樣性完全消失顯然不切實際，那麼採取較審慎的同化政策或許能在五百年後產生一些進展。然而在羅馬典型的地方自治下，這似乎也不是個合理的選項。

正如中國一樣，政治秩序決定了文化多樣性的程度。整體而言，中國周而復始地統一比較能在菁英圈乃至於菁英圈以外培養出一定程度的同質性。羅馬帝國之後的歐洲，或羅馬之後的地中海地區，卻面臨更大的阻礙。阿拉伯語（與伊斯蘭教，關於這點以後將會詳述）之所以傳布是因為羅馬帝國遺留下來的事物已無法阻擋阿拉伯語。各地的拉丁文逐漸演變成羅曼語族，部分是因為它們逐漸與不同（群體）的政治體結合在一起。拉丁文的邊緣化，則是因為中世紀的權力來源已經分崩離析。

這些發展會彼此強化，嚴重的政治分裂會產生較豐富的文化多樣性，反之亦然。然而，至少在這個共同演進過程的早期階段，國家形成的破壞似乎才是更關鍵的驅動力。從這個角度來說，我們最好把語言與文字這類文化特質視為解釋大帝國盛行的近因或次要因素。[8]

信仰體系：宗教

就信仰體系而言，觀念的影響有多大？也許所思所說的與實際寫下的「內容」，遠比內容「如何」表達有著更大的影響。我會先討論宗教信仰，之後再探討世俗觀念。

歐亞大陸西部

基督教的興起標誌著歐洲宗教史上最大的分水嶺。從實質面來看，不可否認基督教的信條具備龐大的潛力，可以對國家權力構成限制與挑戰。基督教最權威的經典在對世俗統治者的義務與對上帝的義務之間劃下了界線——「凱撒的歸凱撒，上帝的歸上帝。」基督教的創立者被認為是上帝之子（而且也是上帝本身的一部分），他不只是先知，也非如同羅馬皇帝一樣是佯裝神明的人類。[9]

更重要的是，基督教在一開始發展的三百年間與羅馬帝國存在著潛在的衝突：基督教不僅不被官方承認（更不用說能獲得官方支持），還被宣布為非法，在各地遭受零星鎮壓。當羅馬帝國在三世紀下半葉勉強度過一場存在危機之後，即便中央權威無法解決基督徒人數日增、國家基礎權力喪失與高層分裂等問題，政府還是採取更嚴酷的打壓基督徒政策。

這為羅馬帝國帶來麻煩。三一二年，君士坦丁皇帝態度一百八十度轉變，開始支持基督教。接下來幾任皇帝（只有一任是例外）也接續這項政策，使既存的幾種宗教因此步入衰微。統治者原本樂觀預期可以將自己的意志加諸於教會之上，並且壓制帝國內部的分裂，這些想法最終成了泡影：即使基督教菁英與帝國權威交好以謀求恩庇、物質與法律利益，甚至藉此在自身的圈子內外剷除異己，基督教運動依然保留太多的自治權。教義爭論持續延燒，不因國家的反覆介入而減緩。整體而言，教會在中央與地方層級快速累積財富與政治影響力，教會領袖從與晚期羅馬帝國合作獲得的利益，無疑遠比後者與前者合作獲得的利益來得多。

主教們享受免稅的特權，不僅管理著源源不絕的善款與地產，還被委派司法職務。隨著教會在組織上與帝國同化，教會內部也開始發展出與帝國類似的階序，帝國中心的頂層是擔任領袖的主教，接下來是在各省首府享有特權的都主教，最後則是各個城鎮聚落的普通主教。這創造了一條類似公職的職涯途徑。

地位最高的主教展露出高度的自信。三九〇年，米蘭主教安博（Ambrose）由於最後一任統治統一帝國的皇帝狄奧多西一世（Theodosius I）下令屠殺而將他逐出教會，而且要求他做出漫長的悔罪才允許他回到教會。一個世紀後，羅馬主教哲拉旭（Gelasius）寫了一封著名的信給東羅馬帝國皇帝阿納斯塔修斯（Anastasius），明確提醒他世界主要由兩種權力統治：「教士的神聖權威與帝王的權力」，而且前者的「權威更大」。這句話的意義仍有爭議，而哲拉旭的想法不過是主張教士雖然必須遵守帝國的法令，但精神事務仍是由教士主掌，兩者在理論上已出現常態性的二元劃分。不過在實際上，教士早已逐漸涉入世俗事務，責任的區分只是表面上用來防止世俗對教士的干涉。甚至早在西羅馬帝國解體之前，主教們已經逐漸承擔起民政的職能與擔任社群的領袖。[10]

羅馬帝國統治的衰微，也削弱了教會領袖。儘管教會領袖失去龐大帝國的支持，卻也提高了自治權，使他們填補逐漸擴大的世俗權力真空。最終，由羅馬教士與民眾（其實是羅馬當地的菁英派系）選出的羅馬主教成為最大的獲益者：由於遠離北方與東方的新權威中心，羅馬主教沒有淪為帝國朝廷附庸的危險。

在整個拉丁歐洲，主教們與各個日耳曼後繼國家統治者達成協議，後者把主教視為人力資本，仰賴他們提供輔助服務。中央權威越弱，越仰賴與主教結盟。而做為回報，統治者會授予教會更多的司法權力與免除教會的各種義務。同樣的，國家形成再次驅動其他發展。在中世紀盛期，隨著社會權力傳布更加廣泛，以及改革後的教廷聲望日隆，世俗與宗教領袖之間產生的權力摩擦也越來越大。教宗現在有能力將皇帝逐出教會，而且能支持桀驁不馴的貴族起而反抗他們的君主。由於雙方都主張自己擁有最高權威，因此不免對彼此的地位造成損害，從而也削弱相關政治體的凝聚力與能力。[11]

這種衝突並非注定發生：拜占庭的歷史顯示，只要中央集權國家存續的時間夠長，那麼無論基督教有著什麼樣的起源與實質主張，中央集權國家都可以成功「馴服」基督教並使其從屬於國家。正如君士坦丁堡牧首的駐在地就位於皇帝宮殿旁，拜占庭帝國與教會的權力便以一種不平等的關係緊密結合在一起，帝國的權力凌駕於教會之上。皇帝任命與授職給牧首，實際上把牧首當成國家公務員，皇帝還能夠召開與主持宗教會議。教會財產有納稅的義務。主張教會不從屬於國家的宗教團體雖然一開始提出反對，但在核心根據地被外國勢力占領之後，他們的力量也隨之衰微。[12]

拜占庭的經驗與隨後俄羅斯東正教會的歷史，宛如一場自然實驗，使我們能夠評估基督教自治的決定要素。比較天主教會與東正教會可以明顯發現，基督教分裂的程度主要取決於國家權力。關鍵在於政治中心是否有能力控制菁英階層、壓制對手與徵收資源，這些能力越弱，教會越有可能干預國家形成。

在中世紀的拉丁歐洲，較大的政治體普遍缺乏這些能力，教會因此才能干預國家形成。相反的，如果整個羅馬帝國存續更久或者重新恢復到與過去相當的規模，那麼很可能產生較為服從的教會。因此，認為「西方基督教」是造成歐洲分裂的遠因，這種想法其實是一種誤導：基督教的發展路徑對於國家形成的結果是次要的。雖然基督教無疑助長了羅馬之後的多中心主義，但最重要的還是在此之前中央集權政治權威的衰弱，容許乃至於激勵了基督教的發展。[13]

伊斯蘭教的興起對於羅馬之後國家建立規模的影響，或許比天主教會的干預更小。理論上，過去羅馬帝國曾經擁有的地中海世界被基督徒與穆斯林瓜分之後，就算帝國重建真的可能，相同的空間還是很難重現類似的龐大帝國（我們在第五章提過帝國重建有多麼不可能）。這個分裂的局面花了很長一段時間才確立下來。在埃及、伊朗與日後的小亞細亞，即使在軍事征服之後，改信伊斯蘭教依然花了好幾個世紀才完成。[14]

此外，宗教差異本身並不構成帝國擴張的嚴重阻礙。事實上，風俗與信仰的多樣性正是許多大帝國的決定性特質。七世紀的阿拉伯人就算取得當時大部分是基督徒的黎凡特、埃及與馬格里布，以及主要信仰祆教的伊朗，也沒有因此產生統治困擾。而在伊比利半島，穆斯林統治者很快就收編了信仰基督教的西哥德菁英。塞爾柱人建立的帝國涵蓋堅定信仰基督教的安納托利亞，而鄂圖曼人日後也占領信仰基督教的巴爾幹半島，並且統治了數個世紀之久。

因此，在公元第一個千年最後三分之一的時間裡（也就是第一次大分流發生之時），伊斯蘭教的擴張並非歐洲建立大帝國的重大阻礙，至少我們沒有足夠的理由如此主張。就算伊斯蘭教是阻礙之一，也絕不是影響最大的因素。最重要的是，伊斯蘭與拉丁歐洲的多中心主義之間其實沒有特殊的關連。就算宗教信真的會仰妨礙大一統帝國重建，那也應該是基督教而非伊斯蘭教。[15]

中國

在中國，最接近羅馬帝國晚期與中世紀歐洲基督教興起的，就是佛教的傳布。與基督教一樣，佛教是個超驗的信仰體系，不局限於任何特定的政治體、文化或種族差異。起源自於南亞的佛教，將中國納入一個超過帝國疆界的更廣大世界。中國傳統宗教儀式以家族與國家為中心，崇拜祖先、土地、穀物神祇與上天（以及天子），佛教則為中國提供另一種選擇。簡言之，佛教有在帝國體制內建立高度自治地位的潛力。

中國史料最早關於佛教的記載出現在公元六十五年，來自中亞與東南亞的商人協助傳布新宗教的教義。就像三世紀基督教利用羅馬帝國斷斷續續陷入衰弱之際進行發展一樣，佛陀的追隨者也在四到六世紀的五胡十六國時代大為增加。有幾個北方征服政權支持佛教的傳布，部分是因為統治者認為佛教社群可以制衡本地的權力網絡。中國北部國家能力的重建因此加強了對佛教的恩庇。[16]

在這個時期，佛教看似很有機會跟歐洲的基督教一樣重塑權力關係。在東晉時期的中國南部，一般認為佛教僧人不需要禮敬君主，反過來君主必須立誓，除非眾生獲得度化，否則不入涅槃。統治者成了度化者與救世主，而且慷慨地資助佛寺與佛教儀式。[17]

然而，在佛教迅速發展的北方，較為專制的政權雖然支持佛教，卻也施行了較嚴格的規定與正式的組織層級。四世紀晚期，北魏任命高僧主持宗教活動。皇帝被視為佛陀的化身並且要求僧人的禮敬。國家的支持因此帶有附加條件，世俗統治者至高無上的地位不容置疑。不久，政府設立部門負責管理佛教僧人與寺院，並且對於佛教規模加以限制。[18]

即使如此，這類干預往往遭到漠視。六世紀時，北魏首都洛陽有佛寺一千三百六十七所，其中只有一所獲得批准。這個數字與南方建康擁有七百所佛寺一樣不可靠，但無疑反映出佛教勢力的強大。隨著非法的寺院與佛塔遍布鄉間與雲遊僧人四處傳教，據說北魏境內興建的寺院達到三萬所，僧人竟有兩百萬人。僧人人數因為僧人能豁免賦稅勞役而大幅增加，這就跟羅馬帝國晚期基督徒享有特權一樣，進一步加強了信仰的吸引力。[19]

隋朝時，佛教成為主要國教，國家對佛教的獎掖持續到了唐朝。隨著時間過去，佛教逐漸被納入到帝國秩序之中。根據史家陸威儀（Mark Lewis）的看法，這麼做是為了將佛教轉變成國家的延伸，成為國家的「精神力量」。僧人仍無所不在，儘管絕大多數都是宣稱自己是僧人以換取個人利益的俗人。[20]

然而，與羅馬晚期或中世紀歐洲不同的是，對佛教的恩庇很容易轉變成壓迫。五七四年，支持儒學的北周政權將矛頭對準佛教僧人（還有道士）。佛教寺院囤積了金錢與穀物，因此成為籌措戰費的來源。但是才過了四年，佛教又重新恢復生機。[21]

八四〇年代，唐朝一名篤信道教的皇帝進行了一場同樣為期不長的干預。從八四二年開始，滅佛的政策措施逐漸加大力道，從檢舉未登記的僧人與沒收僧人的私人財產，到禁止捐獻、朝聖，清除朝中信佛官員，以及沒收佛教相關物品。八四五年，政府宣布寺院財產為非法，並且要求交出所有寺院財產。四十歲以下的僧尼必須還俗，大部分外國僧人遭到驅逐。佛像遭到銷熔。皇帝宣稱拆除了四千六百所以上的寺院，摧毀了四萬所以上的招提與蘭若，僧尼還俗二十六萬餘人，此外也沒收大量土地。全中國只留下四十九所寺院與八百名僧人。同樣的，皇帝死後沒過幾年，佛教又開始恢復昔日的盛況。[22]

這些事件充分證明佛教的韌性與持久的吸引力，但也顯示國家一直有能力在特定時機進行干預（儘管國家不常這麼做）。與中國大規模毀佛相比，羅馬皇帝尤利安（Julian）在三六〇年代初採取的反基督教會措施實在不值一提。此外，從來沒有任何佛教領袖告誡皇帝權力應該分立。儘管個人賦役的豁免造成濫用與稅收損失，但佛教寺院與其他機構的資產卻從未能完全避免稅捐的徵收。土地與地租因此並未脫離國家的掌控，這點也與歐洲不同。沒有任何佛教領袖可以挑戰世俗官員，或與世俗官員抗衡。

最終，中國的帝國權威成功地以相對微小的成本吸收了可能造成分裂的信仰體系。這個容納的過程與東正教會較為類似，而不同於拉丁歐洲世俗與宗教領袖之間的關係。從這些例子可以看到，國家能力才是真正具決定性的變數。這點值得我們反覆強調。

信仰體系：帝國的意識形態

透過比較，我們得以找到中國與歐洲的另一項重要差異：中國擁有一套世俗的信仰體系，有助於穩定國家以及讓國家普世化，反觀歐洲則沒有這樣的傳統，無論在羅馬時代還是之後的任何時期都是如此。

近來針對這個論點提出的說法如下：西漢時代首次出現穩定的霸權帝國，興起了融合儒家學說與戰國時代晚期出現的法家學說的強勢意識形態。這兩種學說都關注人類社會的關係倫理：儒家強調忠誠、尊敬父母與祖先、利他主義、禮儀、社會和諧與意識到自己是相互義務網絡的一分子，法家則較為世俗，重視以實際可行的做法支持國家的權力與資源，並且主張透過法律與行政干預來強化中央政府對個人（尤其是菁英團體）的統治。[23]

秦帝國的快速崩潰使人對於偏重施行法家學說感到懷疑，因此，結合儒家倫理與社會準則及法家法令與統治技術而構成基礎較為寬廣的信仰體系，顯然是更具彈性的做法。從實際角度來看，對國家支配的推崇（將統治者的形象理想化，但又對其權力加以限制），結合在政治與社會上擁有支配地位且被灌輸了儒家學說的官員，就形成了一套以菁英為中心的意識形態結構，堪稱「專為支持國家而量身打造」。

國家的支持與菁英的合作使這個思想從眾多競爭的信仰體系中脫穎而出，並且讓這個強大的結構成為「強勢的政治意識形態，以及規範皇帝與官員合作的基礎」。即使家世、恩庇與財富仍具有很大的影響力，但擔任公職的管道理想上必須考量正統經典的素養與社會風俗。這種方式可以有效結合傳統與菁英政治的原則，而且也對統治者的權力加以限制（在其他文化裡則往往是透過宗教規定來進行約束）。[24]

在中國的國家形成上，其他的信仰體系相對次要。公元前一世紀，以漢朝創立者為中心的祖先崇拜逐漸被上天崇拜取代，後者認為皇帝處於天地之間的樞紐位置。對比之下，儒家則與廣泛流行且逐步成長的祖先崇拜習俗有著更自然的連結。儒家受到道家等其他學說競爭，但在菁英圈仍維持支配地位。雖然四世紀帝國崩解削弱了儒家的政治地位，而早期北方征服政權又獎掖佛教，但隨後中央集權國家權力的復興，則與力量日增的傳統儒家菁英在重建的行政體制內攜手合作。

唐朝晚期之後，儒家經歷了更全面的復興，而且在宋朝大舉擴充科舉後更加興盛。世襲菁英的勢力因此衰退，官員轉而由學者擔任。士紳階級憑藉著飽讀詩書而取得身分。當這些鑽研學問的讀書人數量遠遠超過官職的數量時，許多人於是在地方擔負起非官方的角色，將儒家思想傳布給廣大的人口。儒家思想因此確保了優勢地位，而這套規範與信仰體系也成了中國的重要核心，直到君主制結束為止。[25]

我們會在第十章討論儒家對經濟發展的影響，此處要探討的則是儒家與國家形成的關係，特別是與大帝國能夠長久持續的關係。初步看來，中國的制度安排應當有助於國家的穩定與能力：其基本信條就是「對政府友善」，在官僚階級統治下，政治與意識形態權力融合，協助制衡軍事與經濟的權力基礎。與帝國形成一樣，儒家這套強勢的信仰體系隨著時間發展而逐漸穩固。一如本章先前所討論的其他例子，國家形成是因，信仰體系是果。儒法合流最初就是在大一統帝國底下建立。往後到了分裂時期，這套信仰體系也隨著北方國家權力的恢復而再度興起。宋朝建立了直到當時為止中國最強大的國家，也大幅強化了這套信仰體系的實力。

這套信仰體系最有效發揮的時候，正好就是國家最強大與帝國最屹立不搖的時候——國家因此能提供支持、物資與地位給這些尋租菁英。儒家在公元第二個千年達到最穩定的階段，這個時期的中國要不是處於統一狀態，最糟也只是分裂成兩個國家。這一切明確顯示儒家菁英的成功完全仰賴帝國的命運，而非帝國的命運仰賴儒家菁英的成功。

這還不是全貌。以色列史家尤銳（Yuri Pines）透過一連串精彩的研究指出，帝國統一的觀念早在實際政治統一之前就已經存在，而且即便中國處於分裂狀態，這個觀念也依然存續。這讓前述的國家形成與強勢信仰之間的連結變得更加複雜。根據尤銳的說法，中國早在戰國時代就已經出現統一的典範，這種觀念或許是為了因應逐漸崩壞的列國秩序與日趨頻仍的戰爭。絕大多數流傳下來的文獻在討論這個議題時，多半傾向於支持政治統一而反對既存的競爭性列國體系。[26]

根據這項說法，早在普世帝國出現之前，思想家就已經在宣傳普世帝國是帶來和平的最好方法（乃至唯一方法）。他們的論證往往追溯過去，重提當年建立霸權的商朝與西周。問題並非要不要統一各國，而是如何統一各國。尤銳指出，沒有任何一部流傳下來的文獻公開支持地區國家獨立。確實，我們必須考慮後世帝國透過改寫或審查來打壓這類不受歡迎傾向的可能，但整體而言中國對於帝國統一的執著確實值得關注。[27]

由於當時人的地理視野相當有限，因此才會相信「建立一個能統一所有已知世界的國家是個可行的目標」（儘管中國實際上的地理孤立也確實強化了這項觀點）。帝國統一的概念取得了「政治與文化的霸權地位」，即使是在地區性征服政權統治時期也持續不輟。[28]

在這種狀況下，自然衍生出單一皇帝的觀念：早期的文獻如《孟子》就曾提到孔子的名言：「天無二日，民無二王。」尤銳認為中國可以有許多神，卻只能有一位具正當性的統治者，基督教歐洲則剛好相反，只有一位上帝，卻有許多統治者。這是個明顯的對比，不過這個類比卻混淆了中國皇帝的地位——中國皇帝與上帝其實毫無類似之處。[29]

整體而言，這些觀念在菁英思想的持續更新下不斷加強，而這些菁英思想可以追溯到戰國時代晚期對於分裂的憂心以及漢朝當局對儒家的支持。這種「朝劃一的意識形態前進的驅力」，在公元第二個千年大為加強。此外，士紳階級的社會化也深受這些信仰體系的影響，因此士紳階級的長久存在助長了這些信仰體系的長期保存與傳布。[30]

如果我們對於政治統一的觀念與這些觀念在菁英思想中所占的主導位置感興趣，那麼前述觀點還是能有所啟發。尤銳的提醒有其道理，如果我們想了解菁英圈而非一般民眾的主流觀念，那麼把焦點集中在統治階級撰寫的（或者為統治階級撰寫的）文本其實不是問題。[31]

然而，我們必須更嚴肅看待後世根據統一的觀念修改早期文獻傳統的可能性。古代中國普遍予人一種支持單一帝國的印象，但這種印象在多大程度上是選擇性傳布、國家竄改文獻或其他限制所導致的結果？我想，這個問題可能得留給專家來處理。此處我感興趣的是，如果我們同意中國的文獻傳統可以代表實際的菁英傾向，那麼這個傳統能告訴我們什麼。[32]

以中國來說，這種信仰體系如何影響國家形成，影響又有多大？在這些問題上，尤銳說得很含糊。一方面，尤銳明確表示，他無意對「中華帝國的非凡能力」做出全面性的詮釋，因為這得同時考慮地理、經濟、軍事、宗教與（其他）文化特質，因此他只把重點放在統一的觀念。另一方面，從僅僅強調統一觀念，到實際上以這個觀念做為主要因素來解釋整個結果，兩者之間存在著不小的落差。換言之，要回答中國帝國為何長期存續，「以及最重要的，帝國在分裂之後何以能再次復興」的問題，是否「應該從意識形態著手」？[33]

這個取向的問題顯而易見：如果只看觀念而忽略其他因素，那麼非但無法建立觀念與其他因素之間的關連性或相對重要性，甚至也無法看出觀念所造成的影響。舉例來說，尤銳只是以簡單的一句「顯然，在中國保持帝國的統一就跟在其他大陸保持帝國的統一一樣深具挑戰性」來否定地理環境可能起到的關鍵影響。尤銳的說法其實很模糊。問題不在這句話是對或錯，而是要判斷這句話的對錯其實需要更有系統地進行跨文化比較，而這顯然超出本章節的處理範圍。像尤銳那樣只討論觀念，絕對不足以做出如此全面的判斷。[34]

在尤銳的討論中，意識形態與歷史之間的關係完全出於假設，並未經過論證或證明。因此，雖然帝國統一的觀念比帝國統一本身更早出現確實值得注意，但我們無法由此推論出「大一統的典範不是公元前二二一年秦帝國統一的結果，而是秦帝國統一的先決條件」，這句陳述是否為真仍有待檢驗。[35]尤銳寫道：「由於每個人都期望統一，所以統一就成了一個自我實現的預言。」但這句話在邏輯上恐怕站不住腳。[36]

秦帝國的暴起暴落本身，就足以駁斥這種「自我實現的預言」的說法。然而這一點似乎無法讓尤銳打退堂鼓。即使帝國不斷崩解，他仍舊認為「人們對政治分裂終將反轉的強烈期待」必定能讓帝國再起。尤銳的說法是《三國演義》那句名言「話說天下大勢，分久必合，合久必分」的註解。我只能說，這只不過是對中國歷史的經驗觀察，而非因果分析。[37]

「無論是分裂還是統一，大一統的意識形態典範都深刻影響了政治行為。」這句話並非不證自明，我們只要想想幾個基本的反事實情境就能明白。假設這項意識形態不存在，那麼統一全中國的王朝是否會更快崩解？又或者根本不會興起？如果分裂時期的政治體缺乏這種觀念，這些政治體是否就不會試圖征服彼此，或者是讓征服彼此變得更加困難？這些推論當然有可能成立，但仍需加以論證而非輕率假定。客觀來說，在分裂時代，中國確實未能發展出像歐洲那樣的列國體系，國家之間相互發動滅國戰爭，使統一成為檯面上唯一可能的結果。但是，這個結果未必與菁英對統一的信仰有關，正如歐洲列國體系本身也是特定時空環境下的特例。[38]

根據尤銳的說法，中國官僚階級深受儒家經典的薰陶，因此支持帝國的統一：「綜觀中國歷史，帝國主要是思想的建構，而不只是社會與政治的產物。」這種說法也許有一定的真實性，因為帝國的確有可能不只是社會與政治的產物，但這項論述在邏輯上卻無法推論出帝國主要是思想的建構。同樣的，這個說法也無法明確告訴我們帝國如何產生。[39]

我並未否認意識形態可能有助於帝國的長期存續，也不否認那些試圖藉由與強大國家結盟來增加國家能力的菁英成員，其態度與行為可能激勵帝國的永久發展。然而，這不表示沒有大一統意識形態，就不會有大一統帝國存在，也不代表菁英的偏好就是關鍵的驅動力量。前者需要大量反事實分析，而後者則有更好的說法取代，例如帝國與意識形態其實是相輔相成的動態辯證，同時一併考慮其他可能，例如規範統治者如何做為的文化學習，或是菁英與國家之間只是象徵性地仰賴對方支持。[40]

我之所以不厭其煩地說明尤銳研究取向的缺失，是為了釐清把意識形態當成首要因素可能造成的風險。當然，如果意識形態只是眾多因素的其中一個，那麼在假定其他條件不變的狀況下，我們可以接受「統一信仰使中國比歐洲更容易達成政治統一」的說法。然而，其他條件並非完全一成不變。那麼，在一個其他條件並非一成不變但依然能促進統一的環境裡，中國式的意識形態難道更有可能順利發展？[41]

除了地理與生態，制度也很重要。希臘羅馬世界因為擁有城邦的生態系統與早熟的共和體制，所以比較不容易發展出類似中國儒法思想的信仰體系，就算真的出現這樣的思想，也不容易獲得成功。對比之下，戰國時代各個政權進行中央集權與同質化的強度從未見於上古時代的歐亞大陸西部，因此與這種政治秩序氣味相投的信仰自然要比其他曾經興盛過的思想學派更有發展的機會，特別是因為這些學派都競相爭取國家的支持。

菲利普·霍夫曼提出了一個類似的推論，他主張歐洲因為缺乏強大的中央集權國家，所以才會在文化上演進出羅馬帝國之後的多中心主義與列國戰爭，乃至產生不受約束的戰士氣質。如果歐洲也有強大的中央集權國家，這種氣質很可能就會被國家政治制度扼殺。崇尚武勇與勝利的文化習慣，有利於尚未中央集權下的菁英與菁英家臣，並進一步強化了分裂。我們可以對照歐洲與中國的文化演進軌跡，中國傾向於讓菁英放棄武力，但在歐洲崇尚戰爭的競爭性列國體系下，想這麼做恐怕不容易。[42]

累積的歷史重量終將產生影響。在羅馬人出現之前，歐洲大部分地區並不知道什麼是帝國。長久以來，城邦文化已經在地中海地區生根，成為在帝國以外繁榮發展的一種社會組織模式。羅馬帝國把城邦文化納入帝國擴張計畫的一部分，積極將這個傳統傳布到西歐，鼓勵各地社群依據類似城邦的模式建立組織。

與此相反，早期中國的自治城邦實驗十分短暫，而且從未像西方一樣產生廣納式的小型政治體生態。同樣的狀況也出現在另一種社會政治組織模式上，那就是封建制度。美國史家龍沛（Peter Lorge）認為，由於封建早在中國戰國時代就已經消失，因此中國於十世紀再度陷入分裂與重新統一時，「此時思想上唯一可得的高階政治結構就只剩下帝國。」在超過一千年的時間裡，這很可能就是中國所面臨的狀況。[43]

我們無法將信仰體系與國家形成分離，這種想法不切實際，純粹是唯心主義的遊戲。這種遊戲強調高深的思想，因為這麼做可以滿足他們空想的樂趣。我們不需要是堅定的唯物主義者也能看出這種想法的謬誤，對尤銳作品的批判回應充分顯示大多數人已經明白這種說法的問題所在，就連傳統上以文本為中心的中國古代史研究也是如此：「尤銳並不是在描述與解釋帝國何以持久，而是在延續帝國權威的常見論述。」[44]

文化、國家力量與國家規模

文化究竟有何影響？我們已經看到，要辨識出廣泛的差異並不難：中國是單一文字與單一菁英語言，羅馬帝國則是多種文字系統與多種語言。中國的菁英傳統持續不輟，拉丁歐洲共通的菁英語言則是逐漸邊緣化，各地的方言與文學興起。拉丁歐洲發展出傾向自治且逐漸落實自治的教會，教會與國家同時維持著亦敵亦友的關係。中國的佛教原本有可能扮演與基督教類似的角色，卻受到較為強大的國家更緊縮的限制。在世俗意識形態層面上，中國以擁有歐洲完全缺乏的統一菁英信仰體系自豪，而這也有助於讓士紳維持與中央國家的合作關係。

無論這些特質對國家形成的重要性為何，持平來說，中國的傳統無疑更有助於國家整合與國家能力。有些傳統（例如對出任公職的熱忱）有利於國家本身，其他特質（從語言與文字到普世帝國概念定於一尊）則降低了政治大一統的成本。

在中世紀歐洲，意識形態限制了國家的能力，而語言的多樣性則阻礙了統一。即使如此，帝國一般都能與多樣性相容：語言多樣性可能會提高帝國統一與延續的門檻，但不會妨礙帝國形成本身。就這層意義來說，文化對於歐洲普世帝國的限制相對微弱，特別是拉丁基督教會內部最嚴重的分裂直到十六世紀才產生。相較之下，影響更為顯著的因素，是那些能更廣泛限制國家能力的特質。我會在第十章討論這類特質如何與其他導致權力分散的因素互動。總而言之，文化不夠統一並非妨礙大一統帝國的關鍵因素，國家能力低落才是。

這項結論符合舊世界其他地區所觀察到的現象。以伊斯蘭世界為例，儘管伊斯蘭因為阿拉伯語、波斯語與之後突厥語的使用而四分五裂，卻因為宗教上居於支配地位的阿拉伯文字而維持統一。伊斯蘭宗教建制擁有龐大的影響力，卻仍從屬於軍事征服政權。與基督徒一樣，穆斯林社群（烏瑪）內部很早就出現嫌隙。伊斯蘭社會不僅從未出現中世紀教廷的演進過程，也沒有中國式的世俗信仰體系。簡單來說，伊斯蘭社會的關鍵文化特質比歐洲更有助於提升國家能力，但提升的程度遠不如中國。伊斯蘭帝國建立的結果，因此也同樣介於歐洲與中國之間。

南亞也是如此。除了語言與文字極為多樣，宗教建制也根深柢固，缺乏能夠直接強化國家的世俗意識形態。而在印度教取代佛教之時，印度教徒與穆斯林之間也出現分裂。階級複製的種姓制度與自我管理的寺廟都不仰賴國家權威，婆羅門（Brahmins）也不需要透過公職來確保高人一等的身分與地位，因而不同於中國士紳。從各個面向來看，印度的整體文化特質更類似於歐洲而不同於中國。而且印度最大的幾個帝國往往十分脆弱。[45]

儘管早期梵文圈曾經傳布到東南亞菁英圈，但東南亞依然維持語言、文字系統與宗教信仰的多元局面，而且擁有強大的宗教組織。東南亞地處「保護區」，因此免於受到外國征服政權的侵擾。李伯曼指出，東南亞政治體的統治菁英在種族與宗教上和他們的臣民相同，因此「往往試圖將種族忠誠轉化為政治力量，以此有助於統治與戰爭」。這種策略也曾在近代歐洲國家形成占有一席之地，而且最終使政治上的地域主義凌駕於普世帝國之上。[46]

在整個舊世界，國家形成的長期模式與文化特質有關，這些文化特質既能促進也能抑制帝國形成。羅馬帝國衰亡後，拉丁歐洲的政治體長期受到各種文化特質的「從中作梗」。中國的情況剛好相反，普世帝國變得越來越穩固。伊斯蘭世界與南亞的狀況介於歐洲與中國之間，東南亞則與歐洲較為相似。

小結：第一次大分流是由多重原因決定的穩固結果

讓我們整理一下先前的討論。在本書的第四部，我的討論集中在一個不斷出現的主題：各式各樣的自然、制度與文化性質皆與東亞大帝國的建立有關，甚至有助於東亞大帝國的建立，但在（拉丁）歐洲則不然。這些特質有些是恆久不變的，有些只出現在公元六世紀到十世紀。檢視這些特質的複雜互動，有助於我們解釋第一次大分流（表9.1）。

這張言簡意賅的表格需要加以解釋。「國家榨取能力」涵蓋了財政表現與軍事動員強度（兩者互補或交替出現），以及國家的中央權威基於自身目的而使用資源的程度。拉丁歐洲在羅馬之後的政治體在這方面不如中國，日耳曼政權無法像中國一樣有能力普查人口與進行徵稅。從六世紀開始，拉丁歐洲的國家榨取能力普遍衰退，幾乎一路衰退至十世紀。

對比之下，中國的國家榨取能力隨時代而不同。在強大的中央集權時期，人口普查涵蓋的範圍廣大，財政徵稅的比率很高。到了財政緊縮時期，儘管國家榨取能力衰退（這點是關鍵），但還不至於淪落到歐洲在中世紀早期的水準（少數國祚特別短促的政權例外）。在六世紀到十世紀期間，中國的國家榨取能力多半是來回擺盪，反觀大部分拉丁歐洲地區則是普遍下跌。

我已經針對地理、生態與文化因素做了一定程度的討論。我必須坦承，將每個因素拆項討論是一件有點奇怪的事。嚴格來說，這些衡量標準都是「相對的」，「加號」與「減號」只是用來表示比較「有利」或「不利」於大帝國形成。

主要結果和主要特質有關。以國力與穩定度為例，拉丁歐洲同樣呈現衰退，而中國則處於高檔震盪，在相對有強大的地區國家與或多或少能夠中央集權的霸權帝國之間來回擺盪。其他波動也是如此：這些變化出現在中央集權帝國與地區國家的光譜之間，有時國家會陷入困境，幾乎到了嚴重權力下放的邊緣，但最後總能重新集中權力。

地區	**主要特徵**				**主要結果**			
	國家能力	**地理整合**	**草原效應**	**文化／意識形態整合**	**國力／穩定**	**弱小地區國家**	**強大地區國家**	**普世／霸權帝國**
歐洲	低（持續衰退）	—	—	—	持續衰退	有（←）	？無	無
中國	中等↔高等	+	+	+	中等↔高等	無	有↔	有

表9.1　500-1000年左右（拉丁）歐洲與中國國家形成的決定因素與結果。

相較之下，最能定義這個時期拉丁歐洲地區政治體的詞彙就是「弱小」。委婉一點說，拉丁歐洲的發展是從較強大的國家轉變成較弱小的國家。然而，即使是羅馬滅亡後的早期政權或加洛林帝國，國力都比不上六世紀到十世紀中國的北方王國。我們頂多只能承認有些許轉變的可能，因此在表9.1標上了問號。

重點可以整理成兩點。首先，與中國的擺盪相比，歐洲的發展呈現出單向性。其次是國家能力的水準與擺盪規模。如果我們分別觀察六世紀與十世紀左右這兩個端點，就會發現中國的主要趨勢是帝國重建，而拉丁歐洲的主要趨勢則是國與國之間與國內的分裂。

我的圖表清楚顯示，這些重要因素總是與歐洲和中國的差異一致。在羅馬帝國之後的歐洲，多重環境因素阻礙大帝國形成，但在五胡十六國之後的中國，各種環境因素卻有利大帝國形成。地理與生態等因素是自然生成的，不過隋朝也曾透過人力修築運河，主動擴展空間整合的可能。有些因素需要長時間才能產生影響，例如語言與信仰體系。還有一些因素的影響比較限定，而且帶有偶發性，例如徵稅能力與動員能力。

以上說明帶來了一個分析的問題與一個實用的洞見。分析的問題是，不同因素的一致性使我們更難辨識哪些才是核心變數。實用的洞見是，就眼前的討論來說，這個問題的影響並不嚴重。無論我們認為哪些變數比較重要，結論都不會因此改變：中國與歐洲的不同結果，都受到各項條件的共同支持。這兩種不同的結果基本上是穩固的，因為這一結果是由多重原因所決定的（overdetermined）。

這種驚人的一致性與因此產生的多重原因決定，很可能是人為因素與環境因素互動的結果。兩者相互加強與極少的樣本數（兩個）使人勉為其難地接受這是多重原因決定而非某些更具影響力的變數造成的結果。這是個合理的結論，並非思想上輕率的妥協。

圖表所顯示的一致性，也與本書第三部反事實情境發現的穩固性吻合，後者反駁了歐洲在羅馬之後隨時可能朝霸權帝國發展的說法。無論是從實際歷史的結果、合理的反事實結果，還是從國家能力與帝國形成之間的相關性或驅動力來看，這三點都充分證明了「第一次大分流」存在的可靠程度，也再次證明羅馬帝國是一個特例。從這個觀點來看，令人驚訝的反而不是第一次大分流出現，而是在第一次大分流之前先出現了一次合流（編按：指歐洲出現羅馬帝國這個大一統帝國）。

※

若要容納舊世界其他地區，我們其實還可以繼續擴充表9.1。我之所以沒這麼做，主要是因為要以同樣方式為更多例子設定簡化值是一件極具挑戰的事。大致上來看，南亞、中東與北非地區還是會處於我們早已熟悉的位置，也就是介於羅馬之後的歐洲與中國之間。

中東與北非地區在一連串征服政權長期統治下，經常維持高度的國家能力，因此或多或少嫻熟於建立大型帝國。尼羅河流域與美索不達米亞可以做為資源的集中地，卻未能形成像中國中原那樣的巨大天然核心。中東嚴重暴露於多個大草原邊界之下。此地的宗教與政治領袖必須相互依賴才能生存，卻未能發展出儒家這般調和兩者的思想。在南亞，國家力量更加脆弱，卻從未衰退到像歐洲在中世紀初期的低點。河川流域構成天然核心，卻（依然）略微受到大草原的影響。南亞主流的信仰體系也未與國家緊密結合。

在這兩個例子裡，國家形成都在大帝國與有能力的地區政治體之間來回擺盪，只是在細節上有所差異。在中東與北非，當地區征服政權將財政結構的實質分權予以制度化時，霸權帝國就出現了短暫瓦解。在南亞，地區國家普遍有著較強的韌性。由於關鍵特質（從國家榨取能力、文化特質到地理環境）

沒有形成趨勢，這兩個例子只能獲得大致介於中國的帝國重建與拉丁歐洲根深柢固的多中心主義之間的結果。綜觀第一次大分流時代的舊世界，大帝國的範圍與韌性其實只跟少數幾個關鍵變數密切相關。

第五部

從第一次大分流到第二次大分流

第十章

制度

第二次大分流的起因？

歐洲分崩離析的重要性何在？我的答案簡單明瞭：歐洲多中心主義是解釋第二次大分流、工業革命與「大逃離」的關鍵。許多學者爭相對這些劇烈轉變提出各種不同的詮釋，但這些詮釋幾乎全以多中心主義這項歐洲特色為根據。無論這些歷史解釋強調的是制度、全球連結或文化特質，又或者這些歷史解釋的提出者是否察覺到自己與其他人共享著相同的前提，多中心主義都成了他們思考的共同基礎。無論如何，人類轉變到現代世界的過程確實深植在第一次大分流中。[1]

這個視角有著悠久的傳統。孟德斯鳩就認為歐洲的分裂「產生了自由精神」，有利「法治政府」而非獨裁主義的發展。孟德斯鳩是對的。我們將會看到，較小的政治體比大帝國更有能力建立更包容廣納的統治，而國與國之間的競爭則是促成制度發展的關鍵動力。伊曼努爾．康德（Immanuel Kant）也反對把「所有國家都併入力量凌駕於鄰邦之上且正在逐漸成為普世君主國的國家」，因為：

管轄的疆域越大，法律執行的強度就越弱。無情的獨裁主義一旦扼殺了良善的種子，最終也將陷入無政府狀態。[2]

一百五十年後的毛澤東也曾表示：

歐洲的好處之一，是各國林立，各搞一套，使歐洲經濟發展較快。我國自秦以來形成大帝國，從那以後，少數時間是分裂割據，多數時間保持統一。缺點之一是官僚主義，統治很嚴，控制太死。地方沒有獨立性。

這個說法某方面來說相當正確，即使它過度誇大了中央集權的能力。事實上，帝國在基礎能力上的相對缺乏，反而成為現代化成長更大的阻力。[3]

現代學者對於國家建立與人類福祉之間的關係已做了極為深入的探討。這些研究產生的洞見可以協助我們辨識出重要的變數與連結。我將以一個極度簡化的模式為起點，提出兩種極為不同的國家形成與發展結果的理想類型（圖10.1）。

「多中心主義」大致上可以用來形容歐洲在羅馬帝國之後的狀況。羅馬帝國的衰亡最終產生了許多國家，這些國家的能力（規模較小但凝聚力較強的政治體足以與組織度較低的大型政治體抗衡）、動員強度（直到法國大革命之前，歐洲都未能恢復到羅馬帝國時的徵兵水準）、生產模式（歐洲人絕大多數是農民，生活的地區遠離大草原邊疆地帶）與宗教（基督教逐漸傳布到歐陸北部與東部，伊斯蘭教則未能有重大進展）差異並不大。這確保了國與國之間競爭的對稱性，使相似的國家彼此對抗。正因為如此，國與國之間的戰爭總是難以產生決定性的勝敗，沒有任何一個國家可以壓倒性地擊敗其他國家。

長期而言，這種環境有利於政治、軍事與經濟表現，而這些層面大致反映了國家的能力。原則上，這些刺激很可能促使歐洲各國成為像中國戰國七雄那樣越來越專制集權的國家。但這種現象卻未在歐洲廣泛出現。相反的，歐洲各國朝專制集權發展的步調非常不一致，這是因為歐洲屬於另一種互補性的多中心主義，這一點可以從個別的國家與社會中看出。

羅馬帝國解體後，四種主要的社會權力來源逐漸分離開來。政治權力屬於君主所有，但君主逐漸喪失對物質資源的掌控，因此必須仰賴臣下。軍事權力旁落於領主與騎士手中。意識形態的權力屬於天

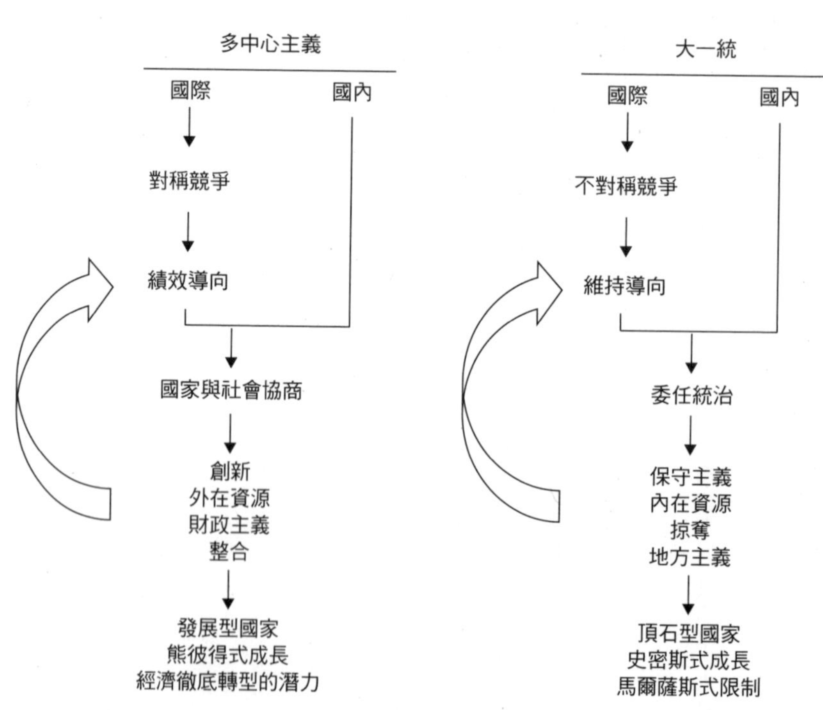

圖10.1 不同國家形成類型的發展動態理想類型模式。

主教會所有，天主教會極力維護存在已久的自治權，儘管其領導階層早已沉溺在管理資本和勞動的世俗統治。封建領主與城市商人和企業主競逐經濟權力，但最後逐漸由後者取得上風。

在社會權力分裂最嚴重的時期（也就是中世紀盛期），弱小的國王、強大的領主、好戰的騎士、教宗與轄下的主教與修道院長，還有自治的資本家，這些人各自控制了不同層面的社會權力。由於深陷於無止盡的鬥爭之中，這些人必須合作與妥協才能使集體行動成為可能。

歐洲缺乏強大的外敵，所以衝突大部分發生在偶爾強大但整體來說越來越脆弱的政治體「內部」。經過一段時間之後，人口與經濟產出的成長促進國與國「之間」進行更長期的競爭。這些壓力提供了重新鞏固國內權力的誘因。重建國家能力的過程漫長而迂迴，不僅牽涉由上而下的支配，也涉及廣泛的談判協商，如此才能取得國家內部各個強大階層的支持。

近代早期的統治者絕大多數都成功地重新壟斷暴力，他們不僅收編經濟上的有力人士，繼而又將教會合併到新興的民族國家結構之中。但歐洲政治分裂的規模（光從主權國家的數量就可看出）仍造成極為分歧的結果，初始條件與後續各種契機或限制，使每個發展環節都出現差異，也使每個國家各自走上獨特的制度發展路線。在主要國家並未週期性地遭大帝國併吞之下，多極列國體系得以長久持續，並使各國發展路線的分歧與變化隨著時間而逐漸累積擴大。

持續加劇的國際競爭與同時間在國內出現的談判協商，促使各國提出各種增加績效的策略。無論是制度創新或科技創新，都有助於增加與動員國內資源以便在國際衝突中取勝。這樣的環境也產生尋求外在資源的強大需求：侵奪國內菁英財富或征服鄰邦顯然都不是可行的方案，海外殖民地於是成為誘人的新選項。在此同時，國內整合也可以提升國家能力，特別是整合財政徵稅與軍事動員這兩個領域。

這些強化國家的做法，進一步提升了對績效的期待：國家越支持這些策略，越對其他國家造成壓力，各國因此必須在仿效與落後之間做出選擇。這個回饋機制形成了自我維持與自我強化的動態關係，從而造成衝突不止的惡性循環，只有到最後才在經濟上形成良性的結果。這套回饋機制也促成了變革性發展，替創造性破壞的熊彼得式成長奠定基礎（破壞既有秩序與技術）。英國這個由國會協商、重商保護主義、海外擴張、海軍力量與科技進步構成的獨特混合體，其實只是歐洲持續進行嘗試與調適的這座巨大冰山頂端最顯眼的一角。

儘管過於簡化，但這套具生產力的分裂競爭關係卻可以與另一種完全不同的理想類型對比：一個宛如次大陸般的遼闊地區，完全由單一超級大國支配（大一統帝國）。在這個情境下，帝國霸權與位於帝國邊陲（且帝國後勤無法企及的生態邊緣地區）的競爭本質上是不對稱的：中國與大草原的持久衝突就是個典型例證，古羅馬對日耳曼部族的圍堵則是另一個例證。

霸權帝國通常把維持現狀視為首要之務。霸權帝國一旦控制了大型地區的絕大多數人口與資產，繼續擴張的效益就顯得微不足道。所以，霸權帝國建立後的重要挑戰，就是如何限制菁英的自主權與打壓地區主義，藉此鞏固帝國統治下的遼闊領域。

相較於競爭性的列國體系，霸權帝國的環境比較無法刺激國家能力與績效，特別是結構不對稱阻礙了帝國力量的投射。舉例來說，要對付飄忽不定的草原敵人，維持龐大的步兵不一定是有效的做法。結構限制有利於維繫傳統「頂石型」（capstone）國家。在這種國家中，統治菁英與其所建立的制度位於遼闊地區與廣大人民的「頂端」，他們雖然有辦法將地區與人民連結起來，卻沒有能力或意願去打進、動員與整合這些地區與人民。霸權帝國只能「維繫帝國的各個部分，但無法激勵更進一步的發展」。帝國政府為了自我延續，只得限制中央的徵稅手段，並且容忍地方既有的權力基礎特權繼續存在。[4]

霸權帝國由於缺乏強大的內部多中心主義，因此讓這些傾向得以持續發展。中國歷史上絕大多數時期都與這個情境十分類似，也就是政治與意識形態權力緊密結合，軍事權力大部分時間都受到嚴密防堵，至於經濟權力則相對邊緣化。

帝國既然在國際與國內都建立了霸權，自然就沒有進行公開協商的需要，從而產生了一套完全不同於歐洲的制度安排。強調維持現狀的保守主義就是其中一種。對國內資源的仰賴則是另一種：由於統治者已將精力擺在向帝國臣屬徵稅，因此缺乏向外尋找資源的強烈動機。此外，把維持現狀與保守主義視為首要之務也助長了地方的保護主義，限制了國家打進社會的能力。

以中國來說，整體結果就是產生了一個能為廣大人口確保和平與基本福祉，但無法帶來破壞性創新的社會政治秩序。中國藉由分工、市場整合與既有技術的強化而產生「亞當・斯密式」（Smithian）的經濟成長，但最終無法克服馬爾薩斯的人口論限制。

這兩種粗略情境的差異並非絕對，而是相對來說。中國當然出現過創新，近代早期的歐洲也存在過世襲的菁英特權與猖獗的貪汙腐敗。之所以對比兩者，是為了凸顯某些特徵比較容易與長期的多中心主義連結，而某些特徵則比較常出現在帝國霸權。我將在本章至第十二章指出，實證紀錄普遍符合這種在整體與長期發展動態上的差異印象。

回到圖10.1所顯示的兩種理想類型。其中一種在現實中最近似的例子就是中世紀晚期與近代早期的歐洲，另一種則代表一段相當漫長的時期，包括中國的漢唐與明清等朝代（也包括全盛時期的羅馬帝國）。這兩種理想類型代表了兩種極端，絕大多數的例子都介於兩者之間。不是所有的大帝國都能達到近乎大一統的地位：大帝國越無法做到大一統，就越傾向於加強國家的能力。晚期的羅馬帝國與蒙兀兒帝國屬於這一類。中國也曾經歷過競爭壓力持續升高的時期，最知名的就是宋朝：宋朝採取的自我強化措施與我這套模式預測的結果完全一致。此外，也不是所有的列國體系都具有競爭力：中世紀歐洲許多國家長期處於相當孱弱的狀態，這些國家發動的戰爭規模很小，絕大多數衝突往往出現在防守薄弱的國境之內。

即使如此，理想類型與極端例子也能用來組織歷史陳述。最重要的是，這兩者可以幫助我們評估特定條件（國與國之內或之間的多中心主義，對比上帝國霸權和鞏固的社會權力）與長期結果之間的因果連結。因此，本書的第五部分將特別著重於比較帝國時期的中國與羅馬帝國之後的歐洲。[5]

我將以三章的篇幅進行比較工作，內容涵蓋政治與政治制度、探索與榨取海外資源，以及科學技術與價值創新。我的取向是選擇性的，但也盡量兼容並蓄。我在研究時必須做出選擇，因為我不希望整個討論充斥著彼此衝突的解釋。我會討論其他學者如何解釋（第二次）大分流、他們認為哪些特徵對大分流起到重要貢獻，以及這些特徵如何連結上歐洲典型的國際與國內權力的分裂。我把焦點放在幾個與第二次大分流最相關的歐洲地區：廣義上的拉丁歐洲、狹義上的西北歐，以及最重要的英格蘭。我也會依照時序，從中世紀的基礎發展一路討論到更具體與晚近的特徵，如近代早期的重商主義。在探討過程中，舊世界的帝國是我的比較對象，特別是中國的帝國，希望能藉此將歐洲多中心主義的脈絡討論得更清楚。[6]

由於抱持著謹慎懷疑的態度，我採取了相對兼容並蓄的立場。我的目的不在於批評各種不同的第二次大分流解釋，也不是要評價這些解釋之間的優劣。支持特定立場，只會有損於我的研究取徑，因為人們會指控我只挑有利於解釋第一次大分流的學說。因此，我必須盡可能擴大討論的涵蓋範圍，而當我引用任何特定的理論時，也不代表我為這個理論背書。現存的各種解釋越能清楚顯示第二次大分流的基礎是歐洲長期的多中心主義，就越能堅實地證明多中心主義的關鍵地位。

制度的長征

經濟史家艾瑞克．瓊斯曾提出一個著名主張，他認為歐洲列國體系「不僅是理解長期經濟發展的關鍵，也能解釋興起於十九世紀的全球工業化模式」。然而，確切的因果關係仍有待釐清。皮爾．弗里斯（Peer Vries）針對與（第二次）大分流有關的學界研究做了最詳盡的批判，他也對這個問題有過很好的界定：「有些人認為某個西方國家或某套西方列國體系促成了西方經濟『起飛』（*démarrage*），這些人必須回答一個問題，那就是政治權力與蒸汽動力究竟以什麼方式連結在一起。」如果我們把蒸汽動力視為現代性的象徵，那麼這確實能引領我們進入問題的核心。然而，這個問題不僅與國家有關，還涉及到廣義的多中心主義與分裂的社會權力，一如我們也必須討論制度演進與其發展結果之間的關係。[7]

若想回答工業時代開端的問題，本章就必須一路探討到十九世紀初期。但該從何時開始呢？我們需要回溯到多久遠以前的歷史？羅馬帝國的衰亡。儘管碰上西半部帝國的衰亡與隨後日耳曼人統治的侵蝕，但羅馬的制度並未就此消失。城市依舊長期享有高度自主，甚至可以說上古時代的傳統為日後強大的地方主義奠定基礎。教會依舊是超越地區的組織，保留著過去與國家中央權力調和之後所仿效的帝國階序與行政模式。即便教會最初並未中央集權於羅馬，羅馬最終還是在中世紀盛期成為教會的中心。

事實上，就連羅馬帝國殘留的物質遺跡，也能在非常漫長的時間裡持續產生影響。例如座落在羅馬道路樞紐的城市，日後聚居的人口往往比城市更多。換言之，現代道路的密度、中世紀與現代的都市化，乃至於今日的經濟活動，都與過去羅馬帝國使用過的密集道路網絡息息相關。

儘管如此，這類羅馬遺產的影響依然有限。某種程度上，羅馬帝國基礎建設的「消失」本身，其實比這些建設持續存在的影響更大。以英格蘭為例，羅馬都市的崩潰反而使後來的城市得以在更靠近水路的位置發展，並因此促進了商業繁榮。反觀羅馬在法蘭西的城市由於重建較快，因此保存了較多位置不佳的城市，對於日後的長期成長反而造成負面影響。[8]

整體來看，羅馬的重要性並不在物質殘餘，而在制度，無論是制度的存續或消失（尤其是消亡）。羅馬帝國解體之後，中央集權的國家結構逐漸消亡，但教會依然存續，而且逐漸集中權力。國家能力的衰退，不僅如本書第三部提到的阻礙了霸權帝國的重建，也為新的制度安排奠定基礎。這些新的制度安排隨後促進了經濟活動，協助打造出有利於永續成長的政治條件。這個結果源自於哪些關鍵特徵或發展呢？接下來就讓我們逐一檢視。

教會與教宗

羅馬帝國最強大也最持久的遺產，就是基督教會。我在第五章提過，教會領袖支持日耳曼統治者，既是統治者的附庸與謀臣，也是統治正當性的來源。教士的服務提升了國家的能力，而敘任權與封建權利又使統治者的權威凌駕於這些被分封采邑的教士之上。在這種狀況下，教士對統治者以外組織的持久效忠，就有可能成為雙方摩擦的根源。然而，只要教會與中世紀早期拉丁歐洲持續分裂的世俗權力一樣，保持著權力分散於各地區的狀態，這種衝突的效忠就不至於構成嚴重問題。

這種狀態後來出現了變化。十一世紀引進樞機主教選舉教宗的制度之後，教宗的地位更加確立。十二世紀，教會的中央集權使教宗得以恣意擴權，包括至高無上的教義權威，以最高立法者與裁決者的地位控制教會法，同時取得任命大主教的權利。到了一三〇〇年，羅馬教廷（Roman curia）已經膨脹成擁有一千名（絕大多數）獨身教士的組織，當時沒有任何世俗宮廷能與其相提並論。教宗的使節代表教宗巡行各地，有權推翻各地主教做出的決定。

教會法進行的協調，涵蓋遺囑與契約等各類主題，影響不僅限於宗教層面。教會法形塑了各種社會經濟互動，使教會的影響力滲透到世俗事務之中。十二世紀初，教會與法蘭西國王、英格蘭國王及德意志皇帝達成的敘任權協議，不僅肯定了不同權威的存在，實際上也讓教宗取得與拉丁歐洲各主要統治者平起平坐的地位。[9]

過去，羅馬皇帝可以召集數百名主教參加公會議。三二五年的第一次公會議在尼西亞召開，約有三百名主教參加，四五一年的迦克墩（Chalcedon）公會議則有超過五百名主教參加。雖然之後的拜占庭皇帝仍持續這項慣例，但在拉丁歐洲，參加教會會議與公會議的教會領袖數量卻大不如前，而且局限於特定地區。直到一一二三年，教宗加理多二世（Callistus II）在羅馬召開第一次拉特朗公會議（First Lateran Council），天主教會才得以追踵過去的帝國傳統：來自拉丁歐洲各地的數百名主教乃至於人數更多的修道院院長都在教宗召喚下趕來參加會議。一二一五年第四次拉特朗公會議規模尤其盛大，吸引約一千四百名教士領袖、各國國王特使及義大利城邦代表與會。教宗不僅確保人們踴躍出席，會中通過的教會法也涵蓋各方面的議題，而且通行到全歐洲。[10]

教會因此成為歐洲唯一能夠運作的國際組織。教會影響的範圍得益於廣大的基礎設施與常規的通訊體系，而這一切全來自於遍布各地的地方教會。教會的持續擴張，使歐洲北部與中東部邊陲地區全改信了基督教。修道院的數量出現了爆炸性的成長：一二〇〇年，法國、低地國、德國與義大利北部約有兩千座修道院，大概是兩個世紀前的三倍。[11]

有了這個龐大的信徒網絡，教宗把目標對準了國內外的反對者，並且與世俗統治者協同合作。在一〇九五年的克萊芒公會議（Council of Clermont）上，教宗烏爾巴諾二世（Urban II）要求發起第一次十字軍東征（First Crusade）。半個世紀後，教宗安日納三世（Eugene III）說服法國國王與德意志皇帝發起第二次十字軍。依諾增爵三世（Innocent III）使威尼斯願意支持第四次十字軍，然後又成功發起第五次十字軍。一二〇九年，依諾增爵三世與法國國王合作煽動十字軍對抗主張改革的卡特里派（Cathars），而在一四二〇年，瑪爾定五世（Martin V）授權十字軍對抗波希米亞的異見者胡斯派（Hussites）。發起十字軍成為教宗的特權，世俗統治者往往也沒有能力協調這種規模的資源與行動。宗教裁判所也是如此，這是中世紀教宗的另一項發明。

同樣的，教宗的權威也可以輕易用來對付世俗君主，其中最著名的是一〇七七年教宗額我略七世資助貴族反抗德意志皇帝亨利四世，並且迫使皇帝在卡諾莎（Canossa）向他屈服。一二四五年，依諾增爵四世（Innocent IV）在里昂（Lyon）召集了約兩百五十名主教與其他諸侯，宣布將德意志的神聖羅馬帝國皇帝腓特烈二世逐出教會並予以罷黜。[12]

這種奇特的現象在全世界找不出第二個例子。教宗的權力使中世紀拉丁歐洲的社會權力大為分散。教宗與君主的權力交錯下，迫使世俗統治者不僅必須與教會妥協，也必須與其他階層的民眾進行協商，包括貴族、城市與其他共同體，否則這些人很可能轉而與宗教領袖結盟。無論教會對於歐洲內部的文化整合做出多少貢獻（我將在本書後記討論這一點），其重要性依然不如教會在促使歐洲各層面出現多中心分裂上扮演的角色，而正是多中心的分裂形塑了歐洲的制度發展。[13]

最後，就連教會自己也無法抵禦相同的分裂潮流。教宗的地位再大，也無法建立帝國般的政治體。教宗可以影響與制衡，卻無法統治，特別是教宗的管轄範圍始終局限於羅馬周邊的腹地。隨著集中在義大利的行政與財政機會帶來的獲利成長逐漸引發批評與異議，教宗也成了自身成功的受害者。

十四世紀的天主教會大分裂（Papal Schism）一度使教宗落入法國的支配，教宗的收入與任命權因此大為削減。往後幾個世紀，方言的欣欣向榮助長了教會內部的地區分裂，對教宗網絡的集權與擴張構成挑戰。最終，教會再度因為宗教改革運動而分裂，而這個結果主要是源自於教會致力維持的拉丁歐洲政治分裂。[14]

公會議與階級會議

中世紀盛期由教宗召開的大規模公會議，只是教會以合議與諮詢方式進行決策的悠久傳統中一個最鮮明的例證。任何一場教會會議都需要共識才能通過決議。傳統上，主教是由各教區的地方教士選舉產生。由於教會法要求必須要在各教區主教座堂選舉主教，持續膨脹的王權因此受到限制。直到十五與十六世紀，教宗的控制力才逐漸被世俗統治者侵吞與瓜分。

儘管教士集體合議的做法時盛時衰，但這種在羅馬時代並無先例的世俗審議傳統卻證明十分具有韌性且能匯聚力量。日耳曼後繼政權接續北歐典型的小規模直接面對面互動的社會風俗，因此普遍形成了政治與司法集會的制度。這些集會以各種不同的規模運作。針對特定狀況，統治者會召集主教、貴族與其他小貴族，由各階層人士一起開會討論與戰爭、政治爭端和法律爭議相關的事務，並且共同做出決定。在比較不局限特定階級的狀況下，地方集會往往由地方要人乃至於全體自由人參與，討論的內容也集中在衝突的解決。這些集會並非過去羅馬制度的延續，羅馬的體制早就隨著城市的崩潰而消失殆盡。集會是「從北方引進的產物」，「幾乎在各方面都與羅馬的過去毫無關係」。[15]

事實上，在羅馬傳統微弱或不存在的地方，集會的力量最為強大。在西哥德人統治下，君主召開的會議相較不比地方集會重要，反觀義大利倫巴底統治者則是能輕易控制集會。法蘭克人的全體大會

（placitum generale）召集了強大的貴族，國王必須審慎與他們磋商才能達成共識。

在英格蘭，盎格魯撒克遜統治者與菁英階層踴躍參與審議集會。集體決策廣受重視：決議需要「國王與賢人會議」共同同意。十世紀英格蘭的政治統一時期，這些「賢人」被視為整個王國的代表。第二級會議由菁英階層以外的人士參與，會議在郡這個層級召開，而在郡以下的次級單位也有各自的次級會議（我會在之後的章節回來討論這項傳統）。挪威與瑞典國王面對著桀驁不馴的集會，最極端的狀況是冰島，全島的最高審議與立法會議阿爾庭（Althing）使王位宛如虛設。[16]

在歐陸，加洛林時代之後的統治者發現自己越來越受制於形式上臣屬於國王但實際上卻享有自治權的世俗領主與教士，這些重要附庸已不只是扮演諮詢的角色而已。貴族彼此宣誓共同監督統治者的行動，一旦統治者不遵守義務，貴族便不再支持統治者。王室的權力一旦衰弱，貴族的協議不僅將對統治者構成嚴重的箝制，也為日後國王與各階級之間正式權力二分奠定基礎。[17]

此後，國王召開的大會逐漸演變成民意基礎更廣泛的「階級」（estates）會議。中世紀盛期的統治者籌措戰費的財政壓力日漸增加，他們於是將集會的規模擴大到教士與貴族以外的民眾，允許城市與其他類型的社群代表參加會議。英格蘭與法蘭西的士紳階級獲准參與集會，西班牙城堡與某些村落的社群也能推舉代表參加。而在法蘭德斯，城市會議的重要性逐漸增加，最後甚至取代了小貴族。

集會逐漸形成代表不同階級的議會與會議，使一些有權與會的參與者如領主與大型團體的代表能夠聚集起來，例如英國的下議院。在這種情況下，統治者與各個階級在共同代表國家的同時，也共同行使權力。在遼闊的德意志帝國境內，繁複的階序最終形成了兩種階級會議，一種代表了各諸侯國，另一種代表了帝國全體。[18]

這標誌著國會傳統的開始：不再只是國王召開會議，而是出現涵蓋更多階層與更獨立的集會，能夠針對徵稅問題進行協商與授權乃至行使更大的權力。十二世紀晚期，貴族、主教及由選舉產生的城市代表首次在雷昂（Leon）集會。這項做法很快傳遍了整個伊比利半島，甚至傳到了西西里島。法國在地區集會持續了一個世紀之後，也於一三〇二年首次召開全王國的集會。英格蘭國會建立於十三世紀，而且大致上維持著定期集會的形式。在歐陸，城市的自治權有著關鍵的重要性，這類自治市擴展了權力基礎，讓更多人的聲音得以被聽見。英格蘭的自治市鎮（boroughs）也扮演了相同的角色。[19]

儘管參與擴大，貴族對自由的主張依然是一股重要的驅動力量。十三與十四世紀頒布的特許狀，例如英格蘭的《大憲章》、匈牙利的《金璽詔書》、西班牙的亞拉岡同盟（Union of Aragon）與瓦倫西亞同盟（Union of Valencia），以及波蘭的《科希策協定》（Pact of Koszyce），都迫使統治者承認貴族的權利，而統治者也要以正式管道爭取貴族的支持。[20]

整體而言，國會傳統在中世紀盛期與晚期不斷增強，到了十五世紀，這股潮流才在各國出現不同的發展。國會在中世紀的成長茁壯，除了歸功於菁英的自信與共同體的自我組織，協商有利於統治者取得戰爭資源也是主因之一——也就是說，承認階級的權利不僅是國內關係的結果，也受到國與國之間的競爭驅使。[21]

無論國會的根源主要來自於城市還是貴族，隨後產生的「階級社會……確實是歐洲獨有的事物」。階級社會最重要的遺產有兩個。首先，階級社會為日後的權力分立建立了範本：統治者與大臣是行政機構，階級社會雖然尚未提升成立法機構，卻已經擔負起日後國會的基本功能。其次，階級社會在地方之間建立了更緊密的社會紐帶，從而促進了社會整合。階級社會不僅源自於近似家族的封建關係，也源自於都市（有時也包括農村）共同體，因此使社會各階層日後得以凝聚成更團結的財政軍事關係，乃至於民族國家。傳統的朝貢帝國並沒有這個特徵。[22]

從許多例子來看，這類整合有助於聯邦結構的形成，從而反映且保留了羅馬時代之後不斷分權的趨勢。在主權分裂的狀況下，統治者為了協商，只好承認城市共同體的權利地位。地區各階級協助建立特定的身分與高度的自治權，並且對中央權力構成限制。主教轄區與修道院融入地方階級，顯示兩者已成為世俗權力的一環，但也因此不可避免與教宗的集權產生衝突。

結果就是結構上明顯的緊張關係，以及隨處可見的妥協痕跡：政治分權與社會整合逐漸制度化，兩者的結合使歐洲不至於陷入無止盡的分裂，同時也限制了專制統治的集權。這種不穩定的平衡產生了高度分裂卻能適當運作的政治體。相較於傳統帝國，歐洲的代表與共識制度在維持平衡上扮演了特別重要的角色。[23]

共同體與法人組織

國家能力的低落長期困擾著日耳曼後繼政權，同時也激勵了地方共同體的興起。這些都市共同體帶有個人性質，是由全體或大部分在地（男性）市民透過誓約結合起來的群體。他們聚集開會，集體選舉行政長官或同意行政長官的任命案，致力於保護自身的財產權與維護自身統治當地事務的權力。

義大利在十一世紀晚期出現了權力真空，自治市鎮的共同體運動因此有了飛躍進展。教宗與皇帝的衝突進一步削弱帝國封建領主在偏遠地區的力量，更激發了都市自治的心態。到了十二世紀中葉，義大利北部絕大多數城市已經組成共同體，這些城市擁有事實上的自治地位，能獨立進行戰爭與執行司法，甚至逐漸掌控了財政事務。第二個主要城市群發展於法國北部與法蘭德斯，這個城市群經由萊茵蘭與義大利連結起來。在社群的權利與義務獲得明確界定之後，拉丁歐洲的大量城市與數千座修道院乃至於之後的大學都取得特許的保障。[24]

至於規模較小的團體，例如商人與職業團體，也組成共同體組織，這些組織又稱為同業公會。各地最早出現的團體各自不同：在義大利，都市共同體首先出現，但在西北歐，最早出現的卻是同業公會。然而無論在哪個地方，基本原則都一樣：由（毫無親屬關係的）個人組成的團體建立起法人組織，即使組織成員隨時間而有所變動，法人組織也依然存在。這類法人團體普遍善於發展與調整制度：既具有能回應變遷以及與其他組織（絕大多數是統治者）協商的彈性，又能展現出絕佳的績效，達成經濟的穩定與發展。整體來說，這些法人團體能協助一般民眾抵抗當權者的侵奪。這類組織模式傳布到整個拉丁歐洲，降低了從事境外商業的不可預測性。在一個極度分裂的環境裡，這種優點至關重要。[25]

階級與共同體運動的興起，都有一項相同的關鍵特質：兩者都產生了市民共同體、學者團體、商人同業公會，以及貴族與平民集會等相對民主的組織，而這些組織又確立了審議與建立共識的互動過程。長期而言，這些組織也讓拉丁歐洲具備優勢，使其發展出法治而非人治的貿易制度，並且因應科技的變遷而逐步擴大。[26]

都市自治

殘餘的後繼國家權力遭公爵、伯爵、主教與修道院院長瓜分之後，社會權力也緊接著從他們身上分散出去，許多都市共同體因此逐步取得實質的自治權。這個過程集中在十二與十三世紀，到了中世紀晚期與近代早期，即使絕大多數地區已出現權力重新集中的現象（德國是例外，德國國家權力的鞏固一直延宕到十八世紀才出現），但都市自治仍舊持續了好長的時間：以八十一座城市為例，其自治地位平均而言維持了三百四十一年。[27]

大衛・斯塔薩維吉（David Stasavage）注意到，地理位置是否接近九世紀加洛林王朝持續分裂的主斷層線，乃是促成都市自治的關鍵。加洛林王朝的分裂首先產生了介於法國與德國之間從北海延伸到阿爾卑斯山（見第五章圖5.5）的狹長領土地帶（又稱為「洛泰爾王國」），而這塊領土之後又一分為二。八七〇年簽訂的《梅爾森條約》（Treaty of Meersen）由法蘭克王國與德意志王國瓜分了這塊狹長地區。越接近這條最終分割線的城市，越有可能轉變成自治城市，也越能維持自身的自治地位。

因此，這個地區很早就出現了政治分裂的狀況。萊茵河流域是地區與地區之間進行貿易的軸心，而政治分裂也以這個軸心做為主要舞台。多中心主義、商業發展與既有的都市基礎建設匯聚起來，支撐起一個豐富多樣的商業城市生態系統，而這個生態系統也極力維護自身在地的制度與特權。法蘭克的帝國秩序解體後，也在義大利北部產生類似的結果。[28]

都市自治帶來龐大的經濟效益。有一段時間，政治自治的城市發展得比其他城市來得迅速。商業利益對地方的支配具有優勢：商人同業公會操持政治大權，有時甚至只有同業公會成員才有資格擔任城市官員。根據文獻記載，在一三〇〇年之前的自治城市的議會，平均將近四分之三的席次由商人出任。在這個環境下，商人同業公會堪稱主導了一切。

十四世紀以降，商人同業公會經常與手工業同業公會分享權力，這種做法一方面可以擴大統治基礎，另一方面又能維持原有的統治性質。這種政治與經濟權力的融合保障了財產權，鞏固了菁英內部對社群的支持，並且透過已經確立的訓練程序激勵人力資本的形成。這些誘因也吸引了貿易並且有助於創新。

不可諱言的是，在都市自治下，同業公會的權力與規模長久不受限制的結果，反而使其喪失了競爭力。在城市內部，寡頭結構導致權力越來越僵化，最終扼殺了能夠適應變化的能力。到了近代早期，這些政治自治城市原本具有的成長優勢已喪失殆盡。[29]

此外，隨著領土型國家逐漸克服內部分裂，中世紀諸侯國、城邦與城市同盟之間的平衡關係也遭到逆轉，情勢開始有利於最大型的政治體。然而，即使城邦逐漸併入領土型國家，城邦的商人菁英依然有優渥的機會得以參與政府，以及取得政府的協助來從事殖民與資本主義投機事業。併入大型政治體並未摧毀累積的資本與既有的社會與政治結構，商人依然在商業城市中擁有強大的地位。一般來說，商人反而能夠利用領土型國家形成時不斷擴大的基礎建設來為自己謀求更大的利益。[30]

政治鞏固不僅讓商人在更大的政治體中占有一席之地。富有的商人也成為拉丁歐洲推行「有系統的資本積累政策」背後的主要驅動力量，促使「核心地區對臣服的邊陲地區進行殖民、剝削與支配，並且持續取得資本」。我們將在第十一章看到，最早在地中海實行這項策略的正是威尼斯與熱那亞（Genoa）這些獨立的義大利城邦。後來這種做法擴大到大西洋對岸，從而建立起廣大的奴隸制度與種植園複合體，最終促成英國的工業革命。[31]

集會與經濟發展

我們先前提過，集會的起源是多重的：有為了解決爭端而召開的地方集會，有國王（由上而下）召集各階級參與的大規模集會，也有（由下而上）的共同體運動。從實務層面來看，這些集會的運作與影響力往往受制於後勤補給能力，因此有地理規模上的限制。而這類集會的存在與否及權力大小，往往有與政治體的規模或其他能決定集會覆蓋區域的因素呈現反向關係。[32]

根據對一二五〇年到一八〇〇年二十四個國家進行的研究可以看出，在規模較小的政治體中，代表國家控制公共資金的集會，存續的時間往往更久，而且召開會議的次數也更為頻繁。同樣的狀況也出現在國家內部更小的行政單位上，例如在法國負責與統治者協商徵稅問題的各省階級會議：省分的規模越小，階級會議召開的次數越頻繁。要維持一個能明確行使權力的代議組織，規模大小影響重大。例如與英格蘭相比，領土廣大的法蘭西國民會議就更難實際行使權力。領土較小的國家，反而有著較高的政治參與度。[33]

有鑑於此，最適合發展與維持強大代議制度的政治體就是城邦。在中世紀晚期與近代早期，城邦比領土型國家更有可能出現握有財政大權的集會。此外，與絕大多數領土型國家不同的是，城邦政府在統治上也反映出更強烈的商人性格。[34]

這樣的條件有利於經濟發展。地方的政治自主與集會的出現，提升了城市的經濟成長率。在幾個西歐國家中，那些賦稅由集會控制的城市都出現了經濟成長，可見集會有利於自由貿易。[35]

最重要的是，代議機構與商業偏好的結合使城邦在發展公債制度時有著極大的優勢。當菁英團體人數寡少、具有凝聚力且主要由商人組成時，集會的決定往往與債權人的決定一致，這讓債務的償還更為可靠。領土型國家的集會召開不夠頻繁，而且涵蓋的商業菁英成員也較少，信用的形成因此十分遲緩。結果就是自治城邦比領土型國家更早引進長期貸款，而且直到十七世紀都享有較低的利率。[36]

這對西歐產生兩項重大效益。首先，公債制度使西歐城邦在面對人口眾多且逐漸集權的領土型國家時，可以比其他地區的城邦存續得更長久。城邦的長久存在對於歐洲的多中心主義大有助益，形成了列國並立與制度多元的局面。最好的例子，就是從低地國充滿活力的城邦生態中脫穎而出的荷蘭聯省共和國。該國藉由銷售以地方稅收做為擔保的年金，抵抗黃金儲備充足的強大敵人哈布斯堡王朝。透過這種方式，荷蘭不僅粉碎後者建立帝國霸權的野心，也開創發展國家的全新形式，實現了更高度的經濟成長。[37]

第二種效益是，即使公債無論如何都會出現，但城邦的存在確實讓公債提早問世。在所有明文記載的歷史中，只有城邦發明了公債（最早出現在古希臘，然後是中世紀），而這很難說是巧合。

考量到公共支出的信用融資與由此產生的財政工具在往後經濟發展中扮演的重要角色，我們必須說，公債與歐洲嚴重的政治分裂（維繫城邦存續）和各國內部的權力分立（商人因此得以支配這些政治體）一樣，都在推動經濟現代化上做出了關鍵貢獻。我們甚至可以主張，這些創新幾乎不可能在傳統帝國出現，因為傳統帝國總是以強制手段彌補財政赤字，而且在面對債權人的主張時也缺乏實質的拘束力。[38]

戰爭與經濟發展

前面討論的集會、協商徵稅與公債等特徵，其實都與戰爭息息相關。戰爭，包括國內戰爭及（越來越多的）國與國之間的戰爭，迫使多重分裂環境下的統治者與各階層民眾進行合作與妥協。財源是關鍵：國與國之間越來越激烈的競爭、科技變遷、更龐大的軍隊，以及數量更多與品質更高的軍火需求，都需要更昂貴的支出。儘管中世紀盛期的經濟復甦提供了必要財源，但地方協商機制也限制了統治者使用這些財源的幅度。為了回應這個挑戰，各國政府逐漸重建國家的能力，方法之一就是戰爭。戰爭使得英格蘭提前完成統一，戰爭也使卡斯提爾這個與穆斯林政治體對峙的邊疆社會避免了分裂，英法百年戰爭則促使法國恢復了王室的財富與權力。[39]

歐洲的尚武精神也與戰爭有關，並且在往後很長一段時間影響了歐洲菁英的偏好。這種好戰性格源自於安全威脅、多中心列國體系對侵略的獎勵，以及歐洲受到日耳曼文化薰陶的戰士菁英廣泛支配。羅馬與加洛林時代之後的權力分散形塑了歐洲社會的組織方式，歐洲的軍事文化因此極為頑強地存續下來。

社會權力的內在分裂則是另一項重要因素：戰爭使得在和平時期遭到削弱的統治者有機會動員與協調資源，包括貴族與商人階級的資源。中世紀盛期的騎士與城堡就是結合了軍事控制與地方治理的功能，並使軍事制度成為主要的整合力量，從而形塑出規範、價值與期望。戰爭背後還有著宗教動機：首先是在歐洲內外與異教徒進行鬥爭，之後則是天主教徒與新教徒之間的對抗。[40]

歐洲內部的戰爭、國與國持續分裂，加上社會權力的多中心分布，在政治、軍事、經濟與意識形態上形成一種均衡局面，成為歐洲早期國家形成的主要特色。儘管戰爭耗費巨大成本，但戰爭仍被視為經濟進展的驅動力。

社會學家約翰・霍爾（John A. Hall）曾用一句簡單的話來囊括這幾個世紀的歐洲歷史：「唯有當長期存續的國家在軍事競爭的逼迫下不得不與國內的公民社會密切互動時，經濟進步才成為可能。」換句話說，經濟進步的條件有三：一、國家必須先存續夠久，才能促成制度適應的演進與積累，從而產生經濟成果並從中獲益。二、國家必須陷入難分難解的競爭與衝突之中，才能將焦點放在績效的提升上。三、國家必須以某種能迫使統治者與公民社會協商與妥協的方式加以組織，以此取得物質資源來因應國與國之間的衝突。只有同時符合這三個條件，才會出現革命性的改變。[41]

這些連結會在下一節討論近代早期時更深入探討，眼下只需要先回顧一個學界的傳統論點。加州學派的羅森塔爾（Jean-Laurent Rosenthal）與王國斌認為，戰爭對於歐洲城市製造業的興起有著舉足輕重的角色。與依附土地的農業不同，製造業可以轉移到城牆後面。因此在義大利與低地國等戰爭頻仍的地區，城市往往成為製造業的集中地。

馬克・丁切克（Mark Dincecco）與馬西米里亞諾・歐諾拉托（Massimiliano Onorato）進一步發展了這個「避風港」論點，他們透過史料證明一〇〇〇年到一八〇〇年間軍事衝突與都市成長之間的正向關連性。手工業者與企業家帶著金融與人力資本搬遷到城市，並從堡壘與規模效應中獲利。即使資源的集中使城市成為眾人垂涎的目標，但劫掠相對罕見，而且都市資本的靈活性與戰後常見的經濟復甦足以彌補這項風險。此外，城市除了看起來較為安全，也能保障個人自由並且讓居民免於遭受當權者的欺凌。都市居民透過提供戰爭資金的方式與統治者協商，藉此換取治理地方的權力或特權。

都市密度降低了交易成本，培養出專業分工與密集的勞動市場。在此同時，較高的實質工資也提供了科技創新與人力資本形成的誘因。更確切地說，使資本得以逐漸取代勞動力。基於這些理由，歐洲內部的戰爭不僅讓歐洲變得更加都市化，也加速歐洲的經濟發展。[42]

對比之下，英格蘭卻走上一條不同的道路。不同於蘇格蘭，英格蘭絕大部分時間都免於激烈的衝突。英格蘭的農村製造業繁盛，絕大多數城市一直維持相對較小的規模。我們將會看到，英格蘭的工業發展其實仰賴其他的驅動力，而這些驅動力也同樣源自於激烈的競爭。[43]

分裂與經濟發展

政治上的多極化帶來各種好處。在中世紀盛期與晚期，低地國、德意志與義大利北部這些分裂較為嚴重的地區都出現了更高的都市成長率與更多的書籍生產量。一般來說，拉丁歐洲的競爭性列國體系為少數族群、異議分子以及物質與人力資本提供了更多的出路。[44]

這些出路與選擇相當關鍵。大衛・藍迪斯認為政治分裂是「獨斷與壓迫行為最強大的煞車」，艾瑞克・瓊斯則認為即使在政治上「失聲」，只要還有出路存在，就是一種對統治者的反制手段：「國與國之間的潛在競爭成了一種最低限度的保證，使大帝國與歐洲列國體系之間的差異不至於淪為僅僅是一個龐大的專制主義與眾多小型的專制主義之間的差異。」更正式的理論則把重點放在經濟結果上，顯示列國體系內部的資本高度流動有助於降低受到國家強徵的機率與刺激經濟成長。[45]

從這個角度來看，國與國之間會競相吸引與留住最具價值的各階層人才，而為了提升誘因，各國也會提供秩序與司法裁判等公共財。實際歷史上的許多政權無法做到這一點：猶太人一再遭到驅逐，新教徒遭受不公的對待。儘管如此，這項原則仍然有道理。畢竟最能符合這些標準的國家，最終往往也能獲得最大的利益。[46]

權力分立也保障了私有財產權。領主為了確保自己的財產，於是將資產私有化並以武力捍衛。之後，都市共同體與法人透過獎掖商業的地方治理及抵抗統治者掠奪的能力來保障自己的財產權。財產權獲得保障，激勵人們對節省勞動力的固定資本進行投資，例如水磨、風車與起重機。從中世紀早期到近代早期，這類設施的使用在西歐大為擴展，卻未曾在中東出現。在中東地區，資產做為薪俸來源，從未像西歐那樣私有化或獲得保障。突厥與馬木路克征服政權的到來，只是增加了獨斷充公的可能性。[47]

政治分裂對商業的影響有好有壞。儘管有人合理懷疑政治過度分裂可能會提高交易成本，但政治過度統一也可能導致相同的結果。如果同一條商路上存在著好幾個自治的政治體，確實可能因為各國先後進行掠奪而損害貿易。但反過來說，商路的分裂卻能讓商人在「數條政治獨立的商路」中做選擇，藉此減少關稅。最終來說，無論會增加多少人命與財貨成本，分裂總是能開啟選擇與協商的空間。[48]

中世紀為近代發展奠定的基礎

到了一〇〇〇年，以社會學家邁可・曼（Michael Mann）的話來說，拉丁歐洲已經變成「一個群龍無首的聯邦」，缺乏主導的核心，由複雜的互動網絡組成。政治、軍事、經濟與意識形態等四大社會權力皆不統一，絕大多數的社會關係也高度在地化。[49]

政治權力形式上屬於統治者所有，但實際上卻大幅轉讓給地方貴族與組織。軍事權力廣泛分散給城堡的騎士。意識形態權力掌握在教會手中，但教會與日俱增的中央集權與政治野心也面臨異議分子不斷增強的反抗壓力。經濟權力首先被農村領主掌握，然後逐漸集中在商業菁英手裡，特別是自治城市與城邦的商業菁英。[50]

不同的法律傳統同時並存：教會法、都市法、封建法與莊園法，此外還有羅馬法的復興。法律的多樣性顯示法律乃是演進的產物，而非亙久不變的秩序：最終，衝突與矛盾是透過辯論而非命令來化解。從這點來看，分裂的法律體系大致反映了分裂的權力體系。權力被納入憲法層次的法律之中，需要由不同類型的權力者加以協商：最頂端是皇帝與教宗，往下的階層則是貴族、主教、城市與同業公會。結果傾向於妥協：國家與教會在敘任權上妥協，統治者與納稅者在程序與目標上妥協，統治者與共同體在各自的權利義務上妥協。

實際上，即使是最穩固的霸權帝國政權，在集中權力時也不得不受到限制，而且必須將權力委託給地方菁英。在中世紀拉丁歐洲，這種權力默認與權力發展的主要差異在於，權力發展經過長時間的累積，權力不僅明定在憲法層次的法律上，而且要公開進行協商，同時還要正式地予以分割。這些特質與缺乏制憲性、完全仰賴非公開協商，以及非正式的權力分割這三種傳統帝國的典型做法形成強烈對比。傳統帝國面對專制權力不定期地出現權力濫用，只能以有限的基礎能力而非制度上的制衡來做為權力的主要限制。[51]

嚴重分裂的環境產生了權利與自由權等特定的制度演變，限制了國家力量在拉丁歐洲的重新鞏固。雖然有些統治者試圖中央集權，卻終究無法逆轉這項趨勢。這些強大的中世紀遺產促使國家以較為「有機」的方式發展（不同於傳統帝國的「頂石型」國家），並且讓國家與有組織的公民社會代表密切合作。[52]

從十一世紀開始，城市便廣泛居於支配地位，並與領主共同成了小規模政治型態發展的核心。這種政治型態進一步以小規模的政治單元為基礎，開啟了重建國家能力的過程：經過一段時間之後，以集會為中心的地方集體力量，為了因應王室權力的復興而逐步興起，集會與王權於是在同一時期開始繁榮成長。

透過利益團體之間的協商來進行整合，必須仰賴由下而上的力量才能達成，而這種方式在帝國征服政權中極為罕見。在舊世界其他地區，帝國征服政權的興起與衰亡依然是主要的政權轉換形式。[53]

到了中世紀晚期，這種整合模式使得與政治相關的公共討論日益熱烈，其中批判與分析最多的就是公共財與政策成本。在徵稅（與立法）上取得共識的需求，促成公共領域的產生，使有組織的異議分子有更多發言空間。集會、教會會議與更完善的法律體系不僅助長這個趨勢，本身也成為這項趨勢的表徵。史家克里斯・威坎姆認為，地方的小型政治、識字率的提升、經濟成長與新型侵入式國家（這種國家因為賦稅、識字率與經濟而興起），這幾個因素結合起來形成「允許各階層投入」的政治體系。[54]

無論是藉由獨裁而富有的國王（例如法國），還是透過組織完善的內部決策與立法結構（例如義大利與英格蘭，雖然兩者方式不同），都能促成政治凝聚。儘管路線不同，但這種路線差異正是關鍵所在：即使中世紀的制度調適得承受中央集權與專制政府的壓力，且經常在其侵蝕下向這個方向發展，但國與國之間持續的多中心主義仍使這些制度得以在某些地區被更完整保存。這種多樣性不僅影響經濟發展，也對人類的長期發展十分重要。霸權帝國是多中心主義的完全對立面，而它也因此從未在中世紀歐洲出現。[55]

「幾乎位於世界邊陲」的不列顛

英國的政治制度，顯示了中世紀歐洲發展的差異程度：歐陸絕大部分地區共同具有的特徵，例如集會政治與貴族權力，往往因為各地區的特定條件而受到某種程度的調和，這也防止了一定規模的地區如法國、德國與義大利的國家形成遭到破壞。由於英國在引領「大逃離」時扮演的關鍵角色，因此英國的獨特發展軌跡，以及這道發展軌跡是否導致日後的經濟突破，便是個特別值得關注的問題。

羅馬打造的秩序在不列顛的崩壞程度特別徹底，遠遠超過其他前羅馬帝國的西部省分。到了公元五世紀時，羅馬式城市制度與階級秩序已蕩然無存。不列顛不存在羅馬時代之後的大型王國，也為更強調合作的政府形式鋪平道路。[56]

日耳曼民族的滲透有助於小規模征服政權與原住民社群的融合。英格蘭的盎格魯撒克遜軍事領主花了數世紀的時間才從無到有重建國家結構。六世紀，英格蘭地區零散分布著數十個小政治體。八到九世紀，麥西亞（Mercia）與威塞克斯王國的成長，加上與丹麥移民的衝突，加快了英格蘭政治鞏固的腳步。

盎格魯撒克遜政治體持續成長，並以堡壘化的「屯墾地」（burhs，又稱boroughs）為中心組織起來，這些堡壘化據點逐漸成為王室權力與徵收資源的核心。八世紀的威塞克斯王國，出現了早期的「郡」（shires），這些郡隨著王國的擴張而散布各地。到了一〇〇〇年左右，郡已經成為正式的領土組織形式：郡做為管理徵兵與徵稅的行政單位，開始建立起地主社群，由地主們開會解決爭端、見證買賣、公布遺囑、分配稅額以及徵召兵員。較小的次級單位，如百戶區（hundreds或wapentakes），則較為頻繁地召開司法會議，讓地方人士可以與國家當局進行交涉。[57]

這些集會以「賢人」為中心，組成所謂的「賢人會議」（witenagemots）。在地方上，這些賢人主持會議，吸引菁英圈以外的民眾參加。國王召開的大型賢人會議則代表全國。賢人會議有權頒布公文、特許與法律，有權解決爭端與處理各種事務，包括「推舉」與加冕國王、任命高級教士、簽訂條約、開戰與締和。

賢人會議不只是統治者的顧問，也是政府職能的核心，賢人會議提供討論的場所，透過彼此互動來達成共識。如果賢人會議無法召開，政府絕大多數的事務將陷入停頓。賢人會議的功能與菁英的定期參與，顯示國王與顯貴彼此的依存關係。「國王與賢人會議」共同做出決議這件事特別受到重視，充分反映了決策的集體性質。這種相互依存的關係一方面箝制王室權力，另一方面也成為王室權力的一環而加強了王室權威：「與其說國王因為集會而受限制，不如說國王因為集會而擴張了權力。」[58]

到了十世紀，賢人會議的規模已經可以與十三世紀的國會相提並論。立法權依然屬於賢人會議令狀的一部分，但類似的特權在法國與德國正逐漸消失。英格蘭的集會傳統在諾曼人征服後仍存續下來。起初，新征服菁英認為自己在語言與文化上與英格蘭當地臣民存在隔閡，因此將集會縮小成權貴會議，使賢人會議無法再代表各地民眾。然而沒過多久，一旦新統治階級被迫負起對納稅人的義務，統治階級便自然而然地與當地民眾整合在一起：這創造出新的連結，使貴族與其他利害關係人立場一致，開始形成共同的英格蘭認同。

到了十三世紀初，昔日認為王室集會是用來代表全體自由人的觀念，又再次確立起來。這套觀念能夠復興，源自於新出現的政治對立。統治者懷著恣意行使權力的野心，但對軍事資金的需求卻限制了他們的企圖。徵稅與會議同意的連結是其中的關鍵：一二一五年後，王室必須取得會議的同意才能徵稅。十三世紀末，國會重新取得了立法權。隨著各郡騎士（貴族的最低階層）加入國會，議會政治的參與再次擴大，為往後幾個世紀的士紳參政奠定基礎。與日俱增的請願書與要求革除弊端的主張，使國王必須聽取更多民眾的建言，下層階級的聲音也得到更多關注。

不可否認，財政協商與擴大議會政治的社會基礎是當時整個歐洲的大趨勢。但英格蘭在幾個方面特別突出。相較於其他大國，英格蘭的面積使其在定期召開全國性會議上難度較低。英格蘭沒有頑強的地區權力集團，主要的地方行政單位並非城市而是郡（counties，過去稱為shires），確保鄉村士紳能獲得穩固的代表權。一般而言，地方菁英成員持續扮演社群領袖與國王代理人這兩種角色，使他們得以在不同的社會階層與中央政府之間建立起更緊密的關係。

與法國貴族不同，英格蘭貴族無法豁免公共義務。這增加了集體同意的價值，也讓共享利益與共負義務的規則更能獲得發展。由於權利源自於議會政治而非與統治者的個人關係，貴族有更強的誘因主動參與政策形成。英格蘭貴族缺乏歐陸貴族普遍擁有的特權，如免稅、從事私人戰爭的權利與擁有高級司法管轄權，因此避免了菁英內部的分裂。此外，在國會的共同場合進行表達與協商也有助於貴族、主教、男爵與騎士之間形成共同利益。隨著貴族與小地主建立同盟關係，英格蘭早一步形成了納稅人社群，這個社群組成的全國性集會反映出「中央權威與地方行動密不可分的關係」。

歐陸領土型國家的集會通常建立在特權身分上，但英格蘭國會卻立基於更廣泛的基礎。各方代表結盟後形成的力量，不僅迫使國王在徵稅與立法這兩個關鍵領域與他們分享權力，也在約束王室權力的同時，限制了貴族的世襲制度。這種獨特的結果不僅植根於羅馬時代之後的分崩離析，也與英格蘭早一步重新完成政治統一有關。

對比之下，歐陸的羅馬帝國後繼國家則是各自形成相對強大的王國。一旦中央權威衰弱，強大的貴族便接替而起，繼續鞏固世襲制的支配地位。之後，當國家統治者致力重振與集中權力時，他們往往援引羅馬的政治與法律傳統，避免向貴族與社會各階層妥協。然而，英格蘭的發展過程卻不盡相同。[59]

國與國開始進入持續競爭的時間點也很重要。在十五世紀之前開始面臨大規模國際競爭的政治體，統治者必須向國內重要的身分階層讓步，以換取當時仍然相對短缺的行政與財政資源和人力資本。英格蘭長久以來一直深受丹麥人與諾曼人入侵的威脅，之後又在法國進行龐大的軍事行動（百年戰爭），正好符合前述類型。暴露在這種軍事壓力之下，促使英格蘭的共同體開始尋求共通的利益。而在英格蘭以外，由於激烈衝突發生較晚，統治者因此能取得較多的財富與識字人口，也較能輕易建立行政體制與施行更強大的官僚控制。[60]

有兩項特徵因此相當關鍵：首先是強大的地方政府，而且地方政府要與全國性的體制建立常態性整合關係，兩者的結合可以約束獨裁的權力與貴族的自治權。其次是持續的國際衝突。這兩項特徵皆是羅馬晚期體制持續衰微與霸權帝國滅亡導致的競爭性多中心主義產生的直接結果。而這兩項特徵在中世紀英格蘭又格外明顯：英格蘭是昔日羅馬的西歐省分中羅馬色彩最淡薄的地區。從後見之明來看，英格蘭反而因此取得最佳的起始條件，使其日後的經濟徹底轉型相對順利。

儘管如此，此處所談的仍是程度而非本質上的差異：許多國家同樣具有這些歷史上罕見的特徵，中世紀英格蘭只是其中之一。廣納性與參與式的制度早已在整個拉丁歐洲發展一段時間。這些制度促進了廣大地區的國家形成，防止了霸權帝國再度興起（如果霸權帝國真的重建，英格蘭或其他同等規模的國家很可能會被吸收成為帝國的一部分）。往後幾個世紀出現的激烈轉變，不僅與特定國家的異例有關，各國之間共同具有的特徵也有著重要影響：這些異例只有在能容納異例的環境裡才能持續存在。

經濟的躍升

戰爭

近代早期的歐洲完全被戰爭撕裂。十六與十七世紀都有超過九成的時間，歐洲各大強權都捲入戰爭，這數字到了十八世紀仍占了八成。統計顯示，從一五〇〇年到一八〇〇年，歐洲一共發生四百四十三場戰爭，平均每年發生一點五場。相較之下，從一三五〇年到一八〇〇年，中國平均每年只發生零點二場戰爭。另一份資料顯示，從一〇〇〇年到一八〇〇年，西歐發生了八百五十六起衝突事件，其中絕大多數是戰爭與攻城。從這份資料可以看出，戰爭的次數在近代早期呈現上升趨勢，高峰期則落在十八世紀。[61]

戰爭為何如此常見？菲利普．霍夫曼提出了戰爭的「競賽模式」（tournament model）來解釋。在這個模式中，競爭者競相爭奪戰利品，但戰爭不會完全摧毀交戰者，特別是交戰國的領導階層。持續的多中心主義是這個模式存在的先決條件。此外，我先前提到的尚武精神的維持也同樣不可或缺。

更重要的是，霍夫曼的模式嘗試解釋歐洲戰爭的進步性格：由於越來越多的資源投入到戰爭上，這種競爭便維持了武器科技與公共組織的創新。要讓戰爭產生這種效果，首先戰爭必須是人們樂於從事的常見活動（透過戰爭可以獲得榮耀、領土與商業利益），戰爭的固定成本必須低廉（軍事設施早已齊備，因為從中世紀以來已經存在的城堡與騎士是一筆巨大的沉沒成本）、變動成本不能有太大差異（讓有效率的小國能與較難籌措稅收的大國抗衡），戰爭的條件必須有利於投資現代科技，例如火器與海軍（這個條件的實現有賴於與大草原有著夠遠的距離以及歐洲絕大部分地區都連結著海岸）。最後，創新的阻礙必須夠低（這一點幾乎完全取決於歐洲政治體的相對開放與跨國傳布的容易程度）。

以上這些條件匯集起來，形成了十五世紀以降的西歐獨特現象，更進一步助長持續的競爭與升級，同時也提高軍事生產力與資源的投入，從而激勵歐洲進行海外擴張（我會在第十一章討論）。在歐洲本土，這一連串努力留下深刻的印記：從孱弱而分裂的中世紀政治體轉變成權力集中且能力更強大的早期近代國家，這段痛苦的歷程絕大部分是在戰爭驅動下達成的。[62]

軍事事務的規模越來越大，動員率終於提升到羅馬共和國以來的新高。戰爭投入的士兵與船艦數量越來越多，吸收了大量的財政資源。到了十八世紀末，光是大西洋沿岸國家，僱用的受訓船員數量就多達數十萬人。在此同時，即使戰爭持續擴大，列國體系依然維持著均勢的局面。因此，競爭不僅提高了產出績效，也同時確保了各國繼續維持分裂。競爭獎勵創新，因為唯有創新才能在持續的軍備競賽中存活下來。[63]

賦稅與信貸

持續升級的戰爭消耗了史無前例的資金。為了克服長期的財政弱點，中央集權政府在權力重組後建立起財政軍事國家，也就是讓國家財政制度以建軍為導向。不同於霸權帝國在太平無事時會降低軍備（我們之後將對此進行探討），歐洲各國則是完全深陷於無情的競爭之中。十七世紀中葉的某位大選帝侯（Great Elector）曾說過一句令人難忘的話：「我們的鄰邦都在做軍事準備，我們當然也要跟進。」不用說，他的鄰邦也一定抱持相同的看法。[64]

面對這些壓力，人均稅負也相應地大幅提高：若以白銀價值計算，從一五〇〇年到一七八〇年代，西班牙人均稅負幾乎是原來水準的五倍，法國是十五倍，英格蘭則是三十倍。若以實質價值計算，西班牙是三倍，法國是五倍，英格蘭則是十倍（相對於某些都市薪資）。軍隊數量的暴增與科技變遷（火器、戰艦與新式堡壘的普及）持續推升成本，大約有七成到八成的國家預算投入在軍事上。[65]

小型政治體必須籌措較多的人均稅收，否則就不得不屈服於大型的領土型國家。威尼斯、尼德蘭（Netherlands）與英格蘭皆傾盡全力面對這項挑戰，尤其是後兩者。做為海上霸權，這三個國家的資金條件尤其艱困，但卻能以有效徵稅來加以因應。到了一七〇〇年，若以金銀來衡量，尼德蘭與英格蘭的人均稅率高居歐洲之冠——就我們所知，當時世界上任何地方的稅率都比不上這兩個國家。[66]

再次地，國家大小與政權類型有著相關性：擁有良好代議制度的小國，比奉行君主專制的大國更能課徵較高的稅率。前者在該徵收什麼稅與課徵多少稅率上更為積極進取，而且率先推動了長期公債與建立公債市場。常見的狀況是，更高的稅收與信貸需求反而讓中世紀制度能延續下去，因為統治者必須徵詢菁英的意見並與其妥協，才能達成獲得資金的目標。因此，雖然主權國家之間的分裂造成了永無止盡的軍事衝突，但各國內部殘餘且分立的主權卻在不同程度上保障了各階層的「聲音」，促進各方為了商業稅收而採取合作協調的態度，甚至因此讓國家大力支持商業。[67]

這個代價是高昂的。戰爭引發的超額支出、殺雞取卵的債務負擔與導致成長停滯的苛捐雜稅，顯然會對經濟發展造成損害：西班牙乃至於之後的尼德蘭就是最佳的例證。然而，戰爭對於金融制度演進的影響，卻嘉惠了民間產業。戰事規模的擴大提升了信貸市場的規模與複雜程度，市場上開始出現個人的無擔保貸款、商業貸款與抵押貸款，以及由城市、教會與主權國家承擔的公部門貸款。

大規模的公共借貸提供了最強大的創新動力：為了取得信貸以進行戰爭，因此催生了中央銀行、長期債券、債券市場與債轉股制度。中間人負責滿足統治者的短期資金需求，在他們背後有長期債券市場做為支撐。這類金融家將他們的活動擴展到民間產業，協助將資金引進到與工業化相關的新投資事業。[68]

更具效能的財政制度不僅支撐起外部安全與內部穩定，也為市場擴張與市場整合奠定了基礎的法律與制度框架，協助確保公共信貸，使政府得以平順運轉，不需要訴諸掠奪就能彌補財政赤字。同樣的，這些制度安排也是歐洲獨有。[69]

北海經濟與小分流

十七與十八世紀，隨著國家開始侵奪地方菁英的權力而集權中央，歐洲的國家制度開始逐漸喪失多樣性。財政分立的政權普遍被君主專制傾向的政府取代，而國家開始靠著打壓與灌輸來建立起湯瑪斯·霍布斯（Thomas Hobbes）所謂的「利維坦」（Leviathan，又譯「巨靈」）。這種情況進一步加強了國與國之間的分裂，國家制度變得更為同質，但歐洲做為整體反而變得更加異質。[70]

宗教分裂推動了這個進程。宗教改革終結天主教會的霸權，使宗教建制與國家的連繫更加緊密。一五三四年，亨利八世脫離天主教會，一五五五年的《奧格斯堡和約》（Peace of Augsburg）與一六四八年的《西發里亞和約》（Peace of Westphalia）則承認統治者有權決定國家的宗教，這三起事件都是深具象徵意義的里程碑。

即便分裂加深，國家形成、制度發展與經濟成長依然同時並進。從各種標準衡量，經濟表現最好的莫過於北海地區。[71]

最可實的證據就是都市的實質薪資。中世紀晚期的黑死病導致資本與勞動比率改變，明顯改善了工人的購買力與生活水準：人口大量死亡使相對於固定資產的勞動價格大幅提升。然而，一旦疫情降溫，重新恢復的人口成長便壓低了實質薪資。從十六世紀到十八世紀，歐洲大部分地區的工人消費水準都逐漸退回到黑死病之前的極低標準。對比之下，在低地國與英格蘭的主要都市中心，實質所得很快就恢復到較高的水準並大致維持穩定（圖10.2）。[72]

要估計整體的經濟產出非常困難，任何數字的重建都必須謹慎為之。我們偶爾才會看到一些極為明顯或甚至已經超出合理誤差範圍的趨勢。尼德蘭與英格蘭即屬此類。無疑地，荷蘭人均國內生產毛額是在十六與十七世紀攀升。英格蘭尾隨其後，在十八世紀追上荷蘭，反觀此時的歐陸則完全陷入停滯（圖10.3）。[73]

這種發展出現分歧的印象與都市化和產業分布的資料完全相符。都市人口比例是經濟發展的粗略指標，而這個數字在十七、十八世紀的英格蘭急速成長，甚至遠超過歐洲的平均。事實上，由於歐陸的長期停滯，這個時期整個歐洲都市化淨成長的份額絕大部分來自英格蘭，而且仍在持續增加（圖10.4）。[74]同樣的，一五〇〇年到一八〇〇年，非農人口份額在低地國與英格蘭的成長速度也遠遠超過歐洲其他地區，特別是英格蘭（圖10.5）。[75]

這種分歧也出現在識字率改善的速度上。到了十七世紀，尼德蘭與英國已大幅領先（圖10.6）。[76]

整體而言，這些估計的一致性足以彌補不足之處，而且能明確看出各地區在經濟成長與人類福祉上

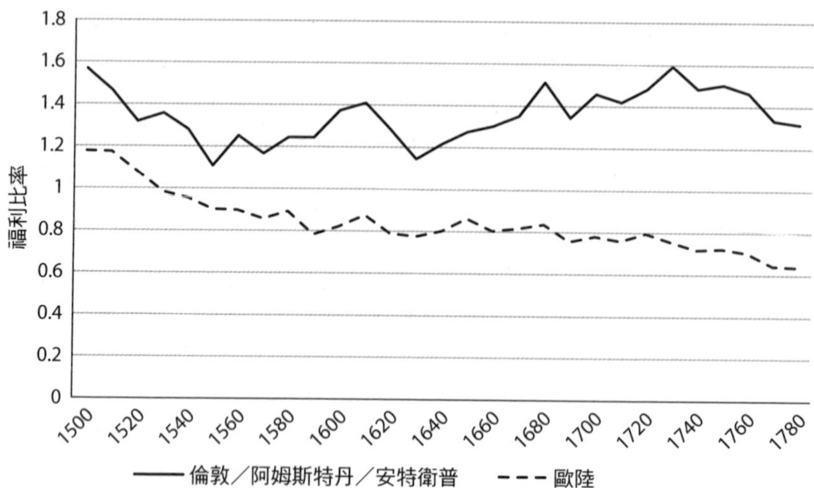

圖10.2 1500-1780年，歐洲不同地區都市無技術工人的實質薪資。

資料來源：Pamuk 2007: 297, fig. 2根據的數據資料（數據未依照人口規模加權）。

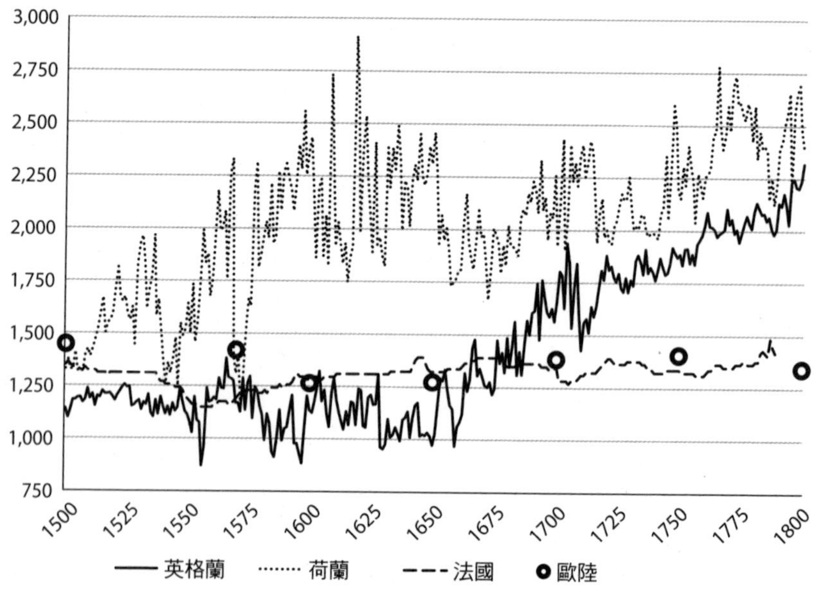

圖10.3 1500-1800年，歐洲不同地區的人均國內生產毛額。

資料來源：Project Database 2018（數據未依照人口規模加權）。

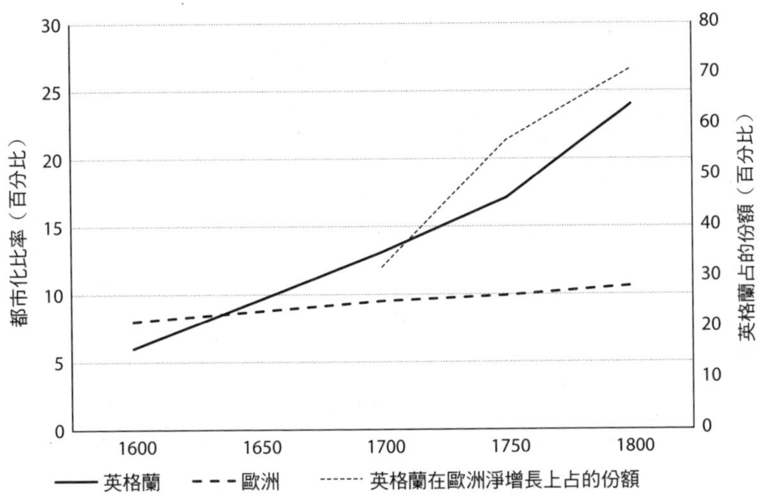

圖10.4 1600-1800年，英格蘭與歐洲的都市化比率以及英格蘭在歐洲都市化比率成長上占的份額。
資料來源：Wrigley 2016: 47, table 4.1。

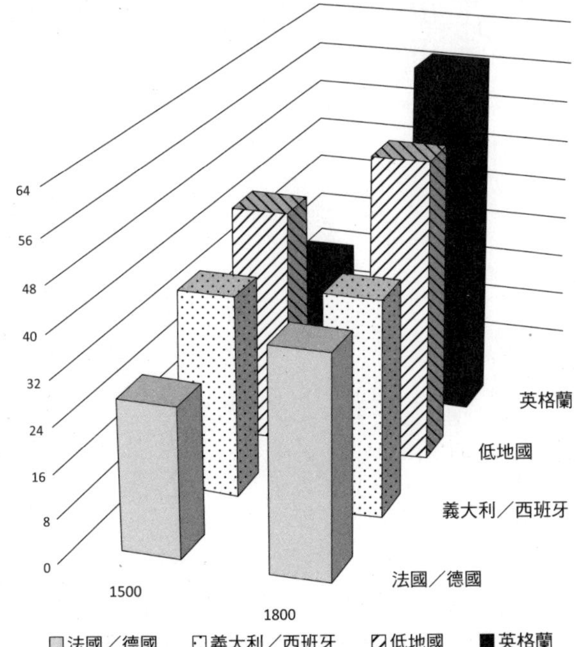

圖10.5 1500年與1800年，歐洲各地區都市與非農農村人口的份額。
資料來源：R. Allen 2003: 408, table 1。

的分歧：朝著有利於北海地區的方向分歧。這種分歧的趨勢稱為「小分流」，促使北海地區的西北歐經濟體早在工業革命開始前很長一段時間就已經遙遙領先其他地區。[77]

好幾個因素促成這項結果。接近世界市場（第十一章會討論）使尼德蘭與英格蘭這類小型國家獲得不成比例的利益，因為它們皆致力發展國際貿易、運輸與金融服務，以及建立持續成長的出口產業。這些社會一方面龐大而富裕，足以抵抗更強大的軍事競爭者，但這些社會另一方面也小巧而精簡，足以在金融貿易等特定產業持續成長，並在整體上產生顯而易見的差異。

國土不大是國際競爭的直接結果：英格蘭在中世紀晚期的百年戰爭期間未能征服法國，而低地國僅有尼德蘭脫離西班牙統治。英格蘭與尼德蘭的自保能力建立在財政資源上，但這兩個國家也必須具有一定能力才能動員這些資源。

當歐陸大部分地區建立起較為專制的君主政權，唯有北海地區保留了中世紀的分權政治結構

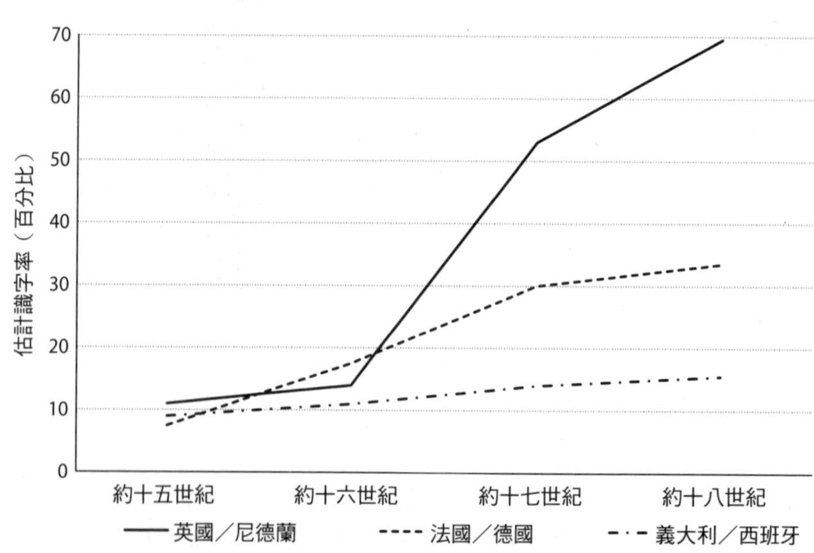

圖10.6 15世紀晚期到18世紀，歐洲各地區的成人識字率。

資料來源：Van Zanden 2009: 193, table 8（數據未依照人口規模加權）。

與共同體傳統，並且在宗教改革期間以這兩者為基礎進行發展。荷蘭經濟史家范．贊登（Jan Luiten van Zanden）認為這是從中世紀盛期的共同體運動延續到荷蘭叛亂與英格蘭光榮革命的「不間斷的民主傳統」。地理優勢（尼德蘭的濕地地形與英國的島嶼位置），以及接近國外與商業資源，有助於立憲主義與代議制度的存續與發展，少了這兩項因素將難以抵擋戰爭帶來的集權壓力。[78]

公開獎勵商人與商業的發展型國家因此興起。識字率與低成本的資本與技術不僅支持都市與經濟成長，也維繫了財政與軍事資本，除了保護國家，也有助於擴大貿易、運輸與伴隨而來的各項服務。在農業基礎上進行結構轉型，反而進一步提升農業生產力。這些特徵全都緊密交織在一起。對比之下，君主專制政府的經濟成長往往較為低落。其他影響經濟發展的決定因素，還包括易於開展大西洋貿易的地理位置、君主專制在尼德蘭與英格蘭的衰弱，以及君主專制在義大利、西班牙、法國與奧地利的興起。[79]

國會的演進史也反映了這種差異。國會的地位日漸重要，但到了十五世紀之後，國會的發展卻出現分歧。在西北歐（英格蘭、蘇格蘭、尼德蘭與瑞典，此外還有瑞士），國會開會的頻率普遍持續上升，但在南歐與中歐卻不升反降。這個趨勢也與反映經濟進步的都市化有關。國會往往也會驅動國內的權利衝突：一五七〇年代的尼德蘭、一六一八年的波希米亞、一六四〇年的西班牙、一六四〇年代與一六八八年的英格蘭、一七七〇年代的美洲，以及一七八九年的法國。隨著國會的成功或失敗，結果也大不相同。[80]

尼德蘭是北海經濟的開創者。藉由擴大義大利城邦率先發展的制度，尼德蘭創造出繁榮的信貸市場，不久，信貸市場就從哈布斯堡王朝統治的布魯日與安特衛普轉移到自治城市阿姆斯特丹。借據與銀行存款的發明，加上持續降低的利率，使尼德蘭更容易取得與運用資本。根深柢固的市民傳統從中世紀共同體主義中成長茁壯，這個傳統為國家的公民身分提供了範本，而且形成信用，促使民眾願意納稅與支持高層級的公債。[81]

由於比專制君主更守信用，荷蘭人因此能籌措到更低利率的貸款，並且花費大量金錢在軍事上以保護統治集團的商業菁英利益。荷蘭引進重商主義的保護政策，後來英格蘭也跟進仿效。十六世紀晚期之後，儘管戰爭頻仍，荷蘭的經濟成長就前現代的標準來說依然強勁。事實上，衝突發生的頻率、都市化比率與人均國內生產毛額均有著高度正相關。至少有一段時間，尼德蘭能夠同時兼顧戰爭與富裕。[82]

然而，小國依然有其缺陷。威尼斯與熱那亞等經濟發展的早期先驅，也曾擁有強大的紡織出口產業、創新的金融制度，以及與國際市場的整合，但長期而言，小國顯然無法與強大的鄰邦競爭。最後，法蘭德斯不可避免要屈居於尼德蘭之下，而尼德蘭也終將被英格蘭超越。一六五〇年代到一六七〇年代，尼德蘭透過一連串戰爭壓制英格蘭，然而就在一六八八年將英格蘭拉進自己的體系之後（編按：光榮革命），尼德蘭便開始落居下風。

往後幾年，荷蘭人艱困地（以極大的代價）圍堵越來越盛氣凌人的法國。荷蘭各個城市持續保有的權力，阻礙統一的統治階級形成，最終使尼德蘭難以對變動的局勢做出回應。在此同時，英國擁有比荷蘭更安全的地理位置與更多的人口，而且統一成相對同質的領土型國家（一六〇三年後成為既成事實，一七〇七年後取得正式地位），英國因此取代荷蘭成為北海地區經濟成長的領頭羊。[83]

「店主治國」的英國

政治

許多因素共同促使英格蘭成為工業革命的搖籃。在第十一章與第十二章，我將探討海外貿易資源的重要性，以及人力資本的形成與運用。此處我仍以制度為主，討論英格蘭與不列顛在近代早期的三項關鍵元素：法律與政治、戰爭、重商保護主義。這三個元素彼此相關，共同創造出特別有利於經濟生產與維持經濟發展的環境。[84]

獨立是最重要的，獨立的具體象徵包括正式主權與制度自治權。一旦少了獨立，我們就無從比較上述三項關鍵元素。英格蘭的獨立表現在成功避免併入歐洲的大帝國：加洛林王朝從未成功跨越英吉利海峽（Channel）、法國在一二一六年到一二一七年干涉失敗，以及西班牙無敵艦隊的敗北使菲利普二世的短暫統治（透過與英格蘭女王瑪麗一世〔Mary I〕聯姻而於一五五四年到一五五八年擔任國王）沒有對英格蘭的獨立造成重大傷害。一六八八年，英格蘭的確被荷蘭人入主控制，但也因此開啟了扶植商業的開明統治。

英格蘭以三種不同的方式奮力逃離羅馬。我們已經提過，英格蘭在逃離羅馬帝國傳統上特別徹底，這有助於英格蘭建立永久的地方政府與政治代議制度。而亨利八世與羅馬教宗決裂，也使英格蘭成為建立國教會的先驅。

不僅如此，英格蘭幾乎完全逃離了羅馬法律傳統的復興。英格蘭在中世紀時一度受到教會法的影響，但隨著英格蘭君主自十六世紀以降成為教會的領袖，奠基於過去判例的普通法地位逐漸提升。在這個脈絡下，普通法傳統與歐陸法院的對比值得關注。在普通法傳統中，法官得在彼此攻防的律師與非法律專業者所組成的陪審團之間進行裁決。而在歐陸法院裡，專業法官主導全局，並且傾向於由中央政府進行由上而下的控制。[85]

英格蘭成為歐陸受迫害者的避風港，並且因接納這些通常具有特殊技術的群體而獲益。連續數波的移民潮推動了金融創新，從一開始一四九二年來自格拉納達（Granada）的塞法迪猶太人（Sephardic

Jews），到移民流入的高峰：一六八〇年代來自法國的胡格諾派（Huguenot），以及之後緊接而來的荷蘭猶太人與新教異議分子。這些群體長期以來都是國際金融的關鍵參與者。[86]

英格蘭的主權也有助於保障其他可能促進經濟發展的條件，例如體格健壯與頭腦聰明的工人，這一點要歸功於農業生產力提高使營養獲得改善、職業訓練，以及使勞工不至於挨餓的《濟貧法案》（Poor Law）。英格蘭的獨立地位確保這些效益專屬於英格蘭所有，不受任何強制再分配的介入模式抵銷（例如將這些效益移轉到遙遠的帝國中心）。[87]

由於英格蘭在羅馬時代之後有著悠久的政治整合歷史，因此相對來說有著較強的凝聚力，再加上英格蘭菁英集中於國家代議集會，所以政治統一的程度也相當高。長期以來，這種凝聚力與政治集中限制了統治者而有利於集體行動。英格蘭的特殊之處在於其透過選舉產生的集會不僅在中世紀之後繼續存在，甚至還變得越來越強大，同時在制衡王室權力上也顯得極為嫻熟。英格蘭的法人制度也是如此。[88]

商人利益在英格蘭國會擁有代表權，在限制王室權力與擴大財產權的保障上扮演著關鍵角色。中世紀盛期，徵稅能力與資訊不足等問題阻撓了王室的稅捐徵收，並導致互惠協議（「包稅特許」〔farm grants〕）的出現，商人城鎮因此取得自主徵稅與執法的權利。等到國會在十三世紀末成立，這類特許就成為取得代表權的踏腳石。

英格蘭自治市鎮位於適合貿易的地點而且取得包稅特許，因此最終在國會獲得超出比例的代表權。長期而言，這產生了更廣泛的地方選舉，而且在十七世紀的內戰中給予國會議員更大的支持。因此，中世紀的英格蘭由於中央權威較弱而在徵稅上做出妥協，使得全國集會與政策都有著濃厚的商人色彩。[89]

最重要的是，在一六四〇年代到一六八〇年代這段內戰與重建交替出現的關鍵時期，英格蘭菁英開始形成共識：他們認為必須建立中央集權的強大國家來保障自己在國內與海外的商業利益。一六八八年的「光榮革命」長久以來一直被認為是朝這個方向改變的突破。光榮革命源自於君主專制及其對手之間的鬥爭，這場革命標誌著反君主專制廣泛（即使局限於菁英階層）同盟的成功，這個同盟的階層主要來自新興的商人與企業家，而國家已無法完全防堵這些人。[90]

光榮革命的成功使政治制度更加多元發展，而且對各種經濟與社會願景抱持更開放的態度。而在經濟領域，光榮革命有利於私有財產權、改善金融市場、減少海外貿易的壟斷與移除工業擴張的障礙。[91]

這樣的描繪即使細節上有所出入，但大致的輪廓差別不大。經濟學家道格拉斯·諾斯（Douglass North）與巴里·溫格斯特（Barry Weingast）在他們的經典著作中提到，光榮革命的改革確保了財產權，使資本市場大為繁榮，從而使公債大幅成長與利率持續降低，這兩項效果的同時出現令人驚訝，之所以如此完全是債權人獲得可信承諾的結果。這也刺激了民間資本市場的成長，股票市場與銀行的數量隨之增加。[92]

這些結果大部分其實是反映了長期趨勢。然而，即使從比較謹慎的角度進行解讀，光榮革命的政治改革也確實一掃人們對憲法權利的憂慮，而且確立國會優於君主專制的趨勢（特別是國會擴大了徵稅與控制行政機關的權力）。用諾斯與羅伯特·湯瑪斯（Robert Thomas）的話來說，就是「國會至高無上的地位與普通法明定的財產權，把政治權力交給了急欲掌握新經濟契機的人們，而且為司法體系提供核心框架，使其保護與鼓勵具生產力的經濟活動」。[93]

一六八八年後，國會開會的次數更為頻繁，同時通過更多的立法以因應與日俱增的請願。多到不僅更甚以往，也多於其他歐洲國家。與其他歐洲國家不同，英格蘭國會對於公共財政有著非比尋常的權威，而且還具備地方的權力基礎，進而擁有干預的自由。由於英格蘭國會並非依照身分階層組織而成，因此比其他國家更開放透明。

與過去不同，此時英格蘭負責制定政策的不是國王而是政黨政治人物。這件事的重要性在於，權力平衡開始朝著以輝格黨（Whig）為代表的商人階級傾斜。政策制定者對法國發動昂貴的戰爭，藉此擴大財政與軍事力量，同時也創建了中央銀行。商人階級的政策，也更明顯著重在促進製造業的成長上。[94]

這項趨勢發展到最後，國會開始對重整財產權的要求做出回應。國會透過立法調整僵硬過時的內容，廢除習慣法的各項權利來為投資鬆綁，使人民得以因應經濟契機的變化，從而移除經濟發展的障礙。國會也頻繁立法降低社會的交易成本，也開始關注運輸問題。圈地法促進了資本主義式的農業發展。我們將在第十二章看到，國會也支持創新者改變現狀來加速工業發展。[95]

大致上來說，這是個漸進式的轉變過程。許多法案都不是在全盤考量下制定，而常常是在滿足特定提案者的要求下產生。從今日的標準來看，當時的國會是腐敗的，經常通過有利特定選區民眾的法律來換取賄賂。儘管如此，英國國會仍然在十八世紀逐漸從原本的尋租導向轉而以考量國家利益為主：國會不再討好最高的出價者，而是嘗試在彼此競爭的利益團體之間做出裁決。此外，光從法律的數量也可以看出這些法律與全國各地利益團體的關連，以及國會對這些利益團體的回應。這些互動強化了中央與地方的關係，促進了整合。[96]

用英國史家朱利安．霍皮特（Julian Hoppit）的話來說，國會的干預代表了「政治權力的商業化，深化了社會內部的市場關係」。地主菁英默認政治權力朝有利於商業階級的方向改變，因為他們自己就是早期工業化最大的受惠者。到了十九世紀之後，工業化已難以逆轉。[97]

國會一旦成為用來平衡貴族、商人等不同菁英團體之間利益的機制，與財產權及相關經濟議題的立法就必須確保能獲得長期且廣泛的支持。這也替經濟活動創造出可預測的框架。如果沒有國會在固定且迅速地處理彼此競爭的利益，如果沒有一套程序與日漸擴大的官僚體系從旁協助，那麼具備廣泛基礎的支持、持久性與可預測性恐將難以實現。[98]

十七世紀因此是變革的關鍵時期。首次出現的專利法鼓勵創新，合股公司欣欣向榮，咖啡館成為保險公司的先驅，商品與證券市場及存款銀行出現。中央銀行，也就是民營的英格蘭銀行，不僅將貸款給政府以資助戰爭，也以低利率貸款給製造業者。

到了十七世紀末，有利於經濟發展的制度框架已然確立。在產業管制與同業公會的力量逐漸衰退的同時，各式各樣的組織起而激勵資本流動。這些改變「不可逆轉與持續累積」，逐漸擺脫過去的身分制度、經濟停滯與王室控制。如果近代國家結構是資本主義市場與財產權安全無虞的先決條件，那麼英格蘭顯然已經跨越這道門檻。[99]

戰爭

在主權與海權的庇護下，英格蘭早一步開啟了政治與經濟發展。稅收的增加是基礎：從一六八〇年代到一八三〇年代，實質人均所得稅成長了四倍。關稅與貨物稅占了稅收的六成到八成，其中絕大部分來自於對酒、鹽、糖、茶與菸草（這些消費品既非必需品，也非昂貴的奢侈品，但卻逐漸充斥於整個社會）課徵的稅收，反映了貿易與商業的擴張。[100]

十八世紀，公共稅收有九成用於戰爭。從一六八八年到一八一五年，戰爭支出有三分之一是靠借貸填補。拿破崙戰爭結束時，英國的債務已經成長到全年國內生產毛額的兩倍以上，公債之多僅次於荷蘭。[101]

英國承受得起這個負擔，主要是十七世紀財政革命的結果。財政革命使英格蘭擁有歐洲乃至於世界上最高度發展的財政體系。一六八八年後與法國的昂貴戰爭是主要的驅動力：這些戰爭只能以長期公債支應。持有債券使民眾與國家休戚與共，他們對政府的信任是願意持有債券的關鍵，而他們也確實信任政府。到了拿破崙戰爭時期，持有債券的人數增加到約三十萬人，早已超過一個極度不平等社會裡的菁英圈人數。隨著公債飆升，利率也下跌了五成。[102]

這種現象與其說是擴大社會參與的結果（英國還不是民主國家），不如說是民眾信任法律與國家願意兌現承諾的一項明證。這種信任並非憑空得來。國會與英格蘭銀行監督稅收的花費，促使借款與海軍支出能用來促進與保障貿易，由此產生「良性循環」。公債因此有助於增加透明度，協助建立國家與社會的信任關係。[103]

對國家承諾的信賴使英國得以面對接二連三的挑戰。法國大革命將國家動員水準推升到史無前例的高度：拿破崙從四千四百萬法國人與盟邦人民中徵召了兩百萬名男子。但英國在人均動員率上勝過了拿破崙：英國從本土的一千一百多萬人口與愛爾蘭的五六百萬人口中徵召了約一百萬名男子組成陸海軍與東印度公司部隊。此外，英國在十九世紀初也負擔了五十萬盟軍的薪餉與建造超過五百艘軍艦。當時全世界沒有任何國家比得上英國的動員能力。[104]

從投入的規模不難看出，戰爭的重要性遠勝其他事務。一八〇〇年左右，英國海軍的固定成本是西萊丁（West Riding）羊毛產業兩百四十三間紡織工廠價值的五倍以上，而羊毛產業已是英國出口經濟的最大產業之一。因此，軍隊才是改變管理與生產組織的領頭羊，而非民間企業。[105]

經濟發展如何與軍事能力產生關連？在十八世紀的歐陸，即使戰爭已比過去略為減少，軍事資源依然穩定持續增長。然而，歐陸卻從未出現英國式的經濟成長。[106]

顯然，光是競爭還不夠，從競爭中勝出才是關鍵。從這一點來看，英國也相當突出。英國本土未受戰火波及：自從一六五一年內戰結束之後，英格蘭就未曾出現嚴重戰亂，只有在一六八八年荷蘭人入侵時出現小規模的衝突，以及在一七四五年第二次詹姆士黨叛亂（Second Jacobite Rising）期間受到蘇格蘭的一次突襲（一年後蘇格蘭就被平定）。此外，英國還有極為成功的海軍。總而言之，英國從未輸過一六七〇年代之後的絕大部分戰爭，唯一的例外是面對初生的美國，但這並未對貿易關係造成永久損害。[107]

十七世紀晚期與十八世紀，英國接連在戰爭中獲勝，刺激了經濟景氣。英國取得大份額的國際貿易，以此支撐起都市化、高薪資與農業生產力，其中農業生產力的提升是源自於農民對需求增加的回應。這創造出一種環境：煤、資本、高薪資與保護主義的出現促使資本取代勞動力，因而孕育出工業化。我將在第十二章的末尾討論這個問題。[108]

保護主義

以英國來說，國與國衝突對經濟進步產生的最明顯影響其實是間接的：這種衝突鼓勵國家實施保護主義限制，從而導致創造性的嘗試與科技突破。近代早期西歐的重商主義政策，主張不斷尋求競爭優勢來促進國家經濟發展。重商主義政策做為經濟民族主義的一種展現，受到增強國力與建立財政基礎的企圖驅動。為了讓貿易平衡朝有利於己國的方向傾斜，以及增加國內的貴金屬存量，保護主義體系提升製造業以增加價值與取代進口，並且鼓勵透過貿易（理想上由本國人來進行）將商品銷往國外。

提高對外貿易壁壘的同時，也降低國內的壁壘以提升生產力。改善經濟無疑是最重要的目標，要做到這一點就必須干預市場，甚至干預生產。這種想法在十八世紀成為歐洲菁英的主流，他們重視戰爭與國家利益更甚於民眾福祉。[109]

不過，近代早期的歐洲國家尚未提出一套完整的國家政治經濟觀點，主要還是將重點放在實行經濟政策與進行有效控制。英格蘭仍是個重要的例外（雖然不完全），因為英格蘭推行相對一貫的政策來保護自身的產業與商人。雖然經濟禁令實際執行起來究竟有多大效果仍有待討論（走私在當時是稀鬆平常之事），但至少在英格蘭施行的效果要比在其他國家來得大。[110]

英格蘭制度賦予尋租的菁英成員權力，英格蘭法律體系也偏袒富人，甚至可以隨時動用強制力來壓迫窮人。在很大程度上，正是由於這種偏袒使得支持英國商品的陣營能夠獲得足夠的力量來左右國會：「從受惠的對象來說，重商主義政策保障了一小批商人、製造業者、金融家、船東與種植園主，因此構成從一般納稅大眾到少數特殊利益團體的重分配。」[111]

這些利益也延伸到國際貿易。十七世紀，菁英成員（包括國會議員）也能投資參與海外投機事業。透過開啟投資機會，以及讓政治人物的利益與商人的利益一致，有助於統合菁英的利益。[112]

透過立法，就可以形成各種不同的措施來支持國家貿易。一六五一年到一六七五年通過的一連串《航海條例》主要針對荷蘭人，例如要求沿海航運必須使用英國船，限制某些進口貨物只能使用英國船或貨物來源國船隻運送、遠洋進口業務只能由英國商人擔任，還規定各項殖民地產品必須先運到英格蘭才能再次出口到歐洲。這些措施都是為了排除中間人，藉此增加英國船運與相關業務量。

東印度公司與哈德遜灣公司（Hudson Bay Company）等特許公司的成立，模糊了戰爭與商業的界線：這些公司總是藉由軍事力量等各種必要手段來削弱外國競爭者。由於它們的歐陸對手也如法炮製，因此英國特許公司採取的各項保護措施，例如法律與強大的海軍，其實都是為了維持商業：在這種狀況下，自由而公正的貿易顯然不在他們的考量範圍。[113]

關稅的徵收起初是基於財政理由，但之後逐漸演變成保護主義的工具，用來保障國內剛萌芽的產業不受外國競爭。關稅保護了特殊利益團體，例如殖民地的種植園主或特定產業，其中最重要的就是棉花加工業與鋼鐵製造業。[114]

我們將在第十二章看到，英國紡織業的繁榮仰賴對羊毛的出口課稅，這種做法最早出現於中世紀。之後，操縱棉花貿易便扮演了舉足輕重的角色。英國最早在一六八五年對印度棉布的進口設限，五年後又加強限制，但還是無法阻擋印度棉布流入英國。因此，立法機關在一七〇〇年決定禁止進口某些類型的印度棉布（印花棉布與繪染棉布），除非上面打上再出口的標記，而非供英國國內消費。這使得英國本地的印花棉布廠取得事實上的壟斷地位，得以迅速擴大生產。一七二一年，英國全面禁止進口棉織品在國內銷售，至此，外國棉織品在英國已無任何生存空間。只有白色棉布仍持續進口，在經過印染後向外出口。

這些激烈的干預手段使急需棉花的英國面臨棉花短缺的問題，不僅在國內如此，在以棉布換取奴隸的西非也同樣遭遇困難。英國的生產商因此必須想辦法生產出更多更便宜且適合印花的棉布。為了解決這個問題，就出現了大幅增加紡織生產力的一連串發明。首先是提升每名織工的產出，接下來的關鍵是引進水力機械。一七三〇年代到一七七〇年代，繼飛梭與珍妮紡紗機之後，出現了水力紡紗機與走錠細紗機，一八二〇年代，走錠細紗機進一步完善成為全自動設備。由於塞繆爾・克朗普頓（Samuel Crompton）發明走錠細紗機，使得蘭開夏（Lancashire）的平織棉布產業早一步從一七八〇年代就出現飛躍性的成長。[115]

國與國之間的競爭與干預主義也影響英國的燃煤產業。十七與十八世紀英國調高燃煤出口稅，使國內使用者可以取得價格低廉的燃煤。打壓礦區經營者與交易者之間的串連，也成功平抑了價格。結果，儘管燃煤的需求持續增加，燃煤的實質價格卻仍維持平穩。

英國當局與國防產業越是仰賴燃煤能源，政府就越關切燃煤的取得問題。皇家海軍保護沿海交通，以主要的運煤路線做為訓練場地。在工業革命的關鍵時期，拿破崙戰爭促成英國經濟上的自給自足，加速英國以燃煤取代進口的波羅的海木材與木質燃料，導致煤礦產區的產出增加了一倍。[116]

鋼鐵的狀況也很類似：十七與十八世紀，英國針對從俄羅斯與瑞典進口的鐵礦課徵高關稅，以此保護國內的鋼鐵產業，這種情況一直要等到從木炭改成燃煤燃料使成本大幅降低之後才有所改變。雖然起初課徵高昂的稅金是基於戰略考量與擔心過度仰賴外國資源，但這麼做實際上也激勵了創新，使生產力大幅提升。[117]

近代經濟是以機器與使用化石燃料為基礎，而重商保護主義則是其賴以行走的拐杖。如果不詳談植根於戰爭、徵稅與公債的國家干預與國家指導的政治經濟，就無法恰當理解工業革命的最初階段。[118]

這些在衝突驅動下產生的特徵，連同其他因素促成了經濟成長。因此，當社會各階層的經濟誘因產生的高實質薪資與更多的工作投入（也就是所謂的「工業革命」）創造出越來越龐大的消費市場時，便在保護主義限制進口所驅動的進口替代這個極為特定的脈絡下，推動了工業化。[119]

海軍財政國與重商主義對經濟發展的影響

英國最終成為同時重視財政、海軍與重商主義的國家。而這隻可見且往往沉重的手，其重要性與市場這隻看不見的手不相上下。由於戰爭需要密集使用資源，經濟因此得益於軍事動員。一七九〇年代到一八一三年，英國棉花生產量暴增為原來的三倍，鋼鐵產量則是原來的四倍。龐大的武器與軍服需求是造成產量激增的原因，而決心朝理性化生產邁進也是重要的推力。[120]

這段期間的歐陸戰火瀰漫，因此出現大量資本逃離。再加上經濟自給自足的政策取向，使英國加大煤鐵礦的開採，相關科技的普及也開始加速，高價值專利權的獲准率更進一步提升。反觀其他國家的貿易產業則遭受重創，使英國得以拉大領先的幅度。[121]

特別的是，戰爭與科技創新之間出現了更直接的連結。製造槍炮的精密需求，發展出包括蒸汽機在內的特定機器設備：槍炮的精密搪孔技術運用在汽缸製造，才使蒸汽動力成為可能。

甚至是更早期的十八世紀初，英國就已經在對法戰爭的刺激下發明了焦炭熔鑄法，得以運用國內鐵礦鑄造出鐵條與生鐵。一七八四年，亨利・柯爾特（Henry Cort）取得專利，不到幾年的時間，皇家海軍接受了攪拌精煉法，這種技術可以不使用木炭就能生產出高品質的鐵條。拿破崙戰爭使英國能夠提高關稅與增加國內生產，使投資興建熔爐與鑄造廠的製造商能夠獲利。在此同時，蒸汽機也讓煤礦的開採持續擴大，有了大量燃煤，才能讓鋼鐵產業持續成長。[122]

經濟民族主義促使民族建立，也讓大規模戰爭成為現實：經濟與軍事動員攜手並進。在這種大環境下，「國與國之間的競爭就算無法使發展成為『必然』，至少也提供了一種『刺激』。」然而，導致日後出現經濟成長與經濟變遷的關鍵，究竟是「良性」力量的推動，還是經濟障礙的移除？[123]

在英國（漸漸地其他國家也是如此），有些障礙的確被移除了。艾瑞克・瓊斯認為是「獨裁、暴力、習俗與古老社會控制的消逝」。競爭下的政治調適確實可以產生「良性」的制度，但部分最具影響力的政策的結果卻不完全是「良性」的，甚至恰恰相反，例如戰爭與保護主義，以及殖民地的奴隸制度。[124]

戰爭奪人性命而且耗費金錢，乍看之下，戰爭幾乎無法產生任何有形收益。海外帝國大致上也是如此，儘管從經濟回報的角度來看，英國可能是少見的例外。與菁英達成的協議，使消費者必須承受保護主義關稅與貿易壁壘的重擔。羅森塔爾與王國斌指出，與經濟成長有關的政策，其實並非基於善意或為了促進成長而擬定，這些政策只是國與國之間的競爭與衝突，以及各國為了討好國內資本家而出現的額外產物。如果政治競爭最終刺激了經濟發展，那也是在間接與無意中造成的。[125]

雖然我們無法製作出一份全面的資產負債表，但我們依然可以指出：戰爭、賦稅與保護主義的重擔並非英國經濟擴張與現代化的障礙，而是一部分的助力。英國菁英專注於將貿易與製造視為增強國力的手段，他們追求發展性的政策，致力於生產「（更）高附加價值、知識與資本（更）密集的商品，讓這些商品優於外國競爭者的商品，好讓這些商品能在國外賣到好價錢」。[126]

因此，英國的經貿優勢來自生產者與商人，而非國內消費者，無論國內消費者的購買力如何維持國內需求，都無助於優勢的出現。為了實現這些目標，政治菁英藉由增強特定產業的進出口貿易來激勵經濟發展。這些產業需要刻意干預才有可能繁榮茁壯，且最終有助於工業革命。在這個層面上來看，這種集財政、海軍與重商主義於一身的國家就算不是建立現代經濟的充分條件，也是其必要條件。[127]

這種國家是多樣性的產物。政治體的多樣性產生競爭壓力，形塑國家形成。而在政治體內部，多樣的力量形成多樣的排列配置，政治體的多樣性又呈現出多樣的發展軌跡與結果。多樣性越繁複，產生真正變革性大分流的可能性就越高。

在歷史傳統與地理的共同影響下，英格蘭與之後的不列顛在偶然間對於自己得來不易的歐洲列國體系成員身分做了最大程度的運用。經濟很早就開始成長，中世紀的整合制度與協議機制獲得保留，並為了治理較具凝聚力的國家而進行調整。此外，菁英投入推動高稅率與公債，而關鍵戰爭也一一獲勝。[128]

在第十一章與第十二章，我將探討其他的助因，例如海外貿易的逐步擴大與海外資源的逐步獲取、寬容與改良文化的出現、企業家與工程師相輔相成地將科技創新付諸實踐。即使如此，我們也不可能列出促使英國與歐陸各國分流的所有特徵。我只會特別討論最根本的關鍵：無論我們認為近代早期的英國在多大程度上是個特例，要了解英國的成功之處與對世界的影響，我們就需要考慮多中心列國體系產生的多樣性、壓力與機會。分裂的重要性並沒有隨著時間流逝而消失，正好相反，分裂形塑了英國前進的每一步路徑。[129]

進步的制度化

英國的例子，只是廣大拉丁歐洲發展歷程的一環。雖然程度不同且速度不一，但持續朝著「疆界明確的中等國家、發展迅速的商業，以及充滿活力與批判性的文化」的發展方向前進。即使實際上只有少數歐洲社會合乎這些條件，但在當時的世界上，這些條件的混合確實十分獨特。[130]

國家是制度的集大成。國家的性質越具發展性，就能產生越創新的結果。近代早期國家的干預方式（前面已經提過，國家干預一般是基於戰略考量而非經濟因素），抵銷了中世紀中央集權國家在力量衰微下採取的開放態度。弔詭的是，正是這種干預與緊縮使資本主義得以成長茁壯，因為國家在戰爭的需求下優先授予資本主義發展的特權。[131]

簡而言之，制度發展的故事遵循一條清楚的弧線。在中世紀，政治體內部權力分散，統治者缺乏手段來維持長期衝突，因此限制了國與國之間競爭的強度。到了近代早期，這些條件徹底改變。隨著國家內部的多樣性遭到消除與國家能力的提升，國與國之間的衝突開始升級。敵對政治體之間長期存在的差異，在不同程度上使過去各國內部的異質性、協商與平衡，在中央集權統治下存續下來，而且反過來影響了中央集權，甚至進一步又形塑了與敵對政治體之間的長期差異。

國家成功的關鍵是運用這些中世紀傳統，盡可能先強化內在凝聚力，然後再提升國家能力。這麼做可以讓國家不需要採取可能扼殺創新的專制統治，也能在國與國之間的衝突中占上風。最接近「恰到好處情境」（Goldilocks scenario）的大概就是北海地區，先是尼德蘭，然後是英格蘭。由於這兩個社會率先開展出左右世界發展的核心元素，經濟史家皮爾．弗里斯因此有充分的理由相信，「國與國之間及國家內部的社會權力來源未遭受壟斷且同時緊密互動的關係」，乃是「西方全面興起的根本原因」。[132]

制度導致變遷持續發生，社會因此開始邁向現代。有了被政治學家林瑞谷（Erik Ringmar）稱之為「促成條件」（enabling conditions）的制度化機制，才能發現、影響與容納更多的潛在可能。多樣性有助於發現潛在性，因為多樣性容許各項嘗試，使零散分布但彼此連結的政治體能以不同的方式解決共同的挑戰，並從中吸取教訓。同樣的，國家內部的多元主義也因為削弱了正統學說，所以能起到相同的作用。[133]

適當的促成條件源自於特定活動的制度化，這種制度化培養出各種辯論與創新：包括國會、學會、專利局與經濟組織，從公營銀行、合股公司與特許法人，到股票市場與債券市場。資本主義通常只能在資本主義社會繁榮發展，而這一發展有賴於菁英的支持。也就是說，現代化發展必須仰賴經濟與政治秩序的協同合作，才能持久前進。[134]

加拿大社會學家約瑟夫．布萊恩（Joseph Bryant）的觀點簡單扼要：「剛起步的歐洲結合了重商帝國主義，以及由科技驅動的資本主義生產與交易的轉變過程，這是個決定性的發展。」即使西歐的政治經濟本身並未創造出工業化，卻「創造出一套制度，可以在工業化出現時促使工業化進一步發展」。[135]

布萊恩的看法相對保守。因為若沒有歐洲列國體系的競爭壓力，工業化與化石燃料經濟有可能一飛沖天嗎？或者，兩者的發展難道不會被延宕嗎？

我們沒有必要在此深究這些反事實情境，因為目前這個問題沒有太大的意義。無論制度是因為提供必要的誘因而促成了工業革命，或者制度「只是」容許工業革命順利發生，制度都是關鍵。[136]

「一家天下」的中國

帝國制度的邏輯

歐洲的經驗要如何與傳統帝國的條件進行比較？為了回答這個問題，我要先探討中國，然後再簡要處理其他例子。從中國的例子可以看出幾項關鍵：一、帝國的綿延不絕如何延續無效率的制度安排與阻礙變遷。二、壟斷性決策的缺點。三、缺乏持續競爭，反而凸顯出持續競爭的影響。四、持續不斷的帝國傳統帶來的整體影響。[137]

我們不應該將已經過時的敘事照單全收。從將近兩千五百年前的古希臘時期以來，歐洲以外的帝國就常被描繪成專制與壓迫。即便是現代描述，也常沉溺於這種東方主義式的比喻之中。不僅如此，這種充滿偏見的觀點也產生了一長串中國與其他亞洲社會「出了什麼問題」的清單。艾瑞克・瓊斯未經深思熟慮所說的「專制的亞洲制度扼殺了創造力」，就是這方面的代表。[138]

修正派學者批評這種說法，提醒我們「是時候該埋葬這些『專制式』的解釋」，並代之以較為細緻的評估，例如強調帝國統治的內在邏輯特徵，認為這些特徵甚至可以為民眾增添福祉，只是無法像歐洲社會那樣產生開拓未知領土的動力。[139]

趙鼎新提出了迄今為止最具野心的詮釋，他企圖從長期社會權力主要來源的分布來說明中國的宏觀社會演進。根據他的說法，戰國時代日趨激烈的軍事競爭壓力，產生了一種工具理性文化，官僚制度、各種思想傳統與經濟活動並肩擴張，但最終國家權力還是壓倒一切：貴族的自治權遭到壓迫，法家思想成為指導原則，商人依然在政治上毫無權力。[140]

我們在第九章提到，一旦國與國之間的競爭逐漸消退，僵硬的法家學說就將難以為繼，並被漢朝時的儒法混合學說取代。由此產生融合了政治與意識形態權力的「高度穩定」，確保對軍事權力的控制，並且將經濟權力邊緣化。統治者與儒家士大夫的共生關係創造出一種極具韌性的強大政治體系。帝國的統一削弱了士大夫的自主權，但後者卻因此獲得文化霸權與尋租權力做為補償。除了少數例外，以下我們會談到，國家既不禁止也不鼓勵私營的商業投機活動。商人無法取得權力基礎來捍衛自己的利益，只好被迫聽命於儒家的士大夫。[141]

趙鼎新特別強調，就算這套模式後來出現偏離（例如藩鎮割據與政治分裂的時期，或晚唐到宋朝這段轉折時期，城市都曾變得更商業導向），也無法否認這套模式仍長期存在的事實。更重要的是，這種模式能夠與「中國整體及其他文明（尤其是西方）進行比較」。[142]

普世帝國與占有支配地位的信仰價值體系，這兩個孿生霸權緊密交織。北宋復興儒家，大幅擴大科舉考試，為參加科舉者設立四百多所學校，協助建立以儒家正典教育而非以世襲財產為基礎的士紳階級。菁英階層緊緊依附於國家，且無論是否擔任公職都支持國家。無論哪個政權掌握權力，菁英階層都會繼續向政權效忠。[143]

在此同時，由於缺乏能刺激新財政形式需求的軍備競賽，導致中國的「資本家」一直是從屬的社會群體，既沒有能力讓整體利益服從自己的階級利益」，甚至也沒有辦法與國家權力相抗衡。[144]

一般來說，中國城市享有的自治權要比歐洲城市少得多。這些城市的命運與王朝更迭，以及中央集權的政治與行政決定密不可分。由於缺乏政治地位，商人便有很強的動機透過親屬關係加入官員階級、與士紳家族結盟，以及參與地方層級政府。無論商人可以獲得何種正式地位，這些地位都必須透過公共服務與接觸傳統上的權力掮客才能取得。在中世紀與近代早期的歐洲，金融家、商人與手工業者協會可以支配地方政治，海外貿易公司甚至擁有自己的軍隊，中國商人與他們相比可說是天差地別。[145]

低下的財政能力扼殺了國家形成與發展性的政策。白若文（Loren Brandt）、馬德斌與湯瑪斯·羅斯基（Thomas Rawski）發展出一套簡單模式，把內部叛亂與外力入侵設想成對帝國權威與統一的最大威脅。以私有土地為主要對象的賦稅制度，引發了尋租官員與地主間的衝突，而後者往往與地方士紳締結同盟。此外，中央集權的階序體系要在如此廣大的領土上運作，不可避免在監督上產生困難，國家代理人因此很難從內部制衡。結果造成非正規的賦稅、官員的掠奪與權貴的逃稅，這些都侵蝕了中央權威的地位。[146]

大致來說，中國正規的稅率很低，而官員人數相對寡少。事實上，從宋朝到清朝的公共歲入是衰退的，而同期的歐洲則是增加。這就限制了福利計畫與國防支出，使人們轉而將重點放在維護現狀而非強化績效。仰賴非正規或事實上財產權的結果，也使得法律主要是由社會階序與地位來決定，商法與民法付之闕如。因此，對財產擁有者來說，真正重要的不是財產權本身，而是政治地位：「中華帝國的財產權基礎，特別是在商業領域，是建立在政治而非法律之上。」[147]

在這種狀況下，企業家不得不與官方妥協：富人取得頭銜，窮人仰賴恩庇網絡，而商人追求國家允許的壟斷。商人團體的領袖必須控制底下的成員與上繳稅捐，還要擔任官員的代理人，避免提出不受歡迎的主張。對這些團體來說，重點不是特許，而是恩庇關係。[148]

總之，這些因素有利於「意識形態與經濟誘因相互提攜」形成的長期均衡。對儒家教育的投資，與官員享受的地位、權力與收入緊密連結，這個連結也吸引了富裕的商人。接踵而來的「經濟資源、身分地位與政治權力的相互結合，形成穩固的堡壘與阻礙改革的巨大障礙」。這就產生了一種高度穩定、韌性極強且墨守成規的制度。

帝國在經歷週期性的衝擊之後總是能再次恢復，顯示統治者與各個菁英群體（從官員與學者到商人與地主）之間利益重疊的程度，他們結合成「緊密的既得利益網絡，一旦關係建立，就極難打破」。整體來說，這些結構因為缺乏願景、財政能力與行政支持而阻礙了經濟發展。此外，這些結構也維持了恩庇經濟的存續，彼此連鎖的菁英利益主導了恩庇經濟，從而阻礙變遷的可能。[149]

其他學者也提出類似看法。再舉一個例子，王國斌比較了中國與各階層分裂的歐洲。在歐洲，不僅出現國與國之間的競爭，就國家內部來說，也出現中央集權政府需要與「身分明確的特定群體」進行協商的情況，「這些群體在國家提升能力榨取資源與發動戰爭時，對國家提出各項權利主張」。而在中國，菁英與一般民眾「從未享有制度化的自治權力地位，因此無從對國家提出各項權利主張以抗衡國家的持續擴張」。中國官員與菁英的結合，反而「將國家與社會綁在一塊」，持續支持「垂直整合的大一統國家」。[150]

分裂：例外證明規則

在我們仔細探討這些特徵與這些特徵對發展的影響之前，我們應該先思考中國史上的反例，也就是分裂時期往往產生許多創新。中國短暫的分裂，凸顯出普世帝國的保守氣候，因此進一步支持分裂有助於創新的論點。說得更清楚一點，多中心主義與戰爭壓力有助於商業發展，因為競爭使政治體有機會接受新的影響與嘗試。如貝許勒（Jean Baechler）指出的，「每次中國陷入政治分裂，資本主義就開始繁榮發展。」[151]

從國家結構的重建到宣揚各種世界觀的諸子百家，戰國時代表現出蓬勃的創造力。中央集權的措施相對激進，將土地持有的方式標準化，對一般民眾進行動員，並且斷絕菁英對地方的控制。而這些措施也激勵各國做出選擇，因為如果不能成功適應與仿效，就有遭到消滅的危險。這個競爭的列國體系創造出充滿生命力的觀念市場，遊說之士可以任意在各個恩庇者之間遊走。或許最重要的是，在戰國時代，就像日後歐洲的經驗一樣，各國都清楚承認為了競爭而組織與增加資源是可取的。[152]

對比之下，秦漢帝國卻全力支持重農政策，獎勵農業而壓抑商業。某方面來說，秦朝征服中國也壓制了中原商人階級的興起（當時的中原是經濟最發達的地區）。城市轉變成「官吏統治的堡壘」。當西漢覺得需要動員更多的資源時（其中最著名的就是在漢武帝時期），政府便試圖以國營機構取代民營企業。[153]

幾世紀後，漢朝的滅亡使華北遭受外族統治，較為安全的南方因此獲得鬆綁。五到六世紀的南朝時期，南方首都建康成為重要的商業樞紐。與過去嚴格控制的漢朝首都相比，這座南方都城一反舊日的傳統，擁有較多的市場與較少的內牆。南方港口廣州與東南亞、印度乃至於歐洲進行貿易，佛教便是從這座港口傳入中國。總而言之，南方的獨立國家「刺激出穩健的經濟成長」。之後隋唐的統一放慢了商業發展，並且把建康視為敵對的權力中心而剝奪這座城市的地位。[154]

晚唐之後，創新的發展又以更大的規模捲土重來。八世紀中葉的亂事使帝國僅存名義上的統一，也讓中央政府必須仰賴支薪的士兵，這些士兵有些是從帝國以外徵調來的。商業化的戰爭提高了對稅收的需求，而稅收的需求則大大加快貨幣化、間接稅與徵稅專業化的腳步。在此同時，衰微的國家力量也放寬對商人與私營商業的限制。[155]

十世紀上半葉，海上貿易開始蓬勃發展。從唐帝國滅亡的瓦礫堆中興起的沿海獨立王國南漢（位於廣東）與閩（位於福建），開始建立「對貿易前所未有的依賴」。由於強大的地主阻礙土地稅的徵收，這些王國於是改以城市人頭稅與通行費取代土地稅。[156]

即使北宋終結了中國沿海地區的政治多樣性，但重建的帝國需要維持一支人數超過百萬的軍隊（至少書面上是如此）才能抵禦北部邊疆與對抗來自滿洲、中國西北及內蒙古的遼與西夏。為了實現這個目標，政府必須拓展貿易。與之後歐洲國家的狀況類似，軍隊消耗了五分之四的歲入。一一二〇年代晚期，當女真人取得華北，宋帝國的安全變得搖搖欲墜。因此，即使不存在完整的列國體系，光是讓帝國遭遇一次充分競爭的壓力，帝國就會開始支持有助於商業發展的政治與制度。[157]

為了面對這些挑戰，宋帝國開始改善自身的財政體系。間接稅在政府歲入占的份額，從十世紀末的三分之一，提升到一〇七〇年代的三分之二。而且針對都市消費與遠距貿易課徵貨物稅。龐大的都市成長、解除限制的市場、水路運輸與交易的大幅擴張，以及日趨複雜的金融中介，都刺激了經濟景氣發展，使國家的財政充盈：從十世紀末到十一世紀晚期，稅收的白銀價值增加了一點四倍。[158]

經濟景氣也提高了借貸需求。從晚唐以降（這個時期的國家能力逐漸衰退），商人發展出新穎的金融工具。北宋政府學習這些創新，引進交子來支付供應商。交子在流通之後，形成投機的證券市場。南宋急需增加收入，於是發行會子以擴大市場。到了十三世紀中葉，流通的票據相當於國家歲入的七倍。借貸因此成為支持戰爭的主要手段。

這並未創造出可運作的債券市場：票據短期內就可贖回，可以當成抵用券或在當鋪交易，而當對蒙古的戰爭升溫時，票據也因為惡性通膨而貶值。即使如此，票據確實以破壞式創新的方式偏離了以鑄造銅錢為主的保守帝國傳統，這在別的狀況下絕不可能發生——事實上，在蒙古統治結束後，這種現象再也沒有出現。一如史家劉光臨所述，軍事需求使宋朝成為「或許是中國財政史上最具創造力的時期」。[159]

但是，這一切終究有違典型。理由很簡單，像歐洲那樣長期國與國競爭的狀況，在中國歷史上相對罕見。中國經常處於統一狀態，除了四世紀到六世紀出現混亂的分裂，就只剩宋朝是唯一的例外。傳統上，中國發生衝突的主要來源是內亂與外患，而不是對稱的國際戰爭。從西漢時代開始，與草原民族的不對稱競爭就成為衝突主流。五世紀到六世紀，北魏與柔然作戰。七世紀，唐朝的對外戰爭也始終處於壓倒性的優勢。明朝與蒙古人的衝突陷入僵局，於是大修長城。清朝終於成功平定大草原，開啟一段看似和平的時期，只不過這段安寧的時期又再度被內亂打破，亂事的殘暴程度遠非前來干預的歐洲人所能相比。[160]

經濟學家喬凡尼・阿銳基（Giovanni Arrighi）的說法也許誇大了一點，他認為中國有一段「五百年的和平時期」。大約從一四〇〇年開始，除了大草原的邊疆地帶發生的少數戰事，就只剩與日本及之後的英國發生一點零星衝突，還有與東南亞的極少數戰役。儘管如此，阿銳基的說法還是掌握了一項重要事實：從十六世紀到十八世紀，中國與非大草原的敵人發生戰爭的時間只占這段時期的百分之三。帝國的龐大量體確實震懾了潛在的國家級敵人（如果當時中國周圍地區還存在著國家級敵人的話）。[161]

不過，對抗大草原敵人的戰爭與防禦措施也很昂貴，這方面的支出一直要到一七六〇年代之後才結束。此外，戰爭也未完全邊緣化，清朝尤其營造出一種尚武的形象。蒙古人統治時期，華南地區的戰爭主要是圍城戰，或在河川與海上作戰，火藥武器與造船技術因此大為發展。然而，一旦這些衝突在一三六八年後結束，接下來的戰爭主要面對的是騎馬者，中國的火器科技因此停滯不前，海軍需求也跟著減少。對比之下，歐洲則是持續而穩定地增加火器與海軍的投資，為科技與金融創新提供強大的刺激。因此，即使中國在帝國晚期仍進行戰爭，但戰爭的不對稱性質卻大幅減少了發展的利益。[162]

壟斷性的決策

在實際已無競爭對手的統一帝國與大型地區霸權的統治下，競爭的壓力逐漸消退，而獨特的中央集權決策規模逐漸擴大。帝國不一定如過去西方學界描繪的總是專制獨裁，這並不是因為帝國組織不是圍繞著中央集權的專制君主而產生（帝國確實通常如此），而是因為專制主義在一開始也需要與地方菁英聚集起來的權力妥協。然而，這並不表示帝國的權力中心就此失去威脅性，或是面臨外來危險時還需要考慮民眾福祉與徵詢公民社會的意見。相反的，中國的歷史顯示，統治者與帝國內部機制完全有能力做到這一點，逕自下達所有人必須一律遵守的命令，有時甚至因此對經濟造成嚴重的破壞。

明朝初期的政策就是惡名昭彰的例證。十四世紀晚期，創立明朝的明太祖大力推動反市場改革，試圖恢復自給自足的村落經濟以消滅市場交易造成的不平等。為了達成這個目標，他首先恢復實物支付，並且以勞役取代貨幣移轉，接著重建自給自足的軍事屯田制度，然而這種制度早在六百年前的唐朝就已經過時。[163]

明太祖的措施，與許多創新制度達到巔峰的南宋時期形成強烈對比，後者的創新制度包括「商業仲介、貸款融資、匯票、預售契約、有限合夥與合資企業」。俗語說，過往業績並不代表未來表現，至少從壟斷性的政府可以在政策上做出一百八十度的反轉而不用擔心後果來看，這句話說得一點也沒錯。[164]

從十四世紀晚期到十五世紀中期，市場經濟轉變成計畫經濟的結果，出現廣泛的去貨幣化，土地稅改以實物上繳。強制遷徙與勞役抑制了市場互動，許多農民轉而以物易物。從宋朝開始的市場導向經濟，到了蒙古統治時代依然持續，但卻被明朝完全放棄，激進程度可見一斑。[165]

從各項經濟指標可以看出這些政策帶來的反效果：明朝初年的人均所得居然遠低於十一世紀，就連經濟最發達的江南地區也不例外（超過半數土地因充公而影響耕作，農村家戶所得因而下跌）。在其他地區，糧長制的廣泛施行也造成嚴重經濟衰退。基礎設施投資集中於大運河，而由於修築運河是為了將稅糧運往北方，這些工程繞過許多次級城市，使這些城市無法利用運河進行交易。沿海運輸較為廉價，卻遭到忽視。資源運往北方，地方投資得不到這些資源，產生大量的機會成本。在華北地區，為了加強軍隊能力，計畫經濟投入大量心力支撐軍事屯田，而且強迫農民遷徙開墾荒地。[166]

經濟史家萬志英（Richard von Glahn）的看法值得大篇幅地引用，不只是因為他的聲望，也因為他對中國的經濟發展大體而言抱持著樂觀態度：

> 明朝初年的抑商政策，連同沒收江南菁英的財富，對江南地區繁榮的市場經濟造成嚴重破壞，同時也讓蒙古統治時代以來持續成長的商業與都市步入衰退。商業與工業崩潰，因貨幣體系管理不善而難以發展，海外貿易急速衰微，世襲的匠戶制度阻礙勞動的合理配置。都市人口減少，許多市集城鎮淪為鬼城。從蒙古到明朝的創傷轉折，導致了經濟蕭條，這種狀況持續超過一個世紀。[167]

即使缺乏專制主義以外的其他合理選項，仍無法掩飾專制主義的種種局限。明朝初年推動的各項有害政策顯然不可能長久維持：共同體的勞動組織、世襲的職業團體與強制勞役，這些政策到了十五世紀已無以為繼。市場活動與價格在十六世紀逐漸恢復，但還是比不上宋朝的榮景。重要的是，這類全面干預政策的推動，唯有霸權帝國才做得到。[168]

同樣的問題，也出現在霸權帝國由上而下針對如何與外在世界來往制定政策。在第十一章，我要稍微花一點時間討論十五世紀初龐大的海上遠征，以及這些遠征的突然中止。這些遠征充分印證教科書式的壟斷性決策：耗費鉅資卻毫無實質獲利，一旦朝廷的政治偏好轉變，遠征也就隨之中止。[169]

缺乏競爭的霸權帝國頻繁下達貿易與航海禁令：競爭壓力的減少，不僅降低國家從商業交易獲利的需要，也讓國家有更多餘裕通過有害的規定。蒙古政權先是決定由國家壟斷海外貿易，然後又禁止民間商人與外國交易。明朝也採取一樣的措施：十四世紀晚期，沿海居民不准出海。只有國家派出的「朝貢使節團」才能前往海外。十五世紀，針對民間海上商業下達更嚴厲的禁令，有時甚至連沿海運輸也遭到禁止。[170]

十六世紀，明朝曾數次禁止建造與行駛大型遠洋船隻，而且授權沿海官府摧毀這類船隻與逮捕船上商人。政策的反覆不定凸顯出壟斷性決策善變的本質。一五六七年，民間海外貿易禁令部分廢除，十七世紀初又下達禁令。清朝初年與臺灣作戰期間再次下達禁令，直到一六八四年為止。在短暫鬆綁之後，一七一七年，清朝又下達禁令，直到一七五七年廣州被指定為唯一合法與外國貿易的口岸為止。漢學家伊懋可（Mark Elvin）指出，正因帝國量體如此龐大，才有可能推行這樣的政策，因為小國無法輕易閉關鎖國（真這麼做也將付出高昂的代價）。[171]

十四到十六世紀正值歐洲海外商業如火如荼拓展之時，中國下達的禁令雖然無法完全阻止貿易，卻能減緩貿易。即使國家無法期望禁令能徹底根除民間的投機事業，但禁令確實構成官府與商人之間的敵對，使政府無法獲得稅收，交易規模受到限制，貪汙腐敗橫行。商業活動入罪化造成額外成本，因為商人會為了規避監督而賄賂政府官員，讓他們睜一隻眼閉一隻眼。這些從事航運的強悍人士未能與國家締結歐洲式的夥伴關係，「原本可以向外釋放的精力，只能轉而投入於走私買賣，與政府軍隊對抗」。[172]

地主士紳保護走私者，從貿易禁令中獲利。士紳的介入強化了中國社會的抑商色彩，使商人仰賴恩庇者。相較於特定貿易形式在某個時間點獲得允許或遭到禁止，這種結構趨勢對長期的影響更大。因此，即使商人與官員在晚清建立起共生關係，也不足以改變這個長期趨勢。[173]

商業貿易若要在中國開展成果，關鍵不在於能否獲得國家協助，而是能否成功克服國家的阻力。即使在政治氣候相對有利於商業的宋元時代，福建沿海地區的商業發展依然受阻，因為海洋法、財產法與契約能否得到執行，完全取決於「地方政府不會特別貪汙腐敗」。[174]

在帝國晚期，中國商人一般不會得到國家的積極協助。在全球開始整合的關鍵時期，中國的商業卻處於既自由放任又受到限制的狀態：既非由「國家帶動」，也不像歐洲重商主義體系以海軍力量支持商業那樣獲得保護。在這方面，中國的經驗也代表著所有傳統帝國的經驗：無論領導人是支持、漠視或敵視貿易，這類政治體總是缺乏制度化的資產階級權力。帝國的影響力原本可以激勵出商業與成長導向的政策，但終究未能走上這條路。[175]

就連國內交易也是如此。在帝國晚期的中國，商人從事的穀物貿易受到限制，他們必須把穀物囤放在國家糧倉與救濟倉裡，獲利因此大受影響。從事鹽鐵專賣的商人團體受到政府的嚴密監督，只能扮演經銷商的角色，執行國家外包給他們的任務。專賣在歐洲較不常見，企業家幾乎無法從中得到獲利機會或「特權地位」。即使中國的國內貿易只會課以輕稅，政府依然關切高獲利與商人的財富問題，隨時可能獨斷地加以干預。與歐洲不同，中國商人與其說是國家的夥伴，不如說從屬於國家，地位也因此更缺乏保障。[176]

在其他領域，壟斷性的決策也造成額外負擔。舉例來說，一再遷都阻礙了都會中心與鄰近地區的累積成長。思想的禁止也是一個例證。中央權威對於不受歡迎的思想，會毫無顧忌地以命令與武力加以打壓。明朝的審查制度對公開請願者施以懲罰與虐待。清朝建立的征服政權對於反滿情緒特別敏感，因此鼓勵從事與政治無關的保守學術研究。[177]

公然打壓的做法由來已久，從秦始皇帝焚燒無數歷史與教育書籍開始（真實性或許值得存疑），到有著明確證據的一七七〇年代大量焚燒書籍，後者造成兩千六百六十五種禁書有五分之四永久消失。但這類措施整體來說畢竟不如歐洲史上不斷出現的教義與思想迫害來得普遍而制度化。帝國權威壓倒性的力量似乎遏止了衝突的產生：漢學家卜德（Derk Bodde）提出一個巧妙的說法，他認為西方壓迫者相對較弱，因為壓迫行動會受到內部社會權力區分的限制，而且受迫臣民也可以逃往國外，異議人士因此比較容易發起抵抗，反而導致較為激烈的鬥爭。對比之下，中國知識分子對於帝國控制的接受已經成為深刻灌輸的習慣，因此降低了公開衝突的機會。[178]

最後，特定政策是否促進或阻礙經濟發展與創新只能算是次要問題。關鍵其實是結構性因素導致損害的可能性與缺乏多樣性。以前者為例，惡意干預的「規模」其實不是重點，重點在於「政府得以在任何時候出手干預」。[179]

這類國家干預的歷史悠久。公元九年，王莽篡漢，據說他推動一連串雄心壯志的經濟改革，從土地分配、禁止民間從事土地買賣與廢除奴隸制度，到沒收民間儲藏的黃金與發行以信用為基礎的錢幣（最終因種類繁多導致窒礙難行）。這場改革造成的損害難以估計。相關史料出自公元二十三年，也就是漢朝重建之後，記載內容表現出對王莽政權的極度敵視，因此可能誇大了王莽政權的缺點。即使如此，我們還是能捕捉到篡位者決策時反覆無常的特質：有些措施甚至還沒等到政權滅亡就已經廢除。帝國宮廷頒布的激進敕令，造成了巨大的顛覆與破壞。[180]

北宋採行的「新政」是另一個說明「損害的可能性」的例子，而且因年代較近而有較詳實的紀錄。一〇七〇年代，宰相王安石領導的派系推行新政，希望能提升國家能力，並透過廣泛的干預促進商業發展：國家增加金錢供給，控制價格與薪資，同時也貸款給農民。政策的施行斷斷續續，因為受到改革派與反對派持續權力鬥爭的影響，雙方都使盡全力迫害對方。在經過數十年政策的搖擺不定之後，一一二〇年代宋朝的覆滅與南遷使得新政的名聲掃地，從此再也未能恢復。同樣的，關鍵不在於這些措施的實質內容，而是面對壟斷性的中央極其反覆無常的權力動態關係時，這些措施如何決定與反轉。[181]

缺乏多樣性則是更為嚴重的問題：帝國的長期存續早已降低了政策取向的多樣性，這一點可以從中國傳統強調保存農業經濟與自由農的地位清楚看出。自由農被視為帝國的基石，皮爾·弗里斯把這種觀念稱為「家長式農業制度」（agrarian paternalism），也就是國家的主要責任是穩定社會秩序與透過保護家族田產來確保民眾福祉。[182]

從中國歷史一再爆發大規模農民叛亂來看，如果國家的重大目標是維持既有安排，那麼這個前提確實非常合理。中國的政策反映了自孔子《論語》以來的古老關切：「丘也聞，有國有家者，不患寡而患不均，不患貧而患不安。」[183]

鄧鋼把這個保守立場提升成定義中國經濟史的最重要原則：農業支配、自由農，以及從戰國時代以來持續演變且隨著時間顯示出高度恢復力的重農政府，這三者共同組成了「三元結構」。宋朝對商業的擁護成了這套常規下的唯一例外。對比之下，歐洲的農業生產體系與社會關係發展就有著各種不同的差異。光譜的一端是俄國的農奴制度，光譜的另一端則是英格蘭圈地運動與勞動力無產階級化，推動了理性主義與對鄉村地區的資本主義式剝削。[184]

中國式的農業主義有利於龐大帝國與統治官僚的存續，卻與積極推動商業發展格格不入。因此，中國的商人與企業家不僅受制於前述從上古時代流傳下來的社會權力安排，而這種限制同時也是帝國自我保存與永久存續的直接結果。政府的家長式農業制度偏好凌駕於個別王朝之上，顯示出中央集權壟斷性決策的真正影響：這些選項之所以能夠長期發揮影響，其實是因為中國制度上並不存在能夠容納其他選項的政治空間（反觀歐洲的競爭性列國體系卻提供了大量這類空間）。

賦稅與腐敗

即使如此，中國現代化發展的障礙與其說是政治決策（無論是持續不變還是反覆無常），不如說是帝國普遍偏好的「自由放任」。正如許多帝國一樣，中國的帝國也是「頂石型」國家，座落在地方與區域社會的頂端。要說有什麼不同，那就是帝國與地方往往隨著時間而逐漸分離。明清兩代吸收了過去無數改朝換代的教訓，發展出一套完善的統治風格。由於缺乏激烈的外來競爭，明清帝國因此滿足於分裂的財政運作、寡少的中央稅收與低落的國家能力。[185]

在這種環境下，自由市場只能在善意的忽視下運作，支配市場的群體幾乎完全不信任帝國制度，而是仰賴家族與氏族。結果，企業家能得到的支持完全來自於民間，缺乏公共的贊助。財產權保障薄弱，契約執行不彰。反觀歐洲卻是由國家爭相提供正規服務，因為國家可以從契約登記與爭端解決中收取稅金，而中國政府卻不重視這類制度。[186]

低落的國家能力對財政部門造成不利的影響。對比之下，歐洲的信貸市場因從事戰爭的政府發行大量公債而獲利，而中國卻不存在這類刺激。中國帝國直到十九世紀中葉才發行公債，且一般很少有借貸需求，因為要不是稅收足以支應支出，就是潛在的放款人不願意在危機時提供資金。在危機期間，政府會操縱貨幣與掠奪富人，使商人飽受欺凌而不願相信政府。

此外，帝國本身的龐大規模有利於以地區間資源的移動（亦即空間的轉移）來取代信貸（亦即時間的轉移）。畢竟，將廣泛散布的必需品集中起來的能力，乃是大型帝國的關鍵特色。然而，這也代表帝國沒有誘因去發展更複雜的解決方式，因此也無從進一步激勵創新與成長。中國的財政制度因此長期處於未發展的狀態。[187]

有限的民間借貸需求也助長這種結果發生。不僅居於支配地位的勞力密集水稻耕作與家庭手工業無法產生龐大的融資需求（因為需要融資的時候能從家族與氏族中獲得資源），帝國也起到重要影響。我們接下來將會提到，家族與氏族社會重要性的提升，與帝國統治的維繫緊密連結。[188]

中國由於軍事開支較為有限，因此稅率比近代早期歐洲大部分國家還低。基於各種原因，清朝的人均稅收實際上是衰退的：稅金通常未能充分徵收，稅額的決定仰賴明朝留下來的登記內容，而且只是粗略更新，新開墾的土地往往未登記。此外，貪汙腐敗橫行也讓實際徵收的稅金大打折扣。[189]

這些趨勢由來已久。新成立的王朝成功推翻既有利益，但到了統治後期，菁英團體已經學到如何隱匿資產，而這也削弱國家的能力，使國家無法因應在菁英掠奪與人口壓力下引發的民變。唯有在宋朝或十九世紀中葉之後，嚴重的外患或內亂才促使國家走上強化財政之路。[190]

尤其在中華帝國晚期，新儒家家長式農業制度與低財政收入使國家的基礎設施能力降到低點，「限制了沿著熊彼得曲線進行經濟成長的潛力」（這種成長源自於對既有做法的創造性毀滅），而傾向於較難長久維繫的由市場擴張、密集化與勞動專業化驅動的斯密式成長。弱小的財政體制也「讓國家沒有餘力提振經濟發展」，特別是穀倉這類消費為主的福利計畫完全耗盡了民間的資金。[191]

國家能力低落與貪污橫行，兩者結合起來削弱了對工業與商業財產權的實質保障。感謝史家陳強，他認為實質稅率是保障財產權的一項措施，並提出了一套深具啟發性的實質稅率模式。「實質」稅負由中央稅率、地方稅率與治安稅率構成。中央稅率較低，由帝國政府徵收使用。地方稅率是官員的尋租。治安稅率則可以定義為治理不佳與盜賊橫行的成本。一旦這三種互補的稅率合併起來，中華帝國晚期的實質稅率不僅偏高而且經常變動，更受到官員更動的頻率與治安條件變化的影響。[192]

宋朝在競爭壓力下，在財政上做出極大的努力而且給予官員適當的薪資，以此來防堵尋租與治安風險。明清兩朝則是有計畫地強調儉約與簡化，中央稅率維持過低，反而導致實質稅率升高的不良後果。地方官員薪水過低與員額過少，造成制度化的貪汙腐敗，使得官員向商人與製造業者索取規費。貪汙所得達到官員薪俸的數倍以上，顯示問題的嚴重性，司法制度的無能更讓問題雪上加霜。[193]

結果，中華帝國晚期的實質稅率非但沒有比財政積極的宋朝來得低，反而因為無法預測的偶然而帶來更沉重的負擔。這個原因甚至可能導致了明清時代的去都市化現象：官員集中在大城市，對商業帶來負面效應，製造業者與銀行家紛紛離開城市前往較邊陲的地區。[194]

綜合以上，帝國享有的霸權地位是最重要的關鍵。宋朝的決策是受到來自北方邊陲地區日趨嚴重的競爭壓力刺激所致。因此，在意識形態上支持小型中央政府與輕徭薄賦並不是導致中華帝國晚期傾向於消極無為的主因，缺乏嚴重的挑戰才是。[195]

中國施行看似出於善意的政策，例如低稅率、對經濟大致抱持著不干涉的態度，以及對廣大民眾提供基本的糧食賑濟計畫，但這些政策反而限制了經濟發展。西歐永無止盡的戰爭、不斷提高的賦稅與嚴格的保護主義造成大量的傷亡與破壞，最終反而促進了經濟發展。歷史上最諷刺的事莫過於此。[196]

公司與氏族

中華帝國晚期的財產權制度不利於建立垂直與水平整合的大型工業與商業公司。即使當時公司的運作比過去學界認為的來得好，但依然受制於非常有限的法規框架，而這樣的法規框架使既有的法律難以制定出商務規則。[197]

宋朝以來親屬網絡的興起妨礙了土地所有權的集中（因此影響了農業生產力），更廣泛推動以親屬為基礎的集體主義價值體系、親屬道德與針對個人的法律執行模式。在同一時期，西歐的法人組織模式則推動了普遍化與個人主義的價值體系，以及普遍化的道德與不針對個人的法律執行模式。這些差異形塑了中國的制度演進，限制了民法、商法、信貸與非個人交易的發展，而這些都是支持西方創新與進步的特徵。經過一段時間的發展，親屬信託產生了一種仰賴利息為生的心態，重視廣泛的財產配置更甚於個別公司的效率，同時協助無法獲利的事業繼續經營。[198]

氏族網絡的長期擴張與帝國的存續密不可分，但國家的直接推廣並非導致氏族網絡擴張的關鍵：雖然宋朝允許非貴族出身之人祭祖，明朝也將這項權利推廣到平民身上，而清初更是積極鼓勵這種社會組織模式，但這些國家措施主要都是在回應既有的民間活動。整體來說，帝國並沒有足夠力量完全掌握這種極為廣泛的氏族網絡。

帝國對氏族網絡的影響比較間接。十世紀初，唐朝貴族遭到消滅，之後重建帝國的宋朝官員渴望建立能夠標誌自己身分與充當晉身階的網絡關係。這種傾向逐漸擴散到菁英圈子之外，懷抱企圖心的平民也紛紛仿效官員的做法。帝國的反覆重建維持了這項潮流，促使氏族網絡逐漸傳布開來。[199]

歐洲經濟起飛之時

當擴張中的歐洲逐漸趕上甚至超越中國時，中國是否已經開始朝著較具經濟成長前景的方向前進？修正派學者強調，在清朝統治期間，中國的各項限制已經放緩，開始出現經濟成長。儘管英國已在某些衡量標準居於領先地位，但十八世紀晚期的中國與西歐同樣有著優異的市場表現。而且我們也不能忘記，當時的中國持續享有和平，而歐洲的戰爭與貿易壁壘並非只是促進經濟發展，也同時構成經濟發展的負擔。[200]

即使如此，絕大多數的指標清楚顯示，經濟的大分流已經出現。中國經濟最發達地區的實質薪資，比英國、尼德蘭這兩個歐洲經濟最發達國家來得低。中國的實質所得，在十八世紀到十九世紀出現了下跌。在資本主義特徵還未發展的狀況下，英國受薪工人在勞動力上的占比就已經遠高於中國。中國的商業網絡並未與絕大多數鄉村地區連結，因為北方的運輸成本太高且缺乏水路。到了十八世紀晚期，中國各地區之間的整合反而開始出現衰微。[201]

就連中國最進步的長江三角洲地區也仍持續受到馬爾薩斯人口論的限制，而農業則受到農民家戶與統治階級的支配，後者以掠奪農民家戶為生。生活水準與農業勞動生產力下滑。反觀在英格蘭，工人相對不受非經濟力量的壓迫，他們仰賴市場關係，在激烈競爭的限制下工作。[202]

雖然當時已經存在永久性的合夥公司，但中國仍缺乏能正式交易股份的市場，而合夥公司仰賴的是權益投資，而非信貸。當鋪依然是主要的信貸來源，當時中國不存在歐洲意義下的真正銀行。中國的利率與資本實質成本遠較西歐為高，部分原因與此有關。[203]

因此，這些狀況頂多反映了趙鼎新所謂的「王朝中期繁榮」，也就是經濟從明清之際的戰亂中逐漸恢復，開始進入到穩定的大型帝國進行務實管理的中間時期，此時人口成長尚未破壞斯密式成長，也沒有出現經濟徹底轉型的可能。從這個角度來看，我們有充分的理由相信，就算歐洲侵略者未曾出現，清朝中葉的繁榮也將會走向衰弱，就跟過去有過全盛期的各個王朝一樣。事實上，一七九〇年代的川楚教亂（足足比鴉片戰爭早了半個世紀）就是王朝中衰的典型徵兆。[204]

回顧過去兩千年的帝國歷史，可以提供大量證據支持這個看法。平均而言，從新王朝建立到大規模民變爆發使王朝走上衰落，大約需要兩百年的時間。清朝時的第一場民變是在王朝建立後約一百五十年出現，半個世紀後更爆發了災難性的太平天國之亂。相對來說，這些危機來得相當準時。[205]

說得更具體一點，十八世紀末婚男性人口的成長早已顯露馬爾薩斯式壓力的徵兆，隨後爆發的饑荒與民變只是這個漫長過程的頂點。即使這些人口與資源的限制程度仍有爭議，我們仍可毋庸置疑地認為（用萬志英的話來說），「在生產科技上缺乏重大創新」使農業基礎承受越來越沉重的負擔。在此同時，英格蘭卻因為農業革命而大有斬獲。農業革命不僅支持人口的持續成長，也支持了都市化。[206]

綜合以上，細部的變化不足以影響整體。一個簡單的反事實情境即可說明其中緣故。在反事實情境中，即使中華帝國的不穩與崩潰可以用某種方式加以避免，或者更合理的說法是，如果一個與中國相當的帝國在歷經這類崩潰後可以迅速重新統一，並且恢復過去的運作方式，實行表面上看似善意而且負擔較輕的中央政策（如低稅率、農業主義、基本福利供應與維持和平），這樣的結果仍無法產生經濟徹底轉型所需要的創新。[207]

顯然，「儘管中國已經整合到全球貿易網絡之中，但在二十世紀之前，卻幾乎看不到工業革命的跡象」。即使清朝與隨後的共和國歷經數代「國恥」，傳統上一向被賦予重任的菁英群體依然無法動員充足的物資與人力資源投入工業化。要對十九世紀以來產生的巨大壓力做出有效的回應，就必須進行全盤改革，然而此舉勢必侵犯到菁英的既有利益。因此，一八六〇年代之後，清帝國遲延一段時間才推出的各種新政措施，既未能善用民間產業的適當支持，又在地方當權者的掠奪下遭遇重重攔阻。[208]

強大的菁英因為抱持著投機心態而不願合作，這是頂石型國家的決定性特徵，而當頂石型國家發展到最成熟的形式時，就成了所謂的「霸權朝貢帝國」。由於缺乏可靠而對稱的競爭，「中國統治者長期無法讓自己的帝國精益求精」。其他類似的帝國統治者也是如此。[209]

中國之外

在現代學界，政治與經濟一直是解釋經濟發展結果的核心因素，尤其是針對經濟創新。當我們比較近代早期的歐洲與帝國晚期的中國時，「經濟分流的關鍵就是政治」。一如王國斌所說，即使最終是各種重大發明使歐洲的近代經濟成長成為可能，但這些發明並非憑空產生。更確切地說，這些重大發明需要與資本主義制度完美搭配，才能轉變經濟。考慮到歐洲經濟制度「追求競爭與成長」，而中國經濟制度「尋求……靜態的效率」，因此，「與中國經濟制度相比，工業革命更能有效地在歐洲經濟制度內運行」。結果就是歐洲各國為了比競爭對手更為強大而富有，莫不積極支持商業資本主義的發展。中華帝國晚期的經濟「缺乏的正是這種商業資本主義創造出來的各種金融市場、商業組織與資源基礎」。[210]

這些結果絕非只發生在中華帝國。儒家治國等特徵的確是中國菁英文化所特有，但其他特徵卻是各個全盛傳統帝國普遍共有，尤其是國家能力的低落與維持現狀的傾向。

國土大小構成對發展的重大限制。內部多樣性與後勤障礙使大型帝國持續處於緊繃狀態。光是這點就容易產生維持現狀的保守政策。約翰．霍爾解釋：「前工業時代的帝國因為太中央集權而使得後勤能力低落，同時又在明確認定次級組織具有危險性的基礎上建立頂石型政府。」[211]

這樣的政治體很可能「太龐大分歧而難有效率」，或因此無法轉型成發展型國家。透過比較視角，可以看出歐亞大草原邊疆「暴露區」形成的龐大帝國，無法像在「保護區」的帝國那樣持續進行中央集權。對「暴露區」的帝國來說，人口多寡而非領土大小才是關鍵變數：不同於中國與印度的帝國，俄羅斯帝國比較容易管理自身相對稀少且幾乎全集中在西部與西南部的人口。[212]

遼闊空間的整合也可能成為密集經濟發展的絆腳石。乍看之下，中華帝國似乎擁有優勢，可以建立面積等同於西歐的自由貿易區，反觀戰爭與保護主義則讓西歐付出了龐大代價。然而回顧歷史，最初的經濟起飛卻只發生在面積較小的國家，例如尼德蘭或英國。而英國出口導向的紡織工業擴張，對於廣土眾民的國家能造成的衝擊十分有限。在像中國那麼龐大的政治體裡，創新難以像歐洲那麼集中，因此很難產生重大影響。[213]

不僅如此，變革性地區的集中，與維持帝國穩定，兩者其實是相悖的，至少就中國來說是如此。歐洲列國體系成員努力累積資源以擊敗對手，但中華帝國政府的龐大政策目標卻是避免地區之間出現嚴重失衡。有系統地剝削邊陲地區並非選項。[214]

理論上，這個問題對歷史上其他帝國的影響可能較小。本書有限的篇幅不足以用與中國一樣詳細的篇幅來探討其他帝國政權的性質。幸運的是，整體趨勢提供了便利的捷徑。上古時代結束後，舊世界除中國外仍存在傳統帝國的最大地區是中東與南亞，而這兩個地區都有相同的特徵與決定性的障礙使其無法產生歐洲式的發展型政治體。兩個地區都逐漸屈服於來自大草原的外來征服政權：中東是從七世紀開始，印度則是十一世紀。[215]

這些外來入侵構成了兩道巨大限制。第一道限制就是帝國不斷重建，即使這些帝國有時只是曇花一現，卻足以阻止穩定競爭的列國體系出現。如果列國體系能夠形成，那麼有益的制度就能脫穎而出，累積的利益就能保存下來。[216]

十一與十二世紀是中東地區最為明顯的分裂時期，但最終還是在突厥人（或蒙古人）的統治下再度統一。我們很難判斷，中世紀的印度政治體如果有足夠的時間，是否可能發展出更持續的多中心主義，但機率應該不大：笈多時代之後的印度本土帝國如遮婁其（Chalukya）、羅濕陀羅拘陀（Rashtrakuta）、普臘蒂哈臘、波羅與朱羅（Chola），雖然都持續了數世紀，卻不是特別穩定，國土大小與權力經常波動。當然，最後是伊斯蘭征服政權破壞了進一步的政治穩定。[217]

第二道限制是強大的軍事統治成為中東與南亞大部分地區的常態，使中世紀與近代早期出現在歐洲的制度建立、國家與社會之間的協商關係等皆沒有足夠的發展空間。甚至，中央集權的蘇丹制（Sultanism）的趨勢反而逐漸加強：哈里發國試圖與既有的民間菁英和解，但突厥與蒙古征服政權卻與民間菁英保持更大的距離。印度的穆斯林君主比先前的印度本土統治者更加疏遠底下的臣民，尤其蒙兀兒政權的統治主要是為了服務一小批征服菁英的利益，並且允許這些菁英對農民課徵重稅。[218]

馬木路克軍隊在帝國中的優勢地位，排除了拉丁歐洲盛行的「統治者與地方菁英之間能促進生產力的競爭關係」。在拉丁歐洲，封建主義、共同體主義與其他制度化力量限制了行政部門而形成政治穩定。但在馬木路克政權統治下，即使過去存續下來的帝國財政與行政結構（見本書第七章）能夠維持軍事服役，但馬木路克政權在種族、文化與法律上進行區隔而形成的軍事階級制度，卻破壞了士紳菁英的協商力量，對比之下，士紳菁英卻在同時期的歐洲變得越來越強大。結果，馬木路克的統治形成了永久不變的征服社會，或者用研究伊斯蘭的史家派翠西亞·克隆（Patricia Crone）的話來說：「政治……成了蠻族專屬的領域。」[219]

當時流行的思想傳統反映而且強化了外來軍事化國家與公民社會之間的區隔。最初幾任哈里發統治期間曾對專制主義進行爭論，但之後則將專制主義視為既成事實而予以接受。政治權力被視為是可以委託但不可分割與分享的事物。此外，伊斯蘭正典認為社會秩序與道德只能源自於神的啟示，這種想法不支持人類也許有能力制定法律或順應時勢調整法律的觀點。政治思想因此與宗教更有關係，而與國家的統治方式較無關連。[220]

其他的特質則與中華帝國晚期類似。因此，雖然蒙兀兒帝國的名義稅率很高，但我們不清楚這些名義稅率在多大程度上可以轉變成中央權威的稅收，特別在徵稅權力一直無法有效收歸中央的狀況。鄂圖曼人也面臨越來越嚴重的徵稅問題，上繳中央的稅收比例持續降低，直到十九世紀，（軍事失敗導致的）競爭壓力上升，才激起有效改革。對比之下，蒙兀兒統治的改革則是完全失敗。[221]

與歐洲政治體相比，亞洲的大型帝國面對著不成比例的內部叛亂威脅。大型帝國犧牲財政能力來安撫地方統治團體，這種妥協使帝國得到偏低的人均稅收。不僅晚期的中華帝國，鄂圖曼與蒙兀兒帝國也都因此無法建立歐洲式的賦稅與公債體系，從而無法「發展出金融中介制度，也無法針對整體經濟更好地調控貨幣供給」。[222]

同樣的，中東與南亞的商人就像中國商人一樣，在制度上完全被邊緣化。鄂圖曼政府把供應首都與軍隊視為首要之務，並為了實現這一目標而逼迫商人接受不平等關係。在政府眼裡，這些目標都比保障商人來得重要：「歐洲國家重視地方企業與工人的生產與保障，鄂圖曼官員卻關心消費與以正確價格適當供應商品，完全不管商品的來源。」同理，蒙兀兒人甚至將商業特權給了（歐洲）外國人。[223]

建立廣大帝國時造成的大規模破壞也阻礙了經濟發展。華北地區一再遭受入侵，損失慘重，儘管人口實際減少的規模無從估計。除了黑死病與在德意志發生的三十年戰爭外，歐洲從未經歷過同樣嚴重的損失。人口大量減少，傳統上（儘管有點誇大）歸因於蒙古人發動的戰爭，而一連串伊斯蘭的入侵則對印度北部造成嚴重破壞。[224]

人口減少之所以事關重大，主要是因為科技知識往往隨著人口減少而衰退：因此，舊世界「暴露區」的社會更容易出現「創新累積的中斷」。在南亞，帝國建立者要接管國家，首先進行的是掠奪，然後是取得土地收入，完全忽略商業資源的發展。此外，由上而下的決策或帝國不斷更迭遞嬗，導致政治與商業中心一再遷移，也阻礙了長期成長的累積。[225]

除了這些在帝國統治下相對直接的結果外，較為間接的影響也抑制了經濟進步。在伊斯蘭社會，為了確保各項服務不會受到國家干預，於是逐漸設立了非法人的信託基金「瓦合甫」（waqf）。但相較於歐洲的自主法人，這些伊斯蘭基金在目標設定上比較缺乏彈性，因為其目標一旦設定就不能輕易更改，即使是創立者也無法更動。這些基金在成為宗教財產之後，就可以避免被國家沒收。在充滿潛在掠奪威脅的環境下，這樣的安排是合理的，但在一個國家權力被有效限制的社會（例如拉丁歐洲）就沒什麼意義。國家權力使得伊斯蘭信託基金無法對經濟產生顯著影響：中世紀歐洲統治者太弱小而無法限制法人，早期的哈里發國則缺乏強大挑戰者的節制，而後繼的蘇丹國一般而言有能力訴諸專橫的強制手段。[226]

中東與歐洲的另一項差異，是伊斯蘭教與早期國家形成有著緊密的連結，而基督教卻是在已經成形的帝國內部出現。這讓早期伊斯蘭政治體的統治者在協商時欠缺政治影響力，同時也更需要宗教菁英給予正當性，而宗教菁英往往傾向於支持不利經濟發展的禁令，例如禁止高利貸與對出版的各項限制。這種遷就宗教勢力的做法可以追溯到第一個哈里發國，之後的中東征服政權由於與民間財富和行政菁英越來越疏離，因此也變得越來越仰賴宗教建制。我們將在第十二章看到，這個過程也阻礙了思想創新。整體而言，這是帝國統治與公民社會相對疏離造成的必然結果。在國家形成上，這也與歐洲的潮流形成強烈的對比。[227]

整體而言，中東、南亞與東亞一方面「內部」缺乏具生產力的多中心主義（缺乏協商與妥協，因而無法培養出支持創新的制度），另一方面「外部」也缺乏持續的多中心主義，導致能加強競爭力的措施無法脫穎而出。因此，一連串帝國形成與帝國統治長期匯集起來的結果，逐漸與拉丁歐洲的結果出現歧異。如同我在後記裡提到的，這些說法大致也能套用到羅馬帝國身上。這顯然不是「東方」對上「西方」的問題，而是完全不同的國家形成模式。[228]

從結果來說，我們能在史料中找到多重多中心主義與現代化相連結的確證。回顧歷史，後者只能在前者的脈絡下產生。本章提出各種解釋此一現象的因素。然而，制度只能提供框架，制度本身無法產生經濟徹底轉型。制度可能是必要條件，但並非充分條件。接下來，我將討論另外兩個重要的充分條件：運用商業機會與物質資源的可能，以及科技創新的思想基礎與實際運用。我們將會看到，國家形成與社會權力分布對經濟徹底轉型的影響，並不亞於制度本身。

第十一章

新世界

消費這個世界

全球主義的視角

我們在上一章探討歐洲社會的內部特質，檢視這些特質與現代化發展之間的親緣關係，再與世界其他地區進行比較。然而，這只是研究（第二次）大分流與大逃離的根源的其中一種做法。在其他方面，歐洲的表現也相當突出，最為人所知的就是歐洲不斷擴大接觸的領域。歐洲人以武力征服美洲、打開亞洲的海上貿易通路，接下來更將自己的母國轉變成全球的交易與製造中心。在這方面投入最深的就是以北海為中心的歐洲地區，而這個地區也成為最早出現近代經濟成長與經濟徹底轉型的地方。乍看之下，全球化與現代性確實有著很強的相關性。

歐洲的干預逐漸重塑全球的生產、交易與權力關係。對這段過程最著名的描述，就是伊曼紐爾·華勒斯坦（Immanuel Wallerstein）以歐洲為中心的「世界體系理論」（World System Theory）。根據這套理論，過去一連串的「世界帝國」（例如羅馬與中國）仰賴徵收貢金而非商業收入，這些帝國被全球資本主義「世界體系」繼承或吸收。世界體系植根於商業關係與市場交易，同時也結合了強迫勞動與國家中央集權。隨著時間推移，歐洲商業創造的連結推動了經濟整合與勞動的階序分工，西北歐的工人以此將世界上發展程度較低的地區提供的原料轉變成產品。當這個新核心逐漸享有較高的實質薪資時，從屬的邊陲地區則淪為促成此一趨勢的廉價勞力（受奴役或被強迫），負責提供糧食或其他植物與礦物資源。

在核心內部，國家彼此競爭且輪番取得（與喪失）領導權：葡萄牙率先探險與建立早期據點。西班牙取得新世界發展最好的地區。尼德蘭從波羅的海穀物貿易與新世界資源中獲益，其金融與航運部門因此大為興盛。英格蘭在企業家對土地做了最有效率的運用之下，發展出新的產業與建立廣泛的轉口貿易，最終透過一連串軍事勝利將對手遠拋在後。此後，「世界體系」在動員美洲資源之下獲得擴展，不只是白銀，還包括奴工生產的木材、糖、菸草與棉花，打進過去在既有的帝國或生態條件限制下無法取得進展的舊世界地區，特別是南亞與非洲。[1]

這個過程在一開始非常類似傳統的朝貢帝國：西班牙國王攫取了美洲，因而能開採與進口大量白銀。這筆意外之財不僅用來支撐哈布斯堡王朝追求歐洲霸權的野心（但最後還是失敗，見第六章），也讓歐洲商人能在南亞與東南亞這些較富庶的地區提升自己的地位。近代早期的歐洲人幾乎拿不出有價值的東西進行交易，美洲白銀卻能為他們爭取到一席之地。中國明朝貨幣制度的白銀化更是促進了這項發展。[2]

殖民地的白銀可以用來購買來自印度洋沿岸與中國的商品，白銀在這兩個地方相當稀少而且有很高的需求。從十六世紀到十八世紀，白銀移轉的終點站有很高的比例是在亞洲（雖然不像有時宣稱的那麼多）。這個時期，歐洲與亞洲的交易迫切仰賴新世界的白銀，白銀換取進口，而進口的物品許多則用來再出口。白銀也可以換取從波羅的海進口的戰略用糧食與木材。[3]

北大西洋貿易逐漸變得重要，而且很快在數量與價值上超越了地中海貿易。大西洋商業協助形塑制度，使商人在面對君主時更有權力，而且也保障了財產權。這種正面影響讓那些從事大西洋貿易的國家，其都市與國內生產毛額都能快速增長。然而，法國的獲利相對較少，西班牙更少，可見能藉由大西洋經濟強化自身商業利益與投資的多半還是非君主專制國家。義大利城邦雖然有類似的政治屬性，卻無法直接進入大西洋，只有尼德蘭與英格蘭同時享有這兩項優勢。[4]

動態模型顯示，一五〇〇年後的國際貿易對歐洲經濟發展有很大的貢獻，特別是對英國、葡萄牙與尼德蘭。貿易活動的利益協助抵銷因人口成長而造成的實質所得下降的趨勢，而英國可說是最大的獲利者（我將在第十二章最末回頭討論這個問題）。[5]

近代早期，絕大多數洲際貿易都是海上貿易，而且逐漸被歐洲人控制。到了十八世紀，荷蘭貿易的總價值已相當於其國內生產毛額，而且達到英國國內生產毛額的四分之一。歐洲對進口的原料進行加工與再出口，並藉此增添更多的產品價值。在這段被稱為「勤勉革命」（Industrious Revolution）的過程中，熱帶商品的進口激勵了歐洲民眾更加努力工作，以參與日漸擴大的消費文化。[6]

跨大西洋商業在十六世紀初期到十八世紀晚期之間興盛繁榮，英國也從中或直接或間接取得大份額的利益：英國海軍保障殖民地與航運，並對伊比利半島出口，而伊比利半島則以從殖民地進口的白銀支付，大西洋貿易的總交易量因此持續上升。[7]

貿易與殖民帝國對於英國國內所得與投資帶來巨大貢獻。貿易利益的特殊性在於，即使相對於國內市場規模，海外貿易量較少，但海外貿易的影響集中在經濟的創新產業，因此有著極大的重要性。

十八世紀晚期，英國的海外銷售占了英國工業產出成長的一半以上。外國產品的再出口加速轉口貿易的成長，有助於創造更大的海外市場。貿易擴張接著促進金融制度的發展，例如保險業、銀行業與股票交易。航運業首先在通往美洲與西非的大西洋貿易驅動下成長。[8]

科技創新、組織創新，以及發明在產業上的應用，都對持續需求的刺激極為敏感。成長最快的是棉紡織業與鋼鐵業，顯示這兩個產業與亞洲的進口和美洲的需求關係最為密切。海外銷售成長集中在這兩個產業，而且只集中在幾個地區，例如蘭開夏與西萊丁的紡織品，以及西密德蘭（West Midlands）的鋼鐵製品——這裡是第一次工業革命的熔爐，以機器與蒸汽動力取代了人類勞動力。一八一五年，英國棉紡織業有六成產品用於出口，英國創新者因此仰賴海外市場來擴展事業。十八世紀，英國製造業（一開始是鋼鐵業，然後是紡織業）的主要市場是大西洋沿岸，包括英屬加勒比地區（British Caribbean）、北美洲與西非，規模超過歐陸與南亞。[9]

史家約瑟夫・伊尼科里（Joseph Inikori）特別強調，非洲人在這個過程中扮演了關鍵角色。從十六世紀到十九世紀中葉，除了安地斯山區的白銀，非洲奴隸包辦了所有美洲出口商品的生產。在土地充裕的狀況下，光靠拓荒者與自由勞工無法維持巴西、加勒比地區與北美洲的大規模黃金、糖、咖啡與棉花生產。規模經濟與低薪壓低成本，有助於在歐洲創造大眾市場。

大約有一千萬名非洲人被運往新世界充當奴隸。奴隸產業在十八世紀時被英國支配，不僅產生民間財富，也創造出高度發展的信貸制度需求，以處理首次出現的複雜國際奴隸貿易。除了奴隸，西非還提供棕櫚油與染料，這些都是英國紡織業與機械產業不可或缺的物品。做為交換，西非也成了十八世紀晚期與十九世紀初期英國棉布與亞麻布出口的主要目的地，工業化也就是在這個時候起飛。這一切都需要龐大人員與貨物移轉的跨大西洋貿易。[10]

史家彭慕然（Kenneth Pomeranz）注意到，新世界擁有許多有利條件，成為大西洋歐洲的新邊陲地區。新世界島嶼與沿海地區生產實物資源，這些地區也因為低運輸成本與奴隸貿易而獲益。在加勒比地區，奴隸經濟非常仰賴進口。這讓邊陲地區的依存形成永久性的結構。該地主要輸出土地密集型產業，並進口資本、奴隸與製造品。[11]

對彭慕然來說，新世界的「幽靈地面積」（ghost acreages）是關鍵。這個概念指一個國家為取得實際在國外生產與進口的物品，而必須投入國內資源的土地面積。幽靈地面積的存在，增加了實際土地承載力與人均可得資源量。一八一五年，英國光是進口棉花的幽靈地面積就達到三百五十萬公頃，這是根據為了產生同樣數量的羊毛而必須飼養足量綿羊所需的地表面積來界定。當時英國全國的可耕地可能還不超過四百五十萬公頃。到了一八三〇年，棉花的幽靈地面積已經上升到九百萬公頃，遠超過英國國內本來的承載力。

從新世界進口的木材，等於讓英國除了從波羅的海進口六十五萬英畝木材之外，又再加上了一百萬英畝的幽靈地面積。加勒比地區的糖提供的熱量，以一八一五年的英國來說，大約需要六十萬公頃額外的穀物田才能生產出來。到了一八三〇年，進口的棉花、木材與糖合計起來已等於一千萬到一千兩百萬幽靈地面積，相當於英國可耕地與牧地的總和。從國外進口的煤也提供額外的幽靈地面積，但與新世界農地相比，規模顯然小得多。從前述描述可以看出，英國的經濟起飛非常仰賴這些幽靈地面積的貢獻。[12]

英國因此成為邊陲地區奴工與土地體系的最大受益者。為了支持蘭開夏紡織業，原棉進口在一七八〇年代到一八五〇年代增加為五十倍，一開始是從加勒比地區進口，之後則是從美國。從一八二〇年代到南北戰爭，美國提供了六成至八成以上的英國進口棉花。這項成長源自於充裕的美國土地與充足的非洲勞工（由歐洲人發展並予以剝削）。[13]

全球主義的限制：批評與回應

無疑地，歐洲以外的大西洋世界提供了龐大的供給與需求，推動了英國經濟最創新的產業。全球主義取向試圖在第一次工業革命（也就是發展完成的第二次大分流）與歐洲以外地區提供的資源之間，尋求因果關係。然而，這種做法卻漸漸受到批評。人們除了質疑前述發展的真確性（儘管這些發展都有可靠記載），更懷疑這些事件是否真能精確解釋英國的經濟起飛。

藉由強制手段助長經濟發展的說法，雖然構成了全球史流行的敘事基礎，但這種說法不是沒有爭議。相對於歐洲原本的經濟規模，新的原始積累規模其實不算龐大：即使十六到十八世紀從新世界開採了十五萬噸白銀，整體而言仍屬相對少量的意外之財，其中也只有部分白銀移轉到亞洲。而且不管怎麼說，從亞洲進口的商品並未讓歐洲人實質上變得富有，更不用說讓他們的經濟更為發展。事實上，歐洲部分地區擁有比其他地方更低的利率（這是資本主義信貸形成不可或缺的先決條件），這件事就與白銀的流入毫無關係。[14]

此外，我們也很難主張這類尋租式的反常獲利都是歐洲人透過強制手段或殖民主義得來。奴隸制度究竟對英國經濟有多少貢獻？這是過於複雜且難有定論的問題。[15]

除此之外，歐洲海外擴張的影響也難有定論，其造成的結果頂多只能說是好壞參半。政治資源的配置與後進國家乘著搭便車效益所帶來的挑戰與競爭，導致帝國主義未能真正為葡萄牙或西班牙帶來長期效益。對法國這個大型經濟體來說，帝國主義也只帶來微小的貢獻，只有在經濟規模較小且較為重商的尼德蘭才剛好相反。不過我們無法確定長期而言帝國主義是否真對尼德蘭的經濟成長起到重大貢獻。

不列顛是個異數：我們之前提過，英國的工業化，與重商主義的保護政策和由此產生的經濟誘因息息相關。海外貿易激勵製造業與都市服務業的成長。英國的出口額或許有三分之一來自於十七世紀中葉到十九世紀初工業產出的增長。擴大全球商業（從運輸業到金融中介業）取得的獲利，使倫敦得以繁榮，也讓商人變得更富有，在政治上更有影響力。英國整體是否獲利或許仍有待商議，但企業家階級獲得巨大利益倒是毫無疑義。[16]

然而，即使貿易獲利使部分壟斷者變得極為富有，與英國國內生產毛額相比，貿易獲利的數字仍十分微小。以十八世紀晚期為例，貿易獲利頂多只占英國國內生產毛額的幾個百分比。這些收益當然可以提供足夠的資本來推動第一次工業革命。然而考量到整體投資需要的金額並不大，因此其他產業同樣也能起到推動的效果。[17]

最後，光憑幽靈地面積本身並不足以促成發展，因為其他歐洲國家也能使用幽靈地面積，中國也是如此。中國從印度進口大量棉花，至少理論上，中國也能將國內的邊陲地區轉而用來種植商品化的主要作物。最重要的是，幽靈地面積不會憑空出現，而是科技變遷的產物：有了科技變遷，才能創造出對幽靈地面積產出的需求。歐洲對於創設幽靈地面積做了大量投資，首先是取得奴隸，接著移入自由開墾者，然後在曾經由石器與銅器時代原住民社會支配的大陸上廣泛興建基礎設施。[18]

正是歐洲的制度才使這些資源投入成為可能。光是這點就足以反駁彭慕然，他認為「比起市場運作、家族體系或歐洲其他制度等優勢」，從新世界的資源到煤礦等幽靈地面積「更能促成西歐與其他舊世界核心地區的差異」。不可否認的是，即使是最強大的制度也無法直接導致幽靈地面積等額外資產出現，必須要先有足夠的生態基礎。就算英國的機器可以讓這些進口物品變得有利可圖，也必須要先有產地才能有這些進口物品。[19]

這些物品可以輕易由別的地方供應嗎？當美國南北戰爭阻礙棉花出口時，印度與埃及即便增加生產與出口，也還是無法完全補足缺口。因此，在一定程度上，可預測的大量美國棉花確保了英國在工業化上獲得早期領先的地位。美國棉花有著比印度棉花更長的纖維，也更容易清理。至少從比較成本與當時的科技來說，要取代美國奴工與新世界幽靈地面積的龐大產出是一項艱鉅的挑戰。舊世界沒有任何地方能提供新世界那樣的有利條件。東歐未能向較富有的西北歐出口更多的糧食與木材就是個好例子：即便具備物質潛力，但當地的制度不僅限制了生產量，也無法動員這些物質潛力來促進國內經濟成長。[20]

即使真的能用舊世界產品來替代新世界產品，我們也別忘了跨洲航運掌握在歐洲列強手中。舉例來說，最有機會替代新世界棉花的產地就是印度，但要從印度進口棉花，仍會需要跨洲航運。沒有了航運，替代如何可能？我們無法改變等式中的一部分（新世界的商業發展）而不修改另一部分。彭慕然正確地指出，當大分流發生時，幽靈地面積使大分流得以持續開展。他堅持，即使幽靈地面積無法「解釋」歐洲的經濟突破，但卻使歐洲的經濟突破成為可能。也就是說，幽靈地面積是（第二次）大分流的充要條件。[21]

問題不在於第一次工業革命是否可能在不同條件下發生，而在於新世界資源（這些資源是否不可或缺仍有待商議）是否在很大程度上影響了歐洲經濟突破發生的時間與地點。實證上來說，直到十九世紀中葉為止，「帝國主義、貿易與長期經濟成長之間確實存在著正面關連」。需求的持續擴張使核心地區的生產力上升，同時許多潛在需求則位於海外。進口支持英國的專業化與出口，而出口只有在價格具有競爭力時才可行。貿易若不能持續擴大，隨後的創新誘因將會喪失，創新的回報也將減少。[22]

因此，「英格蘭工業革命是海外貿易的產物」基本上是一項無法反駁的主張，除非它是指貿易與全球商業擴張「獨自」就導致了這項突破。然而，不會有人抱持這樣的立場。因為光憑貿易本身並不可能支持經濟徹底轉型，除非恰逢科技與組織的變革。[23]

工業化是特定環境的產物。這個環境有多種方式來動員資源與創新：一、保護主義迫使製造商追求更高的生產力。二、海軍霸權可以保護進出口，實際上是讓納稅人承擔保護的社會成本來補貼貿易獲利。三、剝削提供極為暴力的捷徑來開發新世界資源。四、由戰爭與貿易驅動的金融機構發展。這四項條件全都是源自於歐洲內部的競爭，以及獲取海外資源與市場這兩者的結合。

海外探索

邊緣小國

如果外部資源供給與全球連結是解釋大分流與現代化的核心，那麼我們就必須要問：這些資源最初是從何而來，為何那些比中世紀晚期歐洲更為龐大富裕的社會都對這些機會沒有興趣？我認為，是歐洲的競爭性分裂提供了從事海外探索與發展的強大誘因，霸權帝國則完全無法產生這類誘因。拉丁歐洲之所以選擇與中國及其他帝國不同的道路，並不是因為地理的緣故，地理頂多只是以第八章提到的方式協助形塑了歐洲的政治環境。因此，即使今天瀕臨太平洋的是歐洲，而面對大西洋的是中國，結果也不會有太大的不同。全球擴張的關鍵，並非風向或海洋的距離，而是宏觀政治的動態關係。

歐洲人要從海外貿易與殖民地獲利，首先要做的就是投入航海。西歐沿海的政治體對於從事海外貿易與建立殖民地莫不躍躍欲試，而它們並非歷史中的特例。從世界史的視角來看，海上探索長久以來都是邊陲地區小規模政治體的天下。對比之下，廣大的農業帝國幾乎很少涉足海洋。[24]

這套模式可以追溯到腓尼基人，他們從位於黎巴嫩海岸的城邦揚帆出發，不僅橫渡了整個地中海

（直線距離約三千七百公里），而且還離開地中海進入大西洋。公元前六〇〇年左右，據說一名埃及法老（或者是一個世紀之後一名波斯的萬王之王）曾委託腓尼基人從紅海順時針繞行整個非洲大陸。三年後，據說這場探險成功歸來——這則故事在當時已經引起懷疑，但從一些軼聞的細節卻能間接說明腓尼基人曾深入南半球。

隨後的幾次探險或嘗試，並未在迷霧般的古代文獻中留下清楚的記載。迦太基是腓尼基的城邦殖民地，位於今日的突尼西亞，此地水手曾以逆時針方向沿非洲海岸航行，直到比亞弗拉灣（Bay of Biafra）。其他人則造訪了不列顛群島或繼續往大西洋中部探險，他們最遠或許抵達了亞速群島（Azores）與馬尾藻海（Sargasso Sea）。後者位於直布羅陀海峽西方約三千公里的地方，剛好處於直布羅陀海峽與美國東岸的中間。[25]

接著，來自愛琴海城邦的希臘人也加入海上探險事業。希臘人從馬賽（Marseille）出發，與不列顛建立貿易往來，藉此獲得了鐵。到了公元前四世紀，希臘水手已經繪製出前往昔得蘭群島（Shetlands）與波羅的海的海圖路線。探險家皮忒阿斯（Pytheas）航行到不列顛與愛爾蘭附近的水域，更往北前進到（或許是）法羅群島（Faroes），最終抵達了「圖勒」（Thule），圖勒可能是今日的冰島。著名希臘學者如亞里斯多德（Aristotle）與埃拉托斯特尼（Eratosthenes）皆曾提出穿越大西洋抵達印度的可能性（不過他們並未為此背書）。[26]

在舊世界其他地區也曾出現類似的海上探險。大約在公元紀年開始之時，馬達加斯加（Madagascar）就出現了來自印尼的定居者，而印尼與馬達加斯加兩地相隔超過六千公里。在同一時期，玻里尼西亞人（Polynesian）已經開始從東加（Tonga）與薩摩亞（Samoa）出發探索太平洋。在公元第一個千年期間，玻里尼西亞人駕著兩側裝設舷外浮桿的獨木舟，抵達並移居了紐西蘭與復活節島

（Easter Island），後者在最近的中途站曼加雷瓦島（Mangareva）以東兩千六百公里遠，離薩摩亞更有六千七百公里。玻里尼西亞人還抵達了夏威夷（Hawai'i），在馬克薩斯群島（Marquesas）以北三千五百公里遠。他們的遷徙區域最終從北方的夏威夷延伸到紐西蘭南方的奧克蘭群島（Auckland Islands），距離大約有九千公里。由東到西，散布於復活節島到馬達加斯加之間，橫跨了兩萬五千公里。[27]

回到歐洲。在九到十世紀這段時期，諾斯人從斯堪地那維亞推進到冰島、格陵蘭（Greenland）與新世界的紐芬蘭（Newfoundland）。在中世紀晚期的歐洲，威尼斯與熱那亞等城邦及小島王國馬約卡（Majorca）紛紛投資海軍，再度開啟通往加那利群島（Canaries）與馬德拉（Madeira）的航路。十四世紀，沿海王國葡萄牙也走上類似的進程，當時葡萄牙人口還不超過一百萬人。十五世紀，葡萄牙水手經過一番努力後來到亞速群島，並沿著非洲海岸抵達赤道非洲。一四八八年，葡萄牙人繞經好望角（Cape of Good Hope）。[28]

大一點的國家以漸進的步伐加入這場競賽，首先是卡斯提爾王國在十五世紀以非常緩慢的速度占領了加那利群島。關鍵的進展集中在十五世紀最後十年，西班牙僱用的哥倫布於一四九二年抵達加勒比地區。葡萄牙也在同一時間採取行動：達伽馬（Vasco da Gama）於一四九七年到一四九九年繞行非洲前往印度，然後再回到里斯本，葡萄牙的海上探險也在一五〇〇年發現了巴西海岸。

在印度洋，葡萄牙人快速擴展他們的足跡，於一五〇五年占領喀拉拉邦（Kerala）的坎努爾（Kannur），一五〇七年占領索科特拉島（Socotra）與馬斯開特（Muscat），一五〇九年擊敗埃及馬木路克海軍並於古加拉特邦（Gujarat）的第烏（Diu）擊退當地的印度軍隊，一五一〇年取得果亞（Goa），一五一一年取得麻六甲（Malacca），一五一二年取得蘇拉威西島（Sulawesi）的望加錫（Makassar）。同一時期，葡萄牙也同時在非洲海岸投入更多人力。這些軍事行動在離本國十分遙遠的地方進行：望加錫距離里斯本的海陸直線距離達兩萬公里，實際的航程則更加遙遠。

最具野心的探險是由經驗豐富的葡萄牙籍指揮官麥哲倫（Ferdinand Magellan）完成的，他在西班牙僱用下穿越大西洋，發現了南美洲南端的海峽，並且橫渡整個太平洋。從一五一九年到一五二二年，整個航行差一個星期就滿三年，航程涵蓋約六萬公里，包括從智利到關島（Guam）連續九十九天沒有靠岸。一五二五年到一五二七年的另一次任務，則是從西班牙航行到摩鹿加群島（Moluccas）。西班牙征服墨西哥中部之後，展開了另一趟海上探險。一五二七年到一五二八年，西班牙遠征隊從墨西哥中部航行到摩鹿加群島，距離埃爾南・科爾特斯（Hernán Cortés）首次踏上墨西哥才不過八年的時間。

核心大國

從腓尼基人、希臘人、諾斯人與玻里尼西亞人開始，到義大利與伊比利半島這兩個歐洲的海上探險先驅，以及他們的主要對手尼德蘭與英格蘭，全部都是小規模的政治體。反觀當時歐洲人口最多的大國法國，表現卻完全不符合自己的人口量級。但所有的大型帝國政治體都是如此：帝國越強大，海上探險的表現越是不如預期。就算當初很可能不是埃及的尼科二世（Necho II），而是波斯的大流士一世資助腓尼基人繞行整個非洲大陸，又或者大流士一世的兒子薛西斯一世真的強迫某人嘗試以逆時針的方向繞行整個非洲大陸，這些嘗試也都不可能引發我們所知的大航海時代。[29]

存續時間更久且更強大的羅馬帝國，掌控資源之龐大遠遠超過腓尼基或希臘城邦，但羅馬帝國卻連零星的海上冒險都未曾嘗試。就算曾經出現過任何海上遠征，也只是以軍事偵察為目的，規模受到嚴格限制。公元紀年開始之初，羅馬帝國為了鎮壓日耳曼部分地區，曾派出船隻沿著丹麥海岸航行，但不確定是否曾進入波羅的海。公元八〇年代，羅馬船隻曾繞行不列顛，但之後則未有任何海上行動。據說毛雷塔尼亞王國（Mauretania，從屬於羅馬帝國）的尤巴二世（Iuba II）曾主張大西洋中部的加那利群島是他的領土，但至今島上出土的只有一些貿易商品，沒有任何關於羅馬統治的證據。

公元六〇年代，羅馬發起唯一一次的海陸兩棲探險：由兩名羅馬禁衛軍軍官領頭，目標是尋找尼羅河的源頭，他們最遠可能抵達了蘇德沼澤（Sudd），位於今日的南蘇丹（South Sudan），但似乎未能帶來什麼實際成果。羅馬的印度洋貿易，南到莫三比克（Mozambique），東至孟加拉灣（Gulf of Bengal），完全遵循既有的航路。當希臘學者思索如何挑戰橫渡大西洋，羅馬帝國的官方說詞卻強調遠洋的不可穿越與邪惡本質。[30]

就我們所知，伍麥亞與阿拔斯哈里發國等之後的大型帝國也都沒有積極進行海上探索，南亞的大型帝國也是如此。孔雀或笈多帝國留下的資訊很少，我們無法以此做為這兩個帝國缺乏海上探險的證據，但蒙兀兒帝國對海上探險的消極卻是毋庸置疑。[31]

一如本書前幾章的討論，我接下來要把重心放在中國。中國是另一個清楚的例子，顯示帝國對海外探索與發展海外資產的漠不關心。而這種態度又可以藉由一則相當鮮明的例外清楚凸顯：那就是十五世紀初明朝的海上遠征。

蒙古人的統治遭一連串民變推翻之後，新建立的明朝於一三六〇年代在政治上重新統一了中國的核心地區。這個復興的帝國握擁龐大的資源：一四〇三年的人口普查顯示全國有九百七十萬戶，人口達到六千六百六十萬人，而這顯然還是低報的數字。一三九三年，估計全國可耕地有五千七百一十萬公頃，其中七分之一為國家所有。根據當時的紀錄：「天下本色稅糧三千餘萬石〔大約一百九十萬噸〕，絲鈔等兩千餘萬。計是時，宇內富庶，賦入盈羨。」除了稅收與國有資源收入之外，政府也能以傳統方式動員勞力：據說有三十萬名工人被徵召開鑿連通北京的大運河，超過二十萬名工人修建北京紫禁城的宮殿群。[32]

鑑於物資的充裕，明帝國應該可以輕鬆負擔從一四〇五年到一四三三年由太監鄭和率領的七次遠航。如果史料可信，那麼從一四〇三年到一四一九年，明朝建造的遠洋船隻至少有兩千一百四十九艘。雖然傳統認為這些吃水淺的平底船長度可達四百五十英尺，排水量有兩萬噸，但實際上兩百到兩百五十英尺的船隻比較符合當時工程的限制與史書記載的船員數量。根據最合乎實際的估算，大約有四十到六十艘非常大型的「寶船」與大約兩百艘較小的船隻，每次參與航行的人員接近三萬名。[33]

這些艦隊都是沿著既有的航路往南航向印尼，然後往西進入印度洋。明朝艦隊的第一次航行是一四〇五年到一四〇七年，途中曾經介入爪哇（Java）與巨港（Palembang）的內戰，最遠抵達斯里蘭卡（Sri Lanka）。第二次航行則從一四〇八年到一四一一年，重點放在孟加拉灣，而在同一時期規模較小的第三次航行則往前推進了一小段距離，抵達了波斯灣（Persian Gulf）與亞丁（Aden），途中擊敗並俘虜斯里蘭卡君主。第四次航行從一四一三年到一四一五年，在麻六甲建立臨時基地並且造訪孟加拉、馬爾地夫（Maldives）、亞丁與索馬利亞（Solmalia），並且在蘇門答臘（Sumatra）出兵作戰。第五次航行從一四一七年到一四一九年，航行到荷姆茲（Hormuz）與非洲東岸，第六次也是一樣，從一四二一年到一四二二年，造訪離麥加（Mecca）不遠的紅海海岸。最後一次航行是在一四三一年到一四三三年，再次造訪過去曾經抵達的幾個地方。[34]

雖然這幾次航行的全部支出無法詳細列舉，但肯定相當可觀。根據一項估計，為了航行而建造的寶船（大約一百五十艘）成本達到全年稅收的一至三成，而這還沒有計入其他小船的成本與航行費用。但即使將這項估計的最大值乘以三倍，再將這個數值平均分攤到航行年數上，那麼占國家總所得的比例就不會超過幾個百分點：雖不是小數目，但絕對負擔得起。[35]

事實上，真正微小的是這些遠征的收益：大量用來取悅帝國宮廷的新奇事物，包括珍珠、象牙與珍禽異獸，如獾㹢狓、斑馬、犀牛、大象、長頸鹿，以及受艦隊造訪激勵而派來中國的無數外國使節團。中國艦隊對印尼與斯里蘭卡的幾次軍事干預，並未讓中國在當地留下永久的印記或取得任何重大收益。[36]

整個行動的終止就像開始一樣突然。除了最後一次之外，前六次航行都集中在明朝第三任統治者明成祖在位期間，前後不過十八年。一四二一年，航行計畫中止，而當時第六次航行還在進行中。三年後，在位時間短暫的繼任者正式終止了這項計畫。即使第五任明朝皇帝推翻這個決定，但也只再出航了一次。

緊接而來的是毫無保留的責難。一四三六年，最後一次航行結束才過三年，朝廷就否決了任用更多工匠來修建船隻的要求，甚至禁止興建遠洋船隻。不久，掌權的官員下令銷毀造船藍圖，以及與歷次航行相關的文獻資料。不同史料的爭議只在於檔案銷毀的時間（一四五〇年代或一四七〇至八〇年代），以及主事者的身分。[37]

為何要從事這七趟海上航行？這件事在中國歷史上相當獨特。又為什麼這些海上航行竟以這樣的方式結束？這兩個問題的答案彼此密切相關，而且源自於霸權帝國本身。霸權帝國把看似無限的權力交給了壟斷一切的統治者，而權力的壟斷會對海外發展帶來不利的影響。

明成祖在與自己的姪子交戰三年後上位，他的姪子不僅是明朝創立者明太祖之孫，也是欽定的繼承人。根據官方史書的記載，一四〇二年明朝首都南京淪陷之際，皇宮燃起大火，而年輕皇帝不知所終。中國王朝內部的權力傳承通常得要井然有序，這起事件成為令人矚目的例外，明成祖因此必須在各方面證明自己篡位的正當性。[38]

明成祖用來支持自身地位的策略，就是進行野心勃勃的計畫，包括軍事侵略與以軍事為後盾的外交活動。其中一個目標是擴大域外的朝貢體系，盡可能把所有異邦吸收到自己的儀式性互動網絡中。統治之初，明成祖派出使者前往國外索取珍珠、水晶與薰香做為「貢品」。數十個國家派出貿易團前來中國。一四〇五年，政府設立三處市舶司來提振國家控制的朝貢貿易，以瓷器、絲綢與貴金屬等中國物品（或以「賞賜」為名）來交換外國物品或「貢品」。

約有七十五名太監奉詔出使加強中國對域外的影響力。其中大部分的外交工作都是經由陸路達成：朝鮮、蒙古與東南亞的占城（Champa）是主要對象，此外還有烏斯藏、尼泊爾與土魯番。明朝也做了一番努力吸引中亞的佛教與穆斯林國家，例如開始與位於阿富汗的赫拉特（Herat）建立一年一度的來往關係，也與撒馬爾罕親善，一些使節甚至遠至伊朗的伊斯法罕。偶爾也有使節被派往柬埔寨與暹羅，此外還有日本與琉球群島。[39]

因此，寶船艦隊只是中國企圖建立外交關係與宣揚中國統治者國威的一系列嘗試中，最耀眼奢華的一項。無論重要性如何，明朝的官方歷史認為海上航行的主要目的在於皇帝想「耀兵異域，示中國富強」。明朝皇帝的真正動機不在本書的討論範圍，重要之處在於後世史家接受了這項看似合理的解釋——事實上，史書並未提到其他目的或補充理由。對現代史家來說，篡位者尋求榮耀依然是最合理的原因。[40]

顯然，中國的海上航行並不是為了探索：寶船艦隊航行的路線早已為人熟知，而且已經存在數百年乃至於數千年。艦隊只是單純利用既有的季風週期。大型船隻的笨重使其難以用來探索或海上作戰。當時，中國顯然有能力在印度洋沿岸建立海軍霸權，但沒有任何跡象顯示中國有此念頭，既沒有後續行動，也沒有在當地建立永久基地。與之後相隔不到一個世紀的葡萄牙人相比，這樣的差異再明顯不過。

葡萄牙人的行動離本國更加遙遠，擁有的資源也更少，但不到幾年時間，他們就以少數船隻橫越大致相同的地區，建立據點，控制貿易，挑戰對手，與當地統治者締結具生產力的同盟。[41]

就我們所知，明朝的遠征並未帶來任何實質利益。在蒙古征服時期，中國商人已經取得支配地位，取代阿拉伯船隻。但沒有任何證據顯示明朝的遠征是為了擴大中國商人的影響力。如果目標是保護貿易，那麼中國未能採取行動確保本國沿海不受海盜侵擾，反而花費鉅資進行遠洋航行，就不免讓人困惑。當內陸水運開始恢復與擴充至戰亂之前的水準，更使得沿海航運變得較不重要，至少從國家的角度來說是如此。[42]

中國海上航行完全是出於政治性目的。海上遠征只是諸多任務的一環，只是為了以行動證明統治者的正當性。遠征本身不僅難以獲利，而且並未經過周詳的計畫。同樣的狀況也反映在明成祖對安南（越南）的態度上，他在統治初期對安南進行干預，而且予以併吞。這項舉動點燃了當地民眾反抗的決心，在明成祖有生之年，安南民眾的反抗從未停止。在他死後三年，中國最終不得不撤離安南。

更嚴重的衝突來自北方的蒙古人。防堵蒙古的戰略以北京（雖然明成祖曾計畫遷都南京，卻一直以此為首都）與一連串重要邊疆堡壘及長達六千公里的長城為核心。明成祖傾向於採取攻勢，他在一四一〇年到一四二四年五度親征漠北，而且死於最後一場戰役。儘管取得一些勝利，但中國軍隊死傷慘重而且耗費龐大開支，反觀高度機動性的蒙古人就算戰敗也不至於付出巨大代價。最終，這些軍事行動並未取得任何永久成果，蒙古人的壓力依然持續。一四四九年，蒙古人甚至俘虜了明英宗，將其囚禁了數年的時間。[43]

這些災難顯示中華帝國真正的挑戰總是來自於北方邊疆，過去如此，日後也是如此。與北疆相比，其他的事均屬次要，而且幾乎無法成為花費鉅資建立寶船艦隊的理由。士大夫趁機批評這些海上探險勞民傷財且毫無意義。他們的批評反映出朝廷中的敵對關係：太監支持海上遠征，而儒家官員則反對他們。因此，海上航行的實施與隨後引發的反彈，不僅源自於統治者的欲望與統治者權力的限制，也源自於中央政府的權力關係。不同的史料均指出有兩名官員摧毀了航海相關文獻，他們是先後擔任兵部尚書的于謙與劉大夏，兩人都屬於反對太監的派系。一個世紀之後，嚴從簡《殊域周咨錄》提到劉大夏抨擊一連串的海上遠征是「費錢糧數十萬……於國家何益？此特一敝政，大臣所當切諫者也」。[44]

明成祖攻打蒙古，以及對安南進行曠日持久卻終歸失敗的干預，也引發類似的關切。一四二一年，當明成祖宣布第三次遠征蒙古時，朝中重臣紛紛抗議。明成祖雖然將幾個直言勸諫的大臣關進監獄，卻也因此擱置了後續的海外航行。畢竟，如果非得放棄一項樹立威望的昂貴計畫，也絕不會是攻打中國北方的敵人。[45]

因此，當明成祖於一四二四年駕崩，而政策隨即出現翻轉時，人們幾乎不感到意外。往後明朝不再有主動入侵草原的軍事行動，不僅放棄安南，連與中亞各國的外交往來也迅速縮減。海上遠征的停擺則是這整個龐大緊縮過程的一環。[46]

大致來說，這是帝國在面對挑戰時的合理回應：維持對國內的控制與防堵蒙古人。在明成祖從事的所有冒險中，海上遠征對於這項重要目標的貢獻最少，因此受到的反對也最激烈。

然而，放棄海外經營不只是基於財政考量。到了十五世紀末，建造雙桅以上大船最重可判處死刑。我們在第十章提過，一五二五年，沿海官府被賦予摧毀所有遠洋船隻的職責，到了一五五一年，航行多桅船隻也入罪化。這些法令源自於朝中太監與官員的持續鬥爭，而後者不斷要求廢除寶船艦隊。太監涉入海外貿易，支持商人，但與太監敵對的派系與受新儒家教條支配的政府則試圖打壓商人。關閉造船廠與銷毀相關紀錄因此只是這場長期鬥爭的一個面向，結果卻導致重要航海與工程技術的喪失。[47]

隨著中國政府越來越重視內部與北疆問題，對海上商業的興趣也開始降溫。麻六甲發展成穆斯林船員的貿易中心，這些穆斯林船員接替使用這些航路，直到他們遭到葡萄牙人的挑戰且部分遭到取代為止。葡萄牙人沿著過去寶船航行的同一條連結網絡快速移動。從索馬利亞到印度，達伽馬抵達了九十年前中國海軍曾經停泊的幾處港口。一五五七年，葡萄牙人在澳門設立貿易站，就此維持了四百四十二年。[48]

要如何解釋這個大分流經驗？明帝國沒有拓展至海外尋求繁榮的需求，當它有得選擇的時候，其他的關切顯得更為急迫（我將在下一節回來討論這個問題）。決策完全由單一的帝國朝廷壟斷：如果朝廷在特定的統治者與特定的派系合作下決定推動大型艦隊，那麼龐大資源就會動員起來促使這件事情發生。然而，一旦相同的朝廷在不同的統治者與不同的大臣派系掌控下決定修改這項計畫，那麼帝國就會想盡辦法扼殺整個計畫。

寶船艦隊由明朝宮廷裡的穆斯林太監鄭和率領。要是這些海上任務在他生前終止（他似乎是在進行最後一次任務時去世），或是他希望繼續領導這些海上任務，那麼他將面臨無事可做。更重要的是，隨著計畫終止，船長、航海者與造船工人都將成為冗員，他們同樣也無事可做，除非已經準備好要違反政府命令，轉而投入逐漸遭到縮減與入罪化的民間貿易。明朝當局正是考慮到這一點，因此基於相同的理由銷毀航海紀錄。如日後批評者所說：「舊案雖存，亦當毀之以拔其根。」[49]

對比之下，當哥倫布需要船隻橫渡大西洋前往中國時，他向葡萄牙、威尼斯、熱那亞、英格蘭、西班牙請願，而且向貴族請求協助，只是全遭到拒絕。後來是西班牙王室授予他家臣的地位，並且讓他留在西班牙任職數年，最後才讓計畫進行。西班牙王室這麼做，可能是為了防止一旦哥倫布探險成功，其他敵對的國家可能因此獲利，儘管當時看來哥倫布成功的機會確實不大。[50]

我們幾乎找不到比哥倫布更好的例子，來說明具生產力的分裂帶來的效益。政治多中心主義保留了選擇的多樣性，國與國之間的競爭鼓勵人們支持即使是高度不確定的任務，而一定程度的文化凝聚力（拉丁歐洲列國體系另一個「具生產力」的面向）使抱持不同意見的人可以在各個不同的地點找到工作。

哥倫布絕非唯一的例證。威尼斯人喬凡尼．卡伯托（Giovanni Caboto）為了躲債離開家鄉，前往西班牙與葡萄牙碰碰運氣，之後受英格蘭委託出海遠航，並於一四九七年發現紐芬蘭。麥哲倫的船隊於一五二〇年代首次繞行全球，他曾經長期在葡萄牙服務，直到失寵之後才受僱於西班牙。製圖師亞美利哥．維斯普奇（Amerigo Vespucci）同時為葡萄牙與西班牙工作。與中國不同，歐洲沒有任何單一統治者可以「代表全歐洲停止一切的支持」。[51]

權力的壟斷還有其他表現方式，例如協調廣大地區的資源，犧牲各個地方的偏好與優勢。這種做法產生了巨大的機會成本。華勒斯坦說過一句令人難忘的話：「當突厥人在歐洲推進時，歐洲沒有能夠撤回葡萄牙海上遠征的皇帝。」在霸權帝國裡，一切都仰賴中央政府選擇推動、忽視或壓制貿易與海外接觸。[52]

中國歷史有清楚的例證可以說明權力壟斷的問題。當宋朝與蒙古政權獎掖海上貿易時，商人社群便在大陸東南亞與印尼迅速成長。結果明朝國策出現一百八十度大轉變，把國家控制的朝貢貿易擺在優先地位，最終還禁止民間的國際貿易。這不僅讓民間的海外貿易淪為非法活動，政府甚至還威脅要切斷與海外華人社群的連繫。因此，正如帝國朝廷可以決定是否要支持或廢除寶船艦隊與焚燒航行紀錄，帝國朝廷也可以決定是否要全面支持或阻礙海上貿易。缺乏「其他獨立的權力基礎與其他擁有不同偏好的國家」，乃是霸權帝國的固有特徵。但在這種環境下，不存在其他的選擇。[53]

投入航海

農業帝國：既不需要也無意願投入航海

對海外冒險的限制，不光是威權壟斷造成的結果。對於海外冒險的漠視或甚至敵視，其實也是霸權帝國在結構因素下做出的合理回應。

經濟的相對發展會影響偏好。整體而言，帝國時期的中國資源十分豐富，因此不像歐洲人那樣有著向歐洲以外地區探索資源的強大壓力。正如伊安・摩里士指出的：「十五世紀的中國官員始終都有可能會中止前往印度洋的昂貴航行，他們也絕不可能派遣艦隊探索太平洋。經濟地理使海上探索成為不理性的行動。」從這個意義來說，撤回艦隊的決定反而不像派遣寶船艦隊那樣專斷而偶然。中國為什麼不向海外尋求機會？這個問題其實搞錯了重點，因為我們不該把歐洲經驗當成預設標準。[54]

就算我們把歐洲的動機嫁接到明朝中國上面，然後思索寶船艦隊持續下去會有什麼結果，這樣的反事實情境其實也毫無意義。中國可能會派出小型海軍船隻繞過好望角進行偵察，最終將導致與葡萄牙人接觸，很可能阻止葡萄牙人進入印度洋；或是中國控制麻六甲海峽有利經濟發展，以及海上推進將使中國能從距離歐洲更近的位置將產品銷售給歐洲的消費者。這些想法在技術上是可行的，但卻與當時實際存在的動機南轅北轍。一旦悖離既有的偏好與實際運作狀況並以此做出斷言，這種反事實情境不過是把歐洲模式硬套在中華帝國身上。認為當時中國可能橫渡大西洋前往美洲的說法，也是犯了同樣的謬誤。[55]

霸權帝國的政治經濟環境就是阻礙探索與海外發展觀念形成的關鍵。如果霸權帝國主要的目標是維持超過一億人口的既有基礎，以及與利用這一億人的勞動與資產，那麼外在世界的利益與重要性就顯得相當有限。在中華帝國晚期，農業人口高達八成，從事海上貿易的人口卻只有百分之二。貿易從未逃離農業的壓倒性支配。而大型帝國放棄貿易的經濟成本，通常也要比小型國家少得多。[56]

我曾在第十章提過，中華帝國崇尚「家長式農業制度」，認為農業是經濟與人民福祉的基礎，因此致力於謀求財富穩定（無論再怎麼不成功，也依然堅持這種做法）。中國的城市缺乏自治權，都市商人與金融家被剝奪了像歐洲那樣能刺激海外發展的影響力。儒家菁英不支持海外探索：「人民不安土重遷乃是造成憂慮的潛在根源。」儒家菁英對於中國固有社會秩序的堅定支持，消除了離鄉背井的需要。政府當局尋求國內的安定與控制，既沒有興趣讓特定群體獲得大量財富，也不關切海外貿易的影響，更不會支持在帝國鄰近地區之外設立貿易殖民地。他們並不在乎這些殖民地可能成為敵國的基地。整體而言，民眾只能聽命於閉關自守的官府，限制了向外探索的機會。[57]

一七九二年，乾隆皇帝寫給英王喬治三世（George III）一封著名書信，信中的傲慢自滿可能有部分是考慮到國內的分裂，並刻意避免顯露好奇心。然而，即使清朝統治者公開表示對於「爾國製辦物件」興趣缺缺的說法不一定出於真心，但他主張的天朝「種種貴重之物，梯航畢集，無所不有」，仍舊充分表現出中國以自我為中心的普世帝國形象。[58]

因此，一旦中華帝國面臨持續的國與國競爭的時候，這種自給自足的帝國形象自然隨之崩解（雖然並不徹底）。這種現象出現在十世紀中國南方幾個獨立王國大幅擴展對外貿易，也出現在南宋時代，當時中國還主動推動海上商業。宋朝在十二世紀初喪失華北地區之後，南宋第一任統治者宋高宗曾說「市舶之利最厚」，充分顯示當時國家急需額外的資金。不久，據說海外貿易的收入就占了南宋全國稅收的五分之一。[59]

南宋於是贊助船舶設計的創新、裝備數百艘戰船與尋求阿拉伯與印度的航海地理知識。拜當時發明的水浮羅盤之賜，中國船逐漸成為印度洋上最好的船隻，而中國在海上貿易占的份額也不斷增加。日後，這些進展使蒙古人（這些外邦入侵者尚未社會化到接受穩定自足的帝國理想）對日本、安南與爪哇發動大規模但普遍失敗的海上遠征。蒙古人統治中國期間，海外貿易一直維持大規模，直到明朝才開始縮減。[60]

明清兩朝所得絕大多數來自於土地，沒有商業社群遊說政府出動海軍保護遠洋貿易。「與近代早期西方海上強權不同，這裡不存在建立與維持海外帝國的政治經濟原則。」滿族征服政權更關心國內的民變問題，因為在他們的政治考量中，治安風險比海外連結的潛在收益更重要。一六六一年，為了孤立已經占領臺灣的叛軍，政府宣布禁止沿海貿易。一七一七年，康熙皇帝命令居住在東南亞的中國人必須在三年內返回中國，否則不許再回來。一七五七年，清朝嚴格禁止與歐洲人貿易。[61]

無論國家對海外貿易抱持何種立場，海外的中國人都必須自食其力。十五世紀，麻六甲的中國人社群數量龐大，但與本國政府頂多只維持最低程度的接觸。一五一一年，當人數不多的葡萄牙軍隊占領麻六甲時，人們並不期待明帝國會出面干預。一五六五年，西班牙剛在菲律賓建立據點，就立即鼓勵從中國移民來此開發新領土。不久，馬尼拉（Manila）中國人社群快速成長，很快引發了安全疑慮，最後導致一連串屠殺（一六〇三年、一六三九年與一六六二年）。對此，中國政府無動於衷。同樣的，當荷蘭人於一七四〇年在爪哇島的巴達維亞（Batavia）屠殺中國僑民，清帝國對於如何報復也只是輕描淡寫帶過。

這些中國人社群本有可能獲得各種優勢，例如人數占優與相對鄰近強大的本國，結果這些因素都未能發揮作用。「在被中國官員拋棄下……面對西班牙帝國強權，他們顯得十分無助……許多人成了西班牙擴張的工具」，為西班牙人將新世界的白銀與農作物引進中國扮演了重要角色。在日本的長崎港，中國商人必須努力與荷蘭商人競爭，荷蘭商人因為遙遠的本國政府與日本簽訂條約，因此獲得條約保障，而他們的中國對手卻未得到相應的支持。史家王賡武精確描繪中國與歐洲之間差異的本質，他認為中國的冷漠與歐洲國家的支持，是「商人不被中央集權帝國容忍，以及統治者與政府利用商人來追求帝國事業之間的差異」。[62]

中國缺乏海外發展的興趣與誘因，也反映在中國持續反對海外軍事擴張。如第八章提到的地緣戰略條件，與大草原的衝突才是中國最關心的焦點。中國歷史從未憑藉大規模海軍來進行擴張（蒙古人確實有過大膽的海上遠征，但當時中國與大草原都在同一個君主統治之下，因此幾乎可以說是例外證明了規則）。

整體來說，我們看到了陸地與海上軍事行動的明顯差異。中國為了對草原敵人進行牽制與先發制人而往中亞擴張，這種做法可以上溯到西漢時代，東漢與唐朝也曾如法炮製。能與陸上軍事行動的雄心相比的海上冒險完全付之闕如：南方的海南島距離大陸只有三十公里，登陸此處幾乎不能算是什麼冒險行動。距離中國東岸約一百八十公里的臺灣，長久以來一直未受干涉。直到遙遠的歐洲國家前來，臺灣才第一次出現外國勢力。一六二六年到一六五〇年間，荷蘭與西班牙競相爭奪臺灣的控制權，而即使衝突就發生在中國的家門口，還是無法引起晚期明朝的重視。

直到臺灣成了干涉大陸的基地時，帝國中心才終於勉強對臺灣提起了興趣。一六六〇年代初，意圖反清復明的鄭成功被逐出中國，最後從荷蘭人手中奪取臺灣。臺灣成為對大陸沿海進行掠奪與入侵的跳板，促使清朝於一六八三年攻占臺灣。[63]

馬尼拉離廣州大約一千三百公里，離臺灣的臺南則約一千公里出頭。馬尼拉距離大陸相當遙遠，但與寶船艦隊航行的距離相比堪稱小巫見大巫。即使是較無野心的中國海軍，也能輕易到達當地。反觀位於新疆西端的喀什，與長安隔著三千公里的荒涼地形，然而中國卻不只一次以喀什做為目標。即使中國可以不費吹灰之力攻下菲律賓，菲律賓卻從未成為中國過問的對象。相較之下，西班牙人則是在六年之內，用五艘小船搭載著一百五十名船員、兩百名士兵與五名修士，就擊敗了當地蘇丹，占領了馬尼拉。

假設有某個亞洲國家於一四〇〇年占領了加那利群島，那麼葡萄牙或之後的西班牙很有可能會來爭奪這些島嶼。然而，中國非但沒有產生相同的想法，反倒是西班牙竟一度萌生入侵中國的念頭。西班牙人曾經想過幾個頗具希望的計畫，但隨著西班牙無敵艦隊在歐洲遭到擊敗，這些想法也就此束之高閣。[64]

中國只干預過菲律賓一次，而且態度與日後干預臺灣極為類似。一五七三年到一五七四年，一名中國海盜劫掠了中國沿岸地區之後逃往菲律賓，這名海盜企圖驅逐當地的西班牙人，但未能成功。中國為了抓捕與殲滅這些海盜，於是派出艦隊前往菲律賓。從這點來看，中國似乎只有在本國民眾挑戰帝國權威時，才會採取攻擊性的海上軍事行動。相反的，當發生西班牙人與荷蘭人屠殺中國僑民的事件時，中國官方則是視若無睹。在中國眼中，真正該受懲罰的不是屠殺中國僑民的外國人，而是這群逃離中國大一統統治的中國人。

即使臺灣在十八世紀成為有利可圖的主要產糖地區時，中國也從未興起過將同樣產糖的呂宋島（Luzon）納為領土的念頭。因為根本沒有必要：中國的糖九成的供給來自國內，絲與菸草也是一樣。當時外國奢侈品貿易提供的可見收益非常有限，更不用說海外殖民。政治統一的中國國內市場普遍消除了發展海外貿易的需要。[65]

這種不願意朝海外發展的傾向，並非能力不足所致，而是帝國遵循霸權邏輯的結果。只要外國商人願意大老遠地來到中國，那麼就沒有進行海外探險的必要。管理與維持一個龐大帝國已經讓散布全國各地的官僚耗盡了心力，發展海外資產對他們來說並不是什麼好主意。而對可能脫離帝國掌握的殖民地社群伸出援手也同樣不可取。帝國很少將力量投射到陸上核心以外的地區，若不是為了宣揚國威，就是為了剿滅在邊境挑戰帝國大一統地位的叛亂中國人。基於上述原因，思索中華帝國為什麼不派遣探險家或建立殖民地完全是白費工夫。因為中國的大環境與歐洲競爭性的列國體系之間，有著天壤之別。

從這方面來看，中國經驗只是通則裡一項顯明的例證。其他大型帝國也面臨類似的限制：例如南亞帝國通常也無法發動像歐洲那樣的海上探險行動，因為帝國的基礎是掠奪與土地稅，對海軍的投資往往非常少。[66]

南亞也有一個罕見的異數，那就是十世紀晚期與十一世紀初期的朱羅帝國（遠離印度西北的邊疆）。朱羅帝國的海上探險始於入侵斯里蘭卡，之後則擴張到東邊的安達曼群島（Andamans）、西邊的尼科巴群島（Nicobar）、拉卡地夫群島（Laccadivs）與馬爾地夫群島，極盛時期還曾於一〇二五年派遣遠征軍攻打馬來亞（Malaya）的三佛齊與蘇門答臘。這項行動需要容量龐大的運輸船，與四百年後明朝艦隊使用的寶船類似。一如明朝的海上行動，朱羅帝國的計畫也同樣受到充滿雄心壯志的統治者推動，他們是父子檔羅茶羅乍一世（Rajaraja I）與拉真陀羅一世（Rajendra I）。若做更深入的比較，朱羅帝國的遠洋海軍也因為過於鋪張而難以持續：就跟明朝與蒙古人的戰爭一樣，朱羅帝國與傳統領土型帝國西遮婁其的對抗形成更緊迫的問題，因此吸收了大量資源。

從事海上擴張的結構誘因往往曇花一現。偶然的利益無法讓船舶設計或武器出現徹底轉型，更不用說讓國家與商人團體合作。商人雖然偶爾會有龐大的財富，卻缺少制度化的權力。即使商人協會存在（特別是在朱羅帝國），或是商人協會可以徵稅與組織武力來保護與資助統治者，但商人總是服從於中央政府的掌控。[67]

相同的限制也適用於鄂圖曼帝國。在《鄂圖曼的探索時代》（*The Ottoman Age of Exploration*）這部書名略嫌不實的作品中，史家吉昂卡洛・卡薩雷（Giancarlo Casale）清楚說明鄂圖曼帝國實際上並沒有探索這回事存在。與明朝一樣，在權力壟斷的鄂圖曼帝國朝廷裡，政治因素主導一切。支持在印度洋進行擴張與從事國際貿易的菁英派系，與堅持反對這項目標的菁英派系相互競爭：政策是推行或胎死腹中，取決於哪個派系占了上風。例如一五六〇與七〇年代有兩名大臣推動南進政策，包括失敗的蘇伊士運河計畫與遠征蘇門答臘。然而，隨著領導人索庫魯・穆罕默德帕夏（Sokollu Mehmed Pasha）被主張帝國應與伊朗開戰的傳統派擊敗並最終遭暗殺身亡時，南進政策也就跟著煙消雲散。中央政府的支持消退，此後重提對邊陲地區（特別是葉門）的政策便顯得不合時宜。[68]

到了一五七〇年代，葡萄牙海上封鎖的威脅降低，鄂圖曼商人已不再需要國家支持。十七世紀初，鄂圖曼帝國經歷一場重大危機，只能仰賴自身資源的商人陷入孤立無援。帝國喪失了葉門，荷蘭人與英格蘭人這兩個新歐洲對手的出現使盟邦紛紛叛離。在這種狀況下，鄂圖曼帝國已無法在印度洋維持強勢地位。從這一點來看，最初促使國家支持南進政策的動力，其實是源自於歐洲人的干預。卡薩雷表示：

> 要不是葡萄牙人威脅穆斯林的貿易與朝聖路線，鄂圖曼絕不會針對海洋亞洲提出清楚的主張，隨後也不會有印度洋派系的成員努力為這項主張辯護。一旦葡萄牙人的威脅解除，鄂圖曼人偉大的帝國計畫很快就成了難以維持的冒險行動。[69]

由於南進政策本身是對歐洲人的回應，因此很容易受到朝廷權力鬥爭的影響。可以預期的是，其重要性也遠不如與敵對帝國爭奪美索不達米亞的控制權。鄂圖曼帝國不存在培養出海上探索、商人團體與殖民發展的結構誘因。多元主義的缺乏排除了其他可能的發展路徑，傳統利益與帝國統治的限制持續主導一切。這與歐洲「探索時代」形成的對比可說是再鮮明不過。

中國、印度與中東帝國的歷史，與霸權帝國的關鍵特質一致：皆聚焦於國內資源、專斷決策容易受頂層權力變化的影響，而完全不顧其他階層的建言，以及強調以寬鬆的方式保護廣大農業人口與課徵輕稅。最重要的是，這些政治體缺乏長期列國體系產生的競爭，內部也缺乏分立的社會權力而無法為想從海外貿易獲利的團體創造空間。相較之下，「帝國無法像世界經濟裡的國家一樣被當成創業者。因為帝國總是佯裝自己就是天下的全部」。這類大一統帝國的預設意識形態，只不過是為前述這些關鍵特質錦上添花。[70]

歐洲：想投入航海，並加以發揚光大

傳統帝國在邁入近代之時，開始在幾個方面與拉丁歐洲產生巨大的分別。在拉丁歐洲，逐漸穩定的國家陷入越來越激烈的競爭之中，促使各國奮力尋求新的資源。政治分裂為探險家與投資者創造市場，而國內的平衡機制則保護了他們的自主權。[71]

多中心主義是關鍵。國與國之間的衝突不僅在船舶設計與武器這些攸關全球擴張的領域培養出科技創新，而且也在擴大海外征服利益的同時，反過來提高了不從事征服的風險：成功的冒險事業能夠剝奪對手本來能獲得的報酬，反之亦然。國家之間玩起了零和遊戲，於是各國對海外的涉入便成了「一段同時被獲利的希望與損失的焦慮驅動的競爭過程」。

彷彿光有統治者的野心還不夠似的，害怕損失的心態更進一步助長更強烈的急迫感，驅使各國投入無止盡的軍備競賽。持續的激烈競爭促使各國正式取得遙遠的據點與領土，以保留利用海外資源的管道。葡萄牙與西班牙很快就發現，光是率先抵達某個地方還不夠，還必須將該地占為己有才行。即使像尼德蘭與英格蘭這類挑戰者起初對市場的興趣高於土地本身，最後也不得不加入搶奪土地的行列。[72]

在隨時可以結盟與背盟的強大競爭壓力環伺下，西歐國家為了擴張就必須侵吞鄰邦的領土，而這顯然必須付出龐大的成本。把爭奪的目標往外延伸到新的海岸，這些國家不僅可以投射軍事力量打擊有時較為弱小的海外敵人，也能在與實力相當的對手鬥爭的過程中開啟新的戰線。殖民地領土的爭奪，成了歐洲本土戰事的延伸。探索與殖民的驅力因此深植於西歐常態性的國與國競爭中，而這正是西歐與伊斯蘭、中國等舊世界不同之處。只要機會一出現，西歐國家就準備好要發動攻擊。[73]

歐洲國家內部的各個部門機構也強化這個傾向。隨著國家逐漸中央集權，各機構的行動者（統治者、資本家與教會）開始推動海外發展。自治的商人團體與同業公會、股份公司與貿易商等受到商人團體支持的組織，提供了人力與金融資本。宗教領袖支持傳教與改宗。統治者收編這兩個勢力並與其合作，藉此進一步實現自己的政治目的。軍人、企業家與教士這三股勢力的利益匯集起來後，就成了政治學者大衛・阿伯內西（David Abernethy）所謂對外在世界進行的「三重勢力攻擊」（triple sectoral assault）。[74]

第十章曾經提過，商人城邦（歐洲分裂最早的受益者）在為海上冒險奠定基礎上扮演著重要角色。包括阿瑪菲（Amalfi）、加埃塔（Gaeta）、比薩（Pisa）、那不勒斯（Naples）與之後最重要的熱那亞與威尼斯，這些城邦率先從事了商業冒險。從地中海東部取得肥皂與玻璃生產所需的原料之後，這些城邦開始大量投資蔗糖種植園。從巴勒斯坦與賽普勒斯，一路延伸到伊比利半島上的瓦倫西亞與阿爾加維（Algarve），乃至於大西洋沿岸，這些地方都成了日後新世界廣大種植園的參考。熱那亞與葡萄牙有著悠久的關係：從十二世紀開始，雙方的水手就共同（或各自）探索非洲西岸。從一三八五年起，商人與資產階級支持統治葡萄牙的王朝對抗保守貴族。之後，熱那亞資本與葡萄牙後勤共同建立起具備生產力的夥伴關係。[75]

隨後的發展與這種民間與官方投入的連結大有關係。海上探險在一四九〇年代這個時間點出現突破絕非偶然：在此之前十年，出資進行大西洋航行的投資者已經開始獲利。這讓投資人有了繼續冒險的信心，例如哥倫布的贊助人全加入了開發加那利群島的計畫。哥倫布的第一次海上探險其實並沒有獲得王室的直接支持。直到一名財政官員找上塞維利亞（Seville）的熱那亞商人為哥倫布籌措經費，這項行動才引起西班牙王室的興趣。西班牙國王關切葡萄牙人在非洲的進展，他擔心加那利群島可能因此陷入困境。哥倫布向各個不同的潛在資助者兜售他那不可思議的計畫，而且巧妙地撩撥他們的競爭焦慮。[76]

但這只不過小小的開端。經過一段時間之後，國際與國內多中心主義的交互作用產生了重商主義。這種資本家與國家統治者的同盟，把貿易視為增加國家財富與力量的手段，從而使國家在競爭的列國體系中勝出。在政治特權與軍事干預的保護下，強大的民間產業發展了特許公司，取得寡頭或壟斷的尋租地位。[77]

貿易與戰爭，民間與官方，成雙成對地結合在一起。特許公司花費鉅資在戰爭與私掠船上，然後從中獲取更大的利益。他們率先進行擴張，試圖確保戰略據點，然後占領更多的土地與征服新的市場。這使他們成為國家的盟友，讓國家更有動機贊助這些公司，例如荷蘭東印度公司的建立就是為了公然傷害西班牙與葡萄牙的利益。[78]

國土相對較小或緊鄰海洋的國家（通常是兩種條件兼具），開始不成比例地投入海外貿易與殖民。對葡萄牙來說，這類冒險行動是讓自己擺脫小國地位的手段。西班牙從收復失地運動（Reconquista）取得了軍事與組織能力，此時又投入大量資金更進一步提升。尼德蘭原本深陷與大國的衝突，卻得益於高效率的民間產業，以及由都市利益團體控制的政府，率先成立了特許公司。當時仍人口稀少的島國英格蘭以取得海外領土做為賭注，企圖以此平衡歐陸國家帶來的威脅。對比之下，拉丁歐洲最大國法國則更專注於陸上軍事行動，而且比競爭者更不需要殖民地。雖然法國最終為了不負強權的威望而開始尋求殖民地，但法國一開始卻將自己局限在相對受忽視的美洲北部地區，之後則以西北非洲作為優先開拓的對象，兩者都無法產生重大的經濟效益。[79]

歐洲的衝突變局不僅為海外擴張提供強大誘因，也協助確保海外擴張的成功。歐洲長期持續的國際戰爭使歐洲人在軍事競技場上擁有競爭優勢。對火藥科技與相關領域（「火器、火炮、裝備槍炮的船艦，以及能抵禦炮火的堡壘」）的持續投資為歐洲日後的全球霸權鋪路。因此，如果殖民地與用來取得殖民地的軍事力量真的是日後經濟突破的核心前提，那麼殖民地與軍事力量就是歐洲競爭性列國體系的直接產物，而不只是「愉快的意外」。[80]

歐洲的海外擴張最終達到前人無法想像的規模。到了一九一四年，地表面積的五分之四到六分之五皆在歐洲人的控制之下，其中有一半是殖民地。這場擴張的早期階段絕大部分發生在新世界：一七六〇年，幾乎所有的殖民地與四分之三的殖民地人口都位於美洲。七十年後，廣泛傳布的美洲獨立運動與同時間發生的往亞洲擴張，使亞洲占了所有殖民地的二分之一，更幾乎涵蓋歐洲所有殖民地的人口。[81]

起初，前哥倫布時代社會的低度發展與殖民者引進各種舊世界疾病的毀滅性衝擊，使美洲成為較為脆弱的目標。而在這個時期，亞洲絕大部分地區仍在鄂圖曼、蒙兀兒與清朝這些大型傳統帝國的保護之下。[82]

然而，就連這些看似難以克服的對手也逐漸落居下風。菲利普・霍夫曼提出一個有趣的解釋，他認為使歐洲能夠持續進行軍事創新的條件，無法同樣適用在這些大型帝國身上。中國在十六世紀到十八世紀進行的戰爭，幾乎完全針對草原國家，這種衝突無助於火器進步或海軍發展。從蒙古時代結束到滿族政權接替，這段期間雖然有過對火藥武器深感興趣的插曲，卻未能轉換成持續性的改良發展。

日本的國內衝突也在一六〇〇年後結束，隨著德川幕府建立，火器革新也逐漸停擺。蒙兀兒帝國晚期與之後的印度雖然持續經歷戰爭，但動員的高昂政治成本與稅基不足，限制了對更好武器科技的持續投資。相較於西歐國家，鄂圖曼帝國更仰賴騎兵（對抗游牧民族）與槳帆船（適用於地中海），徵收的稅收較低，在動員上也遭遇更大的障礙。唯有俄羅斯引進了相關技術與知識，並建立必要的基礎設施，因而能逐漸追趕歐洲，最後得以躋身列強。[83]

歐洲在這個時期的獨特之處，就在於同時滿足了所有持續擴張的前提。最重要的一項，就是頻繁、對稱與財政昂貴但政治成本較低的戰爭。此外，專注於火藥科技的強大誘因，以及較少被阻礙的創新，這些因素也持續發揮影響。結果，相較於糧食，火器的價格在歐洲要比在亞洲來得便宜，而歐洲在軍事產業也享有較高的生產力。這些進展使歐洲人可以仰賴軍力或招募盟友來消弭抵抗。這當然也有助於讓歐洲超越中國與鄂圖曼這兩個潛在競爭者。正如我之前所說，這兩個帝國從一開始就不存在強大的結構誘因與西歐國家競爭。[84]

由於內部行業的分裂，歐洲反而獲得了更多的優勢。拜各種承包人員與僱傭兵之賜，私掠船在近代早期的歐洲軍事事務中十分猖獗。這是民間僱用延伸到海外冒險的例子。這麼做有其道理，因為國家無法可靠地監督遙遠的軍事行動，而對於早已習於外包服務與授權給自治團體的統治者來說，這樣的限制也可以接受。此外，像征服美洲這種意外收穫，雖然對於能提供大量機會給國內尋租者的大型帝國來說沒有多大吸引力，但對小型政治體來說可不是如此。[85]

如果羅馬帝國或羅馬式帝國持續存在或重建，那麼這一切就不可能出現。阿伯內西充分領略到這項先決條件的重要性：「很諷刺地，一連串入侵摧毀了歐亞大陸西部最大的帝國，卻為數世紀後新帝國的建立奠定基礎。」只是這一次的新帝國是掌控殖民地的海外帝國。[86]

反事實思考

地理在這方面也有影響嗎？我曾在第八章提過物質環境對於國家形成的空間規模有很大的影響，因此我們也可以合理懷疑，各地區海外發展的差異有可能是物質環境造成的。

我會從兩個面向探討這個問題。首先，當我們回顧從中世紀以降，歐洲致力於與南亞、東亞建立較直接的關係時（最終導致歐洲控制新世界），我們也許可以得到一個結論：中東、南亞與東亞的帝國並不需要像歐洲一樣從事海外冒險，而這不只是因為這些帝國缺乏結構性的誘因，更是因為這些帝國基本上早就是歐洲人渴望前往的地方。它們接近某些「異國」商品（從香料與香水到絲綢與象牙）的發源地，而這是生態決定的結果。[87]

另一方面，我們也可以強調更根本的地理特質，也就是大陸與海洋的分布。這讓鄰近海岸的西歐居民比東亞或南亞的居民更容易實現某些目標，包括繞行非洲、橫渡大海，以及最重要的是抵達新世界。大西洋遠不如分隔中國與美洲的太平洋那樣遼闊，南亞則離西半球極其遙遠。更具體來說，氣候相對舒適與季風航行的可預測性，使亞洲社會對於充滿雄心的海上遠征缺乏準備。如果從板塊構造論來看，這是否表示歐洲的成功完全只是運氣好的結果？[88]

事情不完全是如此。這兩種詮釋都無法解釋既有的結果，而為了說明這一點，我需要再次訴諸反事實推論，藉此評估與之前花了相當篇幅討論的制度因素相比，地理因素的影響究竟有多大。

假如歐亞之間有一條貿易捷徑

早期的海外探索，確實是為了尋找不在歐洲生產但可以在歐洲販售獲利的物品（例如前面提到的各種異國事物），或為了要尋找存在於歐洲但非常稀少造成供不應求的物品（特別是貴金屬）。我們可以設想一些簡單粗暴的反事實情境，好比重新安排這些資源的分布地點，讓歐洲本土或鄰近歐洲的地區（如北非或黎凡特）擁有豐富的這類資源。這無疑是明目張膽地違反「最小重寫」原則，畢竟許多農產品只生長在熱帶地區，而蘊含金銀礦的岩石早在數百萬年前就已形成。

這個極不可能存在的反事實推論，允許我們想像一個海外探索無利可圖的情境：不只無利可圖，還容易為了爭奪物品來源地的控制權而爆發激烈衝突。這個競爭很可能讓原本的政治分裂更加嚴重，尤其在接近物品生產來源的狀況下，任何一個國家都更難壟斷物品取得的管道，從而更難藉由取得物品的優勢來建立霸權的政治地位。

比較不那麼極端的反事實情境，或許更值得我們認真思考。例如假設一個歐洲人能夠輕易取得異國資源的情境。即使這些資源距離遙遠，但歐洲人仍能仰賴既有的貿易網絡，或者稍微調整這些網絡就能將中介成本降到最低。在這個情境中，鄂圖曼帝國不會封鎖前往印度洋的路線，西歐的進口商也不需要與敵對的地中海網絡如威尼斯競爭，而接觸這些資源的管道也不會受到同樣尋求這些資源的其他西歐競爭者阻撓。

這個反事實情境雖然與十五至十六世紀的實際狀況相差甚遠，但歷史上卻確實存在過。全盛時期的羅馬帝國就曾經從東非、阿拉伯半島南部、南亞與中國進口大量奢侈品，而且絕大多數（雖然不是全部）經由海路。帝國的統一消除了各利益團體間競爭的問題。所有的進口路線都經由單一管道，也就是帝國的邊境哨站與國內的收費站。民間或國家內部的貿易則迅速將物品流通到帝國全境。

羅馬帝國的廣大疆域確保沒有任何外來挑戰者能干擾這個過程。中央權威控制所有能進入地中海的要地，從直布羅陀海峽到能連結紅海與印度洋的埃及港口。占有美索不達米亞的伊朗政治體可以對來自遙遠東方的陸路貿易徵收通行費，敘利亞綠洲城市帕爾米拉（Palmyra）的繁榮見證了貨物流通的價值，但這些陸路貿易的通行費其實可以藉由海上貿易規避，而且事實上貿易量還相當龐大。[89]

當羅馬於公元前三十年正式將埃及併入帝國版圖時，埃及做為羅馬的從屬國已有一個半世紀的時間，而且越來越仰賴羅馬。羅馬完全控制埃及之後，得以將影響力往印度洋延伸。羅馬海軍攻打亞丁，導致亞丁遭受劫掠，並且造成薩巴阿王國（Sabean Kingdom）的動盪。薩巴阿王國長久統治葉門西部而且控制了進入紅海的要道。貿易於是轉移到敵對港口，薩巴阿政權也很快就被西姆亞爾王國（Himyarite Kingdom）取代。人稱「羅馬之友」的西姆亞爾統治者派遣使者帶著大量禮物（可能是貢品）前去晉見遙遠的羅馬皇帝，而且慷慨地出口末藥（myrrh）與白色大理石。[90]

公元二世紀初，羅馬奪取納巴提阿王國（Nabatean Kingdom），這個從屬國位於今日的約旦，但國土延伸到阿拉伯半島的西岸。羅馬進一步加強對當地的控制，碑文顯示羅馬派出了地方行政長官，而且在曼德海峽（Mandeb Strait）北方的法拉桑群島（Farasan archipelago）駐紮軍隊以控制這條連接紅海與亞丁灣的水道。羅馬帝國的商人長久以來一直從阿克蘇姆（Axum，今日的衣索比亞〔Ethiopia〕與厄利垂亞〔Eritrea〕）進口象牙、陸龜與海龜殼，也從索馬利亞進口末藥、桂皮與肉桂。公元二世紀之前，羅馬與肯亞（Kenya）及坦尚尼亞（Tanzania）沿岸地區的貿易（特別是象牙）長年受到葉門的薩巴阿或西姆亞爾國王哨站的阻攔，但現在羅馬的船隻可以一路直航到坦尚尼亞與當地供應商交易。[91]

有效控制紅海流域與紅海南端要道，也使羅馬與葉門東部的哈德拉茅特王國（Hadramawt

Kingdom）與佐法爾（Dhorfar，乳香的重要產地）的關係不受阻礙，同時也協助確保通往印度的航路。羅馬與南亞統治者建立直接的商業與外交關係，可以上溯到第一任羅馬皇帝奧古斯都統治時期，他在取得埃及之後，首次接見了從印度洋地區派來的使者。航向古加拉特與印度南部塔米爾（Tamil）的羅馬船隻，為了利用季風，經常直接從非洲或阿拉伯半島出發。喀拉拉邦的城市穆吉里斯（Muziris）成為主要貿易中心，當地甚至有一座把奧古斯都當成神明來供奉的神廟。穆吉里斯等港口的商人社群開始繁榮成長。最重要的出口物品是黑胡椒，此外還有靛藍與寶石。最早從公元前二十年開始，穆吉里斯南方的潘地亞王國（Pandia Kingdom）已經派遣使者帶著珍珠與寶石前往羅馬。當地史料甚至提到羅馬傭兵出現在當地，為當地統治者服務。[92]

與斯里蘭卡的貿易起初要透過塔米爾人中介，然而到了公元五〇年代建立直接接觸的管道之後，斯里蘭卡也派遣使節到羅馬，從此可以不經由印度港口直接航向羅馬。正如東非的例子，當羅馬可以直接觸及更遙遠的政治體時，這些中間人就遭到放棄。羅馬商人最後將他們的航線延伸到印度東岸，而且跨越孟加拉灣抵達緬甸。到了公元二世紀，羅馬商人可能繞過馬來半島抵達泰國，或許甚至一路來到漢朝位於越南北部的領土。[93]

若以金錢來衡量，羅馬與東方的貿易量可說十分龐大。關於大量錢幣外流的文字記載，可以從公元二世紀流傳至今的稅務文獻得到佐證，當中提到一艘來自穆吉里斯的船隻抵達埃及港口，上面裝載了一百三十五噸的胡椒與八十四噸的肉桂，繳納的稅金超過羅馬帝國全年公共稅收的千分之一。根據奧古斯都時代某位觀察者的說法，這項貿易剛開始的時候，每年有一百二十艘船從印度洋抵達埃及。位於埃及東岸的港口貝勒尼基（Berenice），碼頭可以容納長一百二十英呎、排水量三百五十噸的船隻。[94]

相較之下，十六世紀初的葡萄牙從印度進口的胡椒數量是一千到兩千噸。到了一六〇〇年，東南亞已經每年運送四千噸胡椒到歐洲。這個數量不算非常多，羅馬時代那一百二十艘船的一小部分就能載得下這些貨物。因此，即使我們應該謹慎地避免過度解讀這些不夠縝密的數字紀錄，但毋庸置疑的是，羅馬時代的貿易規模至少能與近代早期相比。羅馬商人可以毫無阻礙地在印度洋沿岸航行，而且往往受到外交關係的保護。除了亞丁這個唯一的例外，在正常狀況下，羅馬人不用像葡萄牙人一樣必須與各地君主爭鬥，也不用擔心各地的對手。光憑帝國本身的量體與帝國市場的吸引力，就足以確保與出口國合作，在中間人無法得利的狀況下讓交易雙方獲益。[95]

在這種狀況下，如果有人建議羅馬人繞行非洲或橫渡大西洋來取得這些物品，只會讓人感到困惑。當然也有例外：公元前二世紀末左右，一名希臘探險家接受埃及托勒密王朝的僱用出航前往印度，返回埃及後又順非洲東岸而下。結果兩次航行所帶回來的貨物都被當局給沒收。這刺激他尋找另一條繞行非洲的路線，只不過這個大膽行動後來似乎還是失敗。一旦地中海統一在羅馬帝國之下，這類探索新航路的選項就變得不切實際與無關緊要。商人要不是接受帝國課稅，就是乖乖待在家裡。這個決定並不難做：強烈的需求與遠距貿易的相對平順，支撐起龐大的交易量。[96]

國家形成的規模是關鍵變數。羅馬時代的帝國統一，以及導致國家能力變得相對低落的千年分裂，兩者之間產生了極為不同的誘因結構。即使我們假定進口的需求維持不變（這個前提本身就值得懷疑，因為羅馬時代的財富往往集中在羅馬菁英手上），羅馬時代之後歐洲的多中心主義，以及中世紀晚期與近代早期再次復興的中東政治體，也會設下霸權帝國時代不存在的種種貿易障礙。再加上國與國之間的競爭關係讓各國陷於永無止盡的鬥爭、國家與社會的協商催生了具生產力的徵稅制度，以及最後出現的意外報酬（特別是在新世界），這些限制條件將使各國持續不斷地投入海外擴張。

也就是說，地理本身的影響並沒有那麼大。羅馬帝國的歷史經驗駁斥了歐洲人原本就難以接觸南亞與東亞富庶地區的說法。唯有當歐洲人無法形成單一帝國時，接觸南亞與東亞才顯得困難。不可否認，與在印度洋和南中國海利用季風航行相比，在大西洋航行需要更堅固的船隻與更精良的裝備，但這一事實本身並不會迫使歐洲人去克服這項重大挑戰。否則的話，日本應該會發展出類似的先進船隻，而不是將眼光望向西南方的巨大帝國。關鍵不在風向，而是制度。光譜的一邊是帝國霸權與帝國萬有引力般的強大拉力，另一邊則是列國之間與國家之內的多中心主義。[97]

假如東、西方顛倒

第二種反對制度論的看法則認為，地理可能幫了歐洲人一把，卻妨礙了其他人。要檢驗這項看法，需要相當複雜的反事實思考。唯有改變整個歐亞大陸的方位，讓歐洲人更難而讓中國人更容易抵達新世界，我們才能衡量地理本身的影響。（南亞顯然沒有更容易抵達新世界的辦法，除非我們用更超現實的方式重新打造世界，否則南亞注定處於遠離西半球的位置。因此，我只把重點放在歐亞大陸東緣與西緣的傳統對比上。）

為了論證這個說法，我想了三種方案。第一種，是把「大歐亞非大陸」（Greater Afroeurasia，也就是舊世界）直接水平翻轉，讓歐洲面向太平洋，而中國面向大西洋。再精確點說，是把西經三十度線（包括亞速群島與冰島）到國際換日線（包括西伯利亞東北端與紐西蘭）之間的整個地區，以東經七十五度線為軸線（前述兩條分界線之間的中線）來個東西向的水平翻轉（圖11.1）。這麼做可以保留各大陸的整體完整性與各大陸的主要鄰近島嶼。

即使這麼做有助於保存舊世界邊緣地區既有的連結，但也把歐洲海岸往外向太平洋延伸，同時也把

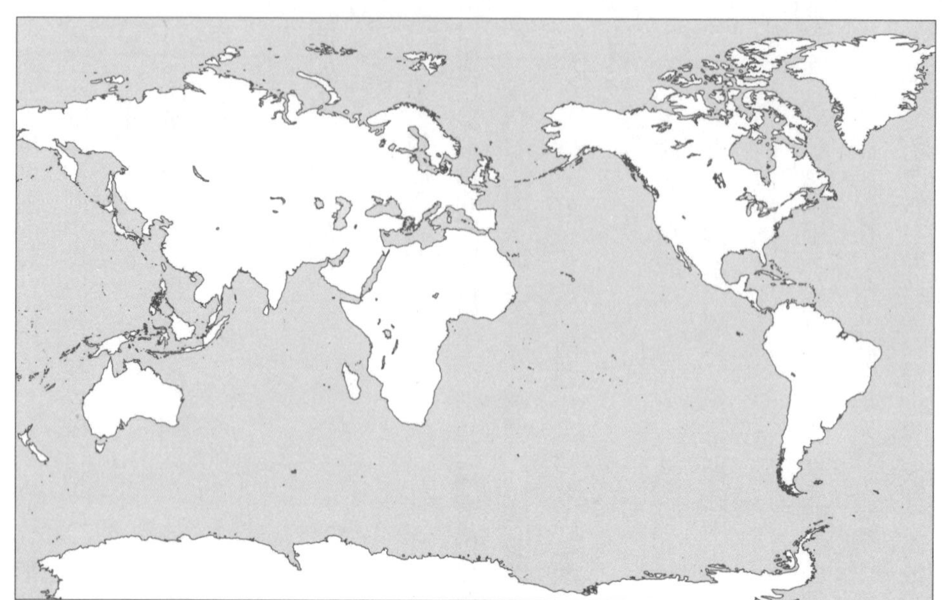

圖11.1　大歐亞非大陸以東經七十五度線為軸線翻轉後的世界。

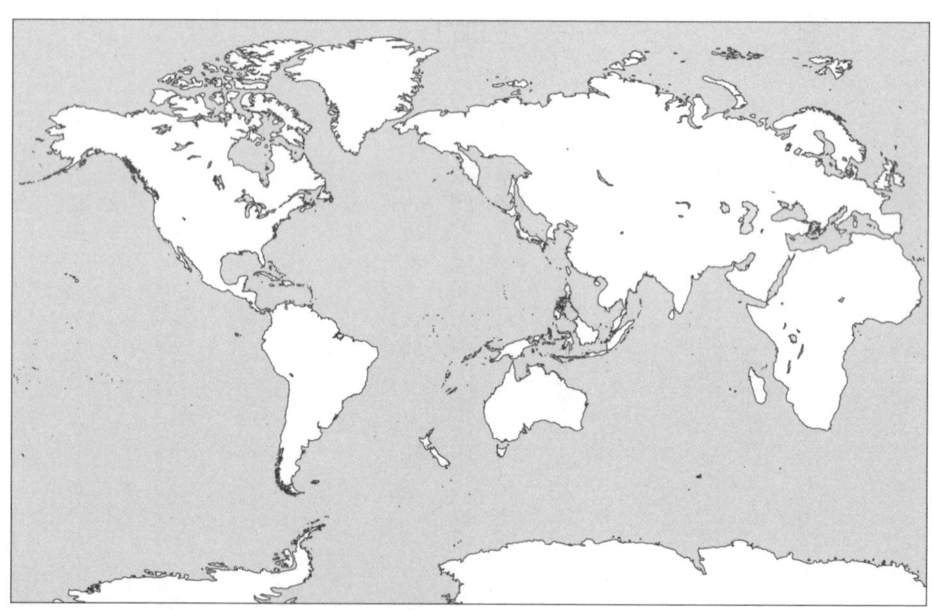

圖11.2　歐亞非大陸以東經六十三度線為軸線翻轉後的世界。

中國與日本推到畫面中央的位置。這縮短了歐洲跨越太平洋前往新世界的距離，卻也增加了東亞橫渡大西洋的距離。由於這會與我們的思想實驗的主要目標（翻轉歐洲優勢）產生衝突，因此比較合理的做法是忽視陸塊的完整性，同時把重點放在相對距離上。

這就進入了我們的第二個反事實情境。這次的目標是讓日本中部的位置移動到接近英格蘭原本的位置，同時讓長江三角洲的位置挪動到接近伊比利半島西南部原本的位置。這就需要以東經六十三度線為軸線，也就是以倫敦到東京與里斯本到蘇州之間的中間點為軸線，來進行水平翻轉（圖11.2）。這樣的調整將會切斷歐亞非大陸與邊陲島鏈的連結，但能夠確保東亞航向美洲的主要起點與終點的距離，與現實上西歐航向美洲的主要起點與終點的距離相似。

第三個反事實情境不改變地圖，但卻更加激進。我們直接把中國帝國搬到地理上的歐洲，並把歐洲國家搬到地理上的中國。在這個情境中，日本將扮演英國的角色，而中國的中部偏東位置則相當於伊比利半島。雖然這個情境似乎不用改變地圖，但卻會打斷了地理、生態與國家形成之間的連結。與我在第八章的論點相反，這個情境還會迫使我們假設歐洲的物質環境可以支持中國式的帝國形成，而且鄰近大草原不會影響歐洲的制度。這也完全轉變了「歐洲」與鄰近地區的互動關係：因為屆時毗鄰地中海或非洲的將是「中國」，而不是「歐洲」。

這將導致歷史被以武斷且不可預測的方式改變，進而使推論失控。或許弔詭的是，保留地理不變而只改變其上的政權，反而導致起始條件出現最劇烈的變化。因此，我放棄了第三種假設取徑，只討論前兩種軸線翻轉情境。也就是只改變海洋距離，而不干預舊世界國家形成的動態關係。

以這兩條軸線進行翻轉，歐洲就會面對廣袤的太平洋。太平洋涵蓋地球將近三分之一的表面，以及地球大約一半的水域。根據不同情境選擇的不同航線，跨越大洋所需要的後勤成本也會跟著改變（表11.1）。

	實際	以東經七十五度翻轉	以東經六十三度翻轉
卑爾根到蘭斯奧牧草地	3,800		
卑爾根到安克拉治		3,400 (-11%)	4,500 (+18%)
帕洛斯・德拉弗隆特拉到聖薩爾瓦多島	6,500		
帕洛斯・德拉弗隆特拉到托多斯・桑托斯		8,700 (+34%)	10,600 (+63%)
倫敦到詹姆士敦	6,000		
倫敦到舊金山		6,600 (+10%)	8,100 (+35%)
里斯本到薩爾瓦多・德・巴伊亞	6,500		
里斯本到巴拿馬	7,700	11,900 (+55%)	13,600 (+77%)
加的斯到利馬	*11,000	14,100 (+28%)	16,000 (+45%)
加的斯到維拉克魯斯	8,700		
加的斯到阿卡普爾科		10,100 (+16%)	11,900 (+37%)
加的斯到巴拿馬	8,000	12,300 (+54%)	13,900 (+74%)
聖多美（São Tomé）到薩爾瓦多・德・巴伊亞	9,600		
聖多美到巴拿馬		15,100 (+57%)	17,700 (+84%)
東京到舊金山	9,000		
蘇州到舊金山	9,900		
蘇州到阿卡普爾科	13,100		
東京到安克拉治	5,600		
東京到蘭斯奧牧草地		5,400 (-4%)	3,800 (-32%)
東京到詹姆士敦		7,500 (-17%)	5,600 (-38%)
蘇州到聖薩爾瓦多島		9,900 (0)	6,700 (-32%)
蘇州到薩爾瓦多・德・巴伊亞		8,700	6,100

表11.1　最短距離（公里）以及實際與反事實距離的差異（百分比）。

*包括橫跨陸地距離。

表11.1的測地距離取自http://www.movable-type.co.uk/scripts/latlong.html.

首先，西北歐與北美洲兩端的距離並未出現明顯變化。地圖翻轉後的城市卑爾根（Bergen，位於西北歐，代表諾斯人海上遠征的起源地）與安克拉治（Anchorage，位於阿拉斯加，代表抵達美洲大陸的地點）之間的距離，大致等同於卑爾根與紐芬蘭北端蘭斯奧牧草地（L'Anse aux Meadows，十世紀末諾斯人的開拓地點）之間的實際距離。歷史上的諾斯人的確利用法羅群島、冰島與格陵蘭做為跳板前往北美洲，地圖翻轉之後，他們應該也能沿著千島群島（Kuril Islands）、西伯利亞海岸與阿留申島鏈（Aleutian island chian）航行。翻轉後的諾斯人將可為擴張中的文明找到廣大的開拓地。同樣的，翻轉後的東京與紐芬蘭的距離，也沒有比東京與阿拉斯加的實際距離近多少。[98]

伊安・摩里士並未考慮這些基本事實。他除了主張諾斯人比中國人更能輕易抵達美洲，還忽略了日本做為前進基地與漫長島鏈的可能性。然而，中國水手並不需要航行十倍於諾斯人航行的開闊洋面才能抵達美洲。以北方海洋來說，我們很難同意摩里士的觀點：他認為從東亞橫跨太平洋原本就比從歐洲橫跨大西洋更加困難。[99]

然而，無論是紐芬蘭還是阿拉斯加，都不是特別有利可圖的目標。一四九二年，哥倫布從安達魯西亞的帕洛斯・德拉弗隆特拉（Palos de la Frontera）出發，航行到加勒比海聖薩爾瓦多島（San Salvador Island）的直線距離大約是六千五百公里。但哥倫布途中還經過了加那利群島的戈梅拉島（San Sebastian de la Gomera），因此實際航線更長，大約在七千公里以上。假設地圖翻轉之後，哥倫布還是從安達魯西亞出發（翻轉後的安達魯西亞大約位於日本原本的位置附近），他必須航行原本的航線再多三分之一到三分之二的距離，才能抵達與聖薩爾瓦多島同緯度的美洲大陸，位置接近墨西哥的南下加利福尼亞州（Baja California Sur）的托多斯・桑托斯（Todos Santos）。考慮到太平洋西風帶與北太平洋洋流會把哥倫布帶往美洲大陸更北邊的位置，這會減少哥倫布不靠岸航行的距離，使其不至於比原本從加那利群島到加勒比地區的不靠岸航行距離多出太多（也許不會多出三分之一）。東北信風、加利福尼亞洋流與北赤道海流將使哥倫布順海岸南下，然後回到翻轉後的歐洲。

這兩個軸線翻轉的情境，對於西北歐航向新世界大部分地區的影響不大。倫敦距離詹姆士敦（Jamestown）大約六千公里，比翻轉後的倫敦與舊金山的距離少了不到三分之一，而舊金山位於與詹姆士敦同緯度的西岸位置。同樣的，西班牙船隻要抵達墨西哥也不會比原先困難多少：從翻轉後的加的斯（Cádiz）到阿卡普爾科（Acapulco）的距離，只比加的斯到維拉克魯斯（Veracruz）的實際距離多了六分之一到三分之一。

地圖翻轉也不至於阻礙西班牙征服阿茲特克帝國，因為阿茲特克帝國本來就同時面向大西洋與太平洋海岸。鄰近太平洋岸的塔拉斯卡人（Tarascans）可以與西班牙征服者合作，取代歷史上鄰近大西洋且與西班牙合作的特拉斯卡拉人（Tlaxcala）。雖然缺乏島嶼做為集結區（加勒比地區有許多島嶼）會造成許多不便，但西班牙仍可以藉由在阿茲特克以北的行進路線上建立海岸據點來此一不足。

同樣的狀況也適用在西班牙與安地斯山區的連結上。伊比利半島上的加的斯距離南美洲利馬（Lima）約一萬一千公里，包括從巴拿馬（Panama）穿越陸地的距離。雖然翻轉後的加的斯前往南美洲可能會多出四分之一到二分之一的距離，但一路上全是通行無阻的海路，可以彌補距離變長的缺點。只有巴西變得更加遙遠：從里斯本到葡屬巴西的早期首都薩爾瓦多．德．巴伊亞（Salvador de Bahia）的距離，將從原本的六千五百公里增為三倍，達到近兩萬公里，而且還要加上穿越陸地的距離。

由於無法準確評估風向與洋流造成的各種影響，因此所有的計算不可避免會過於粗略。儘管如此，這些計算還是能讓我們更細緻地評估地理因素的重要性。儘管沿著軸線翻轉舊世界將導致歐洲與美洲之間的海洋擴大，但並不會對早期階段的海外探索與剝削帶來實質的影響。諾斯人可以輕易抵達阿拉斯加，哥倫布還是會抵達加州，科爾特斯同樣踏上墨西哥，皮薩羅（Pizarro）照樣征服秘魯。在舊世界瘟疫的摧殘下，前哥倫布時代的社會依舊無法逃脫崩潰的命運，他們的貴金屬終將被歐洲人運走。

即使翻轉後會導致這一切需要花上更長時間與更多成本，但我們沒有充分理由相信這個過程將會胎死腹中。畢竟，後勤成本只是略微增加，而歐洲內部的對抗仍將持續上演，只是有時是在不同的地域進行。人性對名聲與財富的不變渴求，非常有可能讓殖民發展延續下去。

這樣的評估並不是用來自我滿足。事實上，歐洲的遠航者早在十六世紀就能完美克服遠比橫渡大西洋更令人生畏的挑戰。早在一五二〇年到一五二一年，麥哲倫的船隊就從智利航向關島，九十九天不靠岸航行超過一萬五千公里。從一五六〇年代以降，在發現了反向橫渡太平洋的方法之後，西班牙珍寶船隊一年兩次往返於阿卡普爾科與馬尼拉之間，理論上直線距離是一萬四千三百公里，而返航時的實際航行距離則接近一萬八千公里，因為東返的船隻必須走遠路繞到北太平洋利用信風航行。船員的耗損遠高於大西洋航行，但仍不足以嚇退眾人。[100]

要衡量這些反事實情境的意義，適切的標準不在於歐洲人在過去的歷史中做了什麼，而是歐洲人在過去的歷史中可能做些什麼。歐洲人顯然有足夠的能力掌握太平洋航路，正如他們掌握了大西洋航路一樣。我們必須牢記，這兩項翻轉的反事實情境雖然增加了歐洲前往新世界的距離，但歐洲人卻因此不需要那麼費力地橫渡大西洋與穿越美洲，就能實現前往中國以安地斯白銀交換貿易物品的目標。

即使如此，翻轉後的距離並非故事的全貌。自然條件也扮演著重要角色，一旦將自然條件添加到翻轉的反事實情境中，就有可能為歐洲的發展帶來更嚴重的難題。舉例來說，種植園體系在美洲東側與加勒比島嶼迅速增長，然後擴及巴西與之後的美國東南部。要是貨物運送到歐洲的實質成本隨著距離增加而變得更高，那麼要大規模建立種植園將變得相對困難。這不禁讓人懷疑，在這種翻轉的反事實情境中，新世界種植園的發展能否超越西班牙王室採取的貢品榨取模式。如果新世界經濟較為先進的特徵一如許多人所主張，為（第二次）大分流做出了重大貢獻，那麼一旦種植園規模因為運送成本提高而發展受限，顯然將對大分流造成嚴重影響。

在這種狀況下，製造與消費大宗商品的西歐、出口奴隸與消費大宗商品的西非，以及進口奴隸與出口大宗商品的大西洋美洲之間的「三角貿易」將面臨巨大障礙。在這個假設情境中，新世界適合種植園的地區與歐洲之間的距離將大為增加，對商業發展構成負擔。繞過南美洲運送糖、菸草與棉花雖非不可能，但十分昂貴。巴拿馬運河的開鑿只有在科技出現一定突破時才有可行性，而且不只是土木工程上的突破，疾病防治也要跟上才行。航運對麥哲倫海峽與巴拿馬地峽的仰賴將創造出兩個瓶頸，不僅保障先行者的利益，也讓隨後想參與競爭的國家不得其門而入，從而為歐洲本土帶來難以預測的二階效應。

在這類翻轉的情境中，同樣不難想見非洲新位置的遙遠將成為最大障礙。幾內亞灣（Gulf of Guinea，可以用來代表非洲奴工的大致來源）與美洲東岸的距離將比實際距離大為增加。如果是經由中美洲路線，那麼奴隸必須航行的距離會是原本的兩倍半（包括穿越陸地），而如果是繞過南美洲，也有兩倍的距離。考量歷史上「中間航道」（Middle Passage）的嚴酷程度，就不禁得懷疑有多少人能夠熬過這趟漫長的旅程。這就需要對歷史事實進行大量的調整，而且原則上並非不可行：南太平洋有足夠的島鏈做為從翻轉後的幾內亞灣（大約位於現在的印尼）出發前往智利的中繼站。在這些地點停泊將讓旅程花費更長時間與更昂貴的成本，但可以避免過多奴隸死亡。

無論變通方法為何，美洲的地形、美洲與非洲的距離都將使成本大幅增加。這無疑將引發難以預測的二階效應。其中一個替代方案是更仰賴強制徵用美洲原住民的勞動力來補充種植園人力，儘管殖民強權之間的敵視很可能讓勞動力的取得受到限制。另一個選項則是從一開始就密集開發加州。然而，加州的產出無法取代美洲東部的大西洋沿岸地區。整體而言，反事實情境的翻轉對發展造成的負面結果似乎沒有其他合理的彌補方法。至少有一些人認為資源開發是構成歐洲經濟轉變的關鍵，而從這個反事實情境來看，資源開發的不足勢將成為最有可能發生的結果。

簡單的歷史修正無法解決這個問題，無論是質疑新世界資源的重要性或改用印度棉花取代美洲棉花。我們必須嚴肅看待外在資源的投入對近代早期歐洲最先進經濟體的影響，如此才能評估多中心主義與這個論點的相關性，而這也是本章描述與反事實推論的前提。

重要的是釐清這些結果與本章主旨的相關性。我們不能排除（第二次）大分流確實有可能受到地理條件的妨礙，也許是殖民地的發展遭到限制，或者是關鍵的資源無法流入歐洲。但這無損於歐洲的多重分裂是促成現代化的必要條件。即使反事實環境的限制使關鍵資源無法流入歐洲，我的基本論點依然不受影響：即使資源無法流入，競爭性的動態關係仍有利於經濟徹底轉型。

但中國依然是中國

即使我們合理認為嚴格的地理限制就能阻礙歐洲對新世界與西非的剝削，同時減損大西洋三角貿易的效果，但重點是，中國並不見得就會因此出現反向發展。一個讓歐洲喪失機會的反事實情境，未必就會促進中國的經濟發展。對中國而言，即使多了接觸新世界的機會，恐怕也不足以促成改變。

問題不在於後勤成本的高低。不可否認，日本與阿拉斯加的距離並未比翻轉後的日本與紐芬蘭的距離遠多少。就算翻轉地圖，日本與維吉尼亞州的距離也沒有比實際上日本與加州的距離近多少。

重要的是，我們有沒有理由相信，比較短的距離確實能造成影響？如果中國從未對日本或菲律賓特別有興趣，甚至在歷史上大部分的時間裡對鄰近的臺灣興趣缺缺，那麼就算把中國與美洲大陸上某塊寶地的距離從一萬公里縮短為六七千公里，恐怕也沒有辦法出現重大改變。在這個尺度上，一旦我們考慮最根本的制度差異，就會發現距離根本毫無意義。伊安・摩里士曾說：「中國的運氣不佳，與新世界（或者更確切地說是墨西哥）的距離是西班牙的兩倍之遠。」這句話雖然事實正確，但實質上無關宏旨。[101]

就我們所知，只要不存在促使中國踏出國門的結構誘因，那麼即使新世界就位於中國以東幾千公里，中國也可能完全未察覺到它的存在，更不用說殖民新世界。我們知道中國歷史上不存在這類誘因，因此就算出現一次偶然的探索發現也難以改變這項趨勢。某方面來說，英國前潛艦艦長孟席斯（Gavin Menzies）名聲響亮（或惡名昭彰）的幻想作品（他讓鄭和率領的寶船艦隊發現了澳洲、紐西蘭與美洲等未知領域，而且環繞了全世界）說得相當中肯：鄭和發現了一切，但沒人在乎，帝國朝廷還查禁了所有紀錄。[102]

以上這些與距離相關的論點，其立論基礎存在著三重謬誤：一、距離決定發現的可能性。二、距離決定探索與殖民的實質成本。三、發現等同於殖民與發展。這些假定沒有任何一個是理所當然的。太平洋的歷史就有一個現實存在且與中國的漠視立場大不相同的例子，那就是我先前曾提到的玻里尼西亞人。就算太平洋比大西洋來得遼闊，南太平洋的島嶼也比南大西洋來得多。古玻里尼西亞人在擁有極少資源的情況下（至少完全無法與中華帝國的任何朝代相比），依然能散布於廣達兩萬五千公里的地區。那麼，是什麼阻止了更先進的中國文明進行海上探索？

說得更明確一點，一旦玻里尼西亞人開啟了這場海上探索之旅，又是什麼阻止中國跟進？宋朝是中國迄今為止對海洋最為友善的帝國，宋朝所處的時代正值公元第二個千年前半，當時玻里尼西亞人移居的幾個島嶼群之間有著廣泛的海上連結。如果海外探索蘊含真正的利益，以宋朝的能力絕對有辦法利用這個難得一見的海上網絡來滿足帝國的目的。[103]

距離不等於真實成本。就某個意義來說，任何歐洲國家要獨自介入美洲，花費的成本一定高於帝國時期的中國。而且歐洲殖民者還要與其他歐洲國家的殖民者競爭。如果中國先抵達新世界，那麼新世界將完全歸中國所有。任何對「成本」的比較都要考慮這個關鍵差異。其他的財政考量也不是決定性因素：不可否認，中國必須聚焦於大草原，而歐洲完全可以「不理會大草原」，但持續的海外探險需要的費用相對較少，中國可以輕易負擔這筆額外支出，也不是非建造昂貴的寶船艦隊不可。[104]

因此，從地理角度來解釋中國缺乏海外探索與殖民完全是模糊焦點。只要考量到中國的霸權地位、制度結構與社會權力的分布，就會發現中華帝國完全缺乏適當的誘因來從事這類計畫。中國距離美洲有多遠，並不是阻礙中國海外探索的真正原因，它只是碰巧與中國未進行海外探索一起發生罷了。

對歐洲而言，地理的影響則不大一樣。我們的反事實情境顯示，要是歐洲與新世界的距離就跟中國與新世界的一樣，那麼起初的海外發展仍不至於構成太大的負擔，但之後以奴隸為基礎的種植園經濟卻會面臨較大的障礙。安地斯山區的白銀雖然仍將運送到歐洲，部分運送到印度與中國，但刺激英國經濟、財政與科技創新的三角貿易，規模很可能大幅縮小，甚至不會發生。

因此，地理有阻礙跨洋殖民的潛力，卻無法成為激勵跨洋殖民的驅力。地理因素本身只能阻擋而無法造成刺激。政治與經濟的影響更為重要，這一點可以從英國與中國的鮮明對比看出，前者的財政制度是以海軍為基礎，是強調重商主義的殖民國家，後者則是傳統的農業帝國。英國是歐洲國家外向競爭的產物，信仰資本主義、軍事主義與保護主義。這股動力將全球區隔成核心與邊陲，而且創造出海外幽靈地面積來協助推動工業革命。[105]

即使中國歷代帝國持續擴充疆土，特別是清朝的大幅度擴張，但這些帝國從未像歐洲那樣重新安排土地、人民與資源的關係。邊陲地區並未轉變成原料生產者，提供原料供核心地區加工，讓核心地區從附加價值中獲得利益。相反的，帝國試圖控制人民遷徙，忽視或甚至偶爾妨礙滿洲、新疆、臺灣或西藏等邊疆地區開發自然資源。如果美洲不費吹灰之力地交給了明清統治者，他們的態度會有任何不同嗎？[106]

無論如何，歐洲人遲早都會抵達新世界。紐西蘭史家詹姆斯・貝里奇（James Belich）提醒我們：「到了十五世紀晚期，無論有沒有哥倫布……歐洲人都將順著三條路徑抵達美洲：為了尋求奴隸與糖產地而橫渡南大西洋，為了追捕鱈魚與鯨魚而橫渡北大西洋，以及為了尋找皮草而橫越西伯利亞。」對比之下，像明朝這麼強大的帝國「不需要追捕皮草或漁獲」，理由很簡單，因為已經有人樂於代勞獻上貢品。不是所有的探索活動都由權力分裂所驅動，但帝國的霸權與財富卻會扼殺一切可能的探索機會。[107]

海外資源的取得與制度的發展密不可分，這也是第十章的主題。我們接著來到驅動大逃離的最後一塊拼圖：科技創新。科技創新決定海外資源能夠帶來多少利益。如果沒有科技創新，就算歐洲人最後控制了新世界，可能也無法從這項巨大的意外收穫中取得收益。

第十二章
理解

知識文化

（第二次）大分流與工業革命的出現，除了與政治和經濟制度，以及取得海外資源有關，一般也歸因於文化與觀念。文化與觀念不僅推廣與支持科學探索與科技創新，也重視能推動經濟進步的態度與規範，甚或孕育了人們普遍看待與理解世界的方式。我因此把最後一章的標題定為「理解」，一個正好擁有多重意義的詞彙。

這裡的理解包含了幾個層面。首先，理解涵蓋了我們如何提升自己對物質世界運作方式的理解，以及如何運用物質世界來促進經濟發展與人類福祉。其次，理解也涵蓋了社會如何理解某些實踐與群體的角色與地位，例如商業企業與資產階級。最後，理解還包括了現代觀察者如何試圖理解不同類型的因素對現代世界的塑造。本章接下來就會分別探討這幾個不同意義的理解。

我會先簡短回顧歐洲的啟蒙運動、科學知識文化的興起，以及科學實驗新發現的實際應用等替世界帶來關鍵變化的制度基礎。與前面幾章一樣，我也會以歐洲以外地區做為對比，特別是中國，可能的話也會旁及其他亞洲文化，使歐洲的發展軌跡更加清楚明顯。

前工業時代的啟蒙運動與其他可能

多中心主義與啟蒙運動

經濟史家喬爾・莫基爾（Joel Mokyr）在近年來提出所謂的「知識文化」一詞，他認為知識文化在驅動歐洲（尤其是英國）進行經濟徹底轉型上扮演著關鍵角色。對莫基爾等許多人來說，知識文化的現象源自於近代早期。[1]

在莫基爾的敘述中，啟蒙文化不僅源自於中世紀晚期與十六世紀的商業資本主義，也源自於「個人主義、制定成文法、社團主義、自治，以及透制度化過程決定的規則」。這些公認重要的特徵，全都是源自於第十章討論的制度，而且都與羅馬時代之後社會權力的分裂有關。[2]

遍布各地的政治分裂與全面的文化整合偶然間融合在一起，就創造出觀念的市場。多中心主義降低了「強制的偏見」（coercion bias），削弱了強大既得利益者壓迫創新與不同意見的能力，為文化創新開啟空間。大一統制度傾向於維持現狀，而分裂的政治生態比較不可能強加這種結果。[3]

與其說歐洲列國體系是競爭性創新的積極推動者，不如說是這個體系防止了保守力量持續協調各界反對或打壓創新，從而讓觀念變遷成為可能。這個傑出的見解至少可以上溯到大衛・休謨（David Hume），他在一七四二年寫道：「小國林立有利於學術研究，不僅能阻止權威的侵害，也能避免權力的侵擾。」[4]

十六世紀，具生產力的分裂進一步加深。隨著羅馬時代之後的歐洲陷入政治分裂，宗教改革於是成為削弱天主教會的新手段。在宗教改革的影響下，天主教會逐漸喪失在國際間壓制異議分子的能力，「捍衛正統教義的權威力量逐漸受到限制，不再有能力協調各個政治體共同採取行動」。我們不應該把這種能力不足與走向寬容混為一談：世俗與教士領袖一開始（其實是經過一段時間之後）之所以未能進行鎮壓，只是因為他們沒有足夠的能力做出反動的回應。[5]

由於天主教與新教國家之間及世俗統治者與教廷之間的多重對立，共同鎮壓最終失去可行性。一四一五年，宗教改革先驅揚・胡斯（Jan Hus）會被處以火刑，是因為最初向他保證人身安全的德意志國王最後竟任由教宗與公會議處置他。一個世紀後，馬丁・路德便是在連續三任薩克森選侯的保護下行動，而無論皇帝或教宗都無法讓薩克森選侯就範。茲文利利用瑞士各州的分裂推行宗教改革運動，喀爾文也為了躲避法國的迫害來到瑞士日內瓦（Geneva）。

這段時期出現了許多著名的流亡學者，包括帕拉塞爾蘇斯（Paracelsus）、科梅紐斯（Comenius，逃離波希米亞而住在波蘭、瑞典、英格蘭等地）、笛卡爾（René Descartes）、湯瑪斯・霍布斯（在巴黎找到避難處）、約翰・洛克（John Lock，逃到尼德蘭，直到光榮革命才獲准回到英格蘭）與皮埃爾・貝爾（Pierre Bayle，兩度逃離法國，第一次逃往日內瓦，第二次逃到尼德蘭）。還有後來的伏爾泰（Voltaire），他在法國惹上麻煩後有很長一段時間在不同的歐洲國家生活。另有一些人引發國家之間的紛爭，最有名的就是伽利略與曾為他辯護的托馬索・康帕內拉（Tommaso Campanella）。康帕內拉在獄中完成最重要的作品《太陽城》，日後在德國與法國出版。而在教宗干預下，他從西班牙監獄獲釋，最後在法國去世。歐洲的多中心主義使歐洲的思想家得以更換恩庇者與保護者。[6]

國家內部權力的分裂也產生影響。修道院與大學等自治法人可以享有高度的自治權，特別是大學。

中世紀共同體運動（既是多中心主義的結果，也是多中心主義的驅動者）建立的法人組織，透過共識決來推舉領袖，訂定規則來約束團體內部成員的行為。大學是這個過程的產物，由法律賦予自治地位的大學法人擁有權力與特權，為思想論述建立了中立空間：既非宗教基金會（如伊斯蘭的信託基金），也不是國家贊助的學校（如中國設立的官學）。多元主義因此擴展了視野。即使絕大多數大學長久以來一直傾向於支持既有的權威，但不是所有大學都這麼做：從十六世紀開始，一些非主流大學如帕多瓦（Padua）與萊頓（Leiden）就以創新聞名。[7]

這個時期，列國體系帶來的正面貢獻還沒有那麼廣泛。國與國之間的敵對只能在某些層面激勵政府當局支持創新者，因為統治者絕大多數爭奪的是能抬高恩庇者地位的藝術家，以及能提升軍事與航海能力的工匠、船長與武器製造者。但競爭壓力也讓歐洲人願意且渴望採納與改造外國發明，其中最重要的就是火藥與紙張。[8]

此外，英格蘭與法蘭西王室都特別獎掖創新研究。十七世紀，英法兩國分別設立了倫敦皇家自然知識促進學會（Royal Society of London for Improving Natural Knowledge）與巴黎皇家科學院（Académie royal des sciences in Paris），讓具有凝聚力的學者團體首次有了能自主研究自然世界的學術機構。[9]

政治體之間與政治體內部的分裂，以及歐洲知識分子之間的高度流動，包括人身移動與更頻繁的思想交流，這種連結性大大增加了觀念市場的規模。就連觀念市場之內，組織性競爭仍舊扮演著核心角色：這個跨國知識分子社群以「文人共和國」（Republic of Letters）之名為人所知。這群知識分子社群超越政治分裂，創造了一個「競爭性的市場，不僅觀念需要競爭，就連提出觀念的人也要競相獲取肯定、名聲與恩庇」。

這個市場把擁有新觀念的人與潛在的消費者連結起來，前者需要說服後者相信觀念的價值。競爭性的恩庇成了一種誘因機制，而就這一點來說，歐洲的政治分裂再度成為關鍵的先決條件。政治分裂使恩庇的機會大為分散，若非如此，恩庇很可能只集中在某個極度龐大的帝國中心或帝國朝廷，例如亞歷山卓、羅馬或中國各個朝代的首都。而這種分散也反過來協助確保了多樣性。[10]

「文人共和國」一詞首先出現於一四一七年，並在十七世紀時普遍使用，對於傳布有用的知識起到正面效果。文人共和國根據一套基本規則（自由參與，自由爭論，不限國籍與結論公開）來進行統治，而且建立起論戰與證明的縝密標準，這些標準不受中央集權政治或宗教的命令或恩庇所左右。文人共和國不斷累積與匯集共識，這些共識以觀念的價值做為基礎。但文人共和國並非憑空出現：如果哈布斯堡西班牙或耶穌會（Jesuits）成為主流，這股動力很可能胎死腹中。莫基爾因此合理主張：「要是由單一中央集權政府來負責捍衛思想現狀，那麼最終催生啟蒙運動的眾多嶄新觀念將遭受壓制或甚至永遠都不會出現。」[11]

但這些網絡的效果也凸顯出分裂的限制：雖然政治多元主義是確保言論自由的核心條件，但跨國知識分子在交流上的相對方便也同樣不可或缺。如果缺乏最基本的文化統一性，那麼要迎合廣大的觀念市場，成本就會大增，進而限制了參與及競爭，同時也讓已經進入市場的人士免於受到破壞性創新的影響。這種文化統一性（主要表現在拉丁文的使用與基督教的規範上）乃是羅馬帝國的遺產：昔日霸權帝國建立的共同淵源（儘管已相當遙遠），使霸權帝國之後的多中心主義變得更具生產力。我將在〈後記〉討論這個主題。

此處我們只需指出，雖然不可否認拉丁文做為菁英語言的廣泛使用有助於維持與鞏固凌駕於個別政治體之上的連結，但拉丁文特權地位的持續也限制了菁英圈以外人士接觸知識的機會。因此，從拉丁文逐漸轉變為使用方言（這件事本身有部分也是由多中心主義的國家形成所驅動）不僅讓這個菁英圈陷入分裂，也擴大了參與者的基礎。地區語言的使用使文字書寫變得更容易接觸，而翻譯的進展則讓只使用單一霸權語言的出版品衰退的速度減緩。[12]

一連串的發展在整個拉丁歐洲展開。於是我們不禁要問，北海地區（尤其是英格蘭）是否在哪些方面特別傑出，使其日後能成為開啟工業化與現代經濟成長的領頭羊？時間與空間的變化確實可以說明趨勢：原本在十五與十六世紀最優秀的義大利科學家，其風采卻完全在往後兩個世紀被英國（還有尼德蘭與巴黎）的科學家掩蓋。[13]

宗教改革在為地中海以北的歐洲地區引進新觀念上，可以說扮演著舉足輕重的角色。許多針對持續影響進行的研究（主要根據德國與瑞士的資料），追溯了改信新教之後帶來的長期正面效果，尤其是這些有利結果從十九世紀以降變得越來越明顯。這些益處包括更多的人力資本積累與較高的識字率，訓練與閱讀成績上的性別差異縮小，而新教城市擁有正式的公眾教育，比其他城市更能產生與吸引更高水準的人力資本。這些持續影響顯示出早期新教徒強調閱讀《聖經》與普及教育所造成的效果。其他持續影響則與工作倫理有關：新教徒工時較長，賺取的所得較高，而且對休閒的偏好較低。新教也與經濟發展的指標有著正相關，例如稅收、勞動力的產業分布，以及都市成長。[14]

更早的文獻記錄了其他正面效果。十六世紀，為了推動宗教改革而進行印刷，使瑞士成為歐洲書籍生產的重鎮。之後，尼德蘭與英國取得領先地位。到了十七世紀，荷蘭與英格蘭有半數的成年人口識字，與其他歐洲社會相比是相當高的比例。技術學徒階級因此開始成長。文化特性也有影響：高識字率不只是實質薪資提高的結果，其本身就會對經濟發展造成影響。早在十九世紀開始進行全民教育之前，人力資本形成已經對經濟表現造成強烈的衝擊。[15]

更明確地說，不同派別的新教，在營造對科技創新有利的環境上能力不盡相同。在這方面，英格蘭歸正宗（Reformed Church）的表現優於荷蘭激進啟蒙運動（Dutch Radical Enlightenment），後者反而延遲了自然哲學轉向功利主義的過程。此外，荷蘭歸正宗對於其他教派越來越不寬容，再次顯示政治多中心主義在維持多元結果上的重要性。[16]

科學成長與各地的文化及制度相輔相成。以英國的例子來說，清教的影響表現在提升實驗科學的地位，專注於經驗主義與強調效用，譴責休閒，重視教育，以及把科學探究視為一種宗教崇拜。即使清教運動無法直接對機械技術做出貢獻，而且與工業革命有一大段時代差距，但還是提高了經驗主義與科學的社會地位。

清教是宗教改革的產物，清教在英格蘭起初是因為國家政治主權的關係才得以出現。英格蘭的國內衝突使清教徒在一六四〇年代首次掌握權力。君主復辟之後，重啟的鬥爭導致聖公宗（Anglicanism，也就是英國國教會）的自由化：支持實驗精神與物質進步的觀念，接納牛頓原理做為自然法下神聖和諧的象徵。[17]

與其他歐洲社會相比，一般認為英國啟蒙運動較重視「經驗主義、實用主義與個人功利主義」。這些偏好可以追溯到培根（Francis Bacon），他認為知識的前提是必須要有用。英國的培根經驗主義，從此與歐陸的笛卡爾理性主義相形漸遠。前者重視以工具為基礎的實驗研究，鼓勵更廣泛應用實驗方法，特別是產業或工業應用。[18]

受到經驗主義影響，英國在整個十七世紀逐漸培養出一種改良文化，這種文化公開鼓勵透過投資與技術累積驅動的經濟進步。這種系統性的進步觀具體表現在相信當前的知識水準超越過去的一切事物。用克里斯多夫·貝利的話來說，隨著對科學探索所加諸的限制消失，新的「思想慣例」逐漸取而代之，將科學轉變成「現代的整合性學說」。[19]

這些發展逐漸為持續自主的變革奠定基礎，從而支撐起通往現代性的轉折。這種對有用知識的探索，不僅能帶來好處，同時也是一種經濟發展的工具，可以透過對自然進行積極操控來改善人類福祉，更將宇宙視為某種本質上可被理解的機械秩序。

霸權與保守主義

這種觀點與中國等帝國的長期文化經驗有著制度上的差異。我們必須謹慎，才能精確找出真正重要的不同之處。有些人認為中國社會不生產有用的知識，或者統治者在有些時候會不支持有用的知識，這些顯然不是事實，但仍有兩點值得注意。[20]

第一點關乎過程。中國的國家政策完全取決於中央集權政府的偏好這種偶然性因素，而且決策能否延續完全仰賴頂層政治人物的去留，國家可以任意提供或收回支持。壟斷性決策塑造期望與結果的方式，與競爭性列國體系完全不同。在大一統帝國下，可能會有某個政權（例如蒙古人）希望投資工程師與數學家，但更迭之後的政權（例如清朝）卻往往做出完全不同的選擇。某種意義上，諸多不利於科學與科技進步的因素在中華帝國晚期進一步惡化，反觀拉丁歐洲絕大部分地區卻能擺脫這些不利因素。這真可說是一種巧合，因為中國政府的確有可能走上不同的道路。此處的關鍵不在於實際結果，而在於中央集權政府在其統治的廣大領土上進行干預與管制的潛在能力（並導致創新受到抑制），無論這種能力有多麼隱晦。套用莫基爾的簡單譬喻：壟斷權力的「政府可以直接關掉開關」。[21]

第二點關乎內容。隨著大一統帝國不斷重建、延續與深化，對古老權威的尊敬也獲得強化。很久以前的戰國時代曾有過百家爭鳴的時期。後人認為孔子相當憎惡這樣的發展，並將其視為不可取的象徵。只有墨家依然把往復辯難視為通往真理的途徑。戰國多元主義的戛然而止，扼殺了「思想活力與朝氣」。西漢時代儒家思想的重要擁護者董仲舒便主張，使「邪辟之說滅息，然後統紀可一而法度可明，民知所從矣」（編按：獨尊儒家）。[22]

前面曾經提過，公元第二個千年的一連串帝國重建，逐漸強化新儒家的霸權地位。支持獨尊穩定與延續性的正統學說，在結構上不利於破壞性的創新。儒家思想關注社會，對人際關係的興趣遠多於自然，有助於維護既有的秩序，而非滿足科學上的好奇。[23]

在中華帝國晚期，新儒家思想的正典化進一步封閉士大夫的心靈。明清兩朝強化了士大夫對儒家經典的投入，這些經典長久以來一直是儒家傳統的基礎。士大夫的批判精神逐漸集中在對這些經典的推敲與詮釋。即使在未被科舉考試排除在外之前，自然研究的基礎也全奠基於這些固定不變的儒家經典。文學支配了技術領域，而科學研究並未讓研究科學之人獲得同等的報酬。整套學術體系都被「保守的巨人」掩蓋。

姑且不論內容，從更廣義的角度來看，科舉制度鼓勵記憶背誦，重視文采書法，這對既得利益者較為有利。這種誘因結構使知識分子不願將心思放在科學上，特別是假說數學化與對照實驗，而傾向於背誦儒家「經典」裡的四十三萬一千兩百八十六個字。把這種制度稱為「停滯的傳統」一點也不為過，因為它對人力資本做了錯誤配置。此外，正典化的影響也因為商業菁英仿效保守士大夫的生活方式與品味而遭到放大，理由可見第十章的討論。這使得其他的論述空間從一開始就無法產生。[24]

儘管學者們競逐帝國的恩庇，但因為不存在國與國之間的競爭，壟斷的恩庇者也缺乏鼓勵或採取創新的誘因。戰國七雄的對立，造成專家學者的流動與恩庇者的相互競爭，這種狀況與日後的歐洲如出一轍。出於專業服務的需要，學有專精之人得以在一定程度上免受迫害。但這樣的出路卻在日後霸權帝國的統治下消失無蹤。當體制無所不包，想要離開體制的人就等於是葬送未來的可能，這點與能夠自由遊走的拉丁歐洲異議人士完全相反。觀念市場缺乏具生產力的競爭，這種現象反映政治權力的缺乏競爭。[25]

相較於工程學，科學受到缺乏競爭的影響更大，而這也解釋了中國的技術創新何以能持續發展。科學研究誘因的缺乏，最終剝奪了從業人員更具雄心的研究與應用機會。[26]

在帝國時期的中國，「經典」持續不斷受到評論，但從未遭到推翻。對比之下，在近代早期的西歐，「現代科學與科技的興起」，「不只是……古代、中世紀與文藝復興文化的自然延續，也是……對這些文化的否定。」十六與十七世紀充滿這類對過去文化的挑戰，從地理大發現到解剖學的進展，太陽中心說與星體延著橢圓形軌道運動的概念化，以及培根反對亞里斯多德的演繹邏輯，這一切都公然牴觸既有的古典權威。只要中央集權繼續掌握唯一大權，在一個正當性主要來自於捍衛古代傳統的帝國裡，推翻經典就是窒礙難行。[27]

中國並未替那些沒有利害關係的學者設立像歐洲大學（社會權力分裂的永久產物）一樣的獨立高等學術機構，也沒有設置國家科學院。國家只贊助有助於儒家學者進行反思的機構，亦即政治與道德機構。帝國中心投資教育，但不投資專業的技術訓練，這類訓練只能留待家族傳統來完成。機械與技工的印刷書籍極少，農耕方面的書籍則很多。學術與科技，學者與工匠，兩者之間鮮少有關連。[28]

從中國學者回應西方知識的方式，可以更清楚看到這個現象：他們持續擁護主流價值。科技史家席文（Nathan Sivin）認為這個選擇與中國社會的持續統一有關，在這個社會裡，古典的教育模式對菁英文化有著強烈認同，罕有學者受主流價值以外的事物吸引。「認為科學不是用來服務保守目的，或認為一項可被證明的事實要比流傳數千年的價值體系來得重要的人」，必將遭到排擠。這種偏好一直留存到十九世紀末，顯示傳統如何在大一統帝國之中深根。這種狀況不僅讓國內創新窒礙難行，甚至也形塑了回應外來知識的態度。[29]

此處能建構出合理的反事實情境嗎？即使是肯定中華帝國晚期發展的彭慕然也認為，光憑中國本身很難孕育出歐洲式的突破。即使十七至十八世紀的中國文化擁有與歐洲相同的科學探索元素，使不同領域的學者能夠互相合作，彼此以書信交流，論辯思想的優劣與引用文獻的方式，我們依然不確定這個過程能否持續，以及會不會在哪個階段遭到逆轉。許多現代觀察家都基於各自不同的理由，認為要建立中國自主發明蒸汽機的反事實情境是不可能的。[30]

中華帝國的狀況，或多或少也適用於其他帝國。好比相較於前幾個世紀希臘與希臘化世界的競爭性列國體系，羅馬帝國全盛時期的科學探索確實已經減少。[31]

在伊斯蘭世界，科學相關的研究、寫作與教學在前兩個哈里發國時期確實曾經繁盛一時，更一度獲得國家獎掖，但卻在十一世紀遜尼派復興之後步入衰微。在宗教基金會的支持下，伊斯蘭學校開始大量設立，但這些學校卻禁止教授與伊斯蘭教義相左的內容，還把學者當成了僱員。這種做法逐漸從中亞往西傳布，而且隨著時間逐漸加強。儘管我們不能輕易地把這種做法與帝國形成本身連結起來，例如塞爾柱人的興起，但這種做法通常會與國家形成有所關連。

隨著軍事統治（其中最著名的就是奴隸士兵政權）的擴展與文官體制的萎縮，宗教領袖成了公民社會的主要代表與公共財的提供者。宗教領袖的重要性逐漸凸顯，從而成為外國征服政權的重要盟友。從這一點來看，關鍵的變數反而不是政治分裂的程度（畢竟此一過程發生在鄂圖曼、薩法維與蒙兀兒這三個大一統帝國之前），而是政權類型缺乏多樣性，與歐洲形成鮮明對比。後者擁有多樣的制度與階級，因此維持了多樣的結果。[32]

最後，霸權帝國也影響並強化了這項趨勢。十七世紀時，鄂圖曼宗教菁英主張以純淨來回應內部的動亂。土耳其君主展現出對宗教義務的熱忱，不僅對異教徒發動戰爭，也切斷與基督教歐洲的接觸：前往歐洲旅行，與歐洲貿易，以及與歐洲進行學術交流，往往都遭到反對。

直到十八世紀初，鄂圖曼帝國境內除了猶太人與基督徒外，所有人皆不得從事印刷。正如中華帝國，政府專斷干預的可能性一直都存在。一五八〇年，宗教領袖說服蘇丹摧毀伊斯坦堡一座新建的天文台。也就是在這一年，丹麥國王為第谷・布拉赫（Tycho Brahe）建立了一座天文台，這座天文台將為克卜勒提供珍貴的資料，日後這些資料將為牛頓發現萬有引力與三大運動定律做出貢獻。所有的歐洲學者都能透過書籍的印刷獲得這些資訊。直到拿破崙入侵中東，印刷禁令才終於鬆綁，因為此時鄂圖曼的霸權已開始衰微。[33]

鄂圖曼帝國不是唯一的例子。在印度，皇帝奧朗則布（Aurangzeb）等蒙兀兒統治者也都恪守正統伊斯蘭教的教義。十八世紀蒙兀兒帝國的衰弱，以及許多競爭激烈的政治體的興起，剛好與統治者熱心贊助科學知識與科技發生於同時。統治者試圖招攬技術工人，展現出對外國觀念的興趣，而且出資引進歐洲專家與科學作品。邁索爾（Mysore）諸王收藏大量印度與阿拉伯技術論文，以及西方著作的譯本，此外還設立了圖書館與天文台。戰爭的壓力則加速了槍炮製造技術的進步。[34]

投資外國知識的成效終究有限。如謝爾登・波洛克（Sheldon Pollock）所言：「如果真的有印度啟蒙運動，你早就看到了。」圖書館的藏書就算有助於實際應用，也只是杯水車薪。雖然有技術工人，但產業之間的資訊流動有著比歐洲更大的限制，因為印度的產業是以家庭為基礎，而且受到強大的集體社會控制。在這裡看不到像歐洲那樣的「全套福利」，包括誘因與機會。[35]

帝國霸權本身不排斥創新，帝國也「不必然與科技進步對立」。即便實證資料顯示「帝國與科技進步之間存在著負相關」，但關鍵其實是在於帝國「無法」促成創新。大一統帝國的形成，哪怕是週期性出現，依然會嚴重阻礙穩定列國體系的發展。但正是列國體系的競爭動態、相互提攜與出路的存在等因素相加才支持了歐洲的發展。[36]

值得一提的是，即使是在拉丁歐洲，強大的政治體也致力於維持現狀，只不過在多中心主義的持續影響下才失敗。當十七世紀鄂圖曼、蒙兀兒與清朝的帝國統治阻礙思想創新時，許多歐洲統治者其實也想做同樣的事。在西班牙，保守態度持續強硬，各方勢力起而抵制宗教改革。到了十七世紀晚期，只有英格蘭、丹麥與普魯士在推行宗教寬容。[37]

歐洲在近代早期能夠穩定維持知識上的突飛猛進，是奠基在政治體內部及政治體與政治體之間的分裂維持牢不可破。這個進展絕非固定不變，只要反動勢力能夠重新集結，就很有可能會阻礙知識的進步。在此同時，歐洲以外的地方則不大可能出現這類進展，以及仰賴這些進展而產生的徹底轉型。[38]

工業啟蒙運動

即使在拉丁歐洲內部也存在許多差異。英國工業革命植根於非常特別的環境，莫基爾稱之為「工業啟蒙運動」。工業啟蒙運動奠基於一般啟蒙運動的前提，也就是測量與實驗，同時相信實驗結果可被重複檢證，以及自然能夠為人所理解。但關鍵差異在於，工業啟蒙運動要將啟蒙運動的成果實際運用在經濟獲利之上。[39]

運用科學知識是這個過程的重要環節。工業啟蒙運動利用對自然與日俱增的理解，再將理解成果提供給能運用這個成果進行生產的人，藉此來促成物質進步。目標通常是為了解決具體問題與減少成本。[40]

科學知識的普及可以推動進步。十八世紀，光是法國就有大約一百所地方學會，許多學會也發行了學報。在促進有用的知識上，大學顯得不是那麼重要：越來越少的科學家出自頂尖學術機構，而工程師普遍未受過高等教育。這些有用的知識反而主要是透過技術期刊、學報、報紙、公開演說與學會而廣泛傳布，「許多管道幾乎不受宗教或國家加諸的禁令影響」。[41]

這類知識出口的持續擴張，把資訊傳布給下層階級民眾，使他們能實質參與這場科學事業，從而對實際應用的探索產生助力。這個知識傳布的過程在每個國家開展的步調不一。從各方面來說，英國都算是先驅。英國的傳統菁英教育幾乎無法提供科學家或工程師任何幫助。但科學畢竟是門基礎知識，一般人不需要非常高深的教育也能夠理解。這點對英國有利，因為英國的小學入學率與識字率很高，訓練出大量擁有充分技術的人員。就連磨坊裡的工匠等普通工人，也能學習機械理論與應用知識。高水準的識字率與計算能力來自於宗教改革與先前的地區經濟發展，這些能力是關鍵的先決條件。[42]

英國產生的知識參與者群體人數並不多，只有幾千名工程師、化學家、醫師與自然哲學家，但這些人頗具影響力。他們的成功仰賴數萬名技術工人的投入，後者包括技工、設備製造者與冶金工人，這些技術工人提供了工具與工藝技術。從與這些技術相關的薪資津貼逐漸減少，顯示到了十八世紀晚期這些技術領域的工人已有相當的供給量。這個有利的環境確保「宏觀發明」（與過去做法徹底決裂的重大發明）能持續獲得「微觀發明」（為了改良而持續不斷地進行微調修補）的補充與改進。[43]

形式科學無法在工業化最早期的階段直接帶來重大貢獻，能勝任這項任務的反而是具有實務導向的心態。雖然蒸汽機的發展並非單純觀察事實而來，但棉花與鐵的加工也幾乎用不上多進步的科學理解。科學的最大貢獻是對照組的實驗文化，原本僅在科學領域施行，如今也在技術領域加以實踐。[44]

關鍵產業資訊的自由流通，替早期工業革命帶來很大的助力。流通的途徑主要是透過機械期刊、專利說明、手冊與更常見的技術文獻，非菁英民眾因此也能獲得相關資訊。資訊開放不僅讓有用的知識持續擴散，也讓英國吸引更多技術移民前來。英國長久以來一直是歐陸知識分子與宗教難民的避風港，現在也吸引了專利權人與企業家，這些人因為英國的資本供給與財產權的登記與保障機制而獲益。[45]

政治與經濟層面也有影響。上溯至十七世紀初的專利法，讓發明者可以享受自己的勞動成果。專利既保障創新，也讓創新更公開透明。英國的掌權者是一群徹頭徹尾的唯物主義菁英，他們一般都會袒護產業利益，即使這些產業可能引發不受歡迎的改變。當局已隨時準備好要否決新的管制或廢除既有的管制，因為這些管制都將對變革構成阻礙，他們也反對那些反機器的遊說團體，最著名的就是盧德主義者暴動（Luddite riots），這些人成了無權無勢者的象徵。

英國政府公開承認歐洲競爭性列國體系的存在，甚至主張如果國內不准機器運轉，那麼機器產業就有可能移到海外。英國的政治意願因此有助於創造出一個環境，能夠「確實地以其他社會從未有過的積極與專注」，利用這些具備破壞性創新的有用知識。[46]

科技創新者的影響力很大程度與他們和企業的互動有關。產業扮演的角色主要是對創新者的投入予以支持，而非公然的恩庇。商業發展的主流意識形態與機械應用的融合，將資本與應用科學連結起來。這個過程不僅培養了一個重視改良與進步的環境，也讓工程師與投資者結合在一起。企業家因為受教育與閱讀而接觸到機械知識，人們也樂見企業家能參與科學文化。企業家與工程師在相同的價值與知識體系裡運作，在這個體系裡，「工業文化與科學知識及科技密不可分」。在英國，技藝、商業與科學之間的藩籬比歐陸來得低，而且也更重視實際運用。[47]

無論是否出於真心，對科學表現出興趣已成為英國「上流社會」的特色，「追求改良的心態」也逐漸變成一種流行，由此產生的「學者與製造者之間」的連結也是英國以外社會罕見的。在其他社會裡，階級地位的差異構成兩者之間的阻礙。舉例來說，在西班牙，貴族文化抗拒新奇之物，而法國僵固的地位金字塔則區隔了土地與貿易。[48]

不同選擇的存在，同樣凸顯出歐洲內部政治多元的重要性。大革命前的法國菁英仍牢牢掌控學術界，國家資金創造出一批聽從國家指令的新菁英科學家。工程知識被視為是「國家的財產，要為國家的利益服務」。雖然這個取向仍可能具有發展前景，但容易導致科學屈從於政治偏好，而後者傾向於維持社會現狀。科學家與國家的紐帶迫使科學家與政治建制建立個人連結，這與英國科學家和實業家之間持續深化的合作交流大異其趣。英國是由傾向於商業的菁英主政，但法國國王的實力太弱，即使他們想推動改革，也無從扭轉既得利益者的反對。[49]

法國大革命與波旁復辟時期的煎熬非但沒有解決困境，反而讓進展更加延宕。全面戰爭使英國的創新在這個關鍵時期無法傳入法國。法國皇家科學院在一七九三年遭到廢除，不過很快巴黎科學院又重啟。一八一五年後，教士又重新回到以往在法國教育體系內的重要地位，負責推廣「宗教與熱愛國王」：小學老師要接受宗教忠誠測驗，科學教育雖然仍與公益有關卻遭到撤除。書籍要審查是否有煽動「敵視上層階級的情感內容」，而工業發展也引發政治顛覆的懷疑。法國高等教育同樣也受到教士階級的影響，直到一八三〇年法國再次發生革命才掃除這些障礙。[50]

主權是關鍵。在英國，安全（不只是面對外敵，也包括保障國內的財產權）與仰賴安全保障的特定政治經濟層面，不僅有助於促進革命性的科技創新，也能夠確保國際貿易的順利進行，同時順利取得國內的煤礦：這些全是持續發展的必要條件。即使英國的國家制度未對科學與科技進步做出直接貢獻，但也不會對兩者的發展構成妨礙。整體而言，英國的體制協助創造了一個有利於創新與實際應用的環境。英國因此在這一點上不同於其他國家。如果拉丁歐洲受到單一霸權政治經濟體支配，就不可能出現英國這樣的異數。[51]

價值

啟蒙知識文化的提升與這種知識文化在經濟收益上的實際應用，勢必使人改變對企業家精神的評價，同時也對工作與工匠的尊嚴有著不同的看法。然而，價值要改變到什麼程度才有助於培養出經濟上的徹底轉型呢？

經濟學家狄德蕾・麥克洛斯基（Deirdre McCloskey）提出一項大膽論點。她認為「價值」乃是現代化與大逃離的中心。根據她的說法，「自由的觀念導致創新」，而創新則是邁向現代化與大逃離的必要條件。一七〇〇年，歐洲社會對於中產階級的看法開始出現變化。導致人們心態轉變的，並非商業擴張與對人力資本投資的擴大，正好相反。當「一般民眾逐漸轉變看法，對資產階級抱持正面的態度，特別是支持資產階級所從事的市場交易與創新時」，正是這樣的轉變才促成商業的擴張與對人力資本投資的擴大。這導致了全面的「資產階級革命」，並且具體表現在維護商業追求的全新論調之上：原本帶有貴族氣息的論述指責商業是一種庸俗的追求，但商業卻開始獲得民眾接受，甚至贏得讚美。這種新思想模式不僅讓資產階級躋身於統治階級，而且為統治階級注入創新與競爭，進而充實了統治階級。總而言之，自由的觀念與一般民眾的尊嚴成為推動這場變革背後的主要力量。[52]

根據麥克洛斯基的說法，這場變革是經由一連串的步驟展開。商業的成長、歐洲的分裂與歐洲城市的自治，再加上宗教改革，使荷蘭資產階級得以享有自由與尊嚴。荷蘭鼓勵人們從事貿易、開設銀行與發行公債，經過一段時間之後，荷蘭的影響力開始與印刷術的傳布匯聚起來，在此同時，同樣解放並看重資產階級的英格蘭，也隨後激發了現代經濟成長。[53]

閱讀（reading）、宗教改革（reformation）、叛亂（revolt，在尼德蘭）與革命（revolution，英格

蘭的光榮革命）匯聚成了「四個R」，碰上了十七世紀晚期英格蘭出現的「第五個R」——這個最重要的「R」指的是資產階級的價值重估（revaluation of the bourgeoisie），也就是「以平等的方式重新評價一般平民」。宗教改革引進的教會民主鼓舞了大眾，北方新教則促使識字率提高。麥克洛斯基認為政治分裂對這一過程至關重要，因為這些改良只有在政治體規模不大的狀況下才能產生更好的效果。她也強調率先出現改變的，其實是政治觀念（乃至於更廣泛的觀念）：「論調的改變是政治觀念改變的必要條件，甚或是充要條件。」麥克洛斯基最後提出大量文獻證明十八世紀英國出現了許多支持資產階級的論調。[54]

這種唯心主義視角或許會令專業的經濟學家感到極不尋常，但這個視角確實再次呼應了政治多中心主義是促成變革的核心概念。正如宗教改革的成功仰賴霸權帝國的缺席，列國體系保障商業財富的成長，國際商業的擴展則源自於競爭分裂驅動的海外擴張。社會輿論的改變也是如此。如麥克洛斯基所言，一旦社會對商業管制的態度全在貴族、基督教或儒家菁英的控制之下，這種支配就會成為「社會現代化的主要障礙，也就是讓榮譽阻礙了改良，尊嚴妨害了日常經濟生活」。[55]

麥克洛斯基從各方面主張「自由」這個概念使過去的次等階級取得了霸權地位。理論上來說，我們很難想像被統治階級（無論是世襲貴族，征服的戰士菁英，還是士紳官僚）牢牢控制的大型傳統帝國願意或允許類似的價值轉變發生，特別是尊重與解放商人資產階級。羅馬時代晚期與中世紀基督教也並未擁有促成這類價值轉變的環境，限制商業利益的新儒家知識分子與道德霸權同樣不可能。[56]

我們很難證明沒有發生的情況，也無法明確證明帝國本身完全不會出現這種變化。回顧歷史，價值轉變只發生在西北歐，而且只在非常特定的條件下出現：受到國家形成與社會權力的多中心性質的深刻形塑。根據麥克洛斯基的列舉，價值轉變出現在十六世紀晚期的尼德蘭、十七世紀晚期的英格蘭、十八世紀的新英格蘭與蘇格蘭，以及一七八九年後的法國。麥克洛斯基謹慎指出，這並不表示其他文化「面臨永久而無法跨越的障礙」，這些文化只是缺乏適當的先決條件：最關鍵的競爭分裂。[57]

這個主題暫且討論到此。原則上，我們可以繼續擴展唯心主義取向，其中最著名的就是馬克斯・韋伯的新教倫理命題，但這也還是與我們原先的思路一致。這類價值體系能夠擴張與成功，都必然取決於同一套條件，而正是這套條件使麥克洛斯基提出的價值重估得以發生。我們不能把這套條件與價值體系分開看待，更不能視其為外來的變數。[58]

綜合

有關（第二次）大分流與工業革命（不只一次）的起源與主因，存在著無數彼此競爭又相互補充的論點，要組織這些論點不可避免會顯得有些武斷。若要像我在第十至十二章一樣將這些論點分成幾個群體，就有可能會切斷複雜解釋中不同元素之間的連結。符合現實的描述往往蘊含著多重的因素。試問，在面對「歐洲多面向的多中心主義在轉變世界上扮演著最重要的角色」這一項命題時，這麼多各種不同的論點能夠有多大的一致性？

英國為何出現工業革命？羅伯特・艾倫的解釋

首先，我要介紹一套深具影響力的詳盡理論，這套理論試圖找出促成英國出現第一次工業革命的主因。經濟史家羅伯特・艾倫（Robert Allen）認為，在工業革命出現以前，推動英國經濟發展的關鍵因素是紡織品出口、國際貿易的成長，以及煤炭提供的廉價能源。

紡織品出口主要源自於中世紀晚期的黑死病，這場瘟疫摧毀了農奴制度與提高了實質薪資。黑死病使人口大量減少，許多農地於是變成牧地，轉而飼養更具生產力的綿羊。羊毛的大量產出使英國得以向歐陸出口具競爭力的布料，當時稱為「新布匹」（new draperies）。國際貿易的擴張，也使英國能夠繼續維持（或說重新恢復）較高的實質薪資。此外，國際貿易也逐漸從地中海轉移到北海（十六與十七世紀）與北海以外地區（十七到十八世紀）。國際貿易刺激了英國都市成長，最終使英國的都市規模超越其他國家。

英國與荷蘭競爭美洲與亞洲貿易，而英國最終取得勝利。美洲與亞洲貿易的繁榮使倫敦得以不斷發展，都市化提高了效率與薪資，加上煤礦易得，使英國的環境有利於初期工業化。不僅如此，這一切也得到「制度與文化發展的有利支持」：識字率與計算能力的提升，加上優秀的工作倫理，足以回應商業發展的需求與誘因。[59]

艾倫的理論強調經濟力量的協調一致。有些有利因素源自於天然條件，例如腺鼠疫與煤礦床的位置。然而，英國人利用這些事件的方式則不是由自然決定。人口大量死亡的衝擊（使綿羊擁有更多空間，綿羊可以吃得更好，長出更長的羊毛纖維），因為政治分裂而得到一定的緩解。英格蘭原本長期都向歐陸出口羊毛供其進行加工，但從十三世紀晚期開始，英格蘭決定課徵羊毛出口稅來保護國內的紡織產業。

在此同時，低地國率先生產了「新布匹」，這種輕柔的精紡毛紗擊敗了當時主流的義大利紡織品。當英格蘭跟進採用這項創新技術時，英格蘭東盎格利亞（East Anglia）的紡織業者也因為弗拉芒（Flemish）難民的流入而受惠，這些人是因為十六世紀中葉與西班牙發生衝突而來英格蘭避難。「新布匹」的生產也同樣受到羊毛出口稅的保護。事實上，自從一六一四年與一六六〇年全面施行羊毛出口禁令之後，該禁令就此一路維持到一八二四年（儘管可以透過走私來加以規避）。[60]

英格蘭的主權是一項關鍵的先決條件。艾倫曾經指出：「如果未能課徵這項稅收，英格蘭的高薪資將使英格蘭生產的布匹失去競爭力，屆時英格蘭就只能出口未加工的羊毛而非精紡過的毛紗。」這句話裡頭也藏著一個反事實思考：如果英國是霸權帝國的一部分，英國的地位就會類似於羅馬帝國轄下的不列顛尼亞（Britannia）行省，無法控制自己的出口。競爭性列國體系既有的敵對關係使各項技術知識從英吉利海峽彼端傳入英格蘭。羅森塔爾與王國斌說得很清楚：「要是英格蘭與低地國同屬一個政治體（中國式的帝國就是如此），英格蘭的新布匹就不可能興起。」[61]

考量到紡織品出口對英國經濟與日俱增的重要性，同時也是通往工業革命的鋪墊，紡織品出口的興起因此至關重要。十七世紀晚期，英國的羊毛織品有四成銷往國外，占了該國製造業出口總額的三分之二以上，也占了倫敦出口與再出口的四分之三。倫敦這座高薪資城市有四分之一的人口從事船運、港口服務與相關產業。[62]

十八世紀，由於保護主義、殖民地資源與日漸成長的美洲、非洲與亞洲貿易，這套經濟體系得以進一步擴張。簡言之，這套體系仰賴的是「野心勃勃的重商主義與海外帝國」。第十章與第十一章曾經討論過，重商主義與海外貿易都植根於歐洲的多中心主義。重商主義是為了回應國與國之間的競爭，跨洲海上貿易則是因為投機事業而出現。投機事業包括海外探索與創立特許貿易公司，兩者都與政治體內部的衝突及權力平衡有關。[63]

艾倫設計了一個量化模型，模擬英格蘭持續成長的都市化、不斷提升的農業生產力與高實質薪資的影響。根據這個模型，國際貿易成長是經濟發展最重要的因素，緊追其後的是「新布匹」與煤。在這個情境中，都市與非農產業的成長，超過半數來自於不斷擴張的貿易。從一五〇〇年到一八〇〇年，都市人口的比例從百分之七提升到百分之二十九，農村人口則從四分之三萎縮到三分之一，農村非農人口比例則增加一倍。「新布匹」在增加農村要素生產力與提升實質所得上扮演了關鍵角色。雖然國內糧食生產力提高在促進都市成長及第二級與第三級產業的擴張上極為重要，但這個結果主要也是為了滿足更多的都市需求。[64]

如果英國不是獨立國家，就不可能在國際貿易（特別是紡織品出口）上獲得成功。正因為是獨立國家，英國才能從海外擴張中獲利，而海外擴張本身又是國與國之間競爭的產物。此外，英國的成功也與政治分裂的強度息息相關。艾倫指出，法國擁有較多的人口，這意謂著「跨洲貿易必須按同比例放大，才能帶來相同的人均增加」。因此，英國與尼德蘭等比較小的政治體，要比大帝國般的國家更能輕易利用這些發展。[65]

在艾倫的描述中，煤也居於核心地位。倫敦的快速成長激勵了諾森布里亞（Northumbria）的煤礦場，後者擁有「在合理價格下生產無止盡燃料」的潛力。最終，英格蘭北部（更）低廉的煤礦成本導致北方工業城市的擴張，鋼鐵與紡織產業大規模起飛。具體來說，是因為早期的蒸汽機只能在煤田裡派上用場，因此礦場附近的深礦井必須要有蒸汽排水設備。[66]

煤不僅推動了工業革命，也成了工業革命的燃料。煤在全球能源消耗占的比例，從一七〇〇年的百分之二，提升到一八五〇年的百分之二十，而且高達七成的增加量是被英國消耗。從十六世紀中葉到一八〇〇年，英國人均煤產量增加超過二十倍，幾乎扭轉了傳統能源（源於人力、獸力或柴薪）與煤產生的能源之間的比例：從九比一變成二比四。在中國，由於煤取得不易，經濟起飛因此受到限制，關於這個問題已有相當多的討論。[67]

與牧地一樣，煤也需要就地取材，才能真正廣泛使用，因為戰爭的威脅往往會打斷來自國外的煤供應鏈。英國在這一點上相當幸運，因為英國的煤田已存在三億年。然而，光是存在還不夠。艾倫認為煤的貿易「只能藉由國際經濟的成長才能啟動」，國際貿易使煤「不僅是自然事實，也是社會的人造物」。倫敦的經濟成長增加了對木質燃料的需求，因此才創造出一個需要廉價煤的市場。[68]國與國之間的競爭與隨後產生的干預主義也影響煤的生產。出口稅與反對固定價格的措施限制了消費價格，加上拿破崙戰爭迫使英國在經濟上必須自給自足，最終促使英國以煤取代波羅的海的木質燃料。[69]

無論是潛在衝突還是實際發生的衝突，都是密集經濟發明的關鍵前提。羅森塔爾與王國斌就曾經懷疑：

> 如果可以選擇的話，英國企業家是否還會將紡織設備設在高薪資的英格蘭北部，而非設在薪資較便宜的歐陸？比較有可能的發展是，英國企業家如果可以仰賴歐陸普遍的廉價薪資，那他們就會規避發展這類設備的成本。然而這種叛國的外包行為被政治因素給排除了。[70]

艾倫沒有必要讓模型裡的每個環節都受到國與國衝突及分裂的限制。要確立歐洲多中心主義的根本重要性，我們只需證明這套模型中有足夠多的驅動要素源自於歐洲多中心主義，使歐洲多中心主義在這項理論中不可或缺。艾倫的論證顯然符合這項標準。即便並未明言，但他這套理論只能在正確的政治條件下運作，他的經濟模型與各種環境輸入條件都是源自於特定的權力結構，那就是國與國之間的分裂。[71]

互補論點與其他獨樹一格的主張

與艾倫一樣，許多學者也致力於用各種不同的因素解釋現代經濟的誕生，乃至於人類發展的大轉折。我前面的討論往往不得不將許多因素分開處理，因此，接下來我要完整描繪幾個最重要的情境。

除了一些不受國家形成影響的特徵，例如歐洲環境的多樣性與不受大草原侵擾，艾瑞克・瓊斯也提出了幾項受國家形成影響的特徵：地理大發現、幽靈地面積、財產權保障、重商主義，以及最重要的「列國體系」。列國體系的存在，提供更多出路的選項並催生出「軍備競賽」，而這兩者讓創新得以維持下去。其他學者也聚焦於競爭性的分裂上，最知名的有羅森塔爾與王國斌。根據他們的觀點，衝突推動歐洲以極大的代價走向都市化與資本密集式的科技。[72]

其他學者則將討論延伸到更宏大的框架。社會史家邁可・米特勞爾（Michael Mitterauer）強調因素與因素的結合，例如產生國會傳統的封建關係與階級身分、世俗權力與教士權力的區分、中世紀盛期與晚期地中海的商業原型殖民主義，以及成為日後發展先決條件的印刷術傳布。經濟史家范・贊登也將北海地區的成功上溯到中世紀，他認為從家戶到共同體、同業公會與大學等法人團體，各個層級都存在著相對民主的制度影響。在一個被世俗與教士階層權力鬥爭撕裂的環境裡，各種制度就在「權力真空中產生」，而這樣的真空源自於大帝國的失敗，源自於「中央政府的弱小或不存在」。[73]

政治學家林瑞谷列出一份清單，涵蓋各種促成歐洲轉型的因素，從鏡子、印刷術與新聞媒體，到大學、科學院、國會與股份公司，內容包羅萬象。社會學者杜切尼（Ricardo Duchesne）則舉出印刷術、航海技術、重商主義暨軍事主義國家，以及國家內部的權力分立，他認為這些要素是西方例外論的關鍵。無論是哪位學者的論點，幾乎都能追溯到多中心主義。同樣的，環境史學者馬立博（Robert Marks）對歐洲崛起的分析也提到了幾項偶然性因素，包括明朝放棄遠洋航行、新世界的白銀開採，以及哈布斯堡王朝未能稱霸歐洲。這些因素全都有相同的根源：霸權帝國與競爭性分裂的差異。[74]

政治經濟學家戴倫・艾塞默魯（Daron Acemoglu）與詹姆斯・羅賓森（James Robinson）認為，財產權保障、積極保護商人與製造商，以及大西洋貿易的擴張，這三個因素乃是通往工業革命的關鍵，而這些因素全部源自於政治多樣性與國與國之間的對抗。歷史學家克里斯多夫・貝利同樣提出一系列特徵，包括制度穩定、利用新世界資源、強烈的批判文化，以及戰爭、金融與商業創新之間的共生關係，而這些特徵也全都源自於激烈的衝突。[75]

專注於討論英國成功原因的史家金世傑，也提出普通法的存續、國會主義、不寬容社會中的寬容，以及科學及創新文化的欣欣向榮等特質。但這些特質全都有可能會為霸權帝國扼殺。[76]

經濟史家皮爾・弗里斯同樣探討英國，他承認高薪資、廉價能源與低利率與此有關，但也堅持若少了科技與科學的持續進步，現代經濟發展將不可能發生，或者終將歸於失敗。他也強調重商主義與海軍財政國在推動進出口產業上扮演的重要角色，而進出口乃是工業起飛的關鍵。[77]

根據經濟史家喬爾・莫基爾的說法，知識存量的增加與知識的實際運用，相當程度解釋了英國的成功。但莫基爾也強調了英國獨特的政治經濟與重商主義（前者協助保障了財產權與支持企業家和創新者），這些全是國家主權的延伸。而歐洲的分裂，則促成了啟蒙運動的早期傳布。[78]

總之，這些對多重因素的描述，在很大程度上（儘管程度可能不一）都是奠基於政治體之間與之內的權力多中心主義。少了孕育出制度多樣性、資源競爭與創新的長期列國體系，前述各種情境都不可能出現。

這就來到了最後一個問題：有沒有哪一個關於（第二次）大分流的解釋可以實質獨立於多中心主義

之外？而這樣的解釋又有多少合理性？很少有解釋能夠符合這項條件，主要是因為即使有學者能夠提出與社會權力分配無關的因素，他們也普遍將這些因素與其他有關社會權力分配的因素合併起來解釋。[79]

在這些解釋中，人口學是最突出的一個。經濟史家葛瑞里・克拉克（Gregory Clark）反對煤、殖民地、制度與啟蒙運動等熱門解釋。他認為長期的文化乃至於基因特質的傳布才是英格蘭成功的首要因素，因為這些特質有助於辛勤工作、識字率、計算能力與延後生育。英格蘭社會在與異族通婚以增加多樣性上更為成功，最終突打破了馬爾薩斯式人口論的限制。

持平而論，這種獨特解釋目前還無法很好地回應同行批評。無論如何，即使我們接受這項假設為真而且首先在英格蘭出現，我們還是要問，如果英國是大帝國的一部分，那麼在帝國很可能會干預地方發展自身規範與行為的狀況下，這個情境是否仍會發生。[80]

還有一些更站得住腳的人口學解釋。例如所謂的「西北歐婚姻模式」，這套模式以男女晚婚為主要特徵，藉由降低配偶之間的不平等，以及讓兩性都能接觸正式的勞動市場而對經濟發展產生正面影響。即使是缺乏豐富資源的家戶，也能因家中年輕成員擁有工作機會而獲益。

在這套模式下，父母輩擁有的權力會比較少，薪資勞工的重要性會比較高，導致勞動力的「無產階級化」（編按：指從雇主或自雇者轉變為受雇者）。家戶越來越仰賴市場交易與薪資，鼓勵了職業訓練與廣泛促進對人力資本的投資。此外，在新居家戶形成的條件下（也就是離開父母的居所），規模較小的核心家庭迫切需要規模較大的非親族協會提供保護，而老人則必須儲蓄來負擔自己的老年生活。

然而，國家形成還是具有影響力。當實質薪資在黑死病趨緩後開始下跌，那些父權、家族長制色彩較為濃厚的社會結構便傾向於重申自己的地位，特別是天主教徒乃至於歐陸的新教徒。反觀英格蘭則努力為工人維持高水準的實質薪資，因為工業出口與主權密切相關，而且關乎能否在國際競爭中勝出。此外，英格蘭免於出現廣泛的羅馬法復興，羅馬法一旦復興，將使父執輩取得更大的權力。對比之下，英格蘭的普通法則強調婚姻的契約與共識。[81]

我們很容易就能想像出一個反事實情境，那就是英國被納入一個更大的政治體之中，而且這個政治體會將一致性的法律傳統加諸於英國（可能是復興羅馬法或其他不同於當地規範的法律）。因此，即使西北歐婚姻模式的出現本身並未與霸權帝國的缺席直接相關（除非這套模式是源於羅馬帝國衰亡後過剩的土地），這套模式能夠持續下去，至少仍部分需要仰賴主權或類似主權的影響。最重要的是，這些做法頂多只能補充而無法取代其他關於（第二次）大分流的解釋。

另一個人口學論點則強調黑死病的重要性。黑死病造成的人力缺乏，促使人們發展出節省勞力的設備與提升實質薪資。即使人力短缺的現象消失，當年遺留下來的大量自由農與工匠也還是留有昔日富足年代的記憶（編按：經濟誘因）。更確切地說，大瘟疫可能因為破壞了灌溉體系而造成埃及、巴勒斯坦與敘利亞製糖產業的衰微。這使得熱那亞能在地中海各地建立種植園與重新恢復可以做為私人財產的奴隸制度。熱那亞沿著非洲海岸擴大奴隸貿易，在大西洋島嶼建立奴隸莊園，這些都將成為日後新世界投機事業的樣板。[82]

然而，即使這些描述能增加我們對殖民發展歷史的理解，影響殖民發展後期的因素多半仍與黑死病無關，反而與形成商業城邦與促使統治者爭奪新資源的競爭性多中心主義有密切關係。艾倫的確提過，瘟疫造成的破壞可能是最有希望促成經濟成長的條件之一，但是沒有人會主張光靠瘟疫本身就能導致經濟成長。

經濟學家沃伊蘭德（Nico Voigtländer）與沃斯（Hans-Joachim Voth）在一系列研究中提出瘟疫造成的實質所得變化與西北歐婚姻模式形成了過剩，因而得以資助戰爭與驅動都市化。在增加死亡率與降低人口壓力之下，這兩種現象維持經濟成長直到一七〇〇年。無論這個模式有什麼優點，都非常仰賴高程度的多中心主義來引發戰爭與宗教衝突。[83]

最後，我要介紹地理學者泰耶．特維特（Terje Tvedt）富有啟發性的研究。他比較了水路對英格蘭、中國與印度經濟發展的貢獻。英格蘭在這方面得天獨厚，河川小而穩定，無泥沙淤積，終年水量充沛可供能源設備使用，位置適當可以運用阿克萊特（Richard Arkwright）發明的水力紡紗機或克朗普頓發明的走錠細紗機。英格蘭的水路特別適合棉紡織業與工業熔爐的營運。此外，煤鐵礦床剛好位於水路運輸系統容易接近之處。

對比之下，中國河川水面的漲落因季節而有極端的變化，河岸的侵蝕率高，泥沙淤積也很嚴重。通往海洋的可航行河川非常稀少，所有主要大河流域都暴露在洪水災難之下，而淤泥與洪水對水車與工廠設備構成嚴重威脅。印度在洪水與河床變化上也面臨類似的挑戰。基於以上理由，要在中國與印度發展可靠的水力系統要比英格蘭困難許多。

國家干預使這項差異更加惡化。中國政府主要關注如何控制洪水與每年特定時節經由水路上繳稅糧。當局支持的系統因此在設計上比較強調排水與稅糧運送，而非全年無休的資源交換。在英格蘭，水利系統較為多元且適合從事商業活動，不受統一的菁英利益與指導限制。即使如此，自然條件在這方面仍舊影響重大，自然條件的衝擊得要由國家力量來加以緩解。[84]

人口學視角與環境視角的不足之處，在於無法明確特定出導致現代經濟成長的因素。這兩種視角有助於我們理解現代經濟成長何以比較容易出現在西北歐而非其他地方，但這樣的理解還不夠全面。人口與環境因素所產生的推動力，影響範圍只及於（第二次）大分流的初期階段（就這點來看，這兩種視角其實頗類似本章及前兩章提到的某些論點）。

然而，即使是這兩個看似與政治無關的解釋，整體來說也取決於特定的歐洲國家形成模式與社會權力分布。人口制度與環境特徵如何影響經濟發展，也往往會受到國家形成與社會權力的調節。最終，無論這兩種觀點提出的因果關係為何，都會受到多中心主義與競爭性分裂的影響。

結語

我們爲何逃離？

在本書中，我釐清了歐洲歷史的兩項穩固特徵：羅馬時代之後出現在國與國之間與國家內部的多中心主義，以及多中心主義與變革性發展之間的因果關係。我曾在第三部提過，羅馬衰亡後，歐洲的政治分裂已成定局，列國體系高度延續且根基越來越穩固。這種延續性主要源自於個別政治體內部不同社會權力來源的平衡，因此限制了大帝國形成。但列國體系的延續還有更深刻的根源。我在第四部試圖說明，有形環境如何深刻影響帝國形成的可能。國與國之間與國家內部的分裂，維持了彼此競爭的動態關係，同時也限制了中央權威，這幾個往往彼此重疊的因素，就是解釋現代經濟成長、工業化與改善日後人類福祉的主要核心。第五部則顯示，無論我們看重哪一個因素（制度、海外資源、科學技術或價值），這項說法都能成立。

這不表示這些結果必然會發生，本書只是主張這些結果在別的地方無法像在西方一樣輕易發生。如果歐洲式的多中心主義是產生創造性破壞的基礎，而創造性破壞又是現代性的核心，那麼第二次大分流與不只發生過一次的工業革命就不太可能在亞洲或非洲出現。就連「歐洲」（拉丁歐洲、西歐或歐洲其他地區）也是太廣泛的概念，我們也許可以引用羅伯特．艾倫的話來限縮歐洲的範圍：「通往二十世紀只有一條路，而這條路穿過了英國北部。」[1]

考量到當前對歐洲中心論的感受（而且這個感受確實正當有理），我必須強調本書並非試圖將某種「西歐」或「英國」的特質予以本質化。當我說最終促成變革性發展的要素是「西歐」或「英國」，指的其實是持續且具生產力的多中心主義剛好發生在這些地區，因此形塑了這些地區的政治、社會、經濟、文化與思想演進。要是類似的條件出現在世界其他地區，這些地區也很有可能產生出類似的結果。同理，要是這些條件未在歐洲出現，我們也就沒有必要思索現代世界的起源問題，因為它有極大的可能不會以我們所知的方式存在。[2]

儘管如此，這些重要的先決條件出現在拉丁歐洲而非其他地區並非出於偶然。歐洲多中心主義雖非有意為之，卻也不是意外之物。比較分析顯示，多中心主義的持續無法完全與有形環境分離。因此，如果某些歐洲人率先鼓吹人類走向遠離無知、貧困、風土疾病與早逝的新路徑，他們這麼做的主要原因還是與他們身處的環境有關。這個偶然的連結千萬不能誤解為地理決定論。長期而言，地理與生態只是使某些結果比其他結果更有可能發生，而非必然發生。

我的視角既不是陳舊的「西方例外論」的勝利者敘事，也不是像殖民主義受害者那樣提出反對的譴責。問題不在於誰對誰做了什麼，而是競爭性分裂持續如此之久，才導致歐洲人將恐怖加諸於彼此的同時，也恣意地將這份恐怖加諸於全球各地的人們。人類為了追求現代性，付出了驚人的代價。雖然這對傾向於認為進步可以在平靜與和諧中達成的人來說似乎是違反常理，然而在人類這個物種的歷史中，正是永無止盡的競爭才引領出最具戲劇性也最令人興奮的無窮轉變：「大逃離」。願大逃離長存。

後記

羅馬人對世界的貢獻

太過龐大，反而無法成功創新

羅馬帝國打造的現狀

我已對本章章名的問題做了簡單答覆：羅馬帝國的一去不復返，造就了現代經濟發展。這個斷裂點在各國內部和國與國之間引進持續的多中心主義，而多中心主義則支持了對發展友善的制度安排，鼓勵海外探索與擴張，而且允許創新文化與資產階級價值立足。我不只一次試圖顯示，若大一統帝國持續存在或再次出現，這些趨勢便可能遭到扼殺。[1]

這項評估不應被誤認為是在評斷羅馬帝國對「當時」人類福祉所做出的貢獻。當蒙提．派森一夥人在一九七九年的電影《萬世魔星》（*Life of Brian*）碰上這個問題時，他們迅速回答了幾項一般公認的羅馬基礎建設成就：「衛生設施、醫療、教育、葡萄酒、公共秩序、水利灌溉、道路、供水系統與公共衛生」，以及最重要的「和平」。[2]

除了有幾處看法不同（醫療服務與全民學校教育不完全是羅馬統治的特色），類似觀點長久以來一直盛行於學術圈，而且理由相當充分。全盛時期的羅馬帝國在世界上特定地區締造了有史以來最漫長且幾乎不曾間斷的國內和平時期。儘管都市化分布不太平均，但仍達到前所未有且長時間沒有競爭對手的程度，直到中世紀盛期才再度出現相近的人口密度水準——中東與北非某些地區甚至直到幾個世代之前才恢復相同水準。

市場整合雖然不完善，但在政治疆界、不受控制的尋租、嚴苛的關稅與破壞性的衝突完全不存在的狀況下，依然能順利進行：歷史上唯一一次，地中海地區被正式統一起來，成為讓貨物、人員與資訊自由流通的可靠管道。即使是龐大貨物也能遠距離運送（最著名的是每年有數十萬噸穀物從埃及與北非運往羅馬餵養當地人口），而軍隊需要的各種補給品（包括印度胡椒）也能抵達最偏遠的邊疆。貨幣交易盛行，流通的規模直到近代早期才再次出現。貨幣流通仰賴龐大的採礦活動（羅馬人甚至在格陵蘭的冰核留下採礦的痕跡），此外也需要高度發展的信貸機構。[3]

在此同時，羅馬的經濟擴張仰賴斯密式成長，而驅動這種成長的主要因素包括一體化與穩定的治理、專業化，以及改善並廣泛運用既有科技。這種成長使生產力的收益受限。有鑑於目前的粗略統計方式，我們很可能無法精確重建羅馬的國內生產毛額的增長趨勢，但如果我們想要詮釋各種考古代用資料（proxy data）以粗略反映生產或消費趨勢（我承認這個「如果」充滿不確定性與爭議），那就會看到密集經濟成長集中出現在公元前最後幾世紀，當時正值政治統一的最後階段，國內的鬥爭越演越烈。接著經濟成長便普遍趨緩，政治上也進入較為穩定的君主制時期。而依地區不同，帝國統治的最後階段則往往出現發展衰退或甚至萎縮的現象。[4]

羅馬統治時期，生產科技並未出現重大突破，當時絕大多數創新都出現在公元前最後三百年的希臘化東方地區，例如汲水設備、水磨與玻璃吹製，還有一些原本可以供商業使用卻未能付諸實現的發明，包括風車與某種新奇版的蒸汽機。羅馬帝國在全盛時期的主要特色並非持續創新，而是具有類似影響力的科技傳播與漸進式改良。

羅馬的高深精密儀器，例如著名的安提基提拉島（Antikythera）的機械，並未引發機器革命。羅馬的科學與工程學則大致走上不同的道路——後者大規模運用於軍事與土木工程。羅馬的玻璃吹製技術沒有催生眼鏡，就連獨輪車似乎也無人知曉。此外，與其他地區的帝國傳統一樣，海外探索也沒有引起羅馬人的興趣或投入大量的資源。[5]

因此，認為羅馬可能具有工業化潛力的觀點幾乎不值得檢視，最好留給小說家來發揮，而他們有時確實會發展這類情境來小試身手。[6]

從許多方面來看，構成羅馬帝國經濟發展與整體成果的基礎條件，與帝制中國非常類似。這有助於解釋，在討論羅馬與中國的帝國統治對經濟的衝擊時，兩者何以有驚人的類似之處，即使兩邊各自的專家學者常常未能察覺到這一點。因此，正如學界對中國經濟發展所採取的立場不斷在專制壓迫、腐敗的自由放任，以及為了維持社會穩定而選擇性施惠的國家干預之間游移不定，研究羅馬經濟的學者也往往聚焦於類似的特徵。雙方主要的差異，如果只從風格上看，在於「西方」的含義使羅馬帝國免於遭受「東方」專制主義的公開指控：討論羅馬時一旦提到東方專制主義，一定只局限於羅馬帝國後期的歷史，而且即便是這種立場也會為了維持羅馬帝國的連續性而做出大幅調整。[7]

結果，每當談到經濟發展，羅馬統治反倒被普遍認為是有利因素。甚至出現了牛津羅馬經濟計畫（Oxford Roman Economy Project）這樣的迷你學派，本質上就是在頌揚羅馬帝國的經濟擴張。另一方面，在極少數研究羅馬史的專業經濟學家當中，擁護新古典視角的人也走上相同的方向。這些不同面向的研究有一個共通點，就是它們都強調市場整合與帝國統一等結果有助於降低交易與資訊成本。[8]

我們可以從兩個彼此互補的觀點找到這種認為帝國有利於經濟活動的看法，其中一種觀點強調政治秩序與穩定可以釋放市場力量，另一種觀點則更著重國家需求（供應首都與軍隊）對刺激經濟發展的作用。有一套探討賦稅如何促進地區貿易的廣泛模型，便試圖詮釋第二種觀點的動態關係。這套觀點也將羅馬晚期的經濟衰微，詮釋成國家權力衰弱的結果。[9]

這些解讀讓人想起中華帝國，想起對其國家如何影響經濟的評估。這一觀點認為中國雖然一方面創造出有利於市場活動的環境，但同時又進行干預以確保朝廷與首都級城市能獲得供給。經濟結構上的相似也延伸到財政領域。羅馬共和末期歷經一場成本高昂的動亂並且動員大量資源之後（相當類似於中國建立新王朝的努力），大約有兩百五十年的時間，羅馬君主只能仰賴相對較低的人均歲入勉強維持用度，這點就像成熟時期的中國政權一樣。

這些觀點背後的基本理由是相同的：與尋租菁英進行事實上的妥協，因為偏遠中心要仰賴這些菁英的合作。結果，運抵羅馬中央權威所在地的稅收，恰好僅夠用於資助軍隊、朝廷與首都，其他則鮮少顧及。這導致大量稅收保留在地方層級，也許是城市的賦稅，或者是被自行徵稅的菁英扣留下來。儘管中央能藉由密集的金銀採礦以及對來自印度洋地區的進口貨物課徵高額的通行費來補貼國庫，不過對國內納稅人的正式課稅需求實際上仍得藉由協商。[10]

不用說，羅馬與中國一樣，微薄的稅收與嚴重的貪污所得同時存在，官員們總是對一般納稅人進行掠奪。看似施惠於民的弱小政府，它所呈現的掠奪面向（一般認為中國就是如此）如今也吸引羅馬史家更多的關注——儘管這份更趨現實的描述仍在努力與樂觀新古典主義與斯密式成長的傳統敘事奮鬥。無論是中國還是羅馬帝國，中央集權的威權主義連同委任的寡頭政治都產生了越來越嚴重的所得與財富不平等。[11]

羅馬帝國因此處在一種可以與中國歷朝各代經驗相比擬的均衡狀態：在和平與穩定的時代，其歲入足以支應國家機制運作，但在面臨壓力的時候，中國往往缺乏可靠的機制來籌措歲入。當時沒有公債這個選項，加稅則注定遭到菁英的激烈反抗。雖然政府偶爾會嘗試積極干預（可比較中國明初的改革與羅馬帝國後期軍人政府想提高財政與行政安排的效率），但在實踐上往往受到很大的限制。[12]

這類帝國一般都會出現某種程度上的市場整合與分布不均的經濟成長（廣泛的人均成長，但成長幅度微薄），而且最終受限於低落的國家能力、菁英無孔不入的侵占，以及長期缺乏創新、人力資本形成與熊彼得式的成長。從這類特徵來看，羅馬帝國其實可被看成是另一種版本的亞洲大帝國，而這些亞洲帝國長久以來（對我來說至今依然）一直被用於襯托羅馬之後歐洲的例外論。

羅馬與中國的帝國經濟同樣偏好自由放任，而國家嚴格且明確的稅收需求則會強化此一偏好，偶爾才會突然推出野心龐大的干預政策。兩套體系同樣將商業菁英排除於政治權力之外。在羅馬，財政限制引發失控的貨幣貶值，中國宋元時代則造成紙幣的通貨膨脹。若從動員從屬國、透過國家徵稅需求而與貪婪的軍事部門來刺激交換來看，羅馬與蒙兀兒的印度有更多的共通點。此外，羅馬當局也大量投資於首都與軍隊的供應，這點則與鄂圖曼人一樣。[13]

同時，這些帝國實體都同樣缺乏一套特色：重商主義的保護、強大的股份公司（雖然羅馬已有前例，但卻是與包稅制連結在一起）、公債與隨後產生的信貸市場、支持技術與科學創新朝向實用與發展的文化，以及最後且或許是最重要的，極為分散且不同來源的社會權力。

這些帝國也不像日後的歐洲一樣持續進行具生產力的競爭，未能制度化地與公民社會進行協商，商業資本、手工業活動與金融皆缺乏安全利基與權力基礎，異議分子幾乎沒有出路，也不存在永久持續的法人團體。此外，這些帝國對於開發鄰近領土以外的資源興趣缺缺。無論國家如何良善、自我約束或能力低落，資產徵收的幽靈從未遠去，帝國體制特有的貪汙腐敗與強調維持現狀的傳統成為了常態。

事實上，羅馬帝國在維持現狀上特別突出：我們看到羅馬把軍事獨裁喬裝成共和國的重建，君士坦丁大帝一心想把自己的大祭司權力擴延到統治基督徒的事務上。即使真的出現變革，也會掩飾成承襲傳統的樣子。從這些面向來看，羅馬之後歐洲的多中心主義在政治、社會、經濟、軍事與意識形態領域不僅開啟了與舊世界其他地區永久的區隔，也反映出與自身的過去越來越戲劇化的決裂。[14]

若帝國重返，羅馬締造的現狀只會持續

還有別的可能嗎？倘使歐洲在羅馬之後出現了其他大帝國，我們也只能訴諸反事實思考來猜測其可能的樣貌。這類猜測並非不切實際，因而值得一試。拜占庭帝國剛好提供了一個現實中的借鏡。這個羅馬國家以君士坦丁堡為中心，無論國土如何縮減，仍將國祚延續了千年之久。拜占庭帝國保留了羅馬統治最具代表性的軍事專制風格，而且繼續控制教會，這點與中世紀拉丁歐洲形成鮮明的對比。

若要想像歐洲在羅馬之後出現了羅馬式的大帝國，那麼某種版本的拜占庭模式似乎是最合理的選項：擁護古典傳統的菁英以及政治與意識形態權力的政教合一，國家的中央權力則因為陷入與土地菁英的無止盡競爭而出現週期性的消長，只不過中央權威沒有像中世紀歐洲那樣全面衰退。

拜占庭帝國在全盛時期所採取的政策頗類似於中國，例如「限制」經濟，以干預的手段調整市場交易，以維持社會穩定與消除最不平等的狀況。強大的行政中央集權使地方分權的經濟相形見絀。從九世

紀到十一世紀，計畫經濟的特徵運作順暢。十一到十二世紀，國家在經濟事務上依然居於支配地位，資本價格開始上漲。一二〇四年的第四次十字軍東征之後，拜占庭帝國的中央就此分裂，並在不利的環境下捲入國際經濟之中。往後幾個世紀，拜占庭政權轉換成了「特權經濟」，協助菁英規避賦稅，將國家歲入私有化，同時將負擔加諸在農民身上，走上了類似其他地區老邁帝國的發展。[15]

顯然，中世紀歐洲較具影響力的創新，從特許的自治共同體、大學與同業公會，到國會與公債，沒有一項是與拜占庭帝國直接相關。義大利城邦引領制度創新，拜占庭只能在商業上追隨採納。更難堪的是，拜占庭從十一世紀晚期之後便給予義大利主要城邦（最初是威尼斯，而後是熱那亞）廣泛的商業特許，義大利人甚至在十三世紀全面接管了拜占庭貿易。將拜占庭整合到更廣泛商業網絡中的，正是這些義大利的小城邦。這些現象皆反映了拜占庭帝國與拉丁歐洲最具經濟活力的地區之間的不對稱關係。[16]

若歐洲再次出現拜占庭式的霸權帝國，很可能至少具有上述的部分特徵。當然，拜占庭不是唯一的可能，或許仍有可能隨著時間流逝而出現根據不同原則建立的龐大帝國。然而，這些帝國如果越龐大且存續越久，就越有可能壓制獨特的歐洲多中心發展軌跡，而正是這道軌跡支撐歐陸走上通往現代性的漫長路。從全球比較的視角來看，我們其實沒有足夠理由主張，這類帝國能夠成功媒合帝國統一與變革性創新，進而打破現實中舊世界的帝國常態。對羅馬或亞洲帝國傳統略做一些改變，然後探討改變後衍生的經濟保守主義，恐怕已經是到目前為止重寫幅度最小的反事實情境。[17]

羅馬帝國對「當時的人們」有何影響？答案或多或少與其他傳統帝國相同：秩序井然，一切照舊，但出現革命性改變的可能性微乎其微。同樣的，如果羅馬帝國得以延續，或者以類似的樣貌再次出現，那麼一切照舊的羅馬人也就「不會」對後世帶來革命性的改變。可是，羅馬人對「後來的我們」的貢獻，究竟是什麼呢？

反思羅馬帝國的遺產

這是個合理的疑問。畢竟，即使羅馬帝國未能長存或重建就已是它對日後經濟突破的最重要貢獻，但羅馬帝國未必是促成這類意外突破的唯一帝國。說歐洲在羅馬後再無同等規模的大帝國，意義並不同於整個歐洲歷史上都沒有羅馬這樣的帝國。問題在於，羅馬帝國的存在本身，是否有助於我們走上「大逃離」之路？

羅馬的文化遺產以豐富多樣而聞名——從羅曼語族、羅馬文字系統與許多專有名詞，到儒略曆（Julian calendar）、羅馬法、城裡的棋盤式街道與建築風格（即使源自於希臘，卻因為羅馬而廣傳），以及天主教會與東正教會。然而，即使來自羅馬的影響如此豐富，我們在此只需要探討那些能促成歐洲多中心主義與隨之而來的意外收穫的影響力。原則上，這類影響會體現在兩種完全不同的面向之上：一個是藉由分裂來鞏固多中心主義，另一個則是藉由增添凝聚力，以創造出更具「生產力」的競爭環境。

政治分裂

基督教是羅馬時代以降最重要的分裂特徵。我在第九章提過，基督教的自主權基礎，使其有著巨大的分裂潛力。因此，基督教不僅有三百年的時間得以在國家掌控或合作範圍之外獨立發展，而且從一開始就在自身的社群與世俗權威之間劃下清楚的疆界——也就是「對觀福音書」（Synoptic Gospels）所說的「凱撒的歸凱撒，上帝的歸上帝」。一段時間之後才有人提出最高權力的主張，例如四個世紀之後的哲拉旭在教士的「神聖權威」與「王室權力」之間做了著名的區分，並指出前者「更為重要」（他提出這項主張時與帝國權力隔著安全距離）。基督教的地位因為創立者的神聖性而提高，而之後的羅馬統治者也欣然接受這一點（考量到創立者在人世間的命運，這一點倒是有點反常）。

實踐上，這些規範性的原則有著自主的行政機制與日漸增加的財富做為後盾。在強大基礎的支持下，教會領袖無論事務上與世俗統治者有多麼密切的關係，一般都會與後者保持一定距離。也正是教會的力量，加上中世紀政治體的衰微，日後才使哲拉旭提出的「雙權說」得以政治化，主張基督教「區隔了精神活動與世俗事務」，而且「沒有任何一方可以如此傲慢地同時掌管兩方的事務」，進而連結奧古斯丁（Augustine）的「雙城說」。[18]

這一切大都是出於偶然。從拜占庭與之後俄羅斯的歷史可以看出，沒有任何事物可以阻止帝國政權馴服教會。直到帝國制度破壞與新國家在後羅馬時代形成，拉丁基督教才得以保存與擴張自主權。而我們在第七章可以看到，國家形成（與帝國破壞）的過程主要還是受到非教會因素推動（即使基督教曾經推了一把），特別是後繼政權的特定性質。我們很難將基督教的影響視為導致分裂的主要因素，因為基督教的分裂特徵要能夠脫穎而出，前提是政治環境已經朝某個方向改變並導致國家權力的削弱。普世帝國必須壽終正寢，教宗才有可能展現實力，宗教改革才有可能成功。羅馬風格的基督教加速了帝國的衰微，但不是羅馬帝國滅亡的根本原因。

或許比較具建設性的問法是，當歐洲有可能建構大一統帝國時，基督教能在哪個關鍵點上扮演阻止帝國建構的重要角色。就算解答這個問題，我們頂多只能得到微小的成果。我們似乎只能在法蘭克王國擊退阿拉伯人與柏柏人時賦予基督教更重要的地位——但一如我曾在第五章指出，這幾次入侵從一開始就不大可能成功。更重要的是，當伊斯蘭統治範圍已經清楚跨越黎凡特、馬格里布並且進入伊比利半島時，其轄下的基督教人口對伊斯蘭統治並未造成嚴重的阻礙。我們很難想像，法國或義大利的基督教社群對其帝國統治的接受度會比對伊斯蘭教的接納程度還低。[19]

誠然，天主教會在削弱德國皇帝的地位上略有成效，最終導致亨利四世與腓特烈二世在與威望日隆的教宗進行權力鬥爭時敗下陣來。即使如此，這項成果主要仍取決於德意志「帝國」內部以及更為特定的義大利半島上的權力配置：因為帝國權力的分散，以及城邦在安排與聚集資源上的能力，才使抵抗微弱帝國中心的行動取得勝利。同樣的，雖然教會曾經協助形塑這些權力關係的演變，但教會並未在此一過程中扮演主導或關鍵角色。[20]

基督宗教的分裂的確曾經對帝國霸權產生重大影響，最著名的例子可追溯到近代早期。想像一個反事實情境：倘若十六世紀的哈布斯堡王朝成功統合各個不同的王國、取得新世界的貴金屬，而且還不用面對新教挑戰，這樣的情境會對歷史發展產生什麼樣的影響？無疑的，實際歷史上的宗教分裂的確有助於帝國霸權的失敗。只有在兩種反事實情境下，宗教分裂才有可能避免：要麼基督教得以統一，要麼基督教遭到移除。這就產生了兩個複雜的問題。

第一個問題是，天主教本身的統一是否足以讓哈布斯堡王朝克服其他的反抗來源，從德國貴族與荷蘭議會到國際競爭與平衡的策略？我曾在第六章指出，關鍵在於我們給予宗教信仰多大程度的自主力量——是將宗教信仰視為集體行動的真正驅動力，還是認為宗教只是反映了既有的分裂，因此無論如何都會走上分裂之路。只有在前者的狀況下，宗教衝突的消弭才能給予哈布斯堡王朝較順從的英格蘭與尼德蘭，以及更受控的德意志諸侯。即使如此，法國仍會是個獨立的大王國，而且國內也沒有宗教鬥爭的負累。因此，哈布斯堡王朝將不是宗教統一的唯一獲益者。

第二個問題更為根本，儘管基本上無解：如果基督教不是沒有統一，而是根本就不存在，那麼去想像十六世紀歐洲的大致樣貌，也就是不存在宗教引發的衝突，是否仍然具有正當性？這必然是一個過於簡化的反事實情境，至少完全忽略教會在使哈布斯堡王朝得以團結各王國上所扮演的積極角色。在一個非基督教的歐洲，諸侯們要繼承各式各樣的土地，是否依然那麼容易？伊比利半島的收復失地運動是否仍將以類似的方式展開？最後，要是基督教從未存在過，那麼近代早期的歐洲會有多麼不同？

因此，我們唯有先擱置懷疑與接受這個不大可靠的前提，相信這個完全不考慮二階效應的粗糙反事實情境具有其價值，才能思考一個未曾因宗教而分裂的歐洲能有助於哈布斯堡的帝國霸業。即使我們已經準備好走上這條思路，仍不表示這樣就足以去除多中心主義，並有利於霸權帝國的永續。

整體而言，在解釋拉丁歐洲霸權帝國建構失敗的原因時，基督教是個極為薄弱的論點。重要的是，在六世紀帝國重建失敗後，我們需要再等待整整一千年，才會出現一個不怎麼合理的關鍵點，基督教也許才會在防止帝國形成上扮演重要的角色。光是這點就足以讓人懷疑基督教在保存歐洲多中心主義上的必要性，更確切地說，基督教應該只是鞏固了既有的多中心主義趨勢。

教會法也是如此。教會法發展於十一與十二世紀的教宗革命時期，透過將教會相關法律從都市、封建與莊園等分裂的世俗法律中分離出來，進一步強化法律傳統的多元性。但是同樣的，這種劃分也是在反映與鞏固既有的權力轉移趨勢。[21]

對比之下，羅馬法可以用來重申王室權力。羅馬法實際上並未限制王室權力，這也是為什麼羅馬帝國晚期在二九〇年代之後，渴望維持中央權威的皇帝會認為羅馬法有利於後續的法典編纂。光憑羅馬法本身不可能成為驅動歐洲多中心主義的力量，因為羅馬法對歐洲多中心主義產生助益，只是因為羅馬法與教會法相互牴觸。根據約瑟夫．斯特雷爾的判斷，「雖然羅馬法的復興促進甚或加快了國家建立的過程，但羅馬法顯然不是主因，或許甚至連必要條件都不算。」[22]

文化統一

想在羅馬帝國遺產中尋找強大分裂因子的企圖最終落空。對比之下，前面提到的第二種面向似乎較有可能：也就是認為羅馬傳統可以緩和羅馬之後歐洲的分裂，使分裂狀態對於長期發展結果更具生產力。這個觀點值得思索，因為競爭本身並不需要走到極致，就能確保這一結果發生。

學界目前似乎有些理所當然地傾向於支持這個觀點，而且通常採取或可稱之為「恰到好處情境」的形式：即認為歐洲既非完全統一，也非過度分裂。艾瑞克．瓊斯簡潔扼要地說：「涵蓋多元性的統一給予歐洲兩個世界中一些最好的部分。」喬爾．莫基爾也說，這種狀況讓歐洲「結合了分裂與統一最好的部分」：「歐洲成功的關鍵，在於歐洲很幸運地結合了政治分裂與文化統一。」[23]

這種籠統的判斷，搭配上權威式的堅定看法，例如貝許勒主張資本主義的商業發展需要一個「主權政治體能共存於文化同質性地區」的環境。約翰．霍爾也呼應這個觀點，他認為「強國在更廣大的文化範圍內競爭，激勵了資本主義的勝利」，而范．贊登的說法則略做修飾，認為「政治競爭與經濟合作（透過貿易）的結合」才是長期發展的關鍵。[24]

不乏證據說明這種跨地區的整合：勞動與資本可以跨越歐洲各國疆界移動，或者更具體的例子是書籍印刷的快速傳布。即使如此，有些因果意義模糊的主張，其實更近似於未經檢證的說法。[25]

跟之前一樣，我們會聚焦探討特定幾項羅馬時代的遺產，這些遺產不僅培養了文化凝聚力，也對本書第十章到第十二章提到的動態發展關係起到貢獻。有兩項遺產特別突出：一個是作為菁英共同語言而得以超越政治分裂藩籬的拉丁文，另一個則是前面提過的基督教，這個共同的信仰體系背後有著單一跨國組織支持。共同語言促進受過教育的階層之間的溝通，先是拉丁文，之後則是以義大利文、法文等具有影響力的羅曼語族進行交流。一般認為基督教規範有助於安撫中世紀的領主，同時降低交易成本，特別是跨地區的貿易。[26]

「唯心主義」的思想學派在談到現代性的基礎時，最強調文化凝聚的重要性。如果我們遵循一些學者的說法，認為歐洲出現看重知識與科學的文化在現代性具有核心地位，同時接受這項文化源自於跨國的交換與競爭，那麼凡是有助於這項文化的事物，都將有利於未來出現變革性的發展。因此莫基爾才會認為，西歐獲益於「政治體大小與思想社群的斷裂」，因為這為文人共和國創造了空間。缺乏這類文化網絡將提高進入跨國觀念市場的成本，而且有助於既得利益者（既有傳統的捍衛者）抗拒改變。[27]

這種相對限縮的視角，勢必讓那些認為羅馬留下了羅馬法或古代政治論述等長期遺產的支持者感到失望。然而，就以羅馬法來說，羅馬法之所以能夠產生影響，是因為中世紀教會讓羅馬法維持生機：不僅確保拉丁文的存續，還將羅馬法傳統的元素轉為教會所用，並用於教士的訓練上。此外，即使中世紀盛期羅馬法的復興提升了羅馬法在學術論述與時事辯論的地位，以及在北方新教地區與南方天主教地區的法律與法院程序上留下印記，羅馬法卻並未充當某種形式的國與國之間的黏著劑。[28]

最明顯的例證就是中世紀與近代早期的商人。這些商人團體來自風俗習慣各異的地區，或許最需要一套統一的規則，但他們往往傾向於仰賴同業來解決爭端，而不願訴諸各地方的法院，最終發展出自己的一套習慣法。日後成為現代化先鋒的英格蘭，就給予了普通法優越地位。由於英格蘭並未受到加洛林傳統的影響（當時沒有，後來也未經由諾曼人傳播），因此其政治制度主要是奠基於地方實踐的結果，並非受到羅馬遺產影響。即使在奉行與適應羅馬法律傳統的地方，其詮釋仍深受當時的考量左右：用彼得・斯坦因（Peter Stein）的話來說，從業人員把羅馬法傳統當成某種「超級市場，不同時代的律師都能在這裡找到他們需要的法律」。[29]

在這個的脈絡下，我們就不能僅著眼羅馬傳統的殘存影響，而得找出羅馬傳統中真正深刻影響日後歐洲走向現代化的堅實證據。基督教與拉丁文或許是唯二符合此一標準的因素。

假如沒有基督教？

文化統一的傳統有助於讓長期競爭性分裂更具生產力？我們如何判斷這是否站得住腳？這類主張其實都隱含著一種反事實的假設：一個完全不存在文化統一傳統的世界。但要怎麼假設，才能描繪出沒有這些傳統的世界？這個反事實情境又會與實際歷史有何不同？

在巴爾幹半島以西地區，羅馬之後歐洲的基督教與拉丁文緊密結合在一起。如果沒有天主教會，拉丁文能否做為單一的菁英通用語而存續下去，這點值得懷疑。拉丁文內部何時開始出現語言多樣性仍有爭議，但可以確定的是，這種趨勢在六世紀時便已出現（或許更早幾個世紀之前就已經開始）。到了六世紀與七世紀，羅馬帝國衰亡對拉丁文的使用與識字率帶來負面影響，但這些影響有一部分被教會日漸成長的影響力以及教會努力維持可辨識的「拉丁」語言所抵銷，而此時的教會也面臨標準高級拉丁文與民間（或「通俗」）拉丁文之間與日俱增的差異。

八世紀，政治權力逐漸轉移到加洛林王朝，而伊斯蘭擴張也帶來了新的挑戰，這些因素都為往後兩個世紀更重大的變化鋪路。在教會的大環境下，正式拉丁文的復興集中在拼寫、發音與過時的文法，而其根據則是羅馬帝國晚期的識字本，這表示民間通行的拉丁文已不再受到承認，而且逐漸被當成不同的語言。[30]

這種情況鼓勵人們嘗試書寫拉丁文的方言版本：九世紀在法國，十世紀晚期之後在義大利，以及十一世紀晚期在伊比利半島。地區的語言群開始出現分歧：十世紀時，「後拉丁文」的義大利文與法文版本已經看得出明顯差異。到了十二世紀，列國競逐強化了羅曼語族的分歧，十三世紀時更出現了截然不同的書寫系統。到了這個時候，絕大多數文字已不再使用拉丁文書寫，即使拉丁文仍存續很長一段時間，甚至能在中世紀盛期的菁英圈出現過一次復興。[31]

假使沒有天主教會，拉丁文的使用與一致性很可能會在五世紀與六世紀之後迅速衰退。方言的變體將逐漸取得一席之地，但原因不是因為教會復興羅馬式拉丁文而造成反動，而是語言持續演變的結果。拉丁文不像地區語言使用那樣具有彈性且持續分化，因此難以重回昔日的優越地位。在最極端的情境裡，拉丁文甚至有可能完全消失，除了博學的古文物學家會繼續研究，沒有人會對它產生興趣。

在缺乏教會的正式拉丁文與龐大的教士權力等基礎的情況下，我們其實沒有理由認為國家權力的重啟與隨後對地區語言文字的支持，會伴隨拉丁文在菁英圈的復興，因為追求地區認同的力量實在過於強大。這凸顯出基督教不僅在創造與維持統一的規範與信仰體系上極為重要，在協助保存有限的語言統一上也扮演著關鍵角色。因此，無論透過直接或間接的方式，宗教與教會都是最重要的整合力量。

然而，我們要花費多少代價才能將基督教（或許連帶高級中世紀拉丁文一起）從後羅馬時代的歐洲抹除？理論上代價不會太大，因為無論我們如何看待正典記載的故事，都不能否認基督教起於微末，可見基督教從一開始就有隱沒的可能。想像一下公元六〇年代初，有個名叫耶穌的人，他是亞拿尼亞（Ananias）的兒子，因為提出預言而惹惱眾人。他說「耶路撒冷、聖殿……與所有人」都將面臨審判，地方當局將他交給羅馬總督，總督用鞭刑將他打得「體無完膚」。然而，儘管耶穌未回應總督的訊問，總督還是選擇把他當成無害的瘋子而釋放他。除了最後的結果不同，這個故事裡的其他元素都與另一位更知名的耶穌故事極為類似。[32]

要是那位更知名的耶穌也被釋放呢？救世主在十字架上的犧牲是基督教的核心，對於最重要的教義普及者「大數的保羅」（Paul of Tarsus，後稱使徒保羅）來說尤其如此。那麼，要是沒有使徒保羅起而向廣大非猶太聽眾宣傳這個新教派呢？或者，如果是由這個傳統的不同版本或諾斯底主義（Gnostic variant）取得主導權呢？或者，如果從馬吉安主義（Marcionite）否認《舊約》傳統開始，彼此敵對的各個教會陷入難以彌補的分裂？如果沒有君士坦丁大帝出乎意料地支持，羅馬時代晚期的教會又會變成什麼樣子？或者沒有尼西亞信經（Nicene creed）呢？這套信經堅決地肯定耶穌的神性，使基督教世界完全區別於其他文明，從而排除了神聖君主的可能，使教會的主張更難受到制衡，也造成日後教宗與世俗統治者的形成衝突。有許多方式能讓基督教無法順利發跡，或者即使順利發跡，也會出現完全不同的發展。此外，即使出現其他宗教運動，也未必能夠順利取代基督教的位子，其中最不可能的就是猶太教。[33]

因此，全盛時期的羅馬帝國沒有基督教或類似的宗教是完全可能發生的，甚至可以說這可能比實際的歷史更為合理。這種情境將使後羅馬時代的歐洲少了共同的信仰體系與拉丁文，也少了將日耳曼後繼政權吸收到既有文化圈的重要手段。一旦少了這些條件，就不可避免將加深普世帝國滅亡後產生的分裂：經過一段時間之後，可能不再有跨疆界的單一菁英語言存在，原本廣泛共享的信仰與規範將變得更少與更不具體，後繼政權的國王也將變得更「桀驁難馴」。此外，即使有以拉丁文書寫的古典文獻流傳下來，數量也將變得更少。一旦沒有羅馬式的基督教，則羅馬帝國所留下的政治空間可能會變得更加分裂，而個別的社會最終很可能內部不會那麼分裂。

這是否會讓歐洲偏離原本朝著競爭性現代化發展的軌跡？如果缺乏統一的特質，真的會讓分裂變得較不具生產力，那我們可能就必須將現代世界的興起歸因於一連串高度偶然的事件鏈上：從耶穌的門徒將信仰傳布給使徒保羅，到使徒保羅將信仰傳布給廣大的民眾，然後再傳到君士坦丁大帝與他的兒子們。反過來說，如果多中心主義在沒有基督教的狀況下最終還是「表現得夠好」，那麼我們將被迫承認，整體而言羅馬的傳統影響並不是那麼大。畢竟，如果我們把「基督教」這個羅馬遺產最具影響力的部分給移除，卻又不至於讓現代性胎死腹中，那顯然其他較不重要遺產的有無（例如法律或政治思想），就更不可能產生任何關鍵差異。

對我來說，要在這兩種極端選擇之間做決定是不可能的，特別是因為兩種選擇都涉及到太過牽強的反事實猜測，使反事實情境蒙上汙名（違反最小重寫原則並導致許多難以控制的二階效應）。我們頂多只能承認，羅馬帝國時期的基督教的確頗有可能在促成日後的經濟突破上扮演著核心角色。

這個立場為羅馬帝國對現代性做出有意義甚或決定性貢獻的想法留下空間。然而，與羅馬遺產的豐富與多樣性引發我們猜想的程度相比，這個想法顯得狹隘而特定許多。「假如」羅馬帝國真的對現代性有貢獻，那它的貢獻方式將會秉持著「若不藉著我，沒有人能到父那裡去」的精神——也就是說，唯有藉由帝國化的天主教會，才可能找到通往現代世界的道路。在羅馬傳給後世的遺產中，沒有哪件事的影響能與基督教相比，或者即使能產生近似的影響（最可能的就是拉丁文），也是建立在基督教的存在之上。[34]

假如沒有羅馬？

但要是從一開始就沒有羅馬帝國存在呢？跟這個假設相比，羅馬世界沒有基督教的情境顯得溫和許多，大概只有笨蛋與冥頑不靈的傻子才會認真考慮這個問題。即使如此，這個情境其實並非完全無法想像。我們曾經提過，羅馬帝國是世界特定地區獨一無二的產物（第一章），必須剛好有許多條件正確結合才能誕生（第二章到第四章）。此外，羅馬帝國不僅從未重建，甚至也從未有重建的可能（第五章到第九章）。基於這些理由，一個沒有羅馬帝國的歐洲要比擁有羅馬帝國的歐洲更為合理。光是這一點就讓這個反事實情境沒那麼荒謬。那麼，一個從未受過羅馬人統治的歐洲會是什麼樣子呢？

與基督教會的例子一樣，我們不需要對歷史做出太大幅度的調整也能產生這個另類結果。羅馬人完全有可能在公元前五世紀到四世紀初遭鄰邦伊特拉斯坎擊敗，或被高盧人摧毀，或者因為內部相爭而落敗，這些事件都有可能阻止羅馬成為強權。此外，就算薩莫奈同盟等其他義大利政權能夠取代羅馬，我們也不能理所當然地認為它們就能同樣熟練地建立起有效的戰爭機器。

在義大利半島上不存在大規模擴張主義國家的狀況下，地中海西部短期內最可能的結果是迦太基與西部希臘人呈現某種形式的僵局。迦太基可以藉由更向西擴張來取得額外的人力與資源（實際歷史上的迦太基最終確實採取這種做法），而希臘人可以向東部其他希臘政治體求助來取得平衡。雖然各式各樣的衝擊很可能打破這個不穩定的平衡，例如希臘或希臘化世界成功襲擊迦太基，或反過來是義大利入侵希臘——但只要缺乏羅馬這等規模的動員能力，地中海西部就不容易形成穩定的統一帝國。[35]

在此同時，地中海東部希臘化世界的後繼政權將繼續深陷於衝突之中。少了羅馬對馬其頓的干預，塞琉古帝國往西擴張將變得更加困難。雖然面對少了羅馬支援的托勒密埃及，塞琉古的征服可能是可行的，但長期控制埃及將是難以達成的目標——對過去的亞述帝國與阿契美尼德帝國是如此，對之後的阿拔斯帝國也是如此。安息帝國在實際歷史上曾征服塞琉古大部分領土，因此安息帝國的壓力將構成進一步限制。長期而言，伊朗恢復擴張是合理的結果，安息帝國最終將併吞塞琉古剩餘的領土，或許還會推進到小亞細亞與埃及。但是到那個時候，安息帝國也將與過去的阿契美尼德帝國一樣面臨相同的挑戰，他們要花費大量心力控制尼羅河流域或愛琴海地區。[36]

經過一段時間之後，以伊朗與美索不達米亞為中心的伊朗帝國可能與地中海地區東部的希臘化國家達成平衡。在這個大環境下，希臘化文化可能會跟在羅馬統治下一樣存續或甚至繁榮發展。愛琴海地區與亞歷山卓（Alexandria）等希臘學術重鎮由於離伊朗的權力核心相對較遠，很可能持續得跟實際歷史一樣久。[37]

倘若沒有羅馬權力的保障，希臘化文化是否還能像實際歷史一樣廣泛傳布？希臘語言與文字的使用是關鍵，兩者皆在馬其頓統治的領域內廣為流通，而且都傳布到馬其頓以外的地區：羅馬史家以希臘文寫作就是最有名的例子。拉丁文學是在羅馬已經朝帝國之路邁進時才開始興起，而且起初就是將希臘文作品大量翻譯成拉丁文。倘若沒有羅馬統治，其他西歐政權是否會在國家形成、政治與社會經濟都變得更加複雜時，做出同樣希臘化的選擇？[38]

實際證據無法給出樂觀的理由。在公元前第一個千年的後半期，各地方人口皆傾向於改造既有文字來記錄自己的語言，無論是腓尼基、伊特拉斯坎或希臘。沒有日後羅馬的接管與伴隨而來的羅馬文字與語言的傳布，這個趨勢恐怕無助於文化統一。絕大多數伊比利半島的群體使用伊比利亞文字書寫伊比利亞語言，並以此記錄書面資料，而伊比利亞文字受到腓尼基文字的影響。這種希臘—伊比利亞文字的傳布範圍一直非常有限，更不用說希臘文本身。以高盧為例，儘管希臘人在馬賽已存在很長一段時間，而且沿著隆河從事貿易，但除了高盧極南端，其餘地區很少發現希臘的刻印文字，僅僅偶爾出現用希臘文記錄當地語言的文本。凱爾特高盧人把希臘文當成通用語的證據相當稀少而且矛盾，顯示希臘文整體而言滲透力十分薄弱。[39]

現今最明顯的希臘影響證據是凱爾特人的錢幣，這些錢幣最初是以希臘人的錢幣為範本，之後逐漸在地化。只有在這個脈絡下，才能發現大量刻印的希臘文字，不僅在高盧，就連不列顛也找得到，不過後者的數量十分稀少。即使如此，高盧—希臘錢幣直到較晚的時期才出現（大約在羅馬入侵高盧的時期），而且流通範圍仍非常有限。[40]

更複雜的是，當時的伊比利亞與凱爾特社會（以及伊利里亞與日耳曼社會）尚未達到一定的發展水準，因此沒有強烈的動機培養更系統性的讀寫能力。在羅馬征服之前，書寫是選擇性的——或者說，考量到當時書寫行為的拼湊性質與分布密度的不均勻，至少這會是最儉省的結論。[41]

假使這些地區能在沒有羅馬干預的情況下持續發展，最終可能會創造出比羅馬之前更多的機會（比實際歷史紀錄的更多）。即使如此，伊比利亞的例子應該能讓我們停下來思考：考慮到當地文字與語言的地位已經十分穩固，長期而言最合理的發展應該是更常用當地文字來記錄當地的語言。擁有豐富在地文字與語言的義大利也大致相同，未來高盧的國家菁英也很可能選擇改造而非直接使用希臘文字。在這種狀況下，我們頗有理由懷疑希臘文化最終能否成為歐陸各地社會的共同特徵。這件事之所以重要是因為鑑於伊比利亞、凱爾特、日耳曼與伊利里亞語言之間的差異，一旦羅馬帝國不存在，希臘化文化就是唯一能為政治分裂的歐洲（或至少為菁英圈），提供某種程度統一的語言與文化框架的工具。

然而，即使在最樂觀的情境裡，我們仍無法合理想像希臘文能像羅馬統治下的拉丁文那樣具有影響力。如果希臘化的菁英文化能夠持續發展，其表淺的美麗外觀是否能在日後的歐洲文明留下深刻的印記，這點仍不無疑問。這不是個枝微末節的問題：理論上，希臘有些對後世歐洲最重要的影響的確並不是透過拉丁—羅馬文化的中介。例如亞里斯多德、托勒密與蓋倫（Galen）等中世紀關鍵的正典文本，都是直接源自於希臘與希臘化文化，福音書與保羅書信也是如此。沒有羅馬的統治，這類作品（或者更確切地說，在絕大多數的狀況下，設想的反事實條件下的希臘化作品）也仍有可能以原初版本為人所知，即使只有極少數人才能接觸到這些作品。同樣的，以阿基米德（Archimedes）為首的技術作品也是如此——這些作品刺激了近代早期數學與物理學的進展，甚至可以說對最終的科學革命做出重要貢獻。[42]

在這個無羅馬的世界裡，貿易與宗教將成為傳布希臘文的主要管道。即使沒有本丟．彼拉多（Pontius Pilate），希臘化的黎凡特仍有可能產生近似於基督教的信仰體系：庫姆蘭（Qumran）著名的「死海古卷」（Dead Sea Scrolls）就顯示了這種潛力。而即使這樣的信仰體系並未誕生，仍有大量其他地區的宗教會出現進展，從伊西斯（Isis）崇拜到密特拉教（Mithraism）與摩尼教（Manichaeism）實際上都曾在羅馬帝國西部獲得成功（事實上，如果沒有基督教競爭的掣肘，這些宗教或許會發展得更好）。假以時日，便可能出現一個受希臘影響的思想與文化的上層結構，並有助於沒有霸權帝國的歐洲建立起溝通的橋樑。

這樣的歐洲會有多分裂？歐洲沒有能合理替代羅馬帝國的事物。以突尼西亞為中心且受限於低動員能力的迦太基，即使能成功征服西部的希臘人，依然無法像羅馬人一樣深入歐陸。希臘或馬其頓領導的帝國國家形成（又一次的亞歷山大式爆發，這一次是往西擴張）將會因為我在第三章討論的公元前二〇〇年左右希臘化列國體系的多重弱點而難以實現。考量到環地中海強權的限制，到目前為止最符合現實的長期情境，就是伊比利亞人、高盧人與日耳曼人仍會各自組成自己的國家。[43]

由於這個反事實情境的規模十分龐大，我們無法有效推測公元第一個千年後半期的歐洲會是什麼樣貌。唯一可以確定的是，這樣的歐洲不必然與實際的歐洲有著戲劇性的差異。如果接受我在第八章提出的論點，也就是與舊世界其他核心地區相比，歐洲在本質上就比較不適合大一統帝國形成，那麼假設具有一定規模但不是那麼龐大的地區政治體的興起，並擁有自己的國王、城市、文字與通貨，很可能是最符合現實的結果。

在這個反事實情境裡，至少從最籠統的角度來說，公元五〇〇年或一〇〇〇年歐洲的政治地圖不一定會與後羅馬時代的歐洲有很大的不同：同樣會由幾個大型但不是特別有能力的國家主導，中間穿插著幾個高度分裂的地區。要走到這一步，不是只有一種路徑。實際上的歷史發展走了一條極為迂迴的道路：從第一階段的部族、酋邦與城邦，到第二階段近乎壟斷一切的大帝國，再到第三階段的弱小地區政治體。至於各種反事實情境，儘管也會有著第一階段到第三階段的軌跡，但整體只會更漸進與線性（圖E. 1）。[44]

在這一合理的反事實情境中，羅馬遺產裡的中央集權統治不再是日後西歐國家成為「受制約的巨靈」（Shackled Leviathan）的先決條件——所謂「受制約的巨靈」，是戴倫．艾塞默魯與詹姆斯．羅賓森用來指涉強大但不屬於專制的國家類型，傾向於保障自由與提升人類福祉。即便中央集權的政府傳統必須與地方化的共識決策達成平衡，才能促使這種具生產力的政治體興起，也不表示羅馬帝國是唯一可能

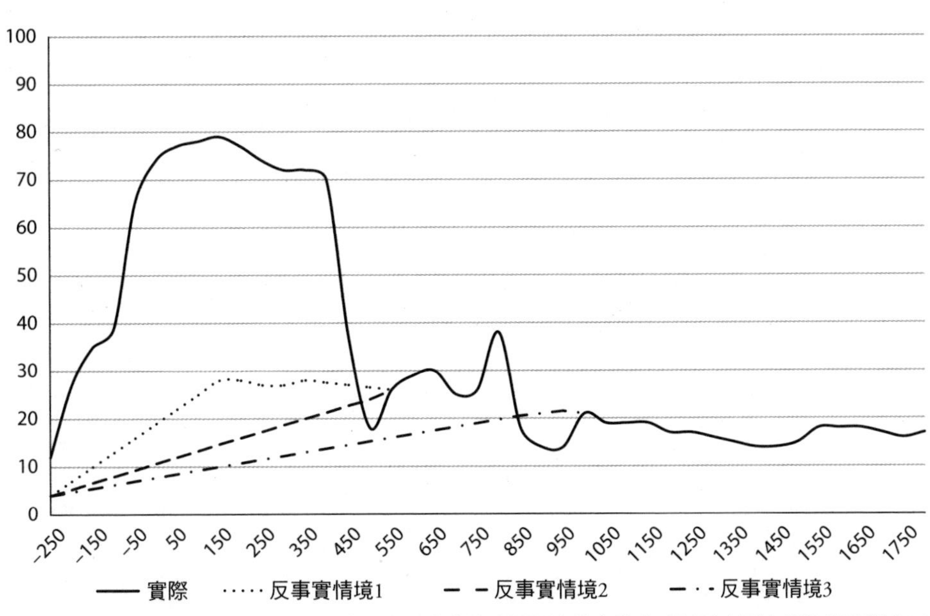

圖E.1　公元前250年到公元1800年，實際與反事實的歐洲國家權力集中（以最大國家統治的歐洲人口來看，百分比）。

的來源。[45]

由於我們對整個歐洲社會的反事實情境已經與實際歷史分歧了好幾個世紀，因此顯然已經不可能推測出公元第一千年中後期的菁英文化內部會呈現什麼連結。若想像得極端一點，我們可能碰上一個由雙語（地方語言與希臘語）菁英掌控的王國，而培養出這些菁英的養分與教育全來自同樣雙語的商人與學者，而他們都受到信仰某種黎凡特救贖宗教而且說著希臘語的教士照管。不可否認，這個說法十分牽強。另一種同樣極端的反事實情境，則是古西班牙、凱爾特、義大利、伊利里亞與日耳曼的地方語言與同時出現的地方文字，削弱了跨地區的溝通模式，而各地區種類繁多的泛靈論與多神信仰也與輸入的希臘化信仰同時並存。在後者的例子裡，根深柢固的分裂支持了政治多中心主義與制度多樣性，但也阻礙了歐洲內部人員、貨物與觀念的流通。

只有當我們的反事實想像近似於後者的情境時，羅馬帝國對日後歐洲發展做出了重要貢獻這項推論才有道理。然而這一說法也與瞎猜無異，因為它同樣建立在一個並非不證自明的前提：沒有帝國，就沒有足夠的文化連結與凝聚力，日後也就無法讓分裂具有發展的生產力，從而無法醞釀出最終的經濟突破。

※

那麼，現代性興起的根本原因究竟是什麼？對歐洲的分裂與多中心主義來說，兩個條件至關重要——一個極為遙遠，一個沒那麼遙遠。白堊紀（Cretaceous）晚期之後，非洲與歐亞板塊的碰撞導致阿爾卑斯造山運動，形成了喀爾巴阡山脈與阿爾卑斯山脈，並導致兩座山脈抬升得越來越高。沒有喀爾巴阡山脈，外西凡尼亞將不會出現，而歐亞大草原將延伸到維也納；沒有阿爾卑斯山脈，大草原就會更向西延伸。數千萬年後，騎馬的戰士就很可能會將歐洲的國家形成推往不同的方向：朝著不斷更迭遞嬗的大一統帝國而去。[46]

而在現實的歷史裡，當來自大草原的騎馬戰士開始四處發揮影響之時，伊比利半島、高盧、義大利與德意志境內的生計工具卻落到了日耳曼戰士的手裡，其領主自治權更削弱了中央權力——要是羅馬式的賦稅制度與中央集權統治能夠持續，則帝國重建的機會將會增加，羅馬式的大一統帝國就有可能再次回歸。

促成現代性興起的條件除了前述兩者，可能還有第三個較為間接的因素：一個沒沒無聞的猶太先知，他的追隨者努力不懈地建立起廣大的網絡，然後進一步發展成階序分明與擁有相當凝聚力的跨國組織。這個組織的出現一方面助長了羅馬之後歐洲的分裂，另一方面又抵銷了分裂的勢頭。

板塊構造論、騎馬的游牧戰士，或許還有傳教士，三者以非常特定的方式進行互動，孕育了現代性誕生的環境。但這三個因素是在何處與羅馬人擦身而過？而羅馬人在他們的帝國瓦解「之前」又帶給世界什麼貢獻？對我來說，最坦率的解答同樣模糊得令人沮喪：羅馬人很有可能為我們做了非常重要的事（因為羅馬帝國信仰基督教而為後世的發展奠定關鍵基礎，這是唯一的可能性），但也同樣可能未曾對這一結果做出任何重大貢獻。也就是說，無論是整體樣貌還是細微之處，我們今日所熟悉的世界有可能都不是羅馬所形塑。

到頭來，競爭性的分裂很可能比殘餘的文化統一更為重要，而且是「更為」重要。我們仍不曉得光靠前者是否就已足夠開啟通往現代性之路，只能知道羅馬一去不復返地滅亡乃是現代性不可或缺的先決條件。這樣說來，當我們要解釋這場現代性突破時，羅馬帝國是否曾經存在過真的有那麼重要嗎？

致謝

本書的誕生，是經過很長一段時間的醞釀。我在二〇〇五年發起「史丹佛大學古代中國與地中海帝國比較歷史計畫」（Stanford Ancient Chinese and Mediterranean Empires Comparative History Project），以推廣對歐亞大陸東、西部早期帝國的比較研究，而這項計畫也引領我探索現代性的遙遠根源。二〇〇七年到二〇〇八年，梅隆基金會（Andrew W. Mellon Foundation）贊助我與史丹佛大學的同事伊安・摩里士、陸威儀共同主持的梅隆—索耶專題討論會（Mellon-Sawyer seminar），討論主題是「第一次大分流：公元三〇〇年到八〇〇年的歐洲與中國」。但這只是開端。我對晚近經濟史與制度史的探討，隨著我的研究興趣逐漸超出上古時代而逐年擴大。這鼓勵了我繼續探索這條通往當代繁榮、知識與人類昌盛的漫長道路，漫長而蜿蜒的道路。

畢竟，對歷史學家而言，沒有任何問題比世界為何走上如今仍在走的路來得重要。世界的轉變，早已超出我們的祖先在僅僅數代之前最狂野的想像。在回答這個問題之前，我想先談談一場歷久不衰且令人振奮的論戰。這本書的書名，不只是對我個人轉向全球比較史研究的致意，更是試圖捕捉我們集體進步的本質——我們逃離了曾經把人類壓得喘不過氣且幾乎不可能克服的傳統限制結構。傳統帝國的統治無法讓這個世界變得更好，它需要徹底崩潰才能讓我們獲得自由。若不能先「逃離羅馬」，就不可能「抵達丹麥」。

我滿心喜悅地明白自己在研究與寫作之路上獲得許多幫助。從二〇〇七年到二〇一九年，我談論這項計畫的各個面向，同時獲得各方珍貴的回饋：亞利桑那州立大學（Arizona State University）、奧地利科學院（Austrian Academy of Sciences）、布魯克林學院（Brooklyn College）、布朗大學（Brown University）、克萊蒙特．麥肯納學院（Claremont McKenna College）、哥倫比亞大學（Columbia University）、康乃爾大學（Cornell University）、羅馬丹麥學院（Danish Academy in Rome）、狄金森學院（Dickinson College）、麥基爾大學（McGill University）、義大利古代歷史研究所（Istituto Italiano per la Storia Antica）、新加坡國立大學（National University of Singapore）、紐約大學（New York University）、西北大學（Northwestern University）、烏蘭巴托開放社會論壇（Open Society Forum in Ulaanbaatar）、拉德堡德大學（Radboud University）、中國人民大學、聖塔菲研究所（Santa Fe Institute）、史丹佛大學（Stanford University）、德州理工大學（Texas Tech University）、加州大學柏克萊分校與聖塔芭芭拉分校（University of California at Berkeley and Santa Barbara），以及劍橋（Cambridge）、開普敦（Cape Town）、哥本哈根（Copenhagen）、喬治亞（Georgia）、萊頓（Leiden）、墨爾本（Melbourne）、牛津（Oxford）、德州（Texas）、土爾沙（Tulsa）、烏特勒支（Utrecht）、華沙（Warsaw）、蘇黎世（Zurich）與耶魯（Yale）等各地的大學。

我在二〇一七到二〇一八年這段離修時間完成了本書大部分內容，當時我在紐約大學公共知識研究所（Institute for Public Knowledge）擔任訪問學者。我要感謝艾瑞克．克林柏格（Eric Klinenberg）的親切邀請，也要感謝古根漢紀念基金會（John Simon Guggenheim Memorial Foundation）與史丹佛大學的最終支持，讓我專心完成這項計畫。

我要感謝約翰・霍爾與菲利普・霍夫曼在我將手稿交給出版商之前協助審閱初稿，也要感謝喬伊・康諾利（Joy Connolly）與皮爾・弗里斯的詳細評論。我還要感謝安娜・格奇瑪拉—布斯（Anna Grzymala-Busse）、約翰・霍爾頓（John Haldon）、凱爾・哈珀（Kyle Harper）、雷維爾・內茨（Reviel Netz）、希拉・歐格維（Sheilagh Ogilvie）與理查德・薩勒（Richard Saller）等人的進一步協助，以及戴倫・艾塞默魯、詹姆斯・班尼特（James Bennett）、許田波（Victoria Tin-bor Hui）、雷維爾・內茨、賽夫凱特・帕慕克（Şevket Pamuk）、詹姆斯・羅賓森、大衛・斯塔薩維吉、邁可・泰勒（Michael Taylor）、保羅・泰德斯科（Paolo Tedesco）、皮爾・弗里斯、卡維・亞茲達尼（Kaveh Yazdani）與趙鼎新與我分享他們尚未出版的作品。

二〇一五年，我終於承認自己的論點不可能如原先所想的光靠一篇（長）文章就能說明清楚，於是我向普林斯頓大學出版社的羅伯・特姆皮歐（Rob Tempio）提議寫一本（小）書。當最後的成品是原先承諾的兩倍時，我很慶幸他的眼睛連眨都沒眨一下就接受了。我要感謝羅伯一如既往的協助與輕鬆詼諧的工作態度，感謝喬爾・莫基爾與喬納森・魏蘭德（Jonathan Weiland）熟練地為我準備地圖，感謝娜塔莉・巴恩（Natalie Baan）、鮑伯・貝騰朵夫（Bob Bettendorf）、約翰・多諾休（John Donohue）、珊卓・弗里森（Sandra Friesen）、特蕾絲・瑪爾漢（Therese Malhame）、麥特・洛哈爾（Matt Rohal）與史蒂芬妮・洛哈斯（Stephanie Rojas）確保出版工作一路平順。

常見詞彙

本書使用的一些關鍵詞彙，對不同的人來說一定有著不同的意義。解釋我自己對於其中幾個最常見詞彙的使用方式，應該可以避免一些誤解。

中國（**China**）：根據不同的脈絡，中國可以指秦朝以後幾個主要朝代控制的地理區域（這個區域並非固定），也可以指目前中華人民共和國的領土。我會視情況將中國與「核心中國」或「中國本部」區別開來，後兩者是中華人民共和國去掉滿洲、內蒙古、新疆、西藏與臺灣後的簡單代稱。為了方便起見，我會寬鬆地以「中國」或「中國的」這兩個詞來指涉公元前第二個千年以來的中國核心地區，儘管這麼做可能有時代倒錯的問題。我不會將中國與東亞這兩個詞互換使用，因為後者還包括韓國與日本。我對這些詞彙的使用，不涉及對族群認同或時事的評論。

歐洲（**Europe**）：我採取傳統的歐洲定義，歐洲涵蓋烏拉山脈、烏拉河、裏海、高加索山脈與黑海以西的陸地。我又從中挑出特定的部分。「拉丁歐洲」指傳統上由東正教會支配的地區「以西」的歐洲（也就是今天的俄羅斯、白俄羅斯、烏克蘭、羅馬尼亞、塞爾維亞與希臘以西的歐洲，這條線自從一〇五四年教會大分裂後就沒有實質的變化）。「西歐」的範圍比拉丁歐洲略小，是指從大西洋到東部的德語與義大利語地區。「西北歐」包括不列顛群島、斯堪地那維亞半島、低地國、法國北部與德國北部。定義比較狹隘模糊的是「北海地區」，以英國與低地國為中心。我試圖在詞彙的使用上做到前後一貫，並在脈絡清楚的狀況下，我可能會概括地使用「歐洲」一詞。我一般會避免使用「西方」與「西方的」這類標籤。如果有使用這兩個詞彙的情況，主要指的是歐洲（特別是拉丁歐洲）與歐洲位於北美洲與澳紐的殖民社會。

帝國（**Empire**）：通常是指混合多族裔的龐大國家，圍繞著控制從屬國的權力支配中心組織起來。有時也統治著遙遠的領土與人口（或稱「邊陲地區」）。但就連這個保守的定義也未必精確，畢竟帝國不一定要特別龐大，支配者與被支配者之間也不一定有著非常高度的異質性或強度上的落差。實務上，我會用「帝國」一詞形容領土與人口都很可觀的政治體，無論大小是數十萬或數千萬平方公里，或者擁有數百萬還是數億臣民。為了強調顯著的特色，我有時也會視情況加上額外說明，例如「農業」帝國、「傳統」帝國或「朝貢」帝國。而所謂的「霸權」帝國，則是指有效支配次大陸規模的領土與人口的國家，通常採取直接統治，且和鄰近政治實體之間維持高度的不對稱關係。當帝國成為霸權時，其存續與領土完整性都比較不會遭受全面挑戰。每當書中使用「帝國」一詞而沒有更詳細的說明時，我指的是領土綿延不絕的陸上帝國（以農業地區或大草原為基礎，或兩者皆是）。至於十五世紀晚期之後取得海外領土的歐洲強權，我會另外用「殖民帝國」一詞來形容。最後，我使用「帝國形成」（imperiogenesis）

一詞來描述大規模的國家形成。

國家（**State**）：為了對古老歷史進行廣泛的比較研究，我把國家鬆散定義為略為持久且具有階序的政治組織。國家至少在某種程度上可以對領土、人民與資源行使權威，而且認為自己的主張優先於領土內外的其他團體。此外，國家也會透過強制手段確立自己的優先權，至少建立在有時會施加懲罰的基礎上。這個極簡的定義忽略了那些成熟國家普遍擁有的特色，例如正當性、主權，或者在規則與法律秩序的執行上對正當暴力的壟斷。回顧歷史，這類政治組織的中央集權程度各自不同，而且實際上與各階層組織共享著許多主張、特權與職務。但除非我們打算嚴格採用歐洲中心論與現代化的國家概念，否則我們還是應該為這類政治體貼上「國家」的標籤。我會用「政治體」這個比較中性的詞彙來與「國家」互換，也用「政治體」來描述那些可能連前述基本要件都無法滿足的政治實體，例如酋邦或部族同盟，特別是極度分權或存續極為短暫的政治組織。我不使用「nation」做為國家的通稱，但偶爾會為了避免重複而交替使用「interstate」與「international」兩個字來表達「國與國之間」。

國家形成（**State Formation**）：我以非常籠統的方式使用這個詞彙，用來描述已達基本規模的共同體為了統治人民與土地所創設的一切制度，或針對制度進行調整。我把國家形成設想成結構持續變遷的過程，可能（但並非必定）導致中央集權或國家能力的提升。回顧歷史，政治體內部的國家權力總有盛衰起伏。我偶爾會用「國家衰敗」來強調權力旁落與國家能力衰退的現象。

多中心主義（**Polycentrism**）：多中心主義體系的特徵，就是具有多個權力、權威與支配中心。多中心主義除了存在於不受單一霸權支配的列國體系，也存在於列國體系的各政治體內部：各階層民眾可以自主行使權力與中央政治領導階層的權力相抗。在這兩種情境中，「多中心主義」與「分裂」其實是可以互換的兩個詞彙。這兩個詞做為一種理想型，恰好與另一種理想型「霸權」相對立（後者是指政治體內部的壟斷權力，或大一統霸權帝國）。壟斷、霸權與多中心主義不可避免是程度上的差異，本書將會花上許多篇幅探討這三者在不同歷史情境下的優劣。

列國體系（**State System**）：幾個毗鄰的獨立國家構成的國家群，同時這些國家長期在政治、軍事、經濟與文化領域進行有體系的互動。我以這個概念做為前面定義過的「霸權帝國」的對立面。公元前五世紀到三世紀中國的「戰國七雄」，以及拉丁歐洲在加洛林帝國之後的幾個國家都是列國體系最顯明的歷史例證，本書中也經常提及。其他像是蘇美人到馬雅（Maya）的各種城邦文化，雖然超出本書的研究範圍，但也可視為是列國體系。

第一次大分流（**First Great Divergence**）：第七章會對這個詞進行解釋。我用「第一次大分流」一詞來描述國家形成模式的長期分歧：一邊是拉丁歐洲，另一邊是中東、南亞與東亞，尤其是東亞。第一次大分流出現在公元第一個千年後半且逐漸鞏固。與強調經濟層面的第二次大分流不同，第一次大分流更多是政治上的分流：相較於舊世界其他地區大帝國的持續更迭，拉丁歐洲則是出現了永久性的多中心主義與列國體系。

第二次大分流（**Second Great Divergence**）：這個詞等同於一般所說的「大分流」，西歐絕大多數先進經濟體正是靠著這個過程才能在經濟生產力上大幅領先世界。這個分流有著各種不同的定義：有些人把這個詞廣泛適用在經濟產出與公共福祉的細微差異上，而這個差異的產生可以上溯到中世紀；有些人對這個詞的定義則較為特定，他們將十八世紀西北歐工業化與永續經濟成長的開展，與其他地區（尤其是亞洲）持續進行傳統經濟活動與科技發展模式做對比。我一般都將這個過程稱為「第二次大分流」，這個折衷辦法是為了讓當前的慣用法（只承認單一的「大分流」）與我引進的「第一次大分流」一詞能夠彼此調和。如果本書在提到「大分流」時沒有明言是第幾次的話，那麼就是指傳統定義下的「大分流」。

草原邊疆（**Steepe Frontier**）：我用這個詞形容不斷變動的邊境地區，以及維持放牧與狩獵形式的草原地區與定居農耕地區之間的中間地帶。這些邊疆地帶有寬有窄，主要取決於當地的環境，其範圍也深受氣候與土地利用持續變化的影響。草原邊疆也是游牧或半游牧的牧民與定居農耕的農民進行互動的地方。歷史上最遼闊的草原邊疆，就介於歐亞大草原中部與南方農耕地區之間。

第一章技術摘記

在第一章，我試圖判斷最大的國家在特定時間與地區的人口中占了多少份額。這個做法會需要主要政治體的領土範圍與可能的人口數量資訊。領土範圍比較容易取得，可以參考權威歷史地圖。儘管細節有所出入，但與不確定性更大的人口數量相比，這種差異只能算是枝微末節。對這一主題的專門歷史研究（如果真的有這類研究存在的話）往往有參差不齊的問題，證據基礎也相對狀況不佳。但對我目前的研究來說，只要能夠確定這些數據在不同時空環境下具有一致性，就能進行有系統的比較。

一九七八年，柯林．麥克維迪（Colin McEvedy）與理查德．瓊斯（Richard Jones）編纂的《世界人口歷史地圖》（*Atlas of World Population History*）是唯一做到內在連貫與一致的參考資料。麥克維迪與瓊斯對現代國家（或國家群）、部分歷史實體（如鄂圖曼與俄羅斯帝國）與整個大陸乃至全世界的人口進行估計。他們的時間序列開始於公元前四〇〇年，結束於一九五〇年，並且對二〇〇〇年的人口做出推估。在分析單位上，公元前四〇〇年到公元一〇〇〇年這段時間是以兩百年為間距，公元一〇〇〇年到一五〇〇年的間距則是一百年，之後的間距則是五十年。[1]

為了得出數據，麥克維迪與瓊斯兼容廣納過去的研究成果，同時對於更久之前毫無數據的狀況則採取外推法。這種外推法的結果，取決於如何假設整體趨勢與長期變遷的相對規模，而這個假設是可以討論的。根據我自己的研究經驗，我可以很有信心地說，他們的數字有系統地「低估」了上古世界的人口密度。舉例來說，公元二世紀中葉，羅馬帝國巔峰時期有六千萬到七千萬的人口，這比他們極簡估計的四千五百萬人口要更貼近現實。古希臘世界也比他們估計的人口數來得多。[2]

類似的問題也影響他們對東亞人口的估計。麥克維迪與瓊斯推估公元元年時，中國（以中國現今的國土加上臺灣）人口有五千萬人，但漢朝在公元二年普查的人口數是五千九百五十萬人，而且當時並非整個中國都在漢朝的統治之下，也不是每位臣民都列入人口統計之中。公元一千年後，他們提出了戲劇性的人口成長數值，部分是因為他們傾向於低估早期中國的人口規模，導致後來必須不現實地加快人口成長的速度，才能讓數字趕上宋朝統計的人口總數。他們的南亞人口數量不可避免更加出於猜測，而且很可能同樣低估了早期的人口密度。[3]

麥克維迪與瓊斯的估計似乎參雜了一些主觀意圖，因為他們統計時已先假設全球人口在公元的第一個千年出現龐大的淨增長。其他學者則傾向於認為同時期全球人口處於週期循環，就算有淨增長，數量也不多。更多近期研究支持後者的觀點。麥克維迪與瓊斯至少正確指出，他們對於公元第二個千年做的估計絕大多數爭議較少，而且越接近現在，不確定性的幅度也跟著縮小。[4]

對此處來說真正重要的是，儘管麥克維迪與瓊斯對前現代人口的估計太少，但他們仍有做到前後一貫。如果我們對實際人口規模感興趣，那麼估計太低確實是個問題，但如果我們計算的是人口的比例或「份額」（如本書第一章所見），那麼估計太少就不會有特殊的相關性。因此，如果一個既定政治體涵蓋的區域，上面的人口實際上比麥克維迪與瓊斯估計的多了百分之二十五或甚至百分之五十，這樣的低估仍不至於影響帝國人口與大型地區人口的比例。因此，我一般不會調整他們的數字，以避免讓原本內部一貫的數據失衡。

某些過去帝國的領土有時只涵蓋現代國家領土的一小部分，因此如何將這些現代國家的人口分出一小部分劃歸帝國所有，就成了一個相當棘手的問題。這個問題在歐洲及中東與北非地區還算單純，因為這兩個地區的現代國家往往面積不大，因此相對容易做出合理的人口劃分，而少量的誤差不至於對國土延伸好幾個現代國家的帝國的整體人口估計造成太大影響。對比之下，南亞與東亞的帝國人口估計則存在著巨大的挑戰，因為這兩個地區如今幾乎僅由兩個廣大的現代國家支配，這兩個國家也構成了麥克維迪與瓊斯此處估計的基本單位。[5]

在南亞與東亞的例子裡，我必須用更粗略的方法把部分歷史人口分攤到現代國家。以中國為例，我運用公元一四〇年漢朝人口普查的分布結果，大致建立了中國北方、南方與四川的人口比例。我也使用目前中國各省的人口分布數量進行外推，說明從古代到現代人口模式的逐步轉變。一般來說，上古時代的中國北方擁有著壓倒性的人口數量，後來人口逐漸流失到其他地區，特別是中國南方。尤其是宋朝以降，南方人口出現重大的發展。雖然我們也許可以參考公元第二個千年的歷史人口普查資料，藉此想出更細緻的調整方法，但因為中國絕大多數時間要不是處於統一狀態，就是分裂成兩個國家，在這種狀況下思考新的做法顯得有點多餘。我的模式對於估計最大政治體在東亞占的人口份額非常有幫助。[6]

我對南亞的估計問題較多，不僅因為早期人口的估計值得懷疑，也因為我們對於遙遠過去人口的空間分布所知不多。從最廣義的角度來說，印度早期的人口特徵是人口比現在更集中於北部地區（這點與中國相同），也就是印度河與恆河流域。由於沒有能與古代中國比擬的人口普查紀錄，即使想以粗略的方法進行估計也難以做到。我因此仰賴印度與巴基斯坦目前的人口分布來估計過去的人口份額，這種過度簡化的做法也許比較適合較近期的過去，但隨著時間不斷往古代推進，結果就難免越來越不可靠。[7]

這個狀況之所以重要是因為南亞最大的帝國普遍源自北方，若不是在恆河流域興起（孔雀與笈多），就是從西北邊境入侵（塞迦、貴霜與一連串穆斯林政治體）。只有少數帝國興起於印度中部（百乘〔Satavahara〕、遮婁其與羅濕陀羅拘陀），而毗奢耶那伽羅與朱羅是唯二位於印度南方的大帝國。我的人口份額因此容易低估北方帝國人口相對的支配地位，而略為放大南方帝國的比重，這個問題我已經在第一章指出來過。這個問題影響的層面僅限於幅度，在衡量支配的帝國形成的持續性時不至於受影響。因此，雖然與其他大型地區相比，我對南亞帝國樣貌的重建應該要更為審慎，但整體的輪廓還是可以成立。

整體而言，第一章的圖表足以建立舊世界不同地區帝國形成的長期模式，並對這些模式進行比較。除非圖表的內容與歷史紀錄相左，否則這些圖表不至於構成嚴重的誤導。儘管如此，我還是建議讀者只在有限的目的內使用這些重建模型。畢竟這些圖表根據的是人為控制下的推測，而不可與歷史「事實」混為一談。[8]

Woolf, Greg. 2012. *Rome: An empire's story*. New York: Oxford University Press.

Wright, Arthur F. 1978. *The Sui dynasty*. New York: Knopf.

Wright, Roger. 2013. "Periodization." In Maiden, Smith, and Ledgeway 2013, 107–24.

Wright, Roger. 2016. "Latin and Romance in the medieval period: A sociophilological approach." In Adam Ledgeway and Martin Maiden, eds., *The Oxford guide to the Romance languages*. Oxford: Oxford University Press, 14–23.

Wrigley, E. Anthony. 2016. *The path to sustained growth: England's transition from an organic economy to an industrial revolution*. Cambridge: Cambridge University Press.

Wrigley, E. Anthony. 2018. "Reconsidering the Industrial Revolution: England and Wales." *Journal of Interdisciplinary History* 49: 9–42.

Xigui, Qiu. 2000. *Chinese writing*. Berkeley, CA: Society for the Study of Early China.

Xiong, Victor C. 2006. *Emperor Yang of the Sui dynasty: His life, times, and legacy*. Albany: State University of New York Press.

Yang, Lien-sheng. 1961. *Studies in Chinese institutional history*. Cambridge, MA: Harvard University Press.

Yates, Robin D. D. 2006. "The Song empire: The world's first superpower?" In Tetlock, Lebow, and Parker 2006b, 205–40.

Yazdani, Kaveh. 2017. *India, modernity, and the great divergence: Mysore and Gujarat (17th to 19th C.)*. Leiden: Brill.

Yoffee, Norman and Cowgill, George L., eds. 1988. *The collapse of ancient states and civilizations*. Tucson: University of Arizona Press.

Young, Gary K. 2001. *Rome's eastern trade: International commerce and imperial policy, 31 BC–AD 305*. New York: Routledge.

Yun-Casalilla, Bartolomé and O'Brien, Patrick, eds. 2012. *The rise of fiscal states: A global history, 1500–1914*. Cambridge: Cambridge University Press.

Zelin, Madeleine. 2004. "A critique of rights of property in prewar China." In Madeleine Zelin, Jonathan K. Ocko, and Robert Gardella, eds., *Contract and property in early modern China*. Stanford, CA: Stanford University Press, 17–36.

Zelin, Madeleine. 2009. "The firm in early modern China." *Journal of Economic Behavior and Organization* 71: 623–37.

Zhang, David D. et al. 2015. "The pulse of imperial China: A quantitative analysis of long-term geopolitical and climatic cycles." *Global Ecology and Biogeography* 24: 87–96.

Zhang, Taisu. 2017. *The laws and economics of Confucianism: Kinship and property in preindustrial China and England*. Cambridge: Cambridge University Press.

Zhang, Xiangming. 2010. "A preliminary study of the punishment of political speech in the Ming period." *Ming Studies* 62: 56–91.

Zhao, Dingxin. 2015a. *The Confucian-Legalist state: A new theory of Chinese history*. New York: Oxford University Press.

Zhao, Dingxin. 2015b. "The Han bureaucracy: Its origin, nature, and development." In Scheidel, 2015c, 56–89.

Zhou, Youguang. 2003. *The historical evolution of Chinese languages and scripts*. Columbus, OH: National East Asian Languages Resource Center.

Weinstein, Stanley. 1987. *Buddhism under the T'ang*. Cambridge: Cambridge University Press.

Wey Gómez, Nicolás. 2008. *The tropics of empire: Why Columbus sailed south to the Indies*. Cambridge, MA: MIT Press.

Wickham, Chris. 1994. *Land and power: Studies in Italian and European social history, 400–1200*. London: British School at Rome.

Wickham, Chris. 2001. "Society." In Rosamund Kitterick, ed., *The early Middle Ages: Europe 400–1000*. Oxford: Oxford University Press, 59–94.

Wickham, Chris. 2005. *Framing the early Middle Ages: Europe and the Mediterranean, 400–800*. Oxford: Oxford University Press.

Wickham, Chris. 2009. *The inheritance of Rome: Illuminating the Dark Ages 400–1000*. New York: Viking.

Wickham, Chris. 2015. *Sleepwalking into a new world: The emergence of Italian city communes in the twelfth century*. Princeton, NJ: Princeton University Press.

Wickham, Chris. 2016. *Medieval Europe*. New Haven, CT: Yale University Press.

Wickham, Chris. 2017. "Consensus and assemblies in the Romano-Germanic kingdoms: A comparative approach." In Verena Epp and Christoph H. F. Meyer, eds., *Recht und Konsens im frühen Mittelalter*. Ostfildern: Jan Thorbecke Verlag, 389–426.

Wilkinson, David. 1987. "Central civilization." *Comparative Civilizations Review* 17: 31–59.

Williams, Ann. 1999. *Kingship and government in pre-conquest England, c.500–1066*. Basingstoke: Macmillan.

Williams, J.H.C. 2001. *Beyond the Rubicon: Romans and Gauls in Republican Italy*. Oxford: Oxford University Press.

Wilson, Andrew. 2009. "Indicators for Roman economic growth: A response to Walter Scheidel." *Journal of Roman Archaeology* 22: 71–82.

Wilson, Andrew. 2011. "City sizes and urbanization in the Roman empire." In Alan Bowman and Andrew Wilson, eds., *Settlement, urbanization, and population*. Oxford: Oxford University Press, 161–95.

Wilson, Andrew. 2014. "Quantifying Roman economic performance by means of proxies: Pitfalls and potential." In Francois de Callataÿ, ed., *Quantifying the Greco-Roman economy and beyond*. Bari: Edipuglia, 147–67.

Wilson, Andrew and Bowman, Alan, eds. 2018. *Trade, commerce, and the state in the Roman world*. Oxford: Oxford University Press.

Wilson, Peter H. 2016. *Heart of Europe: A history of the Holy Roman Empire*. Cambridge, MA: Harvard University Press.

Wittfogel, Karl. 1957. *Oriental despotism: A comparative study of total power*. New York: Random House.

Wong, R. Bin. 1997. *China transformed: Historical change and the limits of European experience*. Ithaca, NY: Cornell University Press.

Wong, R. Bin. 2012. "Taxation and good governance in China, 1500–1914." In Yun-Casalilla and O'Brien 2012, 353–77.

Wood, Ellen M. 2003. *Empire of capital*. London: Verso.

Woolf, Greg. 1994. "Power and the spread of writing in the West." In Alan K. Bowman and Greg Woolf, eds., *Literacy and power in the ancient world*. Cambridge: Cambridge University Press, 84–98.

Voigtländer, Nico and Voth, Hans-Joachim. 2013b. "The three horsemen of riches: Plague, war, and urbanization in early modern Europe." *Review of Economic Studies* 80: 774–811.

Von Glahn, Richard. 2016. *An economic history of China: From antiquity to the nineteenth century*. Cambridge: Cambridge University Press.

Vries, Peer. 2001. "Are coal and colonies really crucial? Kenneth Pomeranz and the Great Divergence." *Journal of World History* 12: 407–46.

Vries, Peer. 2002. "Governing growth: A comparative analysis of the role of the state in the rise of the West." *Journal of World History* 13: 67–138.

Vries, Peer. 2012. "Challenges, (non-)responses, and politics: A review of Prasannan Parthasarathi, *Why Europe grew rich and Asia did not: Global economic divergence, 1600–1850*." *Journal of World History* 23: 639–64.

Vries, Peer. 2013. *Escaping poverty: The origins of modern economic growth*. Vienna: Vienna University Press.

Vries, Peer. 2015. *State, economy, and the great divergence: Great Britain and China, 1680s–1850s*. London: Bloomsbury.

Vries, Peer. 2020. *Averting a great divergence: State and economy in Japan, 1868–1937*. London: Bloomsbury.

Wahl, Fabian. 2017. "Does European development have Roman roots? Evidence from the German limes." *Journal of Economic Growth* 22: 313–49.

Waley-Cohen, Joanna. 1993. "China and Western technology in the late eighteenth century." *American Historical Review* 98: 1525–44.

Waley-Cohen, Joanna. 2006. *The culture of war in China: Empire and the military under the Qing dynasty*. London: I. B. Tauris.

Wallerstein, Immanuel. 1974. *The modern world-system I: Capitalist agriculture and the origins of the European world-economy in the sixteenth century*. New York: Academic Press.

Wallerstein, Immanuel. 1980. *The modern world-system II: Mercantilism and the consolidation of the European world-economy, 1600–1750*. New York: Academic Press.

Wallerstein, Immanuel. 1989. *The modern world-system III: The second era of great expansion of the capitalist world-economy, 1730–1840s*. San Diego: Academic Press.

Wallerstein, Immanuel. 2011. *The modern world-system IV: Centrist liberalism triumphant, 1789–1914*. Los Angeles: University of California Press.

Wang, Gungwu. 1990. "Merchants without empire: The Hokkien sojourning communities." In Tracy 1990, 400–421.

Wang, Jingbin. 2014. Review of Pines 2012. *H-Net Reviews*. http://www.h-net.org/reviews/showrev.php?id=41935.

Warde, Paul. 2007. *Energy consumption in England & Wales 1560–2000*. Naples: Consiglio Nazionale delle Ricerche, Istituto di Studi sulle Società del Mediterraneo.

Warde, Paul. 2013. "The first industrial revolution." In Astrid Kander, Paolo Malanima, and Paul Warde, eds., *Power to the people: Energy in Europe over the last five centuries*. Princeton, NJ: Princeton University Press, 129–247.

Watts, John. 2009. *The making of polities: Europe, 1300–1500*. Cambridge: Cambridge University Press.

Weber, Max. 1920–1921. *Gesammelte Aufsätze zur Religionssoziologie*. 3 vols. Tübingen: Mohr.

domestic politics. Cambridge: Cambridge University Press.

Treadgold, Warren. 1995. *Byzantium and its army, 284–1081*. Stanford, CA: Stanford University Press.

Tridimas, George. 2018. "Why ancient Greece failed to industrialize: Cost of energy, culture and city-state multiplicity." European Social Science History Conference, Belfast, April 4.

Tsai, Shih-shan Henry. 2001. *Perpetual happiness: The Ming emperor Yongle*. Seattle: University of Washington Press.

Turchin, Peter. 2003. *Historical dynamics: Why states rise and fall*. Princeton, NJ: Princeton University Press.

Turchin, Peter. 2006. *War and peace and war: The life cycles of imperial nations*. New York: Pi Press.

Turchin, Peter. 2009. "A theory for formation of large empires." *Journal of Global History* 4: 191–217.

Turchin, Peter, Currie, Thomas, Turner, Edward A. L., and Gavrilets, Sergey. 2014. "Reply to Thomas: Diffusion of military technologies is a plausible explanation for the evolution of social complexity, 1500 BCE–AD 1500." *Proceedings of the National Academy of Sciences* 111: E415.

Turchin, Peter, Currie, Thomas E., Turner, Edward A. L., and Gavrilets, Sergey. 2013. "War, space, and the evolution of Old World complex societies." *Proceedings of the National Academy of Sciences* 110: 16384–89.

Turchin, Peter and Nefedov, Sergey A. 2009. *Secular cycles*. Princeton, NJ: Princeton University Press.

Tvedt, Terje. 2010. "Why England and not China and India? Water systems and the history of the Industrial Revolution." *Journal of Global History* 5: 29–50.

Twitchett, Denis and Smith, Paul J., eds. 2009. *The Cambridge history of China*, vol. 5, part 1: *The Sung dynasty and its precursors, 907–1279*. Cambridge: Cambridge University Press.

Van Bavel, Bas, Buringh, Eltjo, and Dijkman, Jessica. 2018. "Mills, cranes, and the great divergence: The use of immovable capital goods in western Europe and the Middle East, ninth to sixteenth centuries." *Economic History Review* 71: 31–54.

Van Zanden, Jan Luiten. 2009a. *The long road to the Industrial Revolution: The European economy in a global perspective, 1000–1800*. Leiden: Brill.

Van Zanden, Jan Luiten. 2009b. "The skill premium and the 'Great Divergence.' " *European Review of Economic History* 13: 121–53.

Van Zanden, Jan Luiten, Buringh, Eltjo, and Bosker, Maarten. 2012. "The rise and decline of European parliaments, 1188–1789." *Economic History Review* 65: 835–61.

Vervaet, Frederik J. 2014. *The high command in the Roman Republic: The principle of the* summum imperium auspiciumque *from 509 to 19 BCE*. Stuttgart: Franz Steiner Verlag.

Visscher, M. S. 2011. "Landscape of languages: The position of provincial languages in the Roman empire in the first three centuries AD." MA thesis, University of Leiden.

Voigtländer, Nico and Voth, Hans-Joachim. 2006. "Why England? Demographic factors, structural change and physical capital accumulation during the Industrial Revolution." *Journal of Economic Growth* 11: 319–61.

Voigtländer, Nico and Voth, Hans-Joachim. 2009. "Malthusian dynamism and the rise of Europe: Make love, not war." *American Economic Review* 99: 248–54.

Voigtländer, Nico and Voth, Hans-Joachim. 2013a. "Gifts to Mars: Warfare and Europe's early rise to riches." *Journal of Economic Perspectives* 27: 165–86.

perspectives. Princeton, NJ: Princeton University Press, 1–38.

Tetlock, Philip E., Lebow, Richard N., and Parker, Geoffrey. 2006a. "Unmaking the Middle Kingdom." In Tetlock, Lebow, and Parker 2006b, 1–13.

Tetlock, Philip E., Lebow, Richard N., and Parker, Geoffrey, eds. 2006b. *Unmaking the West: "What-if?" scenarios that rewrite world history*. Ann Arbor: University of Michigan Press.

Tetlock, Philip E. and Parker, Geoffrey. 2006. "Counterfactual thought experiments: Why we can't live without them & how we must learn to live with them." In Tetlock, Lebow, and Parker 2006b, 14–44.

t'Hart, Marjolein. 1994. "Intercity rivalries and the making of the Dutch state." In Tilly and Blockmans 1994, 196–217.

Thomas, Hugh. 2010. *The golden age: The Spanish empire of Charles V*. London: Allen Lane.

Thomas, Hugh. 2014. *World without end: Spain, Philip II, and the first global empire*. New York: Random House.

Thomas, Russell C. 2014. "Does diffusion of horse-related military technologies explain spatiotemporal patterns of social complexity 1500 BCE–AD 1500?" *Proceedings of the National Academy of Science* 111: E41.

Thompson, William R. and Rasler, Karen. 1999. "War, the military revolution(s) controversy, and army expansion: A test of two explanations of influences on European state making." *Comparative Political Studies* 32: 3–31.

Thomsen, Rudi. 1988. *Ambition and Confucianism: A biography of Wang Mang*. Aarhus: Aarhus University Press.

Tilly, Charles. 1984. *Big structures, large processes, huge comparisons*. New York: Russell Sage Foundation.

Tilly, Charles. 1985. "War making and state making as organized crime." In Peter B. Evans, Dietrich Rueschemeyer, and Theda Skocpol, eds., *Bringing the state back in*. Cambridge: Cambridge University Press, 169–91.

Tilly, Charles. 1992. *Coercion, capital, and European states, AD 990–1992*. Cambridge, MA: Blackwell.

Tilly, Charles and Blockmans, Wim P., eds. 1994. *Cities and the rise of states in Europe, A.D. 1000 to 1800*. Boulder, CO: Westview Press.

Torelli, Mario. 2000. "The Etruscan city-state." In Hansen, 2000a, 189–208.

Tougher, Shaun. 1997. *The reign of Leo VI (886–912): Politics and people*. Leiden: Brill.

Toynbee, Arnold J. 1934–1961. *A study of history*. 12 vols. Oxford: Oxford University Press.

Toynbee, Arnold J. 1969. *Some problems of Greek history*. Oxford: Oxford University Press.

Tracy, James D. 1985. *A financial revolution of the Habsburg Netherlands:* Renten *and* renteniers *in the county of Holland*. Berkeley: University of California Press.

Tracy, James D., ed. 1990. *The rise of merchant empires: Long-distance trade in the early modern world, 1350–1750*. Cambridge: Cambridge University Press.

Tracy, James D., ed. 1991. *The political economy of merchant empires: State power and world trade, 1350–1750*. Cambridge: Cambridge University Press.

Tracy, James D. 2002a. "Der Preis der Ehre: Die Finanzierung der Feldzüge Kaiser Karls V." In Kohler, Haidner, and Ottner 2002, 153–64.

Tracy, James D. 2002b. *Emperor Charles V, impresario of war: Campaign strategy, international finance, and*

Sunderland, Willard. 2004. *Taming the wild field: Colonization and empire on the Russian steppe*. Ithaca, NY: Cornell University Press.

Sverdrup, Carl F. 2010. "Numbers in Mongol warfare." *Journal of Medieval Military History* 8: 109–17.

Sverdrup, Carl F. 2017. *The Mongol conquests: The military operations of Genghis Khan and Sübe'tei*. Solihull: Helios.

Taaffe, Robert N. 1990. "The geographic setting." In Sinor 1990, 19–40.

Taagepera, Rein. 1978a. "Size and duration of empires: Growth-decline curves, 3000 to 600 B.C." *Social Science Research* 7: 180–96.

Taagepera, Rein. 1978b. "Size and duration of empires: Systematics of size." *Social Science Research* 7: 108–27.

Taagepera, Rein. 1979. "Size and duration of empires: Growth-decline curves, 600 B.C. to 600 A.D." *Social Science History* 3: 115–38.

Taagepera, Rein. 1997. "Expansion and contraction patterns of large polities: Context for Russia." *International Studies Quarterly* 41: 475–504.

Tabacco, Giovanni. 1989. *The struggle for power in medieval Italy: Structures of political rule*. Cambridge: Cambridge University Press.

Tackett, Nicolas 2014. *The destruction of the medieval Chinese aristocracy*. Cambridge, MA: Harvard University Press.

Tainter, Joseph A. 1988. *The collapse of complex societies*. Cambridge: Cambridge University Press.

Tan, James. 2017. *Power and public finance at Rome, 264–49 BCE*. New York: Oxford University Press.

Taylor, Michael J. 2015. "Manpower, finance, and the rise of Rome." PhD diss., University of California, Berkeley.

Taylor, Michael J. 2017. "State finance in the Middle Roman Republic: A reevaluation." *American Journal of Philology* 138: 143–80.

Tedesco, Paolo. 2013. Review of Pablo C. Díaz and Iñaki Martín Viso, eds., *Between taxation and rent: Fiscal problems from late antiquity to early Middle Ages* (Bari: Edipuglia, 2011). *Rivista Storica Italiana* 125: 219–29.

Tedesco, Paolo. 2015. "Late Roman Italy: Taxation, settlement, and economy (A.D. 300–700)." PhD diss., University of Vienna.

Temin, Peter. 2012. *The Roman market economy*. Princeton, NJ: Princeton University Press.

Teng, Mingyu. 2014. "From vassal state to empire: An archaeological examination of Qin culture." In Yuri Pines et al., eds., *Birth of an empire: The state of Qin revisited*. Berkeley: University of California Press, 71–112.

Terpstra, Taco T. 2019. *Trade in the ancient Mediterranean: Private order and public institutions*. Princeton, NJ: Princeton University Press.

Terrenato, Nicola. 2019. *The early Roman expansion into Italy: Elite negotiation and family agendas*. Cambridge: Cambridge University Press.

Tetlock, Philip E. and Belkin, Aaron, eds. 1996. "Counterfactual thought experiments in world politics: Logical, methodological, and psychological perspectives." In Philip E. Tetlock and Aaron Belkin, eds., *Counterfactual thought experiments in world politics: Logical, methodological, and psychological*

1368. Cambridge, MA: Harvard University Press.

Soucek, Svat. 1994. "Piri Reis and Ottoman discovery of the great discoveries." *Studia Islamica* 79: 121–42.

Spalinger, Anthony J. 2005. *War in ancient Egypt*. Malden, MA: Blackwell.

Speidel, Michael A. 2016. "Wars, trade and treaties: New, revised, and neglected sources for the political, diplomatic, and military aspects of imperial Rome's relations with the Red Sea and India, from Augustus to Diocletian." In Kuzhippalli S. Mathew, ed., *Imperial Rome, Indian Ocean regions and Muziris: New perspectives on maritime trade*. Milton Park, UK: Routledge, 83–128.

Spruyt, Hendrik. 1994. *The sovereign state and its competitors: An analysis of systems change*. Princeton, NJ: Princeton University Press.

Standen, Naomi. 2007. *Unbounded loyalty: Frontier crossing in Liao China*. Honolulu: University of Hawai'i Press.

Standen, Naomi. 2009. "The five dynasties." In Twitchett and Smith 2009, 38–132.

Stanziani, Alessandro. 2012. *Bâtisseurs d'empires: Russie, Chine et Inde à la croisée des mondes, XVe–XIXe siècle*. Paris: Raisons d'Agir.

Starr, S. Frederick. 2013. *Lost enlightenment: Central Asia's golden age from the Arab conquest to Tamerlane*. Princeton, NJ: Princeton University Press.

Stasavage, David. 2003. *Public debt and the birth of the democratic state: France and Great Britain, 1688–1789*. Cambridge: Cambridge University Press.

Stasavage, David 2010. "When distance mattered: Geographic scale and the development of European representative assemblies." *American Political Science Review* 104: 625–43.

Stasavage, David. 2011. *States of credit: Size, power, and the development of European polities*. Princeton, NJ: Princeton University Press.

Stasavage, David. 2014. "Was Weber right? The role of urban autonomy in Europe's rise." *American Political Science Review*108: 337–54.

Stasavage, David. In press. *The decline and rise of democracy*. Princeton, NJ: Princeton University Press.

Stathakopoulos, Dionysios C. 2004. *Famine and pestilence in the late Roman and early Byzantine empire: A systematic survey of subsistence crises and epidemics*. Aldershot, UK: Ashgate.

Ste. Croix, Geoffrey E. M. de. 1981. *The class struggle in the ancient Greek world from the archaic age to the Arab conquests*. London: Duckworth.

Stein, Burton. 1989. *Vijayanagara*. Cambridge: Cambridge University Press.

Stein, Peter. 1999. *Roman law in European history*. Cambridge: Cambridge University Press.

Strauss, Barry S. 1999. "The Dark Ages made lighter: The consequences of two defeats." In Cowley 1999, 71–92.

Strauss, Barry. 2006. "The resilient West." In Tetlock, Lebow, and Parker 2006b, 90–118.

Strayer, Joseph R. 1970. *On the medieval origins of the modern state*. Princeton, NJ: Princeton University Press.

Studer, Roman. 2015. *The great divergence reconsidered: Europe, India, and the rise to global economic power*. New York: Cambridge University Press.

Subrahmanyam, Sanjay. 2012. *The Portuguese empire in Asia, 1500–1700*. 2nd ed. Malden, MA: Wiley-Blackwell.

Scheidel, Walter and von Reden, Sitta, eds. 2002. *The ancient economy*. Edinburgh: Edinburgh University Press.

Schiavone, Aldo. 2000. *The end of the past: Ancient Rome and the modern West*. Cambridge, MA: Harvard University Press.

Schneider, Helmuth. 2007. "Technology." In Scheidel, Morris, and Saller 2007, 144–71.

Schumpeter, Joseph A. 1951 [1919]. "The sociology of imperialisms." In Joseph A.Schumpeter, *Imperialism and social classes*. Trans. Heinz Norden. Ed. Paul M. Sweezy. New York: Augustus M. Kelley, 3–130.

Schumpeter, Joseph A. 1954 [1918]. "The crisis of the tax state." Trans. Wolfgang F. Stolper and Richard A. Musgrave. *International Economic Papers* 4: 5–38.

Scopacasa, Rafael. 2015. *Ancient Samnium: Settlement, culture and identity between history and archaeology*. Oxford: Oxford University Press.

Scott, Tom. 2012. *The city-state in Europe, 1000–1600*. Oxford: Oxford University Press.

Sekunda, Nicholas. 2001. *Hellenistic infantry reform in the 160's BC*. Lodz: Oficyna Naukowa MS.

Sekunda, Nicholas. 2007. "Military forces. A. Land forces." In Philip Sabin, Hans van Wees, and Michael Whitby, eds., *The Cambridge history of Greek and Roman warfare*, vol. 1: *Greece, the Hellenistic world and the rise of Rome*. Cambridge: Cambridge University Press, 325–57.

Sharman, Jason C. 2019. *Empires of the weak: The real story of European expansion and the creation of the new world order*. Princeton, NJ: Princeton University Press.

Shatzman, Israel. 1975. *Senatorial wealth and Roman politics*. Brussels: Latomus.

Shaw, Brent D. 1985. "The divine economy: Stoicism as ideology." *Latomus* 64: 16–54.

Shiue, Carol H. and Keller, Wolfgang. 2007. "Markets in China and Europe on the eve of the Industrial Revolution." *American Economic Review* 97: 1189–216.

Silverberg, Robert. 2003. *Roma eterna*. New York: Harper Voyager.

Sinor, Denis. 1972. "Horse and pasture in Inner Asian history." *Oriens Extremus* 19: 171–83.

Sinor, Denis, ed. 1990. *The Cambridge history of Early Inner Asia*. Cambridge: Cambridge University Press.

Sinor, Denis. 1999. "The Mongols in the West." *Journal of Asian History* 33: 1–44.

Sivin, Nathan. 1991. *Science in ancient China: Researches and reflections*. Aldershot, UK: Ashgate.

Skaff, Jonathan K. 2012. *Sui-Tang China and its Turko-Mongol neighbors: Culture, power, and connections, 580–800*. New York: Oxford University Press.

Skocpol, Theda and Somers, Margaret. 1980. "The uses of comparative history in macrosocial inquiry." *Comparative Studies in Society and History* 22: 174–97.

Slack, Paul. 2015. *The invention of improvement: Information and material progress in seventeenth-century England*. Oxford: Oxford University Press.

Smith, Adam. 1776. *An inquiry into the nature and causes of the wealth of nations*, vol. 2. London: Strahan.

Smith, Christopher. 1996. *Early Rome and Latium: Economy and society c. 1000–500 B.C.* Oxford: Oxford University Press.

Smith, Michael E. 2000. "Aztec city-states." In Hansen 2000a, 581–95.

Sng, Tuan-Hwee. 2014. "Size and dynastic decline: The principal-agent problem in late imperial China, 1700–1850." *Explorations in Economic History* 54: 107–27.

So, Billy K. L. 2000. *Prosperity, region, and institutions in maritime China: The South Fukien pattern, 946–*

Scheidel, Walter, ed. 2009d. *Rome and China: Comparative perspectives on ancient world empires*. New York: Oxford University Press.

Scheidel, Walter. 2011a. "A comparative perspective on the determinants of the scale and productivity of maritime trade in the Roman Mediterranean." In William V. Harris and Kristine Iara, eds., *Maritime technology in the ancient economy: Ship-design and navigation*. Portsmouth, RI: Journal of Roman Archaeology, 21–37.

Scheidel, Walter. 2011b. "Fiscal regimes and the 'First Great Divergence' between eastern and western Eurasia." In Peter F. Bang and Chris A. Bayly, eds., *Tributary empires in global history*. Basingstoke: Palgrave Macmillan, 193–204.

Scheidel, Walter. 2011c. "The Roman slave supply." In Keith Bradley and Paul Cartledge, eds., *The Cambridge world history of slavery*, vol. 1: *The ancient Mediterranean world*. Cambridge: Cambridge University Press, 287–310.

Scheidel, Walter. 2012. "Approaching the Roman economy." In Walter Scheidel, ed., *The Cambridge companion to the Roman economy*. Cambridge: Cambridge University Press, 1–21.

Scheidel, Walter. 2013a. "Italian manpower." *Journal of Roman Archaeology* 26: 678–87.

Scheidel, Walter. 2013b. "Studying the state." In Bang and Scheidel 2013, 5–57.

Scheidel, Walter. 2014. "The shape of the Roman world: Modelling imperial connectivity." *Journal of Roman Archaeology* 27: 7–32.

Scheidel, Walter. 2015a. "The early Roman monarchy." In Monson and Scheidel 2015a, 229–57.

Scheidel, Walter. 2015b. "Introduction." In Scheidel 2015c, 3–10.

Scheidel, Walter, ed. 2015c. *State power in ancient China and Rome*. New York: Oxford University Press.

Scheidel, Walter. 2015d. "State revenue and expenditure in the Han and Roman empires." In Scheidel 2015c, 150–80.

Scheidel, Walter. 2016. "Rome, Tenochtitlan, and beyond: Comparing empires across space and time." In John D. Pohl and Claire L. Lyons, eds., *Altera Roma: Art and empire from Mérida to Mexico*. Los Angeles: Cotsen Institute of Archaeology Press, 21–32.

Scheidel, Walter. 2017. *The great leveler: Violence and the history of inequality from the Stone Age to the twenty-first century*. Princeton, NJ: Princeton University Press.

Scheidel, Walter 2018. "Comparing comparisons." In Geoffrey E. Lloyd and Jingyi J. Zhao, eds., *Ancient Greece and China compared: Interdisciplinary and cross-cultural perspectives*. Cambridge: Cambridge University Press, 40–58.

Scheidel, Walter. In press-a. "Ancient Mediterranean city-state empires." In Bang, Bayly, and Scheidel in press.

Scheidel, Walter. In press-b. "The scale of empire." In Bang, Bayly, and Scheidel in press.

Scheidel, Walter and Friesen, Steven J. 2009. "The size of the economy and the distribution of income in the Roman empire." *Journal of Roman Studies* 99: 61–91.

Scheidel, Walter and Meeks, Elijah. 2014. "Orbis: The Stanford geospatial network model of the Roman world." Version 2.0. http://orbis.stanford.edu.

Scheidel, Walter, Morris, Ian, and Saller, Richard, eds. 2007. *The Cambridge economic history of the Greco-Roman world*. Cambridge: Cambridge University Press.

Berlin: Springer.

Ruzicka, Stephen. 2012. *Trouble in the West: Egypt and the Persian empire, 525–332 B.C.* New York: Oxford University Press.

Saller, Richard P. 2002. "Framing the debate over growth in the ancient economy." In Scheidel and von Reden 2002, 251–69.

Sarantis, Alexander. 2016. *Justinian's Balkan wars: Campaigning, diplomacy and development in Illyricum, Thrace and the northern world A.D. 527–65*. Prenton, UK: Francis Cairns.

Sarris, Peter. 2011. *Empires of faith: The fall of Rome to the rise of Islam, 500–700*. Oxford: Oxford University Press.

Sartre, Maurice. 1993. *Inscriptions grecques et latines de la Syrie, XXI: Inscriptions de la Jordanie, IV; Pétra et la Nabatène méridionale, du wadi al-Hasa au golfe de 'Aquaba*. Paris: Paul Geuthner.

Satia, Priya. 2018. *Empire of guns: The violent making of the Industrial Revolution*. New York: Penguin.

Savory, Roger M. 1986. "The Safavid administrative system." In Peter Jackson and Laurence Lockhart, eds., *The Cambridge history of Iran*, vol. 6: *The Timurid and Safavid periods*. Cambridge: Cambridge University Press, 351–72.

Scheidel, Walter. 1996. *Measuring sex, age and death in the Roman empire: Explorations in ancient demography*. Ann Arbor, MI: Journal of Roman Archaeology.

Scheidel, Walter 2001. *Death on the Nile: Disease and the demography of Roman Egypt*. Leiden: Brill.

Scheidel, Walter. 2004. "Human mobility in Roman Italy, I: The free population." *Journal of Roman Studies* 94: 1–26.

Scheidel, Walter. 2005. "Human mobility in Roman Italy, II: The slave population." *Journal of Roman Studies* 95: 64–79.

Scheidel, Walter. 2006. "The demography of Roman state formation in Italy." In Martin Jehne and Rene Pfeilschifter, eds., *Herrschaft ohne Integration? Rom und Italien in republikanischer Zeit*. Frankfurt a.M.: Verlag Antike, 207–26.

Scheidel, Walter. 2007a. "Demography." In Scheidel, Morris, and Saller 2007, 38–86.

Scheidel, Walter. 2007b. "A model of real income growth in Roman Italy." *Historia* 56: 322–46.

Scheidel, Walter. 2007c. "Roman funerary commemoration and the age at first marriage." *Classical Philology* 102: 389–402.

Scheidel, Walter. 2008a. "The comparative economics of slavery in the Greco-Roman world." In Enrico Dal Lago and Constantina Katsari, eds., *Slave systems: Ancient and modern*. Cambridge: Cambridge University Press, 105–26.

Scheidel, Walter. 2008b. "Roman population size: The logic of the debate." In Luuk de Ligt and Simon J. Northwood, eds., *People, land, and politics: Demographic developments and the transformation of Roman Italy, 300 BC–AD 14*. Leiden: Brill, 17–70.

Scheidel, Walter. 2009a. "From the 'Great Convergence' to the 'First Great Divergence': Roman and Qin-Han state formation and its aftermath." In Scheidel 2009d, 11–23.

Scheidel, Walter. 2009b. "In search of Roman economic growth." *Journal of Roman Archaeology* 22: 46–70.

Scheidel, Walter. 2009c. "The monetary systems of the Han and Roman empires." In Scheidel 2009d, 137–207.

early Middle Ages. Cambridge: Cambridge University Press.

Roberts, Andrew. 2014. *Napoleon: A life*. New York: Viking.

Roeck, Bernd. 2017. *Der Morgen der Welt: Geschichte der Renaissance*. Munich: C. H. Beck.

Rogers, Greg S. 1996. "An examination of historians' explanations for the Mongol withdrawal from East Central Europe." *East European Quarterly* 30: 3–26.

Rolett, Barry V. 2002. "Voyaging and Interaction in Ancient East Polynesia." *Asian Perspectives* 41(2): 182–194. https://scholarspace.manoa.hawaii.edu/bitstream/10125/17170/1/AP-v41n2-182-194.pdf.

Roller, Duane W. 2006. *Through the Pillars of Herakles: Greco-Roman exploration of the Atlantic*. New York: Routledge.

Rollinger, Robert and Gehler, Michael, eds. 2014. *Imperien und Reiche in der Weltgeschichte: Epochenübergreifende und globalhistorische Vergleiche*. 2 vols. Wiesbaden: Harrassowitz.

Roselaar, Saskia T. 2010. *Public land in the Roman Republic: A social and economic history of* ager publicus *in Italy, 396–89 B.C.* Oxford: Oxford University Press.

Rosenstein, Nathan. 1990. Imperatores victi: *Military defeat and aristocratic competition in the middle and late Republic*. Berkeley: University of California Press.

Rosenstein, Nathan. 2004. *Rome at war: Farms, families, and death in the Middle Republic*. Chapel Hill: University of North Carolina Press.

Rosenstein, Nathan. 2008. "Aristocrats and agriculture in the Middle and Late Republic." *Journal of Roman Studies* 98: 1–26.

Rosenstein, Nathan. 2009. "War, state formation, and the evolution of military institutions in ancient China and Rome." In Scheidel 2009d, 24–51.

Rosenthal, Jean-Laurent and Wong, R. Bin. 2011. *Before and beyond divergence: The politics of economic change in China and Europe*. Cambridge, MA: Harvard University Press.

Roser, Max. 2018. "The short history of global living conditions and why it matters that we know it." Our World in Data. https://ourworldindata.org/a-history-of-global-living-conditions-in-5-charts.

Roser, Max. 2019. "Life expectancy." Our World in Data. https://ourworldindata.org/life-expectancy.

Rossabi, Morris, ed. 1983. *China among equals: The Middle Kingdom and its neighbors, 10th–14th centuries*. Berkeley: University of California Press.

Roth, Jonathan P. 1999. *The logistics of the Roman army at war (264 B.C.–A.D. 235)*. Leiden: Brill.

Roy, Kaushik. 2015. *Warfare in Pre-British India—1500 BCE to 1740 CE*. London: Routledge.

Roy, Tirthankar. 2008. "Knowledge and divergence from the perspective of early modern India." *Journal of Global History* 3: 361–87.

Rubin, Jared. 2017. *Rulers, religion, and riches: Why the West got rich and the Middle East did not*. New York: Cambridge University Press.

Rueschemeyer, Dietrich. 2003. "Can one or a few cases yield theoretical gains?" In Mahoney and Rueschemeyer 2003, 305–36.

Runciman, Walter. 1990. "Doomed to extinction: The polis as an evolutionary dead-end." In Oswyn Murray and Simon Price, eds., *The Greek city*. Oxford: Oxford University Press, 347–67.

Rüpke, J. 1990. Domi militia*: Die religiöse Konstruktion des Krieges in Rom*. Stuttgart: Steiner.

Russo, Lucio. 2004. *The forgotten revolution: How science was born in 300 B.C. and why it had to be reborn*.

Raaflaub, Kurt. 2016. " 'Arch ', 'Reich' oder 'athenischer Groß-Staat'? Zum Scheitern integrativer Staatsmodelle in der griechischen Poliswelt des 5. und frühen 4. Jahrhunderts v. Chr." In Ernst Baltrusch, Hans Kopp, and Christian Wendt, eds., *Seemacht, Seeherrschaft und die Antike*. Stuttgart: Steiner, 103–32.

Raaflaub, Kurt. 2018. "The "great leap" in early Greek politics and political thought: A comparative perspective." In Danielle Allen, Paul Christesen, and Paul Millett, eds., *How to do things with history: New approaches to ancient Greece*. New York: Oxford University Press, 21–54.

Raccagni, Gianluca. 2010. *The Lombard League, 1164–1225*. Oxford: Oxford University Press.

Ragin, Charles C. 1987. *The comparative method: Beyond qualitative and quantitative strategies*. Berkeley: University of California Press.

Rathbone, Dominic and Temin, Peter. 2008. "Financial intermediation in first-century AD Rome and eighteenth-century England." In Koenraad Verboeven, Katelijn Vandorpe, and Veronique Chankowski, eds., *Pistoi dia ten technen: Bankers loans, and archives in the ancient world: Studies in honour of Raymond Bogaert*. Leuven: Peeters, 371–419.

Rawski, Evelyn S. 2015. *Early modern China and Northeast Asia: Cross-border perspectives*. Cambridge: Cambridge University Press.

Reinert, Sophus A. 2011. *Translating empire: Emulation and the origins of political economy*. Cambridge, MA: Harvard University Press.

Reinhard, Wolfgang. 2002. "Governi stretti e tirannici: die Städtepolitik Kaiser Karls V. 1515–1556." In Kohler, Haider, and Ottner 2002, 407–34.

Rees, Martin. 2003. *Our final century: Will the human race survive the twenty-first century?* London: Heinemann.

Rees, Martin. 2018. *On the future: Prospects for humanity*. Princeton, NJ: Princeton University Press.

Reuter, Timothy. 2018. "Assembly politics in Western Europe from the eighth century to the twelfth." In Peter Linehan, Janet L. Nelson, and Marios Costambeys, eds., *The medieval world*. 2nd ed. London: Routledge, 511–29.

Reynolds, Susan. 1994. *Fiefs and vassals: The medieval evidence interpreted*. New York: Oxford University Press.

Rezakhani, Khodadad. 2017. *ReOrienting the Sasanians: East Iran in late antiquity*. Edinburgh: Edinburgh University Press.

Rich, John. 1993. "Fear, greed and glory: The causes of Roman war-making in the middle Republic." In Rich and Shipley 1993, 38–68.

Rich, John and Shipley, Graham, eds. 1993. *War and society in the Roman world*. London: Routledge.

Richards, John F. 2012. "Fiscal states in Mughal and British India." In Yun-Casalilla and O'Brien 2012, 410–41.

Richardson, John S. 1986. *Hispaniae: Spain and the development of Roman imperialism, 218–82 B.C.* Cambridge: Cambridge University Press.

Ringmar, Erik. 2007. *Why Europe was first: Social change and economic growth in Europe and East Asia, 1500–2050*. London: Anthem Press.

Roach, Levi. 2013. *Kingship and consent in Anglo-Saxon England, 871–978: Assemblies and the state in the* eds., *Herrschaft ohne Integration? Rom und Italien in republikanischer Zeit*. Frankfurt a.M.: Verlag Antike, 171–206.

Pincus, Steven C. A. and Robinson, James A. 2014. "What really happened during the Glorious Revolution?" In Sebastian Galiani and Itai Sened, eds., *Institutions, property rights, and economic growth: The legacy of Douglass North*. Cambridge: Cambridge University Press, 192–222.

Pines, Yuri. 2000. " 'The one that pervades the all' in ancient Chinese political thought: The origins of 'the great unity' paradigm." *T'oung Pao* 86: 280–324.

Pines, Yuri. 2009. *Envisioning eternal empire: Chinese political thought of the Warring States era*. Honolulu: University of Hawai'i Press.

Pines, Yuri. 2012. *The everlasting empire: The political culture of ancient China and its imperial legacy*. Princeton, NJ: Princeton University Press.

Pinke, Zsolt et al. 2016. "Climate of doubt: A re-evaluation of Büntgen and Di Cosmo's environmental hypothesis for the Mongol withdrawal from Hungary, 1242 CE." *Scientific Reports* 7, no. 12695. https://www.nature.com/articles/s41598-017-12128-6.

Pinker, Steven. 2018. *Enlightenment now: The case for reason, science, humanism, and progress*. New York: Viking.

Pollock, Sheldon. 2005. *The ends of man at the end of premodernity*. Amsterdam: Royal Netherlands Academy of Arts and Sciences.

Pollock, Sheldon. 2006. *The language of the gods in the world of men: Sanskrit, culture, and power in premodern India*. Berkeley: University of California Press.

Pomeranz, Kenneth. 2000. *The great divergence: China, Europe, and the making of the modern world economy*. Princeton, NJ: Princeton University Press.

Pomeranz, Kenneth. 2006. "Without coal? Colonies? Calculus? Counterfactuals & industrialization in Europe & China." In Tetlock, Lebow and Parker 2006, 241–76.

Porter, Anne. 2012. *Mobile pastoralism and the formation of Near Eastern civilizations: Weaving together society*. Cambridge: Cambridge University Press.

Porter, Bruce D. 1994. *War and the rise of the state: The military foundations of modern politics*. New York: Free Press.

Potts, Daniel T. 2014. *Nomads in Iran: From antiquity to the modern era*. New York: Oxford University Press.

Pow, Lindsey Stephen. 2012. "Deep ditches and well-built walls: A reappraisal of the Mongol withdrawal from Europe in 1242." MA thesis, University of Alberta.

Prados de la Escosura, Leandro, ed. 2004. *Exceptionalism and industrialisation: Britain and its European rivals, 1688–1815*. Cambridge: Cambridge University Press.

Pritchett, Lant and Woolcock, Michael 2002. "Solutions when the solution is the problem: Arraying the disarray in development." Center for Global Development Working Paper no. 10.

Putnam, Aaron E. et al. 2016. "Little Ice Age wetting of interior Asian deserts and the rise of the Mongol empire." *Quaternary Science Reviews* 131A: 33–50.

Qian, Wen-yuan. 1985. *The great inertia: Scientific stagnation in traditional China*. London: Croom Helm.

Raaflaub, Kurt. 1991. "City-state, territory and empire in classical antiquity." In Molho, Raaflaub, and Emlen 1991, 565–88.

1600." *European Review of Economic History* 11: 289–317.

Parker, Geoffrey. 1996. *The military revolution: Military innovation and the rise of the West, 1500–1800*. 2nd ed. Cambridge: Cambridge University Press.

Parker, Geoffrey. 1998. *The grand strategy of Philip II*. New Haven, CT: Yale University Press.

Parker, Geoffrey. 1999. "The repulse of the English fire ships: The Spanish armada triumphs, August 8, 1588." In Cowley 1999, 139–54.

Parker, Geoffrey. 2004. *Sovereign city: The city-state through history*. London: Reaktion Books.

Parker, Geoffrey. 2014. *Imprudent king: A new life of Philip II*. New Haven, CT: Yale University Press.

Parker, Geoffrey and Tetlock, Philip E. 2006. "Counterfactual history: Its advocates, its critics, & its uses." In Tetlock, Lebow, and Parker 2006b, 363–92.

Parthasarathi, Prasannan. 2011. *Why Europe grew rich and Asia did not: Global economic divergence, 1600–1850*. Cambridge: Cambridge University Press.

Patterson, John. 1993. "Military organization and social change in the later Roman Republic." In Rich and Shipley 1993, 92–112.

Patzold, Steffen. 2012. *Das Lehnswesen*. Munich: C. H. Beck.

Payne, Richard. 2016. "The making of Turan: The fall and transformation of the Iranian East in late antiquity." *Journal of Late Antiquity* 9: 4–41.

Peacock, Andrew C. S. 2010. *Early Seljuq history: A new interpretation*. New York: Routledge.

Pearce, Scott A. 1987. "The Yü-Wen regime in sixth century China." PhD diss., Princeton University.

Pearce, Scott, Spiro, Audrey, and Ebrey, Patricia, eds. 2001. *Culture and power in the reconstitution of the Chinese realm, 200–600*. Cambridge, MA: Harvard University Press.

Pederson, Neil et al. 2014. "Pluvials, droughts, the Mongol Empire, and modern Mongolia." *Proceedings of the National Academy of Science* 111: 4375–79.

Perdue, Peter C. 2005. *China marches west: The Qing conquest of central Eurasia*. Cambridge, MA: Harvard University Press.

Pestana, Carla G. 2006. "Nineteenth-century British imperialism undone by a single shell fragment: A response to Jack Goldstone's 'Europe's peculiar path.' " In Tetlock, Lebow, and Parker 2006b, 197–202.

Petersen, Jens . 1995. "Which books *did* the first emperor of Ch'in burn? On the meaning of *pai chia* in early Chinese sources." *Monumenta Serica* 43: 1–52.

Petrushevsky, Il'ia. 1968. "The socio-economic condition of Iran under the Il-Khans." In Boyle 1968, 483–537.

Pfeilschifter, Rene. 2007. "The allies in the Republican army and the Romanisation of Italy." In Roman Roth, ed., *Roman by integration: Dimensions of group identity in material culture and text*. Portsmouth, RI: Journal of Roman Archaeology, 27–42.

Picard, Christophe. 2018. *Sea of the caliphs: The Mediterranean in the medieval Islamic world*. Cambridge, MA: Harvard University Press.

Pietschmann, Horst. 2002. "Karl V. und Amerika: der Herrscher, der Hof und die Politik." In Kohler, Haider, and Ottner 2002, 533–48.

Pina Polo, Francisco. 2006. "Deportation, Kolonisation, Migration: Bevölkerungsverschiebungen im republikanischen Italien und Formen der Identitätsbildung." In Martin Jehne and Rene Pfeilschifter,

O'Brien, Patrick K. 2012b. "Fiscal and financial preconditions for the formation of developmental states in the West and the East from the conquest of Ceuta (1415) to the Opium War (1839)." *Journal of World History* 23: 513–53.

O'Brien, Patrick 2017. "The contributions of warfare with Revolutionary and Napoleonic France to the consolidation and progress of the British Industrial Revolution." London School of Economics Economic History Working Paper no. 264.

O'Brien, Patrick K. and Prados de la Escosura, Leandro. 1998. "The costs and benefits for Europeans from their empires overseas." *Revista de Historia Económica* 16: 29–89.

Ogilvie, Sheilagh. 2011. *Institutions and European trade: Merchant guilds, 1000–1800*. Cambridge: Cambridge University Press.

Ogilvie, Sheilagh. 2019. *The European guilds: An economic analysis*. Princeton, NJ: Princeton University Press.

Oikonomides, Nicolas. 2002. "The role of the Byzantine state in the economy." In Angeliki E. Laiou, ed., *The economic history of Byzantium from the seventh to the fifteenth century*. Washington, DC: Dumbarton Oaks Research Library and Collection, 973–1058.

Oldland, John. 2014. "Wool and cloth production in late medieval and early Tudor England." *Economic History Review* 67: 25–47.

Oleson, John P., ed. 2008. *The Oxford handbook of engineering and technology in the classical world*. New York: Oxford University Press.

Olmstead, Alan L. and Rhode, Paul W. 2018."Cotton, slavery, and the new history of capitalism."*Explorations in Economic History* 67: 1–17.

Ormrod, David. 2003. *The rise of commercial empires: England and the Netherlands in the age of mercantilism, 1650–1770*. Cambridge: Cambridge University Press.

Osborne, Anne. 2004. "Property, taxes, and state protection of rights." In Zelin, Ocko, and Gardella 2004, 120–58.

Osterhammel, Jürgen. 1996. "Transkulturell vergleichende Geschichtswissenschaft." In Haupt and Kocka 1996a, 271–314.

Ostrowski, Donald. 1998. *Muscovy and the Mongols: Cross-cultural influences on the steppe frontier, 1304–1589*. Cambridge: Cambridge University Press.

O'Sullivan, Shaun. 2006."Coptic conversion and the Islamization of Egypt."*Mamluk Studies Review* 10, no. 2: 65–80.

Overton, Mark. 1996. *Agricultural revolution in England: The transformation of the agrarian economy, 1500–1800*. Cambridge: Cambridge University Press.

Padilla Peralta, Dan-el. 2014. "Divine institutions: Religious practice, economic development, and social transformation in mid-Republican Rome." PhD diss., Stanford University.

Pagden, Anthony. 2001. *Peoples and empires: A short history of European migration, exploration, and conquest, from Greece to the present*. New York: Modern Library.

Palma, Nuno. 2016. "Sailing away from Malthus: Intercontinental trade and European economic growth, 1500–1800." *Cliometrica* 10: 129–49.

Pamuk, Şevket. 2007. "The Black Death and the origins of the 'Great Divergence' across Europe, 1300–

Nelson, Janet L. 1995b. "Kingship and royal government." In McKitterick 1995, 383–430.

Netz, Reviel. Forthcoming. *Scale, space and canon in ancient literary culture*. Cambridge: Cambridge University Press.

Neumann, Günter and Untermann, Jürgen, eds. 1980. *Die Sprachen im römischen Reich der Kaiserzeit*. Cologne: Rheinland.

Neumann, Iver B. and Wigen, Einar. 2018. *The steppe tradition in international relations: Russians, Turks and European state-building 4000 BCE–2018 CE*. Cambridge: Cambridge University Press.

Newfield, Timothy P. 2013. "The contours, frequency and causation of subsistence crises in Carolingian Europe (750–950 CE)." In Pere Benito i Monclús, ed., *Crisis alimentarias en la edad media: Modelos, explicaciones y representaciones*. Lleida: Editorial Milenio, 117–72.

Ni, Shawn and Van, Pham H. 2006. "High corruption income in Ming and Qing China." *Journal of Development Economics*81: 316–36.

Nicolet, Claude 1980. *The world of the citizen in Republican Rome*. Berkeley: University of California Press.

Norberg, Johan. 2017. *Progress: Ten reasons to look forward to the future*. Updated ed. London: Oneworld.

Noreña, Carlos F. 2015. "Urban systems in the Han and Roman empires: State power and social control." In Scheidel 2015c, 181–229.

Noreña, Carlos F. Forthcoming. "Private associations and urban experience in the Han and Roman empires." In Hans Beck and Griet Vankeerberghen, eds., *Citizens and commoners in ancient Greece, Rome, and China*.

North, Douglass C. 1981. *Structure and change in economic history*. New York: W. W. Norton.

North, Douglass C. and Thomas, Robert P. 1970. "An economic theory of the rise of the Western world." *Economic History Review* 23: 1–17.

North, Douglass C. and Thomas, Robert P. 1973. *The rise of the Western world: A new economic history*. Cambridge: Cambridge University Press.

North, Douglass C., Wallis, John J., and Weingast, Barry R. 2009. *Violence and social orders: A conceptual framework for interpreting recorded human history*. New York: Cambridge University Press.

North, Douglass C. and Weingast, Barry R. 1989. "Constitutions and commitment: The evolution of institutions governing public choice in seventeenth-century England." *Journal of Economic History* 49: 803–32.

North, John A. 1981. "The development of Roman imperialism." *Journal of Roman Studies* 71: 1–9.

Oakley, Stephen. 1993. "The Roman conquest of Italy." In Rich and Shipley 1993, 9–37.

Oakley, Stephen P. 2005. *A commentary on Livy Books VI–X*, vol. 3: *Book IX*. Oxford: Clarendon Press.

Ober, Josiah. 1999. "Conquest denied: The premature death of Alexander the Great." In Cowley 1999, 37–56.

Ober, Josiah. 2015. *The rise and fall of classical Greece*. Princeton, NJ: Princeton University Press.

O'Brien, Patrick. 2011. "The nature and historical evolution of an exceptional fiscal state and its possible significance for the precocious commercialization and industrialization of the British economy from Cromwell to Nelson." *Economic History Review* 64: 408–46.

O'Brien, Patrick K. 2012a. "Afterword: Reflections on fiscal foundations and contexts for the formation of economically effective Eurasian states from the rise of Venice to the Opium War." In Yun-Casalilla and O'Brien 2012, 442–53.

Morris, Colin. 1989. *The papal monarchy: The western church from 1050 to 1250*. Oxford: Oxford University Press.

Morris, Ian. 2009. "The greater Athenian state." In Morris and Scheidel 2009, 99–177.

Morris, Ian. 2010. *Why the West rules—for now: The patterns of history, and what they reveal about the future*. New York: Farrar, Straus and Giroux.

Morris, Ian. 2013a. "Greek multicity states." In Bang and Scheidel 2013, 279–303.

Morris, Ian 2013b. *The measure of civilization: How social development decides the fate of nations*. Princeton, NJ: Princeton University Press.

Morris, Ian. 2014. *War! What is it good for? Conflict and the progress of civilization from primates to robots*. New York: Farrar, Straus and Giroux.

Morris, Ian and Scheidel, Walter, eds. 2009. *The dynamics of ancient empires: State power from Assyria to Byzantium*. New York: Oxford University Press.

Moser, Leo J. 1985. *The Chinese mosaic: The peoples and provinces of China*. Boulder, CO: Westview Press.

Mote, Frederick W. 1999. *Imperial China 900–1800*. Cambridge, MA: Harvard University Press.

Motyl, Alexander J. 2001. *Imperial ends: The decay, collapse, and revival of empire*. New York: Columbia University Press.

Mouritsen, Henrik 1998. *Italian unification: A study in ancient and modern historiography*. London: Institute of Classical Studies.

Mouritsen, Henrik 2001. *Plebs and politics in the late Roman republic*. Cambridge: Cambridge University Press.

Mouritsen, Henrik. 2007. "The *civitas sine suffragio*: Ancient concepts and modern ideology." *Historia* 56: 141–58.

Mouritsen, Henrik. 2017. *Politics in the Roman republic*. Cambridge: Cambridge University Press.

Mullen, Alex. 2013. *Southern Gaul and the Mediterranean: Multilingualism and multiple identities in the Iron Age and Roman periods*. Cambridge: Cambridge University Press.

Münkler, Herfried. 2007. *Empires: The logic of world domination from ancient Rome to the United States*. Cambridge: Polity Press.

Munro, John. 2005. "Spanish *merino* wool and the *nouvelles draperies*: An industrial transformation in the late medieval Low Countries." *Economic History Review* 58: 431–84.

Murphey, Rhoads. 1999. *Ottoman warfare, 1500–1700*. New Brunswick, NJ: Rutgers University Press.

Murray, Charles. 2003. *Human accomplishment: The pursuit of excellence in the arts and sciences, 800 B.C. to 1950*. New York: HarperCollins.

Murray, William M. 2012. *The age of titans: The rise and fall of the great Hellenistic navies*. New York: Oxford University Press.

Mutschler, Fritz-Heiner and Scheidel, Walter. 2017. "The benefits of comparison: A call for the comparative study of ancient civilizations." *Journal of Ancient Civilizations* 32: 107–21.

Neal, Larry. 1990. *The rise of financial capitalism: International capital markets in the Age of Reason*. Cambridge: Cambridge University Press.

Needham, Joseph. 1969. *The great titration: Science and society in East and West*. London: Allen and Unwin.

Nelson, Janet L. 1995a. "The Frankish kingdoms, 814–898: The West." In McKitterick 1995, 110–41.

Modéran, Yves. 2014. *Les Vandales et l'empire romain*. Arles: Éditions Errance.

Moe, Espen. 2007. *Governance, growth and global leadership: The role of the state in technological progress, 1750–2000*. Aldershot, UK: Ashgate.

Mokyr, Joel. 1990. *The lever of riches: Technological creativity and economic progress*. New York: Oxford University Press.

Mokyr, Joel. 2002. *The gifts of Athena: Historical origins of the knowledge economy*. Princeton, NJ: Princeton University Press.

Mokyr, Joel. 2003. "Why was the Industrial Revolution a European phenomenon?" *Supreme Court Economic Review* 10: 27–63.

Mokyr, Joel. 2005. "The intellectual origins of modern economic growth." *Journal of Economic History* 65: 285–351.

Mokyr, Joel. 2006. "King Kong and cold fusion: Counterfactual analysis & the history of technology." In Tetlock, Lebow, and Parker 2006b, 277–322.

Mokyr, Joel. 2007. "The market for ideas and the origins of economic growth in eighteenth century Europe." *Tijdschrift voor sociale en economische geschiedenis* 4: 3–38.

Mokyr, Joel. 2009. *The enlightened economy: An economic history of Britain, 1700–1850*. New Haven, CT: Yale University Press.

Mokyr, Joel. 2017. *A culture of growth: The origins of the modern economy*. Princeton, NJ: Princeton University Press.

Mokyr, Joel and Nye, John V. C. 2007. "Distributional coalitions, the industrial revolution, and the origins of economic growth in Britain." *Southern Economic Journal* 74: 50–70.

Molho, Anthony, Raaflaub, Kurt, and Emlen, Julia, eds. 1991. *City states in classical antiquity and medieval Italy*. Ann Arbor: University of Michigan Press.

Moll, Sebastian. 2010. *The arch-heretic Marcion*. Tübingen: Mohr Siebeck.

Molyneaux, George. 2015. *The formation of the English kingdom in the tenth century*. Oxford: Oxford University Press.

Momigliano, Arnaldo. 1971. *Alien wisdom: The limits of Hellenization*. Cambridge: Cambridge University Press.

Monson, Andrew and Scheidel, Walter, eds. 2015a. *Fiscal regimes and the political economy of premodern states*. Cambridge: Cambridge University Press.

Monson, Andrew and Scheidel, Walter. 2015b."Studying fiscal regimes."In Monson and Scheidel 2015a, 3–27.

Montesquieu, Baron de (M. de Secondat). 1750 [1748]. *The spirit of laws*, vol. 1. Trans. Thomas Nugent. London: J. Nourse and P. Vaillant.

Moore, Robert I. 2009. "Medieval Europe in world history." In Carol Lansing and Edward D. English, eds., *A companion to the medieval world*. Chichester: Wiley-Blackwell, 563–80.

Moore, Robert I. 2015. "The First Great Divergence?" *Medieval Worlds* 1: 1–24.

Moreland, Jon. 2001. "The Carolingian empire: Rome reborn?" In Alcock et al. 2001, 392–418.

Morgan, Kenneth. 2000. *Slavery, Atlantic trade and the British economy, 1660–1800*. Cambridge: Cambridge University Press.

Morley, Neville. 2010. *The Roman empire: Roots of imperialism*. London: Pluto Press.

tracked plagues, wars, and imperial expansion during antiquity." *Proceedings of the National Academy of Sciences* 115: 5726–31.

McCormick, Michael, Dutton, Paul E., and Mayewski, Paul A. 2007. "Volcanoes and the climate forcing of Carolingian Europe, A.D. 750–950." *Speculum* 82: 865–95.

McEvedy, Colin and Jones, Richard 1978. *Atlas of world population history*. Harmondsworth: Penguin Books.

McKitterick, Rosamund, ed. 1995. *The new Cambridge medieval history*, vol. 2: *c. 700–c. 900*. Cambridge: Cambridge University Press.

McLaughlin, Raoul. 2010. *Rome and the distant East: Trade routes to the ancient lands of Arabia, India and China*. London: Continuum.

McLaughlin, Raoul. 2014. *The Roman empire and the Indian Ocean: The ancient world economy and the kingdoms of Africa, Arabia and India*. Barnsley: Pen and Sword Military.

McNeill, J. R. 1998. "China's environmental history in world perspective." In Mark Elvin and Ts'ui-jung Liu, eds., *Sediments of time: Environment and society in Chinese history*. Cambridge: Cambridge University Press, 31–49.

McNeill, William H. 1982. *The pursuit of power: Technology, armed force, and society since A.D. 1000*. Chicago: University of Chicago Press.

Memorandum. 1875. *Memorandum on the census of British India of 1871–72, presented to both houses of Parliament by command of Her Majesty*. London: Her Majesty's Stationery Office.

Menant, François. 2005. *L'Italie des communes: 1100–1350*. Paris: Belin.

Menzies, Gavin. 2004. *1421: The year China discovered America*. New York: HarperCollins.

Michaels, Guy and Rauch, Ferdinand. 2018. "Resetting the urban network: 117–2012." *Economic Journal* 128: 378–412.

Middleton, Guy D. 2017. *Understanding collapse: Ancient history and modern myths*. Cambridge: Cambridge University Press.

Mielants, Eric H. 2007. *The origins of capitalism and the "rise of the West."* Philadelphia: Temple University Press.

Milanovic, Branko 2016. *Global inequality: A new approach for the age of globalization*. Cambridge, MA: Harvard University Press.

Millar, Fergus. 1968. "Local cultures in the Roman empire: Libyan, Punic and Latin in Roman Africa." *Journal of Roman Studies* 58: 126–34.

Millar, Fergus. 1993. *The Roman Near East, 31 B.C.–A.D. 337*. Cambridge, MA: Harvard University Press.

Millar, Fergus. 2006. *A Greek Roman empire: Power and belief under Theodosius II (408–450)*. Berkeley: University of California Press.

Millett, Martin. 1990. *The Romanization of Britain: An essay in archaeological interpretation*. Cambridge: Cambridge University Press.

Milton, John R. 1981. "The origin and development of the concept of the 'laws of nature.' " *European Journal of Sociology* 22: 173–95.

Mitchell, Kirk. 1984. *Procurator*. New York: Ace Science Fiction Books.

Mitterauer, Michael. 2003. *Warum Europa? Mittelalterliche Grundlagen eines Sonderwegs*. Munich: C. H. Beck.

Mahoney, James and Rueschemeyer, Dietrich, eds. 2003. *Comparative historical analysis in the social sciences*. Cambridge: Cambridge University Press.

Maiden, Martin, Smith, John C., and Ledgeway, Adam, eds. 2013. *The Cambridge history of Romance languages*, vol. 2: *Contexts*. Cambridge: Cambridge University Press.

Maier, Gideon. 2005. *Amtsträger und Herrscher in der Romania Gothica: Vergleichende Untersuchungen zu den ostgermanischen Völkerwanderungsreichen*. Stuttgart: Steiner.

Mair, Victor. 2005. "The north(west)ern peoples and the recurrent origins on the 'Chinese' state." In Joshua A. Fogel, ed., *The teleology of the modern nation-state: Japan and China*. Philadelphia: University of Pennsylvania Press, 46–84.

Malanima, Paolo 2009. *Pre-modern European economy: One thousand years (10th–19th centuries)*. Leiden: Brill.

Man, John. 2014. *The Mongol empire: Genghis Khan, his heirs and the founding of modern China*. London: Bantam Press.

Mann, Michael. 1984. "The autonomous power of the state: Its origins, mechanisms and results." *European Journal of Sociology* 25: 185–213.

Mann, Michael. 1986. *The sources of social power*, vol. 1: *A history of power from the beginning to A.D. 1760*. Cambridge: Cambridge University Press.

Mann, Michael. 2006. "The sources of social power revisited: a response to criticism." In John A. Hall and Ralph Schroeder, eds., *An anatomy of power: The social theory of Michael Mann*. Cambridge: Cambridge University Press, 343–96.

Marks, Robert B. 2002. *The origins of the modern world: A global and ecological narrative*. Lanham, MD: Rowman and Littlefield.

Marks, Robert B. 2012. *China: Its environment and history*. Lanham, MD: Rowman and Littlefield.

Mattern, Susan P. 1999. *Rome and the enemy: Imperial strategy in the Principate*. Berkeley: University of California Press.

Mattingly, David. 2006. *An imperial possession: Britain in the Roman empire*. London: Penguin Books.

May, Timothy. 2012. *The Mongol conquests in world history*. London: Reaktion Books.

Mayer, E. Emanuel. 2018. "Tanti non emo, Sexte, piper: Pepper prices, Roman consumer culture, and the bulk of Indo-Roman trade." *Journal of the Economic and Social History of the Orient* 61: 560–89.

Mayor, Adrienne. 2010. *The poison king: The life and legend of Mithradates, Rome's deadliest enemy*. Princeton, NJ: Princeton University Press.

Mayor, Adrienne. 2014. *The Amazons: Lives and legends of warrior women across the ancient world*. Princeton, NJ: Princeton University Press.

McCaa, Robert 2000."The peopling of Mexico from origins to revolution."In Michael R. Haines and Richard C. Steckel, eds., *A population history of North America*. Cambridge: Cambridge University Press, 241–304.

McCloskey, Deirdre. 2010. *Bourgeois dignity: Why economics can't explain the modern world*. Chicago: University of Chicago Press.

McCloskey, Deirdre. 2016. *Bourgeois equality: How ideas, not capital or institutions, enriched the world*. Chicago: University of Chicago Press.

McConnell, Joseph R. et al. 2018. "Lead pollution recorded in Greenland ice indicates European emissions

Press.

Liu, William G. 2015b. "The making of a fiscal state in Song China, 960–1279." *Economic History Review* 68: 48–78.

Lloyd, Geoffrey and Sivin, Nathan. 2002. *The way and the word: Science and medicine in early China and Greece*. New Haven, CT: Yale University Press.

Lo Cascio, Elio. 2006. "The role of the state in the Roman economy: Making use of the New Institutional Economics." In Peter F. Bang, Mamoru Ikeguchi, and Hartmut Ziche, eds., *Ancient economies, modern methodologies: Archaeology, comparative history, models and institutions*. Bari: Edipuglia, 215–34.

Lo Cascio, Elio. 2018. "Market regulation and transaction costs in the Roman empire." In Wilson and Bowman 2018, 117–32.

Loewe, Michael. 1986. "The Former Han dynasty." In Denis Twitchett and Michael Loewe, eds., *The Cambridge history of China*, vol. 1: *The Ch'in and Han empires, 221 B.C.–A.D. 220*. Cambridge: Cambridge University Press, 103–222.

Loewe, Michael. 2014. Review of Pines 2012. *Journal of Chinese Studies* 59: 330–37.

Loewe, Michael and Shaughnessy, Edward L., eds. 1999. *The Cambridge history of ancient China: From the origins of civilization to 221 B.C.* Cambridge: Cambridge University Press.

Löffl, Josef. 2011. *Die römische Expansion*. Berlin: Frank & Timme.

Lorge, Peter. 2005. *War, politics and society in early modern China, 900–1795*. London: Routledge.

Lowry, Heath W. 2003. *The nature of the early Ottoman state*. Albany: State University of New York Press.

Lundgreen, Christoph, ed. 2014a. *Staatlichkeit in Rom? Diskurse und Praxis (in) der römischen Republik*. Stuttgart: Franz Steiner Verlag.

Lundgreen, Christoph. 2014b."Staatsdiskurse in Rom? Staatlichkeit als analytische Kategorie für die römische Republik." In Lundgreen 2014a, 13–61.

Luttenberger, Albrecht P. 2002. "Die Religionspolitik Karls V. im Reich." In Kohler, Haider, and Ottner 2002, 293–344.

Macfarlane, Alan. 1988. "The cradle of capitalism: The case of England." In Baechler, Hall, and Mann 1988, 185–203.

Mackil, Emily. 2013. *Creating a common polity: Religion, economy, and politics in the making of the Greek koinon*. Berkeley: University of California Press.

Mackil, Emily. 2015. "The Greek *polis* and *koinon*." In Monson and Scheidel 2015a, 469–91.

MacMullen, Ramsay. 1966. "Provincial languages in the Roman empire." *American Journal of Philology* 87: 1–17.

Maddicott, John R. 2010. *The origins of the English Parliament, 924–1327*. Oxford: Oxford University Press.

Maddison, Angus. 2010. "Historical statistics of the world economy: 1–2008 A.D." Maddison Database 2010, https://www.rug.nl/ggdc/historicaldevelopment/maddison/releases/maddison-database-2010.

Maddison Project Database 2018. https://www.rug.nl/ggdc/historicaldevelopment/maddison/releases/maddison-project-database-2018.

Magnusson, Lars. 2009. *Nation, state and the Industrial Revolution*. London: Routledge.

Mahoney, James. 2003. "Strategies of causal assessment in comparative historical analysis." In Mahoney and Rueschemeyer 2003, 337–72.

Feng.

Levathes, Louise. 1994. *When China ruled the seas: The treasure fleet of the dragon throne, 1405–1433*. New York: Oxford University Press.

Levi, Margaret. 1988. *Of rule and revenue*. Berkeley: University of California Press.

Levine, Ari D. 2013. Review of Pines 2012. *Journal of the American Oriental Society* 133: 574–77.

Lévy, Jacques. 1997. *Europe: une géographie*. Paris: Hachette.

Lewis, Herbert S. 1981. "Warfare and the origin of the state: another formulation." In Henry J. M. Claessen and Peter Skalník, eds., *The study of the state*. The Hague: Mouton, 201–21.

Lewis, Mark E. 1990. *Sanctioned violence in early China*. Albany: State University of New York Press.

Lewis, Mark E. 1999. "Warring States: Political history." In Loewe and Shaughnessy 1999, 587–650.

Lewis, Mark E. 2009a. *China between empires: The Northern and Southern dynasties*. Cambridge, MA: Harvard University Press.

Lewis, Mark E. 2009b. *China's cosmopolitan empire: The Tang dynasty*. Cambridge, MA: Harvard University Press.

Lewis, Mark E. 2015. "Early imperial China, from the Qin and Han through Tang." In Monson and Scheidel 2015a, 282–307.

Li, Bozhong and van Zanden, Jan Luiten. 2012. "Before the great divergence? Comparing the Yangzi Delta and the Netherlands at the beginning of the nineteenth century." *Journal of Economic History* 72: 956–89.

Li, Rebecca S. K. 2002. "Alternative routes to state breakdown: Toward an integrated model of territorial disintegration." *Sociological Theory* 20: 1–23.

Lieberman, Victor. 2003. *Strange parallels: Southeast Asia in global context, c. 800–1830*, vol. 1: *Integration on the mainland*. Cambridge: Cambridge University Press.

Lieberman, Victor. 2009. *Strange parallels: Southeast Asia in global context, c. 800–1830*, vol. 2: *Mainland mirrors: Europe, Japan, China, South Asia, and the islands*. Cambridge: Cambridge University Press.

Lieven, Dominic. 2000. *Empire: The Russian empire and its rivals*. New Haven, CT: Yale University Press.

Lieven, Dominic. 2010. *Russia against Napoleon: The true story of the campaigns of* War and Peace. London: Penguin.

Lin, Hang. 2014. Review of Pines 2012. *Frontiers of History in China* 9: 484–88.

Lin, Justin Y. 1995. "The Needham puzzle: Why the Industrial Revolution did not originate in China." *Economic Development and Cultural Change* 43: 269–92.

Lindner, Rudi P. 1981. "Nomadism, horses and Huns." *Past and Present* 92: 3–19.

Linke, Bernhard. 2006. "Bürger ohne Staat? Die Integration der Landbevölkerung in der römischen Republik." In Martin Jehne and Rene Pfeilschifter, eds., *Herrschaft ohne Integration? Rom und Italien in republikanischer Zeit*. Frankfurt a.M.: Verlag Antike, 65–94.

Linke, Bernhard. 2014. "Die Väter und der Staat: die Grundlagen der aggressiven Subsidiarität in der römischen Gesellschaft." In Lundgreen, 2014a, 65–90.

Liu, Shufen. 2001. "Jiankang and the commercial empire of the Southern dynasties: Change and continuity in medieval Chinese economic history." In Pearce, Spiro, and Ebrey 2001, 35–52.

Liu, William G. 2015a. *The Chinese market economy, 1000–1500*. Albany: State University of New York

Kocka, Jürgen. 2009. "Comparative history: Methodology and ethos." *East Central Europe* 36: 12–19.

Kohler, Alfred, Haider, Barbara, and Ottner, Christine, eds. 2002. *Karl V. 1500–1558: Neue Perspektiven seiner Herrschaft in Europa und Übersee*. Vienna: Verlag der Österreichischen Akademie der Wissenschaften.

König, Hans-Joachim. 2002. "PLUS ULTRA—ein Weltreichs- und Eroberungsprogramm? Amerika und Europa in politischen Vorstellungen im Spanien Karls V." In Kohler, Haider, and Ottner 2002, 197–222.

Koyama, Mark. 2017a. "Could Rome have had an Industrial Revolution?" https://medium.com/@MarkKoyama/could-rome-have-had-an-industrial-revolution–4126717370a2.

Koyama, Mark. 2017b. Review of Rubin 2017. *Public Choice* 172: 549–52.

Kuhrt, Amélie. 1995. *The ancient Near East c. 3000–330 B.C.* 2 vols. London: Routledge.

Kulikowski, Michael. 2012. "The western kingdoms." In Johnson 2012, 31–59.

Kulke, Hermann, Kesavapany, K., and Sakhuja, Vijay, eds. 2009. *Nagapattinam to Suvarnadwipa: Reflections on the Chola naval expeditions to Southeast Asia*. New Delhi: Manohar.

Kuran, Timur. 2011. *The long divergence: How Islamic law held back the Middle East*. Princeton, NJ: Princeton University Press.

Kuran, Timur. 2018. "Islam and economic performance: Historical and contemporary links." *Journal of Economic Literature*56, no. 4: 1292–359.

Laiou, Angeliki E. 2002. "The Byzantine economy: An overview." In Angeliki E. Laiou, ed., *The economic history of Byzantium from the seventh to the fifteenth century*. Washington, DC: Dumbarton Oaks Research Library and Collection, 1145–64.

Lambton, Ann K. S. 1968. "The internal structure of the Saljuq empire." In Boyle 1968, 203–82.

Lampela, Anssi. 1998. *Rome and the Ptolemies of Egypt: The development of their political relations 273–80 B.C.* Helsinki: Societas Scientiarum Fennica.

Landes, David. 1998. *The wealth and poverty of nations: Why some are so rich and some so poor*. New York: Norton.

Landes, David. 2003. *The unbound Prometheus: Technological change and industrial development in Western Europe from 1750 to the present*. 2nd ed. Cambridge: Cambridge University Press.

Landes, David S. 2006. "Why Europe and the West? Why not China?" *Journal of Economic Perspectives* 20, no. 2: 3–22.

Lane, Frederick C. 1979. *Profits from power: Readings in protection rent and violence-controlling enterprises*. Albany: State University of New York Press.

Lang, Graeme. 1997. "State system and the origins of modern science: A comparison of Europe and China." *East-West Dialogue* 2: 16–31.

Lange, Matthew. 2013. *Comparative-historical methods*. Los Angeles: Russell Sage Foundation.

Langlois, Rosaire. 2008. "The closing of the sociological mind?" *Canadian Journal of Sociology* 33: 134–48.

Lattimore, Owen. 1988 [1940]. *Inner Asian frontiers of China*. Hong Kong: Oxford University Press.

Launey, Marcel. 1950. *Recherches sur les armées hellénistiques*. Paris: De Boccard.

Lazenby, J. F. 1996. *The First Punic War: A military history*. Stanford, CA: Stanford University Press.

Leitner, Ulrich. 2011. *Imperium: Geschichte und Theorie eines politischen Systems*. Frankfurt: Campus.

Lelièvre, Dominique. 2001. *La grande époque de Wudi: Une Chine en évolution (IIe-Ie av. J.C.)*. Paris: You-

Review of Economics and Finance 42: 484–98.

Kasten, Brigitte. 1997. *Königssöhne und Königsherrschaft: Untersuchungen zur Teilhabe am Reich in der Merowinger- und Karolingerzeit*. Hannover: Hahnsche Buchhandlung.

Kasza, Gregory J. 1996. "War and comparative politics." *Comparative Politics* 29: 355–73.

Kaufman, Stuart J., Little, Richard, and Wohlforth, William C. 2007. "Conclusion: Theoretical insights from the study of world history." In Stuart J. Kaufman, Richard Little, and William C. Wohlforth, eds., *The balance of power in world history*. Basingstoke: Palgrave, 228–46.

Kautsky, John H. 1982. *The politics of aristocratic empires*. Chapel Hill: University of North Carolina Press.

Kay, Philip. 2014. *Rome's economic revolution*. Oxford: Oxford University Press.

Keay, John. 2000. *India: A history*. New York: Grove Press.

Kelly, Christopher. 2004. *Ruling the later Roman empire*. Cambridge, MA: Harvard University Press.

Kelly, Christopher. 2009. *The end of empire: Attila the Hun and the fall of Rome*. New York: Norton.

Kelly, Morgan, Mokyr, Joel, and Ó Gráda, Cormac. 2014. "Precocious Albion: A new interpretation of the British Industrial Revolution." *Annual Review of Economics* 6: 363–89.

Kelsey, Harry. 2012. *Philip of Spain, king of England: The forgotten sovereign*. London: I. B. Tauris.

Kennedy, Hugh. 1995. "The Muslims in Europe." In McKitterick 1995, 249–71.

Kennedy, Hugh. 2001. *The armies of the caliphs: Military and society in the early Islamic state*. London: Routledge.

Kennedy, Hugh. 2007. *The great Arab conquests: How the spread of Islam changed the world we live in*. Philadelphia: Da Capo Press.

Kennedy, Hugh. 2015. "The Middle East in Islamic late antiquity." In Monson and Scheidel 2015a, 390–403.

Kennedy, Paul. 1987. *The rise and fall of the great powers: Economic change and military conflict from 1500 to 2000*. New York: Random House.

Kern, Martin. 2000. *The stele inscriptions of Ch'in Shih-huang: Text and ritual in early Chinese imperial representation*. New Haven, CT: American Oriental Society.

Khazanov, Anatoly M. 1994. *Nomads and the outside world*. 2nd ed. Madison: University of Wisconsin Press.

Khodarkovsky, Michael. 2002. *Russia's steppe frontier: The making of a colonial empire, 1500–1800*. Bloomington: Indiana University Press.

Kiesewetter, Hubert. 2006. *Das einzigartige Europa: Wie ein Kontinent reich wurde*. Stuttgart: Franz Steiner Verlag.

Klein, Herbert S. 2017. "The 'historical turn' in the social sciences." *Journal of Interdisciplinary History* 48: 295–312.

Klein Goldewijk, Kees et al. 2011. "The HYDE 3.1 spatially explicit database of human-induced global land-use change over the past 12,000 years." *Global Ecology and Biogeography* 20: 73–86, doi: 10.1111/j.1466–8238.2010.00587.x.

Kleinschmidt, Harald. 2004. *Charles V: The world emperor*. Stroud: Sutton.

Knobloch, Edgar. 2007. *Russia & Asia: Nomadic & oriental traditions in Russian history*. Hong Kong: Odyssey.

Ko, Chiu Yu, Koyama, Mark, and Sng, Tuan-Hwee. 2018. "Unified China and divided Europe." *International Economic Review* 59: 285–327.

Jagchid, Sechin and Symons, Van J. 1989. *Peace, war, and trade along the Great Wall: Nomadic-Chinese interaction through two millennia*. Bloomington: Indiana University Press.

Jamaluddin, Syed. 1995. *The state under Timur: A study in empire building*. New Delhi: Har-Anand Publications.

Janousch, Andreas. 1999. "The emperor as bodhisattva: The bodhisattva ordination and ritual assemblies of Emperor Wu of the Liang dynasty." In Joseph P. McDermott, ed., *State and court ritual in China*. Cambridge: Cambridge University Press, 112–49.

Jardine, Lisa. 2008. *Going Dutch: How England plundered Holland's glory*. New York: HarperCollins.

Jehne, Martin. 2006. "Römer, Latiner und Bundesgenossen im Krieg: Zu Formen und Ausmass der Integration in der republikanischen Armee." In Martin Jehne and Rene Pfeilschifter, eds., *Herrschaft ohne Integration? Rom und Italien in republikanischer Zeit*. Frankfurt a.M.: Verlag Antike, 243–68.

Jha, Saumitra. 2015. "Financial asset holdings and political attitudes: Evidence from revolutionary England." *Quarterly Journal of Economics* 130: 1485–545.

Johne, Klaus-Peter. 2006. *Die Römer an der Elbe: das Stromgebiet der Elbe im geographischen Weltbild und im politischen Bewusstsein der griechisch-römischen Antike*. Berlin: Akademie Verlag.

Johnson, Noel D. and Koyama, Mark. 2017. "States and economic growth: Capacity and constraints." *Explorations in Economic History* 64: 1–20.

Johnson, Scott A. J. 2017. *Why did ancient civilizations fail?* New York: Routledge.

Johnson, Scott F., ed. 2012. *The Oxford handbook of late antiquity*. New York: Oxford University Press.

Jones, Alexander. 2017. *A portable cosmos: Revealing the Antikythera mechanism, scientific wonder of the ancient world*. New York: Oxford University Press.

Jones, Arnold H. M. 1964. *The later Roman empire, 284–602: A social, economic and administrative survey*, 3 vols. Oxford: Basil Blackwell.

Jones, Eric. 2003. *The European miracle: Environments, economies and geopolitics in the history of Europe and Asia*. 3rd ed. Cambridge: Cambridge University Press.

Jones, Eric L. 2010. *Locating the Industrial Revolution: Inducement and response*. Singapore: World Scientific.

Jursa, Michael. 2010. *Aspects of the economic history of Babylonia in the first millennium BC*. Münster: Ugarit-Verlag.

Kang, Le. 1983. "An empire for a city: Cultural reforms of the Hsiao-Wen emperor (A.D. 471–499)." PhD diss., Yale University.

Kant, Immanuel. 1903 [1795]. *Perpetual peace: A philosophical essay*. Trans. M. Campbell Smith. London: Swan Sonnenschein & Co.

Kaplan, Jed O. et al. 2011. "Holocene carbon emissions as a result of anthropogenic land cover change." *The Holocene* 21: 775–91. doi: 10.1177/0959683610386983.

Karaman, K. Kivanc and Pamuk, Sevket. 2010. "Ottoman state finances in European perspective, 1500–1914." *Journal of Economic History* 70: 593–629.

Karayalcin, Cem. 2008. "Divided we stand, united we fall: The Hume-Weber-Jones mechanism for the rise of Europe." *International Economic Review* 49: 973–97.

Karayalcin, Cem. 2016. "Property rights and the first great divergence: Europe 1500–1800." *International*

Hoppit, Julian. 2017. *Britain's political economies: Parliament and economic life, 1660–1800*. Cambridge: Cambridge University Press.

Horne, Alistair. 1999. "Ruler of the world: Napoleon's missed opportunities." In Cowley 1999, 201–19.

Hoyos, Dexter. 2010. *The Carthaginians*. London: Routledge.

Hsu, Cho-yun. 1965. *Ancient China in transition: An analysis of social mobility, 722–222 B.C*. Stanford, CA: Stanford University Press.

Huang, Philip C. C. 2002. "Development of involution in eighteenth-century Britain and China? A review of Kenneth Pomeranz's *The great divergence: China, Europe, and the making of the modern world economy*." *Journal of Asian Studies*61: 501–38.

Huang, Ray. 1974. *Taxation and governmental finance in sixteenth-century Ming China*. Cambridge: Cambridge University Press.

Huang, Ray. 1997. *China: A macro history*. Rev. ed. Armonk, NY: M. E. Sharpe.

Huff, Toby E. 2003. *The rise of early modern science: Islam, China, and the West*. 2nd ed. Cambridge: Cambridge University Press.

Huff, Toby E. 2011. *Intellectual curiosity and the scientific revolution: A global perspective*. Cambridge: Cambridge University Press.

Hui, Victoria Tin-bor. 2005. *War and state formation in ancient China and early modern Europe*. Cambridge: Cambridge University Press.

Hui, Victoria Tin-bor. 2015. "The China dream: Revival of what historical greatness?" In Arthur Shuhfan Ding and Chih-shian Liou, eds., *China dreams: China's new leadership and future impacts*. Singapore: World Scientific, 3–32.

Huntington, Samuel P. 1996. *The clash of civilizations and the remaking of world order*. New York: Simon and Schuster.

Huss, Werner. 1985. *Geschichte der Karthager*. Munich: C. H. Beck.

Hymes, Robert P. and Schirokauer, Conrad, eds. 1993. *Ordering the world: Approaches to state and society in Sung Dynasty China*. Berkeley: University of California Press.

Inikori, Joseph I. 2002. *Africans and the Industrial Revolution in England: A study in international trade and economic development*. Cambridge: Cambridge University Press.

Inkster, Ian. 1991. *Science and technology in history: An approach to industrial development*. New Brunswick, NJ: Rutgers University Press.

Ioannides, Yannis and Zhang, Junfu. 2017. "Walled cities in late imperial China." *Journal of Urban Economics* 97: 71–88.

Iyigun, Murat. 2008. "Luther and Suleyman." *Quarterly Journal of Economics* 123: 1465–94.

Jackson, Peter. 2005. *The Mongols and the West, 1221–1410*. Harlow: Pearson.

Jacob, Margaret C. 1997. *Scientific culture and the making of the industrial West*. New York: Oxford University Press.

Jacob, Margaret C. 2014. *The first knowledge economy: Human capital and the European economy, 1750–1850*. New York: Cambridge University Press.

Jacoby, David. 2008. "Byzantium, the Italian maritime powers, and the Black Sea before 1204." *Byzantinische Zeitschrift* 100: 677–99.

Eine Einleitung." In Haupt and Kocka 1996a, 9–45.

Hawthorn, Geoffrey. 1991. *Plausible worlds: Possibility and understanding in history and the social sciences*. Cambridge: Cambridge University Press.

He, Wenkai. 2013. *Paths towards the modern fiscal state: England, Japan, and China*. Cambridge, MA: Harvard University Press.

Heather, Peter. 2006. *The fall of the Roman empire: A new history of Rome and the barbarians*. Oxford: Oxford University Press.

Heather, Peter. 2009. *Empires and barbarians: Migration, development and the birth of Europe*. London: Macmillan.

Hébert, Michel. 2014. *Parlementer: Assemblées representatives et échange politique en Europe occidentale à la fin du Moyen Âge*. Paris: De Boccard.

Henige, David 1998. *Numbers from nowhere: The American Indian population contact debate*. Norman: University of Oklahoma Press.

Herlihy, David. 1997. *The Black Death and the transformation of the West*. Cambridge, MA: Harvard University Press.

Hilaire, Jean. 1986. *Introduction historique au droit commercial*. Paris: Presses Universitaires de France.

Hin, Saskia. 2013. *The demography of Roman Italy: Population dynamics in an ancient conquest society 201 BCE–14 CE*. Cambridge: Cambridge University Press.

Hinsch, Bret. 1988. "Climatic change and history in China." *Journal of Asian History* 22: 131–59.

Hobson, John M. 2004. *The Eastern origins of Western civilization*. Cambridge: Cambridge University Press.

Hoffman, Philip T. 2015. *Why did Europe conquer the world?* Princeton, NJ: Princeton University Press.

Holcombe, Charles. 2001. *The genesis of East Asia, 221 B.C.–A.D. 907*. Honolulu: University of Hawai'i Press.

Hölkeskamp, Hans-Joachim. 2010. *Reconstructing the Roman Republic: An ancient political culture and modern research*. Princeton, NJ: Princeton University Press.

Holland, Cecilia. 1999. "The death that saved Europe: The Mongols turn back, 1242." In Cowley 1999, 93–106.

Holt, Frank L. 2016. *The treasures of Alexander the Great: How one man's wealth shaped the world*. New York: Oxford University Press.

Honeychurch, William. 2015. *Inner Asia and the spatial politics of empire: Archaeology, mobility, and culture contact*. New York: Springer.

Hopkins, Keith. 1978. *Conquerors and slaves: Sociological studies in Roman history*, vol. 1. Cambridge: Cambridge University Press.

Hopkins, Keith. 1980. "Taxes and trade in the Roman empire (200 B.C.–A.D. 400)." *Journal of Roman Studies* 70: 101–25 (repr. in Keith Hopkins, *Sociological studies in Roman history,* ed. Christopher Kelly [Cambridge: Cambridge University Press, 2018], 213–59).

Hopkins, Keith. 1991. "From violence to blessing: Symbols and rituals in ancient Rome." In Molho, Raaflaub, and Emlen 1991, 479–98 (repr. in Keith Hopkins, *Sociological studies in Roman history*, ed. Christopher Kelly [Cambridge: Cambridge University Press, 2018], 313–39).

Hopkins, Keith. 2002. "Rome, taxes, rents and trade." In Scheidel and von Reden 2002, 190–230.

Cambridge, MA: Harvard University Press.

Haldon, John. In press. "The political economy of empire: 'Imperial capital' and the formation of central and regional elites." In Bang, Bayly, and Scheidel in press.

Hall, John A. 1985. *Powers and liberties: The causes and consequences of the rise of the West*. Berkeley: University of California Press.

Hall, John A. 1988. "States and societies: The miracle in comparative perspective." In Baechler, Hall, and Mann 1988, 20–38.

Hall, John A. 1996. *International orders*. Cambridge: Polity Press.

Hall, Thomas D. 2010. Review of Beckwith 2009. *Cliodynamics* 1, no. 1: 103–15.

Halsall, Guy. 2003. *Warfare and society in the barbarian West, 450–900*. London: Routledge.

Halsall, Guy. 2007. *Barbarians migrations and the Roman West, 376–578*. Cambridge: Cambridge University Press.

Hämäläinen, Pekka. 2008. *The Comanche empire*. New Haven, CT: Yale University Press.

Hanlon, W. Walker. 2015. "Necessity is the mother of invention: Input supplies and directed technical change." *Econometrica*83: 67–100.

Hansen, Mogens H., ed. 2000a. *A comparative study of thirty city-state cultures: An investigation conducted by the Copenhagen Polis Centre*. Copenhagen: Royal Danish Academy of Sciences and Letters.

Hansen, Mogens H. 2000b. "Conclusion: the impact of city-state cultures on world history." In Hansen, 2000a, 597–623.

Hansen, Mogens H., ed. 2002. *A comparative study of six city-state cultures: An investigation conducted by the Copenhagen Polis Centre*. Copenhagen: Royal Danish Academy of Sciences and Letters.

Hansen, Mogens H. 2006. *The shotgun method: The demography of the ancient Greek city-state culture*. Columbia: University of Missouri Press.

Hanson, John W. 2016. *An urban geography of the Roman world, 100 B.C. to A.D. 300*. Oxford: Archaeopress.

Hanson, Victor D. 2006. "A stillborn West?" In Tetlock, Lebow, and Parker 2006b, 47–89.

Harper, Kyle, 2017. *The fate of Rome: Climate, disease, and the end of an empire*. Princeton, NJ: Princeton University Press.

Harris, William V. 1984. "The Italians and the empire." In William V. Harris, ed., *The imperialism of mid-Republican Rome*.Rome: American Academy in Rome, 89–109.

Harris, William V. 1985. *War and imperialism in Republican Rome 327–70 B.C*. Expanded repr. ed. Oxford: Clarendon Press.

Harris, William V. 2006. "A revisionist view of Roman money." *Journal of Roman Studies* 96: 1–24.

Harris, William V. 2016. *Roman power: A thousand years of empire*. Cambridge: Cambridge University Press.

Hartmann, Mary S. 2004. *The household and the making of history: A subversive view of the Western past*. Cambridge: Cambridge University Press.

Hartog, Leo de. 1996. *Russia and the Mongol yoke: The history of the Russian principalities and the Golden Horde, 1221–1502*. London: I. B. Tauris.

Haupt, Heinz-Gerhard, and Kocka, Jürgen, eds. 1996a. *Geschichte und Vergleich: Ansätze und Ergebnisse international vergleichender Geschichtsschreibung*. Frankfurt: Campus.

Haupt, Heinz-Gerhard and Kocka, Jürgen. 1996b. "Historischer Vergleich: Methoden, Aufgaben, Probleme.

California Press.

Goldstone, Jack A. 2000. "The rise of the West—or not? A revision to socio-economic history." *Sociological Theory* 18: 175–94.

Goldstone, Jack A. 2002. "Efflorescences and economic growth in world history: Rethinking the 'Rise of the West' and the Industrial Revolution." *Journal of World History* 13: 323–89.

Goldstone, Jack A. 2006. "Europe's peculiar path: Would the world be 'modern' if William III's invasion of England in 1688 had failed?" In Tetlock, Lebow, and Parker 2006b, 168–96.

Goldstone, Jack A. 2009. *Why Europe? The rise of the West in world history, 1500–1850*. New York: McGraw-Hill.

Goldsworthy, Adrian. 2009. *How Rome fell: Death of a superpower*. New Haven, CT: Yale University Press.

Gordon, Matthew S. 2001. *The breaking of a thousand swords: A history of the Turkish military of Samarra (A.H. 200–275/815–889 C.E.)*. Albany: State University of New York Press.

Graff, David A. 2002. *Medieval Chinese warfare, 300–900*. London: Routledge.

Graff, David A. 2016. *The Eurasian way of war: Military practice in seventh-century China and Byzantium*. London: Routledge.

Grainger, John D. 1990. *Seleukos Nikator: Constructing a Hellenistic kingdom*. London: Routledge.

Grainger, John D. 1999. *The league of the Aitolians*. Leiden: Brill.

Grainger, John D. 2002. *The Roman war of Antiochos the Great*. Leiden: Brill.

Grainger, John D. 2010. *The Syrian wars*. Leiden: Brill.

Greif, Avner. 2006. *Institutions and the path to the modern economy: Lessons from medieval trade*. Cambridge: Cambridge University Press.

Greif, Avner and Tabellini, Guido. 2017. "The clan and the corporation: Sustaining cooperation in China and Europe." *Journal of Comparative Economics* 45: 1–35.

Griffith, G. T., ed. 1966. *Alexander the Great: The main problems*. Cambridge: Heffer.

Grossmann, Lukas. 2009. *Roms Samnitenkriege: Historische und historiographische Untersuchungen zu den Jahren 327 bis 290 v. Chr.* Düsseldorf: Wellem Verlag.

Grummit, David and Lassalmonie, Jean-Francois. 2015. "Royal public finance (c. 1290–1523)." In Christopher Fletcher, Jean-Philippe Genet, and John Watts, eds., *Government and political life in England and France, c.1300–c.1500*. Cambridge: Cambridge University Press, 116–49.

Gupta, Bishnupriya, Ma, Debin, and Roy, Tirthankar. 2016. "States and development: Early modern India, China, and the Great Divergence." In Jari Eloranta et al., eds., *Economic history of warfare and state formation*. Singapore: Springer, 51–69.

Gwynn, David M., ed. 2008. *A.H.M. Jones and the later Roman empire*. Leiden: Brill.

Gwynn, David M. 2012. "Episcopal leadership." In Johnson 2012, 876–915.

Haldon, John F. 1990. *Byzantium in the seventh century: The transformation of a culture*. Cambridge: Cambridge University Press.

Haldon, John. 1993. *The state and the tributary mode of production*. London: Verso.

Haldon, John. 2012. "Comparative state formation: The Later Roman empire in the wider world." In Johnson 2012, 1111–47.

Haldon, John. 2016. *The empire that would not die: The paradox of Eastern Roman survival, 640–740*.

Fronda, Michael P. 2010. *Between Rome and Carthage: Southern Italy during the Second Punic War*. New York: Cambridge University Press.

Fu, Zhengyuan. 1996. *China's legalists: The earliest totalitarians and their art of ruling*. Armonk, NY: M. E. Sharpe.

Fukuyama, Francis 2011. *The origins of political order: From prehuman times to the French Revolution*. New York: Farrar, Straus and Giroux.

Garnsey, Peter and Humfress, Caroline. 2001. *The evolution of the late antique world*. Cambridge: Orchard Academic.

Garza, Andrew de la. 2014. "Command of the coast: The Mughal navy and regional strategy." *World History Connected* 12, no. 1. http://worldhistoryconnected.press.uillinois.edu/12.1/forum_delagarza.html.

Gat, Azar. 2006. *War in human civilization*. Oxford: Oxford University Press.

Gaubatz, Piper R. 1996. *Beyond the Great Wall: Urban form and transformation on the Chinese frontiers*. Stanford, CA: Stanford University Press.

Gellner, Ernest. 1983. *Nations and nationalism*. Ithaca, NY: Cornell University Press.

Gernet, Jacques. 1995 [1956]. *Buddhism in Chinese society: An economic history from the fifth to the tenth century*. New York: Columbia University Press.

Gibbon, Edward. 1781. *The history of the decline and fall of the Roman empire. Volume the third*. 2nd ed. London: Strahan.

Gibbon, Edward. 1788a. *The history of the decline and fall of the Roman empire. Volume the fifth*. London: Strahan.

Gibbon, Edward. 1788b. *The history of the decline and fall of the Roman empire. Volume the sixth*. London: Strahan.

Girardet, Klaus M. 2006. *Die konstantinische Wende: Voraussetzungen und geistige Grundlagen der Religionspolitik Konstantins des Grossen*. Darmstadt: Wissenschaftliche Buchgesellschaft.

Gizewski, Christian. 1994. "Römische und alte chinesische Geschichte im Vergleich: Zur Möglichkeit eines gemeinsamen Altertumsbegriffs." *Klio* 76: 271–302.

Glete, Jan. 2002. *War and the state in early modern Europe: Spain, the Dutch Republic and Sweden as fiscal-military states, 1500–1660*. London: Routledge.

Goffart, Walter. 1980. *Barbarians and Romans, A.D. 418–584: The techniques of accommodation*. Princeton, NJ: Princeton University Press.

Goffart, Walter. 2006. *Barbarian tides: The migration age and the later Roman empire*. Philadelphia: University of Pennsylvania Press.

Golden, Peter B. 1998. *Nomads and sedentary societies in medieval Eurasia*. Washington, DC: American Historical Association.

Golden, Peter B. 2002. "War and warfare in the pre-Cinggisid western steppes of Eurasia." In Di Cosmo 2002b, 105–72.

Goldscheid, Rudolf. 1917. *Staatssozialismus oder Staatskapitalismus*. Vienna: Anzengruber.

Goldstone, Jack A. 1987. "Cultural orthodoxy, risk, and innovation: The divergence of East and West in the early modern world." *Sociological Theory* 5: 119–35.

Goldstone, Jack A. 1991. *Revolution and rebellion in the early modern world*. Berkeley: University of

Feeney, Denis. 2016. *Beyond Greek: The beginnings of Latin literature*. Cambridge, MA: Harvard University Press.

Ferguson, Niall. 1997. "Introduction: Virtual History: Towards a 'Chaotic' Theory of the Past." In Niall Ferguson, ed., *Virtual history: Alternatives and counterfactuals*. London: Picador, 1–90.

Férnandez-Armesto, Felipe. 2006. *Pathfinders: A global history of exploration*. New York: Norton.

Findlay, Ronald and O'Rourke, Kevin H. 2007. *Power and plenty: Trade, war, and the world economy in the second millennium*. Princeton, NJ: Princeton University Press.

Finlay, Robert. 2000. "China, the West, and world history in Joseph Needham's *Science and civilization in China*." *Journal of World History* 11: 265–303.

Finley, Moses I. 1998. *Ancient slavery and modern ideology*. Ed. Brent D. Shaw. Expanded ed. Princeton, NJ: Markus Wiener.

Fischer-Bovet, Christelle. 2014. *Army and society in Ptolemaic Egypt*. Cambridge: Cambridge University Press.

Fisher, Greg. 2011. *Between empires: Arabs, Romans, and Sasanians in late antiquity*. Oxford: Oxford University Press.

Fleming, Robin. 2010. *Britain after Rome: The fall and rise, 400–1070*. London: Allen Lane.

Fletcher, Joseph. 1986. "The Mongols: Ecological and social perspectives." *Harvard Journal of Asiatic Studies* 46: 11–50.

Floud, R. et al. 2011. *The changing body: Health, nutrition, and human development in the Western world since 1700*. Cambridge: Cambridge University Press.

Foa, Roberto S. 2016. "Ancient polities, modern states." PhD diss., Harvard University.

Fogel, Robert W. 2004. *The escape from hunger and premature death, 1700–2100: Europe, America, and the Third World*. Cambridge: Cambridge University Press.

Foltz, Richard C. 1998. *Mughal India and Central Asia*. Karachi: Oxford University Press.

Foster, Benjamin R. 2016. *The age of Agade: Inventing empire in ancient Mesopotamia*. London: Routledge.

Fouracre, Paul. 1995. "Frankish Gaul to 814." In McKitterick 1995, 85–109.

Fowden, Garth. 2011. "Contextualizing late antiquity: The first millennium." In Johann P. Arnason and Kurt A. Raaflaub, eds., *The Roman empire in context: Historical and comparative perspectives*. Malden, MA: Wiley-Blackwell, 148–76.

France, John. 1999. *Western warfare in the age of the crusades, 1000–1300*. Ithaca, NY: Cornell University Press.

Frank, Andre G. 1998. *ReOrient: Global economy in the Asian age*. Berkeley: University of California Press.

Frank, Tenney. 1933. *An economic survey of ancient Rome*, vol. 1: *Rome and Italy of the republic*. Baltimore: Johns Hopkins University Press.

Franklin, Simon and Shepard, Jonathan. 1996. *The emergence of Rus: 750–1200*. London: Longman.

Friedel, Robert. 2007. *A culture of improvement: Technology and the Western millennium*. Cambridge, MA: MIT Press.

Frier, Bruce W. 2000. "Demography." In Alan K. Bowman, Peter Garnsey, and Dominic Rathbone, eds., *The Cambridge ancient history*, vol. 11: *The high empire, A.D. 70–192*. 2nd ed. Cambridge: Cambridge University Press, 787–816.

London: Routledge.

Eberhard, Wolfram. 1949. *Das Toba-Reich Nordchinas: Eine soziologische Untersuchung*. Leiden: Brill.

Eckstein, Arthur M. 1987. *Senate and general: Individual decision-making and Roman foreign relations, 264–194 B.C.*Berkeley: University of California Press.

Eckstein, Arthur M. 2006. *Mediterranean anarchy, interstate war, and the rise of Rome*. Berkeley: University of California Press.

Edwards, Jeremy and Ogilvie, Sheilagh. 2018."Did the Black Death cause economic development by'inventing' fertility restriction?" Center for Economic Studies and Ifo Institute Working Paper.

Eich, Armin and Eich, Peter. 2005. "War and state-building in Roman Republican times." *Scripta Classica Israelica* 24: 1–33.

Eich, Peter. 2015. "The common denominator: Late Roman imperial bureaucracy from a comparative perspective." In Scheidel 2015c, 90–149.

Eire, Carlos M. N. 2006a. "The quest for a counterfactual Jesus." In Tetlock, Lebow, and Parker 2006b, 119–42.

Eire, Carlos M. N. 2006b. "Religious kitsch or Industrial Revolution: What difference would a Catholic England make?" In Tetlock, Lebow, and Parker 2006b, 145–67.

Eisenstadt, Shmuel N. 1963. *The political systems of empires*. New York: Free Press.

Elman, Benjamin A. 2000. *A cultural history of civil examinations in late imperial China*. Cambridge, MA: Harvard University Press.

Elman, Benjamin. 2013. *Civil examinations and meritocracy in late imperial China*. Cambridge, MA: Harvard University Press.

Eltis, David and Engerman, Stanley L. 2000. "The importance of slavery and the slave trade to industrializing Britain." *Journal of Economic History* 60: 123–44.

Elvin, Mark. 1973. *The pattern of the Chinese past: A social and economic interpretation*. Stanford, CA: Stanford University Press.

Elvin, Mark. 2008. "Defining the *explicanda* in the 'West and the rest' debate: Bryant's critique and its critics." *Canadian Journal of Sociology* 33: 168–85.

Epstein, S. R. 2000. *Freedom and growth: The rise of states and markets in Europe, 1300–1750*. London: Routledge.

Erdkamp, Paul. 1998. *Hunger and the sword: Warfare and food supply in Roman Republican wars (264–30 B.C.)*. Amsterdam: J. C. Gieben.

Erdkamp, Paul. 2005. *The grain market in the Roman empire: A social, political, and economic study*. Cambridge: Cambridge University Press.

Ertman, Thomas. 1997. *Birth of the Leviathan: Building states and regimes in medieval and modern Europe*. Cambridge: Cambridge University Press.

Etemad, Bouda. 2007. *Possessing the world: Taking the measurements of colonisation from the eighteenth to the twentieth century*. New York: Berghahn Books.

Evers, Kasper G. 2017. *Worlds apart trading together: The organisation of long-distance trade between Rome and India in antiquity*. Oxford: Archaeopress.

Fariselli, Anna C. 2002. *I mercenari di Cartagine*. La Spezia: Agorà Edizioni.

Di Cosmo, Nicola. 1994. "Ancient Inner Asian nomads: Their economic basis and its significance in Chinese history." *Journal of Asian Studies* 53: 1092–126.

Di Cosmo, Nicola. 1999a. "The northern frontier in pre-imperial China." In Loewe and Shaughnessy 1999, 885–966.

Di Cosmo, Nicola. 1999b. "State formation and periodization in Inner Asian history." *Journal of World History* 10: 1–40.

Di Cosmo, Nicola. 2002a. *Ancient China and its enemies: The rise of nomadic power in East Asian history*. Cambridge: Cambridge University Press.

Di Cosmo, Nicola, ed. 2002b. *Warfare in Inner Asian history (500–1800)*. Leiden: Brill.

Dien, Albert. 2001. "Civil service examinations: Evidence from the Northwest." In Pearce, Spiro, and Ebrey 2001, 99–120.

Dincecco, Mark. 2011. *Political transformations and public finances: Europe, 1650–1913*. Cambridge: Cambridge University Press.

Dincecco, Mark and Onorato, Massimiliano G. 2016. "Military conflict and the rise of urban Europe." *Journal of Economic Growth* 21: 259–82.

Dincecco, Mark and Onorato, Massimiliano G. 2018. *From warfare to wealth: The military origins of urban prosperity in Europe*. New York: Cambridge University Press.

Disney, Anthony R. 2009. *A history of Portugal and the Portuguese empire: From beginnings to 1807*, vol. 2: *The Portuguese empire*. Cambridge: Cambridge University Press.

Dong, Hongyuan. 2014. *A history of the Chinese language*. Milton Park, UK: Routledge.

Downing, Brian M. 1992. *The military revolution and political change: Origins of democracy and autocracy in early modern Europe*. Princeton, NJ: Princeton University Press.

Doyle, Michael W. 1986. *Empires*. Ithaca, NY: Cornell University Press.

Drake, H. A. 2007. "The church, society and political power." In Augustine Casiday and Frederick W. Norris, eds., *The Cambridge history of Christianity*, vol. 2: *Constantine to c. 600*. Cambridge: Cambridge University Press, 403–28.

Drelichman, Mauricio and Voth, Hans-Joachim. 2014. *Lending to the borrower from hell: Debt, taxes, and default in the age of Philipp II*. Princeton, NJ: Princeton University Press.

Drews, Robert. 2004. *Early riders: The beginnings of mounted warfare in Asia and Europe*. New York: Routledge.

Dreyer, Edward L. 2007. *Zheng He: China and the oceans in the early Ming dynasty, 1405–1433*. New York: Pearson Longman.

Duchesne, Ricardo. 2011. *The uniqueness of Western civilization*. Leiden: Brill.

Duchhardt, Heinz. 2002. "Tunis–Algier–Jerusalem? Zur Mittelmeerpolitk Karls V." In Kohler, Haider, and Ottner 2002, 685–90.

Duncan-Jones, Richard. 1990. *Structure and scale in the Roman economy*. Cambridge: Cambridge University Press.

Duncan-Jones, Richard P. 1994. *Money and government in the Roman empire*. Cambridge: Cambridge University Press.

Durand-Guédy, David. 2010. *Iranian elites and Turkish rulers: A history of Isfahan in the Saljuq period*.

of the Industrial Revolution." In Mancur Olson and Satu Kähkönen, eds., *A not-so-dismal science: A broader view of economies and societies*. Oxford: Oxford University Press, 138–67.

De Long, J. Bradford and Shleifer, Andrei. 1993. "Princes and merchants: European city growth before the Industrial Revolution." *Journal of Law and Economics* 36: 671–702.

Demandt, Alexander. 1984. *Der Fall Roms: Die Auflösung des römischen Reiches im Urteil der Nachwelt*. Munich: C. H. Beck.

Demandt, Alexander. 1999. "Statt Rom: Ein historisches Gedankenspiel." In Michael Salewski, ed., *Was wäre wenn: Alternativ- und Parallelgeschichte: Brücken zwischen Phantasie und Wirklichkeit*. Stuttgart: Franz Steiner Verlag, 69–80.

Demandt, Alexander. 2011. *Ungeschehene Geschichte: Ein Traktat über die Frage; Was wäre geschehen, wenn ... ?* New ed. Göttingen: Vandenhoeck & Ruprecht.

DeMarrais, Elizabeth. 2005. "A view from the Americas: 'Internal colonization', material culture and power in the Inka empire." In Henry Hurst and Sara Owen, eds., *Ancient colonizations: Analogy, similarity and difference*. London: Duckworth, 73–96.

De Moor, Tina and van Zanden, Jan Luiten. 2010. "Girlpower: The European marriage pattern and labour markets in the North Sea region in the late medieval and early modern period." *Economic History Review* 63: 1–33.

Deng, Gang. 1997. *Chinese maritime activities and socioeconomic development, c. 2100 B.C.–1900 A.D.* Westport, CT: Greenwood Press.

Deng, Gang. 1999. *Maritime sector, institutions, and sea power of premodern China*. Westport, CT: Greenwood Press.

Deng, Kent G. 2004. "Why the Chinese failed to develop a steam engine." *History of Technology* 25: 151–71.

Deng, Kent G. 2012. "The continuation and efficiency of the Chinese fiscal state, 700 BC–AD 1911." In Yun-Casalilla and O'Brien 2012, 335–52.

Deng, Kent G. 2015. "Imperial China under the Song and late Qing." In Monson and Scheidel 2015a, 308–42.

Deng, Kent and O'Brien, Patrick. 2016. "Establishing statistical foundations of a chronology for the great divergence: A survey and critique of the primary sources for the construction of relative wage levels for Ming-Qing China." *Economic History Review* 69: 1057–82.

Dennison, Tracy and Ogilvie, Sheilagh. 2014. "Does the European marriage pattern explain economic growth?" *Journal of Economic History* 74: 651–93.

Dennison, Tracy and Ogilvie, Sheilagh. 2016. "Institutions, demography, and economic growth." *Journal of Economic History*76: 205–17.

Desmet, Klaus, Greif, Avner, and Parente, Stephen L. 2017. "Spatial competition, innovation and institutions: The Industrial Revolution and the Great Divergence." Working paper, February.

De Souza, Philip. 1999. *Piracy in the Graeco-Roman world*. Cambridge: Cambridge University Press.

De Vries, Jan. 2008. *The Industrious Revolution: Consumer behavior and the household economy, 1650 to the present*. New York: Cambridge University Press.

De Vries, Jan and van der Woude, Ad. 1997. *The first modern economy: Success, failure, and perseverance of the Dutch economy, 1500–1815*. Cambridge: Cambridge University Press.

Diamond, Jared. 1997. *Guns, germs, and steel: The fates of human societies*. New York: Norton.

New York: Berkley Books.

Cowley, Robert, ed. 2001. *What if? 2: Eminent historians imagine what might have been*. New York: Putnam.

Cox, Gary W. 2012. "Was the Glorious Revolution a constitutional watershed?" *Journal of Economic History* 72: 567–600.

Cox, Gary W. 2017. "Political institutions, economic liberty, and the Great Divergence." *Journal of Economic History* 77: 724–55.

Crone, Patricia. 1980. *Slaves on horses: The evolution of the Islamic polity*. Cambridge: Cambridge University Press.

Crone, Patricia. 2003. *Pre-industrial societies: Anatomy of the pre-modern world*. 2nd ed. Oxford: Oneworld.

Crone, Patricia. 2004. *Medieval Islamic political thought*. Edinburgh: Edinburgh University Press.

Cuenca Esteban, Javier. 2004. "Comparative patterns of colonial trade: Britain and its rivals." In Prados de la Escosura 2004, 35–66.

Cushing, Kathleen G. 2005. *Reform and papacy in the eleventh century: Spirituality and social change*. Manchester: Manchester University Press.

Dagron, Gilbert. 2003. *Emperor and priest: The imperial office in Byzantium*. Cambridge: Cambridge University Press.

Dale, Helen. 2017. *Kingdom of the wicked. Book one: Rules*. Balmain, Australia: Ligature.

Dale, Stephen F. 2010. *The Muslim empires of the Ottomans, Safavids, and Mughals*. Cambridge: Cambridge University Press.

Dalgaard, Carl-Johan et al. 2018. "Roman roads to prosperity: Persistence and non-persistence in public good provision." Center for Economic Policy Research Discussion Paper 12745.

Daly, Jonathan. 2015. *Historians debate the rise of the West*. London: Routledge.

Darwin, John. 2008. *After Tamerlane: The rise and fall of global empires, 1400–2000*. London: Bloomsbury.

Davids, Karel. 2013. *Religion, technology, and the Great and Little Divergences: China and Europe compared, c. 700–1800*. Leiden: Brill.

De Angelis, Franco. 2006. "Estimating the agricultural base of Greek Sicily." *Papers of the British School at Rome* 68: 111–48.

Deaton, Angus. 2013. *The great escape: Health, wealth, and the origins of inequality*. Princeton, NJ: Princeton University Press.

De Bellaigue, Christopher. 2017. *The Islamic enlightenment: The struggle between faith and reason, 1798 to modern times*. New York: Liveright.

Decker, Michael J. 2016. *The Byzantine Dark Ages*. London: Bloomsbury.

Declercq, Dominik. 1998. *Writing against the state: Political rhetorics in third and fourth century China*. Leiden: Brill.

De Crespigny, Rafe. 2004. "South China in the Han period." Internet edition. https://openresearch-repository.anu.edu.au/html/1885/42048/southchina_han.html.

De Crespigny, Rafe. 2012. Review of Pines 2012. *American Historical Review* 117: 1567–68.

De Ligt, Luuk. 2012. *Peasants, citizens and soldiers: Studies in the demographic history of Roman Italy 225 BC–AD 100*. Cambridge: Cambridge University Press.

De Long, J. Bradford. 2000. "Overstrong against thyself: War, the state, and growth in Europe on the eve *to the Mongol empire*. Malden, MA: Blackwell.

Chu, Angus C. 2010. "Nation states vs. united empire: Effects of political competition on economic growth." *Public Choice*145: 181–95.

Chua, Amy. 2007. *Day of empire: How hyperpowers rise to global dominance—and why they fall*. New York: Doubleday.

Church, Sally K. 2005. "Zheng He: An investigation into the plausibility of 450-ft treasure ships." *Monumenta Serica* 53: 1–43.

Clark, Gregory. 2007. *A farewell to alms: A brief economic history of the world*. Princeton, NJ: Princeton University Press.

Clark, Hugh R. 2009. "The southern kingdoms between the T'ang and the Sung, 907–979." In Twitchett and Smith 2009, 133–205.

Cobb, Matthew A. 2018. *Rome and the Indian Ocean trade from Augustus to the early third century CE*. Leiden: Brill.

Coffman, D'Maris, Leonard, Adrian, and Neal, Larry, eds. 2013. *Questioning credible commitment: Perspectives on the rise of financial capitalism*. Cambridge: Cambridge University Press.

Cohen, H. Floris. 2009. "The rise of modern science as a fundamental pre-condition for the Industrial Revolution." *Österreichische Zeitschrift für Geschichtswissenschaften* 20, no. 2: 107–32.

Cohen, H. Floris. 2015. *The rise of modern science explained: A comparative history*. Cambridge: Cambridge University Press.

Cohen, Joel E. 1995. *How many people can the earth support?* New York: W. W. Norton.

Collins, Randall. 1995. "Prediction in macrosociology: The case of the Soviet collapse." *American Journal of Sociology* 100: 1552–93.

Collins, Roger. 1999. *Early medieval Europe 300–1000*. 2nd ed. Basingstoke: Palgrave.

Collins, Roger. 2004. *Visigothic Spain 409–711*. Malden, MA: Blackwell.

Cook, Theodore F., Jr. 2001. "The Chinese discovery of the New World, 15th century: What the expeditions of a eunuch admiral might have led to." In Cowley 2001, 85–104.

Cornell, Tim. 1993. "The end of Roman expansion." In Rich and Shipley 1993, 139–70.

Cornell, Tim J. 1995. *The beginnings of Rome: Italy and Rome from the Bronze Age to the Punic Wars (c. 1000–264 B.C.)*. London: Routledge.

Cornell, Tim J. 2000. "The city-states in Latium." In Hansen 2000a, 209–28.

Corvisier, Jean-Nicolas. 1991. *Aux origins du miracle grec: Peuplement et population en Grèce du Nord*. Paris: Presses Universitaires de France.

Cosandey, David. 2008. *Le secret de l'Occident: Vers une théorie générale du progrès scientifique*. Paris: Flammarion.

Cosgel, Metin M. and Miceli, Thomas J. 2009. "Tax collection in history." *Public Finance Review* 37: 399–420.

Coss, Peter. 2003. *The origins of the English gentry*. Cambridge: Cambridge University Press.

Costambeys, Marios, Innes, Matthew, and MacLean, Simon. 2011. *The Carolingian world*. Cambridge: Cambridge University Press.

Cowley, Robert, ed. 1999. *What if? The world's foremost military historians imagine what might have been.*

Buringh, Eltjo and van Zanden, Jan Luiten. 2009. "Charting the 'rise of the West': Manuscripts and printed books in Europe, a long-term perspective from the sixth through eighteenth centuries." *Journal of Economic History* 69: 409–45.

Cahen, Claude. 1975. "Tribes, cities and social organization." In Richard N. Frye, ed., *The Cambridge history of Iran*, vol. 4: *The period from the Arab invasion to the Saljuqs*. Cambridge: Cambridge University Press, 305–63.

Campbell, Brian. 2004. "Power without limit: 'The Romans always win.' " In Angelos Chaniotis and Pierre Ducrey, eds., *Army and power in the ancient world*. Stuttgart: Steiner, 167–80.

Carmichael, Sarah G. et al. 2016. "The European marriage pattern and its measurement." *Journal of Economic History* 76: 196–204.

Carneiro, Robert L. 1970. "A theory of the origin of the state." *Science* 169: 733–38.

Carneiro, Robert L. 1988. "The circumscription theory: Challenge and response." *American Behavioral Scientist* 31: 497–511.

Carrier, Richard. 2017. *The scientist in the early Roman empire*. Durham, NC: Pitchstone.

Casale, Giancarlo. 2010. *The Ottoman age of exploration*. Oxford: Oxford University Press.

Cavaciocchi, Simonetta, ed. 2008. *La fiscalità nell'economia europea secc. XIII–XVIII: Atti della "trentanovesimo settimana di studi" 22–26 aprile 2007*. 2 vols. Florence: Firenze University Press.

Cawkwell, George. 2005. *The Greek wars: The failure of Persia*. Oxford: Oxford University Press.

Chaffee, John W. 1995. *The thorny gates of learning in Sung China: A social history of examinations*. New ed. Albany: State University of New York Press.

Challand, Gerard. 2004. *Nomadic empires: From Mongolia to the Danube*. New Brunswick, NJ: Transaction.

Chambers, James. 1979. *The devil's horsemen: The Mongol invasion of Europe*. New York: Atheneum.

Champion, Craige B. and Eckstein, Arthur M. 2004. "Introduction: The study of Roman imperialism." In Craige B. Champion, ed., *Roman imperialism: Readings and sources*. Malden, MA: Blackwell, 1–15.

Chaney, Eric. 2016. "Religion and the rise and fall of Islamic science." Working paper.

Chang, Chun-shu. 2007. *The rise of the Chinese empire*, vol. 1: *Nation, state, and imperialism in early China, ca. 1600 B.C.–A.D. 8*. Ann Arbor: University of Michigan Press.

Chaniotis, Angelos. 2005. *War in the Hellenistic world*. Malden, MA: Blackwell.

Chase-Dunn, Christopher and Hall, Thomas D. 1997. *Rise and demise: Comparing world-systems*. Boulder, CO: Westview Press.

Chaudhry, Azam and Garner, Phillip. 2006. "Political competition between countries and economic growth." *Review of Development Economics* 10: 666–82.

Chen, Qiang. 2012. "The Needham puzzle reconsidered: The protection of industrial and commercial property rights." *Economic History of Developing Regions* 27: 38–66.

Chen, Sanping. 2012. *Multicultural China in the early Middle Ages*. Philadelphia: University of Pennsylvania Press.

Chiang, Charleston W. K. et al. 2017. "A comprehensive map of genetic variation in the world's largest ethnic group—Han Chinese." bioRxiv, July 13. doi: https://doi.org/10.1101/162982.

Chirot, Daniel. 1985. "The rise of the West." *American Sociological Review* 50: 181–95.

Christian, David. 1998. *A history of Russia, Central Asia and Mongolia*, vol. 1: *Inner Eurasia from prehistory*

history behind China's economic boom." *Journal of Economic Literature* 52: 45–123.

Bransbourg, Gilles. 2015. "The later Roman empire." In Monson and Scheidel 2015a, 258–81.

Braudel, Fernand 1966. *La Méditerranée et la monde méditerranéen à l'époque de Philippe*. 2nd ed. Paris: Libraire Armand Colin.

Brauer, Jurgen and van Tuyll, Hubert. 2008. *Castles, battles, and bombs: How economics explains military history*. Chicago: University of Chicago Press.

Brendle, Franz. 2002. "Karl V. und die reichsständische Opposition." In Kohler, Haider, and Ottner 2002, 691–705.

Brenner, Robert and Isett, Christopher. 2002. "England's divergence from China's Yangzi Delta: Property relations, microeconomics, and patterns of development." *Journal of Asian Studies* 61: 609–62.

Bresson, Alain. 2006. "La machine d'Héron et le coût de l'énergie dans le monde antique." In Elio Lo Cascio, ed., *Innovazione tecnica e progresso economico nel mondo romano*. Bari: Edipuglia, 55–80.

Brewer, John. 1988. *The sinews of power: War, money and the English state, 1688–1783*. Cambridge, MA: Harvard University Press.

Briant, Pierre. 2002. *From Cyrus to Alexander: A history of the Persian empire*. Winona Lake, IN: Eisenbrauns.

Broadberry, Stephen, Guan, Hanhui, and Li, David D. 2017. "China, Europe and the great divergence: A study in historical national accounting, 980–1850." University of Oxford Discussion Papers in Economic and Social History no. 155.

Broadberry, Stephen and Gupta, Bishnupriya. 2006. "The early modern great divergence: Wages, prices and economic development in Europe and Asia, 1500–1800." *Economic History Review* 59: 2–31.

Broadberry, Stephen et al. 2015. *British economic growth, 1270–1870*. Cambridge: Cambridge University Press.

Broodbank, Cyprian. 2013. *The making of the middle sea: A history of the Mediterranean from the beginning to the emergence of the classical world*. Oxford: Oxford University Press.

Brown, Peter. 2003. *The rise of Western Christendom: Triumph and diversity, A.D. 200–1000*. 2nd ed. Malden, MA: Blackwell.

Brunt, Peter A. 1987. *Italian manpower 225 B.C.–A.D. 14*. Reprint with postscript. Oxford: Clarendon Press.

Bryant, Joseph M. 2006. "The West and the rest revisited: Debating capitalist origins, European colonialism, and the advent of modernity." *Canadian Journal of Sociology* 31: 403–44.

Bryant, Joseph M. 2008. "A new sociology for a new history? Further critical thoughts on the Eurasian similarity and great divergences theses." *Canadian Journal of Sociology* 33: 149–67.

Bulliet, Richard W. 2009. *Cotton, climate, and camels in early Islamic Iran: A moment in world history*. New York: Columbia University Press.

Büntgen, Ulf and Di Cosmo, Nicola. 2016. "Climatic and environmental aspects of the Mongol withdrawal from Hungary in 1242 CE." *Scientific Reports* 6, 25606. doi: 10.1038/srep25606.

Büntgen, Ulf et al. 2016. "Cooling and societal change during the late antique Little Ice Age from 536 to around 660 AD." *Nature Geoscience* 9: 231–326.

Burbank, Jane and Cooper, Frederick. 2010. *Empires in world history: Power and the politics of difference*. Princeton, NJ: Princeton University Press.

and technology in pre-modern China. Honolulu: University of Hawai'i Press.

Bogart, Dan and Richardson, Gary. 2011. "Property rights and Parliament in industrializing Britain." *Journal of Law and Economics* 54: 241–74.

Bol, Peter K. 1992. *"This culture of ours": Intellectual transitions in T'ang and Sung China*. Stanford, CA: Stanford University Press.

Bol, Peter K. 1993. "Government, society, and state: On the political visions of Ssu-ma Kuang and Wang An-shih." In Hymes and Schirokauer 1993, 128–92.

Bol, Peter K. 2008. *Neo-Confucianism in history*. Cambridge, MA: Harvard University Press.

Bolt, Jutta, Inklaar, Robert, de Jong, Herman, and van Zanden, Jan Luiten. 2018. "Rebasing 'Maddison': New income comparisons and the shape of long-run economic development." Groningen Growth and Development Centre Research Memorandum 174. https://www.rug.nl/ggdc/html_publications/memorandum/gd174.pdf.

Boltz, William G. 1994. *The origin and early development of the Chinese writing system*. New Haven, CT: American Oriental Society.

Bonnell, Victoria E. 1980. "The uses of theory, concepts and comparison in historical sociology." *Comparative Studies in Society and History* 22: 156–73.

Bonney, Richard, ed. 1995. *Economic systems and state finance*. Oxford: Oxford University Press.

Bonney, Richard, ed. 1999. *The rise of the fiscal state in Europe, c. 1200–1815*. Oxford: Oxford University Press.

Bonney, Richard and Ormrod, William. M. 1999. "Crises, revolutions and self-sustained growth: Towards a conceptual model of change in fiscal history." In William M. Ormrod, Margaret Bonney, and Richard Bonney, eds., *Crises, revolutions and self-sustained growth: Essays in European fiscal history, 1130–1830*. Stamford, UK: Shaun Tyas, 1–21.

Bosker, Maarten, Buringh, Eltjo, and van Zanden, Jan Luiten. 2013. "From Baghdad to London: unraveling urban development in Europe, the Middle East, and North Africa, 800–1800." *Review of Economics and Statistics* 95: 1418–37.

Bosworth, A. B. 1988. *From Arrian to Alexander: Studies in historical interpretation*. Oxford: Clarendon Press.

Bosworth, A. B. 2002. *The legacy of Alexander: Politics, warfare, and propaganda under the successors*. Oxford: Oxford University Press.

Bourguignon, Francois and Morrisson, Christian. 2002. "Inequality among world citizens: 1820–1992." *American Economic Review* 92: 727–44.

Bowman, Alan. 2018. "The state and the economy: Fiscality and taxation." In Wilson and Bowman 2018, 27–52.

Bowman, Alan and Wilson, Andrew. 2009. "Quantifying the Roman economy: Integration, growth, decline?" In Alan Bowman and Andrew Wilson, eds., *Quantifying the Roman economy: Problems and methods*. Oxford: Oxford University Press, 3–84.

Boyle, John A., ed. 1968. *The Cambridge history of Iran*, vol. 5: *The Saljuq and Mongol periods*. Cambridge: Cambridge University Press.

Brandt, Loren, Ma, Debin, and Rawski, Thomas G. 2014. "From divergence to convergence: Reevaluating the

*Theological Review*92: 465–78.

Bayly, Christopher A. 2004. *The birth of the modern world, 1780–1914: Connections and comparisons*. Malden, MA: Blackwell.

Beard, Mary. 2015. *SPQR: A history of ancient Rome*. New York: Liveright.

Beaudreau, Bernard. 2018. "A pull-push theory of industrial revolutions." IISES Annual Conference, Sevilla.

Becker, Sascha O., Pfaff, Steven, and Rubin, Jared. 2016. "Causes and consequences of the Protestant Reformation." *Explorations in Economic History* 62: 1–25.

Becker, Sascha O. and Woessmann, Ludger. 2009. "Was Weber wrong? A human capital theory of Protestant economic history." *Quarterly Journal of Economics* 124: 531–96.

Beckert, Sven. 2014. *Empire of cotton: A global history*. New York: Knopf.

Beckwith, Christopher I. 2009. *Empires of the Silk Road: A history of central Eurasia from the Bronze Age to the present*. Princeton, NJ: Princeton University Press.

Bedford, Peter R. 2009. "The Neo-Assyrian empire." In Morris and Scheidel 2009, 30–65.

Belich, James. 2009. *Replenishing the earth: The settler revolution and the rise of the Anglo-world, 1783–1939*. Oxford: Oxford University Press.

Belich, James. 2016. "The Black Death and the spread of Europe." In James Belich, John Darwin, Margret Frenz, and Chris Wickham, eds., *The prospect of global history*. Oxford: Oxford University Press, 93–107.

Beloch, Julius 1886. *Die Bevölkerung der griechisch-römischen Welt*. Leipzig: Duncker & Humblot.

Berkey, Jonathan P. 2003. *The formation of Islam: Religion and society in the Near East, 600–1800*. Cambridge: Cambridge University Press.

Bickerman, Elias and Smith, Morton. 1976. *The ancient history of Western civilization*. New York: Harper and Row.

Bielenstein, Hans 1987. *Chinese historical demography A.D. 2–1982*. Stockholm: Museum of Far Eastern Antiquities.

Billington, Stephen D. 2018. " 'War, what is it good for?' The Industrial Revolution!" Queen's University Centre for Economic History Working Paper 2018-12.

Billows, Richard. 1990. *Antigonos the one-eyed and the creation of the Hellenistic state*. Berkeley: University of California Press.

Biondi, Ennio. 2016. *La politica imperialistica ateniese a metà del V secolo a.C.: Il contesto egizio-cipriota*. Milan: LED.

Black, Jeremy. 2002. *European warfare, 1494–1660*. London: Routledge.

Blackburn, Robin. 1997. *The making of New World slavery: From the Baroque to the Modern, 1492–1800*. London: Verso.

Blaydes, Lisa and Chaney, Eric. 2013. "The feudal revolution and Europe's rise: Political divergence of the Christian West and the Muslim world before 1500 CE." *American Political Science Review* 107: 16–34.

Blockmans, Wim P. 1994."Voracious states and obstructing cities: An aspect of state formation in preindustrial Europe." In Tilly and Blockmans 1994, 218–50.

Blockmans, Wim P. 2002. *Emperor Charles V, 1500–1558*. London: Arnold.

Bodde, Derk. 1991. *Chinese thought, society, and science: The intellectual and social background of science*

Bang, Peter F., Bayly, Chris A., and Scheidel, Walter, eds. In press. *The Oxford world history of empire*. New York: Oxford University Press.

Bang, Peter F. and Kolodziejczyk, Dariusz, eds. 2012. *Universal empire: A comparative approach to imperial culture and representation in Eurasian history*. Cambridge: Cambridge University Press.

Bang, Peter F. and Scheidel, Walter, eds. 2013. *The Oxford handbook of the state in the ancient Near East and Mediterranean*. New York: Oxford University Press.

Bankoff, Greg and Swart, Sandra. 2007. *Breeds of empire: The "invention" of the horse in Southeast Asia and Southern Africa 1500–1950*. Copenhagen: NIAS.

Banniard, Michel. 2013. "The transition from Latin to the Romance languages." In Maiden, Smith, and Ledgeway 2013, 57–106.

Barbero, Alessandro. 2004. *Charlemagne: Father of a continent*. Berkeley: University of California Press.

Barcelo, Pedro A. 1988. *Karthago und die iberische Halbinsel vor den Barkiden: Studien zur karthagischen Präsenz von der Gründung von Ebusus (VII. Jh. v. Chr.) bis zum Übergang Hamilkars nach Hispanien (237 v. Chr.)*. Bonn: Habelt.

Barfield, Thomas J. 1989. *The perilous frontier: Nomadic empires and China, 221 BC to AD 1757*. Cambridge, MA: Blackwell.

Barfield, Thomas J. 2001. "The shadow empires: Imperial state formation along the Chinese-Nomad frontier." In Alcock et al. 2001, 10–41.

Barfield, Thomas J. 2002. "Turk, Persian, and Arab: Changing relationships between tribes and state in Iran and along its frontiers." In Nikki R. Keddie and Rudi Matthee, eds., *Iran and the surrounding world: Interactions in culture and cultural politics*. Seattle: University of Washington Press, 61–86.

Barfield, Thomas J. 2003. Review of Di Cosmo 2002. *T'oung Pao* 89: 458–66.

Barker, Graeme and Rasmussen, Tom. 1998. *The Etruscans*. Oxford: Blackwell.

Barkey, Karen. 2008. *Empire of difference: The Ottomans in comparative perspective*. Cambridge: Cambridge University Press.

Bar-Kochva, Bezalel. 1976. *The Seleucid army: Organization and tactics in the great campaigns*. Cambridge: Cambridge University Press.

Barnwell, Paul S. 2003. "Kings, nobles, and assemblies in the barbarian kingdoms." In Barnwell and Mostert 2003, 11–28.

Barnwell, Paul S. and Mostert, Marco, eds. 2003. *Political assemblies in the earlier Middle Ages*. Turnhout: Brepols.

Baronowski, Donald W. 1993. "Roman military forces in 225 BCE (Polybius 2.23–4)." *Historia* 42: 181–202.

Barrow, Julia. 2015. *The clergy in the medieval world: Secular clerics, their families and careers in north-western Europe, c. 800–c. 1200*. Cambridge: Cambridge University Press.

Bartlett, Robert. 1993. *The making of Europe: Conquest, colonization and cultural change, 950–1350*. Princeton, NJ: Princeton University Press.

Basan, Aziz. 2010. *The Great Seljuqs: A history*. London: Routledge.

Baten, Joerg and van Zanden, Jan Luiten. 2008. "Book production and the onset of modern economic growth." *Journal of Economic Growth* 13: 217–35.

Baumgarten, Albert I. 1999. "Marcel Simon's *Verus Israel* as a contribution to Jewish history." *Harvard*

2002b, 265–93.

Ameling, Walter. 1993. *Karthago: Studien zu Militär, Staat und Gesellschaft*. Munich: Beck.

Andrade, Tonio. 2016. *The gunpowder age: China, military innovation, and the rise of the West in world history*. Princeton, NJ: Princeton University Press.

Andreski, Stanislav. 1968. *Military organization and society*. 2nd ed. Berkeley: University of California Press.

Angelov, Dimiter and Herrin, Judith. 2012. "The Christian imperial tradition—Greek and Latin." In Bang and Kolodziejczyk 2012, 149–74.

Angelucci, Charles, Meraglia, Simone, and Voigtländer, Nico. 2017. "The medieval roots of inclusive institutions: From the Norman conquest of England to the Great Reform Act." NBER Working Paper no. 23606. Cambridge, MA: National Bureau of Economic Research.

Aperghis, G. G. 2004. *The Seleukid economy: The finances of financial administration of the Seleukid empire*. Cambridge: Cambridge University Press.

Appleby, Joyce. 2010. *The relentless revolution: A history of capitalism*. New York: Norton.

Ardant, Gabriel. 1971–1972. *L'histoire de l'impôt*. 2 vols. Paris: Fayard.

Armstrong, Jeremy. 2016. *War and society in early Rome: From warlords to generals*. Cambridge: Cambridge University Press.

Arnold, Benjamin. 1991. *Princes and territory in medieval Germany*. Cambridge: Cambridge University Press.

Arrighi, Giovanni. 2007. *Adam Smith in Beijing: Lineages of the twenty-first century*. London: Verso.

Artzrouni, Marc and Komlos, John. 1996. "The formation of the European state system: A spatial 'predatory' model." *Historical Methods* 29: 126–34.

Asher, Catherine B. and Talbot, Cynthia. 2006. *India before Europe*. Cambridge: Cambridge University Press.

Austin, M. M. 1986. "Hellenistic kings, war, and the economy." *Classical Quarterly* 36: 450–66.

Auyang, Sunny Y. 2014. *The dragon and the eagle: The rise and fall of the Chinese and Roman empires*. Armonk, NY: M. E. Sharpe.

Babel, Rainer. 2002. "Frankreich und Karl V. (1519–1556)." In Kohler, Haider, and Ottner 2002, 577–610.

Baechler, Jean. 1975. *The origins of capitalism*. Oxford: Basil Blackwell.

Baechler, Jean, Hall, John A., and Mann, Michael, eds. 1988. *Europe and the rise of capitalism*. Oxford: Basil Blackwell.

Bai, Ying and Kung, James Kai-sing. 2011. "Climate shocks and Sino-nomadic conflict." *Review of Economics and Statistics*93: 970–81.

Bang, Peter F. 2007. "Trade and empire in search of organizing concepts for the Roman economy." *Past and Present* 195: 3–54.

Bang, Peter F. 2008. *The Roman bazaar: A comparative study of trade and markets in a tributary empire*. Cambridge: Cambridge University Press.

Bang, Peter F. 2012. "Predation." In Walter Scheidel, ed., *The Cambridge companion to the Roman economy*. Cambridge: Cambridge University Press, 197–217.

Bang, Peter F. 2015. "An economist approaches Roman economic history." *Journal of Roman Archaeology* 28: 637–40.

Bang, Peter F. in press. "Introduction." In Bang, Bayly, and Scheidel in press.

參考書目

Abernethy, David B. 2000. *The dynamics of global dominance: European overseas empires, 1415–1980*. New Haven, CT: Yale University Press.

Acemoglu, Daron, Johnson, Simon, and Robinson, James. 2005. "The rise of Europe: Atlantic trade, institutional change, and economic growth." *American Economic Review* 95: 546–79.

Acemoglu, Daron and Robinson, James A. 2012. *Why nations fail: The origins of power, prosperity, and poverty*. New York: Crown.

Acemoglu, Daron and Robinson, James A. 2019. *The narrow corridor: States, societies, and the fate of liberty*. New York: Penguin.

Adams, James N. 2007. *The regional diversification of Latin 200 BC–AD 600*. Cambridge: Cambridge University Press.

Adams, James N. 2008. *Bilingualism and the Latin language*. Cambridge: Cambridge University Press.

Afzelius, Adam. 1942. *Die römische Eroberung Italiens (340–264 v. Chr.)*. Copenhagen: Ejnar Munksgaard.

Afzelius, Adam. 1944. *Die römische Kriegsmacht während der Auseinandersetzung mit den hellenistischen Grossmächten*. Copenhagen: Ejnar Munksgaard.

Airlie, Stuart. 1995. "The aristocracy." In McKitterick 1995, 431–50.

Alcock, Susan E., D'Altroy, Terence, N., Morrison, Kathleen D., and Sinopoli, Carla M., eds. 2001. *Empires: Perspectives from archaeology and history*. Cambridge: Cambridge University Press.

Allen, Robert C. 2001. "The great divergence in European wages and prices from the Middle Ages to the First World War." *Explorations in Economic History* 38: 411–47.

Allen, Robert C. 2003. "Progress and poverty in early modern Europe." *Economic History Review* 56: 403–43.

Allen, Robert C. 2009a. "Agricultural productivity and rural incomes in England and the Yangtze Delta, c. 1620–c. 1820." *Economic History Review* 62: 525–50.

Allen, Robert C. 2009b. *The British Industrial Revolution in global perspective*. Cambridge: Cambridge University Press.

Allen, Robert C. 2011. "Why the Industrial Revolution was British: Commerce, induced invention, and the scientific revolution." *Economic History Review* 64: 357–84.

Allen, Robert C. and Weisdorf, Jacob L. 2011. "Was there an 'Industrious Revolution' before the Industrial Revolution? An empirical exercise for England, c. 1300–1830." *Economic History Review* 64: 715–729.

Allen, Robert C. et al. 2011. "Wages, prices, and living standards in China, 1738–1925: In comparison with Europe, Japan, and India." *Economic History Review* 64(S1): 8–38.

Allsen, Thomas T. 1987. *Mongol imperialism: The policies of the Grand Qan Möngke in China, Russia, and the Islamic lands, 1251–1259*. Berkeley: University of California Press.

Allsen, Thomas T. 2002. "The circulation of military technology in the Mongolian empire." In Di Cosmo

外兩個反事實情境則（甚至）較為粗疏概略。

45 即使羅馬帝國從未存在過，公元五百年左右的歐洲也幾乎不可能是個類似諾斯人冰島那樣的無國家世界，諾斯人冰島是艾塞默魯與羅賓森（2019）用來對照羅馬之後歐洲國家形成的象徵物。他們也傾向於高估羅馬的政府運作方式對中世紀初期國家形成的影響，其中最主要的特徵是世俗事務脫離中央集權國家權力的掌控：見本書第七章。

46 我認為這個過程比公元前第六個千年英吉利海峽發生的洪水事件更為根本，後者將英國變成一座島嶼，因此使英國免於遭受歐洲競爭者的入侵。但歐陸上大帝國的形成卻可能扭轉這個優勢，而這種狀況在羅馬時代就曾發生過。

第一章技術摘記

1 McEvedy and Jones 1978. 關於更具企圖心的合作模擬研究，見 Kaplan et al. 2011；Klein Goldewijk et al. 2011。

2 McEvedy and Jones 1978: 21-22 與我自己根據他們的國家數值做的估計；Frier 2000: 814, table 6 認為是六千一百萬人，Scheidel 2007a: 48, table 3.1 認為是五千九百萬到七千兩百萬人。更高的數字當然有可能。關於古希臘，見 Hansen 2006。

3 McEvedy and Jones 1978: 353-54 與 Bielenstein 1987: 12（漢朝的人口普查）。

4 McEvedy and Jones 1978: 353-54. 對於那個時期淨成長的懷疑，見 J. Cohen 1995: 400-401 的調查。更近期的狀況，見注 2。這個立場也與生態相關的歷史學研究一致，這類研究越來越重視氣候變遷與流行病的衝擊：例見 Harper 2017 談歐亞大陸西部。黑死病使十四、十五與十六世紀的人口縮減與恢復的循環週期更加密集：Malanima 2009: 7-9。

5 他們未區別中國本部與包括新疆、西藏、內蒙古、滿洲與臺灣在內的中國，而在大部分的歷史中（在某些例子裡，甚至直到今日都是如此），後者涵蓋的新疆、西藏、內蒙古、滿洲與臺灣等地區的低人口密度限制了人口劃分的可用程度。更糟糕的是，在南亞地區，他們把印度、巴基斯坦與孟加拉合併成一個單一的單元：McEvedy and Jones 1978: 167, 171, 183。

6 公元一四〇年：Bielenstein 1987: 167, 171, 183。

7 不管有沒有用，一八七一年到一八七二年英國在印度進行的人口普查顯示，雖然當時人口集中於恆河與印度河流域（旁遮普省〔Punjab〕、西北省〔North West Provinces〕、奧德邦〔Oude〕與孟加拉省）的現象比今日來得明顯，但整體分布已經與現在非常類似：一八七五年備忘錄。不用說，這幾乎無法告訴我們一千年或兩千年前的狀況。

8 錯誤的程度： I. Morris 2013b 也用了類似的標準來為更具企圖心的量化比較研究提供理由。

22　Strayer 1970: 26.

23　引文：E. Jones 2003: 110（與更一般的說法 110-17, 245）；Mokyr 2007: 28；Mokyr 2017: 215。

24　引文：Baechler 1975: 76（與見 76-77，113 談單一文化的重要性）；Hall 1988: 35；van Zanden 2009a：68。也可見 J. Hall 1996: 65。

25　E. Jones 2003: 115-17; van Zanden 2009a: 90.

26　語言：E. Jones 2003: 112-13；與參見 Mokyr 2017: 170。安撫：Mann 1986: 377 與之後的 J. Hall 1988: 32 與 van Zanden 2009a: 36, 45。貿易：Hall 1986: 125。跨國組織：Mitterauer 2003: 154-55。見通論性的說法 Hall 1985: 123-26。E. Jones (2003:112) 也認為宗教上「有限的多樣性」比「無止盡的分裂」更可取。

27　Mokyr 2002: 76; Mokyr 2007: 28-29（引文：29）；Mokyr 2017: 179-224, esp. 215 談反事實條件。

28　P. Stein 1999: 40-41（存續），43-68（復興，直到十三世紀），71-101（傳布，直到十七世紀）。

29　商人：P. Stein 1999: 106（引文），與 Hilaire 1986。關於一般的商人制度，見 Greif 2006。關於英格蘭制度，見本書第十章與第十二章。引文：P. Stein 1999: 2。

30　Adams 2007; Banniard 2013: 75-85; R. Wright 2016: 15, 17, 21.

31　R. Wright 2013: 118-21; R. Wright 2016: 21-23. 見 Barrow 2015: 170-235 談中世紀教士的教育。一般而言，學校普遍附屬於教堂（176-78）。

32　Josephus, *Jewish War* 6.5.3. 與最古老的福音中約瑟（上帝）的兒子耶穌類似。

33　關於沒有基督教的反事實情境，見 Demandt 1999: 77-78 與 Demandt 2011: 101-8。關於馬吉安主義，見 Moll 2010。關於君士坦丁政策轉變背後的理由，論戰從未終止：見 Girardet 2006 的相關資料與學術研究指南。Eire 2006a 發展了一個沒有釘十字架或沒有神性的基督教的反事實情境，以及這種狀況對歐洲發展的影響。儘管有這方面的主張，但猶太人宣教是否能有很大的潛力，令人懷疑：見 Baumgarten 1999: 471-76 談這場論戰。

34　《約翰福音》14.6。

35　見本書第二章（薩莫奈人）與第三章（希臘與迦太基的作戰能力）。

36　塞琉古國王安條克四世（Antiochos IV）成功於公元前一七〇年與一六八年入侵埃及，卻受到羅馬出面干預。公元前四〇年到三十八年，安息帝國利用羅馬陷入內戰之際，出兵敘利亞與猶地亞（Judea）。關於中東國家在控制地中海東部邊陲地區時遭遇的障礙，見本書第三章。

37　見 Netz 即將出版的作品，談希臘學術與文學生產的空間集中。

38　Feeney 2016, esp. 45-151（翻譯），122-51（帝國），173-78（史家）。

39　Woolf 1994: 91-92; Mullen 2013: 161-63 談希臘—高盧文本的滲透。Strabo, *Geography* 4.1.5 主張，在希臘影響下，高盧人以希臘文書寫契約，但卻無法獲得證明（Mullen 2013: 162）。凱撒兩次提及高盧使用希臘文，無論這個說法是否為真，至少他的讀者深信不疑：Woolf 1994: 90。

40　見 Woolf 1994: 92-93 談錢幣。

41　Ibid., 89, 94.

42　簡要說法見 Netz 即將出版的作品，更詳細的內容見他計畫的古希臘數學史。從這個視角，希臘人對我們的貢獻很可能超越羅馬人。然而這個論點很容易流於誇大：Russo 2004，一個泰半出於推測的論點，提到公元前三世紀的希臘科學革命以及這場革命對文藝復興以降的歐洲科學造成的影響，顯示出這個取向的限制。（Carrier 2017 讚揚的絕大多數「羅馬」科學其實都是希臘科學。）

43　關於迦太基與希臘化國家，見本書第三章。

44　實際的軌跡根據圖 1.4。反事實情境 1 考慮羅馬溫暖期（Roman Warm Period）的有利條件，而另

6　就我所知，Schiavone 2000: 180-86, 190 是唯一思考在關鍵時點羅馬可能出現政治與經濟變化的專業古代史家，他把這個關鍵時點定在公元前八〇年代到公元前六〇年代，當時大量資源集中於義大利，舊社會政治秩序面臨壓力，但帝國的掠奪與貴族支配的穩定化卻不希望見到轉變性的變革出現。這個反事實情境並無值得推薦之處。從經濟視角來看，Koyama 2017a 提到，轉而朝向機器文化以滿足勞動需求，必須不存在任何奴工才能辦到，而這不是個合理的反事實情境（考量到帝國菁英擁有數百萬奴隸），而那樣的條件也無法促使科學文化或資產階級價值出現。（也參見 Tridimas 2018 談古希臘未能工業化，他歸咎於能源成本、小政治體規模與霸權態度。）歷史小說構思了兩種情境，羅馬帝國要不是在上古時代就已經工業化（H. Dale 2017），就是一直存續至今（Mitchell 1984：出現重要的科技進展，卻沒有充分工業化；Silverberg 2003：本質上不斷重演歷史上的創新）。

7　關於中國，見本書第十章。關於羅馬帝國後期（從公元三世紀晚期之後）性質的現代觀點的演進，比較 Arnold Jones 1964, Garnsey and Humfress 2001, and Kelly 2004。

8　http://www.romaneconomy.ox.ac.uk/, 與 Boman and Wilson 2009 提出的宣言。新古典經濟學：Temin 2012 與 Morris Silver 的無數論文。關於批評，見 Scheidel 2014: 28-29；Bang 2015。Terpstra 2019: ch. 4 提出比較微妙的觀點。

9　國家的制度與經濟：例見 Lo Cascio 2006；Wilson and Bowman 2018, 27-132, and esp. Lo Cascio 2018。賦稅與貿易：Hopkins 1980, 2002。衰弱：Wickham 2005: 62-80, 693-824。關於市場與國家需求（掠奪）的二元論，簡要說明見 Scheidel 2012: 7-10。

10　關於羅馬稅制，見 Scheidel 2015a, 2015d。關於衰落的邏輯，見 Monson and Scheidel 2015a。關於中國的賦稅，見本書第十章。有人認為羅馬帝國是個高稅率的政權（Bowman 2018），這種說法完全是幻想，它混淆了名目稅率與實質稅率，而且無法與我們知道的公共支出的限制相容（見 Scheidel 2015a: 243-44 提到中央政府占百分之五到七的國內生產毛額，外加地方稅）。

11　掠奪：Bang 2007, 2008, 2012。關於中國，見本書第十一章。不平等：Scheidel 2017: 63-80。

12　關於明朝的措施與其他國家的干預，見本書第十三章。羅馬帝國晚期：Arnold Jones 1964，以及 Gwynn 2008。關於比較視角，見 Haldon 2012。也可見 Terpstra 2019: ch. 7 談成熟時期羅馬帝國的制度停滯與對現狀的偏好。

13　蒙兀兒人：Bang 2008。鄂圖曼人：Vries 2002: 115。

14　以在古地中海地區發展的較具生產競爭性與更包羅一切的社會來說，這些社會集中出現在古典時期與希臘化文化初期希臘的參與式城邦與同盟實體中（特別見 Mackil 2013 與 Ober 2015，以及參見 Raaflaub 2018）——這個具有潛在遠景的實驗未能逃過羅馬的征服。

15　Laiou 2002: 1153, 1164; Oikonomides 2002: 1020. Oikonomides 2002: 973-74, 990-1026（指令型經濟），1026-58, esp. 1042-48（特權）。

16　創新：Laiou 2002: 1152-53。特許：Laiou 2002: 1156-59；Oikonomides 2002: 1150-55；Jacoby 2008。

17　J. Hall 1996: 55-56.

18　見本書第九章與 Gelasius, *Tractatus* 4（引文第二部分），轉引自 Dagron 2003: 182。政治化：Dagron 2003: 302-3。

19　見本書第五章。

20　見本書第五章。

21　Van Zanden 2009a: 45-49；也可見本書第十章。

80 G. Clark 2007. 評論收集於 http://faculty.econ.ucdavis.edu/faculty/gclark/a_farewell_to_alms.html.

81 見 van Zanden 2009a: 101-43 談這種思路；也可見 Hartmann 2004 談這種模式成為支撐第一次工業革命（231-42）的基礎，雖然實際的機制還不清楚。見 Dennison and Ogilvie 2014 與 2016 針對人們提出的西北歐婚姻模式與經濟成長之間的連結做出持續批評，與 De Moor and van Zanden 2010 and Carmichael et al. 2016 與其他學者相左。

82 Belich 2016: 99-104. 關於節省勞力的設備與資本運用，見 Herlihy 1997: 49-51，他的編輯 Samuel K. Cohn Jr.（10-12）對於書中的年代資訊表示懷疑。

83 Voigtländer and Voth 2009: 248-51; Voigtländer and Voth 2013a, 2013b. 在與先前的模式（Voigtländer and Voth 2006）不同的說法中，他們認為戰爭是最重要的近因：Voigtländer and Voth 2013a: 182；Voigtländer and Voth 2013b: 799。參見 Edwards and Ogilvie 2018 批評他們論點中的其他元素。

84 見 Tvedt 2010 具啟發性的比較研究。

結語

1 Rosenthal and Wong 2011: 200 正確地指出，「政治上的競爭與衝突不足以保證科技變遷與經濟成長。」但競爭與衝突卻是促成變遷與成長必要的先決條件。引文 Allen 2009b: 275。見 Mokyr 2006 認為，如果工業革命未在歐洲發生，那麼工業革命或許就不會發生；更一般的說法，Crone 2003: 171-75（提到日本不可能產生本土的現代化發展，因為整體而言，日本並非競爭性列國體系的一部分：174-75）。Prados de la Escosura 2004 的投稿人都同意，英國工業革命具有例外性質。

2 我說「極大的可能」，因為嚴格來說，我們無法確定傳統帝國是原則上且不變地不利現代化發展，或只是通常且實踐上不利於現代化發展。然而，根據本書第五部分，我的確傾向於前者。

後記

1 大衛・藍迪斯的直觀看法尚未獲得充分的發展，他認為「歐洲的好運在於羅馬的衰亡以及隨後的衰弱與分裂。（好幾個世代的古典學家與拉丁文教師為此哀嘆良久。）」（Landes 1998: 37）。如今，對羅馬帝國的公開讚揚，（大部分）已追隨現代殖民帝國的腳步走進歷史的垃圾堆。我在接近結尾時會簡短討論拉丁文的歷史價值。

2 引文出自 http://montypython.50webs.com/scripts/Life_of_Brian/10.htm.

3 描述大致正確，不過各類發展的精確規模仍有爭議。關於都市化，見 Scheidel 2007a: 78-80；Wilson 2011: 179-93；J. Hanson 2016。人口數量是個特別有爭議的問題，但即使是保守的估計也顯示出相對較高的密度：見 Frier 2000: 814, table 6，Scheidel 2007a: 48 更新。關於海上市場整合與降低的交易成本，見 Scheidel 2011a；Scheidel and Meeks 2014。關於龐大貨物，例見 Erdkamp 2005。關於高估值的貨幣價值，見 Duncan-Jones 1994: 168-70；但參見 Scheidel 2009c: 201-2。關於冰核中保留的銀礦熔煉的同位素證據，見 Scheidel 2009b: 47-48nt 的參考資料，與最近期的 McConnell et al. 2018。信貸：Harris 2006；Rathbone and Temin 2008。

4 國內生產毛額規模：Scheidel and Friesen 2009。國內生產毛額趨勢方向：Scheidel 2009b 以及 Wilson 2009 and 2004，後者對於各種代用資料的相關性表示懷疑，這種想法不見得不合理。關於共和時代晚期經濟擴張的不同詮釋，見 Scheidel 2007b 與 Kay 2014。

5 關於羅馬科技，見 Oleson 2008 的調查，特別是 Schneider 2007 談羅馬科技的經濟向度。安提基提拉島的機械：Alexander Jones 2017。蒸汽機：Bresson 2006。見 Scheidel 2009b: 69 談創新的本質與減少。關於海外探索與貿易，見本書第十一章。

63 Ibid., 110-11, 130（引文）。

64 Ibid., 111-31（模型），特別是 123-28 談關鍵發現。對比之下，代議政府與圈地則幾乎沒有影響。都市／農村轉換：ibid., 17, table 1.1。倫敦人口從一五〇〇年到一七〇〇年成長了十倍：17。類似的統計，見 Wrigley 2016: 45-50, 67-74 強調十七與十八世紀英格蘭都市成長的速度遠超過歐陸：英格蘭都市人口成長超過七倍，而西歐的歐陸部分只有百分之八十，英格蘭都市人口比例成長四倍，但西歐整體只提升了三分之一，而且後者絕大部分成長還是英格蘭貢獻的：見本書第十章。參見 Palma 2016 談國際貿易也讓其他歐洲大西洋經濟體的實質薪資提高。農業革命：Overton 1996；Wrigley 2016: 51-60, 65, 67-74。

65 Allen 2009b: 129（引文）；Hoffman 2015: 211-12。也可見本書第十章。

66 Allen 2009b: 111, 162-63. 也可見 Pomeranz 2000: 61；Cuenca Esteban 2004: 55。

67 Goldstone 2002: 363-64; G. Clark 2007: 242; Wrigley 2016: 34, table 3.2. 煤與中國：Pomeranz 2000: 59-68；Pomeranz 2006: 252-56；以及 Marks 2002: 110-11；Tvedt 2010: 34, 36。彭慕然強調煤的使用是出於偶然，至於不同的意見可以參考 Bryant 2006: 438；Parthasarathi 2011: 162-64；Rosenthal and Wong 2011: 167；Vries 2013: 191-96；Vries 2015: 404。煤做為幽靈地面積：E. Jones 2003: 84。

68 打斷供應鏈：與 Goldstone 2002: 360-61 相左，金世傑認為，如果煤田位於布列塔尼而非英國，只要進口煤就行了——然而在拿破崙戰爭期間，這幾乎不可能做到。啟動：Allen 2009b: 84-90（引文：90）。Mokyr 2009: 102 提到，煤的使用最終是由知識的變遷驅動的，知識的變遷創造出需求，使開採利用成為可能。Allen 2009b: 90-96 同樣承認集體發明驅動了煤的需求。

69 見本書第十章。

70 Rosenthal and Wong 2011: 125（引文）。

71 Rosenthal and Wong 2011: 7 正確指出艾倫的模式如果不訴諸政治來解釋必要經濟條件的興起，他的模式就無法運作。

72 E. Jones 2003: 3-149, 225-38（引文：119）；Rosenthal and Wong 2011, esp. 228-40 談他們的結論。

73 Mitterauer 2003: 274-98; van Zanden 2009a: esp. 291-300（引文：294-95），以及 295：「十到十三世紀制度設計的巨浪，在加洛林帝國解體與更廣泛的早期希臘羅馬傳統的衰微導致的權力真空中產生。」

74 Ringmar 2007: 61-92, 131-48; Duchesne 2011: 165-229; Marks 2002: 156.

75 Acemoglu and Robinson 2012: 197-212; Bayly 2004: 59-82.

76 Goldstone 2009: 108-76. 有鑑於此，金世傑對於（粗略甚至是稻草人式的）列國體系論點的反對（100-102）顯得有點奇怪，似乎是受到誤導：見本書第十章。也可見 172：「英國社會、政治、宗教與思想生活的不尋常特質，從大憲章到一六八九年寬容法（Toleration Act），許多特質已經存在好幾個世紀，這些特質創造出有別於歐陸主要潮流的發展，也首次創造出創新與科學工程廣泛傳布而且與日常生產工作密切結合的社會。」

77 Vries 2013: 416, 427-28; Vries 2015: 431-36. 也可見 O'Brien 2011; Parthasarathi 2011: 264-67.

78 Mokyr 2002: 263-75; Mokyr 2009: 7, 25-27, 63-78. 分裂與啟蒙：Mokyr 2005: 342；Mokyr 2007: 23-26；Mokyr 2017: 168-78。

79 Karayalcin 2016: 495 以黑死病時代之後的歐洲土地制度的變化解釋大分流，然而土地制度的多樣性本身也與列國體系有關。Wrigley 2016: 201-3 把重點放在現代化的英國經濟內部存在的正面回饋機制，卻不試圖解釋是什麼動員與協調這些機制。

的人力資本與身體條件才是高實質薪資的驅動力。識字率並非充分條件：Vries 2013: 225-26 提到，直到十九世紀，識字率仍未成為絕大多數工作的必要條件，而尼德蘭雖然享有非常高的識字率，卻未在十八世紀與十九世紀初擔負起創新最前沿的角色。

43 Mokyr 2009: 107-13, 121-22. 發明：Mokyr 1990: 291-92 談這些詞彙。

44 少許貢獻：Mokyr 2002: 46-50, 81；Mokyr 2009: 61-62。蒸汽機：Allen 2009b: 252。Goldstone 2002: 367-69 與 2009: 132-34 同樣以蒸汽機為例，但對於科學進展與工業革命之間的關係一般來說較為樂觀。Vries 2013: 306-12 遵循金世傑—莫基爾的「啟蒙經濟」思路，認為創新植根於科學與科技（而且在 313n949 針對 McCloskey 否認科學是工業化驅動力的說法提出不同意見）。見 Landes 1998: 201-6。

45 Inkster 1991: 60-88, esp. 73, 78-80, 87; Mokyr 2009: 93.

46 專利：Mokyr 2009: 92-93。出路：Mokyr 2002: 262-68。關於啟蒙運動的政治經濟，見 Mokyr 2009: 63-78。Mokyr 2002: 297（引文）。也可參見本書第十章，談 Hoppit 2017 的發現。

47 Jacob 1997: 113-15; Jacob 2014: 7-8（引文：8），221；Inkster 1991: 37-45；Goldstone 2002: 365；Goldstone 2009: 157, 159-60, 169-70；Mokyr 2009: 85-87。

48 Mann 2006: 376; Mokyr 2009: 51, 54（引文），57；Slack 2015: 234（引文），242-56。

49 Inkster 1991: 44-45; Moe 2007: 76-78.

50 Moe 2007: 77; Jacob 2014: 136-84（引文：163-64）。

51 Mokyr 2009: 25-27, 100-105; Vries 2013: 428.

52 McCloskey 2010: 6-25 總結（引文：10, 7, 24）。關於更早的陳述，見 Baechler 1975: 113。

53 McCloskey 2010: 409, fig. 4 這個過程背後的因果連結圖表，與 406-19 較為正式地呈現她的模式。

54 「四 R」：McCloskey 2016: xxxiv-xxxvi。對比之下，在此之前文藝復興（Renaissance）的貴族價值（另一個潛在的「R」）「不是民主式的改良，無法改善一般民眾的生活，無論如何都無法長久持續」（xxxv）。McCloskey 2016: 367-76（教會），386-96（識字率），396-400（分裂），401-23（觀念；引文：417），149-291（說詞）。

55 McCloskey 2016: 459（引文）。

56 自由與霸權：McCloskey 2016: 359, 362。關於中國，見本書第十章。

57 McCloskey 2016: 511, 439（引文）。

58 Vries 2013: 398-400 與 435-36 強調從經驗上很難將文化特徵與經濟結果連結起來，因為前者通常包括了非常高度的化約，以至於「無法在具體……解釋中做為操作變數來加以使用」（引文：435）。即使如此，弗里斯認為韋伯式的格言，經濟生活（資本主義）、公共生活（國家）與支配自然與社會（特過科學與科技）的理性化過程在西方推進得比其他任何地方都要來得深遠，應該予以重視而且值得做更進一步的探討（436；參見 Chirot 1985: 186-91）。

59 Allen 2009b: 16-22 總結了他的論點。也可見 Allen 2011 另一個簡短說明。關於批評，特別見 Kelly, Mokyr, and Ó Gráda 2014, 尤其 364-67；以及 Vries 2013: 199-207。

60 Allen 2009b: 19, 109-10，Rosenthal and Wong 2011: 124 也遵循這個說法。關於黑死病之後可耕地轉變成牧地與綿羊數量上升，見 Oldland 2014。關於一二七〇年代到一三九〇年代對羊毛課徵出口稅，而將額外成本轉嫁給國外買家而非國內賣家的措施，以及這些措施意外讓寬幅密織布出口（課稅較輕）更具競爭力，見 Munro 2005: 451-53。關於禁令，見 Hoppit 2017: 216-48。

61 Allen 2009b: 110（引文）以及 130；Rosenthal and Wong 2011: 124-25（引文）。

62 Allen 2009b: 109.

帝國壟斷，見本書第九章。

24 Bodde 1991: 365-66; J. Lin 1995: 281-85; Huff 2003: 277-87; Mokyr 2017: 298-300, 303-7（引文：306-7）。關於帝國晚期中國的科舉制度，見 Elman 2000, 2013。Pines 2012: 89 總結了整體的結果：「壟斷了個人的晉身階之後，朝廷可以行使權力，定義合適的官員應該具有什麼樣的專門技能與知識，以此引導廣大士大夫將教育精力投入在朝廷希望的目的上。此外，強制措施也能進一步鞏固正統的意識形態。商業菁英：見本書第十章。

25 Pines 2012: 84; Mokyr 2017: 298, 311, 317. 參見 Qian 1985: 26 談「中國政治—意識形態的僵固性——政治—意識形態在廣大領土上維持一致的結果，又反過來強化了政治—意識形態本身。」

26 Bodde 1991: 367.

27 Mokyr 2017: 298, 310, 340（引文）；Goldstone 2009: 147-50。參見 Bodde 1991:194：「我們可以想像，在西方，如果一個單一的國家或教會持續存在，而且像中國一樣理所當然地對天文學做出相同的控制，哥白尼—伽利略革命或許不會那麼早出現，或者甚至永遠不會發生。」

28 Bodde 1991: 360-61; Huff 2003: 321; Ringmar 2007: 285; Davids 2013: 229-30.

29 Sivin 1991: 63-65（引文：65）。

30 Pomeranz 2006: 253-63. 蒸汽機：Deng 2004；H. F. Cohen 2009: 126-27。

31 見本書〈後記〉。就品質而言，科學作品可以說在公元前三世紀達到巔峰，當時科學的探索與哲學的關係最為疏遠（Reviel Netz，個人交流）。參見 Mokyr 1990: 199。

32 Chaney 2016: 5-24（產出的減少與復興的傳布），24-27（可能原因的調查）。在相關的脈絡下，Koyama 2017b: 552 指出政權類型種類缺乏的相關性。關於伊斯蘭科學文化早期的繁盛，某種程度上集中於中亞（因此遠離了主要帝國中心），見 Starr 2013。

33 變亂：Goldstone 2009: 48, 143。限制與干預：Soucek 1994: 126-27, 130, 135-36；Acemoglu and Robinson 2012: 213-14。鬆綁：De Bellaigue 2017。

34 Goldstone 2009: 49, 143; Parthasarathi 2011: 185-222, esp. 187, 195-201, 212-13, 265. 關於武器科技，也可見 Hoffman 2015: 87, 99。參見 Foa 2016: 80-106 談制度變遷。

35 Pollock 2005: 79（引文），與 Roy 2008: 386；Parthasartahi 2011: 193-94；Yazdani 2017: 100-105, 279-85, 515-22。

36 Mokyr 1990: 236（引文）。

37 Goldstone 2009: 49-50.

38 根據我對反事實條件的解讀（見本書第三部），歐洲多中心主義遠比 Mokyr 2017: 341 認為的來得健全。莫基爾主張「相當少的歷史重寫就能讓歐洲落入蒙昧主義的天主教政權統治下，文人共和國將淪為由耶穌會支配的愚昧神權政治」。只有在歐洲：Mokyr 2006: 290-311。與 Goldstone 2002: 376-77 相左，要促使科學產生與獲得成功，彼此競爭的「民族國家」並非必要條件：最重要的是阻礙競爭的條件必須消除，至於國家的性質是什麼並不是那麼重要。國與國的競爭如何有利於創新，關於這方面的基本模式，見 Chaudhry and Garner 2006。

39 見 Mokyr 2002: 35；2009: 40 談工業啟蒙運動一詞，與更一般的介紹 2002: 28-77。前提：Mokyr 2002: 36-41。

40 Mokyr 2009: 40.

41 Inkster 1991: 35-36（引文：36）；Huff 2011: 314-15。

42 Inkster 1991: 36, 42-43; Moe 2007: 75; Huff 2011: 314-15. 人力資本：Allen 2009b: 260-64（強調經濟發展是提高實質薪資的驅動力）。相反的，Kelly, Mokyr, and Ó Gráda 2014 強調英國工人優越

6 挑撥：Mokyr 2005: 342。一些例子參見 Makyr 2007: 24；2017: 169-71。多中心主義：Mokyr 2005: 342；Vries 2013: 385。

7 Huff 2003: 133-39, 179, 251 以及 179-89, 317 與 339-45 談大學在近代早期科學的興起上扮演的角色。也可參見 Lang 1997: 19。例外：Mokyr 2017: 172-75。

8 Mokyr 2017: 169（競爭），149-50（發明）。見 Hobson 2004 談借用的範圍。

9 H. F. Cohen 2015: 173-74.

10 Mokyr 2017: 175-76（機動性）；Mokyr 2007: 5-6（市場）；Mokyr 2017: 179-224（文人共和國），179（引文），181（機制）。我會在本章的後面討論中國。

11 Mokyr 2007: 7-8; Mokyr 2017: 186, 189-91. 反事實條件：Mokyr 2007: 24（引文）；Mokyr 2017: 220-221。

12 成本：Mokyr 2017: 215 與本書〈後記〉。方言：Mokyr 2007: 31。

13 見 C. Murray 2003: 301-3 在統計上進行的研究（也可見 113-14, 158, 252, 297-98）。

14 Becker, Pfaff, and Rubin 2016: 10-20 對相關的社會科學研究提供了出色的調查。

15 印刷：Buringh and van Zanden 2009: 421-22。識字率：Van Zanden 2009a: 193-95。影響：Baten and van Zanden 2008: 226-33。後者也從幾個歐洲與亞洲國家中觀察到，十八世紀人力資本形成與十九世紀經濟表現之間有著強烈關連（230-32）。

16 Davids 2013: 173-233, esp. 222, 228; 也可參見 Goldstone 2009: 118。

17 Mokyr 2017: 237-46. 對新教角色的批評，見 Davids 2013: 228。接納：Jacob 1997: 51-72；Goldstone 2002: 370；Goldstone 2009: 156。

18 Mokyr 2009: 37（引文），70-98（培根）；Goldstone 2009: 150-55（區隔），158（優先）。

19 改良：Slack 2015 對於這種心境做了豐富的（與自稱是「輝格式的」：263）描述。也可見 Friedel 2007: 2-5。趨勢：Mokyr 2017: 247-66。Bayly 2004: 79-80（引文）。

20 關於比較，特別見 Qian 1985: 90-130；Goldstone 1987: 129-32；Huff 2003: 240-324；Mokyr 2003: 49-63；Goldstone 2009: 136-61；Mokyr 2017: 287-320。

21 見 Mokyr 2017: 301-2 談結果的不同，與 Goldstone 1987: 129-32 與 Mokyr 2017: 294 談十七世紀以降的分流。引文：Mokyr 1990: 237。這個基本前提避免了 Qian 1985: 103 的極端推論，後者認為：「領土統一的專制統治，實際上受惠且共生於同樣統一的意識形態控制體系。它的哲學精神是內省的，它的學術研究受到官方的限制，而且完全以研究政治—倫理為主，它的基本態度壓制了創新的實踐與理性主義的探索。」

22 戰國時代：例見 Bodde 1991: 178-82；Ringmar 2007: 270-71；Pines 2012: 87（引文出自董仲舒）。

23 正統學說：見本書第九章與第十章。Bodde 1991: 364 曾提出一個反事實情境：「要是中國在公元前二二一年之後長久維持七國分立的狀態，而非建立起一個單一帝國，由此產生的生活條件，對一般民眾來說無疑將會更加艱困與朝不保夕。另一方面，要是這種政治分裂的狀況長久持續，而且伴隨著分裂產生的思想多元這類副產品，我敢推論，由此產生的思想環境很可能比帝國時代中國由國家扶持的正統儒家思想對科學的發展更為有利。」從內容來說，儒家鼓吹的是整體性的世界觀，這種世界觀在文藝復興時代的歐洲瓦解，而這也成為啟蒙運動的一個重要先決條件：Bodde 1991: 186。社會焦點：Needham 1969: 156-66。此外還提到一些與政治無直接關連的文化特徵：如 Needham (1969) 認為中國人缺乏自然法的觀念：由於秩序源自於宇宙階序，因此不存在法律供人類去探求（36-37, 299-330）；對比 Milton 1981 提到中世紀晚期與近代早期的歐洲，自然法的概念開始興起。Bodde 1991: 19-96 認為中國書寫系統阻礙了科學思維；關於書寫系統的元前一世紀晚期的薩巴阿錢幣上描繪了羅馬半身像，這也許代表了臣服，我們不能排除存在著某種形式的羅馬軍事駐紮：Speidel 2016: 107-9。

91 McLaughlin 2014: 116, 122-27（東非）；Speidel 2016: 89-94 and Cobb 2018: 118-20（法拉桑）。

92 McLaughlin 2014: 140, 168, 172-95; Speidel 2016: 111-9; Cobb 2018: 155-70.

93 如 McLaughlin 2014: 196-99, 202-3, 206 的最大重寫描述。Cobb 2018: 170-78 則較為審慎。

94 關於根據關稅紀錄進行外推的討論，見 Scheidel 2015d: 160-61 與最近期的 Evers 2017: 99-109。數量：McLaughlin 2014: 89, 95 與 Cobb 2018: 274-80 對於錢幣外流的批判性評估。

95 比較：McLaughlin 2014: 93-94。

96 Roller 2006: 107-11.

97 大西洋對上季風的論點相當流行：例見 Deng 1997: 160；Abernethy 2000: 178；Férnandez-Armesto 2006: 116；Hoffman 2015: 171。

98 關於由更具冒險精神的中國水手經由阿留申群島探索太平洋的反事實情境，見簡要的 Cook 2001: 101。

99 與 I. Moris 2010: 421-22 相左，摩里士認為諾斯人從來沒有必要航行超過五百英里（八百公里）的開闊洋面，反觀中國人必須航行五千到六千英里（八千到九千公里），利用黑潮才能抵達加州北部，或者是航行接近一萬英里（一萬六千公里），利用從菲律賓流向尼加拉瓜（Nicaragua）的赤道逆流（也可參見 Cook 2001: 101 談到開闊洋面海路對潛在的中國水手造成的問題）。這未能真實表述實際上從東北亞橫渡北太平洋的最經濟軌跡，這條航線與諾斯人在北大西洋採取的航線沒有太大差別。不過值得稱道的是，儘管伊安・摩里士強調地理的影響（2010: 427-31），他還是承認國內誘因結構的角色。

100 Férnandez-Armesto 2006: 199-203. 死亡率：Hoffman 2015: 171。

101 I. Morris 2010: 428（引文）。

102 Menzies 2004. 當然，整個故事純粹是胡扯，這已經說到不想再說。

103 關於玻里尼西亞人的發展，見 Rolett 2002。玻里尼西亞人的例子也反駁了中國海軍設計之所以停滯不前是因為季風讓中國與東南亞和印度洋的貿易關係容易進行的說法（如 Deng 1997: 160）：玻里尼西亞人使用的是兩側裝設舷外浮桿的獨木舟，不是什麼大型帆船。

104 競爭成本：一個敏銳的切入點，Vries 2015: 385。資金：Abernethy 2000: 183（引文）。

105 Vries 2015 是迄今將這個對比描述得最好的作品。

106 見 Vries 2013: 347-50 談清朝統治時期邊陲地區的缺乏發展。

107 Belich 2016: 104, 107（引文）。

第十二章

1 Mokyr 2017 是最近期與最廣泛說明他的立場的作品。

2 引文：Mokyr 2005: 339。

3 Mokyr 2007, esp. 23-26; Mokyr 2017: 163-78, esp. 165-66.

4 Hume's "Of the rise and progress of the arts and sciences," 轉引自 Mokyr 2017: 166。協調失敗：Mokyr 2017: 169。

5 分裂：Mokyr 2007: 23-24（引文）；也可見 24：「歐洲政治分裂創造出讓異議分子與異端學說能夠出現而且逐漸免於懲罰的環境。」缺乏效能：Mokyr 2017: 177。在君主專制國家，直到十八世紀，壓制才大致演變成「儀式化的規矩」（177-78）。

65 Pomeranz 2000: 205; Findlay and O'Rourke 2007: 358-59.

66 Mielants 2007: 109-10, 117.

67 K. Roy 2015: 164-70, 214. 關於朱羅帝國的軍事行動，詳細內容見 Kulke, Kesavapany, and Sakhuja 2009。商人：Mielants 2007: 100-102, 112。

68 Casale 2010: 114-15, 119-20, 138, 155 談維齊爾與他們的失勢，163, 177-79 談葉門的轉變，以及 87-88, 114-19, 155-56, 162-63, 182-83 談鄂圖曼朝廷中的「印度洋派系」。

69 Ibid., 182-83（轉變成民間貿易），199-202（危機與喪失），202-3（引文）。關於這場危機，見本書第六章。

70 Wallerstein 1974: 60（引文）。

71 Abernethy 2000: 173-273，我在接下來的敘述使用了他的觀點，他的作品依然是歐洲殖民擴張原因最具說服力的描述。

72 Ibid., 206-8（引文：208），與更一般的說法 192-253 談競爭性分裂的核心角色。也可參見 Chirot 1985: 192。邏輯：Vries 2015: 382。

73 對擴張的限制：Abernethy 2000: 184；Rosenthal and Wong 2011: 217。延伸：Vries 2015: 381。對比：Abernethy 2000: 212-13 猜測分裂的中國可能會有不同的表現。準備就緒：Wickham 2016: 232。

74 Abernethy 2000: 192-202, 225-42（引文：205）。

75 Mitterauer 2003: 220-21, 228-33; Mielants 2007: 27-29.

76 Férnandez-Armesto 2006: 157-64.

77 我們已經提過與帝國時期中國內向性的對比。Deng 1999: 205-10 強調西方與中國海權的差異。

78 Vries 2015: 344-46.

79 Abernethy 2000: 213-24. 葡萄牙很早就重視貿易：Subrahmanyam 2012: 48-52。關於葡萄牙海外帝國的發展，見 Disney 2009。

80 如 Hoffman 2015, 特別是 7-15 的摘要（引文：7）。Sharman 2019 不同意這個說法。產物：Mann 2006: 380-83（引文：383）。

81 全球份額：Hoffman 2015: 2n4；也可見 Etemad 2007: 119-87 談殖民統治時期領土與人口演變的量化分析。關於一九三八年（百分之四十二的領土與百分之三十二的人口在殖民統治下），見 Etemad 2007: 123, table 7.1。一七六〇年到一八三〇年：Etemad 2007: 125, table 7.2。

82 例見 Darwin 2008；S. Dale 2010；Stanziani 2012。

83 Hoffman 2015: 69-81（中國）（也可見 I. Morris 2014: 176），81-85（日本），85-89（印度），89-94（鄂圖曼與俄羅斯）。

84 Hoffman 2015: 94, 97-98（前提條件），11-12, 96（盟友）；Férnandez-Armesto 2006: 148-49（退出）。

85 Hoffman 2015: 158-66. 這也補充了 E. Jones（2003: 169）的說法，他認為缺乏海上探索使亞洲帝國無法「像歐洲一樣取得糧食、原料、殖民地……商業機會這些特殊的意外收穫」。

86 Abernethy 2000: 205.

87 例見 Abernethy 2000: 180-81。

88 關於地理限制，例見 Abernethy 2000: 183；Férnandez-Armesto 2006: 149；Findlay and O'Rourke 2007: 361；I. Morris 2010: 421, 427-31。

89 關於羅馬的東方貿易，見 Young 2001；McLaughlin 2010, 2014；Evers 2017；Cobb 2018。關於羅馬胡椒消費的規模，顯示大量非菁英市場的存在，見 Mayer 2018；以及 Evers 2017: 68-82。

90 McLaughlin 2014: 134-38; Speidel 2016: 103-4, 106. 參見 Cobb 2018: 36-37 對亞丁故事的懷疑。公

置與廢止），171（一四三六年），172-73（不同的史料記載）。

38 Tsai 2001: 57-76.

39 Tsai 2001: 123-24, 186-98.

40 Dreyer 2007: 3, 33（引文出自《明史》）；也可見 2-4, 28-35 談航行的目的。榮耀：Elvin 1973: 220；Qian 1985: 111-12；Férnandez-Armesto 2006: 109（「或許因為他是個篡位者，因此必須努力證明自己的正當性，明成祖幾乎願意付出所有代價來取得榮耀」）；Dreyer 2007: 208。

41 不是為了探索：Finlay 2000: 297-99；Dreyer 2007: 3, 30。

42 Elvin 1973: 220; Levathes 1994: 43, 55; Dreyer 2007: 3, 26. 毫無利益：Hoffman 2015: 171。

43 Tsai 2001: 179-86（安南），148-77（蒙古人）。

44 Elvin 1973: 220; Dreyer 2007: 167-68, 173（引文）；Ringmar 2007: 251-53。

45 Dreyer 2007:25.

46 Tsai 2001: 177, 186, 190.

47 Levathes 1994: 175-77; J. Hall 1996: 41-42.

48 Dreyer 2007: 175-77.

49 關於壟斷性的權力在這個過程中的重要性，見 Qian 1985: 112；Diamon 1997: 412。批評者：Dreyer 2007: 173（引文出自《殊域周咨錄》）。

50 例見 Diamon 1997: 412-13；E. Jones 2003: 67；McCloskey 2016: 397。關於整個脈絡，見 Wey Gómez 2008。

51 Diamond 1997: 416（引文）。Mokyr 1990: 231：「沒有任何單一的歐洲政府可以停止一切的探索」——雖然這種說法錯誤刻劃了寶船艦隊的目的。

52 Wallerstein 1974: 60（引文）。

53 E. Jones 2003: 205.

54 I. Morris 2010: 429（引文）。理性的回應：Férnandez-Armesto 2006: 114-15；Findlay and O'Rourke 2007: 363。Marks 2002: 48, 156 未能了解這個基礎重點，認為中國遠離海洋是諸多「偶然」之一，是可以逆轉的結果（參見 10）。

55 與 Cook 2001: 99-101 相左，Cook 提出了這個充滿幻想的反事實情境。

56 例見 Férnandez-Armesto 2006: 116-17。Deng 1997: 96, 161。國家大小：Hoffman 2015: 169。

57 國家：例如 Vries 2015: 347-48 與見本書第十章。城市與社會秩序：Abernethy 2000: 203-4。引文 Wong 1997: 147。權力基礎：Elvin 1973: 221；Hoffman 2015: 168。

58 Waley-Cohen 1993: 1541-44 探討了這封書信的複雜性。關於普世帝國屬性的比較視角，例見 Bang and Kolodziejczyk 2012。

59 也可見本書第十章。南宋：Levathes 1994: 41；Deng 1999: 315-16（引文 315）；von Glahn 2016: 270-73。

60 Levathes 1994: 41-54; von Glahn 2016: 284.

61 K. Roy 2015: 168（引文）。缺乏誘因：Vries 2013: 165。治安：Pomeranz 2000: 203。禁令與限制：Deng 1999: 191；von Glahn 2016: 312, 319。也可見本書第十章。

62 缺乏支持：Mielants 2007: 84-85；Vries 2015: 358-59。麻六甲：Abernethy 2000: 242-49。馬尼拉與巴達維亞：Wang 1990: 409-12, 420；Pomeranz 2000: 202-3。引文：G. Wang 1990: 401。

63 Lorge 2005: 155-56.

64 H. Thomas 2014: 241-58（菲律賓的軍事行動），259-84（計畫）。

計一七七〇年，三角貿易的獲利可以提供兩成到三成五的英國固定資本形成毛額。獲利由富有的個人取得，其所得有較高的比例用來儲蓄。

18 Goldstone 2009: 67; Vries 2013: 297-98, 301, 303. 通論性的說法見 Bryant 2006: 438，強調事件發生的偶然性要視情況而定，因此外在資源要產生影響力，必須「由人類行動者『適時地予以驅動』，也就是人類行動者的科技技術、文化見識激起的雄心以及組織力量剛好達到啟動發展的水準。」

19 Pomeranz 2000: 283（引文）。對彭慕然的批判，見 Vries 2001；Huang 2002；Bryant 2006: 418-35；Duchesne 2011: 117-63；Vries 2013: 290-98。Van Zanden 2009a: 250, 255-56 認為如同尼德蘭，幽靈地面積在整個發展中扮演的角色其實並不重要，即使是英國也一樣。

20 取得棉花：Beckert 2014: 81。參見 Belich 2009: 50：美國獨立並未造成跨大西洋經濟關係的巨大裂痕。替代：Findlay and O'Rourke 2007: 336, 342；Beckert 2014: 255-57；Hanlon 2015: 76-78（印度與埃及在一八六〇年代挽救了英國的棉紡織業）。棉花的品質：Hanlon 2015: 75-76。直到一八六〇年代，科技創新才得以因應加工低品質印度棉花所帶來的挑戰（Hanlon 2015: 81-97）。見 Olmstead and Rhode 2018 反對一些較為概括的主張，後者認為現代資本主義仰賴新世界的奴工與其他的強制形式。稟賦：Pomeranz 2000: 277-78。考量到英國的科技變遷能夠產生最大的獲利，其他成本較高的棉花來源應該是可接受的。Brenner and Isett 2002: 646。東歐（波羅的海）：Pomeranz 2000: 261-63。

21 幽靈地面積解釋突破：Pomeranz 2000: 296-97。Vries 2013: 301 有些不情願地承認，幽靈地面積「頂多是必要條件，但絕非充分條件」。

22 O'Brien and Prados de la Escosura 1998: 58（引文），即使他們指出，英國農業生產力、煤與技術影響（更加）深遠（59）：關於這些因素，見本書第十二章。創新：Findlay and O'Rourke 2007: 338, 343-44。就連 Vries 2013: 284 也同意這個看法。

23 Inikori 2002: 479（引文）。但 Inikori 本身強調互補因素的角色。

24 見 Férnandez-Armesto 2006: 119-20 談這個前提。

25 Roller 2006: 22-50，特別是 23-27 談環繞非洲航行。

26 Roller 2006: 57-91（皮忒阿斯），51（學者）。

27 Férnandez-Armesto 2006: 43-50.

28 Ibid., 51-59（諾斯人），122-37（中世紀）。這些航行最好理解成與古腓尼基人與古希臘人的航海類似而非同源：時間上的巨大斷裂顯示兩者並無明顯的遺產傳承。

29 Roller 2006: 20-21, 26.

30 Ibid., 112-32, 特別是 112-13（尤巴），119-22（波羅的海），123-24（不列顛），125-24（說詞）。

31 見 Garza 2014: 蒙兀兒帝國藉由併吞既有的海軍小邦古加拉特與孟加拉來取得海軍資產，並且運用這批海軍與馬拉塔以及其他地區的挑戰者作戰。

32 Tsai 2001: 113, table 3.1（人口普查），114（土地），119（運河），123（引文出自《明史》），125（宮殿）；Dreyer 2007: 8（低報）。

33 Tsai 2001: 201（船隻）；Dreyer 2007: 99-134，特別是 105, 112（船隻與人員）。Church 2005 對於傳統認為的船隻大小提出了具穿透力的解構。

34 Levathes 1994: 87-153; Tsai 2001: 201-8; Dreyer 2007: 46-97, 150-63.

35 關於支出的估計，見 Tsai 2001: 121-22；關於歲入，見 123。

36 收益：Tsai 2001: 206；Dreyer 2007: 82, 90。

37 關於這個計畫的衰微，見 Levathes 1994: 173-81；Dreyer 2007: 166-71。也可見 Dreyer 2007: 91（擱

36, 227, 233；Landes 2003: 33-34；Findlay and O'Rourke 2007: 360；Mielants 2007: 159。南亞：Bayly 2004: 61；Mielants 2007: 114-16。

226 Kuran 2011, esp. 110-15, 282-83; 但參見 van Bavel, Buringh, and Dijkman 2018: 50。也可見 Kuran 2011: 281, 291-92 談商業合夥關係的局限，與 43-166 談整體的組織停滯。不是所有這些特徵都明確地植根於帝國統治：見 Kuran 2018 針對學界對伊斯蘭教對經濟發展的負面影響所做的研究進行了調查。

227 Rubin 2017, esp. 12-13, 49-54, 75-118, 203-13; 以及見本書第十二章。

228 見本書後記。

第十一章

1 Wallerstein 1974, 1980, 1989, 2011. 方便起見，見 Daly 2015: 79-87 的簡短摘要。

2 例見 Frank 1998: 134, 277。

3 Wallerstein 1989: 133-37; Marks 2002: 156; Goldstone 2009: 58. 規模：Vries 2013: 252n802（與 Marks 2002: 80 相左）。仰賴：Inikori 2002: 479。波羅的海：O'Brien and Prados de la Escosura 1998:56。

4 地中海：Inikori 2002: 479。成長：Acemoglu, Johnson, and Robinson 2005。

5 Allen 2009b: 106-31, esp. 125-28; Palma 2016: 140, 144. 也可見本書第十二章。

6 De Vries 2008; Allen and Weisdorf 2011.

7 Inikori 2002: 479-81.

8 Cuenca Esteban 2004: 62-64（貢獻）；Inikori 2002: 265-313（航運），314-61（金融制度），362-404（原料與工業生產）。

9 Cuenca Esteban 2004: 58（刺激），60（額外產出出口）；Inikori 2002: 405-72（英國製造業），477-79（摘要）；Findlay and O'Rourke 2007: 345。

10 Inikori 2002: 156-214（奴隸做為基礎的商品生產），215-64（英國奴隸貿易），481（摘要）。也可見 Parthasarathi 2011: 134-35 談西非的棉布需求，一七五一年到一七七五年，出口的英國棉布大約有半數運往西非換取奴隸，激勵了英國紡織業的科技創新：見本書第十章。

11 Pomeranz 2000: 264-97.

12 Pomeranz 2000: 275-76; Vries 2013: 296. 總面積：Overton 1996: 76。煤：Cuenca Esteban 2004: 55 反對 Pomeranz 2000: 276 的估計，認為到了一八一五年，煤取代木材，增加了六百萬到八百五十萬幽靈地面積。關於煤（煤的貢獻不只是加熱，也能提供蒸汽動力），見本書第十二章。也可見 E. Jones 2003: 83-84 更一般地討論幽靈地面積的重要性。

13 見 Findlay and O'Rourke 2007: 330-45 談海外貿易在工業化上扮演的角色，特別是 334。關於這個角色的模式符合歷史結果，見 Findlay and O'Rourke 2007: 339-45。美國在英國棉花進口中占的份額：Olmstead and Rhode 2018: 4, fig. 2。

14 Vries 2013: 253.

15 見 Morgan 2000；參見 Vries 2013: 257。

16 OBrien and Prados de la Escosura 1998: 37-59, esp. 50-54, 58 談英國；Magnusson 2009: 85（企業家）。

17 Eltis and Engerman 2000, esp. 124, 141（加勒比地區的糖與奴隸貿易無法增添大量的價值與成長，或許有促成工業革命的效果，但貢獻不會超過其他部門，因此不具核心地位）；Vries 2013: 258-62 談 Blackburn 1997: 541。見 Blackburn 1997: 509-80 談原始積累與英國工業化；尤其 540-42 估十二章。

214 R. Huang 1974: 2（明朝）；Wong 1997: 148；Vries 2015: 400, 405-7。

215 關於清楚的調查，見 Vries 2002。我不同意 Rosenthal and Wang（2011）對帝國的狹隘定義，他們將帝國定義為「政治體的中央統治者對一塊連續毗鄰的地區的大部分區塊行使有效權威」，如果依照他們的定義，那麼不僅是現代殖民帝國，就連鄂圖曼帝國也不能算是帝國（13）。見本書〈詞彙表〉。共有的特徵：例見 E. Jones 2003: 161, 171, 228-29。中東與南亞早期的歷史與這裡探討的問題較無關連：任何古代社會，無論是在中東、南亞或以外的地區，邏輯上不可能產生現代經濟。

216 Goldstone 2009: 100-101 嚴重忽略這個關鍵點，他認為，「一五〇〇年以後的歐洲具有彼此競爭的列國體系，而亞洲擁有毫無競爭的帝國，是一種誤導的過度化約的說法」，他也表示，「認為主要的帝國總是支配著鄰邦而且免於軍事競爭，這也是一種錯誤觀點」。Goldstone 的說法是一種稻草人論證，忽略了交戰中的帝國與永久持續的列國體系之間的根本差異。

217 見本書第八章。

218 對比之下，中國的滿族更容易與既有的官僚結構整合：Rosenthal and Wong 2011: 213。這形成了靜態的連續。

219 Blaydes and Chaney 2013: 16（引文），23-24；Crone 1980: 91（引文），引用伊本・赫勒敦（Ibn Khaldun）的伊斯蘭（征服）政治體觀點，認為伊斯蘭的政治體是部族式的。Crone 1980: 82-91 精采捕捉到基礎的動態關係。也可見 Fukuyama 2011: 189-213。Durand-Guédy 2010 對於十一與十二世紀突厥統治者與伊斯法罕地方菁英之間的關係做了詳細的案例研究。雖然菁英的財富與財政能力有著很大的影響力，但他們對地方政治的參與卻屢次受到突厥人的干預。之後，蒙古人劫掠伊斯法罕造成重大的斷層。地方菁英權力，軍事征服菁英的干預，偶爾遭受災難性的暴力，是這個環境的典型狀況，匯聚起來便妨礙了廣泛而持續的制度發展。

220 Crone 2004: 145, 263-64, 276, 395. 希臘自由至上主義的遺產已經喪失：民主被描繪成令人憎惡之物，而有道德的政治體則被描繪成專制統治（279-81）。

221 Vries 2002: 100-104; Hoffman 2015: 147-51; 關於鄂圖曼人，見 Karaman and Pamuk 2010: esp. 625（改革）。Parthasarathi 主張（2011: 53-55）蒙兀兒帝國（就跟鄂圖曼帝國與清朝一樣）並未享有極度的權力集中，而要在眾多權力者的「共識」下進行統治，他的看法其實沒有他認為的那麼新穎，就像他對東方主義的觀點一樣。Parthasarathi 也認為，列國體系的論點（如本書所呈現的）「是以誇大描述亞洲帝國的中央集權與行政和強制能力做為基礎」（56），這種說法並不正確，儘管（前面曾經提過）過去的確有學者提出這類批評：然而實際上剛好相反，列國體系的觀點強調的是帝國的運作邏輯與列國體系的發展效益。Parthasarathi 自己提出的論點（56-57）認為蒙兀兒帝國在十七與十八世紀遭受的壓力如果越大，越能產生更強的推動發展性變遷的動力，他的說法其實與列國體系的前提一致。關於思想層面的問題，見本書第十二章。Studer 2015 討論相較於歐洲，印度的市場整合水準較低。

222 妥協：Gupta, Ma, and Roy 2016。財政：這是 O'Brien 2012b 針對歐洲、蒙兀兒、鄂圖曼與明／清兩朝的財政制度進行的龐大調查得出的結論（引文：546）。

223 Vries 2002: 88-89, 115; Parthasarathi 2011: 115（引文），131-33, 137。

224 見 Ko, Koyama, and Sng 2018: 308-9 談帝國衰亡時，中國大量人口減少的看法。不過，人口數字往往來自於對人口登記顯示的劇烈增減做的武斷調整（308n33）：關於這個問題，見本書第七章。

225 Ko, Koyama, and Sng 2018: 310. 流行的論點認為，歐洲面對入侵之所以能獲得較佳的保護，主要得益於經濟發展：例見 Chirot 1985: 182；J. Hall 1985: 112；P. Kennedy 1987: 17；E. Jones 2003:

194 Q. Chen 2012: 57-60. 見 Ni and Van 2006: 323-34 談貪汙模式對經濟的不利後果（以及 317n3, 335）。

195 例如 Ni and Van 2006: 322-23；Q. Chen 2012:57。關於清朝的低國家能力，見最近的研究調查，Johnson and Koyama 2017: 6-7。

196 政府在經濟發展上的意圖與這些結果無關：Rosenthal and Wong 2011: 199-200。

197 Osborne 2004; Zelin 2009.

198 Greif and Tabellini 2017; T. Zhang 2017. 信託：Zelin 2004: 32-33；以及見本書第十二章。

199 T. Zhang 2017: 196-219 對彼此競爭的解釋做出分析；特別見 206-10, 212, 218。Greif and Tabellini 2017 也承認宋朝的中心性（14-15），不過他們的解釋（較小的國家權力以及遷徙：19）與這個時代的條件不完全吻合：根據中國的標準，宋朝的國家能力是罕見的高。

200 Von Glahn 2016: 295-347 是最近期也是最堅持樂觀的描述。比較：Shiue and Keller 2007, esp. 1205；von Glahn 2016: 346-47。

201 實質薪資的問題引起了熱烈討論，但如今整個趨勢已相當清楚：Broadberry and Gupta 2006, esp. 19; Allen 2009a: 546-49; Allen et al. 2011, esp. 27-28; Li and van Zanden 2012; Broadberry, Guan, and Li 2017, esp. 49。Deng and O'Brien 2016 提出方法論的關切。資本主義特徵：Vries 2002: 117-20；2013:340。整合：Von Glahn 2016: 334。

202 例如 Brenner and Isett 2002 詳細批判了 Pomeranz, 2000。

203 Von Glahn 2016: 336-37, 343-45.

204 Zhao 2015a: 353-55.

205 根據 Deng 1999: 363-76 的目錄，各個朝代發生民變的間隔分別是西漢的兩百一十八年，東漢的一百五十九年，唐朝的兩百四十五年 北宋的一百五十九年，元朝的八十年（或許在外來統治下，加快了民變爆發的速度），明朝的兩百七十三年。除去元朝不計（因此八十年也不算在內），平均間隔是兩百零一年。清朝發生民變的間隔是一百五十一年（川楚教亂）與兩百零七年（太平天國之亂）。關於民變的頻率與類型，見本書第八章。見非常簡短的介紹，J. Hall 1996: 36-38 談循環動態關係。

206 Von Glahn 2016: 347（引文），以及 361：「無論官方還是民間都沒有發展出新的制度來緩和這些壓力。」關於英國，見本書第十二章。

207 見 Rosenthal and Wong 2011: 208-27 談中國從一五〇〇年之後就更傾向於促進（斯密式）經濟成長，而歐洲則獲益於「出乎意料有利於經濟變遷的條件」，而這些條件就植根於長期的戰爭威脅（esp. 209, 230〔引文〕）。

208 Pines 2012: 132-33; von Glahn 2016: 385（引文）。與日本的對比相當引人注目。關於日本的現代化，見 Vries 2000。

209 引文：Vries 2015: 364。

210 分流：Rosenthal and Wong 2011: 9（引文）。Wong 1997: 279-80, 149（引文：280, 149）。也可見 Hall 1985: 56-57；Deng 1999: 3, 15；Vries 2015: 432。政治經濟：Wong 1997: 142-49；Brandt, Ma, and Rawski 2014: 61-80。

211 國土大小：Elvin 1973: 18-20。引文：J. Hall 1988: 33。

212 限制：Vries 2002: 110（引文）；O'Brien 2012a: 451-53。即使在歐洲，多樣的政治體也發展得不是很好：O'Brien 2012b: 547。地區：Lieberman 2009: 110-13。

213 Elvin 1973: 313-14; Vries 2002: 112; Rosenthal and Wong 2011: 99; Vries 2013: 351-54. 也可見本書第

170 Elvin 1973: 217-18.

171 Levathes 1994: 174-75; Elvin 1973: 218, 224-25. 日本可以推動類似的政策，因為它並未面對任何嚴重的國際安全威脅。

172 Elvin 1973: 219, 222（引文），224；Deng 1997: 88-93；Mielants 2007: 66；Vries 2015: 354。

173 Elvin 1973: 292.

174 So 2000: 227-52 談正式的限制（引文：251），與 253-79 談非正式的限制。

175 缺乏支持：Deng 1999: 210（包括「國家帶動」一詞）。帝國：Mieltants 2007:111-12。

176 Pomeranz 2000: 173（引文）；Vries 2002: 87；2015: 349-51, 356-57。

177 X. Zhang 2010（明朝）；Zhao 2015a: 368（清朝）。

178 關於秦始皇帝，Petersen 1995 認為這個傳統符合史實（11-12）。禁書：Bodde 1991: 187, and 186-90 談東西方迫害強度的差異及其可能的原因。

179 Vries 2015: 353（引文），與更早的 Vries 2002: 111。

180 關於王莽，見 Thomsen 1988, esp. 117-40 談他的經濟改革。

181 Von Glahn 2016: 236-42; Bol 1993; Pines 2012: 92.

182 J. Hall 1985: 53; Wong 1997: 144; Vries 2002: 113-14; 2015: 347-48.

183 《論語・季氏》，引自 T. Zhang 2017: 267。關於叛亂，見本書第八章。

184 Deng 1999: 122-24 談這個模式（引文：122），128-47 談這個模式的起源，299-324（宋朝異例）。

185 Van Zanden 2009a: 288 以歐洲在分裂的列國體系下走上加速商業發展的路徑，與大型帝國採取的自由放任方針進行對比。頂石型國家：J. Hall 1985: 33-57 and 1996: 35-44 談中國；以及 Vries 2015: 414。通論性作品參見 Crone 2003: 35-80, esp. 56-57。學習：Rosenthal and Wong 2011: 23：「一三五〇年以前的中國歷史（從秦朝到蒙古人）事實上可以視為是一段漫長的學習內部統治策略的過程。」同樣的，Pines 2012: 105-33 談從秦朝到唐朝這段不斷嘗試不同策略的漫長過程，從過度的中央集權，到容許強大的貴族存在，而後才在公元第二個千年建立較穩定的安排。

186 善意的忽視：Ringmar 2007: 286-87；也可見 Parthasarathi 2011: 170-71 談鐵的生產。權利：Rosenthal and Wong 2011: 96。

187 Rosenthal and Wong 2011: 151-63（以及 165：「傳統帝國從不借貸」）；Wong 2012: 365；Vries 2015: 212-13, 233-40。

188 Rosenthal and Wong 2011: 163-65.

189 程度：Rosenthal and Wong 2011: 173-82, 195。清朝稅收有一半花在戰爭上，而在一些歐洲國家，軍費可以達到稅收的七到九成，如果以國內生產毛額來衡量，則清朝占的份額更少。也可見 Vries 2015: 183-90。清朝：W. Liu 2015a: 266, table F-4；von Glahn 2016: 314-16（不斷降低的稅率）；Hoffman 2015: 50-51；Vries 2015: 102-3, 121-22；與 Ko, Koyama, and Sng 2018: 307（比較稅率）；Sng 2014: 108-9；Vries 2015: 138-45（徵收稅金的無效率），151-158（貪汙腐敗）。

190 Pines 2012: 131：「無論在哪個歷史悠久的朝代，政府總會陷入無止盡的貧弱循環，這顯然與菁英能夠隱蔽財富不讓錢移轉到國庫有關。」例外：Sng 2014: 123；Deng 2015。

191 Von Glahn 2016: 10, 320（引文）。福利計畫：Parthasarathi 2011: 173-74 認為低稅收與耗費鉅資設立廣大而昂貴的穀倉系統是讓清朝無力介入其他經濟部門的主因。

192 Q. Chen 2012: 46-49. E. Jones 2003: 208 嘲諷地將中國菁英體制比擬成一群「被分發了狩獵執照的人，他們只需遵守隨身攜帶物品的重量規定與繳納規費」，官員在卸任後依然擁有牟利的權利。

193 Q. Chen 2012: 51-58; 以及 Ni and Van 2006: 318-23；Karayalcin 2008: 990-91 談高貪汙所得。

之後新儒家發展的基礎。

144 Arrighi 2007: 333（引文）。見 Zhao 2015a: 348 談商人沒有能力「抗衡國家的消極性」，因為政治—意識形態體系擁有「更高階的結構條件」。也可見 Chen 2012: 58 談商人是政治上處於不利地位的群體；同樣還有 Vries 2015: 358。

145 Zhao 2015a: 369-70.

146 Brandt, Ma, and Rawski 2014: 61-80 談中國的政治經濟，見 64-66。

147 Ibid., 66-75（引文：75）。

148 Ibid., 75-76.

149 Ibid., 76-80 的簡要說明與引文。

150 Wong 1997: 281-83（引文）。也可見 Rosenthal and Wong 2011: 212-13。

151 Baechler 1975: 82. 也可見 Ringmar 2007: 269-73, and Hui 2015: 20-22，雖然相當膚淺。

152 見本書第七章與第十二章。可取：Fu 1996: 39-40。這個時期的經濟發展，見 von Glahn 2016: 44-83。

153 Von Glahn 2016: 85, 96, 118.

154 S. Liu 2001; von Glahn 2016: 160, 227（引文），232。

155 W. Liu 2015b: 51; von Glahn 2016: 214.

156 G. Wang 1990: 402-3; Clark 2009: 177-78, 191-93.

157 Von Glahn 216: 229. 關於列國體系的概念以及這個概念能否適用於中國，見本書第七章。Yate 2006 發展的反事實情境認為一〇八〇年代北宋擊敗西夏後會有更進一步的進展，然而這種說法與競爭壓力的邏輯衝突：更大的軍事勝利只會降低進一步發展的誘因。Hoffman 2015: 175 提出類似的反對意見。

158 W. Liu 2015b: 53-57. 關於晚唐與宋的經濟轉折，通論的說法見 von Glahn 2016: 208-554。

159 W. Liu 2015b: 67-72（引文：73 談從八世紀中葉到十世紀中葉）。

160 見本書第八章。

161 Arrighi 2007: 314-23; Hoffman 2015: 70, 74-75，與一般性的介紹 69-81 談中國與歐洲戰爭方式的不同。

162 清朝的尚武文化：Waley-Cohen 2006。見 Perdue 2005 談清朝平定大草原，指出（549）十八世紀中葉擴張的結束，「意謂著創新誘因的減少與控制手段的放鬆」。Andrade 2016 提出類似的看法。也可見 Lorge 2005: 158-74 談清朝在一六八四年到一七九五年之間的勝利。軍事參與在人口中所占份額的減少：Lorge 2005: 183。一三六八年後的轉變：I. Morris 2014: 176。停滯：Hoffman 2015: 71, 79-81。

163 Von Glahn 2016: 285-93.

164 見 von Glahn 2016: 293-94 談這個對比（引文：293）。

165 W. Liu 2015a: chs. 3, 5, and 6.

166 W. Liu 2015a: 106-13, 119, 195, 199-200; von Glahn 2016: 286.

167 Von Glahn 2016: 289（引文）。

168 W. Liu 2015a: 134 發現，到了十九世紀晚期，若以米價衡量，人均實質所得要比八百年前來得低，以銀價衡量，則大致相同。對比之下，Broadberry, Guan, and Li 2017 懷疑宋朝的巔峰數據，但認為一七〇〇年後確實出現衰退。見 von Glahn 2016: 354-58 的批判討論。

169 見本書第十一章。

124 E. Jones 2003: 235（引文）。

125 戰爭：Rosenthal and Wong 2011: 185。關於殖民帝國的成本與效益，見本書第十一章。副產品：Rosenthal and Wong 2011: 225-30（因戰爭而制定的政策，「意外產生對經濟變遷有利的條件」〔230〕），他們強調與中國的對比，我們將在本章後面看到，中國追求的良性政策並未刺激出類似的發展。Vries 2013: 382 同意他們的說法。

126 Vries 2015: 435.

127 Ibid., 434-36.

128 也參見 de Long 2000: 158-65 的另一個簡要說明。

129 從這個角度來看，思考工業化的開始是英國現象還是歐洲現象完全沒有意義（例如 Pomeranz 2000:6）：它既是英國現象也是歐洲現象。

130 Bayly 2004: 82（引文）。也參見 E. Jones 2003: 127-49。

131 Vries 2013: 358-79 做了基礎說明。干預及其根源：Vries 2013: 381 與最清楚的 382：「根據我的看法，競爭與競爭的各種樣態被制度化的過程，『最終』成了西方興起的基礎。」

132 引文：Vries 2013: 434-35。Van Zanden 2009a: 15-91, esp. 31 and also 294 強調中世紀為日後北海地區的發展奠定基礎。

133 制度與現代性：Ringmar 2007: 34, 38（引文）；Vries 2013: 319。嘗試：Ringmar 2007: 289：「如果有一個歐洲社會暫時出現停滯，那麼歐洲別的地方也還會有另一個社會持續改變。」Ringmar 2007: 38（引文）。

134 Ringmar, 2007: 283-89, esp. 287; Vries 2013: 336. 關於不同角度的補充，也可見 North, Wallis, and Weingast 2009: 240-50。

135 引文：Bryant 2006: 407-8（引文在原著中是用斜體字表示）；Wong 1997: 151；也可見 Baechler 1975: 114。

136 Vries 2013: 318-22 認為制度是轉變的最終原因；也可見 429-35。參見本書第八章。Hoffman 2015:213 的結論提到，「因此，政治史是歐洲征服世界與『大分流』背後的一個最終原因。」這個結論（只）能在非常廣義的狀況下才適用。

137 本節標題引文取自頌揚秦統一天下的嶧山刻石第二十九行，年代應為公元前二一九年（Kern 2000: 12-13）。

138 清單：例見 Landes 2006。E. Jones 2003: 153-222 或許是近期針對亞洲帝國及其經濟所做的最龐大控訴（引文：231）；更露骨的東方化說法，見 110：「亞洲帝國與古代世界過度消費、縱情酒色與恐怖的狀況，要比歐洲國家來得普遍。」

139 批評：Parthasarathi 2011: 53-55；Rosenthal and Wong 2011: 167-68（引文：168）；Vries 2013: 59；Brandt, Ma, and Rawski 2014: 59-61。

140 Pines 2012: 107 認為，「有一點至關重要，在中國政治思想與政治文化的形成階段，中國的土壤上不存在任何強大而獨立的菁英階層。」

141 見 Zhao 2015a: 11-16 對這個論點的簡要介紹，以及尤其是 274-93 談儒法國家的興起。Arrighi 2007: 318 也指出東亞的政治、經濟與文化權力遠比歐洲來得集中。此外，見 Pines 2012: 76-103 談士大夫階級，特別是 89 與 101 談精神與政治權威的缺乏區分。

142 Zhao 2015a: 18（引文）：中國歷史上的時空變化，「無法從根本上推翻根據中國不同歷史時期以及中國與其他主要文明之間的比較得出的歷史模式。」

143 復興與特性：Bol 1992；Pines 2012: 102, 113-14；Zhao 2015a: 331-46。Bol 2008 是我們理解宋朝

and Parente 2017。

100 例見 O'Brien 2011: 428-30；Vries 2015: 69-179, esp. 121, 164, 175-78 對低稅率的中國進行比較（本章後半部有更多的討論）。

101 Vries 2015: 181-217, esp. 184, 187, 207, 210-11.

102 He 2013: 63-77; Vries 2015: 219-22, 228-29. Brewer 1988 針對戰爭、賦稅、公債與財政創新之間的關係做出了經典描述。尼德蘭的狀況大致相同，尼德蘭是最早借鑑中世紀義大利城邦發行大規模公債（但規模還是比義大利小得多）的國家：十七與十八世紀，公債上漲，利率下跌，超過十分之一的荷蘭家戶投資了對西班牙的戰爭：Vries 2015: 224（兩百萬人口中有六萬五千人投資）。

103 Bayly 2004: 62-63; Goldstone 2009: 114. 關於可信任的承諾的角色，特別見 Coffman, Leonard, and Neal 2013。這有著悠久的根源：在中世紀晚期，英格蘭國王逐漸仰賴向國內資本借貸，但相應地，國王必須給予貸方政治上的支持：Grummit and Lassalmonie 2015: 135-37。

104 Vries 2015: 282-89, 321.

105 Brewer 1988: 34-35; Vries 2013: 236-39.

106 關於國家能力與現代經濟成長之間的關係，更一般的介紹見 Johnson and Koyama 2017: 8-12 的調查。

107 Findlay and O'Rourke 2007: 352; Vries 2015: 314-35.

108 Hoffman 2015: 210; 見本書第十二章談艾倫（Allen）的模式。

109 「重商主義國家是戰爭國家而非福利國家」：Vries 2015: 332。關於這個體系，Vries 2015: 325-47。

110 例如 Magnusson 2009: 26-50, esp. 45-49。見一般的 Ormrod 2003 談尼德蘭與英國的重商主義。也可見 Reinert 2011 談十八世紀政治經濟學成為一門學科。然而，Hoppit 2017 提醒我們，即使是英格蘭的決策，也不能過於高估其一貫性。

111 O'Brien 2011: 439; Mokyr and Nye 2007, esp. 55-60（引文：58-59）。

112 Jha 2015.

113 Vries 2015: 344-46, 433.

114 Ibid., 339-44.

115 Parthasarathi 2011: 125-35. 印度紡織出口產業在十九世紀走向沒落（223-62）。關於中世紀的保護政策，見本書第十二章。一八四三年之前，英國禁止紡織機器出口，但實際上禁不勝禁。

116 Parthasarathi 2011: 164-68; O'Brien 2017: 50-54. 實質價格：Allen 2009b: 87, fig. 4.3, also 95, fig. 4.4。

117 Parthasarathi 2011: 168-70.

118 Magnusson 2009, esp. 8, 85-86; Vries 2012: 654-61（656 與 660 提到了拐杖的比喻，這是借用自 Herbert Norman）。

119 Vries 2013: 418-19 提出的一個重點。關於工業革命，見本書第十一章。

120 沉重之手：Vries 2013: 336, also 433-34; 更深入的探討，Vries 2015。動員：Vries 2015: 317-18。

121 O'Brien 2017: 19-58, and 79: 「我提出的流暢而可討論〔原文如此〕的觀點在於，從主要的面向來說，第一次工業革命可說是重商主義成功的典範例證，而法國大革命帶來的意外結果卻為第一次工業革命最終的鞏固與進步帶來積極或者說是『重大』的影響。」取得專利權：Billington 2018。

122 Satia 2018: 147-61 是最近期的簡要說明。

123 Vries 2015: 409-13（引文：413）；E. Jones 2003: 234（問題）。

遍表現較佳：特別見 van Zanden 2009a: 17-31 and van Zanden 2009b。

78 Van Zanden 2009a: 262（傳統），296（引文），與 203-66 談一般的基礎動態關係。專門談宗教改革的好處，見本書第十二章。優勢：Downing 1992, esp. 239-42 談比較分析。

79 De Long and Shleifer 1993, esp. 689-90, 697; Acemoglu, Johnson, and Robinson 2005: 562-63, 569-72; Findlay and O'Rourke 2007: 351; van Zanden 2009a: 263, 291-93.

80 Van Zanden, Buringh, and Bosker 2012: 840-44, esp. 843, fig. 4（趨勢），849-52（衝突），852-58（經濟效果）。Stasavage（出版中）追溯民主制度的長期演變：特別見第五章談中世紀歐洲。

81 關於荷蘭的發明，見 North and Thomas 1973: 132-45, esp. 134-35, 139-42。De Vries and van der Woude 1997 是研究現代初期荷蘭經濟的經典作品。傳統：van Zanden 2009a: 207-10。國家公民身分：Mielants 2007:156。

82 成長：van Zanden 2009a: 215-26。（對比腓力二世多次拖欠債務：Drelichman and Voth 2014。）相關性：Voigtländer and Voth 2013a: 177-79, esp. 179, fig. 4: 歐洲整體的相關性（一三〇〇年到一七〇〇年，呈現正相關的是都市化，一五〇〇年到一七〇〇年，呈現正相關的是國內生產毛額）主要源自於荷蘭的數據，一旦尼德蘭與英格蘭被排除，趨勢幾乎完全消失：見 179, fig. 4B. 參見 Voigtläder and Voth 2013b: 806, fig. 10 對於趨勢的描繪略微不同，但根本上是類似的。

83 例見 Magnusson 2009: 19-25。荷蘭城市：t'Hart 1994: 211-12。關於荷蘭對英國的影響的一般介紹，見 Jardine 2008。

84 例見 Macfarlane 1988: 192, 201-2。標題引文：A. Smith 1776: 221。

85 Goldstone 2009: 110-11.

86 例見 Neal 1990: 10-12; Landes 1998: 223。關於胡格諾派在英國往後的發展扮演的角色，見最近的 Beaudreau 2018。

87 Kelly, Mokyr, and Ó Gráda 2014: 369-84 強調這些因素，他們認為這些因素產生了高實質薪資，而非高實質薪資產生這些因素（與 Allen 2009b 相左：見本書第十二章）。

88 Van Zanden 2009a: 228-29; Johnson and Koyama 2017: 3-6.

89 Angelucci, Meraglia, and Voigtländer 2017.

90 E. Jones 2010: 244; O'Brien 2011: 426; Acemoglu and Robinson 2012: 209-11.

91 例見 Acemoglu, Johnson, and Robinson 2005: 563-66；Acemoglu and Robinson 2012: 208。

92 North and Weingast 1989, esp. 805, 821-27.

93 Cox 2012, esp. 568, 594, 596. 也可參見 Vries 2013: 325-27 批評學界過於強調一六八八年與財產權的關係。引文：North and Thomas 1973: 155-56。

94 Van Zanden, Buringh, and Bosker 2012: 844, fig. 5; Pincus and Robinson 2014, esp. 201-22; Hoppit 2017: 308-9.

95 Bogart and Richardson 2011; Hoppit 2017: 318-19, 322-33; 與本書第十二章。

96 Hoppit 2017: 310, 312, 320.

97 Ibid., 312（引文）；Mokyr and Nye 2007: 60-61。

98 Bogart and Richardson 2011: 270.

99 North and Thomas 1973: 146-56, esp. 155-56; 較早期的 North and Thomas 1970 與 North 1981: 164-67。Appleby 2010: 13（引文）也提到，只有英格蘭成功「透過接續的發展階段來維持創新」。Epstein 2000: 37, 173-74. 十七與十八世紀，城市與城市的經濟競爭（受到都市密度成長與通往其他城市消費者的距離縮短所驅動）變得如此激烈，同業公會再也無法抗拒創新：Desmet, Greif,

認為「這種傳統可以追溯到中世紀早期，而且從未間斷，這是當時眾多強大政治體中的孤例」。斯堪地那維亞的政治體也有同樣的特質，但相對較弱。

60 Ertman 1997, esp. 34, 88-89, 163, 168-69, 318-19.

61 Tilly 1992: 72; Voigtländer and Voth 2013a: 174, 180（戰爭）；Dincecco and Onorato 2018: 19-30, esp. 27-29（122，十六世紀的衝突事件，164，十七世紀，323，十八世紀），and 78，圖 5.1 顯示這些衝突事件在空間上集中在法國北部、低地國、德國西南部、義大利北部、蘇格蘭與波蘭，其次則是英格蘭南部與德國其他地區。

62 Hoffman 2015: 15-18, 29-34（進步性質），49-63（模式）。這些條件的先後順序，至今依然難以查考：我在這裡漏未提到的一些額外條件（例如高昂的戰爭成本與低廉的變動成本）也許屬於較為近期的發展，這些發展可能不早於十七世紀或大致的時間。歐洲戰爭形成與國家形成的關係，特別見 Tilly 1992 與 B. Porter 1994；Spruyt 1994；Ertman 1997；Glete 2002。

63 Vries 2015: 276-81 提供了簡明而有用的摘要。相較於 Parker 1996 提出的「軍事革命」，這個成長比較像是漸進的過程，但整體的結果仍具有戲劇性。Black 2002 涵蓋了早期的階段。列國體系與創新，例見 E. Jones 2003: 118-19, 124-25；Bayly 2004: 81。見 I. Morris 2014: 165-234 談一四一五年到一九一四年歐洲與歐洲以外地區的戰爭性質，他稱為「具生產力的戰爭」。

64 關於財政軍事國家的興起，特別見 Bonney 1995；Glete 2002；Cavaciocchi 2008；Yun-Casalilla and O'Brien 2012。競爭：Rosenthal and Wong 2011: 178-79；B. Porter 1994: 111（引文）。

65 稅率出自 Karaman and Pamuk 2010: 611, fig. 5 and 615, fig. 6。一六〇〇年到一七八〇年代，荷蘭的稅率以實質價值計算是原來的兩倍，以白銀價值計算則是三倍。預算：Rosenthal and Wong 2011: 181。

66 Karaman and Pamuk 2010: 611, fig. 5 and 623, fig. 9. 十八世紀初，威尼斯排名第三。

67 Rosenthal and Wong 2011: 173-78, 185, 193, 197-98.

68 損害：De Long 2000: 150-57。

69 O'Brien 2012b: 545-47.

70 例見 Ringmar 2007: 170; Goldstone 2009: 97-119 認為英格蘭是唯一的例外（見以下描述）；Dincecco 2011。

71 關於「北海地區」的概念（以尼德蘭與英國為中心），見 van Zanden 2009a: 233-66。

72 感謝 Şevket Pamuk 與我分享這些統計數據。Pamuk 2007: 297, fig. 2 也顯示在此之前黑死病引發的薪資改善；見 Scheidel 2017: 293-313 談近來的大致發展。「歐陸」樣本根據的數據來自巴黎、史特拉斯堡（Strasbourg）、奧格斯堡、米蘭、瓦倫西亞（Valencia）、維也納與克拉科夫，這些城市提供了最長期的相關時間序列。擁有技術的都市工人也有類似的傾向：Pamuk 2007: 297, fig. 3。「福利比率」是由名目薪資與典型消費籃的關係來決定。

73 「歐陸」的衡量基準是根據法國、德國、義大利、西班牙、葡萄牙與瑞典的數據得出。更長期的類似比較，見 Broadberry et al. 2015: 423 fig.11.05.

74 在圖 10.4 中，「英格蘭份額」的衡量基準只有圖中涵蓋時間的一半。

75 關於英格蘭／大不列顛，也可見 Broadberry et al. 2015: 410-11。

76 同樣參見 Allen 2003: 415, table 2。

77 關於小分流，見本書第七章。對先驅者的最佳描述，見 De Vries and van der Woude 1997（荷蘭）與 Broadberry et al. 2005（英國）。至於其他的因素，例如更容易取得金融與人力資本，或者商業整合，如利率降低、技術溢酬與價格變動，自中世紀晚期之後，相較於世界其他地區，歐洲普

42 Rosenthal and Wong 2011: 101-5, 115-19; Hoffman 2015: 210-11; Dincecco and Onorato 2018, esp. 9-10, 33-49, 52, 59, 75, 取代 Dincecco and Onorato 2016。

43 對於「避風港」模式的批評，見 Vries 2013: 184-86。

44 Van Zanden 2009a: 39-41（城市），and 69-91 and Buringh and van Zanden 2009: 419 談中世紀書籍生產。選擇：J. Hall 1985: 139；J. Hall 1988: 35；J. Hall 1996: 56（列國體系與「內建的脫離體系」）。

45 引文：Landes 1998: 38；E. Jones 2003: 118。Karayalcin 2008: 977-85 談模式，與 985-91 談支持的證據；同樣的還有 Chu 2010, esp. 182。

46 E. Jones 2003: 233.

47 J. Hall 1985: 126-28; van Bavel, Buringh, and Dijkman 2018: 47.

48 Cox 2017: 726-29 顯示固定的鄂圖曼商隊路線造成的傷亡，反而遠高於變動的英格蘭商隊路線。

49 Mann 1986: 376-77（引文：376）。

50 最後一項特徵使 Baechler 1975: 77 認為「資本主義擴張的起源與存在理由來自於政治上的無秩序」（引文在原著中是用斜體字表示）。

51 Van Zanden 2009a: 48-49. 我以斜體字表示的部分，可以更精確地凸顯 Van Zanden 提出的三個根本特徵（49）。關於獨裁權力與基礎設施權力的差異，見 Mann 1984。與傳統皇帝不同，中世紀統治者遭受「一連串事物的限制，Stephan Epstein 相當適切地將這些事物稱為『自由』，這些特定的特權限制了王公貴族徵稅、管制經濟與提供公共財的能力」（引自 Rosenthal and Wong 2011:25）。如 Wickham 2016: 240 強調的，「任何成功的統治者都必須而且要確實做到與王國內部各類型的社群進行協商。」

52 見 J. Hall 1996: 35 談「頂石型」國家（優點在於擁有獨斷的權力，弱點在於無法打入整個社會）與「有機型」國家（較不獨裁，但能更深入到社會關係之中）的區別。

53 Watts 2009: 424; Wickham 2016, esp. 99, 109, 160-61.

54 Watts 2009: 421; Wickham 2016: 236-38, 243, 256（引文）。

55 Wickham 2016: 233（路線）。差異：J. Hall 1985: 136-37, 142；還有 J. Hall 1988: 33-34, esp. 33：「為什麼帝國時期的歐洲應該不同於傳統頂石型帝國？」關於反事實條件，見本書第六章。

56 關於崩壞的嚴重程度，見 Wickham 2005: 306-14；Fleming 2010: 22-29。本節標題引自 Gildas, *On the Ruin and Conquest of Britain*, ch. 3（六世紀）。

57 A. Williams 1999: 1-21, 33-36, 54, 88-89; Fleming 2010: 270-74; Wickham 2016: 83-87. 關於十世紀晚期加強凝聚的改革的時間點，見 Molyneaux 2015。

58 Maddicott 2010: 1-56; Roach 2013, esp. 44, 77-160, 212, 235-38（引文：238）；Wickham 2017: 415-18. 我們毋需認為賢人會議是從法國加洛林王朝引進的：Wickham 2016: 89 and 2017: 416，與 Maddicott 2010: 31-32 相左。

59 關於十世紀以來的發展，見 Maddicott 2010, esp. 57, 64-65, 102-4, 119, 136-40, 382-86, 393, 407-8, 413-31, 435-37, 440-53（引文：452）。士紳的起源：Coss 2003。Wickham 2016: 88-89, 100 強調與德國境內大型的公國相比，英格蘭領土狹小的重要性，以及領土狹小促成的貴族凝聚。Fukuyama 2011: 428-31 提供了有價值的比較視角。

不可否認，英格蘭國家建立的歷程並非一路平順而毫無曲折：百年戰爭之後，對王室權力的反抗導致賦稅減少，一四五五年後，貴族與國會的衝突引發了內戰。但是，即使菁英們彼此爭鬥，他們依然效忠國家，並未放棄自己身為「政府共同參與者」的身分。因此，Wickham 2016: 219-20（引文：219）強調（233）「寡頭政治在政策形成，以及以集會為基礎的司法傳統」的重要性，並且

11 Van Zanden 2009a: 43-44.

12 見本書第五章。

13 J. Hall 1996: 48 也提到：「教會是造成帝國無法重建的最主要原因。」

14 C. Morris 1989: 582; Wickham 2016: 212-13, 256; 也可見本書第六章。

15 Wickham 2017 提供了一個敏銳而比較性的調查（引文：391-92）；另外，簡要的討論見 Wickham 2016: 33-34。

16 Wickham 2017: 397-424. 也可見 Barnwell and Mostert 2003, esp. Barnwell 2003; Mitterauer 2003: 137-39; Reuter 2018; and Roach 2013 特別提到盎格魯撒克遜英格蘭的部分（我在後面將回來談這個問題）。

17 Mitterauer 2003: 137-40.

18 Ibid., 141-47. 賦稅的提高及其結果：Watts 2009: 224-33。

19 Watts 2009: 233-38; Maddicott 2010: 377-78; van Zanden, Buringh, and Bosker 2012: 837-39.

20 Duchesne 2011: 481-88; Maddicott 2010: 378.

21 Van Zanden, Buringh, and Bosker 2012: 840-44（傳布），846（取得），847（共同體）。

22 引文：Duchesne 2011: 484。

23 Mitterauer 2003: 149-51; van Zanden, Buringh, and Bosker 2012: 848-49.

24 Van Zanden 2009a: 50-51; Grief and Tabellini 2017: 15-16 也提到中世紀盛期歐洲法人團體的支配。也參見 Mitterauer 2003: 284-87。針對義大利的部分，見 Tabacco 1989: 182-236; Jones 1997; Menant 2005; and Wickham 2015, esp. 15-16, 196-204. 也可見本書第五章。

25 Van Zanden 2009a: 52-55, 65-66, 68.

26 Ibid., 295-96; Greif and Tabellini 2017: 3, 32.

27 年代：Stasavage 2014: 344-45。歐洲城邦的普遍狀況，見 Hansen 200a; Parker 2004; Scott 2012。

28 Stasavage 2011: 94-109, esp. 104 提到距離斷層線一百公里以內的都市，有百分之五十九的機率可以獲得自治地位，而兩百五十公里與五百公里以內的都市，獲得自治地位的機率則分別是百分之三十九與百分之十三。見本書第五章。關於義大利，見注 24 的參考書目。

29 Stasavage 2014: 337-41. 見 Ogilvie 2019 對同業公會的經濟影響做的最詳盡分析，這篇研究剛發表不久，因此來不及在這裡進行討論。

30 Blockmans 1994: 244-45; Spruyt 1994, esp. 184-85; Mielants 2007: 83-84, 155.

31 Mielants 2007: 160（引文）；也可見本書第十一章。

32 Stasavage 2011: 51-53，接續 Blockmans 的作品。

33 Stasavage 2010, esp. 626-27.

34 Stasavage 2011: 58, 63.

35 Bosker, Buringh, and van Zanden 2013: 1432-34; Cox 2017: 744-46.

36 Stasavage 2003: 51-67; Stasavage 2011: 1-2, 31-32, 39-41. 關於同時間在義大利共同體漸趨成熟的銀行體系，見 Menant 2005: 304-12。

37 Stasavage 2011: 3-4, 150-54. Tracy 1985 是討論荷蘭財政革命的經典作品。

38 見 Mackil 2015 談古希臘城邦與同盟的公債。帝國：見本章稍後對中國的討論。

39 簡短的說明見 Wickham 2016: 143, 145-46, 218-19。

40 例見 Mitterauer 2003: 148; Hoffman 2015: 120-32（尚武精神）。

41 引文：J. Hall 1988: 37-38。

第十章

1 關於這場辯論的調查，見本書序章。我依然無法接受我們或許可以稱之為「短期主義」（short-termist）的學界說法（一般稱之為「加州學派」〔California school〕，這個詞是 Goldstone 2000: 179 所創，加州學派把分流與現代性歸因於相當晚近與被認定為偶然的因素〔例見 Goldstein 2000; Pomeranz 2000; Marks 2002〕）。跟我意見相同的大有人在，如 North and Thomas 1973; Baechler 1975; Chirot 1985; J. Hall 1985, 1988; Qian 1985; Sivin 1991; Soucek 1994; Landes 1998: 29-44; Deng 1999; Huang 2002; Huff 2003; E. Jones 2003, esp. 225-38; Landes 2003: 12-39; Mitterauer 2003: 274-96; Bayly 2004: 81-82; Bryant 2006: 409-18; Mann 2006: 380-83; G. Clark 2007; Findlay and O'Rourke 2007, esp. 362; Mielants 2007: Bryant 2008; Cosandey 2008: 175-316; Elvin 2008; van Zanden 2009a; Appleby 2010: 14; Duchesne 2011; Huff 2011: 301-19; Rosenthal and Wong 2011, 8 說明最清楚；O'Brien 2012b; Voigtländer and Voth 2013a, 2013b; Vries 2013, e.g., 50-51, 57, 434-35; Hoffman 2015: 213-14; Studer 2015; Zhao 2015a: 349-70; Gupta, Ma, and Roy 2016; Karayalcin 2016; Broadberry, Guan, and Li 2017; Greif and Tabellini 2017: 32; Mokyr 2017; Roeck 2017: 24-26; Rubin 2017, esp. 212; Ko, Koyama, and Sng 2018; Wrigley 2018: 41。此外，我將在本書第十一章指出，新世界資源（短期主義者的一項主要「偶然」因素）在歐洲崛起中扮演的角色，其實是歐洲多中心主義長期動態關係的結果。

2 引文：Montesquieu 1750 [1748]: 385 (*De L'Esprit des Lois*, book XVII, ch. VI); Kant 1903 [1795]: 155 (*Zum ewigen Frieden, Erster Anhang*).

3 毛澤東，轉引自 Moser 1985: 136。

4 關於「頂石型」國家的概念，見 J. Hall 1985: 52（「頂石型國家關切的不是強化社會關係，而是阻礙可能減損帝國權力的任何連結」）and J. Hall 1996: 35, 42-43 與之後的 Crone 2003: 57（引文）。

5 這項對比有著悠久的傳統：最好與最詳細的比較可見 Rosenthal and Wong 2011 and Vries 2015。也可見 J. Hall 1985: 33-57; Wong 1997: 142-49; Pomeranz 2000; E. Jones 2003, esp. 202-22; Landes 2006; Arrighi 2007; Mielants 2007: 47-85; Ringmar 2007: 275-89; O'Brien 2012b; Vries 2013: 401-8; Zhao 2015a: 357-70; 以及較一般性的介紹 L. Morris 2010。

6 為了避免離題，我在討論時把專門探討發展歧異的社會科學研究放在優先位置，而把先前提過的研究制度史的大量學界專門作品擺在次要地位。這麼做也許會造成些微的損失，但可以維持主題的焦點。

7 Vries 2002: 126（引文）；E. Jones 2003: 104。弗里斯自己嘗試這麼做，Vries 2015。本節的小標題是對德國學運分子魯迪·杜契克（Rudi Dutschke）提出的「體制內的長征」觀念做的有趣改寫，杜契克的意思是從體制內顛覆國家與社會。這種想法其實不會創造出革命的條件；杜契克後來死於因遭人刺殺未遂而造成的長期健康併發症。

8 Bosker, Buring, and van Zanden 2013: 1425（樞紐）；Dalgaard et al. 2018（羅馬歐洲的各種持續衡量標準）；尤其 Wahl 2017 詳細論證了當時位於羅馬帝國界牆（limes）內的德國西南部地區有著（略佳的）發展，這個地區與羅馬的道路網絡連結，影響了日後的都市主義。關於羅馬時代之後的英格蘭與法國的都市位置差異，見 Michaels and Rauch 2018。

9 教宗制度的改革：例見 C. Morris 1989: 79-108; Mitterauer 2003: 157-60; Cushing 2005, esp. 55-90; van Zanden 2009a: 46-47; Wickham 2016: 113-17。敘任權：C. Morris 1989: 154-73, 527-28。

10 例見 Wickham 2016: 141-42。

22 Weinstein 1987: 114-36（鎮壓），136-44（恢復）。

23 Zhao 2015a: 13-14, 274-93.

24 Zhao 2015a: 280, 293（引文）。也可見 M. Lewis 2009a: 206。法家：Fu 1996。

25 Zhao 2015a: 297-313. 新儒家：Bol 2008。見 Chaffee 1995 談宋朝的科舉制度與 Elman 2000 談之後幾個朝代的科舉制度。

26 Pines 2000, esp. 282, and Pines 2009, esp. 220 談戰國時代；Pines 2012 談整個中國歷史。

27 Pines 2012: 16-19. Mair 2005: 50 認為不應該以目的論心態接受這些以古代中國統一為思想主軸的古代文獻，他認為這些文獻很可能是後世改寫的結果。

28 Pines 2012: 33（有限的視野）。Pines 2012: 4（引文），37-41（游牧民族的統治）。但要注意的是，Levine 2013: 576 與 Wang 2014 都批評尤銳忽視了隋朝與北宋的統一這兩起最重大的帝國重建事件的相關證據。此外也要注意，在三到四世紀的分裂時期，「反對國家」的看法是有可能出現的（Declercq 1998）。

29 引文：《孟子・萬章上》，見 Pines 2012: 31, with 189n43。上帝：Pines 2012: 58, and 44-75 談一般的君主。對比 Loewe 2014: 336 對於這個類比有中肯的批評。

30 Pines 2012: 85-92（同質化的嘗試），101（士紳的長久存在）。

31 這也是一種中肯的說法，Pines 2012: 6-7。

32 見 Levine 2013: 576 提出的相關論點。

33 Pines 2012: 3, 8（其他因素），11（引文）。就我的理解，Pine 2000: 321-24 拐彎抹角地暗示，戰國時代的國家形成是由統一的意識形態要求驅動的。

34 Pines 2012: 11（引文）。

35 Pines 2000: 282（引文）。

36 Pines 2012: 19. 一些菁英作者的著作一直留存到統一時期，這些人的作品是否可以稱之為「每個人」，我對此表示懷疑。

37 Pines 2012: 31（引文），11（引文出自《三國演義》）。

38 Pines 2012: 42（引文），43（列國體系）。

39 Pines 2012: 103（引文）。

40 貢獻：Pines 2009: 222。

41 比較：羅馬帝國的斯多噶主義（Stoicism）無法擔負這個角色（參見 Shaw 1985）；基督教超越了帝國；之後的觀念，見本書第六章。

42 Hoffman 2015: 120-32（歐洲），144-45（中國）。也可見 Wickham 2016: 12, 232。

43 Lorge 2005: 9（引文）。

44 Levine 2013: 577（引文），也可見 575（「我們懷疑……尤銳是否找對切入點來解釋帝國計畫的長久持續……他並未嚴格區分政治想像與國家能力的不同」）。也可見 de Crespigny 2012（「地理〔亦即對華北平原的支配〕的事實而非任何哲學取向，解釋了中國大部分時間能持續再統一的能力」），Lin 2014: 488 同意這個說法。

45 關於最後幾點，見 Lieberman 2009:743。

46 梵文圈的傳布：Pollock 2006。種族忠誠：Lieberman 2009: 105。不過值得補充的是，同樣的狀況也發生在俄羅斯對抗草原民族入侵上：在這個罕見的例子裡，帝國主義確實可能取代既存的文化。

4　舉例來說，Lieven 2000: 33-34 and H. Lin 2014: 487-88 認為中國劃一的文字系統與方言文學的缺乏（這點與歐洲不同）是中國維持統一的原因。Lieberman 2009: 535-36 主張語素文字不像羅馬帝國以及南亞與東南亞使用的表音文字那樣能促進地區認同。關於中國的統一中帶有的差異性，見 Moser 1985。

5　MacMullen 1966; Millar 1968; Neumann and Untermann 1980; Adams 2008; Visscher 2011. 五世紀時，東羅馬帝國政府使用拉丁文而民間使用希臘文，關於這種持續的區隔，見 Millar 2006: 13-25, 84-97。關於羅馬近東地區的整體狀況，見 Millar 1993, esp. 503-4 談亞蘭語的角色。

6　Duncan-Jones 1990: 48-59; Scheidel 2014:「整體來說」，五世紀的東羅馬帝國「不只是一個說希臘語的世界，而是代表了整個說希臘語的世界」（Millar 2006: 15）。

7　見本書後記。

8　我迴避了在前現代社會，文化統一與國家形成實際上是否具備重要相關性這個棘手問題。舉例來說，在公元第二個千年的印度，日趨嚴重的地區化使過去的梵文圈分崩離析，加上波斯與中東元素的傳入，這些現象剛好與更多力量較小的帝國的創建發生於同時：Asher and Talbot 2006: 9.

9　「該撒的物」：Mark 12.17；也可見 Matthew 22.21；Luke 20.25。這句話其實比伊斯蘭教的觀念更有通融的空間，後者認為統治者只有在符合阿拉的意旨時，人民才必須服從：Rubin 2017: 52-53。

10　非常簡短的說明，例如 Mitterauer 2003: 177-78；Drake 2007: 412-17；Gwynn 2012: 878-87。哲拉旭：Letter 8, "To the Emperor Anastasius" (PL 59:42AB)；and Dagron 2003: 295-306 談「雙權」理論。見本書後記。當君士坦丁堡牧首尼古拉一世（Nicholas I）因拜占庭皇帝李奧六世（Leo VI）第四度結婚而將他逐出教會時，李奧六世罷黜並且流放了尼古拉一世，直到李奧六世去世為止：Tougher 1997: 156-62。對比安博與中世紀盛期的教宗活動，頗具啟發性。

11　見本書第五章與第十章。教廷的遠離：Mitterauer2003: 153。

12　Mitterauer 2003: 178; Angelov and Herrin 2012: 151-52, 166-69. 關於表象下的複雜，見 Dagron 2003, esp. 282-95 談「政教合一」(Caesaropapism) 與 309-10 談牧首的混和（政治—宗教）性格。

13　關於這個反事實條件，見 J. Hall 1985: 135。也可參見 Hoffman 2015: 174 談存續更久的法蘭克帝國將能成功壓制教廷。見 Goldstone 2009: 40-41；Hoffman 2015: 133 談服從的東正教會。因果關係：反對 Hoffman 2015: 134（「西方基督教與文化演進是歐洲分裂的遠因」）。霍夫曼的判斷違背了他自己對政治史首要地位的強調。

14　Berkey 2003: 12（到了十世紀，穆斯林才成為埃及的多數人口）；O'Sullivan 2006: 74-78（到了九世紀，穆斯林在埃及成為多數，到了十世紀，穆斯林在伊朗成為多數，到了十六世紀，穆斯林在安納托利亞成為多數）。

15　Lieven 2000: 35 主張伊斯蘭教的擴張與隨之造成的基督教世界與伊斯蘭教世界的分裂，「降低了帝國重建的可能」。或許把這種現象視為巧合而非因果關係才是較合理的想法。如本書第六章提到的，到了鄂圖曼擴張的時代，歐洲對基督教的投入加深，這點恐怕才是影響較大的。

16　起源：M. Lewis 2009a: 162, 19, 204-12。恩庇：M. Lewis 2009a: 113, 205。

17　Janousch 1999; M. Lewis 2009a: 206. 潛力：Pines 2012: 61。

18　M. Lewis 2009a: 207; Pines 2012: 61.

19　M. Lewis 2009a: 208.

20　M. Lewis 2009b: 214-17（引文：215）；Gernet 1995: 5-43, esp. 7-12, 39-40。

21　Pearce 1987: 700-703.

86 Asher and Talbot 2006: 123-28, 152; K. Roy 2015: 120-26. 蒙兀兒人的身分特別著重在他們是帖木兒的後裔，但又具有蒙古人的血統：Foltz 1998: 21-27。

87 Lieberman 2009: 102（引文），637，643。見本書第一章圖 1.7。

88 K. Roy 2015: 212-16. 蒙兀兒的輸入：Foltz 1998: 63。之後將會提到，這種做法最早見於新亞述帝國。

89 參見Lattimore 1988 [1940] 242-47談「儲藏所」／「邊緣」地帶模式與印度西北部族邊疆的相關性。南亞帝國持續的時間往往比中國短，原因在此不做贅述（見本書第十章）；但南亞與中國的帝國存在，往往要仰賴這些直接與間接的草原輸入。

90 Bulliet 2009: 101（河流）；Potts 2014: 47-87, esp. 78-81, 84-85. Drews 2004: 123-38 相當重要。

91 Potts 2014: 88-119, esp. 93, 98, 113-17. 也可參見 Challand 2004: 35-36（原文為斜體字）：「回應北方游牧民族的壓力是伊朗對外政策的一項永久特徵。」

92 Potts 2014: 124-56, esp. 144-48, 156; Payne 2016: 7-10; Rezakhani 2017: 87-146.

93 伊朗／圖蘭：Payne 2016: 5。歷史紀錄的偏誤：Rezakhani 2017: 4。

94 阿拉伯人：Potts 2014: 169-72。突厥人與蒙古人：Barfield 2002: 61。更詳細的說明見 Peacock 2010: 72-98 and Basan 2010: 165-69 談塞爾柱軍隊的特點。Rezakhani 2017: 187-91 主張薩珊與中亞在東部邊疆的互動，為七五〇年之後呼羅珊在國家形成上扮演樞紐角色奠定基礎。中亞草原民族要比阿拉伯貝都因人更能接受階序觀念，主要是由於他們與國家級政治體有過長期接觸：Barfield 2002: 65-66。

95 見 Kuhrt 1995: 71, 75, and esp. Porter 2012 談亞摩利人的身分。米坦尼：Kuhrt 1995: 283-89, 298。

96 見 Spalinger 2005: 8-9, 12-15, and 32-69 談新王國的軍國主義；簡短介紹可見 Kuhrt 199: 189-90。

97 Kuhrt 1995: 393-401; 也可參見 432 談以色列人。

98 Barfield 2002: 65; Turchin 2009: 207.

99 領土的演變：簡要描述見 Lieberman 2003: 23-31; Lieberman 2009: 12-22. 世俗的轉變：Lieberman 2009: 22-30.

100 Lieberman 2009: 761-894. 關於東南亞的馬，見 Bankoff and Swart 2007, esp. 33, 68 談馬匹的大小。

101 我發現學界並未對羅馬與安地斯山區國家形成進行比較。關於文化變遷，見 DeMarrais 2005。關於由舊世界馬匹支持的新世界草原帝國（科曼奇〔Comanche〕），見 Hämäläinen 2008。

102 Hoffman 2015: 115（獨立引文），142（「游牧民族是中國的敵人，就像絕大多數大國一樣，是中國先擴張到游牧民族生活的區域」），172（「不同的政治地理」），206-7（政治與地理的對立）。霍夫曼順便提起圖爾欽的「草原效應」模式（115n15），但他似乎誤解了這個模式的主旨，他只是不經意地提到「要是沒有草原，中國將會是另一種樣子」（115），卻未能針對這個關鍵點加以引申。Ko, Koyama, and Sng 2018: 302-3 的統計數據顯示，游牧民族攻擊中國，並非「只是專制的中國國家進行擴張直到與草原接壤，並且與游牧民族出現衝突而形成的產物。」

103 Lieberman 2009: 111.

104 Ko, Koyama, and Sng 2018: 292-99, 300-309.

第九章

1 Xigui 2000 的基礎性研究。也可見 Boltz 1994；Zhou 2003。

2 見 Dong 2014 的晚近描述。

3 Chiang et al. 2017, esp. fig. S4.

67 Bai and Kung 2011: 974, table 1, with 975, fig. 3（廣泛調查；Ko, Koyama, and Sng 2018: 300-304 改編）；Skaff 2012: 40-41, table 1.2, with complete list 301-12（五九九年到七五五年，根據司馬光《資治通鑑》）。

68 邊境長城先前已經討論過了。城牆：Ioannides and Zhang 2017: 79-81 (taller, n=1,436; thicker, n=934)。統一：Ko, Koyama, and Sng 2018: 300-304。

69 Gaubatz 1996: 13-44, esp. 19-21 (20 for the term).

70 不斷變動的控制：Skaff 2012: 17, 26, 50-51, 291-94。邊境地帶被個別國家控制之後，很少不發動更進一步的擴張，契丹就是一個例子，契丹牧民在十世紀建立的遼國試圖對中國北部遞嬗頻仍的國家建立霸權，卻未能成功。見 Standen 2007 談遼的邊疆國家形成。割讓：Huang 1997: 124；Standen 2009: 86-87。

71 視角：見最近期的研究，例如 M. Lewis 2009a: 151；Skaff 2012: 3-4；Rawski 2015: 225。

72 關於罕為人知的羅斯汗國，見 Franklin and Shepard 1996: 31-70，與最近的簡要作品 Neumann and Wigen 2018: 165-72（and 163-98 談一般脈絡）。大帝國：立陶宛的領土約略等於加洛林王朝治下的法國與德國，而羅斯汗國的領土則是立陶宛的兩倍。俄羅斯又逐漸擴大領土：到了十五世紀晚期，俄羅斯的領土已經超越立陶宛與羅斯的總和，到了十六世紀晚期，俄羅斯的領土已經等於整個拉丁歐洲（見 Taagepera 1997: 494, 497-98）。

73 Franklin and Shepard 1996: 81-83, 97, 113, 143-45; Golden 2002: 115, 119.

74 Franklin and Shepard 1996: 170（引文），170-72（五百公里的城牆與一百多座要塞），326（權力），369-70（缺乏統一）；Golden 2002: 121-23（庫曼人）；也可參見 Neumann and Wigen 2018: 174-78 談羅斯與草原民族及其生活方式的緊密關係。

75 見本書第六章。Hartog 1996: 55-56（稅收），162-67（影響）；Ostrowski 1998: 36-63（借用），133-248（十五與十六世紀，「韃靼枷鎖」的意識形態）；Knobloch 2007: 173, 177（借用）；Neumann and Wigen 2018: 184-86（早期韃靼的支持）；Lieberman 2009: 113（大小），212-38（演進）。

76 見本書第五章與第六章，與 Challand 2004: 53-58 非常簡短的介紹。

77 見本書第六章。

78 見下一節。

79 見本書第五章與第十章。

80 遙遠：也可見 Lévy 1997: 36-40。Golden 2002: 108 and Graff 2016: 157-59 提到羅馬與草原戰士的有限接觸。此外，帝國的盟邦也將草原群體隔絕於一定距離之外。克里米亞與塔曼半島（Crimean and Taman peninsulas）上的博斯普魯斯王國（Bosporan kingdom）是在公元前五世紀由希臘殖民地組成，博斯普魯斯王國不僅對草原部族做出回應，也逐漸接納草原部族，因此構成羅馬人的緩衝從屬國，羅馬不僅在此處駐軍，偶爾也進行軍事干預。在薩爾馬泰人居住的匈牙利大平原與瓦拉幾亞，外交與零星的衝突交錯出現，但這塊有限的草原無法支撐大型的同盟出現。日後的拜占庭帝國善於透過外交與補貼的手段來防堵草原國家。

81 Taaffe 1990: 37（通道）；Acher and Talbot 2006: 12（牧民）；Roy 2015: 50（孔雀王朝）。

82 Roy 2015: 56-64, 70-73, 87-90.

83 Asher and Talbot 2006: 26-28（騎兵的關鍵角色）；K. Roy 2015: 93。

84 K. Roy 2015: 95-99, 104-6. 察合台的游牧部族構成帖木兒軍隊的骨幹：Jamaluddin 1995: 165-67。

85 B. Stein 1989: 22; Asher and Talbot 2006: 54-59; K. Roy 2015: 117-19.

52 進攻：Deng 2012: 336, table 4.1：從公元前四七五年到公元前二二一年，在兩百四十四次主要攻勢中，秦國占了一百零二次，相較之下，趙國三十五次，楚國二十六次，魏國二十三次。簡短但切中要點：Zhao 2015a: 99, esp. n101 談秦國的起源。也可見 Teng 2014 談早期地方親族紐帶的脆弱。公元前九到前七世紀與戎的衝突：Di Cosmo 1999a: 921-24。西周與戎爭戰並且被戎擊敗，最終放棄了渭河流域。

53 Di Cosmo 1999a: 947-51（緩衝的喪失）。戰國時代的接觸：Di Cosmo 1999a: 951-52, 960-62；Di Cosmo 2002a: 127-58, esp. 140-43 談攻擊與邊境長城；也可見 Deng 2012: 339；Graff 2016: 154-55。匈奴為了對抗秦的侵略而進行的擴張：Di Cosmo 2002a: 174-75, 186-88。匈奴帝國是否在這場衝突之前就已經建立（Di Cosmo 2002a: 167-74），仍有爭議：例見 Barfield 2003: 462-63。

54 見 Chang 2007 描述這些戰役耗費的巨大成本，不過他對於史料的記載過於照單全收。關於後續的國內改革，見 Loewe 1986: 152-79，與一般性的說明，Lelièvre 2001。匈奴同盟：Barfield 1989: 32-84。Di Cosmo 2002a: 205 承認，匈奴帝國建立之後，草原對於漢朝資源的需求變得十分迫切。

55 漢人統治前涼、西涼與北燕。晉朝相當仰賴草原軍隊，最後也遭草原軍隊推翻：Holcombe 2001: 121-22。

56 Barfield 1989: 123-24; Graff 2002: 72; M. Lewis 2009a: 149; Graff 2016: 145. 氐建立的前秦應該已經開始輸入馬匹：三八三年南征失敗，這場戰爭曾動用了大量騎兵（Graff 2002: 67）。

57 Graff 2016: 161.

58 特別見 W. Liu 2015b 與本書第十章。

59 見本書第六章。

60 Barfield 1989: 266-96; Perdue 2005: 133-299.

61 Deng 1999: 367-76 調查秦代以來的大規模叛亂，發現兩千一百零六年間發生了一百零三起。除了極少數例外，絕大多數叛亂都發生在王朝即將結束之時：公元前二〇八年（秦滅亡）；公元十七年，持續了七年（結束了王莽篡漢時期）；一八四到一九一年，持續了三十年（東漢滅亡）；二九四到三一一年，持續半個世紀（西晉滅亡）；六一一到六二三年（隋滅亡）；八六三年與八七五年（唐衰弱）；一一一九到一一三〇年（北宋末年爆發的多起民變）；一三五一到一三五三年，持續十六年（驅逐蒙古人）；一六四一到一六四六年，持續二十年（明滅亡）；最後，先是在一七八〇年代發生了小規模民變，接著在一七九五到一七九六年爆發規模較大的民變，亂事持續十二年，一八五一到一八六一年的太平天國之亂與其他民變持續了十五年，對晚清構成嚴重挑戰。

62 關於中國統一／分裂與草原之間的結構連結，特別見 Barfield 1989: 10-11 and 13, table 1.1, and Barfield 2001: 23, table 1.1；與見 1989: 12-16 談平行循環。這個論點進一步發展了拉鐵摩爾的觀點，拉鐵摩爾認為，兩千年來，存在著「兩個循環，這兩個循環各以不同的模式展現，但總是彼此互動形成一種歷史過程——草原部族離散與統一的循環，以及中國王朝整合與崩潰的循環」（1988 [1940] 512）；見 Barfield 1989: 11 承認他受到「拉鐵摩爾傳統」的影響。也可見 Jagchid and Symonds 1989 概述兩千年來中國與草原互動的關鍵特徵。

63 Fletcher 1986: 21; Di Cosmo 1999b: 29-37. 之前曾經討論過，二元統治在五胡十六國時期已經出現。

64 Turchin 2009: 199 提到這個根本的回饋環。

65 Mote 1999: 26; 也可參見 Barfield 2001: 15。

66 例見 Golden 2002: 130-32；Graff 2016: 154。關於女性的參與，見 Golden 2002: 130-31；Mayor 2014: 395-410。

的衝突，無論是草原民族還是農業社會都負有責任：例見 Jagchid and Symons 1989: 23 談邊疆缺乏信任與穩定，與 24-51 談掠奪與貿易的選擇；同樣還有 Golden 2002: 106。

41 相關性：Bai and Kung 2011；Zhang et al. 2015。參見有先見之明的 Hinsch 1988，這部作品完成於許多數據出現之前。突厥人：Bulliet 2009: 96-126；Peacock 2010: 45；也可參見 Peacock 2010: 53-61 談脈絡。更好的資源：Büntgen et al. 2016: 235（阿拉伯人）；與本書第六章（蒙古人）。

42 文人的詆毀：Beckwith 2009: 355-62，對於「蠻族」一詞的使用提出適切的反對。草原環帶的農業帶（內蒙古、北蒙古、南西伯利亞、滿洲、新疆）：Di Cosmo 1994; Beckwith 2009: 341-43。也可見 Di Cosmo 1999b: 8-13 談草原帝國的形成。

43 Khodarkovsky 2002: 76-183; Sunderland 2004（俄羅斯人的草原殖民）；Perdue 2005: 133-299（清朝對游牧民族的鎮壓）。

44 關於歐亞大陸游牧民族的興起，見 Di Cosmo 2002a: 13-45。抽象模式：Turchin 2009: 196-97。引文：Deng 2012: 339。同樣的問題也出現在這個觀念上，也就是認為草原民族的入侵造成的影響是災難性的，因此對中國構成了「向心力」（Ko, Koyama, and Sng 2018: 290），這個說法高估了草原民族的影響：見本書第十章。

45 Lattimore 1988 [1940] 542-51（「邊緣地帶」，中國），238-51, 547（「儲藏所」與「邊緣地帶」），541（從那個地帶進行征服）。邊境的關鍵重要性：例見 Barfield 1989: 100, 104, 2001: 22；Skaff 2012: 15-17。關於中國，Mair 2005: 81 指出乾燥黃土與沙土覆蓋的鄂爾多斯高原是最密集互動的地點：「做為定居社會與草原民族間的絕佳連結地帶，鄂爾多斯高原乃是『中國』真正的故土。」Skaff 2012: 16 反對 Fletcher 1986:41 的主張，後者認為地理區隔了牧民與農民（「在大草原的東端，游牧與定居的界線最為清楚，歷史上絕大多數的時間裡，蒙古與中國互相對峙，形成分離的世界」）。現實上，這個接觸地帶是個重要的匯集處。

46 Turchin et al. 2013. 關於批評，R. Thomas 2014 認為把這些特徵擺在公元前一千五百年就已經達到高度複雜性的低地文明核心來看，如埃及、美索不達米亞、印度河流域與中國北部，也許會得出相同的模擬結果。Turchin et al. 2014 未提出這個觀點，但這個觀點已經得到初步模式的一些支持（James Bennett，2017 年 5 月 28 日到 6 月 1 日的個人交流）。這更加顯示我們應該對騎兵作戰與國家形成的關係進行具體的案例分析，以此來評估 Turchin et al. 詮釋的有效性，本章後段對此進行了討論。

47 這個傾向以及大量流行的人類學術語，使 Honeychurch 2015 試圖在現有的互惠回饋模式之外提出不同取向時遭遇不少困難。

48 改編自 Turchin 2009: 193, table 1。明朝例外的地方不僅於此：明朝的興起是唯一一次原住民（漢族）針對來自草原（蒙古人）而非來自邊疆地區的徹底征服所做的反抗。這是唯一一次草原的力量如此深入而實質地將草原邊疆推進到中國南部。這不禁讓我們思考，就什麼程度來說，反抗蒙古統治中國的明朝可以算是真正的例外。即使如此，這個問題已經離本書主旨太遠：畢竟，撇開明朝的種族起源不論，對既有王朝發動叛亂原本就十分常見。

49 Mair 2005: 56-64（引文：46, 64）。唯有現代中國打破這個典範：統治者來自南方（83）。關於唐朝濃厚的突厥—鮮卑元素（「鮮卑—中國政權」），見 S. Chen 2012:4-38（引文：36）。

50 Di Cosmo 1999a: 902-8; Mair 2005: 69-75; Turchin 2009: 198.

51 游牧生活：Di Cosmo 199a: 909-14, 924-26；Di Cosmo 2002a: 13-43; Graff 2016: 153。騎兵作戰的出現：Drews 2004: 331-98。國與國之間的戰爭：M. Lewis 1999；Zhao 2015a: 222-61。見 M. Lewis 1990 and Zhao 2015a: 169-221 談這些衝突引發的內部重構。

鮮卑、匈奴與準噶爾。九個中間例證是阿契美尼德、亞述、埃及、笈多、戒日、孔雀、普臘蒂哈臘（Pratihara）、薩珊與商；剩下的十個是阿克蘇姆、拜占庭（中世紀盛期）、法蘭克、神聖羅馬帝國、印加、高棉、馬其頓、馬拉塔（Maratha）、羅馬與塞琉古。

29 Turchin 2009: 201; Scheidel in press-b.

30 Turchin et al. 2013: 16386 針對領土大於十萬平方公里的國家提供了類似的熱圖。

31 Scheidel in press-b: table 2.2. 這二十個帝國是德里、前秦、前燕、古爾、嚈噠、晉、女真、貴霜、後趙、明、蒙古、蒙兀兒、北宋、北魏、北周、秦、清、唐、西漢與伍麥亞。七個中間例證是阿契美尼德、笈多、戒日、孔雀、難陀（Nanda）、普臘蒂哈臘與薩珊；剩下五個則是馬其頓、馬拉塔、波羅、羅馬與塞琉古。對比之下，印度南部最大的政治體朱羅與毗奢耶那伽羅（Vijayanagara）只統治約百分之四的人口。

32 引文：Turchin 2009: 201。

33 敵對關係：Turchin 2009, esp. 191, 194-97。關於衝突賦予國家形成驅力，重要的學術作品包括 Carneiro 1970, 1988；Lane 1979；H. Lewis 1981；W. McNeill 1982；Tilly 1985, 1992；B. Porter 1994；Spruyt 1994；Kasza 1996；Ertman 1997；Turchin et al. 2013；I. Morris 2014。我做了簡明的摘要，見 Scheidel 2013b: 11-12（國家起源的衝突理論），20-22（國家形成的暴力角色），33-38（戰爭做為國家形成的驅力）。

34 例見 Sunderland 2004: 5-8 對核心特徵做了標準的摘要，並且介紹過去與草原牧民興起相關的研究。也可見 Khazanov 1994。草原無法自給自足：Jagchid and Symons 1989: Golden 1998: 20-21。Christian 1998 對於前現代中亞史作了廣泛的介紹。

35 定居是進行大規模農耕、採礦與製造的先決條件，為了保護與獲得這些資源，農業國家於是應運而生。引文：Khodarkovsky 2002: 5，與參見 7-75 談（俄羅斯）的草原邊疆「為什麼不可能出現和平」。

36 Lattimore 1988 [1940] 談農耕者與草原民族的互動，以及後者不可能與前者整合。理論：Turchin 2003: 50-93, esp. 53-55, 79-81。對於羅馬時代之後的經驗檢視，見 Turchin 2003: 79-93, esp. 83-89。

37 Lieberman 2009: xxi-xxii, 85, 92-93, 97, 100-101n144. 引文：97。

38 關於潘諾尼亞平原，見本書第六章與本章。

39 見 Barfield 1989 與更簡要的 2001。關於主要帝國與影子帝國的區別，見 2001: 28-39（引文：33）。複雜性的相關性：Barfield 2003: 461（「一般來說，游牧政治體在與定居社會互動時，總是希望自己能搭配得上對方的政治複雜程度」）；Turchin 2009: 194。Challand 2004 對草原帝國做出廣泛概觀，更一般的討論見 Golden 1998。Sinor 1990 談到了成吉思汗擴張前的中亞史。

40 白桂思與 Nicola di Cosmo 是「影子帝國」模式最直接的批評者。雙方都向彼此尋求資源：Di Cosmo 2002a: 169-70。侵占：Di Cosmo 2002a: 142-43, 174-75, 186-88。白桂思與 Nicola di Cosmo 都認為，農業社會不願讓草原民族使用資源，因而導致暴力衝突：游牧民族的掠奪是對農業社會侵占、侵略與貿易限制所做的回應，見 Di Cosmo 1999b: 12；Beckwith 2009: 330, 334-38, 345-48。Beckwith 2009: 320-22 熱切地指責古代與現代史料對游牧民族的詆毀，但他同意牧民熟習馬匹與複合弓（322），極為仰賴貿易（325, 345），採取衝擊戰術因為他們必須謹慎保存人力而且無法輕易攻克城池（339-340），而且草原民族與農業社會都試圖藉由損害對方來進行擴張（350-51）。這些說法與巴菲爾德的推論並不矛盾：我完全同意 T. Hall 2010: 109-10 認為的巴菲爾德與白桂思之間存在著「廣泛交集」，儘管後者對前者的攻擊「十分令人費解」。沿著草原邊疆發生口意謂著控制華北的統治者可以支配東亞，而這個地理事實……解釋了中國為什麼有能力不斷地再統一。」

14 E. Jones 2003: 105-7, 226; 較早一點的 J. Hall 1985: 111; P. Kennedy 1987: 17; 與之後的 Lieberman 2009: 738。引文：Montesquieu 1750 [1748]: 384 (*De L'esprit des Lois*, book XVII, ch. VI)。也可見 Kiesewetter 2006: 47-52。Lieven 2000: 33 提到中國被區隔成幾個半封閉的區域，這個說法模糊了焦點：「比較」的標準是關鍵。

15 E. Jones 2003: 105-7（引文：107）。值得注意的是，Jones 書中的索引甚至沒提到羅馬帝國。

16 Keay 2000: xxv（農業帶）；Lieberman 2009: 738-39。

17 Keay 2000: xxv-xxvi; Asher and Talbot 2006: 12; Lieberman 2009: 739.

18 我對羅馬帝國疆界的估計，大致上包括了哈德良長城（Hadrian's Wall）、萊茵河與多瑙河、土耳其、敘利亞與以色列的東部疆界。

19 Needham 1969: 151, fig. 20（引文，地圖視覺化）。另一個高度與降雨的地圖視覺化，見 Ko, Koyama, and Sing 2018: 288, fig. 1。

20 Hui 2005: 160，儘管 Hui（許田波）完全抗拒地理觀點，她還是指出，歐洲列國體系要比中國列國體系來得「廣袤與分散」，拿破崙「在俄國戰爭中面對的是距離這個暴君」。戰國時代各國的首都遠比巴黎與莫斯科來得緊密，而戰國時代最後也統一成一個帝國（160）。

21 關於羅馬，見本書第二章。公元前九年，羅馬指揮官德魯蘇斯（Drusus）抵達易北河，為期不長的萊茵河外羅馬日耳曼尼亞行省最遠達到易北河下游地區。關於查理曼的擴張，見本書第五章。

22 Heather 2009: xv（引文）；386-451（斯拉夫人的散布），520-76（日後的國家形成與發展）；Wickham 2009: 472-507, esp. 480-91, 505-7, 556（十世紀）；Wickham 2016: 81。Brown 2003 是討論直到一〇〇〇年為止「西方基督教世界的興起」的經典作品。

23 Bartlett 1993, esp. 295, 298-99, 303-4, 306, 308-9; 以及 24-59 談「貴族的四散移居」。引文：Heather 2009: xv。

24 簡略的導覽，見 https://www.euratlas.net/history/europe/index.html. 拉丁基督教世界：Bartlett 1993: 292。

25 例見 Lieven 2010。

26 Gat 2006: 394 在（極為粗淺地）討論環境要素時也提出相同的看法（391-95）。Vries 2013: 153-61 在對（第二次）「大分流」的現代解釋進行廣泛調查時，雖然對地理推論不表贊同，卻也未能提出有力的反對理由。我完全同意 Vries 說的，地理是靜態的，頂多只能做為必要的先決條件，而非充分條件（413）。但另一方面，我反對 Vries 把地理與自然資源歸類為「近因」（409），除非這個詞彙是用在技術經濟意義上的經濟內生變數（Peter Vries 好心地告訴我這一點）。我也發現霍夫曼 2015: 109-14 拒絕以地理論點解釋歐洲例外的做法相當難以理解，他只用山脈與海岸線來進行解釋，卻忽視了緊密性與天然核心這類特徵。

27 草原生態：例見 Barfield 1989: 20-24；Taaffe 1990: 33-37。

28 見 Turchin 2009: 202-3, table 2 的帝國列表，與我在這裡使用的 Scheidel in press-b: table 2.1 稍微擴充與修改的列表。五十四個帝國是阿拔斯、穆瓦希德、穆拉比特、埃宥比、巴克特里亞（Bactria）、布亞、察合台、德里、法蒂瑪、前秦、加茲尼、古爾、突厥、金帳、噘噠、匈人（阿提拉）、伊兒、晉、女真、哈扎爾、花剌子模、貴霜、基輔、遼、立陶宛－波蘭、馬利（Mali）、馬木路克、米底（Media）、明、蒙古、蒙兀兒、北宋、北周、鄂圖曼、帕提亞、西遼（Qara Qitai）、秦、清、柔然、俄羅斯、薩法維、塞迦、薩曼、塞爾柱、隋、唐、帖木兒、吐蕃、回鶻、伍麥亞、西漢、

72 H. Kennedy 2001: 62-64, 74-78; Wickham 2009: 331-34; H. Kennedy 2015: 398-401; Haldon 2016: 75-77.

73 Wickham 1994: 57-61 的總結依然十分經典。關於伊克塔與類似制度的演進，例見 Lambton 1968: 230-39 and Cahen 1975: 311-14（直到塞爾柱王朝）；Basan 2010: 169-71（塞爾柱王朝）；Petrushevsky 1968: 516-20（伊兒汗國）；Jamaluddin 1995: 154（帖木兒）；Savory 1986: 364-66（薩法維王朝）。安納托利亞與巴爾幹的鄂圖曼帝國同樣堅持由農民納稅，起初軍事人員被分配一定的農民向其繳稅，之後改以包稅制來支撐受薪的軍事人員。當後者轉變成擁有私人軍隊的領主時，中心便開始鎮壓這些領主（Wickham 1994: 63-64）。

74 Asher and Talbot 2006: 35-41, 128, 152; Lieberman 2009: 640, 643, 740. 關於蒙兀兒帝國的徵稅制度，見 Richards 2012: 411-16。

75 關於這種發展相關性的分類，見本書第九章。徵稅的國家一般來說要比以禮物交換或控制農地為基礎的國家來得穩定：Wickham 2016: 11, 29。

76 關於中國，見 Lorge 2005: 178。放鬆：Deng 2015: 314-21（清朝）；M. Lewis 2015: 300-304（唐朝）。

第八章

1 引文：Montesquieu 1750 [1748]: 384 (*De L'Esprit des Lois*, book XVII, ch. VI).

2 改編自 Diamond 1997: 414（引文）。韓國的「半島」部分大約是山東半島的三倍大。也可參見 Keay 2000: xxiii 對比歐洲與印度的山脈與海岸線，後者缺乏真正的障礙。Cosandey 2008: 499-581 認為海岸線對歐洲的發展至關重要，我們以下將會討論。

3 批評：Hoffman 2015: 112-14。歐洲海岸線：Cosandey 2008: 509-33。

4 Cosandey 2008: 533-69, esp. 558: 歐洲（百分之四十六是半島，百分之十點二是島嶼）、伊斯蘭地區（百分之零點九是半島，沒有島嶼）、印度（百分之一點七是半島，百分之一點九是島嶼）與中國（百分之一點一是半島，百分之二是島嶼）。

5 Cosandey 2008: 561, 567-68。對他來說，歐洲的發展植根於因地理因素產生的小型列國制度。

6 山脈：Montesquieu 1750 [1748]: 384 (*De L'Esprit des Lois,* book XVII, ch. VI)（引文）；Diamond 1997: 414。歐洲不會更崎嶇：Hoffman 2015: 109-12。中國的高度：Marks 2012: 17, map 2.4；Auyang 2014: 339（高度四百到一千五百公尺的地形）。

7 Diamond 1997: 414（引文）。也可見非常簡短的說明，Lang 1997:24。

8 見 Tvedt 2010: 37 談中國的河流與海岸之間連結相當微弱。

9 J. McNeill 1998: 32（引文），36。

10 J. McNeill 1998: 36-37（引文）。見 Tvedt 2010: 35-37 對於中國河流與灌溉系統的敏銳觀察，強調洪水的風險，以及運河系統對排水與支流的重視。見本書第十二章。注意宋朝到清朝部分運河系統的衰敗：W. Liu 2015a: 94-95。

11 Wittfogel 1957. 檢視 Google 學術搜尋出現的研究，數量太多，這裡就不一一列出，這些文章當中對於魏復古的主要主張有支持也有反對。歐洲：Chirot 1985: 183；Diamond 1997: 414（規模與連結性）。關於整體而言河流連結性的重要程度，見 Scheidel and Meeks 2014。

12 Marks 2012: 29，附地圖 2.7。

13 見 Bielenstein 1987: 193-94、199、202-3 的公元二年、一四〇年、六〇九年、七四二年與大約七六五年的人口普查結果地圖。直到北宋時期，我們才看到南北的登記人口出現較平均的分布：Bielenstein 1987: 207-12。例見 Lieven 2000:37。De Crespigny 2012 提到，「華北平原的財富與人

53 Pearce 1987 的基礎研究：見 esp. 463-74, 480-83, 507-18, 561-66, 734. 也可見 Kang 1983: 222; Graff 2002: 107-10, 114; M. Lewis 2009a: 84-85; von Glahn 2016: 180-81. 軍隊規模：Graff 2002: 108-9。

54 Kang 1983: 220; Graff 2002: 107, 115.

55 Graff 2002: 111-13; M Lewis 2009a: 62-73, 117.

56 Graff 2002: 76-96, esp. 82-83, and 127; M. Lewis 2009a: 138.

57 東漢晚期，在已登記的人口中，大約有三分之一住在中原以南（以淮河為界）（Graff 2002: 76, 93n1），大約有一千萬人住在長江以南（de Crespigny 2004: table2）。這些比例可能在二世紀到五、六世紀人口南遷時增加，當時北方受到嚴重破壞，而南方則更加發展。六〇九年，統一的隋帝國進行普查，總計八百九十萬戶，四千六百萬人（Bielenstein 1987: 20 認為有九百一十萬戶），但即使是這個數字似乎還是低估了南方的戶數，關於這一點，可以比較一四〇年南方的戶數；實際的總數因此應該會更多一些。結果，四六四年（相當於六〇九年總戶數的十分之一，而非預期的略高於三分之一）與五八九年（相當於六〇九年總戶數的十八分之一與總人口的二十三分之一，而非略高於總戶數的六分之一與總人口的五分之一）的人口數字顯然都太低。Xiong 2006: 251 非常奇怪地對於所有提出來的數字照單全收。

58 Graff 2002: 122-30.

59 A. Wright 1978: 139-56; Graff 2002: 132-35.

60 Von Glahn 2016: 182（身分）；A. Wright 1978: 85（長安）；Xiong 2006: 134（洛陽），95-105（宮殿）。

61 A. Wright 1978: 173（司馬光）。運河：A. Wright 1978: 178-81；Xiong 2006: 86-93；M. Lewis 2009a: 254-55。

62 Graff 2002: 138-59, esp. 145-49（149 估計遠征軍大約有六十萬人）。

63 Bielenstein 1987: 20; Graff 2002: 183, 190; M. Lewis 2009b: 44; von Glahn 2016: 187-90.

64 M. Lewis 2009a: 54. Lewis 認為軍事力量與菁英合作的重要性均等，我則認為前者更為重要，理由見本書第八章與第九章。

65 人口普查：Bielenstein 1987: 20。地方分權：M. Lewis 2009b: 58-84。唐朝的滅亡：Tackett 2014。

66 Standen 2009（北方）；H. Clark 2009（南方）。

67 Bielenstein 1987: 47-48（以一戶二點二人的乘數來計算北宋人口普查的總數實在太低，二點二人或許僅限成人；平均數五人是比較合理的數字，而且符合先前的人口普查總數，也就是每戶人口都要予以登記）；W. Liu 2015a: 266, table F-4（稅率）；W. Liu 2015b: 64-65（稅制）；von Glahn 2016: 240-41, 245（稅的收益與首都）。士兵：Deng 1999: 305。關於羅馬帝國，參見 Scheidel 2015a: 243。關於宋朝的整體經濟（從唐末開始），見 von Glahn 2016: 208-78，以及 Elvin 1973: 111-99 的經典調查。

68 Eugippius, *Life of St Severinus* 6. 奧多阿克爾實際做了什麼並不重要：如我們先前提過的，這則故事只是反映了整體的模式。從徵稅到授予土地是這個時代的決定性特徵：Wickham 2016: 29。

69 Maier 2005: 62（東哥德人）；Wickham 2005: 105-6（法蘭克人）。

70 關於中東的財政制度，見 Wickham 1994: 56-66。關於羅馬、伊朗與阿拉伯人的關係，見最近的研究 Fisher 2011。從一九八四年到二〇一〇年，出版了極富歷史意義的七冊羅馬—阿拉伯關係史，Irfan Shahid (https://www.doaks.org/newsletter/byzantium-and-the-arabs)。

71 H. Kennedy 2001: 59-95 談軍隊薪餉，esp. 59；H. Kennedy 2015: 390-97。埃及的做法與伊拉克類似，但敘利亞則不太清楚（396-97）。

草原征服者有時確實會被分配土地，例如在中國與伊朗的蒙古軍人。然而，徵稅制度並未因此遭到廢棄：伊兒汗國重新引進了包稅制，帖木兒的制度則立基於土地授予以及讓地方菁英盟友與突厥高級軍官獲得財政豁免，其餘臣民並未因此減輕納稅的義務（Potts 2014: 209-13）。從這些例子中，我們看不到這些人口的賦稅身分與特權征服者的賦稅身分在不知不覺中同化。一個解釋是這兩個群體在文化與生計模式上有著截然的差異：騎馬的草原戰士與定居農民之間的差異遠大於日耳曼人與在地民眾的差異。我將在本書第八章更詳細地討論這些差異造成的影響。

31 Halsall 2003: 45-110.

32 Halsall 2003: 119-33（軍隊規模），134-62（戰爭的性質）。

33 與 Rosenthal and Wong 2011: 32 相左，法蘭克王國缺乏長子繼承制並非這個過程的決定因素：即使這個習慣助長了諸侯兄弟間的內部分裂，但地方分權的根源其實影響更大。

34 Nelson 1995b: 385-86（引文：386, from Nithard, *Histories*, 4-3）；Costambeys, Innes, and MacLean 2011: 319; Wickham 2016:11。

35 Wickham 2009: 529-51 談「農民的進入囚籠」；Halsall 2003: 31 談軍隊是一種集會。

36 Airlie 1995: 448-49; Roger Collins 1999: 361-63, 395-96; Wickham 2001: 91-94.

37 Wickham 2001: 88-89; Wickham 2005: 154-258; Wickham 2009: 508-28; Wickham 2016: 102-9.

38 Strayer 1970: 15（引文）；Wickham 2009: 555-56, 564（引文）。也可見 Wickham 2016: 78-79, 254-55 認為一〇〇〇年左右或十一世紀是關鍵的轉折點。

39 Graff 2002: 39-51; M. Lewis 2009a: 51, 59-62. 晉朝時期「蠻族」的流入：Holcombe 2001: 121-22。

40 Graff 2002: 54-69; M. Lewis 2009a: 73-85.

41 Graff 2002: 59-60; M. Lewis 2009a: 77.

42 Graff 2002: 61; M. Lewis 2009a: 78-79, 114, 118.

43 R. Huang 1997: 76-77（引文：77）。

44 見 Scheidel 2011b: 197，根據 Bielenstein 1987: 12（漢朝：九百二十萬到一千零八十萬戶，四千七百六十萬到五千六百五十萬人），15-17（三世紀）。國家（戶口登記）能力是重要變數，支持這個觀念的堅強證據，見 Scheidel 2011b: 203n18，與參見 Graff 2002: 35-36, 127。

45 Bielenstein 1987: 17（人口普查），連同 Scheidel 2011b: 197-99；Graff 2002: 67（攻勢）。歐洲：McEvedy and Jones 1978: 41-118。

46 Dien 2001: 108-13（西涼）。有些查核問題（從五到六世紀的中國北方）留存在文字資料中（105-7）；查核體系延續到中國南方（103-4）。M. Lewis 2009a: 145-48（匈奴與慕容部鮮卑）。

47 Graff 2002: 69-73, 97; M. Lewis 2009a: 79-81, 148. 拓跋部或許屬於突厥語族群體：S. Chen 2012: 183-91。

48 Eberhard 1949: 209-11; Yang 1961: 146-47; Huang 1997: 89. 拓跋部的軍事力量吸引漢人到他們的行政組織任職：Barfield 1989: 118-19. Von Glahn 2016: 175 懷疑荒蕪土地的重新開發降低了國家對這些宗族社群的壓力。

49 Graff 2002: 72; M. Lewis 2009a: 149.

50 Huang 1997: 90-91; M. Lewis 2009a: 139-40; von Glahn 2016: 173-74. 五二八年到五三〇年的人口普查總計有三百四十萬戶（Bielenstein 1987:17），然而這應該只反映了一部分實際數字；Graff 2002: 127 and 13n19 認為同一時期的數字應該更多一點，有五百萬戶與三千兩百萬人。

51 Kang 1983: 116-75; Huang 1997: 93; Graff 2002: 98-100; M. Lewis 2009a: 81.

52 Kang 1983: 176-216; Graff 2002: 100-106; M. Lewis 2009a: 82-83.

30 Wickham 2005: 84（國家規模與軍人地位），149（在地化），以及 830 談「羅馬帝國統一終結的關鍵重要性」。

在這個脈絡下，我們也應該考量到，轉變成以地方土地的直接收益來支持追隨者，這背後帶有的文化向度：我們必須追問的是，這種現象在多大程度上反映出藉由領導多樣且流動的戰士同盟來建立自身領導地位的統治者，與他領導的成員的期望之間做出多少妥協。在處理這個問題時必須小心：這個取向不僅帶有猜測的成分，而且容易被抨擊為賦予這些後繼政權一種本質化的特質，特別是學院傳統已經逐漸對「日耳曼」這個觀念抱持解構的態度。雖然我們承認這些征服群體有著多樣性與流動性，我們仍不能排除這些群體特別看重某種類型的報酬：至少，這個觀念值得做出一個特大號的注釋。（Wickham 2005: 82-83 反對新舊統治階級之間的文化差異會造成這種財政變遷：這種變遷很可能是由更深層的因素造成的。Wickham 2016: 29 提到日耳曼高級軍官喜歡土地更勝於薪餉。）

認為古日耳曼人（或「日耳曼人」）喜歡農地的說法由來已久。凱撒在公元前五十八年擔任普羅旺斯總督，這位債台高築且野心勃勃的官員急需一個藉口來干涉自由高盧，而他也找到了一個（或幾個）理由，那就是日耳曼人越過萊茵河入侵位於今日法國東部的高盧塞夸尼人（Gallic Sequani）：「阿里歐維斯圖斯（Ariovistus），日耳曼人的國王，已經定居在他們的領土，奪取了他們三分之一的土地」（Caesar, *War in Gaul* 1.31）。

就這句話來看，意思是指羅馬人是即將被征服的高盧的捍衛者，然而這不過是專挑對自己有利的話說，過於重視這句話是不智的。五百多年後，在殘存的西羅馬帝國即將滅亡之際，桀驁不馴的日耳曼傭兵對才剛把自己十幾歲的兒子羅穆魯斯（Romulus，暱稱是奧古斯圖魯斯〔Augustulus〕）推上皇帝寶座的變節將領歐瑞斯特斯（Orestes）施壓：「他們要求羅馬人必須與他們均分義大利的土地；事實上，他們還向歐瑞斯特斯要求第三份，當歐瑞斯特斯拒絕時，他們便立刻殺了他。有個名叫奧多阿克爾（Odoacer）的羅馬人……同意執行他們的命令……將第三份土地交給蠻族」（Procopius, *Gothic Wars* 5.1.3）。雖然我們不知道這個土地分割計畫如何執行，但奧多阿克爾往後十三年依然守住義大利，直到東哥德人入侵將他與他的追隨者推翻為止，從這點可以看出奧多阿克爾的做法應該有一定的正確性：當時應該存在著某種形式的土地授予。Goffart 1980: 62-70 質疑普羅科匹烏斯（Procopius）的可信度。然而，本文裡出現的尤吉匹烏斯（Eugippius）引文提到奧多阿克爾贈與豐厚的禮物給眾人，可能指的就是實際的土地分配。

這與羅馬干涉高盧的數百年間反覆發生的狀況完全符合：有數十次，「蠻族」（絕大多數是日耳曼人）移居羅馬帝國境內，其中烏比伊人（Ubii）在公元前三十八年再次移居高盧。有時候，他們被打敗了，就以收容的方式留下，但有時候則是直接被接受成為定居者。土地明顯是他們的目標：公元一六〇年代，日耳曼群體提出威脅，表示「如果不接受他們」，他們就要發動戰爭（Historia Augusta, *Life of Marcus* 14.1）。從三八〇年代之後開始出現自治移民社群的紀錄，到了五世紀初，這類社群的出現已成為常規，因此加速了西羅馬帝國的衰亡。Ste. Croix 1981: 509-18 列出公元前三十八年到公元五九〇年代的移民案例。

自由日耳曼的居民主要都是農民，許多日後抵達前羅馬省分的群體與早已過著定居生活的人口有關。從這一點來看，完全從功能角度解釋日後徵稅制度的衰微可能過於狹隘：征服群體的特質以及領袖與追隨者之間共識的建立，可能也扮演了一定角色。日耳曼的經驗引發了進行比較的嘗試，中國以北或阿拉伯半島這兩處定居人口較少的地區，這裡的入侵者的偏好與日耳曼人有著明顯的對比，前者絕大多數對占領土地興趣缺缺，他們傾向於藉由中央集權的徵稅制度來獲得補償，並且與主要生產者保持較遠的距離。

15 中國中心秩序：M. Lewis 2009b: 146, 153.

16 引文出自 Rossabi 1983 的書名，該書編輯表示，「宋朝時期存在著真正的列國體系」（11）。現代學界對於唐朝以降的東亞普遍抱持這樣的看法。對比 Ringmar 2007: 289 合理指出中國向來缺乏平衡的列國體系：帝國霸權是唯一可能的選擇。也可參見 Lang 1997: 26 談中國基礎的帝國缺乏真正國家級競爭者。Rosenthal and Wong 2011: 22 反對 Rossabi 1983 的說法，強調宋朝與歐洲列國體系的差異。同樣的保留看法也可以適用於 Goldston 2009: 100 的稻草人論證，該書表示，「認為一五〇〇年以後的歐洲具有彼此競爭的列國體系，而亞洲擁有毫無競爭的帝國，是一種誤導的過度化約的說法」，「認為主要的帝國總是支配著鄰邦而且免於軍事競爭，這也是一種錯誤觀點」。這些陳述是正確的，但卻完全離題，因為未能正確反映絕大多數既有學界的觀點。參見 Hoffman 2015: 175-78 的反事實情境，如果蒙古人無法攻下南宋，中國可能形成永久的分裂，而且可能發展出真正的列國體系。

17 我起初在 Scheidel 2009a 使用「第一次大分流」一詞，用來呼應 Pomeranz 2000 的書名（與網路上的說法相反，該書書名並非出自 Huntington 1996）。關於「小分流」的概念，見 van Zanden 2009a，Karayalcin 2016 把「小分流」稱為「第一次大分流」。也可見 Davids 2013，全書討論「大分流與小分流」。Moore 2009: 577 介紹十一世紀／十二世紀「第一次大分流」的觀念，並且在 Moore 2015 進一步引申（而且在（20）好心地提到我對這個詞彙的使用）。關於西北歐大家族網絡地位的淡化，參見本書第十二章。

18 Cicero, *In Defense of the Manilian Law* 7.17 (66 BCE); Schumpeter 1954 [1918]: 6 (from Goldscheid 1917); *All the President's Men* (Warner Bros., 1976); Tilly 1992: 96-97.

19 關於長期的賦稅史，見 Ardant 1971-1972; Bonney 1995, 1999; Cavaciocchi 2008; Yun-Casallilla and O'Brien 2012; Monson and Scheidel 2015a。關於演變的分類，特別見 Bonney and Ormrod 1999；關於理論，Levi 1988；關於徵稅契約形式變動的模式，Cosgel and Miceli 2009。連結：Motyl 2001: 13-20 談帝國的輪輻模式。

20 關於這些基本趨勢反覆不斷的經驗證明，見 Monson and Scheidel 2015a, and esp. Monson and Scheidel 2015b: 19-20。也可見 Wickham 1994: 43-75 and Haldon in press。Haldon 1993 提供了最廣泛的討論。

21 見本書第二、五與六章。

22 關於再鞏固期的狀況，見本書第十章。

23 關於羅馬帝國與漢朝財政制度的比較，見 Scheidel 2015d。關於羅馬晚期開始緊縮早期較寬鬆的稅制（Scheidel 2015a），見 Bransbourg 2015。

24 制度分權是自治城市一個極為重要的職能，其焦點不僅在於賦稅，也在於整個社會，以及尋租地方菁英對國家徵稅的介入：Wickham 1994: 50, 73-74。稅捐豁免：例見 Bransbourg 2015: 275-76。

25 土地分配：Wickham 2005: 84-86。起初的稅收份額：Goffart 1980（228-29 談最終轉變成土地分配）；Goffart 2006: 119-86（引文：183）。也可參見 Halsall 2003: 42-43。Tedesco 2013 談到最近學界的研究狀況。

26 Halsall 2003: 64; Wickham 2005: 92-93, 115-20; and Tedesco 2015: 104-12, 166-87（義大利）；Wickham 2005: 87-93; and Modéran 2014: 167（汪達爾人）。

27 Wickham 2005: 93-102; 以及見本書第五章。

28 Halsall 2003: 54; Wickham 2005: 102-15.

29 Wickham 2009: 553-54. 也可見 Wickham 2005: 140-48. 關於帝國晚期的中國，見本書第十章。

54 Ibid., 30-32談鄂圖曼國家力量與控制的局限；Karaman and Pamuk 2010: 603-9（停滯不前的稅收），609-12（與歐洲人比較）。人口：McEvedy and Jones 1978: 18, 79, 97, 111, 137。

55 光是與波斯停戰（Parker and Tetlock 2006: 374-75 認為這是攻下維也納與哈布斯堡王朝垮台的先決條件）還不夠：鄂圖曼人越是深入拉丁歐洲，敵人就越有動機攻擊他們的後方。

56 軍隊數量：Karaman and Pamuk 2010: 610, fig. 4 and 612, table 1。

57 Goldstone 2006: 172-73.

58 英格蘭：Pestana 2006: 199。

59 Goldstone 2006: 173-78, 184-85 談這個情境對科學與科技的負面影響。Mokyr 2006 不同意這個反事實情境。

60 Horne 1999 討論了這個反事實情境。

61 與東亞的對比，見本書第十章。

62 Horne 1999: 208, 210-12, 214-16; Roberts 2014: 445, 625.

第七章

1 見本書第一章。關於「第一次大分流」一詞，見本章注 17。

2 見本書第一章的各個圖表。

3 關於類似，見 Gizewski 1994; Scheidel 2009a: 13-15。關於羅馬與中國的比較歷史，見 Scheidel 2009d, 2015c; Auyang 2014; 與我的網站 https://web.stanford.edu/~scheidel/acme.htm.

4 對比羅馬的經驗，秦國在快速征服主要競爭者之前已然處於整合的列國體系之中，而且有數世紀的時間密切介入激烈的競爭，這個整合的列國體系完全不同於羅馬之後的歐洲列國體系：見 Hui 2005 針對為什麼中國戰國時代最終統一於一個霸主之下而近代早期歐洲卻維持分裂所提出的比較研究。

5 當時，只有羅馬、安息、貴霜與漢朝四個帝國統治了整個世界至少三分之二的人口：全球的帝國巔峰時期。關於數量與之後的類似例子，見 Scheidel in press-b。

6 關於趨同的演化與持久的差異，見 Scheidel 2009a: 15-20.

7 M. Lewis 1990 是基礎性的研究。Fukuyama 2011: 110-24 提供了清楚的概要。

8 Scheidel 2009a: 16-17（總論）；Tan 2017（賦稅）。關於戰爭，見 Rosenstein 2009。不對稱：見本書第三章。

9 Scheidel 2009a: 17-19. 關於行政結構的比較，見 Eich 2015and Zhao 2015b.

10 科層制：見前注，關於預算，見 Scheidel 2015d。都市發展：M. Lewis 2015; Noreña 2015; Scheidel 2015b: 9-10; and Noreña 即將出版作品。

11 見本書第一章。Dincecco and Onorato 2018: 3, 5, 20-21 強調加洛林帝國滅亡的角色。

12 更新的資料來自 Hui 2015: 13，公元前二一四年秦國極盛時期控制的地區又稱「內地」。

13 Kaufman, Little, and Wohlforth 2007: 231, table 10.1 估計從公元前二二〇年到公元一八七五年，東亞以單極／霸權體系為主的時間占了百分之六十八（根據以下數據進行調整：在比較長的時間下，從公元前一〇二五年到公元一八七五年，東亞以單極／霸權體系為主的時間占了百分之五十左右），南亞從公元前四〇〇年到公元一八一〇年，以單極／霸權體系為主的時間則是占了一半，歐洲從一五〇〇年到二〇〇〇年則是只有百分之二。

14 根據 Lorge 2005: 181 的說法，「九〇七年到九七九年是二十世紀初混亂的軍閥割據時代之前最後一次出現實質列國體系的時期。」

Ostrowski 1998: 133-248（意識形態）。

29 Holland 1999: 102（引文），104。也可見 Parker and Tetlock 2006: 381 談隨後「西方」發展的停止。參見 Hartog 1996: 166 談蒙古的入侵起初對俄羅斯經濟造成災難性的打擊，但之後遠距貿易的擴張卻彌補了部分損失。

30 歸咎：參見 Pow 2012: 127-33。見 Allsen 1987: 190-94 談動員的措施，特別是 191 談徵調兵員攻城。沒有明確的紀錄提到俄羅斯提供了兵員，但可能性很高（209n73）。Pow 2012: 133 以這個情境做為拉丁歐洲的反事實條件。

31 見本書第八章。

32 Watts 2009 提出近期的研究成果。

33 Blockmans 2002: 36.

34 Pagden 2001: 43-44; 也可見 Blockmans 2002: 25-26 談分裂的強度。

35 帝國：König 2002: 200-209；Pagden 2001: 43-44。基督教世界：König 2002: 199-200, 209-12；Luttenberger 2002。

36 P. Wilson 2016: 172-73, 422-82, esp. 423, 436, 448.

37 Reinhard 2002.

38 Babel 2002; Durchhardt 2002; Tracy 2002a; Kleinschmidt 2004. 鄂圖曼的壓力對於宗教改革成功的貢獻，見 Iyigun 2008.

39 Pietschmann 2002: 537-38; H. Thomas 2010: 315-36.

40 Brendle 2002 談德國各邦反對查理五世。

41 Brendle 2002: 702-3; Kleinschmidt 2004: 208-10. 見 Blockmans 2002: 80-99, 108-13 談查理五世與宗教改革。

42 Kleinschmidt 2007: 225.

43 Tracy 2002b: 242（梅斯）。這個估計是根據以下的幣值：在一五五二年的奧格斯堡（Augsburg），零點二公克白銀可以購買一公升大麥（九年平均），零點三公克白銀可以購買一公升小麥；一達克特等於三點五公克黃金，一公克黃金等於十三公克白銀，所以一達克特約略等於四十五公克白銀；三百二十五萬達克特約略等於一百五十噸白銀，可以購買四百九十萬公升的小麥。關於羅馬軍隊的薪水，見本書第三章。

44 Tracy 2002b: 50-90（歲入來源），91-108（借貸），109-248（戰爭資金）。248; 2002a: 159（提高的成本）。也可見 Blockmans 2002: 139-68, esp. 154-60 談財政壓力。

45 Tracy 2002b: 182, 247; 參見 2002aL 158。Kleinschmidt 2004: 146.

46 Tracy 2002b: 229, 247.

47 Blockmans 2002: 25-46 做了簡要的概述。

48 Eire 2006b: 150-56.

49 Ibid., 159-61, 164-65.

50 Ibid., 162-65.

51 Parker 1998, esp. 143, 181, 202, 273-75, and 280 談整體而言不利的結果。荷蘭叛亂：Black 2002: 107-17。腓力擔任西班牙國王：Kelsey 2012。

52 關於這三個反事實情境，見 Parker 1998: 292-94 and 2014: 372-73, and Parker 1999: 144-53 特別談一五八八年的事件。

53 Murphey 1999: 36-49. 關於鄂圖曼統治的性質，例見 Lowry 2003; Barkey 2008。

8 見 Pow 2012: 34-41 對這個說法的批評討論。

9 見 Rogers 1996: 12-14 and Pow 2012: 41-45 的討論。關於一二四一年到一二四二年冬季的寒冷與潮溼使牧地大為縮減，軍隊行動力也大為降低，見 Büntgen and Di Cosmo 2016，但 Pinke et al. 2016 反對這個說法，認為氣候的因素不夠強烈，而且無法解釋蒙古人為什麼不更快捲土重來。

10 Strauss 1999: 92; Parker and Tetlock 2006: 380 接受這個說法。Jackson 2005: 72 提到拔都與貴由之間的衝突，認為這起事件有一定的重要性。也可參見 Mielants 2007: 159 主張蒙古人可以輕易橫行全歐。

11 見 Rogers 1996: 8-9, 15-18; Pow 2012: 12-24 的討論與批評。他們認為安納托利亞與敘利亞的戰事仍持續進行，這項事實不具說服力，理由詳見他們的作品。

12 到目前為止針對蒙古擴張問題進行的討論，Pow 2012: 46-77 是最好的。

13 Jackson 2005: 69; Pow 2012: 59. 引文：*Annales S. Pantaleonis* in Jackson 2005: 64.

14 Jackson 2005: 69（埃斯泰爾戈姆）；Pow 2012: 70（西利西亞與摩拉維亞）；Jackson 2005: 65（克羅埃西亞）；Pow 2012: 75（塞爾維亞與保加利亞）。

15 Chambers 1979: 164-65; Pow 2012: 76-77.

16 Pow 2012: 46. France 1999: 234 判定，從戰爭的表現來看，蒙古人的撤退與歐洲的軍事能力無關。這個說法是正確的，但卻忽略了堡壘扮演的角色，France 自己其實曾花了很長的篇幅討論堡壘（77-106）。

17 Sinor 1972: 181-82; Sinor 1999: 19-20; 以及通論性的作品，Lindner 1981。批評的看法見 Pow 2012: 24-34。一九一八年的資料，見 Sinor 1972: 181。十三世紀初蒙古軍隊總數或許約略超過十萬人，與文中數字相符：Sverdrup 2017: 110。

18 不同的估計數字。見 Lindner 1981: 14-15 認為匈牙利草原是四萬兩千平方公里，最多有三十二萬匹馬，實際上則接近十六萬匹馬。對蒙古人來說，人與馬的比例是一比十（亦即，一萬六千人到三萬兩千人）。Sinor 1999: 19-20 認為理論上的最大值是四十一萬五千匹馬與八萬三千人，人與馬的比例是一比五（取代他在 1972: 181-82 的說法，當時他認為是二十萬五千匹馬與六萬八千人）。Man 2014: 144 估計兩萬四千平方公里的草原可以支撐十五萬人與六十萬匹馬。

19 Lindner 1981 提到匈人、阿瓦爾人與馬扎爾人做出的適應，這個論點相當合理，可以禁得起日後的批評。動力：見本書第八章。

20 蒙古人處於不適合的地形：Pow 2012: 33-34。蒙古人攻打其他地方的堡壘的比較分析，見 Pow 2012: 79-121，強調蒙古人運用炮兵來攻破土牆與磚牆，以及通敵與背叛的角色（120-21）。俄羅斯工匠技術：Hartog 1996: 163。見 Allsen 2002: 268-71, 278-80，談到蒙古人征服中亞與伊朗時（一二二〇年代到一二五〇年代）曾使用中國火藥武器（火箭），之後又從敘利亞將重力投石機（回回炮）運到中國，於一二七〇年代協助蒙古消滅南宋。

21 May 2012: 67-80 簡要描述十三世紀晚期汗國之間的分裂與衝突。

22 關於其他目標的重要性，例見 Jackson 2005: 74; Pow 2012: 121.

23 見 Jackson 2005: 113-34 談蒙古攻勢的停止。

24 關於這些後期的攻擊，見 Chambers 1979: 164-65; Jackson 2005: 123, 203-6, 210, 212.

25 Pow 2012: 122 and Sverdrup 2017: 327 認同這個觀點。

26 見本書第八章。

27 關於鄂圖一世，見本書第五章。

28 Allsen 1987: 207-9; Hartog 1996: 54-56（俄羅斯人口普查）、55-56（稅）、162-167（勢力）；

52 Halsall 2003: 119-33; Barbero 2004: 249-71, esp. 252, 256-59, 265-68.

53 McCormick , Dutton, and Mayewski 2007, esp. 875-89; Newfield 2013: 169.「查理曼不只精力充沛與聰明過人：從火山氣溶膠與快速氣候變遷的角度來看，他還是個非常幸運的統治者」（McCormick, Dutton, and Mayewski 2007: 892）。

54 見 Moreland 2001: 404-6, 414-17，值得讚賞的審慎描述。

55 最值得注意：Fouracre 1995:86。

56 Wickham 2009: 430-32.

57 見 C. Morris 1989: 113-21, 154-73 談世俗敘任權的衝突。

58 例如 Tabacco 1989: 182-236, esp. 220 與本書第十章。倫巴底同盟：Raccagni 2010。地中海的疾病環境也扮演一定角色：鄂圖二世與鄂圖三世都染上瘧疾，這種疾病不斷打擊入侵的軍隊。

59 P. Wilson 2016, esp. 9-11, 44-45, 343-44, 348-52, 356-61.

60 P. Wilson 2016: 363-77（引文：366）。

61 France 1999: 77-106, esp. 85-87, 107, and 230-34（引文：232）。也可見 Brauer and van Tuyll 2008 談基礎的經濟：45-79。

62 P. Wilson 2016: esp. 325-27, 332, 372, 389-90, 404.

63 P. Wilson 2016: 87, 319, 324. 與最高統治者的類比：Arnold 1991: 284.

64 Angelov and Herrin 2012: 167-71; P. Wilson 2016: 46-76.

65 Arnold 1991: 281 提到，「如果安茹王朝的英格蘭（Angevin England）、歐特維爾王朝的西西里島（Hauteville Sicily）與卡佩王朝的法國（Capetian France）這些西歐王國的經驗可以做為依據，那麼德國君主體制要推翻地方諸侯統治就必須在德國全境建立常規的賦稅制度，每年要進行巡迴審判，並且建立首都以逐漸加強政治向心力。」這些特徵沒有任何一項有發生的可能（280-84）。

66 P. Wilson 2016: 380（引文），385-87。

第六章

1 這方面的豐富文獻，如 May 2012; Man 2014。關於氣候對成吉思汗領導蒙古人崛起所扮演的角色，見 Pederson et al. 2014（從一二一一年到一二一五年，出現了不尋常的溫暖與潮濕的氣候條件），也可參見 Putnam et al. 20116 談草原地帶更普遍地往南擴張。

2 關於歐洲戰役，見 Chambers 1979; Hartog 1996: 29-41; Jackson 2005: 58-86; Man 2014: 138-45; Sverdrup 2017: 293-327。中世紀的報告與現代的估計通常假定蒙古軍隊連同輔助部隊，人數總共超過十萬人（例如 Hartog 1996: 29; Sinor 1999: 19）；但 Sverdrup 2010: 114 and 2017: 297 認為蒙古軍隊只有四萬人，這項估計忽略了蒙古人召集西方歐亞大草原盟友參戰的可能性。

3 例見 Chambers 1979: 70-82。更多關於基輔羅斯的討論，見本書第八章。

4 關於歐洲的狀況，見前一節的描述，簡略的介紹見 Chambers 1979: 87-90; Hartog 1996: 34-35; Jackson 2005: 9-10。軍隊規模：France 1999: 13, 128-130。

5 特別是中歐地區，見 Chambers 1979: 86-113; Jackson 2005: 63-74。吸收突厥戰士：Hartog 1996: 29 認為數量有十二萬到十四萬人；但見本章注釋 2。

6 Chambers 1979: 110-11; Jackson 2005: 65-67; Man 2014: 143-44.

7 關於學界對於此事的各種立場的討論，特別見 Rogers 1996 and Pow 2012: 12-45 的調查；也可參見較簡短的 Jackson 2005: 71-74。掠奪：Jackson 2005: 73-74 也考慮了其他理由。Sverdrup 2017: 325 提到一二四二年初拔都軍隊的傾向。

減少乃是因素之一。

23 H. Kennedy 2001:6; H. Kennedy 2007: 370-74; Sarris 2011: 273-74.

24 轉引自 H. Kennedy 2007: 1，Sebastian Brock 譯自原文的敘利亞文。

25 H. Kennedy 2001: 4, 8-9, 18-19, 30-51，這段摘要的內容。

26 Wickham 2009: 322-23, 325, 331-33. 見 Gordon 2001 談薩瑪拉時代突厥軍隊的崛起，更通論性的說明見本書第七章。

27 在日耳曼後繼政權與阿拉伯人統治下，財政出現多元的演變，見本書第七章。

28 H. Kennedy 2001: 59-95 談軍隊薪餉，esp. 59, 62-64, 74-78。H. Kennedy 2015: 393-94, 397; 以及 Haldon 2016; 75-77。

29 H. Kennedy 2001: 19-21, 76-78.

30 Wickham 2009: 334-35 提到這點。

31 H. Kennedy 1995: 256-58.

32 引文：Gibbon: 1788a: 408-9.

33 Strauss 1999: 85-89.

34 H. Kennedy 1995: 259-69; Wichham 2009: 338-47.

35 H. Kennedy 1995: 251-54.

36 Parker and Tetlock 2006: 378-79 也強調阿拉伯人成功入侵歐洲後分裂的可能。

37 Kasten 1997 詳盡研究法蘭克統治者的繼承以及隨後權力與領土的分割。見 esp. 9-14 談這種做法的起源。

38 關於這個時期的繼承模式，見 Kasten 1997: 136-98。

39 摘要說明，見 Nelson 1995a; Roger Collins 1999: 333-63，以及 Costambeys, Innes, and MacLean 2011: 379-427 談八四三年後的分裂，與 Wickham 2009: 427-52 談加洛林法國的後繼國家，esp. 439-44 談西法蘭克王國；以及 Wickham 2016: 102, 105。也可見 Tabacco 1989: 144-81 談加洛林之後義大利的無政府狀態。

40 Kasten 1997: 54 的結論認為，想朝長子繼承權制度轉變，一般僅限於在政治與物質衰微的時代。

41 見本書第七章。這些發展是否產生了「封建主義」，關於這方面的辯論，我在此不做討論：關於這個爭議的近期調查，見 Patzold 2012，esp. 14-43 談八到九世紀的法蘭克王國。也參見 Constambeys, Innes, and MacLean 2011: 317-19；Wickham 2016:10。Reynolds 1994 仍對封建模式是否能適用於中世紀初期提出經典的挑戰。在本書脈絡下，這個爭議不具關鍵重要性。

42 Halsall 2003: 25-27, 31; Halsall 2007: 492-97.

43 Wickham 2005: 102-15 的經典分析。

44 Halsall 2003: 54-56，談加洛林之前的時代。

45 Fouracre 1995: 86, 89, 93; Halsall 2003: 73-77.

46 Wickham 2001: 72（引文）；Nelson 1995b: 387, 394。

47 Roger Collins 1999: 295-98.

48 Airlie 1995: 448-49; Nelson 1995b: 394; Halsall 2003: 92.

49 Wickham 2001: 91; Halsall 2003: 93-95, 99-101.

50 Fouracre 1995: 108-9.

51 後繼國家：Halsall 2007: 508-12；S. F. Johnson 2012: 50。政府：S. F. Johnson 2012: 48, 550。查理曼：Fouracre 1995: 107。

21 公元六十九年的短暫內戰也是如此，當時軍團仍十分仰賴義大利與西班牙徵召的兵員。

22 持久的分裂（以及可想像的全面性的失靈）最早在公元二六〇年代再次成為一個選項，但分裂的可能卻因為邊陲地區軍事統治者的出現而得以避免，我將在另一部即將完成的作品中討論這項發展。

23 關於文獻資料，見本書第一章與第八章。

第五章

1 除非特別註明，否則本章所有的年代全是公元後。

2 Demandt 1984: 695.

3 引文：Gibbon 1781: 631。

4 跨文化的研究取向包括 Toynbee 1934-1961；Tainter 1988；Yoffee and Cowgill 1988；Randall Collins 1995: 1554-67；Motyl 2001；R. Li 2002；Turchin 2003, 2006；Turchin and Nefedov 2009；S. A. Johnson 2017；Middleton 2017。關於評論，簡短內容見 Scheidel 2013b: 38-40；Middleton 2017: 29-46。

5 這方面的研究作品很多，其中的典範是 Heather 2006（外部力量）與 Goldsworthy 2009（內部問題）。關於環境問題，見 Harper 2017。

6 Demandt 1984: 597-600 對於傳統探索政治實體失靈時傾向於混合內部與外部原因的做法提出簡潔而明確的反對意見，他傾向於把外部因素放在優先位置（588-97）。但這個問題與區別內部與外部因素的問題不能混為一談。

7 關於遷徙與定居的機制，最清楚的描述見 Halsall 2007: 417-54；也可參見 Heather 2009: 335-59；Sarris 2011: 33-40。關於匈人的角色，見 Kelly 2009。關於帝國各地區在財政上的彼此依存，見 Hopkins 2002；Scheidel 2015a: 251-52。

8 關於反事實條件的用處，見本書序章最後一節。

9 見本書第八章。

10 見 Sarris 2011: 127-34 談東羅馬帝國的各項弱點。

11 黃金儲備從四五七年的三十二噸增加到五二七年的一百二十九噸（Scheidel 2009c: 175）。

12 Haldon 1990: 21, 33-34 的摘要。關於巴爾幹半島，見 Sarantis 2016。

13 Haldon 1990: 20, 34-46 的摘要；Sarris 2011: 146, 239-54。

14 Haldon 1990: 50-84 and now esp. 2016: 31-55. Picard 2018 描述哈里發國海軍力量的興起。

15 Harper 2017: 199-245 是最新的分析。

16 存續：Haldon 2016: 55-57；解答，見 282-94。損失：Decker 2016: 8, 22（地圖）；Treadgold 1995: 42-75（軍隊）；Haldon 2016: 27-29（歲入）。考古學：Decker 2016: 191-94 在描述時小心翼翼地避免陷入衰退主義的敘事，亦即把七世紀到九世紀的拜占庭帝國稱為「黑暗時代」。

17 見本書第四章。

18 H. Kennedy 2007 是關於阿拉伯征服的標準敘事。

19 領土大小：Taagepera 1997: 496（但參見 Scheidel in press-b）。人口估計見 McEvedy and Jones 1978，根據他們低估的數字做了調整（見〈第一章技術摘記〉）。人口比例：見本書第一章。

20 見 H. Kennedy 2007: 366-70 的完善調查，以及 Sarris 2011: 272.

21 引文：H. Kennedy 2007: 370。早期成功：見 H. Kennedy 2001: 2 的另一個反事實條件。

22 見 Stathakopoulos 2004 對各種事件的紀錄與討論。H. Kennedy 2007: 366-67 認為鼠疫引發的人口

三四二年）、199-205（公元前三三八年到三三五年）。波斯在賽普勒斯（Cyprus，公元前三八〇年代，約公元前三四八年到三四四年）、小亞細亞（公元前三六六年到三六〇年）與腓尼基（Phoenicia，約公元前三四八年到三四五年）的統治也搖搖欲墜，對印度河流域的控制狀況則一直相當模糊（Briant 2002: 754-57）。見 Hansen 2006 談希臘人力，與 Ober 2015: 21-44 談城邦生態，尤其 71-122 談經濟發展。Ameling 1993: 15-65 追溯迦太基的國家形成。

6 公元前四五〇年代，雅典野心勃勃地干預埃及事務（雖然未能成功），支持當地叛亂，這充分顯示雅典對於阿契美尼德帝國的屬地做了大規模的謀畫。公元前四二〇年代，雅典喜劇至少可以戲謔地談到攻打迦太基的可能性：Aristophanes, *Knights* 1300-1304。公元前四一五年，龐大的西西里遠征軍，在反事實情境中很可能打了勝仗而非慘敗收場，這將為雅典開啟干預義大利的大門。

7 與 I. Morris 2009 相左。Runciman 於一九九〇年指出，希臘城邦過於強調公民身分與過於民主，因此無法形成可運作的大型國家，這個論點至今依然有效：尤其雅典的直接民主阻礙了蓋爾納模式中超越個別社群的統治階級的形成（Gellner 1983: 9, fig. 1，圖見本書第二章圖 2.6）。對於摩里士論點的批評，見 Raaflaub 2016: 120-25; Scheidel in press-a。

8 當時，亞歷山大集結了大批馬其頓與亞洲（絕大多數來自伊朗）軍隊，而且取得了阿契美尼德帝國與其他地方的大量金銀（Holt 2016）。

9 Diodorus 18.4.4. 關於可靠性的問題，反對的立場見 Fritz Hampl and Fritz Schachermeyr in Griffith 1996: 308-34。Bosworth 1988: 185-211 認為記載是真的；見 esp. 190-202 提到有證據支持準備在地中海進行大規模作戰。

10 Bosworth 1988: 83-93 分析這個古代傳統。

11 然而，Demandt 2011: 86 認為馬其頓越過亞得里亞海進行擴張是不可能的：西部地區還是會由羅馬人、凱爾特人與日耳曼人掌控。但也可見 Demandt 1999: 75-76 談亞歷山大阻礙羅馬帝國的可能。

12 Toynbee 1969: 441-86, at 467-70. 參見 Ober 1999: 46-47 認為湯恩比提出的開明的超級大國是一種時代倒錯的模式：從亞歷山大早期的行為來看，進一步的戰爭只會導致更多的屠殺與掠奪。

13 Livy 9.17-19. Oakley 2005: 184-99 提供了十分仔細的評論。

14 塞琉古：Grainger 1990: 76-94。Billows 1990: 158-59 認為安提柯沒有成為亞歷山大繼承者的想法，但 183 又指出，公元前三〇一年安提柯若是勝利，帝國有可能再次統一。也可見 Grainger 1990: 215-17 提到塞琉古擴張面臨的強大限制。

15 Fronda 2010: 288-300 討論幾個反事實情境，提到漢尼拔無法取得足夠的盟邦反轉羅馬的人力優勢（50-52, 299）。

16 Demandt 1999: 76 and 2011: 94 也認為漢尼拔的奮起為時已晚，而迦太基的人力也不夠充足。

17 我在本章前面的部分討論其他的反事實情境，提到從亞歷山大統治之後的一個持久的馬其頓—波斯帝國。我也可以想像一個退而求其次的情境，帝國分裂後快速統一，剛好來得及協助迦太基對抗羅馬，但這個情境實際上與第一個情境差別不大。

18 部分根據 Fischer-Bovet 2014: 76 and Murray 2012。我估計托勒密與塞琉古各有九萬名士兵，馬其頓有四萬名，兩個主要的希臘同盟各有一萬五千名，托勒密有三百艘戰船，塞琉古有一百艘，其餘愛琴海國家有一百多艘。

19 Mouritsen 1998 對於羅馬與盟邦關係做了最好的分析。

20 離題：除非我們認為羅馬向歐洲邊陲地區擴張必須仰賴東方的物質資源，只有在這種狀況下，東方才會成為有效的關切重點。

約一千一百萬到一千五百萬，但這個估計高度不確定。

31 無法維持均勢：公元前二一四年，馬其頓加入迦太基共同對抗羅馬，但成效不大。托勒密王朝保持中立，或許是為了維持羅馬與迦太基之間的均勢（Lampela 1998:56-63 抱持這個見解）。見本書第四章我對反事實條件的討論。

32 例如 Fischer-Bovet 2014: 65-66。見 W. Murray 2012: 192, map 6.1 顯示托勒密王朝在整個地中海東部與愛琴海的屬地。

33 友好關係：Lampela 1998: 33-56, esp. 33-37 提到公元前二七三年兩國互派大使，在外交上建立「友好」關係或甚至簽訂條約。地理距離是明確的地緣政治特徵：20-21。關於托勒密海軍，見 W. Murray 2012: 188；Fischer-Bovet 2014: 71-72。據說國王托勒密四世（統治期間從公元前二二一年到二〇四年）曾建造一艘長四百二十英尺的戰船，可以容納超過七千名船員（W. Murray 2012: 178-85）。

34 De Souza 1999: 97-178 提到奇里乞亞（Cilician）海盜在公元前一四〇年代塞琉古王朝衰微後出現，在公元前六十七年被羅馬剿滅。

35 見 Erdkamp 1998: 62-62 and Roth 1999: 158-65, 189-95。與塞琉古作戰期間，穀物從西西里島、薩丁尼亞島、努米底亞（Numidia）以及甚至半獨立的迦太基運往愛琴海支援羅馬與盟邦軍隊。Roth 1999: 161-62; 228, table V。模擬：Artzrouni and Komlos 1996: 127-33, esp. 132。

36 這些看法歸功於 James Bennett，他獨自對 Artzrouni 與 Komlos 的模式重新進行建構（個人交流，二〇一七年三月八日）。在模擬的各種細項中，低海岸防衛成本本身並非成功的保證，因為演算法會隨機選擇歐洲的政治體攻擊自己的鄰邦。當國家越來越大，被選擇到的機會也越大，這表示即使是海岸防衛優勢非常少的政治體，只要它們能早點開始而且累積足夠的力量在與義大利衝突時獲勝，就有支配的機會。反過來說，義大利若能搶先開始，就能加強它一開始就具有的優勢。

37 Scheidel 2014, esp. 21-23. 關於 Orbis，見 Scheidel and Meeks 2014。

38 「經濟」指貨物的移動，「軍事」指（快速或緩慢）軍隊的移動。擴張的步驟：Scheidel 2014: 13-14, with 17, figs. 1-2。

39 關於羅馬帝國成熟時期財政榨取的地方性質，見 Scheidel 2015a: 248, 251。

第四章

1 關於反事實條件的例子，見序章的最後一節。

2 Demandt 1999: 75 提出羅馬「伊特拉斯坎化」（Etruscization）的反事實條件，羅馬將因此失去拉丁人的支持，而這將構成羅馬帝國國家形成的潛在障礙。

3 關於阿卡德的帝國計畫，見 Foster 2016: 80-8；阿卡德帝國的衰亡，22-25。新亞述的建國，見 Bedford 2009。

4 Briant 2002 是描述阿契美尼德帝國歷史最詳盡的作品。

5 從波斯的視角來觀察這場戰爭，見 Briant 2002: 146-61, 525-42；Cawkwell 2005。有些歷史學者探討公元前四八〇年波斯戰勝希臘的反事實條件。Strauss 2006: 99-106 提出的情境認為，希臘本土爆發叛亂與獲得解放，使波斯入侵義大利南部的軍事行動失敗。Demandt 2011: 83 同樣認為之後的叛亂是最合理的結果。Hanson 2006: 71-72 低估了波斯控制各個邊陲地區可能產生的問題。關於波斯持續面臨的埃及問題，從公元前五二五年到三三二年，一百九十四年間有將近八十三年埃及一直叛服不定，見 Ruzicka 2012: 23（約公元前五五二年到五一八年），27-29（約公元前四八七年到四八四年）、29-33（公元前四六二年到四五四年）、35-198（約公元前四〇五年到加三分之一德拉克馬的飲食費（Launey 1950: 725-80, at 763; Aperghis 2004: 201-5）。這樣的比例將近一比六，這是指羅馬的軍隊能均勻地區分公民與盟邦的狀況下。或者是一比三，這是指羅馬人可以領取兩倍（戰爭狀態）的薪餉而穀物在戰時也比較昂貴的狀況下。Taylor 2015 更一般性地討論軍事財政。

21 Fischer-Bovet 2014: 76, table 3-5. 見 T. Frank 1933: 145 and Taylor 2017: 165 提到羅馬年均軍事支出在一千五百五十到一千八百塔倫特（talents）之間（公元前二〇〇年到一五七年），相較之下，托勒密王朝是五千塔倫特，而塞琉古王朝是七千到八千塔倫特，這是和平時期的狀況，戰時則兩國的軍事支出會超過一萬塔倫特（Fischer-Bovet 2014: 76, table 3-5）。量級在這裡至關重要。

22 史料提到，羅馬在這四場戰役的死亡人數僅有一千三百五十人，占部署兵力的百分之一點三，反觀敵軍死亡人數達到九萬人。即使羅馬實際死亡人數還要再多一些，而敵軍還要再少一些（參見 Grainger 2002: 249-50, 328 做了比較武斷的調整），整體的失衡無疑還是很明顯的。

23 Sekunda 2001 談公元前一六〇年代的改革，不過實際的改革程度仍不清楚；見 115 談人力。引文：Livy 9.19。

24 羅馬在希臘的喀羅尼亞（Chaeronea，公元前八十六年）與歐爾科梅諾斯（Orchomenos，公元前八十五年），亞美尼亞的提格拉諾塞爾塔（Tigranocerta，公元前六十九年）與阿爾塔克薩塔（Artaxata，公元前六十八年），以及本都（公元前六十六年與公元前四十七年在澤拉〔Zela〕）獲得決定性的勝利。公元前八十八年，當本都擊敗羅馬在當地的盟邦並且在羅馬的行省橫行無阻時，羅馬在小亞細亞西部的士兵數量似乎不多（Brunt 1987: 435）。公元前八十一年，兩支羅馬軍團（大約一萬人）被擊敗，但依然存續，之後這兩支軍團於公元前六十七年在澤拉被擊潰。關於這些戰爭的一般說明，見 Mayor 2010。

25 之後日耳曼人花了幾世紀的時間與羅馬帝國交流與提升作戰能力，才有辦法對羅馬領土構成威脅：見本書第五章。

26 見 Doyle 1986: 89-90, 132-33, 135 談部族邊陲地區的特性：作戰勇猛但人數寡少，沒有組織分層，採取直接統治。J. Williams 2001: 187-207 談波河流域（在這裡，拉坦諾文化〔La Tène）也就是「凱爾特文化」的出現與集村的普遍衰退發生於同時，集村之後開始出現散村的模式：198-99, 205；見 207-18 談羅馬征服的影響）；Richardson 1986 談西班牙，esp. 16-17 談原住民人口（從山牧季移到大型村落與山頂上的堡壘化城鎮）。

27 見 Johne 2006: 83-198。

28 Doyle 1986: 91, 130, table 3 摘要。

29 羅馬分數：直到公元前三世紀晚期為止，中國的戰國時代與之後的秦帝國在這三項標準都得到高分。西漢初期維持的現役軍隊比之前的時代少。

30 這些基本估計都是推測性的。我把重點放在整體的人口數量與最大的軍隊數量（扣除槳手），所有的估計值都盡可能扣除有爭議的部分與刻意保守。我估計，在第二次布匿戰爭時，義大利有四百萬人，羅馬軍隊最多曾達到二十萬人。公元前二世紀初，義大利包括行省有五百五十萬人，軍隊有十八萬人。迦太基有五百萬人，軍隊十萬人；敘拉古有六十萬人，軍隊三萬人；塞琉古王朝有九百萬人，軍隊十萬人；托勒密王朝有四百五十萬人，軍隊十萬人；馬其頓與希臘盟邦有一百五十萬人，軍隊四萬人。我也推測埃托利亞有六十萬人（根據 Corvisier 1991: 289 估計的伊庇魯斯人口做的類推），軍隊一萬五千人。關於這些數字，見 McEvedy and Jones 1978；Fischer-Bovet 2014: 76, 170（希臘化國家軍力）；Corvisier 1991: 252, 271（色薩利〔Thessaly〕與馬其頓）；上文（西西里島、羅馬、迦太基、馬其頓）。Aperghis 2004: 57 提出較多的塞琉古人口數字，大這個數字還少於羅馬，但迦太基還是輸了這場戰爭。關於傭兵，見 Ameling 212-22，更詳細的內容見 Fariselli 2002。Hu

8 Hoyos 2010: 145, 185-86, 190-92 談公元前三九六年、三〇九到三〇七年、二五六到二五五年以及二四一到二三八年利比亞的叛亂，其中最後一次叛亂因為出現傭兵的反叛而更形惡化，使迦太基面臨崩潰的邊緣。與羅馬不同，迦太基似乎對於首都公民以外的臣民沒有建立一套整合性的報酬制度：Ameling 1993: 225, 262。也可見 Barcelo 1988 談公元前二三七年之前對西班牙的介入。

9 Ameling 1993: 199-203 認為戰船頂多是兩百艘，而 Lazenby 1996: 82-87 則支持最大數字的看法。無論哪個數字正確，以當時的標準來說，迦太基的海軍實力確實相當強大。我在尚未出版的作品中做的估計，根據的是古代史料以及我的粗略猜測，迦太基的軍事力量從公元前四世紀相當不起眼的兩萬五千人，增加到第一次布匿戰爭的約五萬人，到第二次布匿戰爭的約七萬五千人，這三個階段軍力最巔峰的時刻分別達到五萬人以上，七萬到八萬人，以及十萬人。羅馬時代的史料記載的數字（例如第二次布匿戰爭的十二萬到十五萬人，Hoyos 2010: 199, 205）可能過於誇大，日後希臘化時代王國的史料也有同樣的問題。

10 人力：Chaniotis 2005: 20-24, 46-51。關於職業軍隊的戰爭，見 78-101。Doyle 1986: 89, 91, and 134-36 定義這些政治體為「派系分裂的共和國」，這種現象產生了各種合縱連橫。埃托利亞同盟：Grainger 1999: 202-14, esp. 213。公元前二七九年，波以歐提亞（Boiotia）、佛基斯（Phokis）、埃托利亞（Aetolia）、洛克羅伊（Lokroi）與墨伽拉（Megara）派了兩萬兩千一百名士兵前往溫泉關（Thermopylae）阻擋加拉太（Galatian）的入侵（Chaniotis 2005: 23）。公元前二二五年，羅馬動員至少十六萬人前去處理類似事件。

11 Doyle 1986: 89, 91, and 133 定義這些國家為世襲君主制。

12 這個數字與亞歷山大統治期之後可用的馬其頓士兵數量相符，公元前三二一年到三二〇年，大約有四萬名士兵（Bosworth 2002: 86）。

13 陸軍：Aperghis 2004: 191; Fischer-Bovet 2014: 73。海軍：Aperghis 2004: 197-99; Fischer-Bovet 2014: 71-72。之前提過，羅馬光是在第一次布匿戰爭就損失了約五百到七百艘戰船。

14 Grainger 2010 討論敘利亞戰爭，特別是競爭性發展（89-115），塞琉古從公元前二四〇年代到二二〇年代陷入內亂與分裂（171-94），而埃及則是從公元前二〇七年之後陷入內部紛爭（219-43）。

15 平行戰爭：Grainger 2010: 245-71。

16 Sekunda 2007: 336 談核心部隊損失的風險。

17 Bar-Kochva 1976: 7-19（陸軍規模）與 20-48 談到軍事移民是「硬核」。也可見 Fischer-Bovet 2014: 199-237 談埃及。Sekunda 2007: 355-36 談這個重要對比。

18 陸軍：Brunt 1987: 423-24。羅馬的這些數字可能有點太高（p. 423），但希臘化王國的數字也是一樣（參見 Grainger 2002: 322, 359-61 討論馬格尼西亞戰役〔battle of Magnesia〕）。潛在兵員：Brunt 1987: 422。公元前二〇〇年後的人力少於公元前二二五年，但很快就恢復了：Hin 2013: 142-54。無論如何，最初的總人口池可能更接近九十萬人。

19 數字出自 Afzelius 1944: 47, 78-79, 89。船隻：Afzelius 1944: 83-84 and W. Murray 2012: 209-25。即使 Afzelius 的數字有點偏高（參見 Brunt 1987: 423），卻不（嚴重）影響戰區間的比例。

20 羅馬公民步兵每天可以領到的薪餉相當於三分之一德拉克馬（drachma），這是包含飲食的價錢。義大利盟邦士兵每個月可以領到三十四點五公升的穀物，或許相當於每天十分之一德拉克馬（Taylor 2017: 150 估計是十二分之一）。希臘化國家的士兵可以領到六分之五或一德拉克馬，外如果三分之二的軍隊駐紮在當地而不駐紮在別處，如果不列顛行省占了帝國百分之三的人口（見 Mattingly 2006: 368 認為人口有兩百萬）而且要比帝國平均稍窮一點，那麼地區的軍事支出會輕易達到地區稅收的兩倍。不列顛在羅馬軍事預算上占的份額也許甚至更高（Mattingly 2006: 49 認為有百分之十五）；而雖然不列顛的人口也可能更多一些（Millett 1990: 185 認為有三百七十萬），如果真是如此，不列顛應該是更傾向於鄉村與更為貧困。因此，羅馬不列顛顯然不可能自給自足。有限：Mattingly 2006: 491-96。

76 動機：Morley 2010: 37。兵役：Harris 2016: 133-36。對指揮官的政治限制：Cornell 1993: 162-64；菁英的去軍事化：164-68。見 Scheidel 1996: 95-96n18 談徵兵模式的演變。

77 Harris 2016: 112-36 提出很好的解釋。轉折：Morley 2010: 36-37。

78 Gellner 1983: 9.

第三章

1 關於半邊陲性的概念，見 Chase-Dunn and Hall 1997: 78-98。義大利符合他們的定義，是一個混和了核心與邊陲的組織形式的地區，在空間上座落於核心與邊陲之間（78）；也可見 19, 201, and 274 談定義爭議。不同類型的網絡（大宗貨物與奢侈品，政治／軍事，與資訊網絡）並存（52）。關於近東政治—軍事網絡的興起與擴張，見 201，與形象化，203，fig. 10.1，出自 Wilkinson 1987，他將這個網絡稱為「中心文明」（Central Civilization），這個文明最後擴展到全球。

2 見 Broodbank 2013, esp. 508-9, fig. 10.2，談羅馬時代之前地中海的整合。

3 I. Morris 2009: 159-63, esp. 163 認為資本密集國家形成以傭兵與海軍為其特徵，但在此同時，獨裁者（亦即僭主）對於分裂的公民社群的專橫統治也導致體制缺乏發展；I. Morris 2013a: 283-86 談到敘拉古是個混和的例子。西西里島主要仰賴重稅來支撐因戰爭與和平形成的景氣循環，直到資金用盡為止，「反映了淺碟的國家能力」。

4 Ameling 1993 針對迦太基的國家性質提出最具洞察力的觀點，他一反過去（古代與現代）對迦太基商人氣息的迷思，強調迦太基的軍國主義與國內的動員能力。

5 Hansen 2006: 98 估計從斯巴達到亞得里亞海，大約有七十五萬人生活在希臘式的城邦裡，這些城邦絕大多數位於西西里島與義大利南部。這符合 De Angelis's 2006: 139 的看法，他認為西西里島人口可能有六十萬人，比對潛在的最大數字可能有一百二十萬人或更多。這個數字相當於公元前三世紀中葉羅馬控制地區（高度可動員）人口的百分之十五（見前文）。關於西西里島的軍隊數量，見 Beloch 1886: 290-94，他正確捨棄了 Diodorus 14.47 提到的八萬三千人這個極端數字，但 I. Morris 2013a: 291 仍採用這個數字。

6 公元十四年，羅馬的馬格里布人口大約有三百五十萬（Frier 2000: 812, table 5），這個數字與迦太基時代相去不遠：Beloch 1886: 470 與 Hoyos 2010: 199 估計第一次布匿戰爭期間，馬格里布大約有三百萬到四百萬人。公元前二一八年，羅馬與迦太基各自又增加了一半的人口，以羅馬來說，取得了北義大利、西西里島、薩丁尼亞島與科西嘉島，以迦太基來說，取得了伊比利半島。就這點而言，雙方的人口旗鼓相當。關於迦太基的尚武精神，Ameling 1993 提出相當基礎的看法：見 pp. 155-81 談菁英軍國主義與 pp. 190-210 談公民參與。關於公民徵兵數字，兩萬、三萬與四萬，見 pp. 190-94。常規的海軍力量是一百二十到一百三十艘戰船，所需人力少於四萬名公民（198）。

7 Ameling 1993: 210-12 談盟邦（利比亞人）。關於迦太基統治的各個層次，見 Huss 1985: 467-74。不是海軍就是陸軍：Ameling 1993: 209-10。在第一次布匿戰爭中，迦太基可能至少損失了四百五十艘戰船與十萬名船員，如果據稱的數字（或至少這些數字隱含的比例）是可信的，那麼

64 Taylor 2017: 169-70.

65 Polybius 32.13.6-8. 也可參見 Livy 10.1.4 談到更早對溫布利亞（Umbria）的入侵，「以免他們一整年無仗可打」：Oakley 1993: 16。這些說法絕不是用來嘲諷。

66 Harris 1985: 10（從公元前三二七年到一〇一年，頂多只有十三年沒有戰爭）；Oakley 1993: 14-16（從公元前四一〇年到二六五年，有十一年沒有戰爭；但是參見公元前四四〇年到四一一年，有十二年沒有戰爭，這段時期的記載更少，但羅馬此時尚未增強戰鬥力，因此戰爭的強度可能比較弱）。中國：秦（一百八十六年）與楚（一百八十五年）的資料出自趙鼎新編纂與慷慨分享的資料庫。從公元前七二二年到二二一年的和平時間：Hsu 1965: 56, 64。參見 Deng 2012: 336, table 4.1 顯示秦國不成比例的戰爭時間。（計算羅馬時也將公元一世紀列入，這樣時間上可以與中國的五百零二年相比，但結果並沒有太大的差異。）有人提出希臘化時代的強權（也）一直處於戰爭狀態（Chaniotis 2005: 5-12），這個主張過於輕率且不精確：馬其頓歷史只有一個世紀左右的時間確實出現這種狀況。關於羅馬持續戰爭的概要介紹，見 Hopkins 1978: 25-37。

67 因此，從其他古代國家的好戰行為無法證明這些國家的行為模式或多或少是相同的（與 Eckstein 2006: 118-80 相左；也參見 Eich and Eich 2005: 1, 4, 14, 33），就連尖刻的 Harris 2016: 42 在這個觀念上花了許多時間也未能得到助益。關於羅馬更強的好戰性，也見 Harris 2016: 37。從這個角度來看，Eckstein 2006 強調國家的內部條件，認為不應該以「單元特質解釋」（unit-attribute explanation）說明羅馬的成功，然而 Eckstein 對系統關係的強調雖然有高明之處，但似乎有些過度推論（見 esp. 35）。國家內部條件確實解釋了羅馬有能力以史無前例的規模投射力量。更明確地說，以熊彼得的「戰爭機器」動力學來解釋羅馬的好戰行為，理應獲得更多關注。

68 見 Scheidel（in press-a）談這個模式。

69 見本書第三章，esp. Doyle 1986: 88-92。

70 義大利以外的戰役總是授予將領更大的自主權（Eckstein 1987; Woolf 2012:74）：將領越遠離中心，越能取得更大的權力，政治影響力也隨之增加。Vervaet 2014: 214-92 對於這個轉變提供了形式主義視角。

71 例見 Löffl 2011: 133-34 談阿爾卑斯戰役，這些戰役既危險又無利可圖，一些能力較差的共和國指揮官對此避之唯恐不及（135-36）。

72 公元前六十一年到五十九年，羅馬憑藉十五個軍團約八萬人的軍隊可以勉強防衛共和國全境——四個軍團駐紮在西班牙，四個軍團在普羅旺斯（Provence）與義大利北部，三個軍團在巴爾幹，四個軍團在地中海東部（Brunt 1987: 449）。如果我們從西班牙抽調三個軍團（完全征服西班牙之後，只在當地留下一個軍團）前往北非與埃及，並且額外增加一個軍團駐紮在東方，我們最後會有十六個軍團。相較之下，在奧古斯都時代，實際存在著二十八個軍團，從公元九年到一六〇年代，維持著二十五到二十八個軍團，公元二世紀晚期，增加為三十到三十三個軍團。這顯示出，如果凱撒與奧古斯都未對歐洲邊陲地區發動大規模擴張，那麼帝國領土在局限於地中海地區的狀況下，軍隊數量只需日後規模一半稍多一點就足以防衛帝國全境。

73 兵役：Scheidel 1996: 93-94。羅馬皇帝遭受自己軍隊的挑戰只是諸多後果的其中一項。我將在即將完成的作品探討這個主題。

74 經濟角度：Harris 2016: 130-32。

75 不合理：Mattern 1999: 123-6。質疑：與 Cornell 1993: 145-49 相左。引文：Strabo, *Geography* 4.5; Appian , *Preface* 5。公元二世紀，不列顛收到約百分之十五的羅馬軍事總支出（Mattingly 2006: 493）。如果公元二世紀不列顛占了百分之十的羅馬軍事預算，或百分之六到七的整體公共支出，

52 Scheidel 2011c 談羅馬奴隸制度的規模及其供給，294-97 談戰爭俘虜的奴隸；Scheidel 2005: 64-71 專談義大利；Scheidel 2011c: 292 談奴隸占總人口的比例。Hopkins 1978: 99-115 討論羅馬奴隸社會的成長。

53 「支持擴張的結構」一詞借用自 J. North 1981: 9。

54 Cornell 1995: 345-47.

55 薩莫奈人與羅馬人的人力對比：Afzelius 1942: 138-41（公元前三四〇年代，薩莫奈人數量是羅馬人的兩倍，土地是四倍），158（公元前三二六年，人口相當），171（公元前三〇四年，羅馬人數量是薩莫奈人的二點五倍）。關於雙方的衝突與結果，見最近期的研究 Scopacasa 2015: 129-58。薩莫奈人的組織內容至今依然成謎：Grossmann 2009: 21-22，關於他們能力的限制，317-18。但 Grossmann 過於懷疑有更廣泛的反羅馬同盟存在（134-47）；參見 Scopacasa 2015: 138-40。

56 義大利的征服：Afzelius 1942: 136-96（數量），Cornell 1995: 345-68（一般描述）；最近期的作品 Harris 2016: 23-33。公元前二九五年的森提努姆之戰（Battle of Sentinum）：Cornell 1995: 361。

57 本節標題出自羅馬早期詩人恩尼烏斯（Ennius）的名言，「羅馬共和國建立在古老風俗與男人之上。」（moribus antiquis res stat Romana virisque）公元前二七〇年代初，雖然許多南方盟邦在與伊庇魯斯作戰時遭到擊敗，羅馬控制的義大利人依然是敵方陣營的兩倍（Afzelius 1942: 187）。羅馬人迅速補充戰場上的損失，抵銷了伊庇魯斯國王皮洛士（Pyrrhus）的高明戰術，也就是著名的「皮洛士的慘勝」。與迦太基的衝突：我們主要的資料來源是希臘史家波利比烏斯（Polybius），他提到羅馬損失了七百艘戰船，但實際數字可能接近五百艘，無論哪個數字損失都相當龐大：每艘船的船員大約有數百人。

58 徵兵：Polybius 2.23-24。關於討論，見 Afzelius 1942: 15-135; Brunt 1987: 44-60; Baronowski 1993; de Ligt 2012: 40-78, esp. 54-55 and 69 調整為將近三百萬自由民當中有三十四萬名羅馬人與五十四萬名盟邦民眾進行武裝（71）。關於迦太基的戰鬥力，見本書第三章。

59 Brunt 1987: 416-512, esp. 417-22（第二次布匿戰爭），423-26（公元前二〇〇年到一六八年）。可能膨脹的步兵人數被這些人數中省略的海軍徵兵人數抵銷。關於第二次布匿戰爭的人口統計結果，見 Hin 2013: 142-54。

60 Brunt 1987: 439, 445, 449, 487, 511.

61 歐洲的徵兵：Parker 1996: 45-46。羅馬與腓立比之間的有效距離估計，見 Scheidel and Meeks 2014。歐洲人口數量：McEvedy and Jones 1978: 18（他們估計的古代人口數可能有點太少；見〈第一章技術摘記〉）。

62 Harris 1985: 51-53 談羅馬人的殘暴，其中提到 Andreski 1968: 117-18 表示高軍事參與率使戰爭更為殘暴。關於羅馬文化各個層面表現的病態暴力，見 Harris 2016:42。交換：Löffl 2011: 48-51, esp. 48。Rosenstein 1990: 179-204 提到公元前三九〇年到四十九年有九十二名羅馬指揮官在與外敵交戰時失敗，他們倖存下來講述自己的故事，此外公元前二四九年到五〇年，有十二名執政官在戰場上戰敗被殺。

63 Schumpeter 1919: 33（引文）。Doyle 1986: 156n37 解釋了「毫無目標」的意義，而這也適用於大部分的羅馬歷史，即使熊彼得自己（正確地）並未以他自身的狹窄定義將羅馬分類為「戰士國家」，也就是在這樣的國家裡，「生命與志業『只能』在戰爭中獲得充分實現」（Schumpeter 1919: 65-69）。

談將伊特拉斯坎農奴（bondsmen）排除於兵役之外。奴役：Harris 1985: 59, 63; Oakley 1993: 23-25。奴隸取代農奴：Oakley 1993: 26。

36 Mann 1986: 252. Andreski 一九六八年的論文提到軍事參與率與社會階層化呈反向關係（39-73），羅馬的例子不完全支持這個論點：相關討論見 Patterson 1993: 95-97。然而，羅馬的征服確實導致階層間的社會流動（參見 Andreski 1968: 134-38）。宗教與戰爭 Rüpke 1990。神廟：Cornell 1995: 381, 384，現在詳細的討論見 Padilla Peralta 2014: 36-110。

37 Harris 1985: 10-41 相當重要。也可見 J. North 1981: 6（引文）與 Morley 2010: 27-29 精彩的摘要。

38 Harris 1985: 74-93 談元老院的致富。Shatzman 1975: 53-67, and esp. 107 詳細調查元老院的財富，認為戰利品十分關鍵。也可見 Rosenstein 2008: 23-24。關於公元前一六〇年代之後，帝國主義的減輕，見 Rich 1993: 46-55。

39 關於盟邦領導階層的問題，見 Oakley 1993: 17-28; Cornell 1995: 366-67 也提到幾個直接支持的具體例子。不過大體來說，同盟的菁英還是仰賴自己。見 J. North 1981: 7 提到「服從」的問題。

40 Harris 1985: 54-104 討論戰爭的經濟動機，特別是 101-4 談到戰爭對平民的經濟動機。也可見 Morley 2010: 25-29 談動機問題。服從：Harris 1985: 46-47; Eich and Eich 2005:25。基於這個理由，一般民眾必須體驗或察覺到好處：Harris 2016: 22-23。

41 這些數字見 Harris 1985:60。

42 或 propugnacula imperii；見 Cornell 1995: 380-83。隨後於公元前二〇〇年到一七七年推動的計畫涵蓋了新一批四萬到六萬名的成年男性以及他們的後裔（Scheidel 2004: 10-11），公元前八〇年代到二〇年代國家贊助更大規模的移居行動，範圍遍布義大利內外，總共移居超過五十萬名羅馬人。

43 Roselaar 2010: 71-84 思考土地原來的主人的命運，見 esp. 79 提到當地人的所有權問題。債務：Oakley 1993: 21-22。類比：Woolf 2012: 73。關於秦國，見 M. Lewis 1990: 61-64。

44 分享：Pfeilschifter 2007: 27。安全：Fronda 2010: 300-307。

45 必需之物：Cornell 1995: 366。退稅：見 J. North 1981: 7 提到這項類比，Morley 2010: 26 也遵循這個說法。資源：Eich and Eich 2005: 21, 25-26。

46 關於這個論點的不同說法，見 Momigliano 1971: 44-46（盟邦）；J. North 1981: 6-7（沒有戰爭，整個體系「將失去存在的憑藉，因此……連其自身也無法繼續存在」: 7）；Raaflaub 1991: 576; Oakley 1993: 17; Cornell 1995: 366; Eich and Eich 2005: 21。引文：J. North 1981: 7。Harris 1984: 91-92，難解的異議。

47 引文：Bickerman and Smith 1976: 149 via Cornell 1995: 367。

48 Eich and Eich 2005: 24-26.

49 Rosenstein 2004: 63-106, esp. 82-84 談首次結婚的年齡。然而，這些碑文主要反映的是城市風俗，無法代表絕大多數農村民眾：Scheidel 2007c: 400-401（但參見 Rosenstein 2004: 238n105 and Hin 2013: 178-79）。Hin 2013:169-71 認為我們不應該高估戰爭損失的負面效果：兵役制度以未婚青年為主要對象可以解決結構失業問題。比較年長的男性：Rosenstein 2004: 89-91 談第二次布匿戰爭。

50 Harris 1985: 49-50; Morley 2010: 33-35. 公元前二世紀，農村公民大量取代城市公民成為軍隊主力（Jehne 2006: 256），使政治與軍事參與的鴻溝更形加深。

51 奴隸制度與動員：見 Finley 1998: 152；以及 Harris 2016: 21-22, 67。奴隸制度的擴展：Scheidel 2008a: 115-23, esp. 119 談這個過程在羅馬與其他地方的發展。

男子有半數必須服十年兵役以充實已經核實的軍事單位：Rosenstein 2004: 89-91。人口：Brunt 1987: 44-130 過去曾被奉為這方面研究的經典，我在本書也遵循他的說法。他的作品現在獲得 de Ligt 2012 的補強與增益，de Ligt 提出最具信服力的羅馬人口史版本。認為共和國晚期應該擁有稍多一點的人口數，相關論點見 Hin 2013: 261-97。少數修正派學者提出比原本的估計多出許多的人口數，嚴格來說這樣的估計雖然不是不可能，但整體而言可能性偏低：詳細的討論見 Scheidel 2008b 與更新的 Scheidel 2013a。

21 動員率：de Ligt 2012: 72-77, at 74。

22 兩段引文見 Tilly 1992: 30。見 17-20 談蒂利對資本與高壓的定義。蒂利認為環境在決定國家建立的既定模式上扮演著關鍵角色（30）。蒂利的模式同樣適合解釋中國的戰國時代。Eich and Eich 2005: 15-16 正確地提到，高壓—密集模式相對適合解釋公元前五世紀與四世紀的義大利。也可見 Eich and Eich 2005: 25 提到羅馬核心在軍事勞動義務以外的領域相對缺乏剝削的密集性。

23 Eich and Eich 2005: 24. Terrenato 2019 強調透過非軍事手段攏絡菁英的角色。

24 Fronda 2010: 300-307 審慎強調要化解這些緊張有多麼困難。見 Mouritsen 1998 討論義大利直到公元前一世紀初在整合上面臨的限制。

25 Scheidel 2006: 217-20, edp. 218, fig. 4. 由於首都快速成長，即使在首都中心，選民參與的可能也快速下降：219, fig. 5。也可見 Linke 2006: 71-73。Mouritsen 2001: 18-37 說明公共空間對我們理解羅馬政治制度有著關鍵重要性，顯示羅馬政治制度是徹底的寡頭制與貴族制（例如 Hölkeskamp 2010, 現在的通論作品 Mouritsen 2017）。

26 見 Hopkins 1991 談徵兵、普查與做為儀式的選舉。關於混合，特別見 Jehne 2006: 250-55, 264-66, and also Eich and Eich 2005: 17。

27 Pfeilschifter 2007 是最佳的討論。關於物質利益，見「發動戰爭的回報」一節。

28 估計數字見 Scheidel 2004: 10-13，與見 21-24 談整合效果。也可見 Pina Polo 2006 只談公元前二世紀的狀況。

29 Scheidel 2006: 224.

30 Tilly 1992: 96-97.

31 Eich and Eich 2005: 19-20. 後勤條件不僅支持永無止盡的大規模戰爭，也有助於創造不同類型的網絡：見 Beard 2015: 168。關於羅馬共和國具有多大程度的國家性，見 Lundgreen 2014a, and esp. Lundgreen 2014b. 有論點認為羅馬接受或鞏固了自治家族的父權，因此構成了男性支持羅馬的堅強理由 (Linke 2006: 74-83; 2014, esp. 85-86)，但這個論點根據的是一個值得懷疑的觀念，以為羅馬可以強有力地影響各地方的社會習俗，而這似乎不太可能。沒有壟斷：與 Eich and Eich 2005: 14 相左。

32 建立國家與發動戰爭：關於中世紀之後的歐洲在這方面的過程，見 Tilly 1992: 67-95。關於這個概念，見 B. Porter 1994: 11-19; Kasza 1996: 364-68; Thompson and Rasler 1999。關於蒂利的概念適用在羅馬上，見 Eich and Eich 2005: 7-15, esp. 14-15。副產品：Eich and Eich 2005: 18。關於都市核心與其他地區之間的公民區隔，見 Scheidel 2006: 214-17：核心外的公民比重從公元前四世紀中的零，提升到公元前一世紀中的百分之八十（216, fig. 3）。

33 集中：Eich and Eich 2005: 30-31。資源：Tan 2017 針對複雜的國家結構完全沒有必要的狹隘觀點做了重要補充。

34 見 Mann 1986: 22-28 談社會權力的概念（IEMP 模式）。

35 見 Cornell 1995: 327-44; Armstrong 206: 183-289, esp. 231-32, 287-89。也參見 Torelli 2000: 196-97

識。Land: Armstrong 2016: 129-82。

5 Barker and Rasmussen 1998: 175-76; Torelli 2000: 195-96.

6 Hansen 2000a, 2002.

7 其他以城邦為基礎的帝國的起源，記載較為晦澀不明，如蘇美（Summer）的阿卡德王朝（Akkad）與烏爾第三王朝（Ur III）或亞述（Assyria）後期，迦太基（Carthage），蘇門答臘的三佛齊帝國。Hansen 2000b: 602, 613-14; Gat 2006: 310-13. Scheidel 2016 比較了羅馬與阿茲特克帝國。

8 見 Cornell 1995: 127-214 談公元前六世紀的傳統；他認為存在著一個由伊特拉斯坎人領導的羅馬霸權（309-10）。羅馬的領土與伊特拉斯坎南方城邦維伊（Veii，五百六十二平方公里）、凱雷（Caere，六百四十平方公里）與塔爾奎尼伊（Tarquinii，六百六十三平方公里）相比毫不遜色（Cornell 2000: 215），首都城市的規模也是如此（215-16, esp. 216, fig. 5）。關於羅馬早期領土大小的問題，見 Woolf 2012: 35-37，強調位置與鄰近伊特拉斯坎人造成某種形式的「混血……活力」（36）。從更形式的角度來看，這個說法與 Turchin 2003: 50-93 提出的元族群邊疆理論相吻合；以及見本書第八章。

9 到了公元前四九五年，羅馬已經併吞其他十五個拉丁政治體的其中三個，將領土擴展到將近九百五十到一千平方公里，占了舊拉丁姆的百分之四十：Cornell 1995: 205。

10 與拉丁人聯盟：Cornell 1995: 299-301; Cornell 2000: 220。殖民地：Oakley 1993: 19; Cornell 1995: 301-4; Cornell 2000: 213。沃爾斯基人與來自內陸的壓力：Cornell 1995:304-9; Cornell 2000: 213（五座城市）。衝突的性質：Cornell 1995: 309。掠奪與威望：Woolf 2012: 72。

11 轉變為擴張主義：Cornell 1995: 309, 311-13, 319-20。加強內在的凝聚力：Armstrong 2016: 183-232。日後的報告提到，公元前四〇〇年左右針對軍事服役引進某種形式的補償，很可能是實物支付，這種說法應該是正確的（211-14）：如果真是如此，這應該有助於較長期與基礎較廣泛的軍事戰役。

12 關於羅馬的劫掠，見 Cornell 1995: 313-18。之後攻擊的規模並不清楚（見 324-25）。我們因此很難評估元族群邊疆動態系統在日後羅馬領導的同盟組成中的重要性。

13 Cornell 2000: 213; Harris 2016: 29 談「壓迫性的雙邊條約」。關於無輪圈的輪子做為帝國的形象，見 Motyl 2001: 16-17。

14 關於這項制度，例見 Cornell 1995: 351, 365。無投票權的公民身分的性質與範圍尚無清楚的理解：見 Mouritsen 2007。

15 Eckstein 2006: 252（引文）。這創造出事實上類似雙重的公民身分（既是羅馬公民，又是在地社群公民）：見 Beard 2015: 165。關於羅馬的開放性以及與希臘的對比，例見 Raaflaub 1991: 578; Champion and Eckstein 2004: 7; Eckstein 2006: 246-47, 256，比較視角也可見 Mann 1986: 254。

16 關於提升軍事合作的關鍵重要性，見 Eckstein 2006: 245-57; Beard 2015: 163-68。

17 見 Nicolet 1980: 153-69 談稀少的紀錄，esp. 158: 百分之零點一的稅率很可能代表一種懲罰，而百分之零點三可能是針對奢侈品，這顯示常規的稅率可能非常低。然而，在危機時期，可能會課徵數倍的基本稅率。假設投資的年報酬率是百分之五，那麼百分之零點一的基本稅率將轉變成百分之二的所得稅，或者如果三分之二的資產具有生產力，那麼可能課徵到百分之三。退稅：Nicolet 1980: 156。

18 見 J. North 1981: 7 談到「共謀」。

19 關於羅馬與義大利士兵的低額補償，見下一節。

20 兵役：Hopkins 1978: 33-35; Harris 1985: 44-45; 2016: 67。公元前二〇〇年之後，三十歲以下的

中間僅以斜槓（/）區隔，表示這兩個政治體的人口估計難以推斷出孰多孰寡。關於數據問題，請參考〈技術摘記〉。我把公元四〇〇年的羅馬帝國視為統一的國家，儘管在五年前羅馬帝國已實質分裂（雖然不是正式分裂），而我把腓特烈二世去世前的中世紀德意志帝國（最後稱為神聖羅馬帝國）視為單一的政治體，以腓特烈二世去世的時間做為分界似乎有些專斷，但為了解釋這個獨特政治體內部逐漸分裂的過程，這個分界點是有必要的。不可否認的是，這個時期的德意志帝國與法蘭西王國（緊追在德意志帝國之後）完全談不上是中央集權的國家。

12 這有可能是稍微低估的數字。公元二世紀羅馬帝國極盛時期的人口很可能占了全歐的百分之八十五左右，如果我們調整 McEvedy and Jones 1978（參閱〈技術摘記〉）低估的羅馬帝國人口以及我在 Scheidel 2007a:48, table 3.1 做的（相當保守的）估計，那麼百分之八十五這樣的數字其實是合理的。即使我們為了抵銷上述的調整而把非羅馬帝國統治的歐洲人口提升到公元八〇〇年的水準（根據 McEvedy and Jones 1978 的估算），公元二世紀中葉羅馬帝國人口占歐洲人口的比例依然可以達到或超過八成。

13 見〈技術摘記〉。

14 詳細內容見本書第八章。

15 見本書序章與第十章。

16 圖 1.10 幾個最大值的微小差異，乃是兩個不完美的資料序列並列得出的函數結果，一個是普查人口，另一個是估計的實際人口。此外，北宋與南宋的普查人口必須從戶數外推得出：當時的紀錄只列出成年男子數量，反觀其他王朝的普查紀錄則涵蓋所有人口數。見 Bielenstein 1987:49, 78。

17 印度次大陸北部在伊斯蘭之前建立的帝國相對人口數量在受到低估的狀況下，有可能因此略為誇大了伊斯蘭國家的影響規模，理由前面已經提及。

18 從公元元年到一八〇〇年，（西）歐洲與中國（本部）主權國家數量的比較，見 Ko, Koyama, and Sng 2018: 288-89, esp. 288, fig. 2 and 289n7（這裡的問題出在他們使用的資料來源—— https://www.euratlas.net/history/europe/index.html ——把神聖羅馬帝國內部的政治體列為「主權國家」或「獨立國家」（288-89, esp. n7），卻忽略了許多比較小的形式上附屬的政治體）。Tilly 1992: 45 估計一五〇〇年時，歐洲有八十到五百個形式上自治的政治體。I. Morris 2013b: 171, fig. 4.7 比較歐亞大陸東部與西部最大城市（通常是帝國首都）的規模——大致上與國家規模呈一定關係——顯示公元五百年之後出現類似的差異。

第二章

1 特別見 Doyle 1986: 22（帝國的宗主國觀點）與 25-66（邊陲觀點）。我把國際關係理論的一項基礎視為理所當然的前提，這個前提就是國際權力政治是由列國體系內部的權力不平衡驅動的，行動者（也就是政治體）會試圖增加自己的權力以保衛自身或獲取利益；見 26-30（帝國的體系觀點）。Doyle 1986: 123-27 討論這些觀點的優點與缺點。Champion and Eckstein 2004: 4-6 簡要探討這些觀點在研究羅馬擴張時的運用狀況。

2 我同意 Doyle 1986: 127 的說法，建立帝國的驅動力必定源自於宗主國，即使宗主國觀點「並未盡善盡美」（124）。關於結合不同觀點的必要，例子見 Eckstein 2006: 35；Morley 2010: 29-30。

3 簡明的摘要見 Cornell 2000: 212-13, 217, 219-20。也可見 C. Smith 1996。

4 模式：Armstrong 2016: 47-128, esp. 47-49, 73。Beard 2015: 117 稱這些群體為「酋邦與戰士游群」，這個描述相當貼切。見 C. Smith 2006 談到氏族的性質以及我們幾乎無法期望能對氏族有任何認

Parker 2006a: 10；Tetlock and Parker 2006: 34-35。

41 關鍵點：Tetlock and Belkin 1996: 7-8；Tetlock and Parker 2006: 33-34。

42 Tetlock and Parker 2006: 35-36 認為這種風險是反事實推論的最大挑戰。

43 Tetlock, Lebow, and Parker 2006a: 10-11（隨時間而改變）；Tetlock and Paker 2006: 21（問題）。

44 「讀者必須牢記一件事，描述一個現象不等於讚賞這個現象」（Strayer 1970: xxviii，談歐洲列國的創建與鞏固）。同樣這句話也適用於國與國的競爭（毫無意義的戰爭與對消費者不友善的保護主義的委婉說法）、宗教鬥爭、殖民、種植園奴隸制度等等不一而足。

從本書範圍之廣大來看，本書寫作的用意原本就不是為了公開爭論。我提到一些不同意見，但只要這些意見不至於影響我的論點，我就不會加以評斷。我在建立自己的論點時，會專注討論一些合理而正面的研究。在很罕見的狀況下，我確實會參與辯論，但我傾向於在與普林斯頓大學出版社的作者們對話時這麼做，我希望這能被理解成一種同事之間相互尊重的姿態：例如 Beckwith 2009；Pines 2012；Hoffman 2015。

第一章

1 也可見 Scheidel in press-b。

2 Taagepera 1978a, 1978b, 1979, 1997; Turchin 2009; Scheidel in press-b.

3 譯自 Braudel 1966: 326。關於羅馬帝國運作的成本限制分析，見 Scheidel 2014, 根據 http://stanford.orbis.edu.

4 關於草原的「影子」帝國，見 Barfield 2001 與本書第八章。

5 既定地區「人口最多的政治體」，指的是該政治體在「該地區內」擁有最多的人口，而非該政治體擁有總數最多的人口，但只有部分人口屬於該區。然而實際上，這兩種類別幾乎沒有差異。有幾個例外出現在中東與北非地區，公元前一五〇年與前一〇〇年，羅馬帝國是當地人口最多的強權，公元一二五〇年則是蒙古帝國；在歐洲，一二五〇年時蒙古人是人口最多的強權；在「羅馬帝國地區」，公元前三〇〇年、前二五〇年與前二〇〇年，當地人口最多的強權是塞琉古帝國，公元八〇〇年與八五〇年則是阿拔斯哈里發國。

6 關於中國的人口普查，見 Bielenstein 1987。我對古羅馬人口有第一手的經驗：特別見 Scheidel 2001: 181-250（羅馬時代的埃及）與 2008b（義大利）。哥倫布之前與殖民時代早期的美洲人口充滿了不確實性：例見 Henige 1998；McCaa 2000；與本章的〈技術摘記〉。H

7 我把阿富汗放在中東與北非地區之中，因為從歷史國家形成的視角來看，阿富汗（絕大部分地區）都屬於中東與北非地區。其他地區的界定則依循慣例。

8 根據 McEvedy and Jones 1978 的說法，公元元年，這些地區居住了將近百分之九十二的全球人口，公元一千年與一千五百年則各占百分之八十三與百分之八十一。二〇一二年到二〇一三年則是百分之六十二（或者說，七十一到七十二億人當中占了四十億到四十五億人）。

9 前西屬撒哈拉（Spanish Sahara），也就是現今的摩洛哥，並未計入。除去阿爾及利亞與利比亞的沙漠地區不計，總面積會減少到大約九百五十萬平方公里，如果進一步扣除埃及西部偏遠地帶與沙烏地阿拉伯的魯卜哈利沙漠，則總面積將進一步減少為八百萬到八百五十萬平方公里。

10 公元十一世紀初出現的劇烈波動，有部分是受到 McEvedy 與 Jones 特定假設的函數影響（見〈技術摘記〉），對於數字本身不需要特別在意。再次提醒，真正重要的是呈現出來的整體模式。

11 在圖 1.3 與之後的圖表中，政治體與後面括弧內的政治體，兩個結合起來表示領先的帝國與排名第二的帝國在人口上相差不多；事實上，兩者幾乎可以視為相同。如果同一個年代有兩個政治體，

26 「抵達丹麥」是一個隱喻，指建立能高度促進人類福祉的政治與經濟制度，這個說法尤其在 Fukuyama 2011:14 提出後開始流行。就隱喻而言，逃離羅馬也是逃離中國，也就是逃離任何大型農業帝國的統治。

27 Klein 2017:302 不經意地提到這種不平衡的現象。以下是我提出的樣本，我在選擇時可能有所遺漏或特別著重某些傾向，在此先致上歉意：經濟學家（19）：Daron Acemoglu, Robert Allen, Stephen Broadberry, Kent Deng, Ronald Findlay, Bishnupriya Gupta, Eric Jones, Cem Karayalcin, Mark Koyama, Timur Kuran, Deirdre McCloskey, Joel Mokyr, Patrick O'Brien, Kevin O'Rourke, Jean-Laurent Rosenthal, Jared Rubin, Jan Luiten van Zanden, Nico Voigtländer, and Hans-Joachim Voth。社會學家（9）：Jean Baechler, Joseph Bryant, Ricardo Duchesne, Jack Goldstone, John Hall, Toby Huff, Eric Mielants, Immanuel Wallerstein, and Dingxin Zhao（趙鼎新）。歷史學家（8）：Philip Huang（黃宗智）, Margaret Jacob, David Landes, Michael Mitterauer, Prasannan Parthasarathi, Kenneth Pomeranz, Peer Vries, and Bin Wong（王國斌）。政治學相對邊緣，代表的學者是 Gary Cox、Erik Ringmar 與 David Stasavage。清單的最後是 David Cosandey 與 Ian Morris，前者是一名物理學家，後者則是一名古典考古學家，後來成為世界史家。我們還可以把生化學家 Joseph Needham 也加進去。如果想從這份清單找出最具影響力的十二名學者，他們更加特立獨行，因此產生更一致的傾向，比例只會有些微差異，大約前三分之二（泰半）是經濟學家，兩名社會學家，剩下的是歷史學家。當然，更引人注目的是，完整清單中（現在）有百分之九十五是男性：無論如何，這都不能算是完整的研究成果介紹。

28 Fowden 2011: 172（引文）。見 168，當中提到「（公元）第一個千年」是一個有意義的分析單位，這個觀念在本書也做了證明：所有的關鍵事件，包括羅馬帝國的衰亡以及中世紀早期無情地廢除羅馬帝國的制度，以及中國的帝國復興（隋朝、唐朝與宋朝），全都發生在這個時期。

29 引文：Kocka 2009: 15。更一般的歷史與社會科學比較，見 Bonnell 1980；Skocpol and Somers 1980；Tilly 1984；Ragin 1987；Goldstone 1991: 50-62；Haupt and Kocka 1996a (esp. Haupt and Kocka 1996b; Osterhammel 1996)；Mahoney and Rueschemeyer 2003 (esp. Mahoney 2003; Rueschemeyer 2003)；Kocka 2009。似乎沒有專門介紹比較歷史的入門作品；目前，Lange 2003 算是最接近入門的著作。專門的比較古代史，見 Mutschler and Scheidel 2017；Scheidel 2018。

30 引文：Lloyd and Sivin 2002: 8; Rueschemeyer 2003: 332。

31 引文：Kocka 2009: 15。

32 引文：Kocka 2009: 15。

33 引文：Kocka 2009: 17。

34 Weber 1920-1921.

35 關於分析式比較，見 Bonnell 1980: 164-65。

36 關於這些概念，見 Skocpol and Somers 1980: 175-78; Ragin 1987: 17.

37 Tetlock and Parker 2006: 15（引文）與 17-28 對這個立場提出強有力的陳述。也可見 Demandt 2011: 51 提出相同的論點。關於反事實歷史，見 Hawthorn 1991; Tetlock and Belkin 1996; Ferguson 1997; Cowley 1999, 2001; Tetlock, Lebow, and Parker 2006b; Demandt 2011。

38 Tetlock and Parker 2006: 18-19 談到這兩種取向；Demandt 2011: 28-31 談到因果關係。

39 Tetlock and Parker 2006: 33-36 談程序，esp. 34（引文）。也可見 Tetlock and Belkin 1996: 1-31 談判斷反事實品質的標準，esp. 23-27 談與歷史事實和理論原則一致。

40 規則：Tetlock and Belkin 1996: 19-23。問題：Tetlock and Belkin 1996: 21；Tetlock, Lebow, and

12 研究未來風險的作品越來越多，簡單的介紹見 Rees 2003, 2018，而更明確的，關於化石燃料經濟對氣候與人類福祉的衝擊，見 http://www.ipcc.ch/, http://www.globalchange.gov/, and http://www.lancetcountdown.org/。

13 McCloskey 2010: 125-384（with 2016: 83-146）與 Vries 2013: 153-438 是最廣泛的（與刺耳的）調查兼批判。Daly 2015 對於主要取向進行了謹慎而中立的調查，主要是針對學生。

14 十六世紀以降，當帝國再度在歐洲出現時，其表現的方式是帝國往外擴張到全球各個邊陲地帶，在此同時，帝國也與歐洲的分裂並存，甚至加強了歐洲的分裂。俄國起初人口不多，長期下來抵銷了俄國廣大的空間擴張。因此，無論是殖民帝國還是俄國（Lieven 2000 與 Burbank and Cooper 2010: 185-99 都進行了比較脈絡的研究），都不代表偏離了這個模式。

15 有人把古羅馬稱為「地中海」帝國而非「歐洲」帝國（如 Gat 2006: 392-93），但這無法反駁本文提出的論點。羅馬在當時統治了絕大多數歐洲人，帝國一半以上的人口都住在歐洲，帝國控制了幾乎整個西歐，而西歐正是本書關注的焦點。

16 關於這個學術用語，見本書第七章。

17 我說的是歐洲「內部」（也就是西方）的帝國。海外殖民帝國是彼此競爭的歐洲政治體的延伸。

18 見本書第十章對現代經濟發展與「小分流」的「長期」與「短期」解釋，以及見第七章各種「分流」的定義。

19 這裡列出的著作並不完整：主要的擁護者包括 J. Hall 1985: 111-44 and J. Hall 1988: 33-38; Landes 1998: 37-39; E. Jones 2003: 104-26, 225, 233; Mokyr 2007: 23-26 and Mokyr 2017: 165-78; Cosandey 2008: 175-316; van Zanden 2009a: 32-68, 295; Rosenthal and Wong 2011, e.g., 124-25, 145, 198-99, 208-10, 225-30; Vries 2013: 379-82, 434-35; Vries 2015, e.g., 363, 430. 其他許多提出不同面向的人，Wallerstein 1974: 60, 63; Baechler 1975: 74-77; Mann 1986: 376; Macfarlane 1988: 191; Diamond 1997: 416; Wong 1997: 148; Abernethy 2000: 206-24; Crone 2003: 161-63; Chaudhry and Garner 2006; Mann 2006: 383; Arrighi 2007: 315; Ringmar 2007: 289; Karayalcin 2008: 977; Chu 2010; Voigtländer and Voth 2013a, 2013b; Hoffman 2015, esp. 213; McCloskey 2016: 396-400; Cox 2017: 746-47; Roeck 2017: 22; Dincecco and Onorato 2018; Ko, Koyama, and Sng 2018: 310-11; and cf. also Mielants 2007: 154-62 and Stasavage 2011: 47-109 探討城邦與小政治體的角色。

20 我會在第一章闡述這個取向。

21 Bang、Bayly 與 Scheidel（即將出版）提供了比 Rollinger 與 Gehler 2014 收錄的大量論文集更系統的調查。關於帝國的性質與討論，見 Bang（即將出版）的導論，尤其還有 Haldon（即將出版），附參考書目。關於不分的綜合與／或理論，見 Eisenstadt 1963; Kautsky 1982; Doyle 1986; Lieven 2000; Motyl 2001; Wood 2003; Chua 2007; Münkler 2007; Darwin 2008; Burbank and Cooper 2010; Leitner 2011。也可見一些合作寫成的作品，Tracy 1990, 1991（上古時代）；Scheidel 2009d, 2015c（兩個最大的古代帝國，羅馬與中國漢朝）。

22 不是光憑第一次工業革命本身：Mokyr 2009: 83-84。引文：Landes 2003: 12。也可見 Vries 2013: 22-27，工業化過程的廣度與關鍵角色。

23 Wickham 正確評論了國家的生存（不只是大帝國，而是國家結構本身），「生存才是常規，滅亡則是偏差」（1994: 74），這句話對研究羅馬之後的西歐學者構成挑戰。我希望能化解這個挑戰。

24 引　文：Johann Wolfgang von Goethe in *Italienische Reise* (ch. 24, December 3, 1789, on the city of Rome); Gibbon 1788b: 645.

25 Campbell 2004: 167。刻文見 no. 138 in Sartre 1993，維吉爾引文見 *Aeneid* 1.279。

註釋

序章

1 「逃離」的比喻過去曾經使用過，最著名的是 Fogel 2004、Deaton 2013 與 Vries 2013。我在這裡使用大逃離一詞，有部分的原因是為了延續本書格言的電影主題；也可參見 Deaton 2013: 2-3，當中提到一九六三年的電影《第三集中營》（*Great Escape*）。

2 關於著名的前現代成長階段，例見 Goldstone 2002（跨文化）；Saller 2002（古羅馬）；Scheidel, Morris, and Saller 2007（古希臘羅馬世界）；Jursa 2010（古巴比倫）；W. Liu 2015a（中國宋朝）；Ober 2015（古希臘）。關於麥迪遜計畫資料庫 2018 基本的方法論，見最近的 Bolt et al. 2018。

3 從世界經濟重心的角度來看，西方領先的巔峰時期在一九五〇年左右，一些圖片解說見 http://www.economist.com/graphic-detail/2018/10/27/the-chinese-century-is-well-under-way。

4 見 Bourguignon and Morrisson 2002。

5 I. Morris 2013b，擴充了 I Morris 2010。歐亞大陸東部在經過一段時間差之後，也出現類似的上彎曲線。摩里士的計分（這裡沒有完全顯示）上溯到全新世（Holocene）之初。

6 I. Morris 2013b: 239-48 討論了誤差範圍，認為即使存在初期的差異，依然擁有廣泛的有效性。引自 Landes 2003:5。

7 I. Morris 2013b: 53-143（能量採集），249, table 7.3（能量採集的角色），63-65（十八與十九世紀）；圖表見66, fig. 3.4。能量採集指能量由食物（由人類食用，或由人類使用或食用的動物）、燃料（包括風力與水力）與原料流向人類（I. Morris 2013b: 53）。其他研究估計的前現代能量採集數量較低，某種程度上可能是定義較狹窄的結果（76-80）。即便摩里士似乎低估了煤對十九世紀擴張的貢獻（比較 I. Morris 2013b: 63 與 Warde 2007: 117-20 與 Ward 2013: 133, table 5.1），但他的總數仍類似於其他估計值，足以支持這些數值列入他的發展指數中。

8 Warde 2007: 127-28 被 Wrigley 2016:34 所接受。也可見 Warde 2013: 134, fig. 5.2，在西歐與南歐國家的大量樣本中，人均能量消耗也類似地增長為原來的三倍。英國在化石燃料轉變中扮演的先驅角色，例見 Warde 2013: 131-41 與本書第十與十二章。從有機燃料經濟轉變成化石燃料經濟，見最近期的 Wrigley 2016: 1-3。

9 關於預期壽命，見 Norberg 2017: 43；Pinker 2018: 54。更詳細的內容見 Roser 2019。國內生產毛額與預期壽命之間的關係，見 Deaton 2013: 29-41。關於全球人均國內生產毛額成長，見 Maddison 2010。關於貧窮與營養不良，見 Norberg 2017: 9, 20, 65, 76。

10 Floud et al. 2011: 69, table 2.5（身高）, 364（引文）。

11 關於識字率，見 Norberg 2017: 131-323；Roser 2018。關於自由，見 Pinker 2018: 202-3；Roser 2018。世界有百分之五十六的人口目前生活在民主體制內。關於幸福感，見 Deaton 2013: 18, 21, 53；Pinker 2018: 269。關於全球經濟不平等趨勢，見 Milanovic 2016: 118-32。關於社會內部經濟不平等的恢復能力，見 Scheidel 2017: 405-23。

世界的啟迪

大逃離：羅馬帝國滅亡如何開啟現代經濟大分流

ESCAPE FROM ROME: The Failure of Empire and the Road to Prosperity

作者	沃特・席代爾（Walter Scheidel）
譯者	黃煜文
執行長	陳蕙慧
總編輯	張惠菁
責任編輯	洪仕翰
行銷總監	陳雅雯
行銷企劃	尹子麟、余一霞
封面設計	許晉維
內頁排版	宸遠彩藝
社長	郭重興
發行人兼出版總監	曾大福
出版	衛城出版 / 遠足文化事業股份有限公司
發行	遠足文化事業股份有限公司
地址	231 新北市新店區民權路 108-2 號 9 樓
電話	02-22181417
傳真	02-22180727
客服專線	0800-221029
法律顧問	華陽法律事務所　蘇文生律師
印刷	呈靖彩藝有限公司
初版	2022 年 1 月
定價	750 元

ISBN：9786267052150（紙本）
9786267052167（PDF）
9786267052174（EPUB）

衛城出版
Email acropolismde@gmail.com
Facebook www.facebook.com/acrolispublish

國家圖書館出版品預行編目(CIP)資料

大逃離：羅馬帝國滅亡如何開啟現代經濟大分流 / 沃特．席代爾(Walter Scheidel)著；黃煜文譯. -- 初版. -- 新北市：衛城出版：遠足文化事業股份有限公司發行, 2022.01
面；公分. -- (Beyond；32)(世界的啟迪)
譯自：Escape from Rome : the failure of empire and the road to prosperity

ISBN 978-626-7052-15-0 (平裝)

1.歷史　2.經濟發展　3.羅馬帝國　4.歐洲

740.22　　110020156